역사의 연구1
Study of History

A.토인비 지음 | 원창화 옮김

홍신문화사

머리말

원저자의 머리말

D.C. 서머벨 씨는 다음에 나오는 그 자신의 머리말에서 내 저서의 처음 여섯 권에 대한 이 축약판을 만들게 된 경위를 설명하고 있다. 그런데 나는 그가 그런 작업을 하고 있다는 사실을 알기에 앞서, 7권 이하의 나머지 책을 간행하게 될 때까지(때마침 일어난 전쟁 때문에 나는 불가피하게 처음의 계획을 수정하여 나머지 책의 간행을 보류하고 있었다) 먼저 나온 여섯 권의 축약판 같은 것을 낼 생각이 없느냐는 제의를 많이 받았다. 그런 제의는 특히 미국에서 많이 왔는데, 나는 그 작업이 뜻있는 것으로 여겨졌다. 그러나 나는 그때 전시(戰時) 사무 때문에 몹시 바빠서 어떤 식으로 그 일을 해야 할지 막연했었다. 그런데 마침 서머벨 씨가 편지로 이 여섯 권의 초본(抄本) 작업이 되어 있다고 알려옴으로써 그 문제를 아주 쉽게 해결할 수 있었다.

서머벨 씨가 그 원고를 보내왔을 무렵, 1~3권이 출판된 지는 9년, 4~6권이 출판된 지는 이미 4년이 지났을 때였다. 어떤 작품이 창작일 경우 그것은 저자의 생명의 일부인데, 그것을 출판한다는 것은 자기 생명의 일부를 자기와는 동떨어진 것으로 변모시키는 결과를 가져오는 일이라고 나는 늘 생각하고 있었다. 더구나 이번 경우에는, 우리의 환경과 직무에 변화를 초래한 1939~45년의 전쟁이 나와 내 저서 사이에 끼어들었다(4~6권이 간행된 것은 전쟁이 일어나기 41일 전이었다). 따라서 나는 서머벨 씨의 원고를 접하면서(내가 쓴 낱말들을 충분히 살려준 그의 재능에도 불구하고) 내가 쓴 글이라기보다는 다른 사람에 의해 씌어진 새로운 책인 것 같은 기분으로 읽을 수밖에 없었다. 나는 서머벨 씨의 사려 깊은 묵인 아래 그 원고를 군데군데 고쳐씀으로써 이제 완전히 내 것으로 만들었다. 그러나 그 축약판을 원본과 낱낱이 대조하지는 않았다. 나는 서머벨 씨가 생략한 부분은 어떤 것이라도 결코 다시 집어넣지 않았다. 왜냐하면 어떤 저서에서 빼놓을 수 없는 부분과 그렇지 않은 부분에 대한 가장 좋은 판단자가 그 저자라고 생각하지는 않기 때문이다. 능력 있는 축약자는 원저자로서는 쉽사리 할 수 없는 가장 가치 있는 일을 한다. 원본과 친숙한 이 책의 독자라면, 서머벨 씨의 문학적 기교가 참으로 재치에 넘친다는 데 나와 생각을 같이할 것으로 확신한다. 그는 원본의 요지를 그대로 유지시키는 한편 원본에서 사용한 문장을 최대한으로 살리면서도 동시에 여섯 권을 한 권으로 요약했던 것이다. 만일 나 자신이 이 일을 했더라도 이렇게 훌륭하게 목적 달성을 할 수 있었을지는 의심스럽다.

이와 같이 서머벨 씨가 저자의 수고를 최대한 덜어주었음에도 불구하고 나는 그 원고에 처음 손댄 이후 2년 이상이나 시간을 끌었다. 어떤 때는 몇 주일 또는 몇 달이나 원고를 눈앞에 둔 채 손을 대지 못하는 경우도 있었다. 이와 같이 일이 지체된 것은 긴박한 전시 작업 때문이었다. 그러나 내가 아직 엄두를 못 내고 있는 7권 이하의 초고가 뉴욕의 '대외관계 협의회'에 안전하게 보관되어 있었다(뮌헨 회담이 있었던 주간에 나는 그 초고를 그 협의회의 간사 말로리 씨에게 보냈는데, 다행히도 그것을 잘 보관해 주겠다고 했던 것이다). 따라서 내가 살아 있는 한 그 일을 완성할 희망이 있는 것이다. 지금 내가 서머벨 씨에게 감사하는 또 하나의 큰 이유가 있는데, 그것은 이미 출판된 여섯 권에 대한 이 축약판의 진행 작업이 내가 앞으로 써야 할 나머지 책에 대한 관심을 일깨워주는 구실을 했기 때문이다.

이 축약판도 여섯 권의 원저와 마찬가지로 옥스퍼드 대학 출판부에서 출판해 준 것은 나로서는 아주 다행스런 일이다. 그와 아울러 V. M. 볼터 양이 1~3권, 4~6권까지의 색인을 만들어 원저의 독자들에게 편의를 제공했는데, 그녀가 이 축약판의 색인을 맡아준 사실 역시 다행스럽게 생각하는 바이다.

1946년

아널드 토인비

축약자의 머리말

토인비 씨의 《역사의 연구》는 문명이라고 일컬어지는 사회 개념의 첫 출현 이래 인류의 역사적 체험의 본질과 그 모형에 관한 하나의 논지를 계속적으로 진술하고 있다. 그 논지는 현대의 역사가들이 알고 있는 인류 역사 전체에 관한 한, 물질의 본성이 허락하는 한 인류 역사의 모든 깊이와 폭으로부터 그려진 온갖 종류의 예증에 의한 모든 시대에 걸쳐 설명되고 입증되어 있다. 그런 예증들 중에는 아주 자세하게 설명된 것도 있는데, 그것이 이 책의 본질이므로 요약하는 사람의 일은 기본적으로 매우 단순하다. 요컨대 서술된 내용을 간추리면서도 그 논지를 고스란히 살리기 위해서는 예증의 수를 어느 정도 줄이는 동시에 그 설명은 대폭 줄이는 것이다.

아직 미완성이긴 하지만 나는 이 한 권의 축약판이 이미 나온 토인비 씨의 여섯 권의 책에 나타나 있는 그의 역사철학을 적절히 제시하고 있다고 생각한다. 그러나 혹시라도 이 책을 원저의 아주 완전하고도 만족할 만한 대용품으로 생각한다면 나는 몹시 당황할 것이다. 왜냐하면 이 책은 '사무적인 목적'에는 적절한 대용품이라고 할 수도 있겠지만, 독자에게 마음의 즐거움을 준다는 면에서는 아무래도 원저를 대신할 수 없는데다 원저의 큰 매력은 그 여유 있고 폭넓은 예증의 설명에 있기 때문이다. 위대한 주제를 심미적으로 다루려면 역시 대작이라야 한다고 생각된다. 나는 이 축약판이 성공적인 것이 못 된다는 평을 듣는 것이 두려워서가 아니라 원저야말로 훨씬 독자들의 마음을 끌 것이라는 확신이 있었기 때문에 원저의 구절과 문장을 대담하게 그대로 옮겼던 것이다.

나는 이 축약판을 토인비 씨에게 알리지도 않고, 또 출판 여부에 관계없이 나 혼자 취미삼아 썼다. 그것은 내게 있어서는 시간을 유쾌하게 보내기에 가장 좋은 방법이었다. 그래서 나는 이 일이 다 끝났을 때에야 비로소 토인비 씨에게 알리면서, 그가 언제 어떤 방법으로든 그것을 이용할 생각이 있다면 마음대로 쓰라고 말했다.

이 축약판은 그런 경위로 만들어졌으므로, 나는 간혹 원저에 없는 사소한 예증을 내 마음대로 삽입했다. 이를테면 그것은 '그 주인의 곡식을 밟아 탈곡하는 소에게 굴레를 씌우지 말라'는 격이라 할 수 있을 것이다. 그렇지만 내 마음대로 삽입한 예증은 극히 적으며, 더구나 그다지 중요한 것도 아니다. 또 그런 원고는 모두 토인비 씨의 용의주도한 교열을 거쳤고, 나머지 전부와 함께 그의 출판 허가도 얻었으므로, 이 머리말에서나 본문의 각주(脚註)에서나 굳이 그 점을 밝힐 필요는 없을 것이다.

내가 그 일에 대해 이야기하는 이유는, 단지 주의 깊은 독자가 이 책과 원저의 비교를 통해 그것을 발견하여, 이 책은 엄정한 방침에 따라 요약된 것이 아니라고 느낄지도 모르기 때문이다. 또한 원저가 출판된 이후에 발생한 사건을 고려하여 토인비 씨 자신이나 내가 문장에 수정을 가한 곳이 서너 군데 있음을 밝혀둔다. 그러나 원저의 처음 세 권이 1933년에 출판되었고, 나머지가 1939년에 출판된 사실을 생각할 때 전체적으로 수정해야 할 곳이 별로 없었다는 것이 그야말로 놀라운 일이라 할 것이다.

이 책의 끝머리에 붙인 '개요(概要)'는 말하자면 요약의 요약이다. 이 책은 3천 페이지가 넘는 원저를 565페이지로 줄인 것인데, '개요'는 그것을 단 25페이지로 줄인 것이다. 그것을 '있는 그대로' 읽는다면 극히 이해하기 힘들겠지만, 다만 이 책을 보는 데 참고로 삼는다면 유용하다는 사실이 입증될 것이다. 사실 그것은 일종의 '목차'인데, 그것을 책의 앞부분에 놓지 않은 이유는 그림의 전경(前景)으로서는 지나치게 크고 보기 싫기 때문이다.

D.C. 서머벨

역사의 연구 I

contents

〈2권에서 계속〉

서 론 제1편

제1장 역사 연구의 단위

역사가는 일반적으로 자기들이 그 속에서 살고 또한 활동하고 있는 사회의 생각을 바로잡는다기보다는 오히려 그 사회의 생각이 어떠한가를 보여주는 예증(例證)이 된다. 그러므로 최근 몇 세기 동안, 특히 지난 몇 세대에 걸친 이른바 자주적 국민주권국가의 발달과 더불어 국민을 역사 연구의 영역으로 선정하는 것이 통례가 되었다. 그러나 유럽의 어느 국민, 어느 국가를 막론하고 제 역사 하나만으로 그 국민의 역사를 밝혀낼 수 있는 나라는 하나도 없다. 만일 그런 국가가 있다고 한다면 아마 대영제국(大英帝國) 정도일 것이다. 영국(혹은 초기의 잉글랜드)이 그 역사만으로 이해가 될 만한 역사 연구의 영역을 구성하지 못한다면, 유럽의 다른 어느 근대 국민국가도 이 조건에 맞지 않는다고 단언할 수 있다.

그렇다면 영국의 역사는 그 하나만으로 이해할 수 있는 것일까? 영국 국내사를 그 대외관계와 분리시킬 수 있을까? 분리시킬 수 있다면, 그 대외관계는 2차적인 중요성밖에 없는 것일까? 그리고 또 그 대외관계를 자세히 검토한다면, 영국에 끼친 외국의 영향은 영국이 세계의 다른 나라에 끼친 영향에 비하면 아무것도 아니었다고 할 수 있을까? 이러한 물음에 대한 답변이 모두 긍정적이라면, 영국 이외의 역사는 영국과 관련시키지 않고는 이해할 수가 없지만, 영국의 역사는 세계의 다른 나라와 관련시키지 않고도 어느 정도 이해할 수 있다고 결론지어도 괜찮을 것이다.

이상의 문제에 대해 연구하는 최선의 방법은, 영국의 역사 과정을 되짚어 올라가면서 그 주요한 단계를 살펴보는 것이다. 그 단계를 소급하여 살펴보면 다음과 같다.

1. 산업주의 경제체제의 성립 (18세기 4·4분기 이후)

2. 책임의회정치의 성립 (17세기 4·4분기 이후)

3. 해외 발전 (16세기 3·4분기의 해적 같은 활동에서 시작하여 그후 차츰 온 세계를 상대로 한 해외무역과, 열대지방의 식민지 획득 및 해외 온대지방에 영어를 사용하는 사회를 건설하는 순서로 발전해 갔다)

4. 종교개혁 (16세기 2·4분기 이후)

5. 르네상스 : 예술적·학문적 측면뿐만 아니라 정치·경제적 측면까지 포함 (15세기 4·4분기 이후)

6. 봉건제도의 성립 (11세기 이후)

7. 영국민의 개종(改宗) : 이른바 '영웅시대'의 종교로부터 서방 그리스도교로 (6세기 말 이후)

이렇게 현대로부터 되짚어 올라가며 영국의 역사 과정을 전반적으로 살펴보면, 시대를 거슬러올라감에 따라 영국의 역사가 자족적(自足的) 또는 고립적이라는 증거가 희박해지는 듯하다. 영국 역사의 진정한 출발점인 개종(改宗)은 다른 어떤 사건보다도 자족적이거나 고립적이 아니었다는 직접적인 증거가 된다. 이것은 그때까지 고립되어 있던 대여섯 개의 야만족 사회를 융합하여 초기의 서구 사회라는 공동 조직을 형성하는 행위였기 때문이다.

봉건제도로 말하면 비노그라도프(러시아 태생의 역사학자)가, 노르만 정복 이전에 이미 영국 땅에서 그것이 싹트고 있었다는 것을 훌륭하게 증명하고 있다. 그러나 그것은 외적인 원인, 즉 데인족(덴마크에 살고 있던 노르만인)의 침략(9세기말에서 11세기 초)에 의해 더욱 빨리 싹텄던 것이다. 이 침략은 프랑스에서도 마찬가지로 봉건제도의 발달을 재촉한 스칸디나비아인의 민족이동의 일부였다. 그러므로 '노르만 정복'이 영국의 봉건제도를 더욱 빨리 생성케 했음은 분명한 사실이다.

르네상스로 말하면, 문화적인 면에 있어서나 정치적인 면에 있어서나 그것이 북부 이탈리아로부터 스며들어온 생명의 호흡이었다는 것은 누구나 시인하고 있는 사실이다. 적어도 북부 이탈리아에 있어서의 휴머니즘과 절대주의의 세력 균형이, 대략 1275년경부터 1475년에 이르기까지의 약 2세기 동안에 마치 온실에서 자란 묘목처럼 육성되지 않았다면, 이상의 세 가지는 도저히 1475년 이후에 알프스 이북의 여러 나라로 이식되지 못했을 것이다.

종교개혁 또한 영국 특유의 현상이 아니라, 북서부 유럽 전체가 이미 사멸해 버린 세계에 미련을 버리지 못하고 있던 서부 지중해를 떠나 남부 유럽의 굴레로부터 이탈하려는 운동이었다. 따라서 종교개혁의 주도권을 잡았던 것은 영국이 아니며, 또한 대서양 연안의 유럽 제국이 해외에서의 새로운 세계 획득을 위한 경쟁을 함에 있어서도 영국은 주도권을 잡지 못했던 것이다. 영국은 비교적 늦게 이 경쟁에 끼어들었는데, 서구 열강과의 일련의 싸움에서 승리함으로써 목적을 달성했다.

이제는 가장 최근의 두 사건, 즉 의회제도와 산업주의 체제의 성립에 대해 고찰하면 되는데, 이 두 제도는 처음에는 영국에서 발달하여 나중에 세계 다른 지역으로 퍼져나간 것으로 보인다. 그러나 이 방면의 권위자들은 이러한 견해를 전면적으로 지지하지는 않는다. 의회제도에 관해서는 액턴(영국의 역사가)이 "본질적으로 일반사는 한 국민에게만 한정하지 말고 좀더 광범위한 원인으로부터 출발하는 힘의 작용에 의존해야 한다. 프랑스에 있어서의 근대 왕권의 발생은 영국에 있어서의 그것과 마찬가지이다. 부르봉 왕조와 스튜어트 왕조는, 결과는 다르지만 각각 동일한 법칙을 따랐던 것이다"라고 말했다. 다시 말해서 의회제도는 비록 영국에서 생긴 국지적(局地的)인 결과이지만, 영국 특유의 것이 아니라 영국과 프랑스에 동시에 작용하고 있던 어떤 힘의 결과였다.

영국에서 발생한 산업혁명에 관해서는 해먼드 부부(두 사람 다 경제사학자) 이상의 권위자가 없는데, 그들은 《근대산업의 출현》이라는 공저(共著)의 머리말에서, 산업혁명이 다른 나라가 아닌 바로 영국에서 발생했다는 사실을 가장 잘 설명하는 요인은 18세기 무렵에 영국이 세계에서 차지한 일반적인 위치, 즉 대서양과의 관련에서 본 그 지리적 위치와, 유럽 제국과의 세력 균형의 관련에서 본 그 정치적 위치였다는 견해를 나타냈다. 그렇다면 영국의 역사는 다른 나라의 역사와 고립하여 이해할 수 있는 역사 연구의 영역이 되었던 일이 한 번도 없었고, 또 앞으로도 그렇게 될 가능성이 거의 없을 것으로 여겨진다. 대영제국이 그런 만큼 다른 나라는 더욱더 그럴 수밖에 없을 것이다.

결국 부정적인 것이 되고 말았지만, 이상과 같이 간단하게 영국 역사를 고찰해 본 결과 한 가지 단서를 얻을 수 있었다. 영국 역사의 발전 과정을 돌이켜본 결과 우리 눈길을 끌었던 것은 하나의 이야기를 구성할 수 있었다는 사실인데, 즉 대영 제국의 이야기는 영국이 그 일부에 지나지 않는 어떤 사회의 역사이며, 그 경험은 대영제국뿐만 아니라 다른 나라 또한 함께 겪은 경험이라는 것이다. 사실 이해 가 능한 역사 연구의 영역은 대영제국과 같은 종류의 몇 개의 공동사회―대영제국 뿐만 아니라 프랑스, 스페인, 네덜란드, 스칸디나비아 제국 및 그 밖의 나라―를 포함한 사회인 듯싶다. 그리고 앞에서 액턴이 말한 한 구절은 이러한 부분과 전체 와의 관계를 가리킨 것이다.

역사에 작용하는 힘은 한 국민뿐만 아니라 좀더 넓은 범위에 걸친 원인에서 생 기는 것이어서, 그런 원인이 개개의 부분에 영향을 줌으로써 사회 전체에 미치는 작용을 포괄적으로 관찰하지 않으면 부분적인 작용도 이해할 수가 없다. 동일한 일반적인 원인에 의해 발생한 것인데도 각 지역이 서로 다른 영향을 받는 것은, 동일한 원인에 대하여 각각 다른 반응을 나타내고 또한 기여하기 때문이다. 사회 는 그 발전의 전과정을 통하여 끊임없이 문제에 부닥치고, 그 사회를 구성하는 사 람들은 제각기 최선의 방법으로 그런 문제를 해결해 나가야만 한다. 문제 하나하 나의 출현이 어떤 시련을 받아들이기를 요구하는 도전이며, 그런 일련의 시련을 겪으면서 그 사회의 구성원은 점차 분화(分化)의 정도를 강화시켜 나가는 것이 다.

이 과정에서 어느 특정한 구성원이 특정한 시련을 겪으며 취하는 행동의 의의 를 이해하기 위해서는 다른 구성원의 이와 비슷한, 또는 다른 행동과 비교해 보지 않으면 안 되며, 또한 차례차례로 나타나는 시련을 그 사회 전체의 생성 과정에서 일어난 일련의 사건과 연결시키지 않으면 안 된다.

역사적 사실의 이런 해석 방법은, 기원전 725년부터 325년에 걸친 4세기 동안 의 고대 그리스 도시국가의 역사라는 구체적인 예에 의해 아마 더욱 분명해질 수 있을 것이다.

이 4세기의 기간이 시작되고 나서 얼마 안 되어, 많은 국가를 구성원으로 하여 이루어져 있던 사회는 생활수단에 의한 인구의 압박이라는 문제에 직면하게 되었다(당시 그리스 여러 나라의 국민들은 거의 완벽하게 제 나라 영토내에서 자급자족으로 갖가지 농산물을 생산하여 생활을 유지하고 있었다). 이 인구 위기가 닥쳤을 때, 각 도시국가들은 저마다 다른 방법으로 이 문제와 싸워 나갔다.

코린트나 칼키스 같은 국가들은 시칠리아, 남부 이탈리아. 트라키아, 또는 그 밖의 해외에서 농경지를 획득하여 그것을 식민지로 만듦으로써 그 과잉인구를 처리했다. 이와 같은 방법으로 건설된 그리스 식민지는 단순히 헬라스(이 책에서는 그리스 로마 사회의 통칭으로 사용함)의 지리적 영역을 확장했을 뿐, 그 성격을 바꾸는 데까지는 이르지 못했다. 그러나 다른 두세 나라는 결과적으로 생활양식을 변경함으로써 해결책을 강구했다.

예컨대 스파르타는 토지에 대한 시민의 욕구를 만족시키기 위해 이웃에 있는 그리스 여러 나라를 공격하여 정복하는 방법을 썼다. 그러나 결과적으로 스파르타는 자기 나라와 거의 비슷한 힘을 가진 인접 국가들과 여러 번 끈질기게 전쟁을 되풀이하는 희생을 치러 간신히 여분의 땅을 획득한 데 지나지 않았다. 이러한 사태에 대응하기 위해 스파르타의 위정자들은 스파르타 국민의 생활을 위에서부터 아래까지 모두 철저하게 군국화(軍國化)하지 않을 수 없었는데, 그들은 몇몇 그리스 도시국가들에 공통된 어떤 종류의 원시적 사회제도를―그 제도는 당시 스파르타에 있어서도 다른 국가에서와 마찬가지로 이미 사라져 가고 있었다―다시금 소생시켜 새로운 사태에 적응하게 함으로써 군국화를 실현했다.

아테네는 또 다른 방법으로 인구문제에 대처했다. 즉 그들은 수출을 목표로 하여 농업 생산물을 특수화하고 역시 수출을 위한 수공업을 시작한 다음, 이러한 경제적 혁신의 결과로 나타난 새로운 계급에 정당한 정치적 권력을 부여하는 정치제도를 발달시켰다. 다시 말해 아테네의 위정자들은 정치적·경제적 혁명을 성공적으로 완성함으로써 사회적 혁명을 피할 수 있었으며, 모두에게 공통된 문제에 대하여 이러한 해결 방법을 찾아냄으로써 뜻밖에도 헬라스 사회 전체를 위한 새로운 길을 개척했던 것이다. 페리클레스가 그 자신이 속해 있는 도시국가(아테네)

가 물질적인 위기에 처했을 때, 아테네야말로 헬라스의 스승이라고 한 것도 바로 그 일을 두고 한 말이다.

아테네, 스파르타, 코린트, 또는 칼키스라는 국가를 하나하나 떼어놓지 않고 헬라스 사회 전체를 하나의 연구 분야로 하는 이러한 각도에서 살펴볼 때 비로소 기원전 725년에서 325년까지의 각 도시국가의 역사와 이 시대로부터 다음 시대로 옮아가는 과정의 의미를 모두 이해할 수 있다. 그 다음에 칼키스, 코린트, 스파르타 또는 아테네의 역사를 다른 것으로부터 따로 떼어 고찰하고, 그 속에서 이해할 수 있는 역사 연구의 영역을 찾아낸다면, 도저히 납득할 수 없었던 문제에 대한 답을 얻을 수 있다.

그런데 이와 다른 견지에서 보면, 칼키스와 코린트의 역사는 어떤 의미로는 정상적이라고 할 수 있지만, 스파르타와 아테네의 역사는 각각 방향을 달리하여 정상적인 데서 벗어나 있다고 말할 수 있다. 그러나 어떻게 그와 같이 정상적인 데서 벗어났는지에 대해서는 설명할 수가 없다. 그래서 역사가들은 부득이 그리스의 역사가 처음 시작된 때부터 스파르타인과 아테네인은 특별한 천성을 지니고 있었기 때문에 그 점에 있어 여느 그리스인과 다르다는 가설을 내세우고 있다. 이것은 이를테면 역사가들이 스파르타와 아테네의 발달을 설명하기 위하여 이 두 그리스 국민은 어떤 진보도 이루지 못한 채 시종일관 독특했을 따름이었다고 가정한 것이 된다.

그러나 이 가설은 오늘날 확인된 사실과 모순되는 점이 있다. 예를 들어 스파르타에 대해 말한다면, 아테네에 있는 영국 고고학 연구원에서 행한 발굴 결과 기원전 6세기 중엽까지는 스파르타의 생활이 다른 그리스 도시국가의 생활과 별로 다르지 않았다는 것을 지적하는 증거가 나왔다. 막다른 골목에 직면한 스파르타와는 달리 아테네의 경우 이른바 헬레니즘 시대(기원전 320년 이후)에 헬라스 세계 전체에 전한 그 특질 역시 후천적으로 이루어진 것으로서, 그 기원은 전체적인 입장에 설 때 비로소 이해할 수 있다. 그것은 이른바 중세의 베네치아, 밀라노, 제노바 및 그 밖의 북부 이탈리아 여러 도시의 분화와 같은 것이고, 또 근대의 프랑스, 스페인, 네덜란드, 영국 및 그 밖의 유럽 여러 국가의 분화와도 같은 것이다. 부분을 이해하려면 먼저 전체에 주의를 집중시켜야 한다. 이 전체야말로 그 자체를 이해할 수 있는 연구 영역이기 때문이다.

그렇다면 이 이해할 수 있는 연구 영역을 형성하는 '전체'란 무엇이며, 그 시간적·공간적 한계는 어떻게 발견해야 하는가? 우리는 다시 영국 역사의 주요한 사건의 개관(槪觀)으로 되돌아가, 영국 역사를 그 일부분으로 하는 어떤 큰 전체를 찾아내어 그것이 이해 가능한 영역을 구성하는 것으로 인정되는지 살펴보자.

영국의 역사에서 현재와 가장 가까운 사건인 산업주의 체제의 확립이라는 견지에서 보면, 이 일을 전제 조건으로 한 이해 가능한 영역의 지리적 범위는 온 세계에 퍼져 있음을 알 수 있다. 영국의 산업혁명을 설명하기 위해서는 서부 유럽뿐만 아니라 열대 아프리카, 러시아, 인도 및 극동의 경제 사정을 고려해야만 한다.

그런데 의회제도를 살피며 거슬러올라가 경제적인 면에서 정치적인 면으로 눈을 돌리면 우리의 시야는 좁아진다. 액턴의 표현을 빌리면, 프랑스와 영국에 있어서 부르봉 왕조와 스튜어트 왕조가 채택한 법칙은 러시아의 로마노프 왕조, 터키의 오스만 왕조, 힌두스탄의 티무르 왕조, 중국의 청조(淸朝), 일본의 도쿠가와 막부(德川幕府)에는 작용하지 않았다.

이 여러 나라의 정치사를 영국이나 프랑스와 같은 기준에서 설명할 수는 없다. 우리는 여기서 하나의 한계에 부닥친다. 부르봉 왕조와 스튜어트 왕조가 채택한 법칙은 서부 유럽의 다른 여러 나라와 서부 유럽의 식민지 개척자가 해외에 건설한 새로운 사회에 대해서는 그 힘을 미쳤지만, 러시아와 터키의 서부 국경선 너머에는 영향을 끼치지 못했다. 그 국경선의 동쪽에서는 그 당시 다른 정치적 법칙이 지배하여 서쪽과는 다른 결과를 낳고 있었던 것이다.

앞서 열거했던 영국 역사상 일어난 일들을 시대를 더욱 거슬러올라가 살펴보면, 해외 발전에 대한 기록은 단순히 서부 유럽뿐 아니라 거의 전적으로 대서양 연안의 여러 나라에 국한되어 있었음을 알 수 있다. 종교개혁이나 르네상스의 역사를 연구하는 경우에는, 러시아나 터키의 종교적·문화적 발전을 무시하고라도 좀더 광범위하게 연구할 필요가 있다. 서부 유럽의 봉건제도는, 같은 시대의 비잔틴이나 이슬람 여러 나라에서 볼 수 있는 봉건적 현상과는 아무런 인과관계도 없었다.

마지막으로 영국인은 서방 그리스도교로 개종함으로써 하나의 사회에 소속하게 되었는데, 그 대신 다른 사회의 구성원이 될 가능성을 잃었다. 664년의 위트비 종교회의[1]가 열릴 때까지도 영국인은 '켈트 외곽지대'[2]의 '극서(極西) 그리스도교'로 개종할 가능성이 있었다. 그리고 만약 아우구스티누스[3]의 포교(布教)가 실패로 돌아갔다면, 잉글랜드인은 웨일스인 및 아일랜드인과 함께 로마 가톨릭 교회와는 관계가 없는 새로운 그리스도 교회, 마치 그리스도교 세계에 있어서 극동 변두리에 있는 네스토리우스파(派)[4]의 세계가 그렇듯이 전혀 다른 별세계(alter orbis)라고도 할 수 있는 교회를 설립했을지도 모른다.

만약 그렇게 되었다면 뒷날 이슬람교도의 아랍족이 대서양 연안에 모습을 나타냈을 때 대영 열도(大英列島)의 이들 극서 그리스도교도들은 아비시니아나 중앙 아시아의 그리스도교도들처럼 유럽 대륙에 있는 교우들과의 접촉이 완전히 끊어졌을지도 모른다. 어쩌면 그들은 중동지역이 아랍의 지배 아래 들어갔을 때, 많은 그리스도 단성론자(單性論者)[5]나 네스토리우스파와 마찬가지로 이슬람교로 개종했을지도 모른다. 이러한 가정은 단순한 공상으로 처리되어 버릴지도 모르지만, 그 가능성을 생각해 봄으로써 597년의 개종 결과로 영국인은 서방 그리스도교 세계와 일체가 되긴 했지만 인류와 일체가 된 것은 아니며, 동시에 다른 종교·종파 신봉자들과의 사이에 뚜렷한 하나의 선이 그어진 사실을 상기하는 데 도움이 된다.

이와 같은 영국 역사의 재개관에 의해 우리는 영국을 포함하는 동시에 영국에 관계되는 일에 한해서는 '이해할 수 있는 역사 연구의 영역'이 되는 사회의 각 시대에 걸친 공간적 범위를 조사하는 수단을 찾아낸 것이다. 이 몇 개의 범위를 조사함에 있어서 사회생활의 다른 면, 즉 경제면·정치면·문화면을 구별하여 조사

---

1 영국의 교회를 아일랜드 교회가 아닌 로마 가톨릭 교회에 소속시키기로 결정한 회의.
2 브르타뉴, 콘월, 웨일스, 아일랜드, 스코틀랜드 고원지대 등 켈트족이 사는 지역.
3 영국의 종교를 로마 가톨릭교로 개종시킨 선교사. 초대 캔터베리 대사교(大司敎). 604년에 사망.
4 네스토리우스(451년 무렵 사망)가 부르짖은 이단설(異端說)로, 그리스도의 신인 양성(神人兩性)을 구별했다. 이란에서 세력을 얻어 인도를 거쳐 당나라에 흘러들어가 경교(景敎)라고 불렸다.
5 그리스도는 신성(神性)과 인성(人性)이 일체로 된 단일성이라고 생각하는 사람들.

할 필요가 있다. 왜냐하면 이미 입증된 바와 같이 이 사회의 공간적 범위는 어느 면에 주의를 집중시켜야 하느냐에 따라 현저히 차이가 생기기 때문이다. 오늘날 경제면에 있어서는 영국을 포함한 그 사회는 의심할 나위도 없이 인간이 거주하고 항행(航行)할 수 있는 지구 전면에 퍼져 있다. 그리고 정치면에 있어서도 이 사회가 현재 전세계적인 것이라는 점은 거의 마찬가지로 명백한 사실이다. 그러나 문화면으로 눈을 돌려보면, 현재 영국이 속해 있는 사회의 지리적 넓이는 훨씬 좁아진다. 그것은 대체로 서부 유럽, 아메리카, 남태평양에 퍼져 있는 가톨릭 또는 프로테스탄트를 신봉하는 국민이 사는 나라에 한정되어 있다. 이 사회에 대하여 러시아 문학, 중국 회화(繪畵), 인도 종교 등의 문화적 요소가 다소의 외래적인 영향을 끼치고 있고, 또한 이 사회가 다른 사회, 즉 정교와 동방 그리스도교도, 이슬람교도, 힌두교도 및 극동의 여러 민족이 사는 사회에 그보다 훨씬 강한 문화적 영향을 끼치고 있음에도 불구하고, 이들 사회가 모두 우리가 속해 있는 문화적 세계의 밖에 있다는 사실에는 변함이 없다.

현대 이전의 시기에 있어서의 공간적 범위를 조사해 보면, 시대를 거슬러올라감에 따라 우리가 고찰하고 있는 사회의 지리적 범위가 이 세 가지 면에 있어서 모두 점차 작아지고 있음을 알 수 있다. 1675년 무렵의 범위를 보면 경제면에서는(적어도 무역이 행해지는 범위만 보고 그 양과 내용을 무시한다면) 별로 작아지지 않았지만, 정치면에서는 훨씬 작아져 오늘날의 문화면 범위와 일치한다. 1475년 무렵의 범위를 보면 세 면이 모두 해외 부분은 모습을 감추고 있으며, 경제면조차도 범위가 좁아져 현재 서부 유럽과 중부 유럽에 한정되어 있는 문화면의 범위와 대체로 일치한다. 단, 지중해 동해안에 몇 개의 전초 지점(前哨地點)들이 남아 있었지만, 그것조차도 조금 연대를 거슬러올라가면 갑자기 모습이 보이지 않는다. 아주 초기인 775년 무렵의 범위를 보면, 세 가지 면이 모두 더욱 축소된다. 당시 이 사회의 범위는 샤를마뉴[6]의 영토로 되어 있던 지역과, 브리튼 속에 있는 로마 제

---

6 프랑크 왕. 전(全)게르만 민족을 통합하고 영토를 확장하여 전성기를 이루었고, 구교도를 보호하여 800년에 로마 교황으로부터 신성 로마 제국의 제관(帝冠)을 받았다.

국의 후계 국가(後繼國家)들을 합한 지역에 거의 한정되어 있다. 이 범위 밖으로는, 이베리아 반도는 그 당시 거의 전부 이슬람교도의 아랍 칼리프의 세력 범위에 속해 있었고, 북부 및 북동 유럽은 아직도 이교(異敎)를 신봉하는 야만족의 수중에 있었으며, 대영 열도가 있는 북서 변경지역은 '극서 그리스도교도'의 세력권 내에 있었고, 남부 이탈리아는 비잔틴의 지배 아래 있었다.

이상과 같이 그 공간적 한계를 조사해 온 이 사회를 서구 그리스도교 사회라고 부르기로 하자. 그런데 이 사회에 명칭을 붙이고 그 인상을 뚜렷하게 머릿속에 그려놓고 나면, 그와 동시에 현대세계에서 그와 대응하는 몇 개 사회의 인상과 명칭이 함께 떠오르는데. 문화면에 대해 주목할 때 특히 그러하다. 문화면에서 볼 때 분명히 오늘날 이 세계에는 서구 그리스도교 사회와 같은 종류, 즉 다음에 열거하는 적어도 네 개의 사회가 존재한다는 사실이 확인된다.

1. 동남 유럽과 러시아의 정교 그리스도교 사회
2. 북아프리카의 중동지역을 가로질러 대서양으로부터 중국의 만리장성 외곽까지 뻗어 있는 건조지대를 중심으로 하는 이슬람 사회.
3. 인도의 아열대 대륙에 있는 힌두 사회.
4. 건조지대와 태평양 사이에 있는 아열대 및 온대지역의 극동 사회.

좀더 면밀히 조사해 보면, 지금은 절멸하여 화석화한 유물 같은 두 사회를 찾아낼 수가 있다. 즉 하나는 아르메니아, 메소포타미아, 이집트, 아비시니아의 단성론 그리스도교도, 쿠르디스탄의 네스토리우스파 그리스도교도와 말라바르(인도 남서부)의 지난날 네스토리우스파였던 사람들, 그리고 유대교도와 파르시교도(인도에 사는 페르시아계 조로아스터교도)를 포함하는 사회이고, 다른 하나는 티베트와 몽고의 대승불교(大乘佛敎) 일파인 라마교도, 실론·미얀마·샴(타이)·캄푸치아의 소승불교(小乘佛敎)에 인도의 자이나교도를 포함한 것이다.

흥미로운 것은 775년 당시의 지리적 범위를 돌이켜보아도 세계지도상에 나타나는 사회의 수와 종류가 오늘날과 거의 같다는 사실이다. 이런 종류의 사회가 형성하는 세계지도는 서구 사회가 처음 출현한 이래 오늘날까지 거의 변하지 않았다. 그후의 생존경쟁에서 서구 사회는 같은 시대의 다른 사회를 궁지로 몰아 그 경제적·정치적 세력의 그물 속에 넣어 버렸지만, 그들 고유의 문화를 빼앗을 수는 없었다. 이들 사회는 강한 압력을 받으면서도 여전히 그 정신만은 잃지 않고 있었다.

지금까지의 논의의 결론은 두 종류의 관계, 즉 동일한 사회 내부의 부분사회(커뮤니티) 상호간의 관계와 상이한 사회 상호간의 관계를 명확하게 구별해야 한다는 것이다.

이상으로 서구 사회의 공간적인 넓이를 모두 조사했으니 이번에는 그 시간적 넓이를 고찰해야겠다. 그런데 우리가 여기서 직면하는 문제는 이 서구 사회의 장래를 알 수 없다는 점이다. 이 점은 서구 사회이건 또는 현존하는 다른 어떤 사회이건, 이 연구를 진행시키는 데 있어서 이들 사회가 속한 종의 성질을 규명하는 데 많은 제한을 준다. 그러므로 우리는 서구 사회의 발생 시기를 조사하는 것만으로 만족하지 않으면 안 된다.

843년의 베르됭 조약에 의해 샤를마뉴의 영토가 3명의 손자에게 분할될 때, 로타르는 가장 나이가 많다는 이유로 조부의 수도(首都)인 아헨과 로마를 모두 가지는 권리를 획득했다. 그리고 이 두 도시가 서로 연결되는 대상(帶狀)의 영토로 만들기 위해, 티베르 강과 포 강 어귀로부터 라인 강 어귀에 이르기까지 서부 유럽을 가로지르며 끝없이 계속되는 긴 지역을 물려받았다. 로타르가 물려받은 지역은 흔히 역사지리학상 기이한 것의 하나로 간주되지만, 카롤링거 왕조의 삼형제가 그것을 서구 세계에서 특히 중요한 지대로 생각한 데는 정당한 이유가 있었다. 그 미래야 어떻게 되었든, 그 지역에는 역사상 위대한 과거가 있었던 것이다.

로타르와 그의 조부는 둘 다 '로마 황제'라는 칭호 아래 아헨에서 로마에 이르는 지역을 지배했는데, 로마에서 알프스를 넘어 아헨까지 이어지는 선(아헨에서 다시 영불 해협을 건너 로마 성벽에 이르는 선)이야말로 그 당시 이미 멸망한 로마 제국의 중요한 방위선 가운데 하나였던 것이다. 로마인은 로마로부터 시작하여 알프스를 넘어 북서쪽으로 향하는 병참선(兵站線)을 설치하고 라인 강 왼쪽 기슭에다 군사적 전선(前線)을 세웠으며, 나아가서는 남부 브리튼을 병합함으로써 그 기지의 왼쪽을 지키게 하여 알프스 너머 서부 대륙 유럽과 분리시켜서, 거의 지중해 연안지대에 국한되어 있던 제국의 영토에 이 지역을 첨가했다.

이와 같이 하여 로타르 영토에 포함된 이 선은, 로타르 시대 이전에는 로마 제국의 지리적 구성 요소가 되어 있었고, 로타르 시대 이후는 서구 사회의 지리적 구성 요소가 되었으나, 이 선의 구조상 기능은 로마 제국의 경우 및 그후의 서구 사회의 경우와 서로 같지 않았다. 즉 로마 제국에서는 그것이 최전선이었던 데 비해, 서구 사회에 있어서는 그것이 그 양편으로 또는 모든 방향으로 확대되어 나가는 기본선이 되었다. 로마 제국이 붕괴된 후 서구 사회가 혼돈 속에서 서서히 고개를 들기 시작할 때까지의 중간기(약 375~675년)에 깊이 잠들어 있는 동안, 낡은 사회의 옆구리에서 갈비뼈가 하나 뽑혀 나와 같은 종류의 새로운 사회의 척추로 개조되었다.

서구 사회의 생애를 775년 이전으로 거슬러올라가 보면 그것과는 별개의 사회, 즉 로마 제국과 거기에 속해 있던 사회가 우리 눈앞에 뚜렷한 모습을 나타내는 것이다. 그와 동시에 서구의 역사에서 다른 이전의 사회로 거슬러올라갈 수 있는 요소가 있다면, 그 요소는 이 두 개의 다른 사회를 합친 데서 전혀 다른 기능을 갖게 된다는 것을 알게 된다.

로타르의 영토가 서구 사회의 기본선이 된 이유는, 로마의 최전선을 향해 북상해 온 교회가 그 바깥쪽의 무인지대(국경 바깥쪽의 땅으로 소속이 정해지지 않은 지역)로부터 같은 전선을 향해 남하해 온 야만족과 만나 결국 새로운 사회를 낳게 되었기 때문이다. 따라서 서구 사회의 역사를 연구하는 사람이 여기서부터 더욱 거슬러올라간 과거에서 서구 사회의 근원을 찾으려고 한다면, 교회와 야만족의 역사에 관심을 집중시키게 될 것이다. 그리고 이 두 개의 역사는 모두 한니발 전쟁(제2차 포에니 전쟁)으로 인한 큰 충격 때문에 그리스·로마 사회가 기원전 마지막 2세기 동안에 일으키지 않을 수 없었던 경제적·사회적·정치적인 혁명에까지 소급하게 된다는 것을 알 수 있을 것이다.

로마는 왜 한쪽 팔을 서북쪽으로 길게 뻗쳐 알프스 저쪽의 서부 유럽을 그 제국 안으로 끌어들였는가? 그것은 카르타고와 생사를 건 싸움을 하다 보니 그 방면으로 끌려들어갔기 때문이다. 그러면 왜 알프스를 넘고 나서는 라인 강에서 멈추었는가? 로마는 아우구스투스 시대(기원전 27~기원후 14년)에 이르러, 지난 2세기 동안 끊임없이 계속된 전쟁과 혁명으로 인해 지칠 대로 지쳐 그 중력이 완전히 소멸되어 버렸기 때문이다. 왜 야만족은 결국 경계선을 돌파하게 되었는가? 문명도가 높은 사회와 그보다 미개한 사회 사이에 있는 경계선이 일단 고정되면, 그것으로 양쪽 힘의 관계가 안정된 평형상태를 유지하게 되는 것이 아니라, 시간이 흘러감에 따라 후진사회에 유리한 방향으로 기울어지기 때문이다.

경계선을 돌파했을 때 야만족은 왜 그 건너편에서 교회와 마주쳤는가? 물질적인 면에서 보면 한니발 전쟁 뒤의 경제적·사회적 혁명의 결과 동방세계로부터 많은 노예가 끌려와 서방의 황폐한 지역에서 일을 하게 되었는데, 그때 강제로 이주되어 오는 이 동방 노동자들의 뒤를 자연히 따라오게 된 동방의 갖가지 종교가 소리없이 침투해 왔기 때문이다. 또 정신적인 면으로 보면 내세에서 개인적인 구원을 약속하는 이들 종교가 그 당시 그리스·로마 사회의 운명을 구제하는 데 실패한 지배적 소수자의 정신 속에서 씨뿌리기에 적당한 터를 발견했기 때문이다.

한편 그리스·로마의 역사연구가 입장에서 본다면, 그리스도교도도 야만족도 모두 외부로부터 들어온 하층사회의 천민으로 보일 것이다(그는 이것을 말기 그리스·로마 사회―좀더 적절한 이름을 붙인다면 헬라스 사회―의 내적 프롤레타리아트 및 외적 프롤레타리아트[7]라고 부를 것이다). 그는 마르쿠스 아우렐리우스 같은 헬라스 사회 문화의 위대한 지도자가 그들의 존재를 거의 무시하고 있다는 사실을 지적할 것이다. 그리고 그리스도 교회와 야만족의 군단(軍團)을 모두 한니발 전쟁 때문에 완전히 쇠약해진 헬라스 사회로 들어온 병적 증상이라고 진단할 것이다.

이상의 조사에 의해 우리는 서구 사회의 시간적 범위의 상한선(上限線)에 관해 명확한 결론을 끌어낼 수 있다. 이 사회의 수명은 거기에 속하는 어떤 국민의 수

---

7 프롤레타리아트라는 단어는, 이 책에서는 한 사회의 역사의 어떤 시기에 있어서 그 사회 속에 포함되지만 어떤 점에서는 그에 속하지 않는 사회적 요소 또는 집단이라는 뜻으로 사용된다.

명보다 다소 길지만, 이 사회에 의해 대표된 종(種)이 존속해 온 기간에 비하면 훨씬 짧다. 서구 사회의 역사의 기원으로 거슬러올라가 추구해 보면, 틀림없이 더욱 먼 과거에 기원을 둔 다른 사회의 최종 국면에 봉착하게 된다. 흔히 말하는 역사의 연속성이란 한 단일 개체의 일생에 나타는 것과 같은 연속성은 아니다. 그것은 오히려 계속되는 몇 세대의 생애에서 이루어지는 연속성이어서, 서구 사회는 헬라스 사회에 대해(불충분하지만 편리한 비유를 쓴다면)자식의 부모에 대한 관계에 비유할 수 있다.

이 장의 논의가 허용된다면, 이해할 수 있는 역사 연구의 단위는 국민국가도 아니고 또한 그것과는 극한적으로 반대인 인류도 아니며, 우리가 사회라고 명명한 어떤 종류의 인간 집단이라는 데 의견이 일치할 것이다. 우리는 그와 같은 사회가 다섯 개 존재한다는 것, 그 밖에도 화석의 형태로 이미 사멸해 버린 사회의 흔적을 가진 몇 개의 집단이 존재한다는 것을 발견했다. 그리고 이들 현존하는 사회 가운데 하나인 서구 사회의 탄생 과정을 조사해 나가는 동안에 또 하나의 아주 뚜렷한 사회, 서구 사회가 그 자식과 같은 관계에 놓여 있는 사회, 한마디로 '지부(支部 ; affiliated)'와 같은 관계에 놓여 있는 사회의 임종에 부딪혔던 것이다. 다음 장에서 우리는 일찍이 이 지구상에 존재했던 것으로 알려진 이런 종류의 사회를 더듬어보고 완전한 일람표를 만들어 상호간의 관계를 밝혀보기로 하자.

제2장 문명의 비교 연구

우리는 이미 서구 사회(또는 서구 문명)가 그보다 앞서 존재했었던 사회에 대해 '자식'의 관계에 있다는 것을 알았다. 따라서 지금까지 밝혀진 것 이외의 이와 같은 종류에 속하는 사회에 대한 탐구 방법은 이제 명백해졌으므로. 그 방법에 따라 현존하는 다른 표본, 즉 정교 그리스도교 사회, 이슬람 사회, 힌두 사회 및 극동 사회 등 이들 사회에도 역시 '부모'의 위치에 있는 사회가 존재하는지 여부를 조사해 보아야 할 것이다. 그러나 이 탐구를 시작하기 전에 우리는 무엇을 찾고 있는 것인가, 다시 말하자면 확실한 증거로서 받아들일 수 있는 부자관계 (apparentation‐and‐affiliation)의 징표가 무엇인가 하는 것을 명확하게 해두어야 한다. 서구 사회가 헬라스 사회에 대해 '자식'의 관계를 갖는다고 할 때, 우리는 과연 이런 관계를 나타내는 어떤 징표를 발견할 수 있을까?

이런 현상 속에서 최초로 눈에 띄는 것은, 헬라스 사회 역사의 마지막 국면에서 헬라스 사회 전체를 단일한 정치적 공동체로 통합한 세계국가(즉 로마 제국)였다. 이 현상이 특히 우리의 주목을 끄는 것은 로마 제국이 나타날 때까지 헬라스 사회가 많은 지방국가로 분할되어 있었던 사실과 두드러진 대조를 보이고, 또한 서구 사회가 역시 오늘날까지 많은 지방국가로 분할된 상태를 지속해 오고 있는 사실과도 두드러진 대조를 보이기 때문이다.

다음에 우리는 로마 제국이 나타나기 직전에 혼란기가 있었다는 것을 알았다. 이 혼란기는 적어도 한니발 전쟁까지 거슬러올라가는 것으로, 이 시기에 헬라스 사회는 이미 그 창조성을 잃고 명백하게 쇠퇴의 길을 더듬어가고 있었던 것이다. 이 쇠퇴는 로마 제국이 성립됨으로써 일시 주춤하긴 했지만, 결국 헬라스 사회처럼 로마 제국을 멸망시킨 불치병의 징조였던 것이다. 그리고 로마 제국이 붕괴되고 난 뒤에는, 헬라스 사회가 소멸되고 서구 사회가 출현하기까지 일종의 공백기가 계속되었다.

이 공백기는 두 제도가 활동함으로써 채워졌다. 두 제도란, 로마 제국의 내부에서 발생되고 로마 제국이 멸망한 뒤에도 살아남은 그리스도 교회와, 제국의 국경 저쪽의 주인 없는 지대에서 넘어온 야만족이 이른바 민족이동을 해 온 결과 지난날 제국의 영토였던 지역에 만들어진 몇 개의 단명(短命)한 후계국가라는 것이다. 우리는 이미 이 두 개의 세력을 헬라스 사회의 내적 프롤레타리아트 및 외적 프롤레타리아트라는 이름으로 부른 바 있다. 양자는 모든 점에서 서로 다르지만 헬라스 사회의 지배적 소수자—방향을 잃고, 지도자의 임무를 다할 수 없게 된 구사회의 지도계급—들이 이탈해 나갔다는 점에 있어서는 똑같다. 사실 제국이 멸망했는데도 교회가 살아남은 것은, 교회가 민중을 지도하고 민중의 충성심을 얻은 데 비해 제국은 이미 오래 전부터 그 어느 쪽도 갖지 못했기 때문이다. 이와 같이 죽어가는 사회 속에서 살아남은 교회는 마침내 거기에서 새로운 사회를 탄생시키는 모체가 되었던 것이다.

서구 사회가 헬라스 사회의 '자식' 사회로서 탄생될 때까지의 공백기의 또 다른 특징인 민족이동은 어떤 역할을 했을까? 이 이동에 있어서, 구사회의 경계선 저쪽으로부터는 외적 프롤레타리아트가 홍수처럼 밀어닥쳤다. ─ 북부 유럽의 삼림 지대로부터는 게르만족과 슬라브족이, 유라시아의 스텝 지대(대초원지대)로부터는 사르마티아족과 훈족이, 아라비아 반도로부터는 사라센족이, 아틀라스 산맥과 사하라 사막으로부터는 베르베르족이 이동해 왔던 것이다.

이들 야만족이 세운 몇 개의 단명한 후계국가가 교회와 어깨를 나란히 하여 공백기 혹은 영웅시대[8]에 역사의 무대 위에서 활약한 셈인데, 교회에 비하면 야만족이 공헌한 바는 보잘것없는 것이었다. 그들은 대부분 공백기가 끝나기 전 폭력에 의해 멸망했다. 반달족과 동고트족은 로마 제국의 반격을 받고 쓰러졌다. 쇠퇴하긴 했어도 로마 제국의 마지막 불길은 이 하찮은 모기들을 태워 죽이기에 충분했던 것이다.

다른 야만족들은 자기들끼리의 싸움으로 멸망하고 말았다. 야만족에 의해 건설된 로마 제국의 후계국가 가운데 근대 유럽의 국민국가 안에 직계 자손을 가지고 있다고 할 수 있는 것은 단 두 개, 즉 샤를마뉴의 프랑크 왕국 아우스트라시아[9]와 앨프레드의 웨식스 왕국뿐이다.

이상 진술한 바와 같이 민족이동 및 그것이 낳은 일시적인 산물인 야만족의 국가들은 교회나 제국과 마찬가지로 서구 사회가 헬라스 사회에 대해 '자식'의 관계를 나타내는 것과 같은 징표이다. 그러나 제국과는 같지만 교회와 다른 것은 그것이 단순히 징표일 뿐 그 이상은 아니라는 점이다. 징후를 연구하고 나서 원인을

---

8 야만족의 활약이라는 관점에서 보면 공백기를 '영웅시대'라고도 할 수 있다.
9 7세기에서 9세기까지 존속한 프랑크 왕국. 오늘날의 프랑스 북동부, 독일 서부, 벨기에를 포함한다.

연구하게 되면, 교회가 과거에 속하는 동시에 미래에도 속하는 것과는 달리 야만족이 세운 후계국가는 제국과 마찬가지로 전적으로 과거에 속해 있었다는 점이 판명된다. 후계국가의 출현과 제국의 몰락은 종이의 앞뒤와도 같은 것으로, 후자의 몰락은 전자의 몰락을 예고하는 움직일 수 없는 전조였던 것이다.

이와 같이 서구 사회에 대한 야만족의 공헌을 낮게 평가하는 태도는 한 세대 전의 역사가들(예를 들어, 프리맨)에게 충격을 주었을 것이다. 그들은 책임제 의회 정치제도를 튜턴 여러 부족들이 주인 없는 지대로부터 가지고 들어온 것으로 추측되는 어떤 종류의 자치제도가 발전한 것이라고 생각했다. 그러나 이들 원시적인 튜턴족의 제도는 설령 실제로 존속했다 하더라도 거의 모든 시대 모든 장소에 살았던 미개인의 경우와 마찬가지로 지극히 유치한 것으로서, 따라서 민족이동 기간에 없어지고 말았다. 야만족 군단의 지도자들은 무력(武力)을 즐기며 성공을 꿈꾸는 모험가들이었고, 후계국가의 정치체제는 당시의 로마 제국 자체가 그러했듯이 혁명에 의해 교체되는 전제정치였다. 이들 야만적인 전제정치의 마지막 흔적이 사라진 것은, 우리가 의회제도라고 부르는 것이 서서히 이룩되어 실제로 새로운 발전을 시작한 시기보다 몇 세기 앞의 일이었다.

그리고 얼마 전까지도 우위를 차지했던 서구 사회의 역사에 대한 야만족의 공헌을 과대평가하게 된 부분적 이유는, 사회적 진보 여부가 종족의 어떤 본래적 천성의 존재 여부에 달렸다는 잘못된 신념에서 비롯되고 있다. 물질과학의 힘으로 규명된 현상에서 얻은 잘못된 유추는 이전 세대의 서구 사학자들로 하여금 종족을 화학적 '원소'로 생각하게 하고, 종족간의 혼혈을 일종의 '화학반응'으로 보게 했다.

이 화학반응은 전에는 활기가 없고 가라앉아 있던 곳에서 그 숨겨진 에너지를 해방시켜 놀랄 만한 변화를 야기시킨다고 생각하게 했다. 역사가들은 야만족 침입의 종족적 결과를 비유적으로 설명하여, '새로운 혈액의 주입'은 훨씬 나중에 등장한 서구 사회의 역사를 이루는 생명과 발전을 야기시킨 원인으로 잘못 생각하게 되었다. 이 야만족들이야말로 '순수한' 정복자들로서, 그 피가 아직도 그들의 후손이라고 여기는 사람들의 육체에 생기를 불어넣고 고귀하게 한다고 생각했던 것이다.

그러나 실제에 있어서는 야만족이 서구 사회의 정신적 본질을 만들어준 것은 아니다. 그들은 헬라스 사회가 숨이 끊어지는 마당에 우연히 자리를 같이했다는 것 때문에 그 존재가 부각되었으나, 헬라스 사회의 몰락에 치명타를 가했다는 영예마저도 자기 것이라고 주장할 수가 없다. 그들이 등장했을 때는 이미 헬라스 사회는 몇 세기 전의 혼란기에 스스로 입은 상처 때문에 빈사상태에 이르러 있었던 것이다. 그들은 썩은 고기를 쪼아먹는 독수리나 시체 위에 우글거리는 구더기에 지나지 않았다. 그들의 영웅시대는 헬라스 사회 역사의 종장(終章)이지 서구 사회 역사의 서곡은 아니다.

이상 세 가지 요인이 낡은 사회로부터 새로운 사회로 옮겨가는 과도기를 특징지었다. 즉 낡은 사회의 마지막 단계로서의 세계국가와, 낡은 사회 속에서 발달하여 새로운 사회를 성립시킨 교회, 그리고 야만족 침입에 의해 혼돈상태에 빠진 영웅시대라는 세 가지 요인인데, 이들 요인 중 두 번째 요인이 가장 중요하며, 세 번째 요인은 가장 중요성이 희박하다.

정교 그리스도교 사회

이 사회의 기원을 조사해 보아도 우리가 지향하는 사회라는 종의 표본이 늘지는 않는다. 왜냐하면 이 사회는 분명히 서구 사회와 함께 헬라스 사회에서 태어난 쌍둥이기 때문이다. 단지 그 지리적 이동 방향이 서북쪽이 아니고 북동쪽이라는 점만 다를 뿐이다. 이 사회의 요람지 또는 발상지는 비잔틴령 아나톨리아로서, 경쟁 상대인 이슬람 사회가 팽창함으로써 몇 세기 동안이나 거기에 갇혀 있었지만 마침내 북쪽과 동쪽으로 뻗어나가 러시아 및 시베리아 전역에 걸쳐 퍼져나갔고, 이슬람 사회의 외곽을 둘러싸고 극동 사회를 침범했다. 서구 그리스도교 사회와 정교 그리스도교 사회가 두 개의 다른 사회로 나누어진 것은 공동의 번데기였던 가톨릭 교회가 로마 가톨릭 교회와 정교 교회라는 두 개의 개체로 분리되었기 때문이다.

이 분열은 3세기 이상 걸렸는데, 8세기의 성상(聖像) 파괴 논쟁으로부터 야기된 결렬을 마지막으로 끝났다. 그 사이에 급속도로 분열된 두 사회의 교회는 명백히 대립하는 정치적 성격을 띠게 되었다. 서구의 가톨릭 교회는 중세 교황의 독립적인 권위 밑에서 중앙집권적으로 통일되었고, 정교 교회는 비잔틴 정권을 따르는 한 부분이 되었다.

이란 및 아랍 사회와 시리아 사회

다음에 조사해야 할 현존 사회는 이슬람 사회이다. 이슬람 사회의 배경을 살펴보면, 서구 사회와 정교 그리스도교 사회를 공통의 배경으로 하여 인정되는 것과 같은 것은 아니지만 분명히 유사한 점을 가지고 있는 세계국가와 세계교회와 민족이동을 배경으로 인정할 수 있다.

이슬람 사회의 세계국가는 바그다드에 있던 압바스 왕조의 칼리프[10] 왕국이다. 세계교회는 물론 이슬람교 자체이다. 칼리프 왕국의 몰락과 함께 영토를 침략하여 민족이동을 해온 것은 유라시아 스텝 지대의 터키 및 몽골 유목민과 북아프리카의 베르베르 유목민 및 아라비아 반도의 아랍 유목민들이었다. 이 민족이동으로 인해 975년부터 1275년까지 거의 3세기에 걸친 공백기가 생기는데, 그 뒤의 연대는 오늘날의 세계에서 우리가 보는 이슬람 사회가 시작된 연대로 볼 수 있다. 여기까지는 모든 것이 간단명료하지만, 더 깊이 파고들면 복잡한 현상이 나타난다.

첫째는 이슬람 사회에 선행하는 사회(지금으로서는 아직 확인하지 못했다)가 독자를 낳은 것이 아니라 쌍둥이를 낳았다는 점이다. 이 점은 역시 쌍둥이를 낳은 헬

---

10 나중에 일어난 카이로의 압바스 칼리프 왕국은 바그다드 칼리프 왕국의 망령을 불러낸 것이었다. 즉 동로마 제국이나 신성 로마 제국과 똑같은 현상이었다. 이 세 경우는 모두 자식사회가 '부모' 사회인 세계국가의 망령을 만들어냈거나 또는 보존한 예이다.

라스 사회와 닮은 데가 있다. 그러나 이 두 쌍의 쌍둥이의 행동은 뚜렷이 다르다. 서구 사회와 정교 그리스도교 사회는 천년 동안이나 공존해 왔지만, 지금 우리가 규명하고자 하는 '부모' 사회가 낳은 쌍둥이는 한쪽이 다른 한쪽을 삼켜버렸다. 이 쌍둥이 이슬람 사회를 이란 사회 및 아랍 사회라고 부르기로 한다.

이 미확인 사회의 자식사회가 분화된 이유는 헬라스 사회의 자식사회의 분열과는 달리 종교상의 문제는 아니었다. 그리스도 교회가 가톨릭 교회와 정교 교회의 두 개로 나누어지듯이 이슬람교도 수니파와 시아파로 분열되었는데, 이 이슬람교의 종교 분열은 어느 시기에 있어서나 이란 이슬람 사회와 아랍 이슬람 사회를 구분하는 데 부합된 일은 없었다. 그러나 16세기의 1·4분기에 시아파 이슬람교가 페르시아에서 널리 퍼지게 되자 결국 종파(宗派) 분열이 이란 이슬람 사회를 분열시키고 말았다. 그 결과 시아파는 이란 이슬람 사회 주축(아프가니스탄에서 아나톨리아까지 동서로 달리고 있는)의 한복판에 자리를 잡고, 수니파는 그 양쪽에 있는 이란 세계의 양끝 및 남과 서의 아랍 국가들 사이에 널리 퍼지게 되었다.

두 개의 이슬람 사회와 두 개의 그리스도교 사회를 비교해 볼 때, 터키 지대 또는 이란 지대라고 부르는 지역에 나타난 이슬람 사회는 서구 사회와 어느 정도 유사한 점이 있으며, 아랍 지대라고 부르는 지역에 나타난 또 하나의 이슬람 사회는 정교 그리스도교 사회와 어느 정도 유사한 점이 있다는 것을 알 수 있다. 예를 들어, 13세기에 카이로에서 맘루크[11]에게 불려간 바그다드 칼리프 왕국의 망령(카이로의 압바스 왕조 칼리프 왕국)은 8세기에 콘스탄티노플에서 이사우리아 왕조의 레오에게 불려나간 망령(동로마 제국)을 연상시킨다. 맘루크가 건설한 제국은 레오의 제국과 마찬가지로 비교적 아담하고 유능했으며, 또한 영속적이었다. 이 점은 서구의 샤를마뉴 제국처럼 나타났다가 곧 사라져 버린 광대하고 종잡을 수 없으며 수명이 짧았던 이웃 이란 지대의 티무르 제국과는 대조적이다.

끝으로 16세기에 이란 지대의 이슬람 사회가 아랍 지대의 이슬람 사회를 정복 및 병합한 것은 서구 그리스도교 사회가 정교 그리스도교 사회를 침략한 것과 마

---

11 한때 이집트에서 실권을 잡았던 무사 계급. 맘루크라는 말은 본래 '노예'라는 뜻의 아라비아어이다.

찬가지이다. 서구 그리스도교 사회의 침략은 1204년에 제4차 십자군이 창끝을 콘스탄티노플로 돌려 공격했을 때 절정에 달했으며, 한때는 정교 그리스도교 사회가 그 자매사회에 영원히 정복당하고 병탄되는 것이 아닌가 하는 생각도 들었다. 이것이야말로 바로 약 3세기 뒤인 1517년 아랍 사회를 엄습한 운명이었다. 이 해에 오스만 제국의 파디샤 셀림 1세에 의해 맘루크 정권이 타도되었고, 카이로의 압바스 칼리프 왕국은 멸망하고 말았다.

이제 우리는, 마치 로마 제국이 헬라스 사회의 최종 단계를 표시하는 징표였던 것과 마찬가지로 바그다드의 압바스 칼리프 왕국이 그 최후 단계를 표시하는 징표가 된 이 미확인 사회는 어떤 사회인가에 대해 생각하지 않으면 안 된다. 압바스 칼리프 왕국에서 역사를 한 걸음 더 거슬러올라가 보면 헬라스 사회의 끝에서 두 번째 단계로 판명되었던 저 혼란기에 해당하는 현상을 찾아낼 수 있을까?

답은 부정(否定)이다. 바그다드의 압바스 칼리프 왕국 이전에는 다마스쿠스의 우마이야 칼리프 왕국이 있었고, 또 그 이전에는 천년에 걸친 헬라스의 침략이 있었다. 이것은 기원전 4세기 후반 마케도니아의 알렉산드로스가 원정을 개시함으로써 시작되어, 그 뒤 그리스계(系) 셀레우코스의 시리아 왕국, 폼페이우스의 출정과 로마의 정복, 이어 기원전 7세기 초에 이슬람교의 군대에 의해 행해진 오리엔트측의 복수전을 끝으로 가까스로 막을 내렸다.

원시 이슬람교 아랍족의 노도와 같은 정복은, 역사의 리듬 속에서 역시 노도와 같은 기세로 행해진 알렉산드로스의 정복과 호응하는 대조 악절(對照樂節)을 이루고 있는 것 같다. 알렉산드로스의 경우와 마찬가지로 그것은 겨우 5, 6년 사이에 세계의 면모를 바꾸어 놓았던 것이다. 그러나 그것은 마케도니아식으로 원상을 형태도 남기지 않고 바꾼 것은 아니었다. 마케도니아의 정복이 아케메네스 제국(즉 키루스와 그 후계자들이 세운 페르시아 제국)을 무너뜨리고 헬레니즘의 씨앗을 뿌릴 바탕을 만들어 놓기만 한 것처럼, 아랍족의 정복은 우마이야 왕조나 그 뒤를 이은 압바스 왕조가 아케메네스 제국과도 맞먹는 세계국가를 재건할 길을 터놓았다.

두 제국의 지도를 포개어 놓고 보면 그 윤곽이 거의 일치하는 데 놀라지 않을 수 없다. 더욱이 이 일치는 단순히 지리적인 것에 그치지 않고 통치 방법, 또는 좀더 내면적인 사회생활 및 정신생활의 여러 가지 현상에 이르기까지 파급되어 있다는 것을 알 수 있다. 압바스 칼리프 왕국의 역사적 역할은 아케메네스 제국의 재현과 재개(再開), 외부 세력의 충격에 의해 분쇄된 정치조직의 재현과 외래인의 침입 때문에 중단된 것으로 보아야겠고, 따라서 이 미확인 사회를 탐구하기 위해서는 천년 전으로 거슬러올라가야 한다.

이제 우리는 압바스 칼리프 왕국 이전의 단계에서 발견할 수 없었던 현상, 즉 헬라스 사회의 역사에서 로마 제국을 수립하기 직전의 혼란기와 비슷한 것을 아케메네스 제국 직전의 시대에서 찾아내어 조사해야겠다.

아케메네스 제국의 성립과 로마 제국의 성립이 일반적으로 유사점이 많다는 것은 명백한 사실이다. 세부적인 면에서 다른 점은, 헬라스 사회의 세계국가가 그 직전의 혼란기에 주요한 파괴자의 역할을 한 바로 그 국가 안에서 발달해 온 데 비해, 아케메네스 제국의 성립은 로마가 파괴적 역할과 건설적 역할을 번갈아 한 것과는 달리 각각 다른 국가가 그 역할을 했다는 점이다. 파괴적 역할을 한 것은 아시리아였다. 그런데 아시리아는 그때까지 온갖 고난을 겪어온 사회를 세계국가로 형성하여 그 사업을 완성시키려는 순간 지나친 군국주의 때문에 자멸하고 말았다. 대단원의 막이 내리기 직전(기원전 610년) 주역이 극적으로 쓰러지고 말았는데, 그 역할을 이어받은 것은 의외로 그때까지 단역을 맡고 있던 자였다. 즉 아케메네스 제국이 아시리아가 뿌린 씨앗을 거두어들였던 것이다. 그러나 이렇게 배역이 바뀌었다고 각본의 성격이 달라진 것은 아니다.

아케메네스 제국에 의해 통일되었을 때 이 미확인 사회에서 아카드어와 설형문자(楔形文字)가 서서히 아람어와 아람 문자로 대치되었는데, 이 현상 속에서 아시리아에 의해 밀려나간 문화 요소가 평화적으로 제거당하는 과정을 찾아볼 수 있다.

아시리아인 자신도 말기에 가서는 점토판(粘土板)에 찍거나 돌에 새겨 쓰던 전통적인 설형문자 이외에, 보충하는 뜻에서 양피지에 쓰기 위해 아람 문자를 사용하게 되었다. 아람 문자를 사용한 이상 아람어를 사용했을 것으로 추정할 수 있다. 어쨌든 아시리아 제국과 그 뒤에 출현한 단명한 신바빌로니아 제국(즉 네부카드네자르의 제국)이 멸망한 다음 아람 문자와 아람어는 널리 사용되었고, 기원전 1세기에 마침내 아카드어와 설형문자는 그 발생지인 메소포타미아 전역에서 모습을 감추고 말았다.

그것과 대응하는 변화를, 미미한 존재였다가 갑자기 아케메네스 제국의 지배민족인 '메디아인과 페르시아인'(《다니엘》 6장 12절)의 언어로 각광을 받게 된 이란어의 역사에서 찾아볼 수가 있다. 고유의 문자를 갖지 못한 언어(이란어 또는 페르시아어)를 사용하여 기록을 해야 하는 문제에 직면한 페르시아인은 돌에는 설형문자로, 양피지에는 아람 문자로 기록했는데, 결국 페르시아어를 표현하는 글자로 후세에까지 남은 것은 아람 문자였다.

사실상 하나는 시리아로부터, 또 하나는 이란으로부터 들어온 이 두 문화 요소가 같은 시대에 각각 자기 주장을 내세우며 서로 더욱 긴밀한 관계를 맺게 되었다. 아케메네스 제국이 수립되기 이전의 혼란기 끝무렵, 피정복자였던 아람인이 아시리아인의 마음을 사로잡게 된 후로는 이런 과정이 줄곧 되풀이되었다. 같은 과정을 그보다 앞선 시대에서 찾아보고 싶다면 종교적인 면을 보아야 할 것이다. 우리는 이 혼란기가 이란의 예언자 조로아스터와 같은 시대의 이스라엘 및 유대의 예언자들에게 같은 영감을 불어넣었다는 것을 알 수 있다.

전체적으로 보아 이란적 요소보다도 아람적 또는 시리아적 요소 쪽이 더욱 심각한 영향을 주었다고 보아야 옳을 것이다. 혼란기 이전의 시기를 살펴보면 이란적 요소는 사라져 버렸고, 솔로몬왕이나 솔로몬과 동시대인인 히람왕 등이 활약하던 당시의 시리아도 이미 대서양과 인도양을 발견하고 알파벳을 발명하는 등 발전하는 사회의 모습을 엿볼 수 있다. 우리는 마침내 여기서 쌍둥이 이슬람 사회(나중에 하나로 합친다)의 '부모' 격인 사회를 찾아낸 셈인데, 이 사회를 시리아 사회라고 부르기로 한다.

이렇게 하여 확인한 시리아 사회를 배경으로 하여 다시 한 번 이슬람교(시리아 사회가 그것을 매개체로 하여 결국 마지막으로 이란 사회와 아랍 사회라는 두 개의 '자식' 사회를 갖게 된 세계교회)를 검토해 보자. 그렇게 함으로써 이슬람교의 발달과 그리스도교의 발달 사이에 흥미로운 차이점이 있다는 것을 알 수 있을 것이다. 앞서 살펴본 바와 같이 그리스도교의 창조력의 싹은 헬라스 사회 자체의 것이 아니라 밖으로부터 온 것(사실 우리는 지금에야 비로소 그것을 똑똑히 규명할 수 있는데, 그것은 시리아 사회의 기원을 이루는 것이다)이었다. 그런데 그와는 대조적으로 이슬람교의 창조적 싹은 시리아 사회 고유의 것이었다. 교조인 마호메트는 주로 시리아 사회의 종교였던 유대교에서, 그리고 부차적으로 시리아적 요소가 헬라스적 요소에 대해 또다시 우세를 차지했던 그리스도교의 한 형태인 네스토리우스파에서 그 영감을 얻었다.

물론 세계교회와 같은 위대한 제도는 결코 하나의 사회에서만 생기는 '순종'일 수는 없으며, 그리스도교 안에는 헬라스 사회의 신비종교나 헬라스 사회의 철학으로부터 유래한 헬라스적 요소가 많이 있다는 것을 알 수 있다. 또한 그 정도는 훨씬 작지만, 이슬람교에도 마찬가지로 헬라스적 영향이 미쳤다는 것을 알 수 있다. 그러나 대체적으로 말해 그리스도교는 그것이 세계교회의 역할을 한 사회로서는 밖으로부터 들어온 씨앗에서 생긴 것이었지만, 그에 반해 이슬람교는 토착의 씨앗으로부터 싹튼 것이다.

마지막으로 '자식' 사회인 이란 사회와 아랍 사회의 발상지가 그들의 '부모' 사회인 시리아 사회의 발상지로부터 얼마나 이동했는지 살펴보자. 아나톨리아에서 인도에 이르는 이란 이슬람 사회의 기선(基線)을 보면 그 이동의 정도가 크다는 사실을 알 수 있다. 그런데 시리아와 이집트에 퍼져 있는 아랍 이슬람 사회의 본거지는 시리아 사회의 전역을 덮어, 그 이동의 정도가 비교적 작다는 것을 알 수 있다.

인도 사회

다음으로 검토해야 할 현존 사회는 힌두 사회인데, 여기서도 또한 우리는 그 배후에 또 하나의 선행 사회가 있었다는 것을 나타내는 표준적인 징표를 찾아낼 수 있다. 이 경우의 세계국가는 굽타 제국(375~475년경)이다. 세계교회는 힌두교인데, 힌두교는 굽타 시대에 그때까지 7세기 동안 인도를 지배해 온 불교를 불교와의 공통 요람지였던 인도 아대륙에서 몰아내고 그 대신 지배권을 잡았다. 몰락기에 접어든 굽타 제국으로 이동해 온 민족은 유라시아 스텝 지대의 훈족이었는데, 그들은 동시에 동로마 제국도 습격했다. 이 훈족의 활약과 굽타 제국의 후계국가들의 흥망으로 채워진 공백기는 475년경부터 775년까지 이른다. 그 다음에 지금까지도 현존하는 힌두 사회가 모습을 나타내기 시작한다. 힌두 철학의 아버지라고 불리는 샹카라가 활약한 것은 800년경이었다.

힌두 사회의 '부모'에 해당하는 좀더 옛날 사회를 찾아 과거로 거슬러올라가 보면 시리아 사회의 탐구를 복잡하게 한 것과 같은 현상, 즉 헬라스 사회의 소규모 침입 현상이 나타난다. 인도의 경우 헬라스의 침입은 알렉산드로스 대왕의 원정만큼 그렇게 이른 시기에 시작된 것은 아니었다. 인도 문화에 끼친 영향이라는 점에 관한 한 알렉산드로스의 원정은 결코 영속적인 결과를 남기지 못했다. 헬라스 사회의 본격적인 인도 침입은 박트리아의 그리스 왕 데메트리우스 때(기원전 183~182년경)부터였고, 굽타 제국이 성립된 연대로 여겨지는 기원후 390년에 끝났는데, 이때는 절반쯤 헬라스화한 침입자의 마지막 생존자들이 멸망한 시기였다.

시리아 사회를 발견할 때 채용한 방법에 따라, 인도에 있어서도 서남아시아의 경우와 마찬가지로 굽타 제국을 헬라스 사회가 침입한 뒤에 다시 일어난 국가로 간주하여 헬라스 사회가 침입하기 이전의 세계국가를 찾아내야 하는데, 우리는 이것이 바로 기원전 323년 찬드라굽타에 의해 수립되고, 다음 세기에 나타난 아쇼카왕이 통치하면서 이름을 떨쳤으며, 기원전 185년에 찬탈자 푸샤미트라에 의해 멸망한 마우리아 제국이었다는 것을 알게 된다.

이 제국의 배후에 지방국가 사이에 파괴적인 전쟁이 벌어진 혼란기가 있었고, 이 혼란기에 싯다르타 가우타마, 즉 부처가 그의 생애를 보냈던 것이다. 가우타마의 생애와 인생에 대한 태도는 그가 속해 있던 사회가 그 당시 쇠운을 향하고 있었다는 가장 좋은 증거이다. 그리고 이 증거는 가우타마와 동시대 사람으로 자이나교의 교조인 마하비라의 인생관이나, 현세에 등을 돌리고 금욕생활을 함으로써 내세로 향하는 길을 찾으려고 했던 당대의 다른 인도인들의 생애에 의해 더욱 확실해진다.

이 혼란기의 배후의 가장 먼 배경에서는 《베다》에 기록되어 있는 성장의 시기를 엿볼 수 있다. 즉 우리는 힌두 사회의 '부모'에 해당하는 사회를 찾아내게 되는데, 이 사회를 인도 사회라고 부르기로 한다. 인도 사회의 발상지는 인더스 강과 상부 갠지스 강 유역이며, 거기서부터 인도 대륙 전체에 퍼져나갔던 것이다. 따라서 그 지리적 위치는 후계자인 힌두 사회의 위치와 거의 다를 바가 없다.

중국 사회

이제 단 하나 남아 있는 현존 사회, 즉 극동에 본거지를 둔 사회의 배경을 조사하면 된다. 여기서의 세계국가는 기원전 221년에 수립된 진(秦), 한(漢)으로 이어진 제국이다. 세계교회는 불교의 일파인 대승불교(大乘佛敎)로, 한제국에 전파됨으로써 현재의 극동 사회가 탄생하는 번데기의 역할을 했다. 세계국가가 몰락한 뒤에 유라시아 스텝 지대의 유목민들에 의해 민족이동이 이루어졌는데, 그들은 기원후 300년경에 한제국의 영토를 침략했다(한제국은 이미 100여 년 전부터 사실상 공백기로 들어가 있었다).

한제국 이전의 상태에 눈을 돌려보면 매우 뚜렷한 혼란기를 찾아볼 수 있다. 그것은 중국 역사에 있어서 '전국시대(戰國時代)'라고 부르는 것으로, 기원전 479년에 공자(孔子)가 죽은 뒤로부터 2세기 반에 걸친 기간이다. 이 시대의 두 가지 뚜렷한 특징이라고 할 수 있는, 자멸적인 정치와 실천 생활의 철학을 향한 활발한 지적 활동은, 헬라스 사회의 역사에 나타나는 스토아 철학의 시조 제논의 시대와, 헬라스 사회의 역사에 나타나는 혼란기에 종지부를 찍은 악티움(그리스 서북부 해안 지방) 해전과의 중간 시기를 연상시킨다.

그리고 또한 이 경우에 있어서도 헬라스 사회의 경우와 마찬가지로 이 몇 세기 동안의 혼란기는 조금 앞서 일어난 해체작용의 절정이라고 할 수 있는 것이었다.

공자가 죽은 뒤에 일어난 군국주의의 불길은 결국 스스로를 불태웠는데, 공자가 인생철학을 펴기 이전에 이미 이 불길은 점화되고 있었던 것이다. 공자의 현세적인 처세철학과 그와 동시대인이었던 노자(老子)의 현세초월적인 무위(無爲)의 가르침은, 두 사람 다 그들이 속해 있는 사회의 역사의 성장기가 이미 지나가 버린 것을 자각하고 있었음을 증명한다. 그 과거를 공자는 숭상하는 마음을 가지고 회고했으나, 노자는 마치 크리스천이 '멸망의 거리'를 떠날 때처럼(버니언의《천로역정》등을 돌려 버린 이 사회를 무엇이라 명명하면 좋을까? 우리는 편의상 이 사회를 중국 사회라고 부르자.

이 중국 사회로부터 오늘날의 극동 사회가 탄생하는 데 중매 역할을 한 대승불교는, 이 종교의 기원이 되는 생명의 싹이 이 종교가 활약한 사회 고유의 것이 아니고 다른 곳에서 온 것이라는 점에서 그리스도 교회와 비슷하며, 이슬람교나 힌두교와는 다르다. 대승불교는 인도 사회의 역대 그리스계 박트리아 왕과 그 후계자로 반쯤 헬라스화한 쿠샨 왕조의 지배 아래 있던 지역에서 발생한 듯하며, 후한(後漢)이 다시 정권을 찾을 때까지 쿠샨 왕조가 전한(前漢)의 후계자로서 지배하고 있던 타림 분지의 쿠샨 영토에 뿌리를 박고 있었다는 점은 의심할 여지가 없다. 이 문호(門戶)를 통해 대승불교는 중국 세계에 침투했고, 그리고 중국 사회의 프롤레타리아의 손에 그들의 필요에 응하도록 개조되었던 것이다.

중국 사회의 발상지는 황허(黃河) 유역이며, 거기서부터 양쯔 강(陽子江) 유역으로 확대되었다. 이 두 강 유역은 모두 극동 사회의 발상지 속에 포함되어 있다. 극동 사회는 거기서부터 하나는 중국의 해안선을 따라 남서 방향으로 퍼졌고, 또 하나는 동북 방향을 향해 한국과 일본으로 들어갔다.

화석(化石) 사회

현존 사회의 '부모'가 되는 사회를 탐색함으로써 지금까지 얻은 지식에 의해 '화석'을 골라내어 그것을 본래 속해 있던, 지금은 전멸한 사회로 귀속시킬 수가 있다. 유대인과 바리새인은 헬라스 사회가 시리아 세계로 침입하기 이전의 상태인 시리아 사회의 화석이다. 단성론 그리스도교도와 네스토리우스파 그리스도교도는 헬라스 사회의 침입에 대한 시리아 사회의 반발적 유물이며, 본래 시리아 사회의 종교였던 그리스도교가 헬라스화한 데 대해 계속적으로 모양을 바꾸어 행해진 저항이었다.

인도의 자이나교도와 실론, 미얀마, 샴, 캄푸치아의 소승불교도는 헬라스 사회가 인도 세계로 침입하기 이전에 존재했던 마우리아 제국 당시의 인도 사회의 화석이다. 티베트와 몽골의 라마파 대승불교도는 네스토리우스파에 해당한다. 그들은 본래의 인도 사회적 형태에서 헬라스 사회와 시리아 사회의 영향을 받았고, 결국 그런 형태로 중국 사회로 들어가게 되었다. 그리하여 그 이후에 형성된 대승불교의 변형에 대해 그것이 성공하지 못한 것을 비난하는 대표자가 되었다.

미노스 사회

헬라스 사회의 배후에는 또 하나의 선행 사회가 존재한다는 뚜렷한 징표가 보인다. 이 세계국가는 크레타 섬을 기선으로 하여 에게 해를 지배함으로써 유지되었던 해양제국으로 그리스 전설에 '미노스 왕의 해상 지배'라는 이름을 남겼고, 또한 얼마 전 크노소스와 페스투스에서 발굴된 궁전의 최상층 지표(地表)에 그 흔적이 남겨져 있었다.

이 세계국가의 뒤를 이어 민족이동이 있었다는 사실은, 전통적인 시의 연금술에 의해 얼마간 모습을 바꾸고 미화(美化)되긴 했어도 그리스 문학 최고의 기념비라고 할 수 있는 《일리아스》와 《오디세이아》 속에서 역력히 볼 수 있고, 또한 그 미세한 흔적을, 이쪽이 아마 역사적 사실에 더욱 가깝겠지만, 같은 시대의 이집트 제18, 제19 및 제20왕조의 공식 기록 속에서 찾아볼 수 있다.

이 민족이동은 아카이아족을 비롯한 야만족들의 침입과 함께 시작된 것으로 짐작된다. 그들은 에게 해의 유럽 쪽 후면으로부터 바다로 진출하여 상대방의 본거지인 해상에서 크레타 섬의 해양왕국과 싸워 이긴 것이다. 그들의 활동에 관한 고고학적 증거는, 고고학자들이 이른바 '후기 미노스 제2기'라고 부르는 시기의 끝무렵에 있었던 크레타 섬 궁전의 파괴이다. 민족이동이 최고조에 달한 것은, 에게 해의 여러 민족이 정복자나 피정복자의 구별 없이 마치 '사람사태'처럼 아나톨리아의 카티(히타이트) 제국(기원전 1670~1200년경)을 짓눌러 파멸시키는 데까지는 이르지 못했지만 이집트의 '신제국'을 습격했을 때였다. 학자는 크노소스 멸망의 연대를 기원전 1400년경으로 추정했고, 한편 이집트의 기록에 의해 위에서 말한 '사람사태'가 기원전 1230년부터 1190년 사이에 일어난 현상이었다는 것을 알 수 있다. 따라서 기원전 1425년부터 1125년까지를 공백기라고 생각할 수 있다.

이와 같이 한층 더 오래된 사회의 역사를 탐구하고자 함에 있어 크레타의 문자를 해독할 수 없다[12]는 점이 불리하기는 하지만, 고고학적 증거는 크레타 섬에서 발달한 물질문명이 기원전 17세기에 갑자기 에게 해를 건너 아르골리스(펠레폰네소스 반도의 아르고스를 중심으로 하는 지방)로 전달되었고 거기서부터 다음 2세기 동안에 그리스 반도 각지로 서서히 퍼져나갔다는 것을 나타내고 있다. 또한 크레타 섬의 문명이 신석기시대로 거슬러올라가서까지 존재했었다는 증거가 있는데, 이 사회를 미노스 사회라고 부르기로 한다.

그러나 미노스 사회와 헬라스 사회와의 관계를, 헬라스 사회와 서구 사회와의 관계나 그 밖에 지금까지 우리가 확인한 '부모와 자식'의 관계로 맺어진 사회 상호간의 관계와 똑같이 취급해도 좋을 것인가? 다른 경우에 있어서는 두 개의 사회를 결합시키는 사회적 매개체는 모두 세계교회였고, 세계교회는 낡은 사회의 내적 프롤레타리아트에 의해 창조되어 나중에는 그 내부에서 새로운 사회가 차차 형태를 갖춰나가는 번데기의 역할을 했던 것이다.

그런데 범(汎) 헬레니즘(그리스 전체의 통일의식)의 주요한 표현인 올림포스의 판

---

12 크레타 섬에서 발견된 그림문자·선문자 A·선문자 B의 세 문자 중 선문자 B는 1952년 영국의 젊은 건축가 마이클 벤트리스가 해독하는 데 성공하여, 이것이 음절문자(音節文字)이며 이 문자로 씌어진 언어가 그리스어라는 것을 밝혀냈다.

테온(제우스를 주신으로 하는 그리스의 여러 신)에게는 미노스적인 면이 전혀 없다. 이 판테온은 호메로스의 서사시 가운데 고전적인 형태로 표현되어 있는데, 거기서 나타나는 신들은 민족이동의 시기에 미노스 세계를 습격하여 마침내는 그것을 멸망시킨 야만족과 똑같은 모습으로 묘사되어 있다.

제우스는 찬탈자로서 올림포스에 군림하는 아카이아족의 장군에 불과하다. 그는 이전의 지배자 크로노스를 힘으로 밀어내고 빼앗은 우주를 나누어서 바다와 땅을 자기 형제인 포세이돈과 하데스에게 주고 자기는 하늘을 가졌던 것이다. 이 판테온은 완전히 아카이아적인 것이며 미노스 사회 이후의 것이다. 지배권을 박탈당한 여러 신 속에서도 미노스 사회에 종교가 있었다는 반영을 찾아볼 수 없다. 크로노스와 타이탄들은 제우스 및 그 군단과 같은 종류였다. 우리는 여기서 로마 제국으로 침입해 들어가기 이전에 대부분의 튜턴 야만족이 이미 버렸던 종교, 그렇지만 스칸디나비아에 사는 그들의 동족은 계속 신봉하고 세련시키다가 그들도 역시 5세기 또는 6세기 이후에는 민족이동(이른바 북구인의 침략) 때문에 버리고 간 종교를 연상하지 않을 수 없다.

만약 야만족이 사태처럼 습격해 온 당시의 미노스 사회에 뭔가 세계교회적인 것이 존재했다면, 그것은 마치 그리스도교가 오딘(게르만 민족의 최고신)이나 토르를 숭배하는 것과는 다르듯이 올림포스 제신 숭배와는 다른 그 무엇이었으리라 생각된다.

그와 같은 종교가 과연 존재했을까? 이 문제에 대한 최고 권위자의 판단에 의하면, 그런 종교가 존재했었다는 희미한 흔적이 있다고 한다.

헬라스 사회의 전승(傳承) 속에서도 이 문제에 관한 다소의 증거를 찾아볼 수 있다. 그리스인은 크레타 섬의 '제우스'의 전설을 보존하고 있지만, 사실 이 제우스는 올림포스의 제우스와 동일한 신이 아니다. 이 크레타 섬의 제우스는 완전히 성장한 어른으로서 완전무장한 모습으로 등장하여 완력으로 자기의 왕국을 획득하는 군단의 우두머리가 아니며, 그는 갓 태어난 아기로서 나타난다. 아마도 그는 미노스 예술에 있어서 모신(母神)의 팔에 안긴 채 숭배를 받는 모습으로 표현된 어린이와 같을 것이다. 그리고 그는 태어날 뿐만 아니라 죽기도 할 것이다. 엘레우시스의 비밀의식[13]을 행하는 신, 본래 트라키아의 신이었던 디오니소스의 탄생과 죽음은 이 크레타의 제우스의 탄생과 죽음을 재현한 것이었을까? 고전기(古典期)의 그리스에 있어서의 비밀의식은 근대 유럽에서의 요술과 마찬가지로 이미 사라진 사회의 종교의 흔적이었을까?

만일 그리스도교 세계가 바이킹 앞에 굴복했다면—즉 바이킹의 지배를 받게 됨으로써 바이킹을 그리스도교로 개종시킬 수 없었다고 가정한다면—아에시르(북유럽의 신들) 숭배가 지배적 종교로 된 새로운 사회의 지하사회에서 미사의식이 여러 세기 동안 비밀리에 이루어지는 상태를 상상해 볼 수 있다. 또 이 새로운 사회가 완전히 성숙하면 스칸디나비아 야만족의 종교로는 만족하지 못해, 그것이 자리잡게 된 고장에서 정신적 생명의 양식을 구하게 되는 상태를 상상해 볼 수 있다. 그와 같은 정신적 기아가 일어났을 때는 고대종교의 아쉬움이, 서구 사회에서 마녀의 주술(呪術)이 가톨릭 교회의 눈에 띌 때마다 박멸당한 것과 반대로 고대종교에 대한 아쉬움이 숨겨진 보물로 재발견되었을지도 모른다. 그리고 누군가 종교적 천재가 나타나 매몰되어 있던 그리스도교의 의식과, 뒷날 핀족이나 마자르족으로부터 전래된 야만적인 행사인 오르기아의 기이한 격식을 만들어내어 시대의 요구에 응했을지도 모른다.

이상의 가정으로 미루어보아 헬라스 세계의 종교사는 예로부터 전해 내려오는 전통적인 엘레우시스의 비밀의식 부활과, 트라키아의 디오니소스 제전(오르기아)과, 크레타 섬의 제우스의 탄생 및 죽음을 제사지내는 미노스 사회의 비밀의식의 혼합에서 성립된 오르피즘—닐슨(스웨덴의 고전문헌학자로 고대 그리스 종교사의 권위자)의 말을 빌리면, '종교적 천재에 의해 창조된 사변적 종교'—의 발명이었다고 말할 수 있다. 엘레우시스 비밀의식과 오르피즘의 교회는 둘 다 분명히 고전시대의 헬라스 사회에 대해 올림포스 제신 숭배 속에서는 찾아볼 수 없었던 정신적 양식, 즉 혼란기에 당연히 예기할 수 있는 현세초월적인 정신, 쇠퇴기

---

13 고대 그리스 아티카의 도시 엘레우시스에서 여신 데메테르에게 올리는 제사로서, 한 해 걸러 열리는 신비적인 제전.

의 내적 프롤레타리아트에 의해 창조되는 세계교회의 특색으로 인정되는 정신을 공급했다.

이러한 점으로 미루어보아 엘레우시스 비밀의식과 오르피즘을 미노스 사회에 존재했던 세계교회의 망령이라고 본다 해서 그것을 억측이라고 할 수는 없을 것이다. 그러나 비록 이 추측이 적중했다 해도, 헬라스 사회를 그 선행 사회의 진짜 '자식' 사회라고 간주할 수 있는 근거가 되지는 못할 것이다. 왜냐하면 죽음을 당한 것이 아닌 이상 이 교회를 죽음으로부터 소생시킬 필요는 없을 것이기 때문이다. 또 이 교회를 없앤 자는 미노스 세계를 휩쓸고 돌아다닌 야만족이 아니었다면 대체 누구였단 말인가. 이들 '도시의 약탈자'(호메로스의 표현)인 살인자 아카이아인의 신들을 내 것으로 함으로써 헬라스 사회는 아카이아인을 양부모라고 선언했다. 헬라스 사회는 아카이아인이 범한 살인죄를 뒤집어쓰고, 스스로를 부모를 죽인 자라고 선언함으로써 비로소 미노스 사회의 '자식'이 될 수 있었던 것이다.

다음에 시리아 사회의 배경으로 눈을 돌려보면 헬라스 사회의 배경에서 발견할 수 있었던 것과 같은 것, 즉 미노스 사회 역사의 최종 단계에서 나타난 것과 같은 세계국가와 민족이동을 발견할 수 있다. 미노스 사회가 몰락한 뒤에 일어나 민족이동의 마지막 동요는 북방으로부터 몰려온 야만족의 마지막 물결, 이른바 도리스족에게 쫓겨 고향을 잃은 사람의 사태였다. 이들 난민의 일부가 이집트에서 격퇴당하고 일부는 이집트 제국의 동북 연안지대에 정착했는데, 이들이 《구약성서》 속의 그 유명한 페리시테인이다. 여기서 미노스 세계로부터 도망쳐 나온 페리시테인은, 아라비아의 주인 없는 지대에서 이집트의 속령으로 되었던 시리아의 여러 지역으로 흘러들어간 헤브라이 유목민과 만났다. 또한 북쪽에는 레바논 산계(山系)가 있는데, 이곳은 같은 시기에 침입해 온 아랍 유목민과 페리시테인과의 충돌에서 살아남은 연안지대의 페니키아인의 은신처가 되었다. 이 민족이동의 동요가 가라앉자 시리아라는 새로운 사회가 나타났던 것이다.

시리아 사회가 같은 종족으로서 친족 관계를 맺을 수 있는 한층 더 오래된 사회가 있다면 그것은 미노스 사회이다. 그 관계는 헬라스 사회와 미노스 사회와의 관계와 비슷한 정도여서 그 이상으로 가깝지도 않고 또한 멀지도 않다. 시리아 사회가 미노스 사회로부터 이어받은 유산 중의 하나는 알파벳인데, 다만 이 점은 확실한 것은 아니다. 또 하나는 원양 항해의 취미였다고 생각된다.

시리아 사회가 미노스 사회로부터 파생되었다는 이야기는 다소 의외라는 느낌이 든다. 오히려 시리아 사회의 배경에 있는 세계국가는 이집트 '신제국'이며 유대민족의 일신교(一神敎)는 이크나톤[14]의 일신교의 부활이었을 것으로 여겨지겠지만, 역사적 증거는 그러한 기대를 무산시킨다. 또한 시리아 사회가 다음에 검토할 아나톨리아의 카티 제국(히타이트 제국)과 우르의 수메르 왕조 및 그 후계자인 아모르 왕조에 의해 대표되는 사회의 어느 쪽이든 한쪽의 '자식' 사회가 된다는 증거도 없다.

수메르 사회

인도 사회의 배경에 눈을 돌려보면 무엇보다 우리 시선을 끄는 것은 《베다》의 종교가 올림포스의 제신 숭배와 마찬가지로 민족이동 기간 중에 야만족 사이에서 발생했다는 흔적이 보이고, 쇠퇴기 사회의 내적 프롤레타리아트에 의해 혼란기에 창조된 종교의 특색이 전혀 없다는 것이다.

이 경우의 야만족은, 헬라스 사회 역사의 여명기에 아카이아인이 에게 해에 모습을 나타낸 것과 같이 인도 사회의 여명기에 서북 인도에 모습을 나타내는 아리아족이다. 헬라스 사회와 미노스 사회의 관계로 미루어보아 인도 사회의 배경에도 역시 세계국가가 있었고, 그 국경 저쪽의 주인 없는 지대에는 아리아족의 선조들이 세계국가가 쇠퇴하여 침입할 수 있게 될 때까지 외적 프롤레타리아트로서 생활하고 있었던 게 아닌가 여겨진다. 그 세계국가를 찾아내고 또한 그 주인 없는

---

14 이집트 제18왕조의 왕으로서, 기원전 1377년부터 1358년까지 제위(帝位)에 있었다. 종래의 전통적인 신앙을 물리치고 태양신 아톤을 숭배하는 일신교를 세우려고 했다.

지대의 위치를 확인할 수 있을까. 우리는 아마 우선 다음의 다른 두 가지 질문을 제시함으로써 앞의 질문에 대한 답을 얻을 수 있을 것이다. 아리아족은 어디서부터 인도로 왔을까? 또 그들 중에는 같은 고장에서 출발하여 다른 목적지에 도달한 자가 있을까?

아리아족은 인도 유럽어족에 속하는 하나의 언어를 사용하고 있었다. 그리고 이 어족의 역사시대상의 분포를 보면, 아리아족이 유라시아 스텝 지대로부터 11세기의 가즈니 왕조의 마하무드나 16세기의 무굴 제국 창시자 바부르 등의 터키 계통 침략자 및 그 후계자들이 밟은 길을 그대로 따라 인도로 들어온 것으로 나타나 있다.

그런데 터키인의 분포 상태를 보면 그들의 일부는 동남으로 향해 인도로 침입했고, 나머지는 서남으로 향해 아나톨리아 및 시리아로 침입했다. 예를 들어 가즈니 왕조의 마하무드 시대에는 후에 십자군이라는 우리 서구 사회의 반격을 유발하게 된 셀주크 투르크의 침략이 있었다. 고대 이집트의 기록을 보면 아리아족은 기원전 2000년부터 1500년 사이에 유라시아 스텝 지대, 3천 년 뒤에 터키인이 나온 것과 같은 지역에서 나왔고, 그 뒤 역시 나중의 터키인과 같은 방향으로 흩어져 갔다는 것을 나타내는 증거를 제시하고 있다. 즉 일부는 인도의 자료를 통해 알 수 있듯이 인도로 들어갔고, 다른 일부는 이란, 이라크, 시리아의 순서로 침략했으며, 마지막에는 이집트로 침입하여 그곳에서 기원전 17세기에 이집트 역사상 힉소스 왕조라는 이름으로 알려져 있는 야만족의 군인통치를 확립했다.

아리아족의 민족이동의 원인은 무엇인가? 터키인의 민족이동의 원인이 무엇이었던가? 그런 문제를 생각함으로써 그 답을 얻을 수 있다. 이 뒤의 문제에 대한 답은 역사적 기록이 제공한다. 그것은 압바스 칼리프 왕국의 쇠퇴인데, 터키인이 두 방향으로 흩어져 간 것은, 빈사상태의 압바스 제국의 본토가 그들의 조국과 멀리 떨어져 있는 인더스 강 유역의 속령에서 가장 좋은 먹이를 제공해 주었기 때문이다.

이 설명이 아리아족이 그와 같은 상태로 흩어져 갔다는 사실의 단서가 될 수 있을까. 그럴 수 있다. 기원전 2000~1900년경 서남아시아의 정치 지도를 보면 우리는 이 지역이 바그다드의 칼리프 왕국과 마찬가지로 이라크에 있는 수도의 지배를 받으며, 그 영토가 같은 중심으로부터 같은 방향으로 퍼져나간 세계국가에 의해 점령당하고 있었다는 것을 발견할 수 있다.

이 세계국가는 기원전 2298년경 우르 수메르 왕조의 우르 엔구르에 의해 수립되었고, 기원전 1947년 아모르 왕조의 함무라비에 의해 다시 일어난 수메르 아카드 제국이었다. 함무라비가 죽은 뒤 이 제국은 붕괴되었는데, 그와 동시에 아리아족의 민족이동의 시기가 시작되었던 것이다. 수메르 아카드 제국이 인도까지 퍼져나갔다는 사실을 나타내는 직접적인 증거는 없지만, 최근 인더스 강 유역에서 이라크 수메르인의 문화와 매우 가까운 관계를 맺고 있던 어떤 문화(최초로 발굴된 두 개의 유적에 의해, 기원전 3250년경부터 2750년경의 것으로 추정된다)가 발굴된 것으로 미루어 그 가능성을 생각할 수 있다.

그 역사 속에서, 수메르 아카드 제국이 세계국가의 역할을 해낸 이 사회의 정체를 알아낼 수 있을까? 이 제국 이전의 시대를 조사해 보면 아카드의 군국주의자 아가데의 사르곤이 눈부신 활약을 한 혼란기가 있었음을 나타내는 증거를 찾을 수 있다. 그보다 더 과거로 거슬러올라가면 최근 우르의 발굴에서 밝혀진 성장과 창조의 시대를 찾아낼 수 있다. 이 시대가 기원전 4000년대까지 거슬러올라가는지, 또는 그 이전의 어느 부근까지 거슬러올라가는지에 대해서는 알 수 없다. 지금 확인된 이 사회를 수메르 사회라고 부르기로 한다.

히타이트 및 바빌로니아 사회

수메르 사회를 확인한 뒤, 이번에는 지금까지와 마찬가지로 과거의 사회로 거슬러올라가는 것이 아니라 반대 순서를 더듬어 내려옴으로써 다른 두 사회를 확인할 수 있다.

수메르 문명은 아나톨리아 반도 동부의, 뒤에 카파도키아라고 부르게 된 지방으로까지 퍼져나갔다. 카파도키아에서 고고학자가 발견한 설형문자로 된 상업용 문서를 새긴 점토판이 이 사실을 입증한다. 함무라비가 죽은 뒤 수메르 사회의 세계국가가 쇠퇴했고, 그와 동시에 카파도키아의 속령은 서북에서 진출해 온 야만족에 의해 점령당하여, 기원전 1750년경에는 이 지역의 가장 주요한 후계국가인 카티의 지배자 무르실 1세가 바빌로니아를 습격하여 약탈했다. 카티족이 이 약탈에서 노획물을 가지고 철수한 뒤 다른 야만족, 즉 이란에서 들어온 카시족이 이라크에서 지배권을 확립하여 6세기 동안 존속했다.

카티 제국이 히타이트 사회의 핵심이 되었는데, 이 사회에 관해 우리가 가지고 있는 단편적인 지식은 대부분 이집트 기록에서 얻은 것으로, 히타이트는 토트메스 3세가 이집트의 지배권을 시리아까지 확장한 다음부터 줄곧 이집트와 싸웠던 것이다. 히타이트 제국은 민족이동이 크레타 제국을 분쇄해 버린 것과 마찬가지로 역시 민족이동으로 말미암아 멸망했다. 히타이트인은 수메르의 복점술(卜占術)을 이어받은 듯하나 고유의 종교를 지니고 있었고, 또한 그것으로 적어도 다섯 종류의 다른 히타이트어를 기록하는 일종의 상형문자를 가지고 있었다.

기원전 15세기 이집트의 기록에 의해 역시 수메르 사회와 친족 관계에 놓여 있는 또 하나의 다른 사회가 수메르 사회의 본거지였던 바빌로니아(카티족이 기원전 12세기까지 지배했다)와 아시리아 및 엘람 땅에 존재했었다는 사실이 밝혀졌다. 수메르 사회의 지반 위에 출현한 후세 사회의 여러 제도는 많은 점에 있어서 선행한 수메르 사회의 제도와 흡사하므로, 그것을 별개의 사회로 간주할 것인지 아니면 수메르 사회의 종말로 간주해야 할 것인지 망설여진다. 그러나 우리는 의문의 여지가 있을 경우 피고에게 유리한 해석을 취하는 원칙을 적용시켜 이 사회에 바빌로니아 사회라는 이름을 붙이기로 한다.

이 사회는 그 말기에 해당되는 기원전 7세기 중 그 내부에서 일어난 바빌로니아와 아시리아의 군사력 충돌로 100년 동안이나 계속된 전쟁 때문에 격심한 타격을 받았다. 바빌로니아 사회는 아시리아가 멸망한 뒤 70년 가량 더 이어졌지만 최후에는 세계국가인 키루스의 아케메네스 제국에 병합되고 말았다. 이 70년 동안에 네부카드네자르가 나라를 다스렸고, 유대인의 '바빌론 유수기(幽囚期)'가 포함되어 있어, 유대인에게 있어서 키루스는 하늘에서 내려보낸 해방자처럼 보였을 것이다.

이집트 사회

지극히 주목할 만한 이 사회는 기원전 4000년대에 나일 강 하류 유역에 출현했다가 기원후 5세기에 절멸했다. 이 사회는 우리 서구 사회가 오늘날까지 존속해 온 기간의 최소한 3배나 되는 기간을 존속한 셈이다. 이 사회에는 '부모'도 없고 '자식'도 없다. 현존하는 어느 사회도 이 사회를 자신의 조상이라고 주장할 수 없다. 이 사회가 무엇보다도 한층 더 두드러지게 보이는 것은 돌 속에서 구하고 찾아낸 불멸성이다. 이미 5천 년 이상이나 되는 기간을 스스로는 생명이 없지만 그것을 건조한 자의 존재를 말없이 증언하고 있는 피라미드는 아마 앞으로 몇십만 년은 더 존속할 것이다. 피라미드가 인간이 완전히 절멸해 버린 후에도 남아서, 이미 피라미드가 전하는 사연을 해독할 사람이 없는 세계에서도 여전히 '나는 아브라함이 태어나기 이전부터 있었다'고 증언할지도 모른다는 것을 전적으로 부정할 수는 없다.

그러나 이들 거대한 피라미드 분묘가 이집트 사회 역사의 전형으로 간주된다는 것은 앞에서 말한 한 가지 점에 의해서만은 아니다. 우리는 이 사회가 약 4천 년 동안 계속되었다고 했는데, 그 기간의 절반은 이집트 사회가 살아 있는 유기체라기보다는 죽어 매장되지 않은 시체와 같은 상태에 있었다. 이집트 사회 역사의 절반 이상이 거대한 종장(終章)인 것이다.

그 역사를 더듬어가면 전체 길이의 4분의 1 이상의 기간이 성장기였다는 것을 알 수 있다. 우선 처음에는 매우 감당하기 어려운 자연환경을 제어 — 사람이 감히 접근할 수 없었던 나일 강 하류 유역과 델타 지대의 울창한 밀림, 늪지대의 개척과 배수와 경작 — 한 형식으로 나타났고, 이어 선왕조 시대의 끝무렵에는 예외적으로 빠르게 이집트 세계를 정치적으로 통일하여 한층 더 성장을 가속화했으며, 제4왕조 시대에는 놀랄 만큼 물질사업이 번창하여 최고조에 이르렀다. 이 왕조는 이집트 사회가 이룩한 독특한 위업, 즉 늪지대의 간척사업으로부터 피라미드 건설에 이르기까지의 거대한 토목사업을 통한 인간 노동의 통합이라는 점에서 절정에 달한 시기였을 뿐만 아니라 행정과 예술면에 있어서도 절정에 달한 시기였다. '지혜는 고뇌로부터 탄생한다(《아가멤논》의 한 구절)'는 종교의 영역에 있어서까지도 이른바 '피라미드 문서'는 이집트 사회가 쇠퇴기로 접어든 뒤에 성숙의 경지에 도달한 2대 종교운동, 즉 태양신 숭배와 오시리스 숭배가 역시 이 시대에 이미 탄생하여 충돌했고, 서로 영향을 끼치는 최초의 단계를 거치고 있었다는 증거를 확실히 보여준다.

제5왕조에서 제6왕조로 이행해 가는 시기, 즉 기원전 2424년경에는 전성기가 지나가고 쇠퇴기가 시작되는데, 이 시기부터 예의 쇠퇴의 징조가 지금까지 다른 사회의 역사에서 보아온 대로의 순서에 따라 나타나기 시작한다. 이 시기에 이집트 사회의 연합 왕족은 서로 싸움을 되풀이하여 몇 개의 작은 나라로 분열하는데, 이것이야말로 명백한 혼란기의 징후인 것이다. 이 이집트 사회의 혼란기가 지나고 나서 세계국가가 나타나는데, 이 세계국가는 기원전 2070년경 테베의 지방 왕조에 의해 수립되었고, 제12왕조(기원전 2000~1788년경)에 의해 그 기반이 다져졌다. 제12왕조가 몰락한 뒤 이 세계국가는 쇠퇴했고, 그뒤 계속되는 공백기에 힉소스족의 침입이라는 형태로 민족이동이 일어났던 것이다.

여기서 이 사회는 끝난 것처럼 보일지도 모른다. 가령 우리가 종전대로의 방식에 따라 기원 5세기경부터 출발하여 시대를 거슬러올라가며 조사해 보면, 아마도 우리는 여기에 멈추어서서 다음과 같이 말할 것이다. "그 발자취가 마지막으로 사라진 기원 5세기부터 이집트 사회의 역사를 25세기 동안 거슬러올라가면, 세계국가가 몰락한 뒤에 나타나는 민족이동과 마주치게 된다. 우리는 이집트 사회의 기원을 찾아냈는데, 그 기원 저쪽에는 한 시대 전의 사회의 종말이 엿보인다. 이 사회를 '나일' 사회라고 부르자."

그러나 우리는 그런 방법을 채택해서는 안 된다. 왜냐하면 이 시점에서 또다시 시대를 내려오며 조사해 보면 새로운 사회가 아닌 전혀 다른 현상을 발견할 수 있기 때문이다. 야만족의 '후계국가'는 타도되었고 힉소스족은 나라 밖으로 추방당한다. 그리고 테베에 수도를 둔 세계국가가 의식적으로, 계획적으로 부흥하는 것이다.

우리 입장에서 볼 때, 세계국가의 부흥이라는 것이 기원전 16세기부터 기원후 5세기 사이 이집트 사회의 역사에 있어서 가장 중요한 사건이었다(이크나톤이 일으켜 실패로 끝난 혁명을 제외하고). 그후 2천 년 동안 줄곧 이집트 사회의 세계국가는 몰락과 재건을 반복하며 존속했다. 새로운 사회는 나타나지 않았다. 이집트 사회의 종교사를 살펴보면, 여기서도 또한 공백기 뒤에는 그 이전에 쇠퇴기에 접어들었던 지배적 소수자로부터 이어받은 종교가 널리 퍼져 있었다는 것을 알 수 있다. 그러나 아무 어려움 없이 그렇게 된 것은 아니다. 이집트 사회의 내적 프롤레타리아트가 쇠퇴기로 오시리스교로부터 창조해 낸 세계교회와 타협함으로써 비로소 그 지위를 확보할 수 있었던 것이다.

오시리스 숭배는 이집트 사회의 정치사가 형성되었던 상부 이집트(카이로 이남의 수단에 이르는 지역)가 아닌 델타 지대로부터 들어온 종교였다. 이집트 사회의 종교사를 꿰뚫는 중요한 날줄은 이 지상 및 지하의 자연을 지배하는 신 — 교대로 지상에 모습을 나타냈다가는 지하로 모습을 감추는 식물의 정령 — 과 하늘을 지배하는 태양신 사이에 벌어지는 세력 다툼이었는데, 이 신학상의 싸움은 두 숭배사상이 발생한 사회의 두 개 부분에서 일어나는 정치적 · 사회적 싸움과 연결되어 있었고, 또한 사실상 후자의 신학적 표현이기도 했다. 태양신 라를 숭배하는 종교는 헬리오폴리스(카이로 근처 동북방에 있는 도시)의 신관(神官) 계급의 통제를 받았는데, 라는 파라오(고대 이집트의 왕)를 모델로 구상된 것이었다. 오시리스를 숭배하는 종교는 민간종교였다.

이 두 종교의 본래의 형태상 결정적인 차이는 이 두 종교가 신자에게 제공하는 사후에 대한 견해의 차이였다. 오시리스는 지하에 있는 어둠의 세계에서 수많은 사자(死者)를 지배했다. 반면에 라는 — 보수를 받고 — 그 신자를 죽음으로부터 소생시켜 승천하게 하는데, 그러나 이렇게 신격화되기 위해서는 대가를 지불하는 자에게만 예약이 가능했다. 그리고 그 대가는 끊임없이 앙등하여 결국 태양신이 주는 영생은 사실상 파라오와, 파라오의 신하로서 영생을 얻기 위한 준비에 필요한 경비를 파라오가 대주는 자만의 독점물이 되고 말았다. 대피라미드는 이 터무니없이 거대한 건조물(建造物)을 세움으로써 개인적인 영생을 얻으려는 노력의 기념비였던 것이다.

그러는 동안에 오시리스교는 차츰 지반을 굳건히 다져나갔다. 이 종교가 제공하는 영생은 라가 지배하는 하늘에서 사는 일에 비하면 빈약한 것인지도 모른다. 그러나 그것은 이 세상에서 지배자에게 영원한 행복을 얻어주기 위해 격심한 압제를 받아가며 복종해야 하는 민중들이 기대할 수 있는 유일한 위안이었다. 이집트 사회는 지배적 소수자와 내적 프롤레타리아트의 양쪽으로 분열해 가고 있었다.

이런 위기에 직면한 헬리오폴리스의 신관 계급은 오시리스를 같은 편에 끌어들임으로써 위험을 피하려고 했는데, 이 거래에 있어서 오시리스는 주는 것보다 훨씬 더 많은 것을 얻는 데 성공했다. 파라오의 태양신 숭배 속으로 끼어듦과 동시에 두 종교 합체의 기념비가 앞서 말한 이른바 '사자(死者)의 서(書)'이다. 이 문서는 이집트 사회의 '종장' 2천 년 동안에 걸쳐 그 종교생활을 지배한, '서민을 영생으로 이끄는 지침'이었다. 그리하여 태양신 라는 피라미드보다도 정의를 요구한다는 사상이 널리 퍼지게 되었고, 오시리스는 죽은 자에 대해 지상에서 보낸 생활에 따라 운명을 적절히 할당해 주는 저승의 심판자로서 모습을 나타냈다.

여기에서 우리는 이집트 사회의 세계국가 안에서 내적 프롤레타리아트의 손에 의해 창조된 세계교회의 윤곽을 찾아볼 수 있다. 만일 이집트 사회의 세계국가가 부흥되지 않았더라면 이 오시리스교의 장래는 어떻게 되었을까? 그것은 새로운 사회를 만들어낼 번데기가 되었을까?

무엇보다도 먼저 그리스도 교회가 게르만의 야만족을 사로잡았듯이 오시리스교는 힉소스족을 사로잡은 것이 아닌가 하고 생각할 것이다. 그러나 그렇게 되지는 않았다. 힉소스족에 대한 증오 때문에 오시리스교는 지배적 소수자의 생명 없는 종교와 부자연스러운 합체를 이루었고, 그 과정에서 오시리스교는 왜곡되고 타락했다. 영생이 다시 한 번 상품으로 전락하고 말았던 것이다(단 그 대가는 이미 피라미드가 아니라 파피루스의 두루마리에 두세 가지의 소원을 적는 것으로 그치게 되었지만). 이와 같이 기원전 16세기의 '부흥'은 단순히 세계국가의 부흥 이상의 그 무엇이었다. 그것은 오시리스교의 살아 있는 조직과 빈사상태에 이른 이집트 사회의 죽은 조직을 섞어서 하나의 덩어리, 완전히 풍화(風化) 되는 데 2천 년이라는 세월이 필요했던 사회적 콘크리트라고도 할 수 있는 것을 만들어내는 과정이었던 것이다.

부흥된 이집트 사회가 생명이 없는 것이었다는 가장 큰 증거는, 그것을 죽음으로부터 소생시키려던 유일한 시도가 완전히 실패한 일이다. 그때 하나의 인간 파라오 이크나톤이, 먼 옛날 수세기에 걸친 혼란기에서 내적 프롤레타리아트들이 무의미하게 되풀이했던 종교적 창조를 한마디 명령으로 단숨에 해치우려고 했던 것이다. 이크나톤은 참으로 천재적인 수완을 발휘하여 새로운 신과 인간, 생명과 자연의 관념을 창조했고, 그것을 새로운 예술과 시로 표현했다. 그러나 죽은 사회를 이와 같이 하여 소생시킬 수는 없었다. 그의 실패는 기원전 16세기 이후 이집트 사회의 역사상에 나타난 사회적 여러 현상을 새로운 사회의 요람으로부터 묘지까지의 역사가 아니라 에필로그로 생각해도 무방하다는 것을 입증했다.

안데스 · 유카텍 · 멕시코 및 마야 사회

스페인의 정복자가 오기 이전의 아메리카에는 여기에 열거한 네 개의 사회가 있었다. 페루의 안데스 사회는 1530년 피사로에 의해 멸망할 때 이미 세계국가의 상태(잉카 제국)에 도달해 있었다. 멕시코 사회도 역시 같은 상태에 접근했는데, 세계국가로 예정되었던 것은 아스테카 제국이었다. 코르테스의 원정 당시 남아 있던, 다소 유력하고 유일한 독립 세력은 도시국가인 트라스칼라(멕시코 동쪽에 있던 도시)였다. 따라서 트라스칼라인은 코르테스를 지지했다. 유카탄 반도의 유카텍 사회는 약 400년 전에 멕시코 사회에 흡수되어 있었다. 멕시코 사회와 유카텍 사회는 모두 1세대 전의 사회인 마야 사회의 '자식' 사회였는데, 마야 사회는 그 후계자들보다도 고도의, 또한 보다 고상한 문명을 이루고 있었던 것 같다. 마야 사회는 기원후 7세기에 갑자기 원인을 알 수 없는 종말을 고하고, 지금은 지난날 이 사회가 존재했었다는 증거를 나타내는 기록으로서 유카탄 반도의 다우다습(多雨多濕)한 밀림 속에 몇 개의 큰 도시의 폐허가 남아 있을 뿐이다. 이 사회는 천문학에 탁월했으며, 그것을 실제로 응용하여 계산이 정확한 점에서 괄목할 만한 연대학의 체계를 발달시켰다.

　이상의 조사 결과 그 대부분이 다른 또 하나 혹은 그 이상의 사회와 부모 또는 자식의 관계를 맺고 있는 20개의 사회를 발견할 수 있었다. 즉 서구 사회 · 정교 그리스도교 사회 · 이란 사회 · 아랍 사회(이란 사회와 아랍 사회는 현재 통일된 이슬람 사회로 되어 있다) · 힌두 사회 · 극동 사회 · 헬라스 사회 · 시리아 사회 · 인도 사회 · 중국 사회 · 미노스 사회 · 수메르 사회 · 히타이트 사회 · 바빌로니아 사회 · 이집트 사회 · 안데스 사회 · 멕시코 사회 · 유카텍 사회 및 마야 사회의 19개 사회이다.

　사실은 정교 그리스도교 사회를 정교 비잔틴 사회와 정교 러시아 사회로 나누어야 하고, 극동 사회를 중국 사회와 한국 · 일본 사회들로 나누어야 마땅할지도 모른다. 그렇게 되면 우리 사회의 수는 21개가 된다.

　이 책을 쓰고 난 다음 스물두 번째 사회가 발견되었다. 그것은 중국 문명에 선행한 황허 유역의 상문화(商文化)이다.

제3장 사회의 비교 가능성

1. 문명과 미개사회

　이 책이 목적하고 있는 21개 사회의 조직적인 비교 연구로 들어가기 전에 이른바 입구에서 제기될 가능성이 있는 몇 개의 이의(異議)를 처리하지 않으면 안 된다.

우리가 주장하는 방법에 대한 최초의, 그리고 가장 단순한 반론은 다음과 같은 것이다. "이들 사회는 그 모두가 '이해가 가능한 연구 영역'이라는 것 이외에는 아무런 공통된 특성도 없다"라고. 이에 대한 답은 '이해가 가능한 연구 영역'이 되는 사회는 하나의 유형을 형성하고 있으며, 우리의 21개 표본은 그 유형 속에서 하나의 특별한 종류를 구성한다고 할 수 있다. 이 종류에 속하는 사회는 역시 마찬가지로 '이해가 가능한 연구 영역'이며, 이 유형 속에서 또 하나의 ─ 사실상 하나밖에 없는 ─ 종류를 형성하고 있는 미개사회와 구별해서 일반적으로 문명이라고 부른다. 따라서 우리가 확인한 21개의 사회는 그들만이 문명의 과정을 밟았다는 일종의 특징을 공유하고 있다.

동시에 이 두 종류 사이에는 또 하나의 차이가 있다. 현재 알려진 문명의 수는 적지만 미개사회의 수는 훨씬 많다. 1915년 3명의 서구 인류학자(홉하우스, 휠러, 긴스버그)들이 미개사회의 비교 연구(《물질문명과 사회구조》)를 했는데, 충분한 지식을 얻을 수 있는 것만으로 한정했음에도 불구하고 약 650개의 미개사회를 기록했다. 게다가 그 대부분은 현존하는 것들이었다. 약 30만 년 전 처음으로 인류가 인간의 형태로 등장한 이래 이 세상에 나타났다가 모습을 감추어 버린 미개사회의 수는 짐작할 수도 없겠지만, 숫자상으로 미개사회가 문명사회보다 압도적으로 많다는 것만은 분명하다.

그 대신 개개의 규모에 있어서는 문명사회가 미개사회에 비해 압도적으로 우세하다. 미개사회는 수는 많지만 단명하고 비교적 좁은 지리적 범위에 한정되어 있으며, 그 속에 포함되는 인간의 수도 비교적 적다. 현존하는 다섯 개의 문명사회는 탄생한 이래 그다지 오랜 세기를 거치지 않았지만, 오늘날까지 이들 사회에 소속되어 온 인간의 수를 조사할 수만 있다면, 이들 리바이어던(《구약성서》에 나오는 동물 이름으로 큰 사회를 뜻한다)은 아마도 각각 단독으로 비교해 보아도 인류가 출현한 이래의 미개사회를 모두 합친 것보다 더욱 많은 인간을 포함하고 있다는 사실이 판명될 것이다.

그러나 우리는 개인이 아니라 사회를 연구하는 것이므로, 우리 목적에 있어 중요한 점은 지금까지 존재했다는 사실이 알려진 문명사회의 수가 비교적 소수였다는 것이다.

2. '문명은 하나'라는 학설의 오류

우리의 21개 문명의 비교 가능성에 대한 두 번째 반론은 첫번째 반론과는 정반대로, "사회라는 종으로 된 21개의 특이한 표본이 있는 것이 아니라 서구 문명만이 유일한 문명이다"라는 주장이다.

이 '문명단일론'은 근대의 서구 역사가들이 그 사회적 환경의 영향을 받아 자기도 모르게 갖게 된 잘못된 생각이다. 그들이 이런 생각을 품게 된 것은 근대에 있어서 서구 문명이 온 세계를 그 경제조직의 그물 속으로 완전히 집어넣었기 때문이고, 또한 이 서구를 바탕으로 하는 경제적 통일에 이어 역시 서구를 바탕으로 하는 정치적 통일이 거의 같은 범위에 걸쳐 실현되었기 때문이다. 서구의 군대와 정부의 정복은 서구의 제조업자와 기술자의 정복만큼 넓은 범위로 퍼져나가지는 못했고 또한 철저한 것도 아니었지만, 그럼에도 불구하고 오늘날 세계의 모든 국가가 서구를 바탕으로 하는 단일한 정치조직의 일부를 형성하고 있다는 것은 사실이다.

이것은 주목할 만한 뚜렷한 사실이긴 하지만, 그것을 문명은 하나라는 증거로 보는 것은 너무나 피상적인 견해이다. 오늘날 경제적인 세계지도와 정치적인 세계지도는 서구화되어 있지만, 문화적인 지도는 서구 사회가 경제적 · 정치적 정복을 개시하기 이전의 상태와 거의 다를 바가 없다. 문화면에 대해 식견이 있는 사람에게는 네 개의 비(非)서구 문명의 윤곽이 분명히 보일 것이다. 그러나 대부분의 사람은 그런 식견을 갖고 있지 않다. 그들이 사물을 보는 방법은, 영어의 '원주민(natives)'이라는 말이나 이 말에 대응하는 서구어(西歐語)의 사용에서 엿볼 수 있다.

서구인이 어떤 사람을 가리켜 '원주민'이라고 부를 경우, 그들은 은연중에 그를 문화적인 색채가 없는 사람으로 간주하고 있는 것이다. 서구인들은 원주민을 우연히 지나가게 된 나라에 출몰한 야생동물로서, 즉 그 고장 특유의 동식물로 볼 뿐 자신들과 같은 감정을 지닌 인간으로는 보지 않는다. 서구인들이 그들을 '원주민'이라고 생각하는 한 그들을 절멸시키거나, 혹은 오늘날로 봐서는 이 방법이 가능성이 많으리라 생각되지만, 그들을 길들여 품종개량을 하고 있는 것이라고 진심으로(전적으로 틀린 생각이라고만 할 수도 없다) 믿게 될지는 몰라도 전혀 그들을 이해하고 있지는 않은 것이다.

그러나 물질의 영역에 있어서, 서구 문명의 세계적 성공으로 말미암아 일으키는 그릇된 생각 이외에 '역사단일론'의 오류—그것은 '문명의 흐름은 오직 하나, 서구 문명이 있을 뿐 다른 문명은 모두 그 지류이거나 아니면 사막 속으로 사라져 버린 것이다'라는 가정 위에 서 있다—의 원인으로서 자기중심의 착각, '변하지 않는 동방'이라고 보는 착각, 진보는 직선적으로 진행하는 운동이라고 보는 착각의 세 가지를 들 수 있다.

자기중심의 착각에 대해 말한다면, 그것은 지극히 자연적인 경향으로서, 서구인들만 이런 착각에 사로잡힌 것이 아니라고 말하면 충분할 것이다. 유대인은 그들이 '선민(選民)' 중의 하나가 아니라 '유일한' 선민이라는 착각에 사로잡혔다. 서구인이 '원주민'이라고 부르는 것을 유대인은 '이방인'이라고 불렀고, 그리스인은 '야만인'이라고 불렀다.

'변하지 않는 동방'이라는 착각은 분명히 학문적인 연구에 기초를 두지 않은 속설(俗說)이므로 그 원인을 추구하는 데 흥미를 느끼지도 않고 또한 중요성도 없다. 아마 그것은 '동방'—이 경우 동방이라는 것은 이집트에서 중국에 이르는 어느 지역이든 상관없다—은 지난날에는 서구보다 훨씬 진보되어 있었는데 지금은 훨씬 뒤떨어져 있으며, 따라서 그 동안 우리는 끊임없이 전진해 왔지만 동방은 틀림없이 정지해 있을 것이라는 생각에서 기인한 것이리라. 특히 일반 서구인이 알고 있는 '동방'의 고대사의 일장(一章)은 《구약성서》의 이야기에 나오는 것으로 한정되어 있다는 점을 상기할 필요가 있다. 근대의 서구인은 성지(聖地)를 순례하고, 아라비아 사막의 트란스요르단측 경계 부근에서 오늘날 영위하고 있는 생활 하나하나가 〈창세기〉 속에 그려져 있는 이스라엘 선조들의 생활과 부절(符

節)을 맞춘 듯이 일치하는 것을 보고 놀라움과 기쁨이 뒤섞인 감정을 품었으며, 동시에 동방은 분명히 변하지 않는다고 믿게 되었던 것이다.

그러나 그 여행자가 본 것은 실은 '변하지 않는 동방'이 아니라 '변하지 않는 아라비아 스텝 지대'였던 것이다. 이 초원지대에서 자연환경은 인간에 대해 참으로 가혹한 주인으로, 인간의 적응 능력을 지극히 좁은 범위에 한정시키고 있는 것이다. 자연환경은 냉혹하게도 거기에 정착하는 모든 시대의 모든 인간에게 고정되고도 변화 없는 생활양식을 강요하는데, 그것을 '변하지 않는 동방'의 증거라고 생각하는 것은 참으로 어리석은 일이다. 예를 들어, 서구 세계에서도 아직 현대 관광객이 찾아가지 않는 알프스의 골짜기에 사는 주민들은, 아브라함 시대의 그들 선조와 똑같은 생활을 하고 있다. 만일 앞서 말한 것 같은 이유로 '변하지 않는 동방'이라고 한다면 지금 말한 사실은 '변하지 않는 서구'라는 결론을 내려도 무방할 것 같다.

진보를 운동이라고 보는 착각은 인간의 사고력이 그 모든 활동에 있어서 나타내는 지나친 단순화 경향의 한 예이다. 이른바 '시대 구분'을 하는 데 있어서 서구의 역사가들은 시대를 차례차례로 이어지는 한 줄의 계열로 늘어놓는다. 마치 하나하나의 시대를 장대의 마디와 마디 사이의 한 구획이거나, 또는 요즈음 굴뚝 청소부가 끝에다 솔을 달아 굴뚝을 쑤시는, 자유자재로 늘어났다 줄어들었다 하는 저 신안특허 자루의 한 마디에 해당한다고 생각하는 것이다. 근대의 서구 역사가들이 이어받은 솔의 자루에는 본래 두 개의 마디밖에 없었다. 즉 엄밀하지는 못하지만 대체적으로 구약과 신약으로 구분하고 기원전과 기원후의 연대를 서로 등을 맞대고 기산(起算)하는 이중의 연대 산정법(年代算定法)과 이에 대응하는 '고대'와 '근대'의 두 개였다. 이 역사적 시간의 이분법(二分法)은 헬라스 사회의 내적 프롤레타리아트의 유물로, 그들은 낡은 헬라스 사회의 체제와 그리스도교의 체제 사이에 절대적인 대립관계를 설치함으로써 헬라스 사회의 지배적 소수자로부터 받는 소외의식을 표현한 것이다. 이렇게 함으로써 — 그들의 지식이 한정되어 있었다는 점을 생각하면 우리보다 훨씬 죄가 가볍지만 — 우리의 21개 사회 중의 하나로부터 다른 하나로의 이행을 온 인류의 역사의 전환점으로 취급하는 자

기중심의 착각에 빠져든 것이다.[15]

시간이 흐름에 따라 역사가들은 그들의 이음낚싯대식 솔자루에다 셋째 마디를 덧붙여서 길게 하는 것이 편리하다는 사실을 알았다. 그리고 그것을 다른 두 마디의 중간에 끼워서 '중세'라고 이름지었다. 그러나 '고대'와 '근대'의 구분은 헬라스 사회 역사의 경계선을 표시하고 있는데, '중세' '근대'의 구분은 서구 사회 역사의 한 시기로부터 다른 시기로의 이행을 표시하는 것이다. '고대＋중세＋근대'라는 공식은 잘못된 것이며, '헬라스 사회＋서구 사회(중세＋근대)'라야만 한다. 그러나 이것으로도 아직 충분하다고 할 수 없다. 서구 사회 역사의 한 시대 구분에는 경의를 표하고 독립된 '시대'로 간주하면서 어찌하여 다른 구분에 대해서는 모르는 체하고 같은 취급을 하지 않는가. 1475년경을 중심으로 하는 구분을 1075년 경을 중심으로 하는 구분과 비교해 볼 때 극히 중요시할 근거는 없으며, 또한 최근 우리는 1875년 전후를 기점으로 하는 새로운 시기로 접어들었다고 생각해도 좋은 충분한 이유가 있다. 그렇게 하면 서구 사회의 역사를 다음 네 개의 시기로 구분하는 일이 가능해진다.

서구 제1기 (암흑시대) 675~1075년

서구 제2기 (중세) 1075~1475년

서구 제3기 (근대) 1475~1875년

서구 제4기 (후근대) 1875~ ?

그러나 우리는 논점에서 벗어나고 말았다. 우리가 말하고자 하는 것은, 헬라스 사회와 서구 사회의 역사를 역사 자체— '고대사 및 근대사'라고 바꾸어 말해도 좋지만—와 동일시한다는 것은 편협한 지방근성이며 지나친 자부심의 산물이라는 것이다. 그것은 마치 지리학자가 안을 펴보면 지중해역과 유럽에 관한 것밖에 다루어지지 않았는데도 불구하고 '세계지리'라는 표제를 붙인 책을 내는 일과 같

---

15 마찬가지로 프랑스 공화국의 건설자들은, 자기들이 역사의 기원을 열고 있는 것이며 자기들 이전의 것은 모두 지나간 것이 되었다고 생각하여 1792년 9월 21일을 기원 원년으로 정했다. 이 역법(曆法)은 12년 뒤에 나폴레옹의 상식과 보수주의에 의해 폐지되었으나, 이 12년간에 대해서는 지금도 '결실의 달'(Fructidor ; 혁명력의 제12월, 통상력의 8~9월)이니,'더위의 달'(Thermidor ; 제11월, 통상력으로 7~8월)이니 하는 기묘한 호칭으로 연구자들을 괴롭히고 있다.

은 것이다.

또 한 가지, 지금까지 이야기해 온 통속적 착각이나 전통적 착각과 이 책의 입장이 양립하지 않는다는 점에서 일치할 뿐 그 밖의 점에서는 전혀 다른 역사단일론이 있다. 여기서 우리는 시장(市場)의 우상(베이컨의 4개의 착각의 하나)이 아니라 현대 인류학의 이론적 성과를 앞에 놓고 있는 것으로, G. 엘리엇 스미스의《고대 이집트인과 문명의 기원》이나 W.H. 페리의《태양의 아이들 — 초기 문명사고(文明史考)》등에서 진술되고 있는 문명전파설(文明傳播說)이 바로 그것이다.

이들 학자들은 특수한 의미에서, 즉 유일한 문명인 서구 문명의 세계적 전파에 의해 실현된, 극히 새로운 어제나 오늘의 사실로서가 아니고 수천 년 전에 이집트 문명의 전파에 의해 실현된 사실로서 '문명의 단일성'을 믿고 있는 것이다(이집트 문명은 우리가 '자식' 문명을 갖지 않는다고 단정한 소수의 문명 중 하나인데도 불구하고). 그들의 생각으로는 이집트 사회는 외부로부터의 힘에 의하지 않고 독립적으로 문명이라는 것을 만들어낸 유일한 사례이다. 다른 문명의 출현은, 만일 이집트의 영향을 받았다면 반드시 하와이나 이스터 섬을 경유했다고 생각해야 하는 남북 두 아메리카의 여러 문명도 포함하여 모두가 이집트로부터 온 것이라고 그들은 말한다.

그러나 물론 알파벳으로부터 싱거 재봉틀에 이르는 많은 기술이나 기능·제도·사상이 전파라는 방법으로 하나의 사회로부터 다른 사회로 전해진 것은 사실이다. 극동의 음료인 차, 아랍 사회의 음료인 커피, 중앙아메리카의 음료인 코코아, 아마존의 고무, 중앙아메리카의 담배를 피우는 습관, 수메르 사회의 12진법(十二進法, 영국의 실링 화폐가 그 일례), 아마 본래는 힌두스탄어에서 왔으리라고 여겨지는 아라비아 숫자 등이 오늘날 세계 각처에서 행해지고 있는 것은 전파의 덕분일 것이다. 그러나 총이 처음 꼭 한 번 발명된 지점으로부터 전파되어 각처에서 사용하게 되었다고 해서 그것이 활과 화살도 역시 태고시대에 이와 같이 전파되어 각처에서 사용하게 되었다고 간주할 근거는 되지 않는다. 또한 동력직조기가 맨체스터에서 온 세계로 퍼져나갔다고 하여 야금술(冶金術)도 역시 유일한 발상지로 거슬러올라가야 한다는 것은 부당하다. 이 경우, 사실(史實)은 전혀 그 반대라는 것을 표시하고 있다.

그러나 어쨌든 문명은 근대 유물론의 왜곡된 관념에도 불구하고 앞에서 열거한 것 등을 가지고 이른바 벽돌로 쌓아올린 것은 아니다. 또 문명이란 재봉틀이나 담배나 소총은 물론이거니와 알파벳이나 숫자 등으로 건설되는 것도 아니다. 전파라는 것에 대해 그에 합당한 의의를 부여하면서도 그와 동시에 독창적인 창조가 인간의 역사에서 해낸 역할을 강조해야 한다. 그리고 우리는 독창적인 창조의 불꽃이나 싹은 자연의 불변성 덕분에 어떤 생명의 출현에도 활활 타오를 것이며 또한 훌륭한 꽃을 피운다는 것을 상기해야 한다. 적어도 우리는 인간이 성취한 어떤 특정의 사업이 과연 문명의 전파에 의한 것인지 의심스러울 경우에는 전파론자로 하여금 그 입증의 책임을 짊어지게 해도 무방하다.

1873년에 프리맨은 다음과 같이 기록했다.

문명생활의 가장 중요한 발명의 대부분이 시간과 공간을 달리하여 반복해서 이루어지곤 했다는 것은 의심할 여지가 없다. 각각 다른 국민들은 일정한 사회적 진보의 단계에 도달하면 비로소 그런 발명들을 필요로 했던 것이다. 예를 들면 인쇄술은 중국과 중세 유럽에서 각기 독자적으로 발명되었고, 또 고대 로마에서도 본질적으로 같은 과정이 여러 가지 목적을 위해 사용되었음이 잘 알려져 있다. 다만 갖가지 비근한 목적에 손쉽게 사용되었던 그 과정을 서적의 복제(複製)에 응용한다는 위대한 발걸음을 내딛는 인간이 없었을 뿐이다.

인쇄술의 경우와 같은 일이 문자의 경우에도 일어났다고 믿어도 좋으리라 생각되지만, 또 한 가지 전혀 다른 종류의 기술에서 예를 들 수가 있다. 이집트나 그리스, 이탈리아, 브리튼 제도, 그리고 중앙아메리카의 폐허화한 도시에서 가장 낡은 건축의 유적을 비교해 보면, 아치와 돔의 위대한 발명이 인류의 기술사에 있어 한 번만이 아니라 몇 번이고 이루어졌던 일은 의심할 여지가 없다. …… 또 문명생활의 가장 단순하고 가장 중요한 기술의 대부분—맷돌의 사용, 활의 사용, 말 길들이기, 통나무배 만들기 등—이 멀리 떨어진 때와 장소에서 몇 번이고 반복되었다는 것도 의심할 여지가 없다. ……정치적 여러 제도도 역시 마찬가지로 같은 제도가 시종 서로 멀리 떨어진 곳에 나타나곤 했는데, 그것은 그 제도를 요구하는 사정이 서로 멀리 떨어진 때와 장소에 발생했기 때문이다.

현대의 한 인류학자도 이와 같은 생각을 피력하고 있다.

인간의 사상과 실천이 유사하다는 주된 이유는, 어디서나 인간의 두뇌의 구조는 비슷하고 따라서 인간정신의 성질이 비슷하다는 점에서 찾을 수 있다. 이 기관의 구조와 신경작용이 인간의 역사의 모든 단계에서 대체로 동일하듯이 정신도 어떤 보편적인 특성·능력 및 작용방식을 지니고 있다. ……이 두뇌작용의 유사라는 것은, 예를 들면 19세기에 다윈과 러셀 월레스의 지성(知性)이 같은 자료에 입각하여 연구활동을 해가며 동시에 진화론에 도달한 사실 속에서 그것을 엿볼 수 있다. 또 이에 따라 같은 시대에 동일한 발명 또는 발견에 대해 우선권을 주장하는 사람이 몇이고 나타나는 이유가 납득이 된다. 인류에게 공통된 정신의 유사작용―그 자료는 단편적이며, 능력은 유치하고 결과는 막연하지만―에 의해 토테미즘이나 족외혼인제(族外婚姻制), 수많은 정죄의식(淨罪儀式)과 같은 신앙 혹은 제도가 가장 멀리 떨어진 민족이나 지역에 출현하는 이유가 설명된다.

3. 문명의 비교 가능성의 근거

우리는 우리의 비교 연구에 대해 서로 양립하지 않는 두 개의 반론―하나는 우리의 21개 사회는 '이해 가능한 역사 연구의 영역'이라는 것 이외에 아무런 공통의 특성이 없다는 이론(異論)이며, 또 하나는 이것과 반대로 '문명의 단일성'에 의해 외견상 복수로 보이는 문명이 결국 하나로 되어버린다는 이론이다―을 처리했다. 그러나 우리의 비판자는 비록 이런 반론에 대한 우리의 답을 인정한다 할지라도 여기서 다시금 저항을 시도하여 우리의 21개의 문명이 동시대의 것이 아니라는 점을 근거로 삼아 그 비교 연구의 가능성을 부정할는지도 모른다. 이들 문명 속에서 7개는 아직 살아 있고 14개는 절멸했다. 게다가 절멸한 문명 속에서 적어도 3개―이집트 문명, 수메르 문명, 미노스 문명―는 '역사의 새벽'으로까지 거슬러올라간다. 이들 3개의 문명은, 그리고 아마 다른 몇 개의 문명도 현존하는 문명과 '역사시대'의 전기간에 의해 격리되어 있다.

이에 대한 답은 다음과 같다. 시간은 상대적인 것이며, 이미 알려진 최고의 문명의 출현과 현대 사이에 가로놓여 있는 6천 년이 조금 못 되는 기간은 우리의 연구 목적으로 보아 적절한 시간적 척도이므로 문명 그 자체의 존속 기간을 기준으로 하여 측정해야 한다. 그런데 문명의 시간적 관계를 조사해 본 결과, 어느 경우에 있어서도 우리가 맞닥뜨린 것 중 연이어 나타나는 세대의 수는 셋 이상 되는 것이 없었다. 더욱이 3대의 문명을 인정할 수 있는 경우에는 어느 것이든 그 3대로써 6천 년의 기간을 뒤덮고도 남음이 있다. 다시 말해 각각의 계열의 마지막 항(項)은 아직 살아 있는 문명이라는 것이다.

문명을 개관할 때 어느 경우에 있어서도 셋 이상의 연속하는 세대를 발견하지 못했다는 사실은, 이런 종(種)이 그 특유의 시간적 척도를 가지고 측정한다면 아직도 매우 젊다는 것을 뜻한다. 또한 현재까지의 그 절대적 연령은 자매종(姉妹種)인 미개사회의 연령에 비해 매우 짧다. 미개사회는 인간 그 자체와 같은 나이이며, 따라서 평균적으로 어림잡아 보면 대략 30만 년 동안 존속해 온 셈이 된다. 우리가 역사라고 부르는 것이 '문명' 사회에 있어서의 인간의 역사인 이상, 문명 속의 어떤 것이 '역사의 새벽'으로까지 거슬러올라가는 것은 당연하다. 그러나 만약 역사라는 말이 인간이 지구상에서 살아온 기간을 뜻한다면, 문명을 낳은 기간은 인간의 역사와 같은 길이를 갖기는커녕 인류 생애의 겨우 2퍼센트, 50분의 1을 차지한 데 불과하다. 그래서 우리의 문명은 우리의 목적으로 볼 때 그런대로 서로 동시대의 것이라고 간주해도 무방하다.

우리의 비판자들은 아마 이번에는 시간적인 격차를 논거로 내세우기를 포기하고 가치의 차이라는 점을 이유로 하여 문명의 비교 가능성을 부정할는지도 모른다. "당신이 문명이라고 주장해 온 것의 대부분은 무가치한 것으로, 실은 '비문명

(非文明)' 사회가 아닌가. 따라서 그런 사회의 경험과 '진짜' 문명(물론 서구 문명과 같은)의 경험을 비교한다면 그것은 지적 에너지의 낭비임에 틀림없다"는 식으로. 이 점에 관해 독자는 이 책을 끝까지 읽고 우리가 요구하려고 하는 지적 노력으로부터 대체 무엇이 나오는가를 알게 될 때까지는 판단을 보류해 주기 바란다. 지금 여기서 가치는 시간과 마찬가지로 상대적인 개념이어서 우리의 21개 사회는 모두 미개사회를 기준으로 측정한다면 굉장한 사업을 이룩한 셈이 되지만, 이상적인 표준을 기준으로 측정한다면 아직도 그 표준에 이르지 못하고 있는데, 그 점에서는 양자가 크게 다를 바 없으므로 도저히 그 속의 하나가 다른 것을 공격할 수 없다는 점을 기억해 두기 바란다.

끝으로 우리의 비판자—비록 여기까지 함께 따라오긴 했지만 그만 작별하고 싶다—는, 문명의 역사란 역사적 사실의 연속에 지나지 않는데 역사적 사실은 어느 것이든 모두 본질적으로 독자적인 것이어서 역사는 되풀이되지 않는다고 말할지도 모른다.

그에 대해서는 이렇게 대답할 수 있다. 모든 사실은 개인과 마찬가지로 어떤 점에 관해서는 독자적이므로 비교할 수 없지만, 그러나 동시에 다른 점에 관해서는 그 사실이 속하는 부류의 구성원이므로 그 부류 속에 포함되어 있는 한 같은 종류의 다른 구성원과 비교할 수 있다. 동물이건 식물이건 어느 생활체나 두 개가 엄밀하게 동일하지는 않다. 그러나 그렇다고 해서 생리학이나 생물학·식물학·동물학·민족학 등의 학문이 무효가 되는 것은 아니다. 인간의 마음은 한층 더 다양하여 종잡기 어렵지만, 우리는 심리학에 대해 그것이 존재하며 활동할 권리를 인정하고 있다(오늘날까지 심리학이 성취한 업적의 가치에 대한 견해가 아무리 분분하다 해도). 우리는 또한 마찬가지로 인류학의 이름으로 불리는 미개사회의 비교 연구를 인정하고 있다. 우리는 '문명'이라는 사회의 종류에 관해, 인류학이 현재 미개사회라는 종에 관해 행하고 있는 것과 대체적으로 같은 일을 하려고 계획하고 있는 것이다.

그러나 우리 입장은 이 장의 마지막 절에서 한층 명백해질 것이다.

4. 역사 · 과학 · 창작

우리의 사고(思考) 대상에서도 특히 인간생활의 여러 현상을 바라보고 드러내 보이는 데는 세 가지 상이한 방법이 있다. 첫째로는 사실을 확인하고 기록하는 일이며, 둘째로는 확인된 사실의 비교 연구에 의해 일반적인 '법칙'을 명백히 하는 일이고, 셋째로는 창작의 형태로 사실을 예술적으로 재생하는 일이다. 일반적으로 생각되는 바로는 사실의 확인과 기록은 역사의 방법이며, 이 방법의 영역에 들어가는 현상은 문명사회의 모든 현상이다. 일반적 법칙의 해명과 정식화(定式化)는 과학의 방법이며, 인간생활을 연구하는 과학은 인류학인데, 이 과학적 방법의 영역에 들어가는 현상은 미개사회의 사회적 현상이다. 끝으로 창작은 연극과 소설의 방법으로, 이 방법의 영역에 들어가는 현상은 인간의 개인적 관계이다. 대체로 이상과 같은 견해가 아리스토텔레스의 저작에 수록되어 있다(예를 들면,《시학》 속에서 시인과 역사가의 차이를 들고 있다).

그러나 이 세 가지 방법은 생각만큼 그렇게 질서정연하게 세 연구 부문 사이에 배분되어 있는 것은 아니다. 예를 들면 역사는 인간생활의 모든 사실을 기록하는 일을 임무로 삼고 있지는 않다. 미개사회에서의 사회생활에 관한 모든 사실은 전기(傳記)에 맡긴다. 기록할 만한 가치가 있다고 생각되는 흥미롭고 중요한 개인생활의 대부분은 미개사회가 아니라 일반적으로 역사의 영역이라고 간주되는 문명의 과정에 있는 사회에만 있다. 이처럼 역사가 취급하는 것은 인간생활의 모든 사실 중 일부이지 전부는 아니다. 또한 역사는 사실을 기록하는 외에 창작에 의뢰하기도 하고 법칙을 이용하기도 한다.

역사의 발달은 연극이나 소설과 마찬가지로 신화에서 그 기원을 찾을 수 있다. 신화는 원시적인 인식과 표현의 형식이기 때문에, 아이들이 즐기는 동화나 어른들이 꾸는 꿈이 그러하듯이 사실과 창작의 구별이 확실하지 않다. 예를 들어《일리아스》는 그것을 역사로 읽으려는 사람에게는 너무 창작성이 강하고, 그 반면 창작으로 읽으려는 사람에게는 너무 역사성이 강하다. 모든 역사는《일리아스》와 비슷하다는 정도의 의미에서 창작적 요소를 완전히 배제할 수 없다. 첫째로 사실의 선택·배열·정리 그 자체가 창작의 영역에 속하는 기술인 것이다. 그러므로 동시에 위대한 예술가가 되지 않고는 위대한 역사가라고 말할 수 없으며, 따라서 기번이나 매콜리와 같은 역사가가, 독창적인 역사가의 역사 서술을 부정확하다는 이유로 회피하는 이른바 '무미건조한 역사학자'(월터 스코트가 만든 말로서, 그 자신의 저서 《역사》에서보다는 소설 속의 어느 면에서 보다 뛰어난 역사가였다)보다도 위대한 역사가라는 일반적인 견해는 옳다. 아무튼 '영국'이니, '프랑스'니, '보수당'이니, '교회'니, '언론계'니, '세론(世論)'이니, 하는 의인적(擬人的) 허구를 사용하지 않고 두 줄 이상 계속해서 역사적 서술을 쓴다는 일은 거의 불가능하다. 투키디데스[16]는 '역사적' 인물에 '가공'의 연설이나 대화를 삽입하여 그들을 극적으로 표현했다. 그러나 그가 사용한 직접화법은 현대의 역사가가 세론의 합성사진을 나타내기 위해 사용하는 무리한 간접화법에 비해 보다 더 활기가 있으면서도 그 이상으로 허구적이지는 않다.

한편 역사는 미개사회가 아닌 문명사회에 대해 일반적인 법칙을 세우는 경제학·정치학·사회학 등의 보조과학으로부터도 교육을 받는다.

당면한 논의로 보아서는 불필요한 것 같지만 역사가 과학이나 창작의 방법을 원용하는 일이 있듯이, 과학이나 창작도 결코 각기 고유한 것으로 생각되는 방법만을 사용하는 것은 아니다. 모든 과학은 사실의 확인과 기록이 유일하고 가능한 활동인 단계를 통과한다. 그리고 인류학은 가까스로 그 단계에서 빠져나가려고 하는 참이다. 끝으로 연극이나 소설도 개인적인 일에 관련된 완전히 허구적인 것만을 나타내는 것은 아니다. 만일 그렇다면 그 작품은 '역사보다 진실하며 철학적이다'라는 아리스토텔레스의 찬사를 받을 만한 값어치가 없을 뿐 아니라 어리석고 참을 수 없는 환상의 덩어리가 되어 버릴 것이다.

우리가 어떤 문학작품을 창작이라 부를 때, 그것은 다만 작중인물이 실재인물이 아니고, 작품 속에서 일어나는 사건이 실제로 일어난 특정한 사건이 아니라는

---

16 사실을 엄격하게 기술한 최초의 가장 위대한 역사가의 한 사람으로 평가되고 있다. 그러나 콘포드는 《신화적 역사가 투키디데스》 속에서 그의 역사 기술 전체가 당시의 그리스 비극의 인습에 지배되어 있음을 지적했다.

것을 뜻하는 데 불과하다. 그 배경이 참된 사회적 사실에서 이루어졌음을 말하지 않는 것은, 그것은 너무도 자명한 일로서 새삼스레 말할 것도 없다고 생각되기 때문이다. 사실 우리는 뛰어난 문학작품에 줄 수 있는 최고의 찬사는 '현실과 똑같다' 라든가, '이 작가는 인간성에 대해 깊은 이해를 나타내고 있다' 라는 표현임을 알고 있다. 좀더 상세히 말하면 만일 그 소설이 요크셔의 모직물 제조업자 일가를 소재로 한 것이라면, 우리는 그 작가를 칭찬할 때 "그는 웨스트라이딩(요크셔 주는 이스트라이딩, 웨스트라이딩, 노스라이딩의 세 행정구역으로 나뉘어 있다)의 공장 거리의 일을 샅샅이 알고 있다" 라고 말할 것이다.

그럼에도 불구하고 아리스토텔레스가 세운 역사와 과학과 창작의 방법간 구별은 대체적으로 정확하다. 왜 그런가는 다시 한 번 이 세 가지 방법을 검토해 보면 알 것이다. 이 세 가지 방법은 서로 다른 양의 '자료'를 취급할 때의 적합성이라는 점에서 차이가 인정되기 때문이다. 자료가 극히 소량인 연구 분야에서는 특정 사실의 확인과 기록이 유일하고 가능한 방법이다. 자료를 일일이 열거하려면 너무 많으나, 전체를 한눈에 훑어볼 수 없을 정도로 많은 것이 아닐 경우에는 법칙의 해명과 정식화가 가능하며 동시에 필요하게 된다. 자료가 무수히 있을 경우에는 창작이라 불리는 예술적 창조와 표현의 형식이 사용할 수 있는, 또는 사용할 가치가 있는 유일한 방법이다. 이상이 세 가지 방법간의 본질적이고 양적인 차이다. 이 방법은 서로 다른 양의 자료를 처리할 때의 유용성에서 차이가 있는 것이다. 그렇다면 이에 대응하는 차이를 세 가지 연구 분야에 실제로 나타나는 자료의 양에서 인정할 수 있을까?

먼저 창작의 영역인 개인적 관계의 연구부터 시작해 보면, 우리는 곧 우리가 전기(傳記)라고 부르는 특정 개인에 관한 사실의 기록의 주제가 될 만큼 흥미롭고 중요성을 갖는 개인적 관계를 나타내는 개인은 소수임을 알 수 있다. 극히 소수의 예외를 제외하면, 인간생활을 개인적 관계의 영역에서 연구하려는 사람은 누구나 다 알고 있는 흔한 경험의 무수한 예와 직면하게 될 것이다. 그 예를 빠짐없이 기록한다는 것은 도저히 생각할 수 없는 일이다. 또 가령 그 예에서 '법칙'이 세워졌다면 그 법칙은 지극히 평범한 것이든가, 혹은 더할 수 없이 조잡한 것이리라 생각된다. 따라서 이 경우에 자료는 유한(有限)의 표현 수단으로 무한의 직관을 주는 것 같은 어떤 표현법에 의하지 않는 한 그것을 의미있게 표현할 수 없는데, 그와 같은 표현법이 창작이다.

이로써 양을 기준으로 한 개인적 관계의 연구에서는 보통 창작이라는 방법이 사용된다는 점에 대해서는 적어도 부분적으로나마 설명이 되었으므로, 이번에는 미개사회의 연구에서는 보통 법칙 설정이라는 방법이 사용되고, 문명의 연구에서는 사실 발견이라는 방법이 사용된다는 점 역시 마찬가지로 설명할 수 있는지 살펴보자.

첫째로 관심을 가져야 할 점은, 이 두 가지 연구는 모두 인간관계를 취급하지만, 남녀의 구별이나 연령의 차이를 막론하고 모든 인간이 직접 경험하는 흔히 알려진 개인적 관계를 취급하는 것은 아니라는 사실이다. 인간의 사회적 관계는 개인적 접촉이 도달할 수 있는 최대한도를 넘어선 넓은 범위에 이르렀고, 이런 개인적 관계는 제도라 불리는 사회기구에 의해 유지되고 있다. 사회는 제도 없이 존재할 수가 없다. 사실상 사회 그 자체가 고차적인 제도에 불과하다. 사회의 연구와 제도적 관계의 연구는 전적으로 동일한 사항이다.

그러므로 우리는 곧 인간의 제도적 관계의 연구자가 취급하는 자료의 양은, 인간의 개인적 관계의 연구자가 취급하는 양에 비해 훨씬 적다는 것을 알게 된다. 또 미개사회의 연구에 관련 있는 제도적 관계의 양은 '문명' 사회의 연구에 관련 있는 제도적 관계의 양보다 훨씬 많다는 것을 알게 된다. 이미 알려진 미개사회의 수는 650개 이상이나 되는 데 비해, 조사 결과 우리가 확인한 문명의 과정에 있는 사회는 고작 21개에 불과했다. 이 650이라는 수의 표본은 창작의 방법을 사용할 만큼 많은 것은 아니지만 연구자가 법칙을 세우는 일에 착수하기에는 충분한 양이다. 이에 반해 불과 한 타 정도의 표본만 알려져 있는 현상의 연구자는 사실을 열거하는 이상의 일을 하기가 곤란하다. 앞서 말했듯이 '역사'는 이 단계에 머물러 있었던 것이다.

현대의 역사가가 대단히 많은 자료에 압도된다고 비명을 올리고 있는 이때 문명의 연구자가 이용할 수 있는 자료의 양이 적어서 불편을 느낀다는 것은 언뜻 보기에 역설처럼 생각될지도 모른다. 그러나 그것은 가장 고차적인 사실이다. 즉 '이해 가능한 연구 영역', 역사의 '비교 가능한 단위'가 소수이므로 법칙의 해명과 정식화라는 과학적 방법의 적용에 불편한 것은 명백한 사실인 것이다. 그럼에도 불구하고 우리는 곤란을 무릅쓰고 감히 그것을 시도하고자 한다. 그 결과를 기록한 것이 이 책의 나머지 부분이다.

문명의 발생 제2편

제4장 문제와 그 해답의 오류

1. 명시된 문제

문명의 과정에 있는 사회는 왜, 또 어떻게 출현했는가 하는 문제에 접근할 경우, 우리는 곧 우리가 열거한 21개의 문명사회가 이 문제에 관한 두 그룹으로 나누어진다는 사실을 알게 된다. 21개의 사회 중 15개는 선행하는 같은 종류의 사회에 대해 '자식'의 관계에 있다. 이 15개 중 몇 개는 선행 사회와의 관계가 너무 가까워서 별개의 사회로 보아야 할지 어떨지 논란의 대상이 될 정도이며, 그와는 정반대로 관계가 너무 멀어서 '자식' 관계라는 표현에 함유되어 있는 은유를 쓰기가 무리하게 느껴지는 것도 역시 몇 개인가 있다. 그러나 지금 이 점은 문제삼지 말기로 하자.

이와 같이 정도의 차이는 있지만 모두가 선행 사회에 대해 '자식' 관계에 있는 이들 15개의 사회는, 우리가 인식할 수 있는 한 직접 미개사회로부터 출발한 나머지 6개의 사회와는 다른 그룹에 속한다. 이 장에서 우리가 고찰하고자 하는 것은 이들 6개의 사회, 즉 이집트 사회, 수메르 사회, 미노스 사회, 중국 사회, 마야 사회 및 안데스 사회의 기원에 관해서이다.

미개사회와 그보다 차원이 높은 문명사회의 본질적인 차이는 무엇인가? 그것은 제도의 유무에 있는 것은 아니다. 제도는 모든 사회의 존립의 근거인 개개의 인간 사이에서 일어나는 비개인적 관계의 매개자이며, 또한 아무리 작은 미개사회라도 개인적 결합에 의해 개인이 직접 관계를 맺어 형성되는 소규모의 그룹보다는 넓은 기반 위에 구축되어 있기 때문이다. 제도는 모든 종류의 '사회'의 속성이며, 따라서 미개사회와 문명사회가 공통적으로 지니는 소유물이다. 미개사회에도 고유의 제도—매년 되풀이되는 농경 주기에 입각한 종교 의식, 토템 신앙과 족외혼인제도, 금기(禁忌)나 성년식, 또는 연령 계층이나 생애의 일정한 단계에 있어서 남녀를 따로따로 공동주거에 격리시키는 제도 등—가 있는데, 이런 제도 중에는 문명 특유의 제도와 거의 같은 정도로 복잡하고 또한 같은 정도로 정교한 것이 있다.

문명은 또한 분업(分業)이라는 점에서 미개사회와 구별되는 것도 아니다. 미개사회의 생활 속에서도 역시 분업의 초보적 형태를 인정할 수 있기 때문이다. 왕·마술사·대장장이·음유시인 등은 모두 '전문가'이다. 그러나 헬라스 사회의 전설 속에 등장하는 시인 호메로스가 장님이라는 사실은, 미개사회에서의 전문화는 '만능인' 또는 '팔방미인'이 될 자격을 갖추지 못한 인간으로 한정되는 경향이 있다는 것을 암시하고 있다.

문명과 '우리가 알고 있는 형태의' 미개사회(언젠가는 이 단서가 중요하다는 것이 판명된다) 사이의 본질적인 차이는 미메시스(mimesis ; 다른 사람의 말이나 몸짓을 똑같이 모방하여 그 성질 등을 그대로 나타내려는 수사법)가 지향하는 방향이다. 미메시스는 모든 사회생활 속에서 볼 수 있는 일반적인 특징이다. 그 작용은 미개사회나 문명사회를 막론하고 영화 팬이 스타의 모습을 모방하는 것을 비롯하여 모든 사회활동에서 찾아볼 수 있다. 그러나 사회의 두 종류에 있어서 미메시스는 서로 다른 방향으로 작용한다. 우리가 알고 있는 형태의 미개사회에서 미메시스는 연장자와, 눈에 보이지는 않지만 살아 있는 연장자의 배후에 서 있는 것으로 느껴져 그 위엄을 더해 주는 죽은 조상들에게로 향한다. 이와 같이 미메시스가 과거를 향해 뒤돌아서 있는 사회에서는 습관이 사회를 지배해, 사회는 정적(靜的) 상태에 머무른다. 이것과는 반대로 문명의 과정에 있는 사회에서 미메시스는 개척자이므로 자연히 추종자들이 모여드는 창조적 인물에게로 향한다. 그런 사회에서는 월터 배저트(영국의 경제학자)가 《물리학과 정치학》 속에서 말한 '관습의 껍질'은 벗겨지고 사회는 변화와 성장의 길을 따라 동적으로 움직인다.

그러나 이 미개사회와 문명사회의 차이가 항구적인 것이며 또한 근본적인 것이냐고 묻는다면 그렇지 않다고 대답할 수밖에 없다. 우리가 알고 있는 미개사회가 모두 정적인 상태에 있는 것은 그들 사회를 단순히 그 역사의 최종 단계에서 직접적인 관찰을 통해 알고 있기 때문이다. 그러나 우리는 직접 관찰할 수는 없지만 일련의 추리에 의해, 미개사회의 역사에는 지금까지 어느 문명사회가 움직여 온 것보다 훨씬 동적인 보다 초기의 단계가 틀림없이 있었을 것이라고 단정할 수 있다. 우리는 앞서 미개사회는 인류와 같은 정도로 오래된 것이라고 말했는데, 보다 정확하게 말한다면 인류보다도 더욱 오래된 것이라고 해야 할 것이다. 인간 이외의 어떤 고등 포유동물 사이에서도 일종의 사회생활과 제도를 인정할 수 있으며, 인간이 인간으로 될 수 있었던 것은 일정한 사회적 환경 속에 있었기 때문이라는 것은 분명하다. 그 사정을 이야기해 주는 기록은 전혀 없지만, 미개사회의 비호 밑에서 성취된 이 아인간(亞人間)으로부터 인간으로의 전환은, 인간이 오늘날까지 문명의 비호 밑에서 달성한 어떤 진보보다도 뛰어난 근본적인 변화이며 위대한 성장의 일단계였다.

우리가 직접적인 관찰에 의해 알고 있는 미개사회는, 아래에도 절벽이 있고 위에도 절벽이 있는 산중턱의 삐죽 나온 암반 위에 꼼짝도 하지 않고 누워 있는 인간들에 비유할 수 있다. 그리고 문명은 암반 위에서 잠을 자다가 지금 막 일어서서 위쪽의 절벽을 향해 기어오르기 시작하는 사람의 무리에 비유할 수 있다. 한편 시야가 암반과 그 위의 절벽 아랫부분의 경사면에만 한정되어 있는 우리들 자신은 이 두 그룹이 각각 지금 진술한 것과 같은 자세와 위치를 취하고 있는 순간에 우연히 그 자리에 있던 관찰자에 비유할 수 있다.

처음 얼핏 보았을 때는 이 두 그룹을 완전히 구별하여, 절벽을 기어오르는 사람들을 운동가라고 칭찬하고, 암반 위에 누워 있는 사람들을 중풍환자라고 단정지을지도 모른다. 그러나 조금만 생각해 보면 결정을 보류하는 편이 현명하다고 느낄 것이다.

결국 누워 있던 사람들이 실제로 중풍환자일 수는 없다. 그들이 그 암반 위에서 태어났을 리 만무하고, 또한 그들을 이 휴식처까지 들어올린 것은 그들 자신의 근육임에 틀림없기 때문이다. 한편 지금 이 순간에도 등반을 시도하고 있는 그들의 동료들은 지금 막 같은 암반을 뒤로하고 그 위의 절벽을 기어오르기 시작했던 것이다. 다음 암반은 보이지 않으므로 다음에 나타날 경사면이 어느 정도 높은지, 또는 어느 정도 힘든 것인지 우리는 알지 못한다. 다만 우리가 알 수 있는 것은, 다음 암반이 어느 부근에 있든 거기에 도착할 때까지는 멈추어 서서 휴식할 수 없다는 사실뿐이다. 따라서 우리는 설령 현재 올라가고 있는 개개 인간의 체력과 기량과 기력을 짐작할 수 있다 해도 과연 그들 중의 누가 현재 노력하고 있는 일, 목표물인 한층 윗단의 암반에까지 이를 가능성이 있는지 어떤지는 판단할 수 없다. 그러나 그들 중 몇 사람은 결코 거기에 도달할 수 없으리라는 것은 확언할 수 있다. 그리고 지금 안간힘을 쓰며 등반하고 있는 수효의 두 배에 해당하는 인간(즉 문명)이 마침내 힘이 쇠진하여 암반 위로 물러서는 모습을 볼 수 있다.

우리는 탐구의 궁극적 목적이었던 미개사회와 문명의 항구적 및 근본적인 차이점을 발견하지는 못했다. 그러나 뜻밖에도 이 편(篇)의 궁극적 목적인 문명 발생의 성질에 관해 다소의 실마리는 얻었다. 우리는 미개사회로부터 문명으로 향하는 전환점에서 출발했는데, 이 전환점이 요컨대 정적인 상태로부터 동적인 활동으로의 이행이라는 것을 발견했다. 그리고 마침내 이 동일한 공식이 이전에 존재하던 문명의 내적 프롤레타리아트가 창조력을 상실한 지배적 소수자로부터 이반(離叛)함으로써 새로운 문명이 출현하는 경우와도 같다는 것을 발견할 것이다. 그런 지배적 소수자는 분명히 정지해 있다. 성장기 문명의 창조적 소수자가 타락하거나 또는 퇴화하여 해체기 문명의 지배적 소수자가 된다는 것은, 그 사회가 동적인 활동으로부터 정적인 상태로 빠져들어갔다는 다른 표현에 불과하다. 이 정적인 상태에 대한 동적인 반동이 프롤레타리아트의 이반이다.

이와 같은 관점에서 우리는, 프롤레타리아트가 지배적 소수자로부터 이반함으로 해서 새로운 문명이 탄생하는 것은, 미개사회에서 문명이 탄생하는 그 전환의 경우와 마찬가지로 사회가 정적인 상태로부터 동적인 활동으로 전환하기 때문이라는 것을 알 수 있다. 모든 문명의 발생은—부자관계가 없는 것과 있는 것을 통틀어—스머츠 장군(국제연맹 창설자의 한 사람)이 말한 "인류는 또다시 전진을 개시했다"라는 말로 표현할 수 있다.

이 운동—정지—운동이라는 식으로 정(靜)과 동(動)이 교대로 나타나는 리듬을 여러 시대의 많은 관찰자들은 우주의 본질 속에 포함되어 있는 어떤 근본적인 것으로 간주해 왔다. 함축성이 풍부한 비유적 표현에서 뛰어난 중국 사회의 현인 (賢人)들은 이 교체를 음(陰)과 양(陽) ─음은 정에 해당하고 양은 동에 해당한다─이라는 말로 표현했다. 음을 나타내는 한자(漢字)의 핵심은 검은 소나기구름이 태양을 뒤덮고 있는 상태를 표현한 듯하고, 양을 나타내는 한자의 핵심은 구름에 덮여 있지 않은 태양이 사방으로 광선을 발하고 있는 상태를 표현한 듯하다. 중국어의 표현 방법으로는 음 쪽을 항상 먼저 말하는데, 우리가 지금 다루고 있는 문제에 있어서도 우리는 인간이 30만 년 전에 이미 원시적 인간성의 '암반'에 도달한 뒤 문명의 양(陽)의 활동을 개시하기까지 전체의 98퍼센트에 해당하는 기간을 그 암반 위에서 휴식하고 있었다는 사실을 알 수 있다.

우리는 지금 인간생활이 다시금 활동을 개시할 계기를 준 결정적인 요인(그것이 무엇이든간에)을 탐구하지 않으면 안 된다. 우리는 먼저 그 일을 위해 두 가지 방법을 조사해 보기로 하겠는데, 그것은 결국 출구가 없는 막다른 골목이라는 사실이 판명될 것이다.

2. 인종설(人種說)

과거 6천 년 동안에 인류의 일부를 '암반 위에 누워 있는' 미개사회의 음(陰)의 상태로부터 흔들어 깨워 '절벽을 기어오르는' 문명의 양의 상태로 옮기게 한 적극적인 요인은 이행을 감행한 인간 속에 있는 어떤 특별한 자질이든가, 이행이 이루어진 그 환경 속에서 인정할 수 있는 어떤 특별한 특징이든가, 아니면 이 두 요소의 상호작용 가운데 하나라는 것은 명백한 사실인 듯싶다. 우선 처음에 두 요인 중 어느 하나가 우리가 찾고 있는 것을 줄 수 있는지 고찰해 보기로 하자. 우리는 문명의 발생을 어떤 하나의, 또는 몇몇의 특정 인종의 장점으로 돌릴 수 있을까?

인종이라는 말은 특정 인간집단 속에 어떤 특유한 유전적 소질이 함유되어 있다는 것을 표현하기 위해 사용하는 말이다. 여기서 우리에게 관계가 있는 인종적

속성이란 어떤 사회에 선천적으로 구비되었다고 상상할 수 있는 독특한 심적 내지 정신적 소질을 말하는 것이다. 그러나 심리학, 특히 사회심리학은 아직 발달되지 못한 학문으로, 문명을 낳은 요인이 인종에 있다는 설을 주장해 온 오늘날까지의 인종론은 모두가 귀중한 심적 소질과 어떤 특정의 명백한 신체적 특징 사이에 상관관계가 있다는 가정 위에 서 있는 것이다.

가장 보편적으로 서구의 인종설 지지자에 의해 강조되는 신체적 특징은 피부색이다. 생리학적으로는 있을 수 없는 일로 여겨지는데도 불구하고 그들은 흔히 상상하듯이 정신적 및 지적 우수성을 '피부색이 연한 편과 결부시키며' 따라서 양자 간에 적극적인 상관관계가 있다고 주장하는 것이다. 그런데 문명의 기원에 관한 인종설 중에서 가장 널리 알려진 것은, 일부 사람들이 '북구 인종'이라고 불렀고 또 니체가 '금발수(金髮獸)'라고 불렀던 금발, 파란 눈, 두개골이 긴 백인종을 우상으로 보는 설이다. 이 튜턴인(베이컨)의 '시장(市場)의 우상'은 과연 얼마나 믿을 수 있는 것인지 조사해 볼 가치가 있다.

북구인을 우상으로 대좌(臺座) 위에 모셔놓은 것은 19세기 초 프랑스 귀족인 고비노 백작(프랑스의 외교가로서 북구인 우수설의 제창자)으로, 그의 '금발수' 우상화는 프랑스 혁명의 결과 일어난 논쟁의 부산물이었다. 프랑스 귀족이 토지를 약탈당하거나 추방당하고 또는 기요틴에 처형당할 그 당시의 사건을 혁명파의 현학자(衒學者)들은 '고전' 풍으로 표현하지 않고는 견딜 수 없었다. 그들은 14세기 동안 프랑크족의 지배를 받아오던 골인은 민족이동 기간에 내침했던 프랑크족을 라인 강 저쪽의 암흑세계로 쫓아내고, 장기간에 걸쳐 야만족이 마음대로 점거하고 있었음에도 불구하고 절대로 내놓은 일이 없었던 갈리아 지방의 소유권을 회복해 가는 중이라고 주장했다.

이 난센스에 대해 고비노는 그 자신의 한층 더 효과적인 난센스로 다음과 같이 대답했다. "나는 여러분의 논증을 시인한다. 이 두 인종은 다 순혈(純血)을 유지해 왔다는 것, 그리고 그들의 신체적 특성과 심적 특성 사이에는 명확하고 특히 항구적인 상관관계가 있다는 것, 이상의 초점에 대해서는 우리의 의견이 일치한 것으로 해두자. 그런데 여러분은 정말 골인은 문명을 대표하고, 프랑크족은 야만을 대표한다고 생각하고 있는가? 골인이 획득한 그 문명은 어디서 온 것인가? 로마에서 온 것이다. 그럼 로마를 위대하게 한 요인은 무엇인가? 다름이 아니라 바로 지금 프랑크족인 나의 혈관 속을 흐르고 있는 것 같은 북구인의 피가 먼 옛날에 주입되었기 때문이다. 최초의 로마인은 — 그리고 그리스인인 호메로스 시대의 아카이아족도 마찬가지로 — 인간을 강건하게 하는 북방에서 찾아와 인간을 무기력하게 하는 지중해의 약한 원주민을 지배하게 된 금발의 정복자였다. 그러나 결국 그들의 피는 흐려지고, 그들의 종족은 약해졌다. 그들의 권력과 그들의 영광은 쇠퇴해 갔다. 새로운 금발 정복자의 구원대가 북방에서 내려와 문명의 고동을 다시 울려야 할 때가 왔다. 그리고 그중에 프랑크족이 포함되어 있는 것이다."

이상이 앞서 최초로 헬라스 문명의 기원을, 이어서 서구 문명의 기원을 약술했을 때 우리가 전적으로 다른 형태로 취급한 일련의 사실에 대한 고비노의 유쾌한 설명이다. 그의 기발한 정치적 애교는 그가 빈틈없이 이용한 당시의 한 발견으로 인해 아주 그럴듯하게 보였다. 마침 그 무렵 유럽의 거의 전체적인 현대어와 그리스어 및 라틴어, 그리고 페르시아 및 북부 인도의 현대어와 고전 이란어 및 고전 산스크리트어가 하나의 거대한 어족(語族)의 구성원으로서 서로 인척관계에 있음을 발견했다. 거기서 이 어족에 소한 모든 성원어(成員語)가 파생한 원래의 옛 언어인 '아리아어(語)' 또는 '인도유럽어'가 존재했음이 분명하다는 결론을 내린 것은 정당했다. 그러나 그와 동시에 이런 동족 언어를 사용하고 있는 모든 민족은 신체적으로도 언어의 상호 관련과 같은 정도로 인척관계가 있고, 이런 민족은 모두 원시적인 '아리아' 종족 또는 '인도유럽' 종족에서 나온 것으로, 이 원시 종족이 그 원주지로부터 동서남북으로 정복해 가며, 또 정복하기 위해 퍼져갔다는 그릇된 결론이 나왔다. 이 '아리아' 족이 조로아스터나 불타와 같은 종교적 천재, 그리스의 예술적 천재, 로마의 정치적 천재를 낳고, 그리고 — 마치 안성맞춤인 클라이맥스로서 — 고귀한 서구인을 낳았다는 것이다. 다름 아닌 바로 이 종족이 인류문명이 달성한 위업의 거의 전부를 이어받은 셈이 된다.

활달한 프랑스인이 쫓아내려던 토끼를 발이 무거운 독일의 언어학자가 쫓아가서 '인도유럽'이라는 명칭을 '인도게르만'이라 고치고, 그 가상(假想) 종족의 원주지를 러시아 국왕의 영토내로 상정했다. 1914~18년의 대전쟁 발발 직전에 독일에 반한 H. S. 체임벌린이라는 영국인은 《19세기의 기초》라는 책을 쓰고, 그 속에서 단테와 예수를 인도게르만족이라고 주장했다.

미국인도 역시 '북구인설'을 여러 가지 형태로 이용했다. 1914년에 이르는 25년 동안 압도적인 남구인의 이민에 위협을 느낀 매디슨 그랜트나 로드로프 스토다드 등의 문필가는 이민 제한을 요구했는데, 그것은 미국의 사회적 표준을 유지하기 위해서가 아니라 북구 인종의 한 분파인 미국인의 순혈을 지키기 위해서였다.

영국인의 이스라엘 기원설(예로부터 앵글로색슨은 이스라엘의 '잃어버린 지파'의 자손이라는 전설이 있다)도 별도의 술어체계를 사용하여 가공의 역사를 색다른 신학으로 지지하고 있으나, 역시 같은 유형에 속하는 설이다. 서구의 인종론자가 흰 피부를 정신적 우월의 표적으로 주장하고, 유럽인을 다른 종족 위에, 그리고 북구인을 다른 유럽인 위에 놓는 데 대해 일본인은 다른 신체적 특징을 기준으로 채용하고 있는 것은 흥미있는 일이다. 일본인의 몸은 이상하리만큼 털이 적다. 특히 북쪽 섬에는 그들의 이웃에 사는 사람치고는 전적으로 다른 형태의 미개사회, 즉 일반적인 유럽인에 가까운 몸을 가진 털이 많은 아이누라 불리는 종족이 살고 있다. 그러므로 일본인은 자연히 털이 적다는 것을 정신적 우월성과 결부시켜 생각한다. 그들의 주장은 흰 피부의 우월성을 주장하는 서구인처럼 근거가 없는 것인지도 모르지만, 표면적으로는 이것이 한층 더 그럴듯하게 보인다. 털이 적은 인간이, 확실히 털이 적다는 점에서 그들의 사촌뻘이 되는 원숭이와 거리가 멀다는 말이 되기 때문이다.

인종학자는 백인을 그 체형에 따라, 즉 장두(長頭)인가 원두(圓頭)인가, 피부색이 흰가 검은가 등의 기준에 의해 분류한 결과 백색 인종을 세 종류로 구별하여 각각 북구 종족·알프스 종족·지중해 종족이라고 이름붙였다. 이 분류법의 옳고 그름이야 어찌되었든 그대로 받아들이기로 하고, 이들 종족이 각각 적극적으로 공헌해 온 문명의 수를 세어 보기로 하자.

북구 종족은 4개, 어쩌면 5개 문명—인도 문명, 헬라스 문명, 서구 문명, 러시아 정교 문명 내지 히타이트 문명—에 공헌했다. 알프스 종족은 7개, 어쩌면 9개 문명 — 수메르 문명, 히타이트 문명, 헬라스 문명, 서구 문명과 정교 그리스도교 문명의 러시아 분파와 본체(本體) 양쪽 및 이란 문명의 7개, 그 위에 어쩌면 이집트 문명과 미노스 문명 — 에 공헌했다. 지중해 종족은 10개 문명 — 이집트 문명, 수메르 문명, 미노스 문명, 시리아 문명, 헬라스 문명, 서구 문명, 정교 그리스도교 문명 본체, 이란 문명, 아랍 문명, 바빌로니아 문명 — 에 공헌했다. 백인 이외의 종족 중 갈색 인종(인도의 드라비다계 여러 민족과 인도네시아의 말레이 종족을 가리킨다)는 2개 문명 — 인도 문명과 힌두 문명 — 에 공헌했고, 황색 인종은 3개 문명 — 중국 문명과 2개의 극동 문명, 즉 중국 본체와 일본 분파 — 에 공헌했다. 아메리카의 적색 인종은 말할 것도 없이 아메리카의 4개 문명에 공헌한 유일한 인종이다. 앞으로는 몰라도 아직까지 어떤 문명에도 적극적으로 공헌하지 않은 것은 흑색 인종뿐이다.

지금까지 기술한 바에 따르면 분명히 백색 인종이 우위를 차지하고 있다. 그러나 백인 중에도 흑인과 마찬가지로 어떤 문명에도 공헌하지 않은 민족이 많다는 것을 잊어서는 안 된다. 만일 이런 분류법에서 뭔가 적극적인 결과가 나온다면, 그것은 우리의 21개 문명의 절반이 단 하나의 인종이 아니라 2개 이상의 인종이 이룩한 공헌에 기초하고 있다는 것이다.

서구 문명과 헬라스 문명에 대해서는 각각 세 종족이 공헌하고 있다. 만일 황색 인종·갈색 인종·적색 인종을 백색 인종의 하위 구분인 북구 종족·알프스 종족·지중해 종족과 같은 '버금 인종'으로 나눈다면, 아마도 우리의 문명은 모두 단수 아닌 복수의 공헌자를 가지게 될 것이다. 이와 같은 하위 구분이 대체 어떤 가치를 지니며, 또는 그런 구분이 지난날 어느 시대에선가 역사적 및 사회적으로 구분되는 별개의 민족을 대표한 일이 있었는가 하는 것은 별문제이다. 이 점은 전체적으로 지극히 애매하다.

그러나 지금까지의 진술에 의해 우수한 인종이 약 6천 년 전의 옛날부터 지금까지 사이에 세계 각처에서 잇달아 행해진 음(陰)에서 양(陽), 정(靜)에서 동(動)으로의 이행의 원인이며 그 이행의 주체였다는 설을 물리쳐도 좋을 만한 이유가 충분히 밝혀졌다고 생각한다.

3. 환경설

근대 서구인이 역사상의 인종적 요인을 지나치게 강조하게 된 것은 과거 4세기 동안에 서구 사회가 온 세계에 미친 팽창 때문이다. 이 팽창의 결과 서구 여러 민족은 문화면뿐만 아니라 모습까지도 자기들과는 다른 민족들과 접촉했는데, 그때 그들은 가끔 그들을 적으로서 접촉하기도 했다. 이와 같은 접촉으로 인해 우수한 생물학적 형태와 열등한 생물학적 형태의 관념이 생기는 것은 마땅히 예기할 수 있는 일로서, 찰스 다윈이나 그 밖의 자연과학자의 업적에 의해 서구인이 갑자기 생물학적 의식을 가지게 된 19세기에 있어서는 특히 그러했다.

고대 그리스인도 역시 무역과 식민지 개척이라는 수단에 의해 주위 세계로 퍼져나갔다. 그러나 그 세계는 다종다양한 문화를 포함하고는 있었지만 주민의 신체적 특성에 있어서는 그다지 다양하지 않은 훨씬 작은 세계였다. 이집트인과 스키타이족은 그들을 관찰한 그리스인(예컨대 헤로도토스)과 생활양식에 있어서는 매우 다를지 모르지만, 모습은 그리스인과 서부 아프리카 흑인 혹은 아메리카의 적색 인종이 유럽인과 다르듯이 서로 그다지 심하게 다르지 않았다.

따라서 그리스인이 그들의 주위에서 본 문명의 차이를 설명하기 위해 신체적 특징의 생물학적 유전, 즉 인종 이외의 요인을 찾아낸 것은 당연한 일이었다. 그들은 거주지와 토양 및 기후의 차이에 의해 그것을 설명하려고 했다.[1]

그러나 그리스인이 '환경설'에 관한 설명을 즐겨 하게 된 것은 나일 강 유역의 생활이 이집트인의 체격·성격 및 제도에 끼친 영향이 서로 대조적인 데서 그 자료를 얻었기 때문이다.

인종설이나 환경설이나 모두 서로 다른 지역에 있는 심적(지적 및 정신적) 습성과 행동에서 관찰되는 차이를, 이 심적 차이가 고정적 내지 항구적으로 자연의 비심적(非心的) 영역에서 관찰되는 차이와 인과관계에 의해 연결되어 있다는 가정

---

1 이 점에서는 버나드 쇼도 그리스인과 같은 생각을 갖고 있다. 그는 《존 불의 어떤 한 섬》의 서문에서 켈트족의 개념을 일소에 부친 채, 잉글랜드인과 아일랜드인의 차이란 다만 그들 섬의 풍토의 차이에 의한 것이라고 말했다.

하에 설명하려고 한다. 심적 차이를 만들어내는 원인을 인종설은 인간의 신체적 차이 속에서 발견했고, 환경설은 서로 다른 사회가 그 속에서 생활하는 기후조건 및 지리적 조건의 차이 속에서 발견했다.

이 두 설의 본질은 두 쌍의 변수(變數) ─ 인종설에서는 성격과 체격, 환경설에서는 성격과 환경 ─ 사이에 상관관계가 있다고 하는 점에 있다. 이 상관관계에 입각한 두 설이 확립되기 위해서는 이 관계가 고정되어 있고 항구적인 것이라는 점이 입증되어야 한다. 우리는 이미 인종설이 이 점에서 성립되지 않는다는 것을 알았다. 이번에는 인종설만큼 불합리하지는 않지만 환경설 역시 성립되지 못한다는 것을 밝혀보자. 그러기 위해서는 그리스인이 흔히 끄집어내는 유라시아 스텝 지대와 나일 강 유역 두 곳에 대한 그들의 설을 고찰해 보면 된다. 우리는 이 지역과 각각 지리적으로도 기후적으로도 닮은 지구상의 다른 지역을 찾아내야 한다. 만약 그런 모든 지역에 성격이나 제도에서 스키타이인 또는 이집트인과 비슷한 주민이 살고 있다는 것이 밝혀지면 환경설은 옹호되지만, 그렇지 않으면 배척당하게 된다.

우선 유라시아 스텝 지대에 대해 고찰해 보기로 하자. 이곳은 매우 광대한 지역으로서, 그리스인이 알고 있던 것은 서남부의 한 구획에 지나지 않았다. 우리는 이 지역과 아라비아로부터 북아프리카를 횡단하며 퍼져 있는 아프라시아 스텝 지대를 비교해 볼 수 있다. 유라시아 스텝 지대와 아프라시아 스텝 지대 사이의 유사성은 이 두 지역에 나타난 여러 인간사회 사이의 유사성과 같은 정도인가? 답은 긍정적이다. 양쪽 모두 유목형(遊牧型)의 사회, 두 지역의 유사점과 차이점으로 보아 당연히 예측한 대로의 유사점과 차이점(예를 들어, 사육하는 동물이 다른 점)을 나타내는 유목사회를 형성했다. 그러나 한 걸음 더 나아가 다른 예를 조사해 보면 이 상관관계는 성립되지 않는다. 왜냐하면 유목사회에 적합한 환경을 제공하는 세계의 다른 지역, 북아메리카의 프레리(미시시피 강 유역의 대초원)나 베네수엘라의 리아노스(남아메리카 아마존 강 이북의 대초원), 아르헨티나의 팜파스(아마존 강 이남의 대초원), 오스트레일리아의 대초원 등은 고유의 유목사회를 형성하지 않았기 때문이다.

이들 지역이 그 가능성을 지니고 있었던 것은 말할 필요도 없다. 사실상 현대에 이르러 서구 사회의 목축활동에 의해 그 가능성이 실현되었으며, 전진하는 가래와 기계의 선두에서 아직 이용되지 않은 땅을 획득하여 2, 3세대 동안 보유해 온 서구 사회의 개척자적 목축업자들, 북아메리카의 카우보이나 남아메리카의 가우초나 오스트레일리아의 소치는 사람들은 스키타이인이나 타타르인이나 아랍인과 마찬가지로 그 용맹스럽고 과감한 업적으로 사람들의 마음을 완전히 사로잡았다. 처음 이 세상에 모습을 나타낸 이래 줄곧 농업과 제조업을 주로 하여 생활해 온 개척자들을 만일 단 한 세대 동안이라도 유목민으로 바꾸어 놓았다면, 유목생활의 전통이 전혀 없다 하더라도 아메리카나 오스트레일리아의 대초원이 유목지로서의 위대한 힘을 발휘할 수 있게 했을 것이다. 이 일은 최초의 서구 탐험가들이 이 지역을 찾아왔을 때 이곳 사람들이 그때까지 한 번도 그 환경에 영향을 받아 유목생활을 한 적이 없었으며, 이 유목민의 천국을 고작 수렵장으로 이용한 정도에 그쳤던 만큼 한층 더 주목할 만한 일이다.

다음은 나일 강 하류 지역과 유사한 지역을 조사해 보는 것으로 환경설의 타당성 여부를 검토하기로 하는데, 이 경우에도 역시 우리가 경험하는 바는 마찬가지이다. 나일 강 하류 지역은 아프라시아 스텝의 경치 속에 갑자기 모습을 나타내는 이른바 '돌연변이'와 같은 것이다. 이집트는 이집트를 에워싸고 있는 광대한 스텝 지역과 마찬가지로 건조지대인데, 하나의 예외적인 자산을 가지고 있었다. 그것은 스텝 지역 저쪽의 비가 많이 오는 지방에서 발원한 큰 강에 의해 공급되는 무진장한 물과 충적토(沖積土)이다. 이집트 문명의 창조자는 이 자산을 이용하여 인접지역에서 영위하고 있는 유목생활과 현저한 대조를 이루는 사회를 만들어냈던 것이다. 그렇다면 나일 강이 제공한 이 이집트의 특수한 환경이 이집트 문명 발생의 원인이 되었던 적극적인 특징이었을까? 이 주장을 확립하기 위해서는 나일 강과 같은 형태의 환경을 구비하고 있는 다른 모든 지역에 같은 종류의 문명이 독립적으로 출현했다는 사실을 제시할 필요가 있다.

이집트 인접지역에 필요한 조건이 갖추어진 지역, 즉 유프라테스와 티그리스 두 강의 하류 유역에는 이 환경설의 필요조건이 충족된다. 여기서도 우리는 역시 비숫한 자연조건과 비슷한 사회, 즉 수메르 사회를 발견한다. 그러나 규모는 훨씬 작지만 역시 비슷한 조건을 구비하고 있는 요르단 강 유역에서는 이 설이 성립되지 않는다. 요르단 강 유역은 이제까지 한 번도 문명의 중심지가 되어 본 적이 없기 때문이다. 인더스 강 유역에 있어서도 아마— '만약 인더스 문명이 수메르 사회로부터의 이주자에 의해 이 지역으로 완성된 형태로 반입되었다는 추리가 옳다면'이라는 뜻이다 — 이 환경설이 성립되지 않을 것이다. 갠지스 강 하류 유역과 미시시피 강 하류 유역은 지나치게 습기가 많고 온대적이라는 이유로 제외해도 무방하겠지만, 아무리 까다로운 비평가라 할지라도 미국의 리오그란데 강과 콜로라도 강 유역이 이집트나 메소포타미아와 같은 환경조건을 나타내고 있다는 것을 부정할 수는 없을 것이다. 이 아메리카의 두 하천은 대서양 저쪽에서 기술을 몸에 지니고 온 근대 유럽 이주자의 손이 닿자, 나일 강과 유프라테스 강이 이집트 사회의 기술자와 수메르 사회의 기술자에 대해 보인 것과 같은 기적을 나타냈다. 그러나 이 마술을 행한 사람들은 그것을 콜로라도 강이나 리오그란데 강에서 처음 배운 것이 아니고 이미 다른 장소에서 습득하여 숙달된 경지에 이르고 있었던 것이다.

이상의 증거로 미루어보아도 환경적 요인이 결코 '하천' 문명을 탄생시키는 적극적인 요인이 될 수는 없다. 그리고 이 결론은 어느 지역에서는 문명을 낳고 다른 지역에서는 문명을 낳지 않은 몇 개의 다른 환경을 살펴볼 때 한층 더 확실해진다. 안데스 문명은 고원지대에 발생한 문명으로서, 이 문명이 이룩해 놓은 위업은 기슭에 있는 아마존 강 유역의 울창한 숲 깊숙이 숨어 있는 야만상태와 뚜렷한 대조를 이루고 있다. 그렇다면 고원지대라는 조건이 안데스 사회가 그 야만적인 이웃을 앞질러서 전진한 이유였을까? 우리는 이 견해를 인정하기 전에 아프리카의 같은 적도 부근에 있는 동아프리카 고지가 콩고 강 유역의 삼림지대와 인접해 있는 부근을 살펴볼 필요가 있다. 그러면 아프리카의 고원은 큰 강 유역의 열대 숲과 마찬가지로 '문명' 사회를 낳지 않았다는 사실을 알 수 있다.

마찬가지로 우리는 미노스 문명이 내해(內海)에 점점이 흩어져 지중해성 기후의 혜택을 받는 한 무리의 섬에 출현한 사실을 볼 수 있는데, 일본의 세도(세도) 내해 부근에서는 똑같은 환경인데도 불구하고 다도해형 문명은 탄생하지 않았다.

일본은 독립적인 문명을 낳은 일이 없고, 중국 오지에 출현한 대륙문명의 한 분파가 전해졌을 따름이다.

중국 문명은 가끔 '황허의 아들'이라고 일컬어지는데, 그것은 중국 문명이 황허 유역에서 발생했기 때문이다. 그러나 기후·토양·평지 및 산악의 배합상태가 거의 비슷한 다뉴브 강 유역에서는 같은 종류의 문명이 탄생하지 않았다.

마야 문명은 과테말라와 영국령 온두라스의, 열대성 비가 내리고 열대식물이 우거진 속에서 출현했다. 그러나 아마존 강 유역과 콩고 강 유역의 야만상태 속에서는, 같은 조건을 구비하고 있는데도 불구하고 아직까지 그와 같은 문명은 나타나지 않았다. 그러나 이 두 강 유역은 실제로 적도를 가로지르고 있는 데 비해 마야 문명의 발상지는 북위 15도상에 위치하고 있다.

만일 북위 15도선을 빙 돌아 지구의 반대쪽으로 더듬어가 본다면, 캄푸치아의 역시 열대성 비가 오고 열대식물이 우거진 고장에 우뚝 솟아 있는 거대한 앙코르 와트의 폐허와 마주치게 될 것이다. 이것이야말로 폐허가 되어 버린 마야의 도시 코판(현재의 온두라스에 해당한다)이나 이스쿤(현재의 과테말라 동부)와 같은 것이 아닐까? 그러나 고고학적 자료가 제시하는 바에 의하면, 앙코르와트에 의해 대표되는 문명은 캄푸치아 고유의 것이 아니라 인도에 출현한 힌두 문명의 분파였다.

우리는 이 문제를 더 추구해 나갈 수 있지만, 아마 지금까지 기술한 것만으로도 독자들은 인종이든 환경이든 그 자체만으로는 과거 6천 년 동안 인류가 미개사회의 단계에 머물러 휴식하는 상태에서 각성하여 일어나 문명을 추구하는 모험을 행하도록 한 적극적인 요인이 되지 못했다는 것을 충분히 납득했으리라 생각한다. 어쨌든 지금까지 고찰해 온 바에 의하면 인종이나 환경 그 어느 쪽도 어째서 인류 역사에 있어 이런 중대한 이행이 단지 특정한 장소에서 특정한 시기에 일어났는가 하는 데 대해 어떤 단서도 제시하지 못했고, 분명히 제시할 수 있으리라는 생각도 들지 않는다.

제5장 도전(挑戰)과 응전(應戰)

1. 신화가 주는 단서

　문명 발생의 결정적 요인을 탐구함에 있어 우리가 채용한 방법은 고전파 근대물리학의 그것과 같은 것이었다. 즉 우리는 추상적으로 생각하고, 인종과 환경이라는 생명이 없는 힘의 작용을 사용하여 실험을 해 왔다. 그런데 결국 그것은 헛수고로 끝났으므로, 우리는 방법에 뭔가 잘못이 있었기 때문에 실패한 것이 아닌가 반성해 볼 필요가 있다. 우리는 아마 모르는 사이에 19세기 이래의 자연과학 만능시대—그 시대는 바야흐로 지나가고 있지만—의 영향을 받아, '비정화(非情化)의 오류'에 빠져들었는지도 모른다. 러스킨은 그 저서《근대 화가론》속에서 무생물에 생명을 부여하는 '유정화(有情化)의 오류'에 빠져드는 것을 경계하고 있는데, 그와 마찬가지로 우리는 그 반대인 산 인간의 연구인 역사적 사고에다 무생물의 연구를 위해 연구된 과학적 방법을 적용하는 오류에 빠져들지 않도록 경계할 필요가 있다. 문명 발생의 수수께끼를 푸는 마지막 노력으로서 우리는 플라톤을 본떠서 다른 방법을 시도해 보자. 즉 잠시 동안 과학의 방식은 접어둔 채 신화의 이야기에 귀를 기울여 보기로 하자.

　만일 문명의 발생이 생물학적 요인이나 지리적 환경이 단독적으로 작용한 결과가 아니라면, 그것은 분명히 이 양자간의 어떤 종류의 상호작용이 일으킨 결과임에 틀림없다. 다시 말하면 우리가 추구하는 요인은 단일한 것이 아니고 복합적인 것, 하나의 실체가 아니고 하나의 관계일 것이다. 이 관계는 두 개의 비인간적인 힘의 상호작용이라고 생각해도 좋고, 또는 두 개의 초인간적인 인격의 만남이라고 생각해도 좋다. 우리는 이 두 가지 구상 중 후자를 다루어 보기로 하자. 그것은 아마도 문제를 해결하는 방향으로 우리를 인도해 줄 것이다.

　초인간적인 두 인격의 만남은 인간의 상상력이 구사한 가장 위대한 드라마 속의 몇 개의 줄거리로 되어 있다.

야훼와 뱀의 만남이 〈창세기〉의 인간 타락 이야기의 줄거리이고, 시리아 사회 사람들의 영혼이 차차 개발되어 감에 따라 변모한[2] 같은 대립자의 두 번째 만남이 그리스도에 의해 속죄되는 이야기를 실은 《신약성서》의 줄거리이며, 하느님과 사탄의 만남이 〈욥기〉의 줄거리이고, 신과 악마 메피스토펠레스의 만남이 괴테의 《파우스트》의 줄거리이며, 신들과 악마들의 만남이 스칸디나비아의 〈볼루스파〉[3] 의 줄거리이고, 아르테미스와 아프로디테의 만남이 에우리피데스의 《히폴리투스》의 줄거리이다.

또는 같은 줄거리인데 바꾸어 만든 것으로, 어디서나 끊임없이 되풀이되어 나타나는─그런 것이 만일 있다면 그것이야말로 '원초적 상징'이라고도 할 수 있다─처녀와 그 아이와 아버지의 만남을 줄거리로 한 신화이다. 이 신화의 주요 인물은 수많은 다른 무대 위에서, 한없이 그 이름을 바꾸어 가며 주어진 역할을 해왔다. 다나에와 황금의 비, 에우로파와 수소, 벼락을 맞는 대지의 세멜레와 벼락을 던지는 하늘의 제우스, 에우리피데스의 비극 《이온》에서 크루사와 아폴론, 프시케와 큐피드, 그레트헨과 파우스트라는 식으로 같은 주제가 변모하여 수태(受胎)를 알리는 장면 속에 나타난다.

오늘날의 서구 사회에 있어서도 이 변환자재(變幻自在)의 신화는 태양계의 발생에 관한 천문학자의 결론이라는 형태로 모습을 나타내고 있다.

우리가 지금 그 발생을 고찰하고 있는 문명의 원인 중 이원(二元) 대립이 존재하며 강력히 움직이고 있음을 현대 서구의 한 고고학자가 인정하고 있다. 그의 연구는, 처음에는 환경의 고찰에 전적으로 힘을 기울였으나, 결국 생명의 신비에 대한 직관에 도달한다.

'환경은…… 문화 형성의 원인의 전부는 아니다. …… 그것은 확실히 가장 현저한 원인이다. …… 그러나 그 밖에 더욱 명백히 심리적인 성질의 것이라고 생각

---

2 토인비가 변모라고 표현한 transfigure나 transfiguration이라는 말을 사용하는 경우는 주로 〈마태복음〉에 씌어 있는 그리스도의 변모에 의해 상징적으로 표현되는, 현세적인 것으로부터 영적인 것으로의 변화라는 뉘앙스를 담고 있다.
3 북구의 신화와 전설을 주제로 한 시집(詩集)《에다》에 실려 있는 시.

되는 뭐라 설명하기 힘든 요인이 있는데, 그것은 솔직히 미지수 X로 나타내는 것이 가장 좋으리라 생각된다. ……X는 이 점에 관한 가장 현저한 요인이 아니라 하더라도 가장 중요하고 가장 결정적인 요소임에 틀림없다.'

우리의 이 《역사의 연구》에 있어서도 그 집요하고 초인적인 만남의 주제가 이미 얼굴을 내밀고 있다. 즉 이 책의 첫 부분에서 우리는 '사회는 그 생애에서 계속 여러 가지 문제에 부닥친다', 또 '문제 하나하나의 제기는 어떤 시련을 이겨내기를 요구하는 도전이다'라고 말한 바 있다.

이와 같은 여러 가지 문맥으로, 그리고 다양한 형태로 되풀이되는 이야기 또는 드라마의 줄거리를 좀더 자세히 분석해 보자.

우선 두 가지의 일반적인 특징에서부터 시작해 보기로 하자. 그것은 첫째로 이 만남은 좀처럼 일어나기 힘들고 때로는 극히 특징적인 일로 여겨진다는 점이고, 둘째로 자연의 정해진 진로에서 벗어나는 정도가 크면 클수록 그것과 정비례해서 중요성도 더욱 증가된다는 점이다.

신들이 아름다운 인간의 딸에 반해 넋을 잃고 희생자의 이름을 시 속에다 죽 열거할 수 있을 정도로 많은 처녀들을 자기 것으로 한 저 태평스러운 헬라스 사회의 신화세계에서조차도 역시 그런 일은 큰 사건이어서 항상 영웅의 탄생이라는 결과를 낳았다. 만남의 당사자가 모두 초인간적 존재로 되어 있는 이야기에서는 이 사건의 희귀성과 중요성이 한층 더 두드러지게 마련이다.

〈욥기〉에서, 하느님의 아들들이 와서 주 앞에 섰고 사탄도 그 속에 있던 날은 분명히 이례적인 경우라고 여겨진다. 또 괴테의 《파우스트》의 첫머리에 나오는 〈천상의 서막〉에서의 신과 메피스토펠레스의 만남(물론 〈욥기〉 첫머리에서 힌트를 얻은 것)도 마찬가지이다. 이 두 드라마 모두 하늘에서의 만남이 지상에 가져다주는 결과는 터무니없이 크다. 욥과 파우스트가 각각 겪은 시련은 한없이 많은 인류의 시련을 창작의 직관적인 언어로 표현한 것이다. 그리고 신학적 언어에 의하면 이 똑같이 엄청난 결과가 〈창세기〉와 《신약성서》 속에 묘사되어 있는 초인간적인 만남 뒤에 일어나게 되어 있다. 야훼와 뱀이 만난 뒤에 아담과 이브는 추방당하는데, 이것이 바로 인간의 타락을 뜻하는 것이고, 《신약성서》의 그리스도의 수난은 바로 인간의 구제를 뜻하는 것이다.

　어느 경우에 있어서도 이야기는 완전한 음(陰)의 상태에서 시작된다. 파우스트는 지식에 있어서 완전했고, 욥은 선행(善行)과 행운에 있어서 완전했으며, 아담과 이브는 죄없고 안락하다는 점에서 완전했고, 그레트헨과 다나에 및 그 밖의 처녀들은 순결과 아름다움에 있어서 완전했다. 음이 이와 같이 완전할 때 그것은 항상 양(陽)으로 이행할 수 있는 상태에 있는 것이다. 그러나 그것들의 이행을 가능하게 하는 것은 무엇인가? 각각의 성질에 따라 완전한 상태의 변화는 외부로부터 오는 충동 또는 동기에 의해 비로소 개시된다. 만일 그 상태가 물리적인 평형상태라면 또 하나의 물체를 가지고 와야 한다. 만일 그것이 정신적인 지복(至福) 내지는 열반(涅槃)의 상태라면 또 한 사람의 배우—의문을 제기하고 정신에 사고활동을 일으키게 하는 비판자라든지, 고민이나 불만이나 두려움이나 반감을 주입시켜서 새로운 감정활동을 일으키게 하는 적—를 등장시켜야만 한다. 이것이 〈창세기〉의 뱀, 〈욥기〉의 사탄, 《파우스트》의 메피스토펠레스, 스칸디나비아 신화의 로키(파괴와 재난의 신), 처녀 신화 속의 처녀를 사랑하는 신들의 역할이다.

　과학용어로 말한다면, 외부로부터 침입해 오는 요인의 기능은 침입하는 대상에 대해 강력하고도 창조적인 변화를 불러일으킬 수 있도록 가장 잘 계산된 종류의 자극을 주는 일이라고 할 수 있다. 또 신화와 신학의 용어로 말한다면, 완전한 음의 상태를 새로운 양의 활동으로 이행하게 하는 충동 또는 동기는 악마가 신의 세계로 침입함으로써 생겨난다. 이 일은 이와 같은 신화적 이미지로 설명하는 것이 가장 좋다. 그렇게 하면 설명을 논리적 표현으로 바꾸었을 때 일어나는 모순에 직면하지 않을 수 있기 때문이다. 논리적으로는 만일 신의 세계가 완전한 것이라면 그 바깥에 악마가 있을 까닭이 없고, 또 한편 만일 악마가 존재한다면 악마가 그것을 손상시키기 위해 찾아오는 완전함은, 바로 악마가 존재한다는 자체에 의해 이미 완전하지 못할 것이다. 논리적으로 해소할 수 없는 이 모순은 시인이나 예언자의 상징에서 직관적으로 극복할 수 있다. 시인과 예언자는 전능한 신에게 영광을 돌리면서도 한편으로는 신이 두 가지의 결정적인 제한을 받고 있는 것을 당연하게 생각한다.

첫번째 제한은, 신은 이미 그 자신이 창조한 것이 완전하므로 더 이상 창조활동을 계속할 기회가 없다는 것이다. 만일 신이 초월자라고 생각한다면 신의 창조활동에 의해 만들어진 작품은 옛날이나 지금이나 변함없이 영광에 빛나기는 하지만 '영광에서 영광으로(신과 같은 모습으로) 바뀐다'(《고린도후서》 3장 18절)는 일은 불가능하다.

신의 힘에 대해 가해지는 두 번째 제한은, 새로운 창조의 기회가 외부로부터 제공되면 신은 그 기회를 받아들이지 않을 수 없다는 것이다. 악마가 신에게 도전할 때 신은 그 도전에 대응하지 않으면 안 된다. 만일 대응을 거절한다면 신은 스스로의 본질을 부정하고, 신이라는 지위를 내놓는 결과가 되기 때문이다.

신은 이와 같이 논리적으로는 전능하지 못한데, 그래도 아직 신화적으로는 무적이란 말인가? 신은 악마의 도전에 응해야 하는데, 그후의 싸움에서는 반드시 이기게 되어 있을까?

에우리피데스의 《히폴리투스》에서는 신의 역할을 담당하는 것은 아르테미스이지만, 아르테미스는 싸움을 거절할 수 없을 뿐만 아니라 처음부터 패배하도록 운명지어져 있다. 올림포스의 신들끼리는 무정부적인데, 아르테미스는 그 드라마의 에필로그에서 언젠가는 자기가 악마의 역할을 하여 아프로디테에게 복수해야겠다고 결심함으로써 겨우 스스로를 위로하는 것이다. 결과는 창조가 아니고 파괴였다.

스칸디나비아의 신화에서도 역시 마찬가지로 파괴가 '라그나로크', 즉 (신들과 악마들이 서로 죽이고 죽고 하는) '신들의 황혼'에 대한 결말이다. 다만 〈볼루스파〉 작자의 천재성만이 예언자의 눈으로 암흑을 뚫고 저만큼 있는 새로운 새벽녘의 빛을 인정하게 하고 있을 뿐이다.

한편 같은 이야기의 다른 형태에서는 피할 수 없는 도전을 수락하고 난 뒤 일어난 싸움에서 악마가 최초의 일격으로 반드시 상대를 넘어뜨리는 형태를 취하지 않고, 악마가 틀림없이 지게 되어 있는 내기 형식을 취하고 있다. 이 내기의 동기가 전개되어 있는 대표적 작품은 〈욥기〉와 괴테의 《파우스트》이다.

문제점이 가장 명확하게 나타나 있는 것이 괴테의 희곡이다. 하늘에서 신이 메피스토펠레스와 내기를 수락한 뒤 이번에는 지상에서 메피스토펠레스와 파우스트 사이에 다음과 같은 협약이 이루어졌다.

> **파우스트** 그런가? 만일 내가 이것으로 만족스러운
> 기분이 들어 긴 의자에 드러눕는다면
> 나는 그 자리에서 망해도 좋다.
> 자네가 그럴듯한 말로
> 나를 부추겨, 내가 나 자신에게 만족한다든지
> 쾌락으로 나를 속일 수 있다면
> 그것이 나의 최후의 날이다.
> 내기를 하자.
> **메피스토펠레스** 좋다.
> **파우스트** 나도 좋다. 약속한 이상 다른 말은 있을 수 없다.
> 내가 어떤 순간을 향해
> '멈추어라, 너는 참으로 아름답구나' 하고 말하면
> 자네는 나를 사슬로 묶어도 좋다.
> 나는 기꺼이 멸망해 주마.
> 장송의 종이 울려퍼지고
> 자네는 종자(從者)의 임무로부터 해방된다.
> 시계는 멈추고 바늘은 떨어진다.
> 나의 모든 것은 끝나는 것이다.

이 신화적 계약과 우리의 문명 발생 문제와의 관련은, 내기를 하는 순간의 파우스트를 그때까지 암반 위에서 꼼짝도 하지 않고 누워 있다가 일어나 절벽을 기어오르기 시작한 '잠자다가 눈을 뜬 자' 중의 한 사람으로 간주하면 뚜렷해진다. 우리의 비유 속으로 파우스트를 옮겨놓으면 그는 이렇게 말할 것이다.

"나는 이 암반을 뒤로하고 저 위쪽의 다음 암반이 있는 데까지 기어올라가기로

결심했다. 이 계획이 안전하지 못하다는 것은 알고 있다. 그러나 성공하기 위해서는 몰락과 파멸의 위험을 두려워하지 않을 것이다."

괴테의 이야기 속에서는, 대담한 등반자는 생명에 관계되는 온갖 위험과 절망적인 비운을 만나 괴로움을 당한 끝에 결국 통쾌하게 절벽을 기어오르는 일에 성공한다. 〈창세기〉에서는 야훼와 뱀의 싸움은 오히려 《히폴리투스》 속의 아르테미스와 아프로디테의 싸움과 마찬가지로 악마의 승리로 결말이 나고 말았는데, 《신약성서》에서는 야훼와 악마의 두 번째 만남을 계시함으로써 신의 최후의 승리가 약속되어 있다. 즉 야훼와의 두 번째 만남에서 받은 계시에 따라 《파우스트》와 똑같은 결말이 주어지고 있는 것이다.

〈욥기〉에서도 《파우스트》에서도 《신약성서》에서도 내기가 악마의 승리로 끝날 리가 없다는 것, 악마는 신의 사업에 간섭은 하지만 신의 목적을 방해할 수 없고 오히려 그것을 위해 봉사할 뿐이라는 것, 신은 항상 재치있게 난국을 극복하며 악마에게 스스로 목을 맬 밧줄을 주고 있다는 것이 암시되어 있거나 또는 공공연하게 언명되어 있다. 그렇다면 악마는 사기에 걸린 것인가? 신은 절대로 지지 않는다는 것을 미리 알고 내기를 수락했는가?

그것은 좀 가혹한 표현이다. 만일 그대로라면 계약 전체가 사기인 셈이다. 사실 만남도 아니고 아무것도 아니고 아닌 만남이 만남의 결과―음으로부터 양으로의 전환이라는 광대한 우주적 결과―를 낳을 리 만무하다. 악마가 제의하고 신이 수락하는 내기는 신의 창조의 일부분에 미치고 실로 위험한 상황으로 몰고 가기도 하지만, 그러나 전체에 미치지 못한다는 것이 사실일 것이다.

그 일부분은 거의 위험 속에 빠지게 된다. 전체가 위험에 처하는 것은 아니지만, 부분적으로 빠져드는 위험과 변화는 아무래도 전체에 영향을 끼치지 않을 수 없다. 신화적으로 표현한다면, 신이 창조한 것 중 하나가 악마의 유혹을 받으면 그것 때문에 신 자신이 세계를 다시 창조해야 할 기회가 주어지는 것이다. 악마의 간섭은 특정한 쟁점에 관해 성공과 실패에 상관없이―어느 쪽이든 가능성은 있다―신이 간절히 바라고 있던 음으로부터 양으로의 이행을 이룩한 셈이 된다.

드라마의 주역을 맡은 인간의 성격에 관해 살펴보면, 그 역할을 하는 사람이 예수이건 욥이건, 혹은 파우스트건, 아니면 아담과 이브이건 반드시 고민하는 것이 기본 원칙으로 되어 있다. 에덴 동산의 아담과 이브의 모습은 원시인이 지구상의 다른 동식물에 대한 지배를 확립한 후 식물의 채취경제의 단계에 도달한 음의 상태의 회상이다. 지혜의 선악과를 먹는 유혹에 대한 반응으로서의 타락은, 일단 달성시킨 이 완전미를 저버리고 거기에서 새로운 완전미가 생길지도 모르고 혹은 생기지 않을지도 모르는 새로운 분화(分化)를 지향하는 도전을 승낙했다는 것을 상징한다. 낙원에서 무정한 세계로 추방되어 여자는 고통을 겪으며 아이를 낳고 남자는 이마에 땀을 흘리며 빵을 구해야 하지만, 그것은 뱀의 도전을 수락함으로써 생긴 당연한 시련이다. 그 뒤를 이어 계속되는 아담과 이브의 성적 교섭은 사회창조의 행위로서, 그 결과 두 개의 신생문명의 의인적 상징인 두 아들, 즉 목자 아벨과 농부 카인이 탄생한다.

인간생활의 자연환경 연구자로서 가장 유명한, 또 가장 창조적인 현대 학자의 한 사람(헌팅턴)도 같은 이야기를 전문가의 입장에서 다음과 같이 진술하고 있다.

옛날 옛적에, 벌거벗은데다가 집도 없고 불도 모르던 야만인의 한 무리가 봄이 시작되면서부터 여름이 끝날 무렵에 걸쳐 열대의 따뜻한 거주지를 떠나 차차 북쪽으로 이동해 갔다. 9월이 되어 밤의 추위가 몸에 스며드는 것을 느끼게 될 때까지 그들은 상하(常夏)의 땅을 등지고 온 데 대해 생각하지 않았다. 추위는 나날이 심해져 갔다. 원인을 모르는 채 그들은 추위를 피해 뿔뿔이 흩어졌다. 어떤 사람들은 남쪽으로 향했으나, 고향으로 돌아온 사람은 불과 몇 명 되지 않았다. 이 얼마 안 되는 사람들은 거기서 전과 같은 생활을 시작했다. 그리고 그 후손들은 오늘날에 이르기까지 미개 야만의 상태에 머무르고 있다. …… 다른 방향으로 헤매던 무리들은 소수를 제외하고는 모두 죽고 말았다. 이 적은 무리에 낀 사람들은 살을 에는 듯한 추위로부터 도망칠 수 없다는 것을 알고는 인간의 재능 속에서도 가장 고귀한 의식적 발명의 능력을 발휘함으로써 피난처를 찾으려 했고, 어떤 사람은 나뭇가지나 나뭇잎을 모아 오두막과 따뜻한 잠자리를 만들었으며, 어떤 사람은 죽은 짐승의 가죽으로 몸을 감쌌다. …… 잠깐 사이에 이들 야만인은 문명으로의 위대한 전진을 실현한 것이다. 벌거벗고 있던 사람이 옷을 입게 되었고, 거처가 없던 사람이 거처를 갖게 되었으며, 하루살이 생활을 하던 사람이 고기를 말리고 나무 열매를 저장하여 겨울에 대비할 것을 알게 되었고, 나중에는 열을 얻기 위해 불을 만드는 방법을 발견했다. 이와 같이 하여 그들은 처음에는 도저히 견디어낼 수 없다고 여겨지던 곳에서 살게 되었다. 그리고 가혹한 환경에 적응해 나가는 과정을 통해 거대한 진보를 이룸으로써 열대지방 사람들을 훨씬 뒤떨어지게 했던 것이다.

한 고전학자(메이러)도 마찬가지로 이 이야기를 현대의 과학적 용어로 풀이하여 다음과 같이 진술하고 있다.

필요가 발명의 어머니라면 그 아버지는 고집, 즉 적당히 단념하고 편히 생각할 수 있는 곳으로 옮겨가는 대신 끝까지 불리한 조건 밑에서 살아가겠다는 결의라고 하는 것이 진보의 역설적 진리이다. 우리가 알고 있는 형태의 문명이, 네 번 되풀이되었던 빙하시대의 특징인 그 기후와 동식물의 성쇠기에 시작되었다는 것은 결코 우연은 아니었던 것이다. ……울창한 숲이 말라죽게 되었을 때 간신히 달아난 영장류(靈長類)는 자연법칙의 지배를 받는 것 가운데서 가장 으뜸의 지위를 확보했을 뿐만 아니라, 마침내 자연에 대한 정복을 시작했다. 난관을 뚫고 나가 인간이 된 것은, 이미 앉을 나무조차도 없어진 그 자리에 버티고 있던 무리, 나무열매가 익지 않을 때 대신 고기를 먹은 무리. 햇빛을 쫓아가는 대신 불과 의복을 만든 무리, 서식 장소에다 견고한 방비를 구축하고 아이들을 훈련시켜 비합리적으로 보이는 세계의 합리성을 입증한 무리였다.

따라서 주역인 인간이 받는 시련의 첫 단계는 동적인 행위에 의한 음으로부터 양으로의 이해이다. 그것은 악마의 유혹을 받는 신의 피조물에 의해 행해지는 것인데, 이것으로 인해 신은 또다시 그 창조활동을 개시할 수 있는 것이다. 그러나 이 진보에는 지불해야만 할 대가가 따른다. 그리고 그 대가를 지불하는 것은 신이 아니고 신의 종이다. 즉 씨앗을 뿌리는 인간인 것이다. 몇 번의 곡절을 겪은 뒤에 마침내 승리를 얻은 수난자는 개척자의 임무를 수행한다. 이 신의 드라마의 주역을 맡은 인간은 신이 또다시 창조활동을 개시할 계기를 만들어줌으로써 신에게 봉사할 뿐만 아니라, 다른 사람들이 더듬어 가야 할 길을 제시함으로서 같은 인간에게도 봉사하는 것이다.

2. 문명 발생 문제에 응용된 신화

예측할 수 없는 요소

신화가 주는 힌트를 단서로 하여 우리는 도전과 응전의 성질에 대해 어느 정도 알게 되었다. 우리는 창조가 만남의 결과이며 발생이 상호작용의 소산이라는 것을 알았다. 여기서 우리의 당면 목적인, 과거 6천 년 동안 인류의 일부를 흔들어 일으켜 '습관의 완전성'에서 '문화의 분화'로 향하게 한 적극적인 요소를 탐구하는 길로 되돌아가 보자. 우리의 21개 문명의 기원을 조사하며 과연 '도전―응전'이라는 식으로 생각하는 방법이, 우리가 찾는 요인에 대해 이미 고찰해 본 결과 불충분하다고 판명된 인종설이나 환경설보다 더 나은 답을 줄 수 있는지 경험적 사실을 근거로 확인해 보기로 하자.

이 새로운 개관에서도 역시 인종이나 환경이 문제가 되는데, 우리는 그것을 새로운 각도에서 보게 될 것이다. 우리는 이미 언제나, 또 어디서나 완전히 동일한 결과가 나타나는 그런 단순한 문명 발생의 원인을 찾고 있는 것이 아니다. 우리는 이미 같은 인종 또는 같은 환경이 어느 경우에는 문명을 낳지만 다른 경우에는 문명을 낳지 않는다고 해서 놀라지는 않는다. 사실 우리는 이미 우리의 문제를 과학적으로 생명을 갖지 않는 힘의 작용의 함수라고 생각하고 있는 동안에는 당연히 구해야만 했던, '자연의 제일성(齊一性)'이라는 과학적 요청을 고집하지 않는다. 우리는 지금 비록 과학적으로 설명할 수 있는 인종적·환경적 및 기타의 자료 모두를 정확하게 알고 있다고 해도 이들 자료가 대표하는 몇 개의 힘의 상호작용이 낳는 결과를 예측할 수는 없다는 점을 인정할 준비가 되어 있다. 그것은 마치 군사 전문가가 아무리 우수한 두 참모본부가 설비와 자원에 관한 '내부정보'를 제공해 주었다 해도 전투나 작전의 결과를 예측할 수 없고, 도박의 명수가 모든 사람이 가지고 있는 카드에 관해 아무리 잘 알고 있다 해도 게임의 결과를 예측할 수 없는 것과 마찬가지이다.

비유로 인용한 이 두 가지 경우에 있어서 '내부정보'를 가지고 있어도 결과를 정확한 혹은 확신을 가지고 예측하지 못하는 것은 '내부정보'가 곧 완전한 지식은 아니기 때문이다. 아무리 정보에 통달했다 해도 전투를 하고 있는 당사자, 승부를 겨루고 있는 장본인이 아니기 때문에 아무래도 미지수로 남는 것이 한 가지 있다. 그리고 그것이야말로 누가 계산을 하든 반드시 풀어야 할 방정식의 가장 중요한 항목인 것이다. 이 미지수는 실제로 시련이 시작되었을 때 그 시련에 대해 행동을 일으키는 인간의 반응이다. 이런 심리적 운동량은 본래 무게를 달거나 길이를 잴 수 없고, 따라서 미리 과학적으로 평가할 수도 없는 것이지만, 그것이야말로 만남이 시작되었을 때 실제로 결과를 결정하는 힘인 것이다.

아무리 위대한 군사적 천재라도, 그들의 성공 속에 계산 불가능한 요소가 포함되어 있음을 자인하고 있는 것은 이와 같은 이유 때문이다. 종교적인 사람은 크롬웰처럼 그 승리의 원인을 신에게 돌리고, 미신적인 사람들은 나폴레옹처럼 자신의 타고난 운명으로 돌린다.

이집트 문명의 발생

앞 장에서 환경문제를 취급할 때 우리는 고대 그리스의 환경론자들처럼 환경은 정적(靜的)인 요인이라고 가정했다. 특히 아프라시아 스텝 지대와 나일 강 유역이 제시하는 자연조건은 '역사' 시대를 통해 항상 오늘날의 상태와 동일하며, 또한 그리스인이 이들 지역에 대해 환경론을 제창한 2400년 전의 상태와 동일하다고 가정했다. 그런데 사실은 그렇지 않았다는 것을 우리는 알고 있다.

북유럽이 하르츠 산맥(독일 중부의 산맥)이 있는 곳까지 얼음으로 덮여 있고 알프스와 피레네 산맥이 빙하로 뒤덮여 있는 동안에는 북극 고기압이 대서양 저기압을 남쪽으로 기울게 만들고 있었다. 오늘날 중부 유럽을 통과하는 온대성 저기압은 당시는 지중해 연안과 사하라 사막 북부를 통과하고 있었다. 그리고 레바논의 고지와 맞부딪쳐도 수분을 상실하지 않고 메소포타미아와 아라비아를 넘어 페르시아 및 인도에까지 이르렀던 것이다. 바짝 마른 사하라 지역에도 규칙적으로 비가 내렸으며, 그 동쪽에는 오늘날보다도 많은 양의 비가 내렸을 뿐 아니라 겨울철에만 치우치지 않고 1년을 통해 내렸다. 북아프리카, 아라비아, 페르시아 및 인더스 강 유역에는 오늘날 지중해 북쪽에 있는 것과 같은 파크랜드(온대지방의 군데군데 수목이 있는 초원)나 사반나(아열대 또는 열대지방의, 역시 군데군데 수목이 있는 초원)가 있었던 것으로 여겨진다. ……프랑스나 남아일랜드에는 매머드나 털에 뒤덮인 코뿔소나 순록이 풀을 뜯고 있었으며, 북아프리카에는 오늘날 로디지아의 잠베지 강 부근에서 볼 수 있는 동물이 서식하고 있었다. 북아프리카와 남아시아의 쾌적한 초원지대에는 유럽의 얼어붙은 스텝 지대와 마찬가지로 많은 인간들이 살고 있었다. 그리고 이 쾌적하고도 변화무쌍한 환경 속에서 인간은 당연히 얼음에 갇힌 북쪽보다 더 위대한 진보를 이루었다고 보아도 좋다.[4]

그런데 빙하시대가 끝나고 난 뒤 아프라시아 지역은 건조화 방향으로 향하는 자연 조건의 뚜렷한 변화를 경험하기 시작했다. 그와 동시에 이전에 인간이 거주하던 세계의 다른 모든 지역과 마찬가지로 구석기시대의 미개사회에 의해 점령되었던 지역에 둘 내지 그 이상의 문명이 출현했다. 고고학자들은 아프라시아의 건조화를, 그것에 대한 응전으로서 탄생한 문명과 맞서 싸우는 도전이라고 보는 방법을 지지하고 있다.

지금 우리는 위대한 혁명의 일보 직전에 있으며, 마침내 얼마 안 있어 가축을

---

4 차일드(V.G. Childe)의 《최고(最古)의 동쪽》 제2장 참조.

소유하고 곡물을 재배함으로써 식량을 완전히 자급할 수 있는 인간들과 마주치게 된다. 이 혁명은, 북쪽의 빙하가 녹고 그 결과 유럽을 뒤덮고 있던 북극성 고기압이 후퇴하고 대서양 저기압의 진로가 남지중해 지대로부터 현재의 중부 유럽을 통과하는 코스로 변함으로써 생긴 위기와 관련이 있다고 생각하지 않을 수 없다. 이 사건은 확실히 지난날의 초원지대 주민들로 하여금 그 창의성을 극도로 발휘하도록 만들었을 것이다. ……유럽의 빙하지대가 좁아짐에 따라 대서양 저기압대가 또다시 북쪽으로 이동했기 때문에 서서히 진행되는 건조화에 직면하여 그때까지 수렵생활을 해 오던 주민들에게는 삼자택일의 길이 열리게 되었다. 익숙하던 기후대 뒤를 따라 수확물과 함께 북쪽 또는 남쪽으로 이동하든지, 지금까지 살던 곳에 계속 머물러 건조에 견디어 가면서 새나 짐승을 잡으며 그럭저럭 비참한 생활을 이어나가든지, 아니면 — 역시 고국을 떠나지 않고 — 동물을 사육하고 농사를 지음으로써 환경의 변화에 의존하는 상태로부터 스스로를 해방시키든지 어느 한쪽이었다.[5]

결국 거주지도 생활양식도 바꾸지 않은 무리들은 건조라는 도전에 응전하지 않은 셈이어서, 그 때문에 절멸이라는 형벌을 받았다. 거주지를 옮기지 않고 생활양식을 변경하여 수렵자로부터 목자로 전업한 무리들은 아프라시아 스텝의 유목민이 되었다. 생활양식을 바꾸지 않고 거주지를 변경하는 길을 택한 자들 중 북쪽으로 이동한 저기압대의 뒤를 쫓아감으로써 건조를 피한 집단은 뜻밖에도 북쪽의 계절적 한기라는 새로운 도전을 받게 되었는데, 이 도전에 굴복하지 않은 자들 사이에 새로운 응전이 야기되었다.

한편 남쪽의 몬순지대로 후퇴함으로써 건조를 피한 집단은 열대의 단조로운 기후가 발산하는 최면적 영향을 받아 게으르게 잠자는 일로 생활을 보내게 되었다.

다섯째, 즉 마지막으로 건조화의 도전에 대해 거주지와 생활양식 양쪽을 다 변경함으로써 응전한 집단이 있었다. 그리고 이 보기 드문 이중의 반응이야말로 소

---

5 차일드의 《최고의 동쪽》 제3장 참조.

멸해 가는 아프라시아 초원지대의 몇 개 미개사회로부터 이집트 문명과 수메르 문명을 창조한 동적인 행위였던 것이다.

이들 창조적인 사회집단의 생활양식에 일어난 변화는 식물채취자 및 수렵자를 완전히 경작자로 변모시켰다. 거주지에 일어난 변화는 거리상으로는 사소한 것이었지만, 그들이 내버리고 온 초원과 이주해 온 새로운 자연환경의 성격상 차이를 기준으로 한다면 매우 큰 것이었다. 나일 강 하류 유역을 내려다보는 위치에 있는 초원이 리비아 사막으로 변했고, 유프라테스와 티그리스 두 강의 하류 유역을 내려다보는 위치에 있는 초원이 루브 알 칼리(아라비아 동남부의 사막)와 다시드 이루트(이란 고원 중앙부의 사막)로 변했을 때, 이들 영웅적인 개척자들은 용감성 때문인지 혹은 자포자기 탓인지 골짜기 밑바닥의 일찍이 아무도 발을 들여놓은 적이 없는 늪지에 뛰어들었다. 그들의 그런 동적인 행위로 인해 그곳은 이집트 땅 및 시나이 땅으로 바뀌었다.

다른 길을 택한 무리들이 볼 때 그들의 모험은 뻔히 알면서도 사지(死地)로 뛰어든 무모한 행동으로 여겨졌을 것이다. 왜냐하면 지금 아프라시아 스텝으로 변화하기 시작한 지역이 아직 지상낙원이었던 그 당시는 나일과 메소포타미아의 정글 늪지대는 가까이 가기도 어려울 뿐만 아니라 얼핏 보아 한 발도 들여놓을 수 없을 정도의 황무지였기 때문이다. 그런데 실제로 그 모험은 개척자들이 품은 어떤 낙관적 기대보다도 더욱 굉장한 성공을 가져다 주었던 것이다. 변덕스러운 자연은 인간의 힘 앞에 굴복하고 말았다. 일정한 형태를 갖추지 못하고 있던 정글 늪지대는 모습을 갖추었고, 정연하게 배치된 수로(水路)와 제방과 밭이 나타났다. 황무지는 개간되어 이집트와 시나이의 국토로 조성되었고, 그 위대한 모험을 발판으로 이집트 사회와 수메르 사회가 시작되었다.

이들 개척자들이 첫발을 디딘 당시의 나일 강 하류 유역과 오늘날 우리가 보는 같은 유역의 상태는 전혀 다르지만, 그것이 반드시 6천 년에 걸친 인간의 숙련된 노동이 그 위에 자취를 남겼기 때문만은 아니다. 가령 인위적인 힘이 가해지지 않고 자연 그대로 방치되었다고 해도 역시 거의 같은 정도의 차이는 생겼을 것이다. 비교적 뒤에 생긴 고왕조(古王朝) 및 중왕조(中王朝) 시대—즉 개척시대로부터 수천 년 후—에 있어서도 오늘날의 제1폭포 하류에는 볼 수 없는 하마나 악어나 몇 종류의 야생조들이 하류 유역 일대에 흔히 있었다는 사실은 현존하는 이 시대의 조각이나 회화가 증명하는 바이다. 새나 동물에 대해 증명된 사실은 식물에 대해서도 마찬가지였다. 건조가 시작되고 있었지만 여전히 이집트에는 비가 내렸으며, 델타 지대는 물에 잠겨 있는 습지였다. 당시 델타 지대 남쪽의 나일 강 하류는 오늘날의 수단 적도지방에 있는 바르 알 자발 강이 적시는 나일 강 상류 지역과 비슷했고, 델타 지대 자체는 바르 알 자발 강과 바르 알 가잘 강이 합류하는 노 호(湖) 주변과 비슷했다.

이 지역에는 사람이 살지 않는다. 왜냐하면 그 주변에 사는 사람들은 이집트 문명의 선조들이 6천 년 전 나일 강 하류 유역에 정착했을 당시 직면한 것처럼 가까이 가기조차도 어려웠던 사드 지역에 뛰어들거나, 아니면 지상낙원이었던 곳이 황량한 사막으로 변해 가고 있는, 선조 대대로 살아온 땅에 매달리거나 해야 할 곤란한 선택에 직면하고 있지 않기 때문이다. 현대 학자들의 추측이 옳다면, 오늘날 수단의 사드 지대 주변에 살고 있는 사람들의 선조는 이집트 문명의 창시자가 건조화의 도전에 대한 응전으로서 그 중대한 선택을 하던 무렵 바로 이웃인, 현재 리비아 사막으로 되어 있는 지방에 살고 있었다. 건조화가 시작되었을 때 현대의 딩카족과 실루크족의 선조들은 그들의 용감한 이웃과 헤어지고 최소 저항선을 더듬어 지금까지와 거의 같은 자연환경 속에서 생활양식을 바꾸지 않고 계속 살 수 있는 남쪽 지방으로 후퇴했다. 그들은 적도성 강우권내에 포함되어 있는 열대 수단 지방에 정착했는데, 그곳에서 그들 후손들은 오늘날까지도 그들의 먼 옛날의 선조들과 똑같은 생활을 영위하고 있다. 제2의 고향에서 이 게으른, 야심 없는 이주자들은 그들이 원하는 것이 무엇인지를 알았다.

나일 강 유역 한 지방의 옛날 모습과 다른 지방의 오늘날의 모습을 비교해 보면서 우리는 어떤 추측을 하게 된다. 현재 나일 강 유역의 적도성 강우권 밖에 있는 지방의 주민들에게 건조화라는 도전이 나타나지 않았다고 가정해 보자. 그럴 경우, 델타 지대와 나일 강 하류 유역은 본래의 자연상태 그대로 방치되어 있었을까? 이집트 문명은 결코 출현하지 않았을까? 이 지역의 주민은 지금도 여전히 현재 실루크족과 딩카족이 바르 알 자발 강변에 웅크리고 있듯이 야성인 채로 나일 강 하류 유역에 웅크리고 있었을까?

또 한 가지, 이번에는 과거가 아닌 미래에 관해 추측해 보기로 한다. 우주의 시간적 척도는 말할 것도 없고 지구·생명·인류의 시간 척도로 재어본다 해도 6천 년이라는 세월은 전혀 문제가 되지 않을 정도로 짧은 시간이라는 것을 상기해야 한다. 그렇다면 바로 어제에 해당하는 빙하기의 끝무렵에, 나일 강 하류 유역의 주민 앞에 나타난 도전과 같이 감당하기 어려운 도전이 내일 나일 강 상류 유역의 주민들 앞에 나타난다고 하자. 그들이 그 도전에 대해 똑같은 창조적 결과가 생기는 똑같은 동적인 행위로 응전할 능력이 없다고 생각해야 할 이유가 있을까?

우리는 이 실루크족과 딩카족 앞에 나타나는 가정적 도전이 이집트 문명의 창시자 앞에 나타난 도전과 같은 종류여야 한다고 요구할 필요는 없다. 그 도전이 자연환경에서 일어난 것, 즉 기후의 변화가 아니라 다른 문명의 침입에 의해 일어났다고 가정해 보자. 이것이야말로 바로 현재 우리 눈앞에서 서구 문명의 침입 ─ 이것이 현대에서 지구상에 남아 있는 모든 문명과 모든 미개사회에 대해 신화에 나오는 메피스토펠레스의 역할을 담당하는 인간적 요인이다 ─ 에 의해 아프리카의 미개한 주민들 앞에 나타나려 하는 도전이 아닐까? 이 도전은 극히 최근에 시작된 것이어서 지금으로서는 도전을 받은 사회가 앞으로 어떤 궁극적 응전을 하게 될는지 우리는 아직 예측할 수 없다. 다만 우리가 말할 수 있는 것은 그들의 선조가 하나의 도전에 응하지 못했다고 해서 반드시 그 자손도 그들의 차례가 왔을 때 다른 도전에 응할 수 없으리라고는 단언하지 못한다는 사실이다.

수메르 문명의 발생

이 문제는 간단히 해결할 수 있다. 그것은 여기서도 이집트 문명의 창시자가 직면한 것과 똑같은 도전과 같은 종류의 응전을 인정할 수 있기 때문이다. 수메르 문명의 창시자로 하여금 티그리스와 유프라테스 강 하류 유역의 정글 늪지대를 개척하여 시나이 땅으로 바뀌게 한 것도 역시 아프라시아의 건조화였다. 이집트와 수메르 두 문명의 발생의 물질적 측면은 거의 완전히 일치한다. 그러나 그 결과 탄생한 두 문명의 정신적 특성은 종교·예술은 물론 사회생활에 있어서도 그 다지 많은 유사점을 보이지 않는다. 이것은 우리의 연구 영역에서 원인이 같으면 같은 결과가 나타난다고 지레짐작해서는 안 된다고 하는 또 하나의 증거이다.

수메르 문명의 창시자가 경험한 시련은 수메르 사회의 전설 속에 그 흔적을 남기고 있다. 용(龍) 티아마트가 마르두크신에게 죽음을 당해 그 유해에서 세계가 창조되는 이야기는, 강물을 운하로 이끌어 토지의 배수를 원활하게 함으로써 태곳적부터 내려오던 황무지를 정복하여 시나이 땅을 만들어낸 것을 상징한다. 또한 홍수 이야기는 인간의 용감성이 자연에게 가한 속박에 대한 자연의 반항의 기록이다. 이 홍수 이야기는 바빌로니아의 강가에서 포로생활을 보낸 유대인의 입을 통해 성서에서 다루어지게 되었는데, 바로 그 형태로 서구 사회의 누구에게나 잘 알려지기에 이르렀다. 현대의 고고학자들은 이 이야기의 원형을 발견했고, 나아가서는 지난날 엄청난 홍수가 있었음을 표시하는 직접적인 증거로서 수메르 문화가 번영했던 몇몇 도시의 유적에서 인간의 거주가 남긴 퇴적물인 가장 오래된 층과 그 다음 층과의 사이에 끼여 있는 두꺼운 홍적점토층(洪積粘土層)을 발견했다.

티그리스와 유프라테스 강 유역도 역시 나일 강 유역과 마찬가지로 인간이 완전히 모습을 바꾸어 버린 이 황무지의 생명 없는 자연 본연의 모습과, 그리고 최초의 수메르 사회의 개척자가 이 황무지에서 영위한 생활을 관찰할 수 있는 '박물관'을 제시했다. 그러나 메소포타미아에서는 이 박물관은 나일 강 유역의 경우처럼 상류로 거슬러올라감으로써 발견할 수 있는 것이 아니다. 그것은 페르시아 만 가장자리의 수메르 문명이 발생했다가 멸망한 뒤일 뿐 아니라 그 뒤를 이은 바빌로니아 문명도 멸망한 뒤에 두 강이 합류함으로써 쌓인 새로운 델타 지대이다. 과거 2, 3천 년 동안에 서서히 나타난 이 늪지대가 오늘날까지 처녀지 그대로 방치되어 온 것은, 이 늪지대를 정복할 생각을 가진 인간사회가 등장하지 않았기 때문이다. 이 부근에 사는 늪지대 주민들은 1914~18년의 대전 중 그들이 만난 영국 군인들이 '오리발'이라고 별명을 붙인 대로 이 환경에 대해 수동적으로 적응하는 방법을 배웠을 뿐, 5, 6천 년 전 그 가까이에 있는 비슷한 지역에서 수메르 문명의 창시자들이 그러했듯이 늪지대를 그물 모양의 운하와 밭으로 바꾸는 일에는 한 번도 덤벼들지 않았다.

중국 문명의 발생

이번에는 황허 하류 유역의 중국 문명의 발생을 조사해 보면, 티그리스와 유프라테스 강 유역이나 나일 강 유역의 도전보다 더욱 격심한 도전에 대한 응전을 찾아볼 수 있다. 일찍이 인간이 중국 문명의 요람으로 바꾸어 놓은 황무지에는 늪지와 숲과 홍수의 시련 이외에도 여름철의 폭서(暴暑)와 겨울철의 혹한이라는 두 극단 사이를 오가는 기온의 시련이 첨가되어 있었다. 중국 문명의 시조들은 남쪽 및 남서쪽에 있는 황허에서 브라마푸트라 강에 걸쳐, 그리고 티베트 고원에서 중국해에 걸쳐 퍼져 있는 광대한 지역의 주민과 인종적으로 다를 바가 없었던 것 같다. 만일 이 넓은 지역에 퍼져 있는 종족의 성원(成員) 일부가 문명을 창조했는데도 불구하고 나머지는 문화적으로 불모상태에 머물러 있었다면, 그것은 모든 성원이 똑같이 창조적 능력을 잠재적으로 가지고 있었지만 이 지역의 주민들만 그런 도전을 겪었고 또한 일깨워졌기 때문이라고 설명할 수 있을 것이다. 이 도전이 어떤 성질의 것이었는지를 정확하게 규명한다는 것은 우리의 지식으로서는 불가능하다.

확신을 가지고 말할 수 있는 것은, 황허 부근에 살고 있던 중국 문명의 시조들은 결코 흔히 상상하듯이 그들의 이웃보다도 안락한 환경이라는 이점—그것이 정말 도움이 되었는지 어떤지 의심스럽지만—을 지니고 있었던 것은 아니라는 점이다. 실제로 이 문명이 발생하지 않은 남부지역, 예를 들어 양쯔 강 유역의 주민들은 생존을 위해 그들처럼 악전고투했으리라고는 여겨지지 않는다.

마야 문명과 안데스 문명의 발생

마야 문명이 발생하는 계기가 된 도전은 무성한 열대성 삼림이었다.

마야 문명을 가능하게 한 것은 조직화된 노력에 의해 비옥한 저지대를 농업적으로 정복함으로써 자연의 무성을 제압했기 때문이었다. 고지에서는 자생식물이 적어 관개 조절을 잘하면 토지 형성이 비교적 용이했다. 그런데 저지에서는 거목을 잘라 쓰러뜨려야 했으며, 계속 성장하는 관목은 끊임없는 노력으로 깎아 버려야만 했다. 그러나 그 대신 정말로 자연을 제어하면 자연은 용감한 농부에게 그 몇 갑절의 보상을 해 준다. 그리고 광대한 지역에 걸쳐 뒤덮고 있던 숲이 제거됨으로써 밀림이 뒤덮여 있을 때 지독했던 생활조건이 훨씬 좋아졌으리라는 것을 짐작할 수 있다.[6]

파나마 지협(地峽)의 북쪽에서 마야 문명을 낳게 한 이 도전에 대해 남쪽에서는 응전한 흔적이 없다. 남아메리카에 출현한 문명은 두 개의 전혀 다른 도전 — 하나는 안데스 고원으로부터의 도전, 또 하나는 그것과 인접한 태평양 연안으로부터의 도전 — 에 대한 응전이었다. 안데스 문명의 시조들은 고원에서는 준열(峻烈)한 기후와 메마른 땅의 도전을 받았고, 태평양 연안에서는 사람의 정성어린 손길에 의해 비로소 장미가 꽃을 피우듯이 해면(海面)과 같은 높이에 위치한 거의 비가 오지 않는 적도 사막지대의 폭서와 건조의 도전을 받았다. 태평양 연안에 살고 있던 이들 문명의 개척자는 고원의 서쪽 경사면에서 떨어지는 적은 양의 물을 모아 관개작업을 잘함으로써 평지를 되살려 사막 속의 오아시스를 만들었던 것이다. 고원에 살고 있던 개척자는 사태를 막기 위해 공들여 만든 돌담을 곳곳에 둘러침으로써 단구(段丘)를 보호했으며, 그 위에다 얼마 안 되는 흙을 모아 밭을 만들었다.

미노스 문명의 발생

우리는 '부모' 문명을 갖지 않은 6개의 문명 중 5개 문명의 발생이 자연환경으로부터 받은 도전에 기인한 것이라고 설명했다. 여섯 번째 문명은 지금까지의 5개 문명 속에는 없었던 해양이라는 자연의 도전에 대한 응전이었다.

이 '미노스 해양왕국'의 개척자들은 어디서 왔을까? 유럽일까, 아시아일까,

---

6 H. J. Spinden의 《멕시코 및 중앙아메리카의 고대 문명》 pp. 65 참조.

아니면 아프리카일까? 지도를 보면 유럽이나 아시아에서 왔을 것으로 여겨진다. 왜냐하면 이들 섬은 바닷속에 매몰된 산맥의 봉우리여서, 만일 선사시대에 바닷물이 흘러들어오지 않고 산맥이 매몰되는 일이 없었다면 이 산맥들은 아나톨리아에서 그리스에 걸쳐 연속되어 있을 것이고, 따라서 북아프리카보다 유럽이나 아시아 대륙 쪽에 훨씬 더 가깝기 때문이다. 그러나 고고학자들은 우리에게 가장 오래된 인간이 거주한 흔적은 그리스에서도, 아나톨리아에서도 상당히 멀리 떨어진 크레타 섬에서 발견할 수 있다는, 의외이면서도 의심할 여지 없는 고증을 해 준다. 그래도 그것은 아프리카와의 거리에 비하면 가깝다고 할 수 있지만 말이다. 인종학도 고고학이 제시하는 이 말을 지지한다. 왜냐하면 에게 해에 면한 대륙에 사는 주민들은 어떤 종류의 뚜렷한 신체적 유형의 차이가 틀림없이 있었으리라고 여겨지기 때문이다.

아나톨리아와 그리스의 이미 알려진 최고의 주민은 '광두(廣頭)' 종족이며, 아프라시아 초원지대의 이미 알려진 최고의 주민은 '장두(長頭)' 종족이었다. 크레타 섬의 최고의 인체 유물을 조사해 본 결과, 이 섬은 처음에 완전히 혹은 주로 '장두' 종족에 의해 점령되었으며, '광두' 종족은 나중에 지배적 세력을 갖기는 했으나, 원래는 크레타 섬의 주민 속에 전혀 없었든지, 아니면 있었다 해도 극히 소수에 지나지 않았던 것 같다. 이 인종학적 증거는 에게 해 여러 섬의 어딘가에 정착할 곳을 확립한 최초의 인간이 아프라시아 초원지대의 건조화를 피해 이주해 온 자였다는 결론을 지지한다.

여기서 우리는 앞서 진술한 건조화에 대한 다섯 가지의 응전 이외에 또 하나 여섯 번째의 응전을 덧붙이기로 한다. 본래 살고 있던 곳에서 그대로 절멸한 자, 본래 장소에 머물러 유목민이 된 자, 딩카족이나 실루크족처럼 남쪽으로 이주하여 본래의 생활양식을 유지한 자, 북쪽으로 이주하여 유럽 대륙의 신석기시대 농경인이 된 자, 정글 늪지대에 뛰어들어 이집트 문명과 수메르 문명을 만든 자 이외에, 그 당시 아직 남아 있던 지협이 제공하는 비교적 쉬운 통로를 택하지 않고 북쪽으로 향해 광막한 지중해의 무서운 공허 속으로 뛰어들어 이 새로운 도전을 받아들이고 넓은 바다를 정복함으로써 미노스 문명을 만들어낸 자를 덧붙여야만 하는 것이다.

만일 이상의 분석 방법이 옳다면, 그것은 문명의 발생에 있어서는 도전과 응전의 상호작용이 다른 어떤 요인—이 경우에는 지리적 근접을 말한다—보다도 중요한 요인이라는 것을 입증하는 새로운 실례를 제공한다. 만일 지리적으로 근접해 있다는 것이 에게 해의 여러 섬을 점거한 결정적인 요인이었다면, 가장 가까운 유럽 대륙과 아시아 대륙의 주민이 에게 해의 여러 섬을 최초로 점거한 자가 되었을 것이다. 에게 해의 여러 섬 중 대부분은 이 두 대륙에서 그야말로 '돌을 던지면 닿을' 거리에 있는 데 비해 크레타 섬은 아프리카의 가장 가까운 지점에서도 200마일이나 떨어져 있다. 그럼에도 불구하고 유럽과 아시아에 가장 가까운 섬들은 분명히 크레타 섬보다 훨씬 늦게 점령되었는데, '장두' 종족과 '광두' 종족이 동시에 점거한 것으로 여겨진다.

이 일은 아프라시아인이 미노스 문명의 기초를 구축한 뒤에 다른 종족이 그 활동을 개시했다는 사실을 암시하는 것으로, 그것은 단순히 선구자를 모방했을 뿐이거나 아니면 정확하게 그 성질을 규명할 수 없는 어떤 종류의 압박 또는 도전을 받음으로 말미암아 크레타 섬의 최초의 점거자인 아프라시아인이 앞서 한층 더 곤란한 조건 밑에서 행한 것과 같은 응전을 하지 않을 수 없었거나 둘 중 하나이다.

'자식' 문명의 발생

미개사회의 음의 상태 속에서 출현한 '부모' 문명을 갖지 않는 문명으로부터 그 뒤에 출현한 선행 문명과 여러 가지 형태로, 또는 여러 가지 정도에 있어서 관계를 갖는 문명에 눈을 돌려보면 이들 문명은 자연환경의 도전이 어느 정도 자극을 주었겠지만, 주요하고도 본질적인 도전은 '부모' 사회와의 관계로부터 생긴 인간환경의 도전이었다는 것이 분명하다.

이 도전은 '부모' 사회와의 관계 그 자체에 내포되어 있는 것으로서, 그것은 분화로 시작되어 분리에서 정점을 이룬다. 선행 문명이 일찍이 그 성장기에 있어서 하층의 사람들이나 영역 밖의 사람들의 마음을 사로잡아 복종시키던 창조력을 잃기 시작하자 분화가 일어난다. 이렇게 되면 문명은 체력 감퇴의 보복으로서 이미 민중을 지도할 능력을 상실하여 차차 압제의 강도를 높여가는 지배적 소수자와, 이 도전에 대한 응전으로서 자기 영혼의 존재를 자각하고 그 영혼을 잃지 않으려고 결의하는 프롤레타리아트(내적 및 외적 프롤레타리아트)로 분열된다. 지배적 소수자의 억제하고자 하는 의지가 프롤레타리아트 속에 분리하려는 의지를 불러일으킨다. 그리고 이 두 의지의 충돌은 쇠퇴기 문명이 몰락을 향해 걸어가는 동안 내내 계속되지만, 마침내 그 문명이 숨을 거두는 순간 프롤레타리아트는 한때는 그 정신의 근거지였으나 지금은 감옥이자 '멸망의 거리'가 되어 버린 그 사회로부터 탈출한다. 이 프롤레타리아트와 지배적 소수자의 충돌이 처음부터 끝까지 관철되어 가는 과정 속에서 저 우주의 생명을 가을의 정지로부터 겨울의 수고를 거쳐 봄의 왕성한 활동으로 인도함으로써 창조활동을 새롭게 하는 극적인 정신적 만남의 한 예를 찾아볼 수 있다. 프롤레타리아트의 분리는 도전에 응하여 음에서부터 양으로의 전환을 실현하는 동적인 행위이다. 그리고 이 동적인 분리에 의해 '자식' 문명이 탄생한다.

이 '자식' 문명의 발생에 즈음하여 인간적 도전 이외에 자연적 도전을 인정할 수 있을까? 우리는 앞서 '자식' 문명이 선행 문명에 대해 지리적 위치라는 점에서 여러 가지로 강도가 다른 관계를 나타낸다고 말했다. 한쪽 극단에 위치한 것은 바빌로니아 문명으로, 바빌로니아 문명은 완전히 그 선행자인 수메르 사회의 본거지 내부에서 발달했다. 여기서는 두 문명의 중간인 공백기 중에 그 공통적인 요람지가 어느 정도 본래의 자연적 상태로 되돌아갔는지도 모르고, 따라서 다음 문명의 창시자에게 그들의 선행자가 처음 성취시킨 사업을 되풀이하도록 도전했는지도 모른다. 그러나 그 점만 제외하면 자연적 도전이 새로운 문명의 발생에 간여했다고 여겨지지는 않는다.

그러나 '자식' 문명이 새로운 토지를 개척하여 부분적으로 또는 완전히 선행 문명의 영역 밖에다 본거지를 설치했을 경우에는 새롭고도 아직 인간에게 정복당하지 않은 자연환경으로부터 도전을 받게 된다. 예를 들어 서구 문명은 그 발생에 있어 선행자인 헬라스 문명이 직면하지 않았던, 알프스 이북에 있는 유럽의 숲과 비와 빙설(氷雪)로부터 도전을 받았다. 인더스 문명은 그 발생에 있어 선행자인 수메르 문명의 멀리 떨어진 영토인 인더스 강 유역, 또는 수메르 문명과 비슷한 문명이 직면하지 않았던 갠지스 강 유역의 습기가 많은 열대성 삼림의 도전을 받았다. 히타이트 문명은 그 발생에 있어 선행인 수메르 문명이 직면하지 않았던 아나톨리아 고원의 도전을 받았다. 헬라스 문명이 발생할 때 받은 도전(해양의 도전)은 선행인 미노스 문명이 직면했던 도전과 똑같은 것이었다. 그러나 이 도전은 '미노스 해양왕국'의 유럽에 있는 육지의 국경 저쪽의 외적 프롤레타리아트에게는 전혀 새로운 것이었다. 그리고 이 아카이아인과 그 동족들을 포함하는 대륙의 야만족이 미노스 문명이 멸망한 뒤에 일으킨 민족이동에 있어서 바다로 진출할 때, 지난날 미노스 문명의 개척자 자신이 직면했고 극복했던 시련과 똑같은 큰 시련에 직면하여 이를 극복했던 것이다.[7]

아메리카 대륙에서는, 유카텍 문명은 그 발생에 있어 유카탄 반도의 물 없고 나무 없고 또한 거의 토양이 없는 석회암질의 바위로부터 도전을 받았으며, 멕시코 문명은 멕시코 고원의 도전을 받았는데, 선행의 마야 문명은 이 두 가지 도전 중 어느 쪽도 겪지 않았다.

이제 남은 것은 힌두, 극동, 정교 그리스도교, 아랍 및 이란의 여러 문명인데, 이들 문명은 특별히 이렇다할 자연적인 도전을 받은 것 같지 않다. 이들 문명의 본거는 바빌로니아 문명의 경우처럼 선행 문명의 본거와 동일하지는 않았지만, 이미 그 선행에 의해 혹은 다른 문명에 의해 제압을 받고 있었기 때문이다. 그러나 우리는 앞서 정교 그리스도교 문명과 극동 문명을 다시 세분해야 할 이유를 말했다. 정교 그리스도교 문명의 러시아 분파는 서구의 문명이 직면했던 것보다 훨씬 지독한 숲과 비와 빙설의 도전을 받았다. 극동 문명의 한국 및 일본 분파는 중국 문명의 개척자가 직면한 도전과는 전혀 다른 바다로부터의 도전을 받았다.

이상으로 우리는 '자식' 문명은 모두 반드시 선행하는 '부모' 문명의 해체라는 것 속에 본래 포함되어 있는 인간적인 도전을 받고 있는데, 그중 어떤 것은 다른

---

7 여기서 편자는 토인비가 이 책의 첫머리에서 다루었던 이 인더스 강 유역의 문화가 별개의 문명인가, 수메르 문명에 속한 것인가 하는 문제의 논의를 생략했다. 그는 이 점을 미해결로 남겨두었지만, 제2장에서는 '인더스 강 유역의 문화'를 수메르 사회의 일부로 취급한 바 있다.

'자식' 문명과는 달리 '부모' 문명을 갖지 않는 문명이 직면했던 도전과 비슷한 자연환경의 도전에 직면했다는 것을 분명히 했다.

우리 연구의 이 단계를 더욱 완전한 것으로 하기 위해 '부모' 문명을 갖지 않는 문명이 자연적 도전 이외에 미개사회로부터의 분화라는 것에 의해 야기되는 인간적 도전에 직면했는지 어떤지를 문제삼아야 하겠지만, 이 점에 대해 말할 수 있는 것은 누구나 예상할 수 있듯이 역사적 증거가 전혀 없다는 사실이다. 어쩌면 '부모'를 갖지 않는 6개 문명도 역시 그 발생 과정이 숨겨진 채로 있는 유사 이전의 과거에 있어 '자식' 사회에 대해 선행 사회의 지배적 소수자가 가하는 제압이 주는 도전과 같은 종류의 인간적 도전을 겪었는지도 모른다. 그러나 이 문제를 깊이 파고 들어간다는 것은 불필요한 논쟁을 야기시키는 결과가 될 것이다.

제6장 역경의 효능 [8]

보다 엄밀한 검토

우리는 결국 문명은 환경이 예외적으로 용이한 생활조건을 제공할 때 출현한다는 일반적 견해를 부정하고 그와 상반되는 견해를 지지하는 논거를 제출하는 셈이 되었다. 그런데 현대인이 그 같은 일반적 견해를 예로 들어 이집트 문명과 같은 문명을 관찰하는 것은—이 점에 있어서는 고대 그리스인도 우리와 마찬가지로 '현대인'이었다—인간이 개간한 그 토지를 있는 그대로 물려받아, 그것이 애초에 개척자에 의해 개간되었을 때도 역시 그러했다고 생각하는 데서 기인한다.

우리는 나일 강 상류 유역의 한두 지방의 현상을 묘사함으로써 개척자가 최초

---

8 토인비는 이 장에 그리스어로 '카레파 타 카라'라는 표제를 붙이고 있다. 그것은 '아름다운 것은 어렵다', 또는 '뛰어난 품질은 어려운 일을 포함한다'라는 뜻이다.

로 들어섰을 당시의 나일 강 하류 유역이 실제로 어떠했는지를 나타내려고 했다. 그러나 아무래도 지리적 위치가 다르므로 우리가 든 예를 충분히 납득시키는 데 부족함이 있었는지도 모른다. 이 장에서는 한 문명이 같은 지역에서 처음에는 성공했으나 후에는 실패하여 이집트와는 달리 본래의 원시상태로 되돌아간 경우를 들어, 우리의 논지를 한층 더 철저히 하려고 한다.

중앙아메리카

우리는 여기서 마야 문명 발상지의 현황에 대해 주목할 필요가 있다. 우리는 그곳에서 현재 인가와 멀리 떨어진 열대성 삼림 구석에 서 있는, 훌륭하게 장식된 거대한 공공 건조물의 폐허를 발견한다. 그 삼림은 문자 그대로 그 건물을 한입에 삼키고 그 구부러진 뿌리와 덩굴로 멋있게 다듬은 돌을 천천히 파헤쳐 가고 있다. 이 지방의 현재의 모습과, 마야 문명이 존재하고 있던 당시 이 지방이 나타냈으리라 여겨지는 모습과의 차이는 상상할 수 없을 정도로 크다. 분명히 이 거대한 공공 건조물이 인구가 많은 대도시의 중심에 서고, 또 그 도시가 널따란 경작지의 한복판에 서 있었던 시대가 있었을 것이다. 인간적 업적의 덧없음과 인간적 소망의 허무함이, 최초로 밭을 삼켜 버리고 다음으로 인가를 삼켜 버리고 끝으로 궁전이나 신전까지 삼켜 버린 삼림의 복귀에 의해 통렬하게 폭로되고 있다. 그러나 이것이 코판이나 티칼이나 팔렌케(셋 다 마야 시대에 번영했던 도시)의 현상에서 배울 수 있는 가장 중요한 교훈은 아니다. 이 폐허는 한층 더 능변(能辯)으로, 마야 문명의 창조자들이 혈기왕성할 때 맞이했을 자연환경과의 싸움이 얼마나 격렬했는가를 말해 주고 있다. 그 기분 나쁜 힘을 유감없이 나타내고 있는 열대의 자연은, 비록 한 시대나마 자연을 패주케 하여 자연을 가까이하지 못하게 하는 일에 성공한 사람들의 용기와 기력을 증언하고 있는 것이다.

실론

실론에서도 이와 같이 건조한 평지를 정복하여 농지로 바꾼 힘든 업적을 나타내는 유적이 있다. 인도 문명의 소승불교 철학에 귀의한 실론인이 원래 구릉지대에 대규모로 건조한, 지금은 파괴된 댐과 바닥에 풀이 무성한 저수지들이 그것이다.

　　이런 저수지가 어떻게 해서 생겨났는가를 이해하기 위해서는, 랑카(실론의 별명)의 역사를 어느 정도 알아둘 필요가 있다. 이 시설의 근거에 있는 생각은 단순하나 참으로 위대했다. 저수지를 만든 왕들이 의도한 바는, 산악지대에 다량으로 내리는 비는 비록 한 방울이라도 인간에게 도움을 주지 않고는 바다로 흘러드는 일이 없도록 하겠다는 것이었다. ……실론 섬 남반부의 중앙에는 넓은 산악지대가 있고 그 동쪽과 북쪽에 건조한 평야가 수천 제곱마일에 이르는데, 현재는 인구가 매우 적다. 계절풍의 절정에 매일 폭풍우에 날리는 구름의 군세(軍勢)가 힘껏 구릉에 부딪히지만 비가 아무래도 돌파할 수 없는, 자연이 그은 한 선이 있다. ……강우지대와 건조지대를 나누는 경계선이 대단히 좁아 불과 1마일밖에 떨어져 있지 않은 지점이 있는데, 그곳은 마치 다른 나라에 온 것 같은 느낌을 준다. ……이 선은 곡선을 그리며 바다에서 바다로 이르는데, 고정되어 있어서 삼림의 벌채와 인간의 공작에 의해서는 전혀 영향을 받지 않을 불변의 것으로 보인다.[9]

　　그런데 실론에 있어 인도 문명의 전파자들은 계절풍이 몰아치는 고지의, 메마르고 황폐한 상태로 있던 평지에 물과 생명과 부(富)를 강제로 부여한다는 '위업'을 이루었다.

　　골짜기의 물은 산기슭의 거대한 저수지―그중에는 크기가 4천 에이커나 되는 것도 있었다―로 흘러들고 있었다. 거기서부터 수로가 연장되어 구릉지대에서 좀 떨어진 더 큰 저수지까지 이르고, 거기서 또 더 먼 다른 저수지로 갈려 나가고 있다. 대저수지와 대수로의 아래쪽에는 수백 개나 되는 소저수지가 있어 그 하나하나가 마을의 중핵을 이루고 있었는데, 이 저수지들은 모두가 결국은

---

9 John Still의 《정글의 흥망》 pp. 74~5 참조.

비가 많은 산악지대로부터 물을 공급받고 있었던 것이다. 고대 실론인은 이렇게 하여 서서히 현재의 인적이 드문 평야지대의 전부 또는 거의 전부를 정복했다.[10]

원래 불모였던 이 평지를 인간이 만든 문명을 위해 보유하려면 얼마나 피나는 노력을 거듭해야 했는가를 나타내는 것은 오늘날 실론 섬의 경관(景觀)으로 인정되는 두 가지 현저한 특색으로, 그 하나는 전에는 관개사업이 잘 이루어지고 다수의 인구를 수용하고 있던 지역이 원시 그대로의 불모지로 되돌아간 일이며, 또 하나는 현대의 차(茶) · 커피 · 고무 재배자가 강우지대인 이 섬의 절반에 이르는 다른 부분에 집중되어 있는 일이다.

아라비아 사막 북부

우리 주제에서 거의 진부하다고 할 수 있을 유명한 예증은 페트라(고대 에돔의 도시)와 팔미라(시리아와 이라크 중간의 사막에 있는 오아시스 도시)의 현상으로, 그것은 볼네(프랑스의 사상가로서 프랑스 혁명을 이론적으로 변호했다)의 《폐허》 이래 수많은 역사철학에 관한 논문이 나오게 된 계기가 되었다. 오늘날 이 시리아 문명의 원근거지는 마야 문명의 원근거지와 같은 상태로 황폐화되어 있다. 단, 이 도시에 도전한 인간에게 적의를 품는 환경은 열대성 삼림이 아니라 아프라시아 스텝이다.

폐허는 정교함의 극치를 이룬 신전이나 주랑(柱廊)이나 분묘가 완전한 모습으로 서 있을 때는 대도시에 광채를 더해 주는 장식에 불과했을 것이라는 사실을 우리에게 알려준다. 더구나 마야 문명의 정경을 묘사할 경우에는, 우리의 유일한 수단인 고고학적 증거가 여기서는 역사적 기록의 서증(書證)에 의해 뒷받침된다. 우리는 이 도시들을 사막에 출현시킨 시리아 문명의 개척자들이, 시리아 문명의 전설에서 모세가 행했다고 전해지는 그와 같은 마술의 대가였음을 알 수 있다.

이 마술사들은 메마른 바위에서 물이 솟아나게 하고, 전인미답(前人未踏)의 황

---

10 앞의 책. pp. 76~7 참조.

야를 가로질러 나아가는 방법을 알고 있었다. 페트라와 팔미라도 그 성시(盛時)에는 아직도 다마스쿠스처럼 좁은 오아시스 지역에서 나는 과일만을 먹고 산 것은 아니었다. 이 도시의 부호는 채원 경영자가 아니라 상인으로, 대상(隊商)들이 중간의 스텝이나 사막지대를 횡단하여 한 지점에서 다른 지점으로 끊임없이 왕래함으로써 오아시스와 오아시스, 대륙과 대륙 간의 교류를 유지하고 있었다. 이 두 도시의 현 상태는 단순히 인간에 대한 사막의 최종적 승리를 나타낼 뿐 아니라, 그보다 앞서 있었던 사막에 대한 인간 승리의 위대함을 나타내고 있다.

이스터 섬

장면은 바뀌나, 이스터 섬의 현재의 상황을 통해 폴리네시아 문명의 기원에 관해 비슷한 결론을 내릴 수 있다. 근대에 이스터 섬이 발견되었을 때, 이 동남 태평양에 위치한 고도(孤島)에는 두 종류의 종족이 있었다. 그것은 알몸의 종족과 돌〔石〕의 종족, 즉 명백히 원시적인 생활을 영위하는 폴리네시아형 체구를 갖춘 주민과, 대단히 잘 다듬어진 석상군(石像群)이었다. 당시 그 섬의 주민은 석상을 깎는 기술도, 폴리네시아 제도 중 가장 가까운 섬까지의 1천 마일의 대해를 항행하는 지식도 없었다. 유럽의 항해자가 발견할 때까지 이 섬은 헤아릴 수 없을 만큼 오랜 기간 다른 세계와 격리되어 있었다. 그럼에도 불구하고 이 섬의 육체와 돌 두 종류의 주민은 팔미라나 코판의 폐허와 마찬가지로 현재와 전혀 달랐을 과거의 존재를 명백히 증언하고 있다.

이런 인간을 낳고 이런 석상을 조각한 것은, 해도(海圖)도 나침반도 없이 무개(無蓋) 카누를 타고 태평양을 횡단한 폴리네시아인 항해자임에 틀림없다. 그리고 이 항해는 어쩌다가 작은 배 가득 개척자들을 태우고 이스터 섬으로 운반한 후로 다시는 되풀이되지 않은 단 한 번의 모험이었다고는 생각할 수 없다. 석상의 숫자가 많은 것을 보면 그것을 만들어내는 데 몇 세대가 걸렸을 것이다. 모든 점으로 보아 그 1천 마일의 대해를 횡단하는 항해는 오랜 기간에 걸쳐 규칙적으로 이루어졌으리라 생각된다. 결국 최후로, 우리로서는 알 수 없는 어떤 이유로 인해 마치 사막이 팔미라를 가두어 버리고 삼림이 코판을 가두어 버렸듯이 인간이 기세

좋게 정복했던 그 바다가 이스터 섬을 가두어 버렸다. 돌의 인간은 하우스만(영국의 고전학자이자 시인)의 시 속에 나오는 조상(彫像)처럼 돌다운 처신을 했으나,[11] 알몸인 인간 쪽은 세대를 더해감에 따라 점점 조야하고 무능한 자손을 낳았다.

이스터 섬이 제공하는 증거는 물론 서구인이 일반적으로 지니고 있는, 남양 제도(南洋諸島)는 지상의 낙원이며 그 주민은 타락 이전의 아담과 이브의 상태에 있는 자연이라는 견해를 정면으로 부정한다. 이런 그릇된 견해는 폴리네시아 제도의 환경의 일부분을 그 전체로 생각해 버리기 때문이다. 사실 자연환경은 육지로만 이루어져 있는 것이 아니라 물로도 이루어져 있다. 더구나 물은 폴리네시아인이 사용했을 정도의 빈약한 수단을 이용하여 횡단하려는 인간에 대해 만만치 않은 도전을 제기한다. 이 개척자들이 마치 하늘의 별처럼 태평양의 물의 황야에 흩어져 있는 건조한 육지 위에 발판을 마련한 것은 '맛이 짜고 흔히 사람들을 갈라 놓는 바다'의 도전에 대담하고 멋지게 응전하여 섬과 섬 사이에 규칙적인 항로를 개척한다는 위업을 달성했기 때문이다.

뉴잉글랜드

이 자연상태로 되돌아간 사례의 개관을 마치기 전에 나 자신이 직접 목격했던 두 가지 예—하나는 좀 보기 드문 예, 또 하나는 누구나 알고 있는 예—를 들기로 한다.

언젠가 뉴잉글랜드 코네티컷 주의 한 농촌을 여행하던 중 나는 어느 폐촌(廢村)에 이르렀다. 그 지방에서는 그런 폐촌은 그다지 신기하게 여기지 않고 있었으나, 나와 같은 유럽인에게는 뜻밖의 놀라운 광경이었다. 아마 타운힐—그 마을의 이름이다—은 공유지 북판에 있는 목조 건물인 조지 왕조 시대(1714년 이후)의 교회를 중심으로 그 주위에 농가·과수원·보리밭을 끼고 약 200년 동안이나 있었던 모양이다. 교회만은 사적 기념물로 보존된 채 아직도 서 있었지만, 인가는 소멸되고 과일나무는 야생상태로 돌아갔으며 보리밭은 사라지고 없었다.

---

11 이 부분은 서머벨이 가필한 것인데, 돌은 옛날이나 지금이나 변함이 없다는 뜻인 것 같다.

과거 100년 동안에 뉴잉글랜드인은 대서양에 이르는 아메리카 대륙 전체를 야생 그대로의 자연의 손에서 탈취함에 있어 엄청나게 큰 역할을 이행했다. 그러나 그와 동시에 그들은 그들의 선조가 200년 동안이나 살았던 고향 한복판에 있는 이 마을을 자연이 되찾아가는 것을 그대로 묵과한 것이다. 인간이 손길을 늦추자마자 다시 자연이 타운힐을 지배하게 된 그 속도와 철저함과 분방함은, 원래 그 불모의 토질을 옥토화하기 위해 소비된 인간의 노력이 얼마나 컸던가를 알게 되는 실마리가 되었다. 타운힐의 개척에서 발휘된 힘과 같은 강력한 힘을 기울임으로써 비로소 '서부의 정복'이 이행된 것이다. 이 무인의 폐촌을 보고 오하이오, 일리노이, 콜로라도, 캘리포니아의 여러 도시가 우후죽순식으로 출현한 기적을 이해할 수 있었다.

로마의 캄파니아

내가 타운힐을 보고 감명을 받았던 것처럼 리비우스(로마의 역사가)는 로마의 캄파니아에서 감명을 받았다. 리비우스는 당시 — 현재도 그렇지만[12] — 불모의 회색 언덕과 열병이 우글거리고 풀이 무성한 늪지로 이루어진 황무지였던 이 지역에서 수많은 향사(鄕土) 집단이 생활했던 것을 알고는 경탄했다. 이 지역은 로마 건국 후 황폐화했지만, 원래 라틴인과 볼스키인(라티움에 살고 있던 종족으로, 기원전 4세기 말 로마에 정복되었다)개척자에 의해 다수의 인구를 수용할 수 있는 지역으로 바뀌었다가, 다시 인간을 가까이하지 않는 원시 상태를 재현하고 있었던 것이다. 험한 이탈리아 토지의 한 작은 구역을 개발하는 과정을 통해 발휘된 힘이, 뒷날 이집트에서 브리튼에 이르는 세계를 정복하는 힘이 되었던 것이다.

배반의 카푸아

지금까지 우리는 실제로 문명의 발생 혹은 그 밖에 눈부신 인간의 공업(功業) 무대가 된 몇몇 환경의 성격을 고찰하고, 그 환경이 인간에게 제공한 조건은 결코

---

12 지금은 그렇지 않다. 무솔리니 정부가 이 지역의 개발에 힘을 기울여 성공했기 때문이다.

안이한 것이 아니라 오히려 그 반대였음을 발견했으므로, 이번에는 보충적인 연구를 하기로 하자. 즉 인간에게 안이한 조건을 제공한 다른 환경을 보고 이 환경이 인간생활에 어떤 영향을 미쳤는지 조사해 보자. 이 연구를 시도함에 있어 우리는 두 가지 경우를 구별하지 않으면 안 된다. 첫째는 사람들이 어려운 환경 속에서 생활한 뒤에 안이한 환경으로 인도되는 경우이고, 둘째는 안이한 환경 속에만 있었으며 우리가 아는 한도내에선 그 인간 이전의 선조가 인간이 된 이래 한 번도 다른 환경에 몸을 내맡긴 일이 없는 사람들의 경우이다. 다시 말해 안이한 환경이 문명의 과정에 있는 인간에게 미치는 영향과 미개인에게 미치는 영향을 구별해야만 하는 것이다.

고대 이탈리아에서 로마의 캄파니아와 대조적인 곳은 카푸아(나폴리 북쪽에 있는 도시)이다. 카푸아는 로마의 캄파니아가 험난했던 만큼 인간에 대해 자비로웠다. 그리고 로마인이 그 살던 고장에서 떠나 차례차례 이웃 나라들을 정복한 데 대해 카푸아인은 자기 향토에 주저앉은 채 이웃 나라들에게 차례차례 정복당하고 있었다. 최후의 정복자인 삼니움족(고대 이탈리아 중부 아펜니노 산맥에 살았던 용맹스러운 산악 종족)으로부터 카푸아가 해방된 것은 그들 자신이 간청한 로마의 간섭에 의해서였다. 그런데 그후 로마사상 가장 중대한 전쟁의 가장 중대한 순간에, 즉 칸네(기원전 216년에 로마군이 한니발의 군대에게 패한 곳) 대전 다음날 카푸아는 한니발에게 성문을 열어줌으로써 로마의 은혜를 배반했다. 로마도 한니발도 카푸아의 배반이 대전의 가장 중요한 결과이며, 또 전쟁 그 자체의 운명을 좌우하는 결정적인 사건이라고 보는 점에서는 일치하고 있었다. 한니발은 카푸아에 입성하여 그곳을 동영지(冬營地)로 정했다. 그러자 참으로 뜻밖의 일이 일어났다. 한겨울을 카푸아에서 보낸 한니발의 군대는 완전히 사기가 떨어져 그 뒤로는 두 번 다시 승리를 차지할 수 없게 되었던 것이다.

아르템바레스의 진언

헤로도토스의 《역사》 속에 이 점에 관련된 참으로 적절한 이야기가 나온다. 아르템바레스라는 사람이 친구와 함께 키루스(고대 페르시아 제국의 건설자)를 찾아가 다음과 같은 진언을 했다.

"이제 제우스가 아스티아게스(메디아 왕국 최후의 왕. 키루스는 그를 사로잡고 메디아 왕국을 멸망시켰다)를 그 자리에서 내쫓고 영토를 페르시아 국민과 폐하 한 분에게 바친 이상 현재 우리가 영유하고 있는 이 좁다란 바위투성이의 국토에서 떠나 더 좋은 땅으로 이주해서 안 될 이유가 어디 있겠습니까? 바로 가까운 곳에도, 또 좀 떨어진 곳에도 알맞은 토지가 얼마든지 있습니다. 우리는 다만 좋은 곳을 택하기만 하면 되는 것으로, 그렇게 하면 현재 이상으로 세계에 우리 국위를 떨칠 수가 있습니다. 이야말로 우리 제국 국민이 당연히 취해야 할 방책이며, 더구나 우리 제국이 많은 국민을 지배하고 아시아 대륙 전체에 군림하게 된 오늘날만큼 이 정책을 실현하는 데 절호의 기회는 없습니다." 별다른 마음의 동요 없이 이 진언에 귀를 기울이고 있던 키루스는 청원자들에게 그들의 희망대로 하라고 말했다. 그러나 그 대신 현재의 복속민(服屬民)과 그들의 지위를 교환할 각오로 하라고 말했다. 그는 그들에게, 연약한 국민은 반드시 연약한 인간을 만들어낸다고 말했다.

《오디세이아》와 〈출애굽기〉

헤로도토스의 《역사》보다도 더 유명한 고대문학의 문헌에 눈을 돌리면, 오디세우스는 키클롭스나 그 밖의 공격적인 적보다 그를 안이한 생활로 꾄 유혹자로부터 더 큰 위험을 겪었다. 즉 음식을 대접한 뒤 오디세우스의 부하를 돼지로 바꾼 키르케, 후대의 시인(테니슨)의 말에 의하면 '언제나 오후였던' 나라에서 로터스(벌꿀처럼 단 과일이 열리는 공상의 식물로, 이것을 먹으면 고향으로 돌아갈 것을 잊는다고 한다)를 먹는 사람들, 그 황홀한 목소리가 들리지 않도록 납(蠟)으로 선원들의 귀를 막은 다음 그 몸을 돛대에 묶도록 명령해야 했던 그 세이렌들, 게다가 아내인 페넬로페보다도 더 아름다웠으나 죽을 수밖에 없는 인간의 반려자로서는 비인간적으로 뒤떨어져 있던 칼립소 등이다.

〈출애굽기〉의 이스라엘인의 경우를 보면, 엄격한 모세 5경《구약성서》의 처음 다섯 권)의 필자는 이스라엘인을 유혹하는 데 세이렌들이나 키르케는 등장시키지 않았으나, 이스라엘인이 연방 '애굽의 고기 가마'(《출애굽기》 16장 3절)를 동경했던 일을 기록하고 있다. 만일 그들의 소원이 이루어졌다면 그들은 결코《구약성서》를 내놓지 못했을 것이라는 점은 확실하다. 그런데 다행히 모세는 키루스왕과 같은 생각을 가진 사람이었다.

안일(安逸)로 지새우는 사람들

우리가 지금 든 몇 가지 예는 너무 설득력이 없다고 주장하는 비평가가 혹시 있을지도 모른다. 그는 이렇게 말할 것이다. —어려운 생활상태에서 안일한 생활상태로 옮겨진 사람들은 물론 굶주렸던 사람이 과식하는 경우처럼 '망치는' 일이 있을 것이다. 그러나 처음부터 훨씬 안이한 조건의 혜택을 입어 온 사람들에게는 이 이점을 잘 이용하는 일을 충분히 기대할 수 있다. 우리는 위에서 구별한 두 경우 중 후자, 즉 안이함 속에만 있었으므로, 우리가 아는 한 아직 다른 환경에 몸을 내맡긴 일이 없는 사람들의 경우로 눈을 돌릴 필요가 있다. 이 경우에는 이행(移行)이라는 혼란의 요소가 배제되어, 우리는 안이한 조건의 효과를 순수한 상태로 연구할 수 있다. 다음은 약 50년 전 서구인의 눈에 비친 니아살랜드에서의 안이한 조건의 효과에 대한 실견기(實見記)이다.

끝없는 삼림 속에 마치 숲속의 새둥지처럼 작은 토인촌이 여러 군데 자리잡고 있는데, 그들은 서로를 두려워하고, 또 공통의 적인 노예상인을 두려워한다. 옷도 없고 문명도 없고 학문도 없고 종교도 없는 그곳에서 생각하는 일이 없으며 걱정도 없이 만족하는 자연아가 천진난만한 생활을 영위하고 있다. 그 사람들은 참으로 행복스러워 보이고 거의 아무런 부족도 느끼지 않는 것 같다. ……아프리카인은 종종 게으르다고 비난당하지만, 그것은 말의 오용(誤用)이다. 그들은 일할 필요가 없는 것이다. 그처럼 풍요한 자연 속에 살며 할 일이 뭐가 있겠는가. 그러므로 그들의 이른바 나태는 그 납작한 코처럼 몸에 붙은 한 부분으로서, 거북의 느린 동작과 마찬가지로 비난의 대상이 되지 않

는 것이다.[13]

　로터스 열매를 먹는 인종에 대해 그리스의 시인과 근대 서구의 도덕가가 나타내는 태도에 차이가 인정되는 것은 흥미로운 일이다. 호메로스의 경우에는, 로터스 열매를 먹는 인종과 그들의 나라는 참으로 놀라운 매력을 지닌 것이며, 문명화해 가는 그리스인의 앞길에 설치된 악마의 함정이었다. 이에 반해 찰스 킹즐리(영국의 성직자이자 문학자로서, 그리스도교 사회주의를 주장했다)는 안일을 즐기는 사람을 모멸과 비난의 눈으로 바라보고, 전혀 매력을 느끼지 않는다는 점에서 근대 영국인다운 태도를 보이고 있다. 그는 영국인을 위해서가 아니라 그들의 이익을 위해 그들을 대영제국에 병합하여 옷과 성서를 주는 일이 영국인의 절대적인 의무라고 느끼고 있다.

　그러나 우리의 관심사는 시인하는 일도 부인하는 일도 아니며, 이해하는 일이다. 우리가 원하는 교훈은 〈창세기〉의 처음 몇 장에서 볼 수 있다. 아담과 이브가 에덴 동산이라는 로터스의 나라에서 추방된 뒤 비로소 그들의 자손이 농경과 야금술과 악기를 발명하게 된 것이다.

제7장　환경의 도전

1. 살기 어려운 지역의 자극

연구 방향

이제 우리는 안일은 문명의 적이라는 진리를 확립한 것 같다. 다음으로 한 발

---

13 드러먼드(H. Drummond)의 《열대 아프리카》 pp. 55~6 참조.

더 나아가 문명의 출현을 촉진하는 자극은 환경이 곤란의 도를 더해감에 비례하여 명백하게 더 강해져 간다는 말을 할 수 있을까? 처음에는 이 명제를 지지하는 증거를 조사하고 다음으로 그것을 부정하는 증거를 조사한 다음, 거기서 어떤 결론이 도출되는지 보자.

환경의 곤란함과 자극이 병행하여 증대하는 경향이 있다는 것을 나타내는 증거는 쉽게 제시할 수 있다. 오히려 곧 머릿속에 떠오르는 예가 너무 많아서 난처할 지경이다. 이런 예증을 비교라는 관점에서 각각 자연환경과 인간환경에 관계되는 두 부류로 나누고, 먼저 자연환경의 부류부터 고찰하기로 하자. 이 부류는 다시 두 가지로 나눌 수 있다. 즉 곤란함의 정도가 다른 각 자연환경이 주는 자극적 효과의 비교와, 지역의 고유 성질과는 별개로 새로운 토지인가 아니면 오래된 토지인가에 따라 달라지는 자극적 효과의 비교이다.

황허와 양쯔 강

첫번째 예로서 중국의 두 대하(大河)의 하류 지역이 나타내는 곤란함의 정도의 차이를 생각해 보자.

인간이 처음으로 혼탁한 황허 하류 유역에 손을 댔을 때 황허는 계절 여하를 불문하고 운행이 불가능했었다. 겨울철엔 얼어붙거나, 아니면 부빙(浮氷)으로 차단되었다. 또 봄마다 이 얼음이 녹아서 홍수가 일어나 큰 해를 입고, 새로운 수로를 개척하여 몇 번이고 물의 흐름을 바꾸는 바람에 옛 수로는 정글에 덮인 늪지로 변했다. 3, 4천 년에 걸친 인간의 노력에 의해 늪지가 간척되고 강이 제방에 갇힌 오늘날에도 홍수의 피해는 여전히 제거되지 않았다. 바로 1852년에도 황허 하류의 수로가 완전히 바뀌어 그 하구는 산둥 반도의 남쪽에서 북쪽으로 100마일이나 이동했다.

이에 반해 양쯔 강은 계절에 관계없이 늘 운행이 가능했으며, 홍수 때문에 간혹 큰 해를 일으키는 일이 있었으나 황허의 홍수만큼 빈번하지는 않았다. 또한 양쯔 강 유역은 겨울철 추위가 그다지 심하지 않았다. 그럼에도 불구하고 중국 고대문명이 발생한 곳은 양쯔 강 유역이 아니라 황허 유역이었다.

아티카와 보에오티아

해로가 아닌 북쪽 대륙 뒤편을 통해 그리스로 들어가거나 또는 그리스에서 나가는 여행자는 누구든 헬라스 문명의 발상지가 고유 문명을 발생시키지 않았던 그 북쪽나라에 비해 바위가 많고, '메마르고' '곤궁' 하다는 인상을 받는다. 그러나 에게 해 지역 내부에서도 같은 대조가 관찰된다.

예를 들면, 아테네에서 살로니카를 경유하여 결국 중앙 유럽에 이르는 철도를 따라 여행하다 보면 첫 여정에서 쉽사리 서부 유럽이나 중앙 유럽에서 온 여행자에게 낯익은 풍경의 편모를 보여주는 지역을 통과하게 된다. 열차가 파르나소스 산(아테네 바로 북쪽에 있는 산)의 동쪽 비탈을 우회하고, 위축된 소나무와 들쭉날쭉한 석회암의 암산으로 이루어진 전형적인 에게 해 연안의 풍경 속을 몇 시간이나 서서히 올라간 다음, 이번에는 밋밋한 기복을 이룬 표토(表土)로 덮인 경작지로 이루어진 저지대를 향해 내리닫는 것을 보고 여행자는 놀라게 된다. 물론 이 풍경은 '돌연변이' 에 불과하다. 여행자는 니시(세르비아의 모라바 강 상류 지역에 있는 거리)를 위로하고 중부 다뉴브 강을 향해 모라바 강을 내려갈 때까지 다시 그런 풍경을 보지는 못할 것이다.

헬라스 문명이 존재했을 당시 이 예외적인 지역은 무엇이라 불렸는가? 그것은 보에오티아라 불렸다. 그리고 그리스인에게 있어서 '보에오티아인' 이라는 말은 참으로 독특한 뉘앙스를 지니고 있었다. 그것은 촌스럽고, 둔감하고, 상상력 없고, 난폭한 — 요컨대 헬라스 문화의 주요한 특질과 조화되지 않은 기질의 대명사였다. 이 부조화는 키타에론 산계(山系)의 바로 뒤쪽, 오늘날 철도가 우회하여 통과하고 있는 파르나소스 산의 한모퉁이를 돌아간 바로 그곳에 '헬라스 속의 헬라스' 인 아티카가 있었기 때문에 한층 더 험준했다. 참으로 헬레니즘의 정수라 할 기질을 갖춘 나라가, 보통 그리스인의 감각에 불협화음으로 느껴지는 기질의 나라가 바로 인접해 있었던 것이다. 이 대조는 '보에오티아의 돼지' 와 '아티카의 소금' 이라는 신랄한 표현 속에 요약되어 있다.

당면 연구에 있어 흥미로운 점은, 그리스인의 의식에 이만큼 선명한 인상을 준 이 문화적 대조가 자연환경에 있어서의 현저한 대조와 지리적으로 일치한다는 것이다. 아티카는 그 영혼에 있어 '헬라스 속의 헬라스'였을 뿐 아니라 그 육체에 있어서도 '헬라스 속의 헬라스'였다. 아티카와 에게 해 다른 지역과의 관계는, 에 게 해 제국(諸國)과 에게 해 밖의 먼 여러 지역과의 관계와 마찬가지였다. 만일 여러분이 서쪽으로부터 그리스로 다가가 코린트 만(灣)을 통해 그리스로 들어간 다면, 깊숙이 절개된 코린트 운하의 깎아지른 양안(兩岸)으로 시계를 차단당하기 전에 자신의 눈이 그리스의 풍경 — 그것은 아름다우나 가까이할 수 없는 느낌이 든다 — 에 익숙해졌다고 생각할지도 모른다. 그러나 기선이 살로니크 만으로 나 오는 순간, 코린트 지역의 반대쪽 경치가 뜻밖에도 험준한 데 새삼 눈이 휘둥그레 질 것이다. 이 험준함은 살라미스로 구부러져 아티카가 눈앞에 펼쳐질 때 절정에 달한다. 이상하리만큼 토양이 가볍고 돌이 많은 아티카에서는 보에오티아가 오늘 날에 이르기까지 모면해 온 산의 골격에서 흙을 씻어내려 바닷속에 묻어 버리는 침식 과정이 《크리티아스》(플라톤의 대화편의 하나) 속의 그림을 보는 것 같은 묘사 로 증명되듯이, 플라톤 시대에 이미 완료되어 있었다.

아테네인은 이 빈약한 국토를 가지고 어떻게 했는가? 우리는 그들이 아테네에 '헬라스의 교육'다운 사업을 이행한 일을 알고 있다. 아티카의 목장이 말라붙고 농경지가 황폐해지자, 아티카의 주민은 가축 사육과 곡물 재배 — 그것이 당시 그 리스의 주요한 생업이었다 — 에서 그들 나름의 독특한 것을 연구해 냈는데, 그것 은 올리브 재배와 지하개발이었다. 이 우아한 여신, 아테네의 나무는 노출된 바위 위에서도 시들기는커녕 오히려 잘 자랐다. 그러나 사람은 올리브유만으로는 살아 갈 수가 없다. 올리브 숲으로 생계를 유지하기 위해 아테네인은 아티카의 기름을 스키타이의 곡물과 교환하지 않으면 안 되었다. 기름을 스키타이 시장에 내놓으 려면 그것을 독에 담아 바다를 건너 수송해야 하는데, 이런 활동으로 아티카의 도 기(陶器)와 상선대(商船隊)가 나타나게 되었다. 또한 무역에는 화폐가 필요했으 므로 아티카의 은광(銀鑛)을 개발하게 되었다.

그러나 이상과 같은 부(富)는 단순히 아테네로 하여금 보에오티아의 동물성과 정반대인 '헬라스의 교육' 및 '아티카의 소금' 구실을 하게 한 정치적·예술 적·지적 문화의 경제적 기초에 불과했다. 정치면에서의 성과는 아테네의 패권이었다. 예술면에서는 도기의 융성이 아티카의 도기화공(陶器畵工)에게 2천 년 뒤 영국 시인 키츠를 황홀하게 한(그리스의 도기를 읊은 유명한 시가 있다) 새로운 미(美)의 형식을 창조하는 기회를 주었다. 또 한편 아티카의 삼림이 절멸했기 때문에 아테네의 건축가는 어쩔 수 없이 목재 대신 돌을 재료로 쓰게 되었고, 그것이 마침내 파르테논 창조라는 결과를 낳았다.

비잔티움과 칼케돈

헬라스 세계의 범위 확장—그 원인에 대해서는 제1장에서 설명한 바 있다— 이 우리 주제의 또 하나의 헬라스 사회의 예증을 제공한다. 그것은 두 군데의 그리스인 식민지 칼케돈과 비잔티움의 대조인데, 전자는 마르마라 해(海)에서 보스포루스 해협으로 들어가는 지점의 아시아 쪽에, 후자는 그 유럽 쪽에 설치된 식민지이다.

헤로도토스의 말에 의하면, 이 두 도시가 건설된 지 약 1세기쯤 지난 무렵에 페르시아인 총독 메가바주스는 헬레스폰토스 지방의 그리스인 사이에서 불후의 명성을 얻게 된 경구(警句)를 토했다. 그는 비잔티움에서 칼케돈인이 그 식민시(植民市)를 건설한 것은 비잔틴인이 비잔티움 시를 건설한 시기보다 17년이나 앞섰다는 말을 들었다. 그 이야기를 듣자마자 그는 "칼케돈인은 그 동안 줄곧 장님이었을 것이다"라고 했다. 그가 말하려 했던 것은, 칼케돈인은 마음대로 좋은 쪽을 택할 수 있었는데 일부러 나쁜 땅을 택했으니 장님이 아니고서야 그럴 수 있겠느냐 하는 것이다.

그러나 일이 끝난 다음에 현명해지는 것은 쉬운 일로서, 메가바주스의 시대(페르시아인의 그리스 침략 시대)에는 이미 두 도시의 운명이 각기 표면에 나타나 있었다. 칼케돈은 여전히 당초에 의도했던 대로 보통의 농업 식민지인데, 농업적 견지에서 보면 이 도시가 차지한 토지는 비잔티움이 차지한 토지에 비해 훨씬 우수했으며, 그것은 오늘날도 마찬가지이다. 비잔틴인은 나중에 찾아와 나머지 것을 손에 넣었는데, 트라키아 야만족의 끊임없는 침입을 받은 일이 아마 그 주된 원인이라고 생각되나, 농업사회로서는 실패했다. 그러나 그들의 항구인 골든혼은 마치 금광이라도 발견한 것과 같은 뜻밖의 횡재였다. 왜냐하면 보스포루스 해협을 따라 내려오는 해류가 있어 어느 방향에서 온 배나 다 골든혼으로 들어가기 쉽게 되어 있었기 때문이다. 이 그리스인의 식민지가 건설된 지 약 500년 후, 또 그것이 세계국가의 수도로 승격하여 콘스탄티노플이 되기 약 500년 전에 해당되는 기원전 2세기경에 씌어진 책 속에서 폴리비우스는 다음과 같이 말하고 있다.

'비잔틴인은, 안전과 번영이라는 두 가지 측면에서 볼 때 헬라스 세계로부터 바다로 해서 가까이 가기엔 가장 위치가 좋으며, 육지를 통해 가까이 가기엔 가장 불편한 땅을 차지하고 있다. 바다에 대해서는 비잔티움은 완전히 흑해의 입구를 막고 있으므로, 어떤 상선이든 비잔틴인의 비위를 거스르면 흑해에 출입할 수가 없다.'

메가바주스는 아마 그 경구에 의해, 그가 받기에는 부적당한 달견(達見)의 영예를 얻은 것 같다. 만일 비잔티움을 택한 식민지 개척자가 20년만 일찍 그곳을 찾아왔다면 그들은 반드시 그 무렵 아직 비어 있던 칼케돈 쪽을 택했을 것이다. 그리고 또 만일 그들의 농업 경영의 노력이 트라키아의 침략자에 의해 그처럼 심한 방해를 당하지 않았다고 하면, 아마 그들은 그 차지한 토지의 산업적 가능성을 열성적으로 개발할 마음이 들지 않았을 것이다.

이스라엘인과 페니키아인과 필리스티아인

헬라스 문명의 역사에서 시리아 문명의 역사로 눈을 돌리면, 미노스 문명 직후의 민족이동 시기에 시리아를 침입하고 또는 거기서 정착한 갖가지 요소의 민족은, 그후 그들이 자리잡은 지역의 자연환경의 어려움에 정확히 비례하여 두각을 나타냈다. 시리아 문명의 발전에 있어 지도적 위치를 차지한 것은 '다마스쿠스의 강 아마나와 파르파르' 《구약성서》 〈열왕기하〉 5장 12절 참조)의 아람인도 아니고, 훨씬 뒷날에 그리스계 셀레우코스 왕조가 안티오키아에 수도를 세운 그 오론테스 강가에 정주한 다른 아람인도 아니며, 또 요르단 강 동쪽에 머무르며 길레아드의 훌륭한 목장에서 '바산의 숫양' 《구약성서》 〈신명기〉 32장 14절과 〈에스겔서〉 39장 18절 참조)을 살찌우고 있던 이스라엘의 부족도 아니었다.

그중에서도 가장 주목할 만한 일은 시리아 세계의 지도권이 야만족으로서가 아니라 미노스 문명의 계승자로서 시리아로 와 카르멜 산의 남쪽 항구와 저지(低地)를 손에 넣은 에게 해 지역으로부터의 망명자, 즉 필리스타아인에 의해 장악된 것이 아닌가 하는 것이다. 이 민족의 이름은 그리스인 사이에서 보에오티아인의 이름이 그러했듯이 모멸적인 의미를 가지고 있었다. 예를 들어, 보에오티아인이나 필리스타아인이 평판만큼 나쁘지 않았을 수도 있고 또 이 두 민족에 관한 우리의 지식이 대부분 그들의 경쟁 상대로부터 들은 것이라는 사실을 인정한다 해도, 이처럼 나쁜 말을 듣는다는 것은 결국 그들의 경쟁 상대가 그들을 능가하고, 그들의 희생으로 후세의 존경을 획득했음을 의미하는 것이 아니겠는가.

시리아 문명의 공적은 세 가지 대사업을 수행한 일이다. 시리아 문명은 알파벳을 발명하고, 대서양을 발견하고, 그리고 유대교, 조로아스터교, 그리스도교, 이슬람교에 함께 통하고, 이집트, 수메르, 인도, 헬라스 각 문명의 종교사상과는 전적으로 질을 달리하는 독특한 신의 개념에 도달했다. 이 위업을 수행한 것은 시리아 사회의 어느 민족이었을까?

사실상 알파벳에 관해서는 잘 알 수 없다. 예로부터 알파벳을 발명한 것은 페니키아인으로 알려져 있지만, 어쩌면 필리스타아인이 그 원형을 미노스 문명세계로부터 전한 것인지도 모른다. 따라서 우리의 현재 지식으로는 알파벳을 발명한 공적을 누구에게 돌려야 할지 모른다고 해둘 수밖에 없다. 그러면 다른 두 가지 공적을 살펴보기로 하자.

지중해를 '헤라클레스의 기둥'(지브롤터 해협의 동쪽 끝에 솟아 있는 두 바위)이 있는 곳까지 항해하고 다시 그 밖까지 타고 나아가는 모험을 감행한 것은 누구였나? 그것은 미노스인의 피를 계승한 필리스타아인은 아니었다. 그들은 바다를 등지고, 에즈드라엘론과 셰펠라(필리스타아 평원과 유대의 구릉지대 중간에 있는 낮은 구릉)의 비옥한 평원을 손에 넣기 위해 그들보다도 완강한 전사(戰士)인 에브라임과 유대의 구릉지대에 사는 이스라엘인과 싸웠으나 패했다. 대서양의 발견자는 티로스와 시돈의 페니키아인이었다.

이들 페니키아인은 필리스타아인과 헤브라이인이 침입하기 이전의 주민인 가

나안족의 후예로서, 그 사실은 〈창세기〉에 족보의 형태로, 가나안(노아의 아들인 함의 아들)이 '장자(長子) 시돈을 낳았다'《창세기》 10장 15절)라고 표현되어 있다. 페키니아인이 살아남았던 것은, 그들이 살고 있던 시리아의 지중해 연안 중부 지역이 침략자를 끌어들일 만큼 매력있는 토지가 아니었기 때문이다. 필리스타아인이 손을 대지 않고 남겨둔 이 페니키아는 그들이 살던 셰펠라와 현저한 대조를 보인다. 해안지대인 그곳에는 비옥한 평야가 전혀 없으며, 레바논 산맥이 바다로부터 곧장 솟아 있어 도로나 철도를 놓을 만한 여지가 없을 정도이다. 페니키아의 도시간에도 해로를 통하지 않고는 쉽게 연락을 취할 수가 없었다. 그리고 그중에서도 가장 유명한 티로스는 마치 갈매기 둥지처럼 바위투성이인 섬 위에 놓여 있다.

거기서 필리스타아인이 클로버 속의 양 떼처럼 한가로이 살고 있는 동안에, 그때까지 해상의 활동 무대가 비불루스(시리아의 지중해 연안에 남쪽부터 차례로 티로스·시돈·비불루스가 늘어서 있다)와 이집트간의 근거리 연안 항로로 한정되어 있던 페니키아인은 바야흐로 미노스인과 마찬가지로 널따란 대해로 나가 아프리카와 스페인의 서지중해 연안지대에 그들 특유의 형태인 시리아 문명을 위해 제2의 근거지를 건설했다. 이 페니키아인이 해외에 개척한 세계의 수도 카르타고는, 필리스타아인이 일부러 선택한 육전(陸戰)의 영역에 있어서도 필리스타아인을 능가했다. 필리스타아인의 가장 유명한 전사는 '가드의 골리앗'《구약성서》〈사무엘 상〉 17장 23절)이지만, 그 골리앗도 페니키아인 한니발과 비교하면 초라하게 보인다.

그러나 인간의 용감한 행위에 의해 이룩된 위업으로서 대서양의 발견이라는 물질적 사업을 훨씬 능가하는 것은 일신교(一神敎)의 발견이라는 정신적 사업이다. 그리고 이 위업은 페니키아 해안보다도 더 매력이 없는 자연환경, 즉 에브라임과 유대의 구릉지대에서 민족이동으로 곤경에 빠지게 된 시리아 사회의 한 집단에 의해 이루어졌다. 이 메마르고 숲으로 덮인 구릉지대는 이집트 신왕국 쇠망 후의 중간 공백기에 해당하는 기원전 16세기 전후 북부 아라비아 초원에서 출현하여 시리아 주변으로 흘러들어온 헤브라이 유목민의 선봉대가 거주하게 되기까지 아무도 손에 넣지 않고 방치해 두었던 것이다. 여기서 헤브라이인은 유목민으로서의 목축업을 그만두고 자갈밭에 정착한 농경민이 되어, 시리아 문명의 전성기가 지나갈 때까지 세상에 알려지는 일 없이 살고 있었다.

　이스라엘의 위대한 예언자들의 대부분이 이미 그 예언을 마쳤던 기원전 5세기가 되어도 이스라엘이라는 명칭은 아직도 헤로도토스에게 알려지지 않고 있었다. 헤로도토스가 묘사한 시리아 세계의 전경(全景)에서 이스라엘이라는 나라는 필리스티아인의 나라 뒤에 숨어 있었다. 헤로도토스는 '필리스티아인의 나라'에 관해 기술했는데, 그것이 오늘날까지 필라스틴 혹은 팔레스타인이라는 명칭으로 남게 된 것이다.

　시리아 사회의 전설에 어느 날 이스라엘 민족의 신이 인간에 대해 적용할 수 있는 가장 엄중한 방법으로 이스라엘의 왕을 시험해 본 이야기가 있다. 〈밤에 여호와께서 솔로몬의 꿈에 나타나시니라. 하느님이 이르시되 '내가 네게 무엇을 줄꼬, 너는 구하라.' 솔로몬이 가로되 '……지혜로운 마음을 종에게 주사……' 솔로몬이 이것을 구하매 그 말씀이 주의 마음에 맞은지라. 이에 하느님이 저에게 이르시되 '네가 이것을 구하도다. 자기를 위하여 수(壽)도 구하지 아니하며, 부도 구하지 아니하며, 자기의 원수의 생명 멸하기도 구하지 아니하고 오직 송사를 듣고 분별하는 지혜를 구하였은즉 내가 네 말대로 하여 네게 지혜롭고 총명한 마음을 주노니, 너의 전에도 너와 같은 자가 없었거니와 너의 후에도 너와 같은 자가 일어남이 없으리라. 내가 또 너의 구하지 아니한 부와 영광도 네게 주노니, 네 평생에 열왕 중에 너와 같은 자가 없을 것이라' 《열왕기상》 3장 5~13절).〉

　이 솔로몬왕의 선택에 관한 전설은 선민(選民)의 역사와 비유 이야기이다. 이스라엘 민족은 그 정신적 이해력에 있어서 필리스티아인의 군사적 용감성과 페니키아인의 해양적 용기를 능가했다. 그들은 이방인이 구하는 것을 구하지 않고 우선 하느님의 나라를 구했다. 그러자 그들에게는 하느님의 나라 이외의 모든 것도 주어졌다(《마태복음》 6장 31~33절, 〈누가복음〉 12장 29~31절). 원수의 생명을 멸하는 문제에 대해 말하면, 필리스티아인은 이스라엘의 수중에 들어갔다. 또 부에 대해 말한다면, 유대 민족은 티르와 카르타고의 유산을 계승하여 페니키아인도 알지 못했던 먼 여러 대륙에까지 가서 페니키아인이 상상조차 못했던 규모의 상거래를 행하게 되었다. 장수에 대해 말한다면, 유대 민족은 페니키아인과 필리스티아인이 이미 그 자취를 잃어버린 지 오래된 오늘날에 이르기까지 아직도 옛날과 다름없이 동일한 특수민족으로서 살아 있다.

고대 시리아 사회의 그 이웃 민족들은 모두 용광로에 던져져 새 모습과 새 이름으로 개주(改鑄)되었으나 이스라엘 민족은 이 연금술 — 세계국가와 세계교회와 민족이동이라는 모진 시련의 역사에 의해 부글부글 끓던 — 에 의해서도 전혀 녹지 않았는데, 우리 이방인들은 그 모진 시련에 굴복했다.

브란덴부르크와 라인란트

아티카나 이스라엘에서 갑자기 브란덴부르크로 뛰어넘는 것은 공간적으로나 시간적으로나 지나치게 동떨어진 느낌이 들지도 모르지만, 브란덴부르크는 나름대로 역시 동일한 법칙의 예증을 제공한다. 프리드리히 대왕의 본래의 영토였던, 성장 상태가 좋지 않은 소나무숲과 자갈밭을 지닌 살풍경한 지역 — 브란덴부르크와 포메라니아와 동(東)프러시아 — 을 여행하면 마치 유라시아 스텝의 벽촌을 횡단하고 있는 것 같은 착각을 일으킬지도 모른다. 거기서 벗어나 덴마크의 목장과 너도밤나무 숲, 아니면 라인란트의 포도밭 등 어느 방향으로 가든 그곳은 살기 좋은 쾌적한 땅으로 느껴진다.

그럼에도 불구하고 이 '나쁜 땅'에 자리잡았던 중세 식민자의 자손이 서구 사회의 역사에서도 예외적인 역할을 한 것이다. 그들은 단순히 19세기에 독일을 지배하고 20세기에 독일 국민의 선두에 서서 서구 사회에 세계국가를 실현해 나가려고 열심히 노력했던 것은 아니다. 프러시아인은 동시에 그들의 이웃 사람에게 인공비료를 주어 모래땅에서 곡물을 생산하는 방법을 가르치고, 의무교육제도와 강제적인 건강 및 실업보험제도에 의해 국민 전체를 공전의 사회적 능력의 수준으로 높이는 방법을 가르쳤다. 우리는 그들이 마음에 안 들지도 모르지만, 그들로부터 중요하고도 귀중한 갖가지 교훈을 얻은 일을 부정할 수는 없다.

스코틀랜드와 잉글랜드

스코틀랜드가 잉글랜드보다 더 살기 어려운 땅임은 말할 나위도 없는 일이며,

또 전통적인 스코틀랜드인과 전통적인 잉글랜드인과의 유명한 기질의 차이 — 한 쪽이 근엄하고, 검소하고, 세심하고, 끈기있고, 주의깊고, 건실하고, 교양이 있는 데 대해 또 한쪽은 사치스럽고, 융통성 없고, 충동적이고, 부주의하고, 쾌활하고, 학문적 소양이 없다 — 는 구구하게 설명할 필요도 없다. 잉글랜드인은 이 전통적 인 비교를 하나의 농담이라고 생각할지도 모른다. 그들은 대부분의 일을 농담으 로 생각하기 때문이다. 그러나 스코틀랜드인은 그렇지 않다. 존슨(영국의 문학자 로서 보스웰의 안내로 스코틀랜드를 여행하고, 그 여행기를 썼다)은 시종 스코틀랜드인 의 눈에 비치는 가장 아름다운 전망(동시에 가장 찬란한 꿈을 뜻한다)은 잉글랜드로 통하는 길이라는 경구를 되풀이함으로써 보스웰(스코틀랜드의 법률가로서 새뮤얼 존슨의 전기작가)을 놀려댔다. 또 존슨이 태어나기 전 앤 여왕 시대의 어느 재인(才 人)은, 만일 카인이 스코틀랜드인이었더라면 그는 세상을 방황하는 벌을 받는 대 신 고향에서 아무데도 나가지 못하는 형벌을 받았을 것이라고 말했다.

대영제국의 건설과 교회 및 국가의 높은 지위를 차지한다는 점에 있어 스코틀 랜드인이 그 수에 비해 매우 중대한 역할을 했다는 일반적인 인상은 확실히 충분 한 근거가 있는 일이다. 빅토리아 여왕 시대 영국의 그 고전적인 의회 투쟁은 순 수한 스코틀랜드인(글래드스턴)과 순수한 유대인(디즈레일리)의 투쟁이었으며, 글 래드스턴의 뒤를 이어받아 오늘날까지 연합왕국 수상의 지위에 오른 사람들의 약 절반이 스코틀랜드 출신이다.[14]

북아메리카 쟁탈전

서구 문명의 역사에서 당면한 주제의 전형적인 예증은, 5, 6개 개척이민 집단 사이에서 이루어진 북아메리카의 지배권 쟁탈경쟁의 결과이다. 이 경쟁의 승자는 뉴잉글랜드인이었는데, 우리는 이미 앞 장에서 결국 아메리카 대륙의 지배자가 된 사람들이 최초로 정주하게 될 지역의 환경이 대단히 곤란했던 사실에 대해 말

---

14 로즈베리, 발포어, 캄벨 베너맨, 맥도널드, 그리고 스코틀랜드계 아일랜드 가문 출신의 글라스고에 정주한 보나 로를 추가해도 된다. 보나 로는 캐나다 태생으로 어머니는 순수한 스코틀랜드인이었 다. 그렇게 되면 스코틀랜드 출신 수상은 5명이 되며, 스코틀랜드 출신이 아닌 수상은 7명이다.

한 바 있다. 타운힐의 폐허가 좋은 본보기를 보이는 이 뉴잉글랜드의 환경을, 뉴 잉글랜드인과의 경쟁에서 패한 네덜란드인, 프랑스인, 스페인인, 게다가 대서양 연안의 남부 버지니아 및 그 주위에 정주한 다른 영국인 식민자들이 맨 처음 살았 던 다른 아메리카 지역의 영향과 비교해 보자.

이들 집단의 전부가 아메리카 대륙의 변두리 지역에 최초의 발판을 확보한 17 세기 중엽에는 언젠가 이 집단간에 내륙의 소유권을 획득하기 위한 투쟁이 일어 날 것을 예측하기가 쉬웠겠지만, 당시 아무리 선견지명이 있는 관찰자라도 1650 년에 일어났던 그 투쟁의 승자를 골라내라고 했다면 아마 당치도 않은 대답을 했 을 것이다. 그는 어쩌면 두 가지 명백한 이점을 갖고 있음에도 불구하고 스페인인 을 제외할 만한 견식은 갖추고 있었을지도 모른다.

그 두 가지 이점이란, 하나는 북아메리카 속에서 이전의 문명에 의해 개발된 유 일한 지역인 멕시코를 영유하고 있었던 일이며, 또 하나는 여전히 스페인이 유럽 열강 사이에서 명성을 떨치고 있었던 일이다(실제로는 그때 이미 신통치 않았지만). 우리가 가상한 관찰자는, 멕시코는 위치가 중심에서 너무 떨어져 있고, 또 스페인 의 명성은 그 무렵에 끝난 유럽 전쟁(30년전쟁)에서 스페인이 거듭 패배했다는 이 유로 양쪽 다 그다지 문제시하지 않았는지도 모른다. 그는 다음과 같이 말했을 것 이다.

"유럽에서 스페인의 육군국으로서의 패권을 이어받는 것은 프랑스이며, 해상 에서 해군국 및 상업국으로서의 패권을 이어받는 것은 네덜란드와 영국일 것이 다. 북아메리카의 쟁탈전은 네덜란드, 프랑스, 영국 3국간에 이루어진다. 근시적 으로 보면 네덜란드가 가장 유망하다고 생각될지도 모른다. 네덜란드는 해상에서 영국이나 프랑스보다도 우세하며, 또 아메리카 대륙에서는 내륙으로 통하는 훌륭 한 수문인 허드슨 강 유역을 장악하고 있는 것이다. 그러나 긴 안목으로 보면 프 랑스가 승리자가 될 것 같다. 프랑스는 허드슨 강보다 한층 더 훌륭한 세인트로렌 스 강을 장악하고 있으며, 또 압도적으로 우세한 군사력을 네덜란드 본국으로 진 출시켜 피폐하게 하고 병력의 이동을 불가능하게 할 수 있는 것이다."

그리고 그는 이렇게 부언했을 것이다.

"그러나 나는 확신을 갖고 제의할 수 있다. '영국 식민단은 양쪽 다' 라고. 남부의 영국인 식민지는 비교적 부드러운 토지와 기후의 혜택을 받고 있으므로 어쩌면 미시시피 강 유역을 획득하는 쪽에 의해 프랑스인이나 네덜란드인이나 내륙에서 떨어져나간 상태로 살아남을지도 모른다. 그러나 한 가지만은 확실히 말할 수 있다. 즉 황량한 불모의 뉴잉글랜드의 소식민지군(小植民地群)은 허드슨 강의 네덜란드인에 의해 동족들과 동떨어져 있게 되고, 다시 프랑스인이 세인트로렌스 강 방면으로부터 침입하여 압박을 가하고 있으므로 마침내 소멸될 것이다."

우리가 가상한 관찰자가 세기가 바뀔 때까지 살아 있어 그 무렵의 형세를 관망했다고 하자. 1701년의 경우, 그는 프랑스 쪽이 네덜란드보다도 유망하다고 예측한 일을 자랑할 것이다. 왜냐하면 네덜란드인은 1664년에 허드슨 강을 순순히 경쟁 상대인 영국인에게 양도한 데 비해, 프랑스인은 그 동안에 세인트로렌스 강을 거슬러올라가 5대호 지방에 도달하고, 다시 거기서 육로를 거쳐 미시시피 강 유역에 도달하고 있었기 때문이다.

라 살(프랑스의 탐험가)은 미시시피 강을 타고 내려가 하구로 나와 그곳에 새로운 프랑스인 식민지 루이지애나(당시의 프랑스 국왕 루이 14세의 이름을 따서 붙인 지명)를 건설했다. 그리고 이 루이지애나의 항구 뉴올리언스는 분명히 양양한 전도를 지니고 있었다. 프랑스와 영국의 관계에 대해서는 우리 관찰자는 예상을 변경할 이유가 없었을 것이다. 뉴잉글랜드인은 뉴욕을 획득함으로써 절멸은 면했겠지만, 남부의 그들 동족과 마찬가지로 장래에 대한 발전 가망은 없었을 것이다. 아메리카 대륙의 장래는 사실상 결정된 것처럼 생각되었다. 그 승자는 프랑스인인 듯하다.

우리는 우리의 관찰자로 하여금 다시 한 번 1803년의 정세를 조사하도록 하기 위해 그에게 초인적인 장수(長壽)를 부여하기로 하자. 만일 그가 그 무렵까지 살았다고 한다면, 그는 자신의 지혜가 장수에 부적합했다는 것을 자인할 수밖에 없을 것이다. 1803년 말 프랑스의 국기는 북아메리카의 정치지도 위에서 완전히 모습을 감추어 버렸다. 캐나다가 영국령이 된 지 40년이 지났고, 루이지애나는 일단 프랑스로부터 스페인에게 할양되었다가 다시 프랑스에 환부되었는데, 그 직전에 나폴레옹은 아메리카 합중국—13주의 영국 식민지로 성립된 새로운 대국—에 그것을 팔았던 것이다.

이 1803년이라는 해에는 아메리카 합중국이 대륙을 완전히 수중에 넣었기 때문에, 예언의 범위는 축소되고 있었다. 이제 남은 것은 합중국의 어느 지방이 이 광대한 땅을 보다 많이 차지할 것이냐 하는 점이다. 이번에야말로 틀림없이 남부 여러 주(州)가 합중국의 명백한 지배자이다. 남부의 여러 주가 서부 획득을 둘러싼 경쟁의 마지막 단계에서 서로 선두에 서려고 다투는 것을 보라. 켄터키를 건설한 것은 버지니아 변경의 미개척지 주민이었으나, 켄터키는 오랫동안 프랑스인과 공모하여 영국인 식민지의 내륙 침입을 저지하고 있던 산맥(애팔래치아 산맥)의 서쪽에 세워진 최초의 새로운 주이다. 켄터키는 오하이오 강을 따라 가로놓여 있으며, 오하이오 강은 미시시피 강으로 통하고 있다. 한편 랭커셔에 새로 출현한 방적공장들은 좋은 토지와 기후의 혜택으로 면화의 증산을 꾀해 남부 주민에게 점점 확대해 가는 시장을 제공하고 있다.

1807년에 남부인은 이렇게 말했을 것이다. "우리의 양키 사촌은 최근 미시시피 강을 건너는 기선을 발명하고, 또 면사(綿糸)를 가지런히 하고 세척하는 기계를 발명했다. 그들의 '양키적 신고안'은 발명자보다는 우리에게 더 유익하다"라고.

만일 예상이 전혀 들어맞지 않는 늙은 예언자가 남부 여러 주에 사는 주민의 장래를 그 당시, 또 그후 얼마 동안 남부인 자신이 예상했던 대로 되리라고 한다면 그는 아마 망령이 났다는 말을 들었을 것이다. 왜냐하면 이 경쟁의 최종 단계에 있어 남부인은 앞서 네덜란드인과 프랑스인이 당했던 것과 마찬가지로 빠르고 철저한 패배를 맞이하게 될 운명이었기 때문이다.

1865년에는 이미 그 형세가 1807년 당시와는 완전히 달라졌다. 서부 획득의 경쟁에 있어 남부의 식민자는 경쟁 상대인 북부인에게 추월당해 포위되어 버렸다. 인디애나 주를 지나 5대호 지방까지 진출하여 미주리 주를 획득한(1821년) 다음에 남부인은 캔자스 주에서 결정적인 패배를 당해(1854~60년) 결국 태평양에 이르지 못했다. 바야흐로 뉴잉글랜드인이 시애틀에서 로스앤젤레스에 이르는 태평양 연안 일대의 지배자가 되었다. 남부인은 미시시피의 기선이 서부 전체를 경제적·정치적 관계의 남부적 체제 속에 끌어들일 것이라고 기대하고 있었다.

그러나 '양키적 신고안'은 그친 것이 아니다. 기선에 이어 철도 기관차가 출현했는데, 그것은 기선이 남부인에게 준 이상의 것을 남부인으로부터 빼앗아갔다. 왜냐하면 허드슨 강 유역과 뉴욕의 대서양에서 서부에 이르는 대문으로서의 잠재가치가 철도시대를 맞이하여 현실화되었기 때문이다. 시카고에서 뉴욕까지의 철도 교통은 세인트루이스에서 뉴욕까지의 하천 교통을 능가하고 있다. 대륙 내부의 교통 노선은 수직 방향에서 수평 방향으로 대치되었다. 북서부는 남부에서 떨어져 나와 이해관계와 감정에 있어 북동부에 결부되었다.

사실상 남부에 기선과 조면기(繰綿機)를 선물한 동부인은 다시 이중의 선물로 북서부인의 마음을 사로잡았다. 즉 오른손에 기관차, 왼손에 절취결속기(切取結束機)를 들고 와 북서부인이 골치를 앓던 수송과 노동력 문제를 한꺼번에 해결하는 수단을 제공했던 것이다. 이 두 가지 '양키적 신고안'에 의해 북서부가 어느 쪽에 붙느냐 하는 것이 결정되었고, 남북전쟁은 싸우기 전부터 남부의 패배로 결정되어 있었다. 경제적 패배를 군사적 반격에 의해 회복하고자 무기를 들고 일어섰을 때, 남부는 이미 피할 길이 없게 된 붕괴의 끝손질을 한 데 불과했다.

북아메리카의 여러 식민집단은 모두 그 환경에서 심한 도전을 받았다고 할 수 있을 것이다. 프랑스인은 캐나다에서 거의 극지(極地)와 다름없는 겨울철을 만났고, 루이지애나에서는 이 일련의 비교에서 처음에 말한 중국 황허와 거의 비슷한 무서운 재해를 일으키는 강의 변덕을 겪어야만 했다. 아무튼 토질·기후·수송기관 및 그 밖의 모든 것을 포함해서 뉴잉글랜드인이 최초로 정착한 식민지가 가장 살기 힘든 지역이었음은 부정할 수 없다. 이처럼 북아메리카의 역사는 어려움이 크면 클수록 자극이 크다는 명제에 유리한 증언을 해 주고 있다.

2. 새로운 토지의 자극

이것으로 어려움의 정도가 다른 각 자연환경으로부터의 자극에 대한 결과의 비교는 마치도록 하겠다. 이번에는 같은 문제를 다른 각도에서 보기로 하고, 지역의 고유 성질을 벗어나 오래된 토지와 새로운 토지가 주는 자극의 결과를 비교해 보자.

처녀지를 개척하는 노력은 그 자체가 자극의 작용을 할 것인가? 이 물음은 에덴으로부터의 추방에 관한 신화와, 이집트로부터의 탈출에 관한 신화에서 긍정적인 답을 얻을 수 있다. 마술동산에서 황량한 세계로 이주함과 아울러 아담과 이브는 원시인의 식물채집 경제를 벗어나 농경문명과 목축문명의 창시자를 낳는다. 이집트에서 탈출함과 동시에 이스라엘의 국민들은 시리아 문명의 기초를 이룩하는 사업에 공헌하는 세대를 낳는다.

신화에서 종교의 역사로 눈을 돌리면, 거기서도 이상의 직관이 뒷받침됨을 알 수 있다. 예를 들어 우리는— '나사렛에서 무슨 선한 것이 나올까' (《요한복음》 1장 46절) 하고 묻는 사람에게는 참으로 놀라운 일이지만— 유대 민족의 메시아(구세주)가 예수교 탄생 1세기 미만의 시기에, 마카비 일가(기원전 2세기경의 유대 애국자의 일족)가 유대인을 위해 정복한 외진 처녀지인 '이방인의 갈릴리' 라는 그 이름도 없는 한 마을에서 나타나는 것을 보게 된다. 그리고 불굴의 성장을 한 이 갈릴리의 한 알의 씨앗이 유대인의 놀라움을 적극적인 열성으로 바꾸어 유대 본국뿐 아니라 유대인 디아스포라(여러 나라에 흩어져 사는 유대인) 사이에도 미치자, 이 새로운 신앙의 포교자들은 일부러 '이방인에게로 향하여' (《사도행전》 13장 46절) 마카비 왕국의 범위를 훨씬 초월한 고장에서 그리스도교를 위해 새로운 세계를 정복하는 사업에 착수했던 것이다.

불교의 역사에서도 마찬가지로 이 인도 문명의 종교의 결정적 승리는 인도 문명세계의 오래된 땅에서 얻어진 것은 아니다. 소승불교는 최초로 인도 문명에 식민지로 부속되어 있던 실론에서 그 포교의 길을 발견한다. 또 대승불교는 시리아 문명과 헬라스 문명의 영향을 받은 인도의 펀자브 지방을 우선 획득하고, 극동의 미래의 세력 범위를 향해 장도(長途)의 우회로를 더듬는 여행을 개시한다. 시리아 문명과 인도 문명의 종교적 특질의 최고 표현이 마침내 그 결실을 보게 되는 것은 이 이방적 세계의 새로운 땅에서이며, 이 일은 '선지자가 자기 고향과 자기 집 외에서는 존경을 받지 않음이 없다'(〈마태복음〉 13장 57절)라는 진리를 증언하는 것이다.

이 사회법칙의 편리한 경험적 검증은 일부분은 선행 문명이 이미 점거하고 있던 오래된 땅 위에, 또 일부분은 당시 문명이 스스로 입수한 땅 위에 출현한 부모 문명을 지닌 문명에 의해 제공된다. 우리는 이 자식문명의 역사를 조사하여 그 사업이 어떤 방면의 것이든 가장 현저한 특성을 발휘한 지점에 착안하여, 그 지점이 오래된 토지인가 새로운 토지인가를 관찰함으로써 신·구 각 토지가 주는 자극의 결과를 고찰할 수 있다.

우선 힌두 문명을 다루어 힌두 사회의 중심적이고 또 가장 중요한 활동을 했던 종교에 있어 새로운 창조적인 요소의 발원지로 눈을 돌리자. 우리는 이 발원지를 남부에서 발견한다. 물적인 대상, 혹은 우상에 의해 표현되고 신전 속에 안치되어 있는 신들의 숭배, 숭배자와 그가 숭배하는 특정한 신 사이의 정서적인 개인관계, 우상숭배의 형이상학적 이상화와 지적으로 궤변화된 신학에 있어서의 정서주의 (힌두교 신학의 창시자 샹카라는 788년경 인도 서남부의 말라바르에서 태어났다) ― 이 모든 힌두교의 특징이 형태를 이룬 것은 남부에서였다. 그러면 남인도는 오래된 토지였는가? 인도 문명의 세계국가였던 마우리아 제국 시대(기원전 323~185년경)에 이르러서야 겨우 인도 사회의 영역에 들어간 새로운 토지였다.

시리아 사회는 아랍 사회와 이란 사회라는 두 '자식' 사회를 낳았으나, 이미 검증한 바와 같이 후자 쪽이 융성하여 마침내 자매사회를 병합해 버렸다. 이란 문명이 가장 눈부신 활약을 한 것은 어디였을까? 전쟁·정치·건축 및 문학에 이어 위대한 업적은 대부분 이란 세계의 양극의 어느 한쪽, 즉 힌두스탄이나 아나톨리아로 이행된 것으로, 각기 무굴 제국과 오스만 제국에 있어 절정에 달했다. 무굴 제국과 오스만 제국이 차지한 지역은 다 선행의 시리아 문명의 범위를 넘어선 새로운 토지이며, 전자는 힌두 사회에서, 후자는 정교 그리스도교 사회에서 탈취한 토지이다. 이런 업적에 비하면 시리아 문명에서 이어받은 오래된 토지인 중앙 지역, 예컨대 이란 그 자체에서의 문명의 역사는 지극히 평범한 것이었다.

정교 그리스도교 문명이 가장 활발한 활동을 보인 것은 어느 지역이었을까? 그 역사를 살펴보면 사회적 중심이 시대에 따라 달랐음을 알 수 있다. 헬라스 문명 직후의 공백기에 출현한 이래 최초의 시대에 정교 그리스도교 사회의 활동이 가장 활발했던 것은 아나톨리아 고원의 중앙부 및 동북부였다. 그후 9세기 중엽 이후 그 중심은 해협의 아시아 쪽에서 유럽 쪽으로 옮겨졌으나, 정교 그리스도교 사회의 원줄기에 한해서는 그후 줄곧 중심이 발칸 반도에 머물렀다. 그러나 근대에 이르러 이 정교 그리스도교 사회의 원줄기는 역사적 중요성이라는 점에서 러시아에서의 강대한 곁가지보다 훨씬 뒤떨어져 버렸다.

이상의 세 지역을 오래된 토지라 볼 것인가, 아니면 새로운 토지라 볼 것인가? 러시아의 경우는 이 물음에 거의 대답할 필요가 없다. 중앙 및 동북 아나톨리아는 2천 년 전에는 히타이트 문명의 본거지였으나 정교 그리스도교 사회에 관한 한 확실히 새로운 토지였다. 이 지역의 헬레니즘화는 늦었고 또 시종 불완전한 것으로, 그 최초이자 유일한 헬라스 문화에 대한 기여는 헬라스 사회의 생애에서 최후의 국면에 상당하는 기원 4세기에 카파도키아의 교부(教父)들이 행한 것이다.

나머지 또 하나의 정교 그리스도교 사회의 중심인 발칸 반도의 내륙지역도 역시 새로운 토지였다. 왜냐하면 로마 제국의 시대에 이 지역 위에 씌운 라틴 문화를 매개로 하는 헬라스 문명의 얄팍한 도금은 로마 제국 소멸의 공백기 중에 완전히 벗겨져 흔적도 없이 사라졌기 때문이다. 여기서의 파괴는 브리튼을 제외한 로마 제국의 어느 서방 속령보다도 철저했다. 그리스도교를 신봉하는 이 로마 속령의 주민은 이교도 야만족 침입자에게 정복되었을 뿐 아니라 거의 전멸을 당하게 되었다. 그리고 이 야만족은 모든 지방적 문화의 요소를 흔적도 없이 제거해 버렸으므로, 그들의 자손이 선조의 악행을 후회하고 3세기 후에 재차 문화의 배양을 개시했을 때는 새로운 종자를 외부에서 가져오지 않으면 안 되었다.

이리하여 여기서 토지는 아우구스티누스의 포교활동이 이루어질 때까지 브리튼이 휴한지(休閑地)로 남아 있었던 기간의 3배 동안이나 휴한지로 남아 있었다. 따라서 정교 그리스도교 문명이 두 번째의 중심을 둔 지역은 황무지 상태에서 개척된 아주 새로운 토지였다.

이상과 같이 정교 그리스도교 사회가 특히 눈부신 활약을 한 세 지역은 모두 새로운 토지였다. 그리고 다시 주목할 일은, 선행 문명의 중심이었던 그리스 자체가

18세기에 서구 문명의 영향이 정교 그리스도교 세계에 침입하는 해상으로의 문호가 될 때까지 정교 그리스도교 사회에 있어 보잘것없는 역할밖에 하지 못했다는 사실이다.

다음으로 헬라스 문명의 역사에 눈을 돌려, 헬라스 사회의 초기의 역사에 있어 뒤이어 주도권을 잡은 두 지역, 즉 아시아의 에게 해 연안지방과 유럽의 그리스 반도에 대해 같은 문제를 제기해 보자. 헬라스 문명의 꽃을 피운 이 두 지역은 선행의 미노스 문명의 입장에서 볼 때 새로운 토지였는가, 아니면 오래된 토지였는가? 여기서도 그것은 역시 새로운 토지였다. 유럽의 그리스 반도에서는 미노스 문명은 그것이 가장 널리 퍼졌을 때에도 남과 동이 해안선에 여기저기 요새를 가지고 있었을 뿐이며, 또 아나톨리아의 해안에서는 현대의 고고학자는 미노스 문명이 존재했던 흔적은 고사하고 그 영향의 흔적조차 발견할 수 없었던 것이다.

이것은 참으로 주목할 만한 사실로서 도저히 우연이라고는 생각되지 않는데, 어떤 이유가 있어 이 해안이 미노스 문명의 권내에는 들어가지 않았던 것으로 생각된다. 반대로 미노스 문명의 중심지 가운데 하나였던 키클라데스 제도(크레타 섬 북쪽에 있다)는 헬라스 문명의 역사에서는 뒤이어 에게 해의 지배자가 된 사람들의 천한 종으로서 종속적인 역할을 이행했다. 미노스 문명의 가장 오래된, 또 가장 중요한 중심지였던 크레타 섬 자체가 헬라스 문명의 역사에서 이행한 역할은 한층 더 의외로 생각된다.

크레타 섬은 단순히 미노스 문명이 정점에 달한 장소라는 역사적 이유에서뿐만 아니라 지리적 이유에서 볼 때도 중요성을 유지하는 것으로 기대되었는지도 모른다. 크레타 섬은 에게 제도(諸島) 중에서 가장 큰 섬이며, 헬라스 세계의 가장 중요한 두 항로를 횡단하는 위치에 있었다. 페이라에우스(아테네의 항구로 현재의 피레에프스)로부터 시칠리아로 향하는 배는 반드시 크레타 섬의 서단(西端)과 라코니아 사이를 통과하지 않으면 안 되었고, 페이라에우스에서 이집트로 향하는 배는 반드시 크레타 섬의 동단(東端)과 로도스 섬 사이를 통과하지 않으면 안 되었다. 그런데 라코니아와 로도스 섬이 각기 헬라스 문명의 역사에 있어 주요한 역할을 이행한 데 반해 크레타 섬은 시종 외따로 떨어져 눈에 띄지 않는 구석에 틀어박혀 있었다. 주위의 헬라스 사회가 정치가·예술가·철학자를 속속 세상에 탄생시키고 있을 때 크레타 섬은 기껏해야 마술사와 용병(傭兵)과 해적을 배출할 정도였고, 당시의 크레타인은 보에오티아인과 마찬가지로 헬라스 사회의 웃음거리가 되고 있었다. 현재 크레타인 자신이 육보격시(六步格詩)의 형태로 크레타인에게 내린 비판이 성서 속에 수록되어 있다.

〈크레타인 가운데서 난 예언자가 '크레타 사람은 언제나 거짓말쟁이요, 악한 짐승이요, 배만 위하는 게으름뱅이이다' 라고 말하고 있다.〉**15**

마지막으로 중국 고대의 '자식' 사회에 해당하는 극동 사회에 같은 검증을 적용시켜 보자. 그 영역 속의 어느 지점에서 이 극동 사회는 최대의 활동력을 발휘했을까? 일본인과 광둥인(廣東人)이 오늘날 가장 활발한 대표자로서 눈에 띈다는 것은 분명한 일이지만, 이 사람들은 다 극동 사회의 역사가의 입장에서 보아 새로운 토지의 토양으로부터 생긴 것이다. 중국의 동남 해안이 '부모' 사회인 중국 고대사회의 영역에 편입된 것은 중국 사회 역사의 후반에 접어들면서부터인데, 그것도 극히 피상적인 정치면에 있어 한제국(漢帝國)의 변경지방이 된 데 불과하며, 주민은 여전히 야만적이었다.

일본 열도에 대해서는, 6세기 및 7세기에 한국을 경유하여 그곳에 이식된 극동 문명의 가지는 이전에 문화가 존재했던 형적이 인정되지 않는 토지에서 번식했다. 그 일본의 처녀지에 미친 극동 문명의 가지의 힘찬 성장은, 아나톨리아 고원에서 러시아의 처녀지에 이식된 정교 그리스도교 문명의 가지의 성장에 비교할 수 있다.

우리가 제시한 증거가 암시하듯 새로운 토지는 오래된 토지보다도 큰 활동의 자극을 준다는 것이 사실이라면, 오래된 토지에서 새로운 토지로 이동함에 있어 바다를 건너야 할 경우에는 그와 같은 자극은 특히 현저할 것이다. 이 해외의 특별한 자극은 레반트(동부 지중해 연안의 총칭)의 세 가지 다른 문명에서 온 바다의 개척

---

15 티투스에게 보낸 편지. 이 시를 지은 이는 에피페메니데스(그리스의 전설적 시인이며 예언자로서 그리스 7현인의 한 사람. 크레타 섬 태생)라고 한다.

자가 다투어 서부 해역에서 식민(植民)을 행하고 있던 기원전 1000년기의 전반(기원전 1000~500년) 지중해의 역사 속에 명료하게 나타나 있다.

해상 횡단의 자주적 효과가 가장 큰 것은 민족이동 중에 일어나는 해외이주의 경우일 것이다. 그러나 그런 사건은 드물다. 이 책의 저자가 기억할 수 있는 그런 예는 미노스 문명 직후의 민족이동 중에 테우크리스인(트로이인)과 아에올리스인 · 이오니아인 · 도리스인이 에게 해를 건너 아나톨리아의 서해안에 도달한 이주와, 테우크리스인과 필리스티아인의 시리아 연안지방으로의 이주, 헬라스 문명 직후의 민족이동 중에 일어난 앵글족과 주트족의 브리튼 섬 이주, 그 결과로 해협을 건너 뒷날 브리타니아라 불리게 된 지역에 도달한 브리튼인의 이주, 같은 시대에 있었던 아일랜드계 스코트족의 아가일(스코틀랜드 서부 연안)로의 이주, 또한 로마 제국의 망령을 불러내려고 했던 카롤링거 왕조의 시도가 유산된 뒤의 민족이동 중에 있었던 스칸디나비아의 바이킹 이주의 여섯 가지 예를 들 수 있다. 이 가운데 필리스티아인의 이주는 앞서 말한 것 같은 사정으로 비교적 수확이 없었고, 이주 후의 브리타니아인의 역사도 볼만한 것이 없었으나, 다른 네 가지 해외이주는 예가 훨씬 더 많은 육로를 통한 이주에서는 볼 수 없는 몇 가지 주목할 만한 현상을 나타낸다.

이 해외이주는 한 가지 단순한 공통점을 갖고 있다. 그것은 해외이주를 할 때는 이주자는 자신의 사회적 장비를 고국 땅을 떠나기 전에 짐으로 꾸려 배에 싣고, 항해가 끝남과 동시에 다시 짐을 풀어야 한다는 일이다. 모든 종류의 장비 ─ 인간도 재산도 기술도 사상도 ─ 는 모두 이 법칙에 따른다. 항해하는 데 가지고 갈 수 없는 것은 뒤에 남겨놓고 가야 하며, 또 이주자가 가지고 가야 할 대부분의 것은 ─ 물적인 사물에 구애받지 않고 ─ 낱낱이 분해하여 가지고 가야 한다. 그러므로 그것은 아마 결코 원래의 형태로 재조립할 수는 없을 것이다. 짐을 풀어보면 그것들이 '바다에 의해 변화를 입어 무언가 귀중하고 신기한 것'(셰익스피어 작 《태풍》 1막 2장 400행)으로 변했음을 발견할 수 있다.

그와 같은 해외이주가 민족이동 중에 일어나면 도전은 한층 두려운 것이 되며, 자극은 한층 더 강렬한 것이 된다. 왜냐하면 응전을 하는 사회는 이미 사회적으로 전진하고 있는 사회(앞서 말한 그리스인 식민자나 페니키아인 식민자처럼)가 아니라 여전히 미개인의 최종 단계인 정적(靜的) 상태 속에 있는 사회이기 때문이다. 민족이동에 있어 이 소극적 상태로부터 갑자기 질풍노도의 격동 속으로 들어가면 어떤 사회집단에서나 그 생활에 심한 영향을 받게 마련인데, 이 영향은 물론 배를 타고 이주하는 경우가 육로를 통해 이주하는 경우보다도 강렬하다. 왜냐하면 바다를 건널 때는 버리고 가야 할 많은 사회적 장비를, 육로를 이용하는 경우에는 가지고 갈 수 있기 때문이다.

해외이주에 따르는 한 가지 특수한 현상은 여러 종족이 혼합되는 일이다. 배로 떠남에 있어 가장 먼저 폐기하지 않으면 안 될 사회적 장비는 미개사회의 혈족집단이다. 배의 수용 인원은 한정되어 있다. 또 안전을 위해 함께 항해하고 새로운 토지에서 합류하는 몇 척의 배가 몇 군데의 다른 장소에서 온 것이라는 경우를 충분히 생각할 수 있다. 이것은 육로에 의한 이주와 크게 다른 점이다. 즉 육로의 경우에는 혈족집단 전체가 우차(牛車)에다 부녀자와 가재도구를 싣고 대지 위를 달팽이처럼 느릿느릿 무리를 이루어 이동하는 일이 많은 것이다.

해외이주에 따른 또 한 가지 특수한 현상은 차차 사회의식이 뚜렷해져 그 결과 경제·정치·종교·예술이 각기 별개의 것으로 분화되기 이전의 미분화된 사회생활의 최고 표현인 원시적 제도, 즉 '에니아우토스다이몬'(해마다 태어나 죽어가는 신)과 이 신의 주기제도가 쇠퇴하는 일이다. 만일 스칸디나비아 세계에서 이 제사의 전성기 상태를 보고자 한다면 우리는 본국에 머무른 스칸디나비아인 사이에서의 발전을 조사하지 않으면 안 된다. 그런데 이에 반해 '아이슬란드에서는 메이데이의 놀이나 축제행사로서의 결혼식이나 구혼극은 이주와 동시에 없어졌으리라 생각된다. 그 이유 중 한 가지는 틀림없이 이주자의 대부분이 여행을 통해 견문이 넓어지고 계몽된 계급에 속해 있었기 때문이며, 또 한 가지는 이 전원 행사(田園行使)는 아이슬란드에서는 도저히 중요한 활동 분야가 될 수 없었던 농업에 관계되는 일이었기 때문이다.'[16]

---

16 B.S. Phillpotts, *The Elder Edda and Ancient Scandnovian Drama.*

아무리 아이슬란드라도 농업이 전혀 이루어지지 않았을 리는 없으므로, 우리는 이 두 가지 이유 중 전자가 더 중요하다고 보아야 할 것이다.

지금 인용한 저작의 주제는, 아이슬란드어로 씌어진 《고(古)에다》(1200년경에 나온 신화·전설을 노래한 북구의 시가집) 속에 수록된 스칸디나비아의 시가는 원시적인 스칸디나비아 풍요극(豊饒劇)의 구전(口傳)에서 취한 것으로, 이것이 제사 속에서 이주자가 그곳에 깊이 박은 뿌리에서 잘라내어 배에 싣고 올 수 있었던 유일한 요소라는 것을 주장하는 점에 있다. 이 설에 의하면, 원시적 제사의 연극에 대한 발전이 해외로 이주한 스칸디나비아인 사이에서는 저지당했다는 말이 된다. 그리고 이 설은 헬라스 문명의 역사에서 볼 수 있는 것과 같은 사실에 의해 뒷받침된다. 왜냐하면 헬라스 문명은 바다 건너 이오니아에서 최초로 개화했으나, 원시적 제사를 기반으로 하는 그리스 연극이 발생한 것은 대륙인 그리스 반도의 흙에서라고 하는 것은 움직일 수 없는 사실이기 때문이다. 헬라스에서 웁살라의 성소(聖所)에 대응하는 것은 아테네의 디오니소스 극장이었다. 이에 대해 해외이주자─그리스인과 스칸디나비아인과 앵글로색슨족─가 호메로스의 서사시 《에다》와 《베어울프》를 낳은 것은 이오니아와 아이슬란드와 브리튼에서였다.

전설, 즉 사가(Saga)와 서사시는 새로운 정신적 요구, 강렬한 개성과 중대한 공적 사건에 대한 새로운 자각에 따라 나타난다. 호메로스는 '가장 새롭게 들리는 노래가 사람들에게 가장 칭찬을 받게 된다'라고 표현하고 있다. 그러나 서사시에는 새로움보다도 더 중히 여기는 것이 있는데, 그것은 이야기 그 자체가 지닌 인간적 흥미이다. 현재에 대한 흥미는 영웅시대의 질풍노도가 계속되는 동안만 우세를 유지할 수 있다. 그러나 이 사회적 격동은 일시적인 것으로서 폭풍우가 가라앉음에 따라 서사시와 사가의 애호자들은 자기들 시대의 생활이 비교적 단조로워졌다고 느끼게 된다. 그리하여 그들 사이에서는 이미 오래된 노래보다도 새로운 노래를 좋아하는 경향이 없어지고, 또 당대의 시인은 듣는 사람의 기분이 변함에 따라 구시대의 이야기를 반복하고 윤색한다. 서사시와 사가의 예술이 문학으로서 절정에 달한 것은 비교적 뒷시대의 일이었다. 그러나 최초로 해외이주의 시련에 의해 가해진 자극이 없었다면 결코 이런 위대한 작품은 나오지 않았을 것이다. 여기서 우리는 '연극은 본국에서, 서사시는 이주자 사이에서 발달한다' 라는 공식에 도달한다.

민족이동 중 해외이주의 시련을 통해 나타나는 또 하나의 확실한 산물은 문학적인 것이 아니라 정치적인 것이다. 이 새로운 종류의 정치조직은 혈연관계가 아닌 계약에 입각하고 있다.

아마 가장 유명한 예는, 그리스인 해외이주자가 아나톨리아 해안의, 뒤에 아에올리스, 이오니아 및 도리스라는 이름으로 알려지게 된 지역에 건설한 도시국가일 것이다. 왜냐하면 그리스 정체사(政體史)의 빈약한 기록이 나타내는 바에 의하면, 관습과 혈연관계 대신 법률과 거주지에 의해 조직한다는 원칙이 비로소 생겨난 것은 이 해외의 그리스인 식민지에서였고, 그후 유럽이나 그리스 본국에서 모방하게 되었다고 여겨지기 때문이다. 이렇게 하여 건설한 해외의 도시국가에서는 새로운 정치조직의 '세포' 는 혈연자가 아니라 동선자(同船者)였을 것이다. 대양의 위험 속에서 '같은 배를 탄' 인간이면 누구나 그렇듯이 해상에서 서로 협력한 그들은, 겨우 고심하여 손에 넣은 해안의 토지를 후배지(後背地)의 적의 위협에서 지키지 않으면 안 되었을 때도 바다에서와 똑같이 느끼고 똑같이 행동했을 것이다. 육상에서도 해상의 경우와 마찬가지로 동료관계가 혈연보다 중요하며, 동료 중에서 선출되고 신뢰받는 지도자의 명령이 관습상의 명령보다 중요하게 여겨졌을 것이다. 사실상 해외에 새로운 거주지를 획득하기 위해 힘을 합친, 여러 척의 배에 탄 동지들의 집합이 어느 사이에 자동적으로 지역적인 '부족(部族)' 으로 구분되어 거기서 선출된 수장(首長)이 다스리는 도시국가로 변해 갔을 것이다.

스칸디나비아인의 민족이동에 있어서도 같은 정치적 발전의 시작이 인정된다. 만일 유산한 스칸디나비아 문명이 서유럽 문명에 병합되지 않고 충실하게 성장했더라면, 원래 아에올리스와 이오니아의 도시국가가 이행한 것과 같은 역할을 아일랜드 해안지대에 위치한 오스만의 다섯 도시국가나 머시아(영국 중부지방의 옛 이름)의 그들 점령지의 육지 경계선을 지키기 위해 덴마크인이 만든 다섯 시(링컨, 스탠퍼드, 레스터, 더비, 노팅엄)가 이행했을 것이다. 그러나 스칸디나비아인이 해외에 만든 가장 훌륭한 정치조직은 가장 가까운 스칸디나비아인의 근거지인 페로스 제도에서도 500마일이나 떨어져 있는 극지(極地)의 한 고도(孤島)의 가망 없는 토지에 건설된 아이슬란드 공화 정체였다.

앵글족과 주트족이 브리튼 섬으로 이주한 정치적 결과에 대해 말한다면, 서구 문명의 역사의 여명기에 원시적인 혈족집단의 질곡을 끊고 바다를 건너온 이주자들에 의해 점거된 섬이 그후 서구 사회가 그 정치적 진보의 가장 중요한 발걸음의 일부를 이행한 나라가 된 것은 단순히 우연의 일치라고만 말할 수는 없을 것이다. 앵글족에 이어서 이 섬에 침입하고 역시 그 뒤의 영국의 정치적 업적에 공헌한 데인족과 노르만족도 같은 해방의 경험을 맛보았다. 이와 같은 민족의 결합은 정치적 발전에 보기 드문 좋은 조건을 제공했던 서구 사회가 영국에서 최초로 '국왕의 평화'를 창조하고 이어서 의회정치를 창조하는 일에 성공한 데 대해 대륙에서는 최초의 해양횡단이라는 해방행위에 의해 거추장스러운 사회적 부담을 버리고 홀가분해질 수 없었던 프랑크인과 랑고바르드족 사이에 여전히 혈족집단이 잔존해 있었기 때문에 서구의 정치적 발전이 늦어진 것은 어쩌면 당연하다 할 수 있을 것이다.

3. 타격의 자극

이상으로 자연환경의 자극에 대한 고찰이 끝났으므로, 이번에는 인간환경을 같은 방법으로 조사해서 우리 연구의 이 부분을 완결짓고자 한다. 우리는 우선 어느 사회에 작용을 미치는 인간환경이 지리적으로 그 사회 밖에 있을 경우와 지리적으로 그 사회와 혼합되어 있는 경우로 구분할 수 있다.

첫번째 범주에는, 처음에는 각기 다른 지역을 독점했던 두 사회 또는 국가의 한 쪽이 다른 쪽으로 작용하는 경우가 포함된다. 그와 같은 사회적 교섭에 있어 받아들이는 측에 선 단체의 입장에서 보면 그들이 직면하는 인간환경은 '외적' 혹은 '이국적'인 것이다.

두 번째의 범주에는 '계급'이라는 말이 가장 넓은 뜻으로 사용된다고 보고, 동일한 지역에 함께 사는 두 사회계급의 한쪽이 다른 쪽에 작용하는 경우가 포함된다. 이 경우의 관계는 '내적' 혹은 '국내적'이다.

이 내적인 인간환경은 나중에 고찰하기로 하고 우선 외적 세력의 영향을 다시 세분하여, 그것이 돌연한 타격이라는 형태를 취하는 경우와 부단한 압력의 형태를 취해 일어나는 경우로 나누기로 한다. 그렇게 하면 우리가 연구할 문제는 외적인 타격, 외적인 압력, 내적인 제재의 세 가지가 된다.

갑작스런 타격은 어떤 결과를 가져오는가? '도전이 크면 클수록 자극도 크다'라는 우리의 명제가 여기서도 통용될 것인가? 우선 최초로 검토할 경우로서 자연히 머릿속에 떠오르는 것은 이웃과의 계속적인 싸움으로 인해 자극된 군사력이 그후 한 번도 맞싸워본 경험이 없는 적에게 별안간 타도당한 경우이다. 제국의 건설사업에 착수한 사람들이 이처럼 도중에 극적으로 타도당했을 경우에는 보통 어떤 일이 일어나는가? 그들은 대개 시스라(《구약성서》〈사사기〉 4장 1~24절 참조)처럼 쓰러진 곳에 그대로 누워 있을 것인가, 아니면 그리스 신화의 거인 안타이오스처럼 힘을 배가하여 어머니인 대지로부터 다시 일어날 수 있을 것인가? 역사적 사실들은 후자 쪽이 보편적임을 나타내고 있다.

예를 들어, 그 '클라데스 알리엔시스'(알리에 강의 패배라는 뜻. 기원전 309년 로마군이 여기서 골의 군사와 싸워 패했다)가 로마의 운명에 미친 영향은 어떠했는가?

이 파국이 로마를 습격한 것은 로마가 에트루리아의 베이(로마 북쪽에 있던 도시)와의 긴 전쟁에서 승리를 얻어 겨우 라티움에서의 패권을 차지한 지 불과 5년 후의 일이었다. 세계의 끝에서 찾아온 야만족 때문에 로마군이 알리에 강 회전에서 타도되어 로마 시가 점령당했을 때 로마가 겨우 얻은 권력과 위신이 한꺼번에 날아가는 줄 알았는지도 모른다. 그러나 그와 반대로 로마는 골인에게서 입은 재해로부터 급속히 재기하여 그로부터 반세기도 되기 전에 이탈리아의 인접 제국과 다시 장기적인, 아주 어려운 싸움 끝에 결국은 승리를 얻었고 그 권력을 이탈리아 전지역으로 확장한 것이다.

로마와 경쟁하여 진 나라들의 역사도, 궤멸적인 패배를 입은 사회집단이 어떻게 그 패배에 의해 분기하고 전보다도 한층 더 중대한 결의하에 활동을 재개하느냐

하는 것을 나타내고 있다. 예를 들어, 전보다도 한층 완강한 저항 뒤에, 재차 입은 패배 때문에 그 목적은 이루지 못했다고 하나 제1차 포에니 전쟁(기원전 264~241년)에서 카르타고의 패배가 자극이 되어 하밀카르 바르카스는 시칠리아에서 잃은 지 얼마 되지 않는 제국보다 우세한 제국을 스페인으로부터 카르타고를 위해 빼앗았다. 제2차 포에니 전쟁(기원전 218~201년)에서 한니발의 패배 뒤에도 카르타고인은 최종적으로 파멸될 때까지 50년 동안에 두 차례나 세계를 놀라게 하는 일을 해치웠는데, 첫번째는 전쟁의 배상금을 지불하고 상업적 번영을 빠른 시일내에 회복한 일이고, 두 번째는 남자는 물론 여자나 아이들에 이르기까지 전국민이 한 사람도 빠짐없이 최후의 전쟁에 참가하여 싸우다 죽어간 그 장렬함이다.

또 그때까지 다소 범용한 군주였던 마케도니아의 왕 필리포스 5세도 키노스케팔라이(필리포스가 로마군에게 패한 곳)에서 패배한 뒤에야 비로소 마케도니아를 강대한 나라로 키우는 일에 착수하여, 그의 아들인 페르세우스(마케도니아 최후의 왕)는 단독으로 로마에 도전하여 그의 완강한 저항이 피드나(그리스 북동부의 거리. 기원전 168년에 마케도니아군이 로마군에게 패한 곳)에서 최종적으로 타파되기 전에 로마군을 거의 패배 직전까지 몰고 갔던 것이다.

결말은 다르지만 같은 종류의 예로서 오스트리아의 프랑스 혁명 전쟁 및 나폴레옹 전쟁에서의 5회에 걸친 참전을 들 수 있다. 처음 3회의 참전에서 오스트리아는 패배를 맛보았을 뿐 아니라 완전히 면목을 잃었다. 그러나 아우스터리츠(1805년에 러시아 · 오스트리아 연합군이 나폴레옹에게 패한 곳)의 패전 뒤에 오스트리아는 각오를 새로이 했다. 아우스터리츠가 오스트리아에게 있어 키노스케팔라이였다면 바그람(1809년에 오스트리아군이 프랑스군과 싸운 곳)은 피드나였다. 그러나 마케도니아보다 다행스럽게 오스트리아는 1813년에 다시 한 번 참전하여, 마침내 승리를 차지할 수 있었다.

그보다 더 주목할 만한 것은, 같은 나폴레옹과의 일련의 전쟁에 있어서 프러시아가 보인 행동이다. 예나(1806년 나폴레옹이 프러시아 작센군을 타파한 곳)의 대패와 그 직후의 항복으로 끝난 14년간 프러시아는 무익하고도 굴욕적인 정책을 수행하고 있었다. 그러나 그후에 그 장렬한 아일라우(동프러시아의 도시로 1807년에 러시아 · 프러시아 연합군이 나폴레옹과 싸운 곳)의 동기(冬期) 작전을 결행했고, 틸지트(1807년 나폴레옹과 러시아 · 프러시아가 평화조약을 맺은 곳)에서 강제로 체결된 가혹한 조약은 예나의 충격이 최초로 준 자극을 한층 강하게 할 뿐이었다. 이 자극에 의해 각성된 프러시아의 활력은 비상한 것이었다. 그것은 프러시아를 독일 국민주의라는 새로운 술을 담기 위해 택한 그릇으로 변신하게 한 것이다. 그것은 슈타인, 하르덴베르크, 훔볼트를 거쳐 비스마르크에 이르렀다.

이와 같은 순환은 이제 새삼스레 말할 필요도 없을 정도로 괴로운 경험을 통해 우리가 잘 알고 있는 형태로 반복되었다. 1914~18년의 대전에서 독일의 패배 및 그 패전의 아픔을 한층 더 악화시킨 1923~24년의 프랑스군에 의한 루르 지방 점령이 결국 실패로 끝나기는 했으나, 그것은 나치의 악마적인 복수라는 결과를 초래했다.

그러나 타격의 자극적 효과를 나타내는 전형적인 예는 기원전 480~479년의 시리아 사회의 세계국가인 페르시아 제국의 습격에 대한 헬라스 전체, 특히 아테네의 반격이다. 아테네의 반발의 탁월함은 아테네가 맛본 고통의 정도에 비례했다. 보에오티아의 비옥한 경지는 그 소유자가 그리스를 배신함으로써 난을 면하고 라케다이몬의 비옥한 농경지는 용감한 아테네 함대에 의해 수호되었으나, 아티카의 빈약한 토지는 두 번이나 계속 수확기에 조직적으로 수난을 당했고, 아테네 시는 점령되어 그 신전은 파괴되었다. 그리고 아티카의 주민 전부가 아티카로부터 철수하여 망명자로서 바다를 건너 펠로폰네소스 반도로 향하지 않으면 안 되었다. 아테네 함대가 살라미 해전(기원전 480년)을 치러 승리를 얻은 것은 이상과 같은 정세하에서였다.

아테네 사람들의 마음속에 이 같은 불굴의 정신을 일게 한 타격이 그 찬란하고 현저하고 변화무쌍한 점에서 인류사상 비할 바 없는 업적의 전주곡이 된 것은 결코 의심할 여지가 없다. 아테네인에게 조국의 부활 중 가장 내면적인 상징이었던 신전 재건에 있어 페리클레스 시대의 아테네인은 1918년 이후의 프랑스인보다 훨씬 뛰어난 정력을 나타냈다. 프랑스인은 산산이 파괴된 프랑스 대사원을 수복함에 있어 부서진 돌, 깨어진 상(像)을 일일이 충실하게 원상태로 복원했는데, 반면에 아테네인은 헤카톰페돈(아크로폴리스에 있던 신전)이 완전히 타버려 토대만 남은 것을 보자 그 토대는 그대로 놓아두고 새로운 장소에 파르테논을 세우기 시작한 것이다.

타격의 자극의 가장 명백한 예증은 군사적 재난으로부터 재기하는 동안에 발견되는 것이지만, 그 이외의 영역에서도 예를 찾아볼 수 있다. 여기서는 〈사도행전〉에 의해 종교 영역에 나타나 있는 더없이 중요한 예를 하나만 들기로 하자.

결국 헬라스 세계 전체를 그리스도교에 귀의시키게 된 이 동적인 행위가 배태된 것은, 그들의 스승인 그리스도가 기적적으로 부활하자마자 재차 홀연히 모습을 감춤으로써 사도들이 정신적으로 완전히 무기력해졌던 순간이었다. 이 그리스도의 두 번째 상실은 제자들에게 있어 십자가 위의 죽음보다 더 괴롭게 느껴졌을지도 모른다. 그러나 이 강렬한 타격이 오히려 그들 영혼 속에 그에 비례하여 강한 심리적 반응을 불러일으켰다. 그 일이 〈사도행전〉 속에는 흰 옷을 입은 두 사람의 출현과 오순절의 혀 같은 불꽃의 강림이라는 신화적인 형태로 표현되어 있다. 사도들은 성령(聖靈)이 충만하여 단순히 유대 민중에 대해서뿐만 아니라 산헤드린(고대 예루살렘의 최고법원)에 대해서도 당당히 십자가에 못박혀 사라진 예수의 신성(神性)을 설파했다. 그리고 그로부터 3세기가 지나기 전에 로마 정부까지도 사도들이 가장 의기소침해 있을 때 건설한 교회에 항복했다.

4. 압력의 자극

다음으로 우리는 영향이 끊임없는 외적 압력이라는 별도의 형태를 취할 경우를 조사하지 않으면 안 된다. 정치·지리학적으로 말하면 그와 같은 압력을 당하는 민족이나 국가 또는 도시는 대개 일괄하여 변경지역이라 불리는 부류에 속한다. 그리고 이런 종류의 압력을 경험적으로 고찰하는 가장 좋은 방법은, 외적의 시달림을 받은 이 변경지역이 그 지역이 소속된 사회의 역사에서 이행하는 역할을 외적의 침입으로부터 보호된 지역이 이행하는 역할과 비교해 보는 일이다.

이집트 세계에 있어서

이집트 문명의 역사에서 세 가지 중대한 시기에 사건의 경과를 좌우한 것은 모두 상부 이집트 남부에서 일어난 세력이었다. 기원전 3200년경의 통일왕국의 건설, 기원전 2070년경의 세계국가의 건설, 기원전 1580년경의 세계국가의 부흥은 모두가 이 좁게 한정된 지방의 출신자에 의해 수행되었다. 그리고 이 이집트 세계의 묘상(苗床)은 사실상 누비아 부족의 압력을 받고 있던 이집트 세계의 남쪽 변경이었던 것이다. 그런데 이집트 문명의 역사의 후반기 —신제국이 몰락하고 기원 5세기에 이집트 사회가 결정적으로 소멸할 때까지의 16세기 동안 정치적 권력은 항상 그 이전의 2천 년간 남부 변경지역이 장악되는 경향을 보였던 것과 마찬가지로, 북아프리카와 서남아시아에 대한 변경인 델타 지역의 손으로 넘어갔다.

이처럼 이집트 세계의 정치사는 처음부터 끝까지 모든 시대를 통해 각기 남과 북의 변경지역에 놓여 있던 두 정치적 권력의 양극 사이의 긴장으로서 이해할 수 있다. 내륙에서는 어디에서도 중대한 정치적 사건이 발생한 예가 없다.

그러면 어째서 이집트 사회의 역사의 전반에 있어서는 남방 변경의 세력이 우세를 차지하고 후반에 있어서는 북방 변경의 세력이 우세를 차지했는지 그 이유를 밝힐 수 있을까? 그것은 토트메스 1세 시대(기원전 1557~1505년경)에 누비아인들이 군사적으로 정복되어 문화적으로 동화된 이래 남방 변경에 대한 압력이 감퇴하거나 소멸한 데 반해 같은 무렵 혹은 그 직후에 리비아의 야만족과 서남아시아 모든 왕국의 델타 지역에 대한 압력이 현저하게 증대했기 때문이라고 생각된다. 이처럼 변경지역의 세력이 이집트 정치사에 있어 중앙지역의 세력보다 우세할 뿐 아니라, 어느 시기에 있어서나 가장 큰 위협을 주면서 지배적 세력을 휘둘러 왔던 것이다.

이란 세계에 있어서

전혀 다른 사정하에서 같은 결과를 야기한 예가 있다. 즉 14세기에 각기 이란 세계의 서쪽에 돌출한 요새인 아나톨리아의 일부를 점거한 터키계의 두 부족 오스만리와 카라만리의 대조적인 역사가 그것이다.

이 두 터키인 이슬람교 왕국은 셀주크 이슬람교 왕국의 '후계국가'였다. 셀주크 이슬람교 왕국은 십자군이 개시되기 직전의 11세기에 셀주크 투르크의 모험가들이 아나톨리아에 세운 이슬람교도의 터키 세력이었는데, 그들은 이처럼 정교 그리스도교 사회를 희생하여 '다르 알 이슬람'(이슬람 세계)의 범위를 확대함으로써 현세의 생활과 내세의 생활에 대비한 것이다. 이 이슬람교 왕국이 13세기에 붕괴했을 때 셀주크의 후계자 중에서 카라만리가 가장 양양한 전도를 바라볼 수 있었고 오스만리가 가장 가능성이 희박하게 보였다. 카라만리는 수도 코냐(코니에, 이코니움)가 있는 전 셀주크 영토의 알맹이에 해당하는 부분을 이어받은 데 대해 오스만리는 한 조각의 껍질을 소유한 데 불과했다.

오스만리가 셀주크 영토의 잉여분을 할당받은 것은 맨 나중이었는데, 그것은 그들이 도착했을 때의 경우가 참으로 미묘했기 때문이다. 그들의 이름의 유래가 된 오스만(오스만 투르크 제국의 초대 군주)은 이름도 없는 난민의 무리를 이끌고 온 에르토룰이라는 사람의 아들로서, 이들 난민은 유라시아 스텝의 중심부에서 이란 사회의 동북 변경지대에 밀려온 몽골족의 노도와 같은 세력에 의해 다르 알 이슬람의 가장 먼 끝에 표착한 보잘것없는 존재였다. 아나톨리아 셀주크 왕국의 마지막 술탄은 이 오스만리의 난민 선조들에게, 아나톨리아 고원 서북단에 있는 셀주크 영토가 당시 마르마라 해(海)의 아시아 쪽 연안 일대에 위치한 비잔틴 제국 소유의 영토와 경계를 이루던 인접지역을 할당해 주었다. 그것은 '술탄의 에뉴', 즉 술탄의 전선(戰線)이라 불리기에 적합한 외적의 위협이 많은 지점이었다.

오스만리는 아마 카라만리의 행운을 부러워했겠지만, 그는 좋고 나쁜 것을 가릴 처지가 아니었다. 오스만은 그 운명을 달게 받아들인 대신 이웃 정교 그리스도교 세계의 희생으로 영토를 확장하는 일에 착수했다. 제1의 목표는 비잔틴의 도시 브루사였다. 브루사를 함락시키기까지는 9년이 걸렸다(1317~26년). 오스만리가 자신의 이름을 그 가명(家名)으로 삼은 것은 당연한 일이었다. 왜냐하면 오스만이야말로 오스만 제국의 참된 창건자였기 때문이다.

브루사가 함락된 지 30년도 채 못 되어 오스만리는 다르다넬스 해협의 유럽측 연안에 발판을 확보했다. 그리고 그들이 성공을 거둔 것은 유럽에서였다. 그러나 그 세기가 끝나기 전에 그들은 오른손으로 세르비아인, 그리스인, 불가리아인을 거느림과 동시에 왼손으로는 아나톨리아의 카라만리 및 그 밖의 터키의 많은 민족을 정복했다.

이상과 같은 결과를 초래한 것은 정치적 전선의 자극이었다. 사실 그전 시대를 조사해 보면 오스만리의 최초의 작전기지인 아나톨리아 서북단의 지리적 환경에는 비모험적이라 당연히 잊혀진 카라만리의 지역과 대조적으로 '술탄의 에뉴'를 이 장의 첫 절에서 예로 들 만한, 영웅이 출현하는 데 안성맞춤인 특별한 성질이 하나도 없었던 것을 알 수 있다. 11세기의 제3·4반기에 셀주크 투르크족이 침입하기 이전에 아나톨리아가 아직 동로마 제국의 영토였던 시대를 돌아보면, 뒷날 카라만리가 영유하게 된 지역은, 정교 그리스군의 군단 안에서 수위를 차지하고 있던 아나톨리아 군단이 원래부터 주둔했던 지방과 거의 완전히 일치됨을 알 수 있다. 즉 카라만리 전에 코냐 지방에 살고 있던 동로마인은 뒷날 '술탄의 에뉴'의 주민인 오스만리가 점령한 아나톨리아의 패권을 장악하고 있었던 것이다. 그 이유는 명백하다. 당시 코냐 지방은 아랍 칼리프 제국과 마주보는 동로마 제국의 변경지방인 데 반해 뒷날 오스만리가 차지하게 되었던 지역은 무사평온한 내륙의 외딴 시골이었던 것이다.

러시아 정교 그리스도교 세계에 있어서

여기서도 우리는 또 다른 경우와 마찬가지로 각기 변경지역에 가해진 갖가지 외적 압력의 상대적인 강도의 변화에 따라 사회의 활동력이 차례차례로 한 변경지역에서 다른 변경지역으로 집중되어 가는 경향이 있었음을 발견한다. 정교 그리스도교 문명이 콘스탄티노플에서 흑해와 유라시아 스텝을 넘어 이식되었을 때 최초로 뿌리를 내린 러시아 지역은 드네프르 강 상류지방이었다. 그곳에서 12세기에 동북부 삼림지대에 사는 미개의 이교도인 핀족을 쫓아내어 그 방면으로 영토를 확장하고 있던 변경 주민의 손에 의해 볼가 강 상류지방으로 옮겨졌다. 그런데 그 직후에 유라시아 스텝의 유목민의 압도적인 압력에 대항하기 위해 드네프르 강 하류지방으로 활동의 중심지를 옮겼다.

1237년 몽골의 왕 바투(킵차크 한국의 창건자. 재위 1224~56. 칭기즈 칸의 손자)의 원정 결과 갑자기 러시아인에게 가해진 이 극심한 압력은 오랫동안 계속되었다. 그리고 이 경우에도 역시 다른 경우처럼 광장히 심한 도전이 현저하게 자발적이고 창조적인 응전을 불러일으킨 것을 볼 수 있다는 점은 흥미로운 일이다.

　　그 응전이란 바로 새로운 생활양식과 새로운 사회조직을 발달시킨 일이며, 그로 인해 사상 처음으로 정주(定住) 사회가 유라시아의 유목민에 대항하여 일시적인 토벌을 행함으로써 그들을 괴롭혔다. 뿐만 아니라 유목민의 토지를 영속적으로 정복하여 그들의 유목지를 농경지로 바꾸고, 이동식 텐트를 항구적인 촌락으로 바꿈으로써 토지의 경관을 완전히 바로잡을 수 있었다. 이전에 없던 위업을 이행한 카자흐인은 그후의 2세기 동안에 유라시아의 유목민인 바투의 '황금 부대'(바투의 텐트가 금빛 찬란했으므로 그의 부대는 Golden Horde라고 불리었다)를 상대로 하는 국경전(國境戰)에서 단련된 러시아 정교 그리스도교 세계의 변경 거주자였다. 그들의 활약에 의해 전설적이 된 카자흐라는 이름은 그들의 적이 붙인 것이었다. 그것은 '정통적' 유목민 추장의 권위에 복종하지 않는 불순한 무리들을 뜻하는 터키어인 '카자크(qazaq)'를 말한다.

　　이 본래의 카자흐인은 헬라스 사회의 스파르타인의 동족단체나 십자군의 기사단과 비슷한 점이 많은, 거의 수도사적인 군사적 동족단체였다. 유목민과 끊임없는 싸움을 하기 위해 여러 가지 방법을 시도하고 있는 동안에 그들은 문명사회가 야만인과 싸워 승리를 얻으려면 야만인이 갖지 않은 무기와 수단을 사용해야만 한다는 것을 깨달았다. 당시 근대 서구의 제국 건설자가 산업주의라는 뛰어난 수단을 써서 적대하는 미개인을 제압한 것처럼 카자흐는 농업이라는 뛰어난 수단으로 유목민을 압도했다. 또 근대 서구의 작전이 철도나 자동차나 비행기 등의 기계로 상대방의 기동력을 능가하여 유목민을 그들 자신의 토지에서 군사적으로 꼼짝도 못할 상태로 만들었던 것처럼, 카자흐는 카자흐 특유의 방법으로 하천을 장악함으로써 유목민을 군사적으로 꼼짝 못하게 만들었다.

　　사실 하천은 스텝 지대 속에서 유목민의 통제하에 들지 않았던 유일한 지물(地物)로서, 그것은 그들에게 유리하기는커녕 오히려 불리한 결과를 가져왔다. 기마

(騎馬) 유목민의 입장에서 보면 하천은 귀찮은 장해물이며 운수 수단으로서 쓸모 없는 것이었으나, 농부이자 초부(樵夫)인 러시아인은 하천 운행에 숙달되어 있었 다. 따라서 카자흐는 기마술에 있어 그들의 적인 유목민과 대적할 만한 솜씨를 갖 추었으나 동시에 여전히 뱃사람이기도 했다. 그리고 그들이 결국 유라시아를 지 배하게 된 것은 기마에 의해서가 아니라 선박에 의해서였다. 그들은 드네프르 강 에서 돈 강으로, 돈 강에서 볼가 강으로 진출했다. 1586년에는 거기서부터 다시 볼가 강과 오브 강 사이의 분수계(分水界)를 넘어 시베리아의 여러 하천을 탐험 하고, 1638년에는 오호츠크 해에 임하는 태평양 연안에 도달했다.

이처럼 카자흐가 동남 방면으로 가해진 유목민의 압력에 반발하여 빛나는 승 리를 거두던 그 세기에 다른 변경이 외적 압력을 받는 중요한 곳이 되었으며, 동 시에 러시아 활동력의 핵심이 되었다. 17세기에 러시아는 러시아의 역사가 시작 된 이래 처음으로 서구 세계의 강대한 압력을 경험했다. 폴란드군이 2년간 (1610~12년) 모스크바를 점령했고, 또 그 직후에는 구스타프 아돌프가 이끄는 스 웨덴이 당시 리가에서 불과 몇 마일밖에 안 떨어진 핀란드에서 폴란드의 북부 국 경에 이르는 발트 해 동쪽 해안 일대의 지배자가 되어 러시아를 발트 해에서 축 출했던 것이다.

그러나 이 세기가 끝나기도 전에 표트르 대제는 이 서구 사회의 압력에 반발하 여 1703년에 스웨덴으로부터 다시 빼앗은 토지에 페테르스부르크를 건설하고, 또 발트의 해상에 서구식 러시아 해군의 깃발을 휘날렸다.

대륙의 야만족과 대결한 서구 세계에 있어서

서구 문명의 역사를 보면 최초에는 으레 중앙유럽의 야만족과 서로 대치하는 동쪽의(즉 육지의) 경계선이 가장 강한 외적 압력을 받았다. 그러나 이 경계선은 단순히 승리에 의해 수호되었을 뿐 아니라 계속 앞으로 밀려나가 마침내 야만족 은 무대에서 모습을 감추고 말았다. 그 이후에 서구 문명은 그 동쪽 경계선에서 야만족이 아니라 서구 문명에 대항하는 문명과 접촉하게 되었다. 여기서는 이 최 초의 시기에 변경에 대한 압력의 자극적 효과를 나타내는 예를 들기로 한다.

서구 사회의 역사의 초기 국면에 있어 대륙의 야만족의 압력으로 인한 자극적 효과는 아직 완전히 야만성을 탈피하지 못한 프랑크족에 의한 왕국이라는 새로운 사회구조 출현의 형태로 나타났다. 프랑크 왕국 최초의 왕조였던 메로빙거 왕조는 로마의 과거에 얼굴을 돌리고 있었으나, 그 뒤를 이은 카롤링거 왕조는 미래를 향하고 있었다. 과연 카롤링거 왕조는 우연히 로마 제국의 망령을 불러내게 되었으나, 그것은 "사자(死者)여, 일어서라"(제1차 세계대전 중 보어 브레뉴의 싸움에서 독일군이 공격해 왔을 때 거의 전원이 전사하거나 빈사의 중상을 입은 참호 속에서 어떤 프랑스 부관이 외친 말)라는 외침과 같은 정신으로 행한 일로서, 살아 있는 자의 임무 수행을 원조하는 데 불과했다. 그런데 이 퇴폐적이고 '나태한' 메로빙거 왕조가 생기발랄하고 적극적인 카롤링거 왕조에 의해 환치(換置)된 정권교체는 프랑크 왕국의 영토 어느 부분에서 이행되었을까? 그것은 왕국의 내부가 아니라 변경지역에서였다. 즉 고대 로마의 문화에 의해 풍족해지고 야만족의 침입으로부터 보호되어 있던 네우스트리아(대체로 현재의 북프랑스에 해당한다)가 아니라, 로마의 국경에 위치하여 북유럽 삼림지대의 색슨족과 유라시아 스텝의 아바르족(터키계 종족)으로부터 계속 공격을 받고 있던 아우스트라시아(현재의 라인란트)에 있어서였던 것이다. 이 외적 압력의 자극이 얼마나 컸는가 하는 것은 샤를마뉴의 위업—18회에 걸친 색슨족 토벌, 아바르족의 섬멸, 서구 사회에 있어 최초의 문화적·지적 활동의 출현이었던 '카롤링거 왕조의 르네상스'—에 의해 엿볼 수 있다.

　압력의 자극에 대한 이 아우스트라시아의 반응은 중도에서 정지되고 본래의 상태로 되돌아갔다. 그 뒤를 이은 것이 색슨족의 반응으로서, 그것은 약 2세기 뒤에 오토 1세(신성 로마 제국의 창시자)의 치세에 이르러 절정에 달했다. 샤를마뉴가 수행한 영속적인 위업은 색슨 야만족의 영역을 서구 그리스도교 사회 속에 소속시킨 일이었다. 그러나 그는 이 위업을 달성함으로써 서구 사회의 경계를, 그리고 그 자극을, 승리를 차지한 아우스트라시아에서 정복된 색소니아(작센)로 이동시키는 길을 연 것이다.

　동일한 자극이 샤를마뉴 시대에 아우스트라시아에서 불러일으켰던 것과 동일한 반응을 오토 시대에 작센에서 불러일으켰다. 샤를마뉴가 색슨족을 정벌한 것과 마찬가지로 오토는 벤드족(슬라브계 종족)을 정벌했다. 그리고 그 이래 서구 그리스도교 세계의 경계선은 계속 동쪽으로 확장되어 갔다.

13세기 및 14세기에 있어서 최후로 남은 대륙의 야만족을 서구화하는 일은 아마 샤를마뉴나 오토처럼 로마 황제의 칭호를 내세우는 세습 군주의 지휘하에 이루어지는 것이 아니라, 도시국가와 전투적인 종교 단체라는 두 새로운 제도에 의해 이루어지게 되었다. 한자(Hansa) 도시 연맹과 튜턴 기사단은 서구 그리스도교 세계의 경계를 오데르 강에서 드비나 강으로 전진시켰다. 이것이 그 장기간에 걸친 싸움의 끝이었는데, 3천 년에 걸쳐 미노스 문명, 헬라스 문명, 서구 문명의 순서로 나타난 세 문명의 변경에 압력을 가해 온 대륙의 야만족은 14세기가 끝나기 전에 지상에서 완전히 제거되었다. 1400년경에는 그때까지 중간에 야만족의 집단이 개재하고 있었기 때문에 대륙에서 서로 완전히 격리되어 있던 서구 그리스도교 세계와 정교 그리스도교 세계가 아드리아 해에서 북극양에 걸쳐 대륙을 종단하는 선에 따라 서로 경계를 접하게 되었다.

이 전진하는 문명과 후퇴하는 야만을 사이에 두고 이동하는 경계선에서 오토 1세가 샤를마뉴의 위업을 계승했을 때부터 항구적인 것이 된 압력의 방향에 대한 역전의 결과 서구 사회의 반공(反攻)이 전진함에 따라서 차차로 자극이 옮겨간 일이 인정되는 것은 흥미롭다. 예를 들어, 작센 공국(公國)은 2세기 전에 샤를마뉴가 색슨족을 정복한 다음 아우스트라시아의 세력이 약해진 것처럼 오토가 벤드족을 정복한 다음 점차 세력을 잃어갔다. 작센은 1024년에 패권을 잃고 60년 후에는 결국 분열했다.

그러나 작센 왕조의 뒤를 이은 왕조는, 작센 왕조가 카롤링거 왕조의 동쪽에서 일어난 것처럼 다시 동쪽의 전진하는 변경지역에서 일어난 것은 아니었다. 그 반대로 프랑코니아(프랑켄) 왕조와 황제의 칭호를 이어받은 그후의 왕조 — 호엔슈타우펜가(家), 룩셈부르크가 및 합스부르크가 — 는 모두 라인 강의 지류 중 어느하나에 임하는 지방에서 일어났다. 이제는 멀리 떨어져 있는 변경의 자극은 제위를 이어받은 이들 왕조에는 미치지 못했다. 따라서 그중에는 '붉은 수염의 왕' 프리드리히(재위 1152~1190년)와 같은 뛰어난 황제도 나왔으나, 11세기 후반 이래 황제의 권력이 점차 쇠퇴해 간 것은 당연하다고도 하겠다.

그러나 샤를마뉴가 부활시킨 제국은 확실히 '신성하지도 않고 로마답지도 않고 제국도 아닌' 이른바 망령의 망령이었겠지만, 아무튼 오랫동안 서구 사회의 정치 속에서 다시 한 번 중요한 역할을 행하게 되었다. 신성 로마 제국이 생기를 회복한 것은, 중세기 말에 일련의 왕조간의 협정과 우발적 사건의 결과 라인의 합스부르크가가 오스트리아를 수중에 넣어 결국 거기서 완전히 새로운 변경 방위의 책임을 이어받게 되자 그 책임이 초래한 새로운 자극에 응했기 때문이다.

오스만 제국과 대결한 서구 세계에 있어서

오스만 투르크와 서구 사회의 충돌이 본격적으로 시작된 것은 오스만리와 헝가리 간의 백년전쟁 때인데, 이 전쟁은 모하치(헝가리 남부의 거리)의 싸움(1526년)에서 중세 헝가리 왕국이 멸망함과 동시에 막을 내렸다. 아노스 프냐디(헝가리의 장군)와 그의 아들 미티아스 코르비누스(헝가리의 왕)의 지휘 아래 궁지에 빠지면서도 필사의 저항을 계속한 헝가리는, 오스만리가 그때까지 만난 가운데 가장 완강한 적대자였다. 그러나 교전하는 양국의 병력에는 상당한 차이가 있었다. 헝가리는 1490년 이후 보헤미아와의 연합에 의해 보강되기는 했으나 그 힘은 문제가 될 정도는 아니었다. 결과는 모하치의 싸움이었다. 그런데 이 큰 재난으로 인해 초래된 심리적 효과야말로 헝가리의 잔존 부분으로 하여금 1440년 이래 오스트리아를 지배해 온 합스부르크가를 통솔자로 하는 보헤미아 및 오스트리아와 긴밀하고도 영속적인 연합관계를 갖게 한 원인이었다. 이 연합은 400년 가까이 계속되다가 4세기 전 모하치에게 심한 타격을 준 오스만 제국이 멸망한 해인 1918년에 이르러서야 겨우 깨졌다.

실제로 다뉴브의 합스부르크 왕국의 성쇠는 건국 당초부터 이 왕국의 성립을 촉구한 압력의 본원(本源)인 오스만 제국 성쇠의 뒤를 따랐다. 다뉴브 왕국의 영웅시대는 연대적으로 서구 세계가 오스만 제국의 압력을 가장 강하게 받은 시대와 일치했다. 이 영웅시대는 오스만의 실패로 끝난 1529년의 제1회 빈 포위공격과 함께 시작되어 1682~83년의 제2회 포위공격과 함께 끝나는 것으로 보면 된다. 이 두 차례에 걸친 큰 시련에 있어 오스트리아의 수도는 서구 세계의 오스만 공격에 대한 필사적인 저항에서, 1914~18년의 대전 중 독일 공격에 대한 프랑스의 저항에서 베르됭이 한 것과 같은 역할을 이행했다. 빈 포위공격은 두 번 다 오스만 군사사(軍事史)의 전환점이 되었다. 첫번째 실패에 의해 그때까지 1세기 동안 다뉴브 강 유역의 아래에서 위로 조수처럼 밀려온 오스만의 정복이 정지되었다. 두 번째 포위공격의 실패와 함께 오스만 세력의 후퇴가 시작되어 그 후퇴는 그후 줄곧 도중에서 몇 번 쉬기도 하고 되돌아가기도 했으나, 터키의 국경이 1529년부터 1683년에 걸쳐 정지되어 있던 빈의 동남쪽 변경에서 아드리아노플의 서북쪽 변경으로 밀려갈 때까지 계속되었다.

그러나 오스만 제국의 손실은 다뉴브의 합스부르크 왕국의 이익이 되지는 않았다. 왜냐하면 다뉴브 왕국의 영웅시대는 오스만 제국의 쇠퇴와 함께 종말을 고했기 때문이다. 오스만 세력의 붕괴는 동남부 유럽에 다른 세력이 자유로이 들어갈 수 있는 공지를 만들었으나, 그와 동시에 다뉴브 왕국에 그때까지 자극을 주고 있던 압력에서 해방시켰다. 다뉴브 왕국은 그 성립의 원인이 된 타격을 주었던 세력의 뒤를 따라 쇠퇴하여 결국 오스만 제국과 운명을 함께했다.

원래는 두려워할 만한 강국이었던 오스만이 '유럽의 병자'가 되어 버린 19세기의 오스트리아 제국을 보면 이중적인 원인에 의해 무력해졌던 것을 알 수 있다. 첫째로 이 시대에 오스트리아는 이미 변경국가가 아니었다. 그러나 그뿐만이 아니라 16세기부터 17세기에 걸친 오스만의 도전에 대해서는 효과적인 응전이 된 그 초민족적 조직이 19세기의 새로운 민족주의적 이상의 방해물이 되고 있었다. 합스부르크 왕국은 그 최후의 10세기를 아무래도 피할 수 없는 민족주의의 원칙에 입각한 지도의 변경을 어떻게든 저지하려는 노력 — 그것은 모두 실패할 수밖에 없었지만 — 에 소비했다. 독일에 대한 지배권과 이탈리아 영토를 포기하는 희생을 치른 후에야 오스트리아는 겨우 새로운 독일 제국이나 새로운 이탈리아 왕국과 함께 존속할 수 있었다.

또 1867년의 오스트리아·헝가리 간의 협정 및 그 필연적인 결과인 갈리시아에 있어서의 오스트리아 · 폴란드 간의 협정을 받아들임으로 해서, 자기의 이해와 그 영토내의 독일인뿐 아니라 마자르인 및 폴란드인의 민족적 이해를 합치시키는 일에 성공했다. 그러나 오스트리아는 그 영토내의 루마니아인, 체코슬로바키아인, 유고슬라비아인과 화해하려고 하지 않았으며, 또 화해할 수도 없었다. 그리고 사라예보의 몇 발의 권총 소리는 지도상에서 오스트리아 제국이 사라지는 신호가 되었다.

그리고 제1차 대전과 제2차 대전의 중간에 있어서의 오스트리아와 터키의 대조적인 태도를 살펴보기로 하자. 1914~18년의 세계대전 후 양자는 함께 공화국으로서 새로이 탄생했으며, 양쪽 다 이웃인 동시에 적으로 여겨왔던 그 두 제국을 빼앗겼다. 그러나 유사한 점은 그것뿐이었다. 오스트리아인은 패전측에 선 5개국 중에서 가장 심한 고통을 입었으며 가장 순종적이었다. 그들은 새 질서를 극도의 체념과 극도의 회한으로 순순히 받아들였다. 이에 반해 터키인은 패전 5개국 중에서 휴전 후 1년도 되기 전에 재차 무기를 들고 전승국(戰勝國)과 싸움을 일으켜, 전승국이 그들에게 강요하려던 평화조약의 근본적 개정을 요구하여 그 목적을 이룬 유일한 국민이었다.

그와 동시에 터키인은 그 젊음을 되찾고 그 운명을 변화시켰다. 그들은 이미 퇴폐한 오스만 왕조 밑에서 유기된 제국의 어느 한 지방을 지키기 위해 싸운 것은 아니었다. 왕조에게 버림받은 그들은 다시 한 번 국경전을 치렀던 것이다. 그리고 초대 술탄의 오스만처럼 실력으로 선출된 지도자를 따라 조국의 영토를 확장하기 위해서가 아니라 보존하기 위해서 싸웠던 것이다. 1919~22년의 그리스-터키 전쟁의 결전장이 되었던 인 에뉴는 그 600년 전 셀주크 왕조의 마지막 왕이 오스만 왕조의 초대 왕에게 할당해 준 그 본래의 세습영토 속에 있다. 수레는 완전히 한 바퀴 돈 셈이다.

서구 세계의 서쪽 변경지역에 있어서

초기의 서구 사회는 단순히 대륙의 동쪽 경계선뿐 아니라 서쪽에서도 세 전선에서 압력을 받았다. 즉 브리튼 제도와 브르타뉴에서의 이른바 '켈트 외곽'의 압력 및 브리튼 제도와 대륙 유럽의 대서양 연안지역에서의 스칸디나비아 바이킹족의 압력, 거기다 이베리아 반도에서의 초기 이슬람교 정복자에 의해 대표되는 시리아 문명의 압력이 그것이다. 우리는 우선 '켈트 외곽'의 압력을 살펴보기로 하자.

미개한데다 단명으로 끝난 이른바 '7왕국'(Heptarchy ; 앵글로색슨 시대의 영국에 있었던 켄트, 에식스, 서식스, 웨식스, 이스트앵글리아, 머시아, 노섬브리아의 7왕국을 가리킨다)간의 생존경쟁이 어떻게 해서 서구 사회의 정치체제에 속하는 두 개의 진보적이고 영속적인 국가의 출현이라는 결과를 낳았는가? 잉글랜드와 스코틀랜드의 두 왕국이 '7왕국' 대신 출현하는 과정을 보면, 그 과정의 각 단계에 있어서의 결정적 요인이 항상 외적 압력에 의해 주어진 어떤 도전에 대한 응전이었음을 발견할 수 있다. 스코틀랜드 왕국의 발생은 픽트족과 스코트족에 의해 앵글로색슨의 노섬브리아 왕국에 주어진 도전에까지 거슬러올라갈 수 있다.

현재의 스코틀랜드 수도는 퍼스 오브 포스(에든버러 근처에 있는 포스 강 하구의 후미) 맞은편의 픽트족과 스트래스 클라이드(클라이드 강 이남의 스코틀랜드와 잉글랜드 북서부를 포함한 중세의 켈트 왕국. 캄브리아라고도 한다)의 브리튼족에 대한 노섬브리아의 국경 요새로서 노섬브리아의 에드윈왕이 건설한 것이다. 도전은 954년에 픽트족과 스코트족이 에든버러를 빼앗고, 그 뒤에 노섬브리아에 로디안 지방 전체를 할양했을 때 제기되었다. 즉 이 영토 할양은 다음과 같은 문제를 제기한 것이다. 이 서구 그리스도교 세계의 변경지역은 정치체제의 변화에도 불구하고 그 서구 그리스도교 문화를 지닐 것인가, 아니면 정복자인 켈트족의 외래 '극서(極西)' 문화에 굴복할 것인가? 로디안은 굴복하기는커녕 반대로 이 도전에 응전하여, 일찍이 정복되었던 그리스가 로마를 생포한 것처럼 정복자를 생포해 버렸다.

정복된 이 지역의 문화가 스코트족 왕들의 마음을 완전히 매혹했으므로, 그들은 에든버러를 수도로 정함과 동시에 마치 로디안이 그들의 고향이며 하일랜드(스코틀랜드 북부 및 북서부의 고지)는 그들 영토에서 멀리 떨어진 이향(異鄕)인 것처럼 느끼고 행동했다. 그 결과 픽트계 지배자의 원조하에 있던 로디안 출신의 잉글랜드 식민자들이 본래 스코틀랜드 왕의 동족인 켈트계 주민을 희생시킴으로써 스코틀랜드의 동해안은 머리 퍼스까지 식민지화되어 '하일랜드 선(線)'은 뒤로 밀려갔다. 그 결과 마찬가지로 역설적인 명칭의 전용(轉用)이 일어나 '스코틀랜드어'라는 명칭이 본래의 스코트족이 말하는 겔릭 방언(켈트어의 일종)이 아니라 로디안에서 쓰이고 있는 영어 방언을 뜻하게 되었다. 스코트족과 픽트족에 의한 로디안 정복의 궁극적인 결과는 서구 그리스도교 세계의 서북 경계를 포스 강의 선에서 트위드 강까지 후퇴시키는 것이 아니라 반대로 그레이트브리튼 전체를 포함시킬 수 있을 때까지 전진시키는 일이었다.

이리하여 잉글랜드 '7왕국'의 정복된 한 부분이 실제로 현재의 스코틀랜드 왕국의 중핵이 된 것이지만, 이 위업을 수행한 노섬브리아의 일부분은 트위드 강과 포스 강의 중간인 변경지역이며 트위드 강과 홈버 강 중간인 내부지역이 아니었음에 주목할 필요가 있다. 만일 누군가 명민한 여행자가 10세기에 로디안이 스코트족과 픽트족에게 할양되기 직전에 노섬브리아를 방문했다고 가정한다면, 그는 틀림없이 에든버러의 장래는 대단치 않다고 말했을 것이고, 또 노섬브리아에서 장차 '문명' 국가의 영구적인 수도가 되는 곳이 있다면 바로 요크라고 말했을 것이다. 브리튼 섬 북부의 가장 광대한 농경지로 적합한 평야 한가운데에 있는 요크는 이미 로마 점령 당시 이 지방의 군사적 중심지였고, 또 로마 교회의 대본산지였다. 그리고 얼마 전에 단명으로 끝난 스칸디나비아인의 왕국 '데인로'의 수도가 되었다. 그러나 이 데인로는 920년에 웨식스의 왕에게 굴복하고, 그 뒤로 요크는 잉글랜드의 한 지방도시로 격하되고 말았다.

오늘날에는 요크의 장래가 한때 가장 양양한 것으로 생각되었다는 사실을 상기시키는 것이 없다. '7왕국' 중 홈버 강 남쪽의 어느 나라가 주도권을 잡고 장차 잉글랜드 왕국의 중핵을 이루게 되었는가? 우리는 8세기경의 주요한 경쟁자는 대륙에 가장 가까운 왕국이 아니라 웨일스와 콘월의 복종하지 않는 켈트인으로부터 변경의 자극을 받아오던 머시아와 웨식스였으며, 동시에 그 경쟁의 초기에 머시아가 선두에 서 있었음을 알게 된다. 머시아의 오파왕은 당시 웨식스의 어느 왕보다도 강대한 세력을 갖고 있었다. 그것은 웨일스가 머시아에 가한 압력이, 콘월이 웨식스에 가한 압력보다 강했기 때문이다. 콘월의 '서(西) 웨일스인'의 저항은 그 아서왕 전설 속에 불멸의 잔영을 남기고 있으나, 이 저항은 웨스트색슨인에 의해 비교적 쉽게 극복된 것으로 보인다. 그러나 이에 대해 머시아에 가해진 압력의 격심함은 언어적으로는 머시아라는 명칭 자체에 의해 입증되고 있으며(Mercia는 'the March,' 즉 '변경'이라는 뜻으로서, 그것은 '변경'이라면 곧 이 지방을 가리켰음을 나타낸다), 또 고고학적으로는 디 강 하구에서 세번 강 하구에 걸쳐 길게 뻗어 있는 오파의 제방이라 불리는 거대한 토루(土壘)의 유적에 의해 입증되고 있다. 이 단계에서는 미래는 웨식스가 아니라 머시아에 대해 열려 있는 것처럼 보였다.

그런데 '켈트 외곽'으로부터의 도전보다 훨씬 강대한 스칸디나비아로부터의 도전이 새로 발생한 9세기에 이상과 같은 예상이 완전히 뒤집혔다. 이번에는 머시아는 응전하지 않고 그 대신 웨식스가 앨프레드 대왕의 지휘하에 훌륭하게 응전하고, 그 결과 잉글랜드 왕국의 중핵이 되었던 것이다.

서구 그리스도교 세계의 대서양 연안에 가해진 스칸디나비아의 압력은 단순히 '7왕국'을 모두 합체하여 케르딕 왕가에 의해 통솔되는 잉글랜드 왕국을 출현시켰을 뿐 아니라 샤를마뉴 제국의 유기된 서쪽 절반의 조각을 규합하여 카페 왕가에 의해 통솔되는 프랑스 왕국을 출현시켰다. 이 압력에 직면하여 잉글랜드는 그 수도를 웨식스의 전 수도인 윈체스터가 아니라 런던에 정했다. 윈체스터는 웨스트웨일스인의 위협의 사정거리내에 있었으나 스칸디나비아인의 위협으로부터는 비교적 거리를 두고 있었고, 런던은 당시의 격동과 부담스러운 짐을 이어받아 895년에 덴마크 함대가 시도한 템스 강의 소강(溯江) 작전을 격퇴함으로써 장기간에 걸친 싸움에 결정적인 변화를 가져왔다. 마찬가지로 프랑스는 그 수도를 카롤링거 왕조 최후의 수도였던 랑이 아니라 카페 왕가 초대 국왕의 아버지(위그 대공) 시대의 공격에 앞장서서 바이킹의 센 소강을 막았던 파리에 정했다.

이처럼 해상으로부터의 스칸디나비아의 도전에 대한 서구 스리스도교 세계의 응전이 영국과 프랑스라는 새로운 왕국을 탄생시켰다. 또 이들 적을 물리치는 과정에서 프랑스인과 영국인은 봉건제도라는 강력한 군사적·사회적 수단을 만들어냈다. 한편 영국인은 이 커다란 시련을 통해 얻은 정서적 체험에 예술적 표현을 부과함으로써 갑자기 새로운 서사시의 부흥기를 맞이했다. 오늘날 남아 있는 〈몰든 싸움의 노래〉는 그 한 단편이다.

그리고 또 우리는 프랑스가 노르망디에서, 영국인이 로디안에서 이행한 일을 반복하고 노르망디의 정복자인 스칸디나비아인을 피정복자의 문명 속에 끌어들인 일에 주목하지 않으면 안 된다. 롤로와 그의 동료가 '단순왕(單純王)' 샤를과 조약을 맺고, 프랑스가 대서양 연안에 영속적인 식민지를 획득(912년)한 지 약 1세기 뒤 그들의 자손은 지중해에서 정교 그리스도교 세계와 이슬람의 희생에 의해 서구 그리스도교 세계의 범위를 확장했고, 또 프랑스에서 빛나고 있던 서구 문명의 빛을 당시 아직도 여명 속에 있던 잉글랜드와 스코틀랜드의 섬나라에 들여왔다. 종족이 같다는 점으로 보면 노르만족의 영국 정복은 이전에 저지된 바이킹 야만족의 야망의 궁극적 달성이라고 볼 수 있을지도 모르나, 문화적으로 보면 그러한 해석은 완전히 난센스이다.

노르만족은 잉글랜드에서 서구 그리스도교 사회의 율법을 폐지하기 위해서가 아니라 완전하게 하기 위해 온(《마태복음》 5장 17절 참조)것이며, 그렇게 함으로써 그들 스칸디나비아의 이교적 과거를 버린 셈이다.

헤이스팅스의 싸움(1066년 노르망디공 윌리엄이 해럴드 2세를 격파한 싸움)에서 노르만족의 종군시인인 타이유페르가 노르만족 기사들의 선두에 서서 노래하며 진군해 갔을 때 그의 입에서 나온 말은 북구어가 아니라 프랑스어였고, 그들이 만든 노래의 내용은 지그루드의 전설이 아니라 〈샹송 드 롤랑〉이었다. 서구 그리스도교 문명이 이처럼 그 영토를 침략한 스칸디나비아인의 마음을 사로잡았다면, 이 문명이 스칸디나비아 자체에서 유산한 스칸디나비아 문명을 대신해 그 승리를 완전한 것으로 했다는 사실은 조금도 이상할 것이 없다. 나중에 '유산' 문명의 비교 고찰을 행할 때 다시 한 번 이 문제를 다루기로 한다.

우리는 시간적으로 가장 먼저 일어나고 용맹함에 있어서도 다른 모든 예보다 뛰어나며, 당시 생긴 지 얼마 되지 않아 아직 나약했던 서구 문명에 비하면 압도적인 세력을 갖고 있던 것처럼 생각되었던 변경의 압력에 관한 논의를 맨 뒤로 돌렸다. 사실 이 압력은 기번의 판단에 의하면 자칫 서구 사회를 유산 문명의 하나

로 떨어뜨릴 뻔했다.[17]

탄생한 지 얼마 되지 않은 서구 문명에 대한 아랍인의 공격은 헬라스 사회가 장기간에 걸쳐 시리아 사회 영역으로 침입하자 이에 대해 시리아 사회의 마지막 반발의 일환으로 생긴 사건이었다. 아랍인이 이슬람을 무기로 하여 이 사업에 착수했을 때, 그들은 원래 가장 광대했던 시대의 시리아 사회의 지배영역을 전부 회복하기까지 멈추지 않았다.

그들은 아케메네스 왕조의 페르시아 제국이라는 형태로 실현된 시리아 사회의 세계국가를 아랍 제국으로 재흥시키는 것만으로는 만족하지 않고 다시 고대 페니키아인의 영토였던 아프리카의 카르타고와 스페인 탈환에 착수했다. 스페인을 향한 아랍인은 713년에 하밀카르와 한니발의 뒤를 따라 지브롤터 해협을 건넜을 뿐아니라 피레네 산맥도 넘었다. 그리고 거기서부터는 한니발이 그랬던 것처럼 론강을 건너고 알프스를 넘지는 않았으나 한니발이 한 번도 들어간 적이 없었던 땅에 침입하여 루아르 강까지 진격했다.

아랍군이 732년의 투르 전투에서 샤를마뉴의 조부가 이끄는 프랑크군에게 대패한 것은 확실히 역사의 방향을 결정하는 중대 사건의 하나였다. 이 전투에서 나타난 시리아 사회의 압력에 대한 서구 사회의 반발은 이 전선에서 전혀 수그러짐이 없이 점점 더해 갔다. 마침내 약 7, 8세기 후에는 서구 그리스도교 사회의 첨병인 포르투갈이 이베리아 반도를 뛰쳐나와, 해상으로 아프리카를 우회하여 고아, 말라카, 마카오까지 진출했고, 또 한쪽의 첨병인 카스티야가 대서양을 건너멕시코로, 거기서 다시 서구 그리스도교 사회를 위해 비할 바 없는 공헌을 했다. 그들은 그들이 대표하는 사회의 시계(視界)를 따라서 그 지배영역을 확장하여 결국 그 안에 포함하게 했다. 서구 그리스도교 사회가 그것을 비유한 성경 속의 겨자씨처럼 성장하여 '대사회'가 되고, 지구상의 모든 국민이 와서 그 가지에 머물

---

17 '파죽지세로 진군한 거리는 지브롤터의 바위에서 루아르 강변까지 1천 마일 이상이나 되었다. 그만한 거리를 계속하여 진군했다면 사라센군은 폴란드나 스코틀랜드 고지의 경계에까지 도착했을 것이다. ……아마 지금쯤은 《코란》의 주석서가 옥스퍼드의 여러 학부에서 강의되었을 것이고, 또 강단에서는 할례를 받은 민중을 향해 마호메트의 계시의 신성함과 진리를 논증하게 되었을지도 모른다.' 기번의 《로마 제국 쇠망사》 제25장.

게 될 만큼 자란 것은 무엇보다 이 이베리아인의 활동력 덕분이다.

이베리아의 그리스도교의 활동력이 무어인(아프리카 북서부의 모로코 지방에 살았던 이슬람교도)이 가한 압력의 자극에 의해 환기된 것은, 무어인의 압력이 가해지자마자 이 활동력이 다 없어진 사실에 의해 입증된다. 17세기에 포르투갈인과 카스티야인은 그들이 만든 신세계로부터의 침입자―네덜란드인과 영국인 및 프랑스인―에게 밀려났으나, 이 해외식민지에서의 패배는 연대적으로 이베리아 반도에 남아 있던 '모리스코스'(스페인어 및 포르투갈로 '무어인'이라는 뜻)가 대량 학살이나 추방 또는 강제 개종에 의해 근절되었기 때문에 본국에 있어서의 이 역사적인 자극이 제거된 시기와 일치한다.

따라서 이베리아 변경지역의 무어인에 대한 관계는 다뉴브의 합스부르크 왕국의 오스만리에 대한 관계와 유사하다고 본다. 모두가―스페인도, 포르투갈도, 오스트리아도―압력이 강대한 동안은 활발했으나 압력이 약해지자마자 쇠퇴하기 시작해, 같은 서구 세계의 경쟁세력 사이에서 장악해 왔던 지도권을 잃었던 것이다.

5. 제재의 자극

절름발이 대장장이와 장님 시인

생명체의 어떤 특정한 기관 또는 기능이 활동력을 잃어 같은 종류에 속하는 다른 생명체에 비해 불리한 상태에 빠지게 되면 이 도전에 대해 다른 기관 또는 기능을 특별히 많이 사용하게 되므로, 결국 이 제2의 활동 분야에서 동료를 능가하게 되어 제1의 활동 분야의 약점을 메워주는 경향이 생기게 된다. 예를 들어 장님은 눈뜬 사람이 보통으로 가지고 있는 촉각보다도 그 촉각을 섬세하게 발달시키는 경향이 있다.

이것과 거의 비슷한 현상을 사회체제에서도 찾아볼 수 있다. 우연에 의해서건 자기의 행위에 의해서건 혹은 또 그것이 생활하고 있는 사회의 다른 성원의 행위에 의해서건, 어쨌든 사회적으로 제재를 받고 있는 집단이라든가 계급은 어떤 종류의 활동 분야에서 불리한 조건에 놓이거나 또는 그 분야에서 완전히 축출당하는 그런 도전에 대해 그 활동력을 다른 분야에 집중시켜 다른 것을 능가하는 형식으로 응전하는 수가 많다.

가장 간단한 경우부터 예로 드는 것이 편리할 것 같다. 어떤 신체적 결함 때문에 자신이 소속하고 있는 사회의 일반적인 직업에 종사할 수 없는 사람의 경우를 생각해 보기로 하자. 예를 들어, 장님이나 절름발이는 여느 남자라면 일단 유사시에 출정하게 되어 있는 야만인 사회에서 얼마나 곤란한 입장에 서게 되는가를 생각해 보자. 절름발이 야만인은 어떤 반응을 보일 것인가? 다리가 말을 듣지 않으니 전쟁터에 나갈 수는 없지만 동족들이 사용할 무기나 그들이 입을 갑옷을 만들 수 있다. 그래서 그는 손재주가 늘게 되므로, 그가 동족을 의지하듯이 그의 동족도 또한 그에게 의지하는 것이다. 그는 신화에 나오는 절름발이 헤파이스토스(불카누스)나 월랜드(영국의 설화 속에 나오는 눈에 보이지 않는 이상한 대장장이)가 현실 생활에 나타난 것과 같은 존재이다. 그렇다면 장님인 야만인은 어떤 반응을 보일 것인가? 그의 입장은 한층 더 불리하여, 손을 움직여서 무엇을 만들 수도 없다. 그래도 그는 손을 움직여 하프를 켜며 노래 부르고, 또 두뇌를 써서 자기가 행할 수 없는 일들을 시로 읊을 수가 있다. 거친 군인이 전쟁터에서의 이야기를 그에게 들려줌으로써 간접적으로 알게 되는 것이다. 그는 야만족의 용사가 원하는 불멸의 명성을 후세에 전달하는 수단이 된다.

용감하고 강한 영웅들이
아트레이데스가 태어나기 이전에 싸워 죽었다.
호메로스는 없었고, 그의 공로를 기리는 성가(聖歌)도 없었다.
이름도 없이, 슬퍼해 주는 사람도 없이,
알아주는 사람도 없이 그들은 죽어갔다.
끝없는 밤하늘의 구름에 둘러싸인 채.
그들의 이름을

영광으로 빛내줄 시인도 없었다.[18]

노예

우연에 의해서가 아니라 인간의 손에 의해 가해지는 제재 중에서 가장 뚜렷하고 가장 보편적인, 그리고 또 가장 엄격한 것은 노예가 되는 일이었다. 예를 들어, 한니발 전쟁이 끝나고 아우구스투스의 평화가 확립될 때까지의 저 공포의 2세기 동안 지중해 주위의 모든 나라에서 이탈리아로 데리고 온 헤아릴 수 없을 정도의 노예의 이민 기록을 보면 알 것이다. 이들 노예이민이 그 새로운 생활을 시작했을 무렵에 겪어야 했던 불리한 조건은 상상하기조차도 어려운 것이었다. 그들 중에는 헬라스 문명의 문화적 유산을 계승한 자도 있었는데, 그들은 그들의 도시가 약탈당하고 그들 자신과 동족이 노예시장으로 끌려갈 때 그들의 정신적·물질적 세계 전체가 주위에서 무너지고 있는 광경을 목격했던 것이다. 다른 자들은 동양의 헬라스 사회의 '내적 프롤레타리아트' 출신으로 앞서 이미 그 사회적 세습재산을 잃었지만, 노예생활이 주는 견디기 어려운 고통을 느끼는 능력까지 잃은 것은 아니었다.

고대 그리스 격언에 "노예가 되는 날 인간성의 절반은 박탈당한다"(《오디세이아》 제17권 속에서 소지기 에우마이오스가 한 말)는 말이 있는데, 이 격언이 그대로 노예의 후손인 로마의 도시 프롤레타리아트들의 부패에서 무서운 형태로 실현되었다. 그들은 빵만으로 살아가는 것이 아니라 '빵과 구경거리(유베날리스의 풍자시에서)'로 소일했고, 이것이 기원전 2세기부터 기원후 6세기까지 마음껏 사치를 누린 생활에 파탄을 가져왔으며, 그들이 지구상에서 모습을 감추게 되는 날까지 계속되었던 것이다. 이 장기간에 걸친 죽음과 같은 생활은 노예화의 도전에 응전하지 않은 벌인데, 헬라스 사회 역사상 최악의 시대에 '집단적으로' 노예가 되었던 이들 온갖 잡다한 출신과 내력을 가진 인간의 대다수가 이상과 같은 멸망으로의 넓은 길을 걸어갔으리라는 것은 의심할 여지가 없다. 그러나 그들 중에는 도전

---

18 호메로스의 《오디세이아》 중에서.

에 대항하여 무슨 방법으로든 '교묘하게 뚫고 나가' 성공한 사람들이 있었다.

어떤 자는 하인의 신분으로 차차 입신하여 큰 소유지의 관리 책임자가 되었다. 카이사르의 소유지는 헬라스 사회가 세계국가로 발전한 뒤에도 여전히 카이사르의 해방노예에 의해 관리되고 있었던 것이다. 어떤 자는 주인으로부터 소규모의 밑천을 빌려가지고 장사해 모은 돈으로 자유를 되찾아 마침내 로마의 실업계에서 부와 명성을 떨치는 신분으로 상승했다. 또 어떤 자는 내세에서 철인왕(哲人王) 또는 교회의 사제가 되기 위해 현세에서는 그대로 노예로서 지냈다. 그리고 나르시스와 같이 자기도취에 빠져 부당한 권세를 누리는 관리나, 트리말케오(페트로니우스의 풍자소설 속의 한 부분인 〈트리말케오의 향연〉 속에 나오는 인물로, 로마인의 방탕함을 풍자적으로 그리고 있다)처럼 영화를 누리며 화려한 생활을 즐기는 젊은 부자를 거리낌없이 경멸한 정통적인 로마 사람들도 절름발이 노예 에픽테토스(스토아파 철학자인데, 해방 자유민으로 많은 로마인들에게 철학을 가르쳤다)의 조용하고도 맑은 지혜를 진심으로 존경했다. 또한 이름도 없는 수많은 노예나 해방노예의, 산이라도 움직일 듯한 열렬한 신앙에는 경탄하지 않을 수 없었다.

한니발 전쟁으로부터 콘스탄티누스 대제의 개종까지의 5세기 동안 로마의 위정자들은 힘으로 제거하려고 했는데도 불구하고 그들의 목전에서 이 노예의 신앙이 기적을 행하고 또한 되풀이되는 것을 보았다. 그리고 마침내 그들 자신도 거기에 굴복하고 말았다. 왜냐하면 노예이민들은 집을 잃고 가족을 잃고 재산을 잃었지만 그래도 계속해서 신앙심을 가졌기 때문이다. 그리스 사람들은 바카날리아(술의 신 바코스의 축제)를, 아나톨리아 사람들은 퀴벨레(이른바 에베소 사람의 디아나. 본디 오랜 옛날에 멸망한 히타이트 사회의 여신)를 숭배했고, 바빌로니아 사람들은 별을 숭배했으며, 이란 사람들은 미트라를 숭배했고, 시리아 사람들은 그리스도교를 신봉했다. '시리아의 오론테스 강은 티베 강으로 흘러갔다'고 유베날리스(로마의 풍자시인)가 기원 2세기에 썼는데, 이 두 강의 합류는 노예가 주인에게 예속되는 데도 한계가 있다는 점을 뚜렷이 나타내는 하나의 문제를 제기했다.

그 문제란 무엇인가? 옮겨진 내적 프롤레타리아트의 종교가 헬라스 사회의 지배적 소수자의 고유한 종교를 압도하느냐 못하느냐에 관한 문제이다. 두 강이 합류한 이상 섞이지 않을 수 없고, 일단 섞인 다음에는 자연적인 흐름을 기술이나 힘으로 방해하지 않는 한 어느 한쪽이 우세하리라는 것은 거의 의심할 여지가 없었다. 왜냐하면 헬라스 세계의 수호신들은 이미 지난날 그 숭배자들에게 군림하고 있던 밀접하고도 생명력을 주는 영적인 교류가 이루어지지 않고 있는 반면에 프롤레타리아트의 신들은 그 숭배자의 '피난처요 힘이시니 환난 중에 만날 큰 도움'(《시편》 46편 1절)임을 실증했기 때문이다. 이와 같은 예상을 앞에 놓고 로마의 위정자들은 5세기 동안 두 가지 의견 중 어느 것을 택해야 할지 망설였다. 외래의 종교를 공격할 것인가, 아니면 그것을 받아들여 신자가 될 것인가? 새로운 신들은 모두 로마 지배계급의 어느 일부 사람의 마음을 끌었다. ―미트라는 군인에게, 이시스는 여자들에게, 바카날리아는 그리스 심취자들에게, 퀴벨레는 물신(物神) 숭배자들에게 각각 매력을 주었다.

기원전 205년 한니발 전쟁의 위기에 놓였을 때, 로마 원로원은 그리스도교를 받아들인 콘스탄티누스 대제보다 5세기나 앞서 하늘에서 내려온 퀴벨레의 신성(神性)을 간직한 마법의 돌(石)을 아나톨리아의 페시누스(갈라티아의 도시로, 퀴벨레의 본사가 있었다)로부터 로마를 수호하는 부적으로서 운반하여 공식적인 예절을 갖추어 맞이했다. 그런데 20년 뒤에, 이번에는 그리스도교를 박해한 디오클레티아누스(로마 황제)보다 앞서 그리스의 전통적인 바코스 제전을 금지시켰다. 이 오랜 기간에 걸쳐 계속된 종교 분쟁은 노예 이주자와 주인인 로마 사람들 간의 세속적 분쟁과 일체를 이루고 있었다. 그리고 이 이중의 분쟁에서는 결국 노예 및 노예의 신들이 승리를 거두었던 것이다.

제재의 자극은 또한 힌두 사회의 카스트 제도 속에서 전형적인 예를 볼 수 있듯이 인종적 차별대우가 그것을 입증하고 있다. 여기서 우리는 인종 또는 카스트가 어떤 종류의 직업으로부터 축출되어 다른 직업에서 성공하는 것을 볼 수 있다. 그러나 근세 북아메리카의 니그로 노예 이주자들은 인종적 차별대우와 법률상의 예속이라는 이중적 제재를 받았다. 그리고 이 두 가지의 불리한 점 중 후자가 제거된 지 80년이 지난 오늘날에 있어서도 아직 전자의 불리한 점이 이들 해방된 니그로를 무겁게 짓누르고 있는 것이다. 유럽과 아메리카의 노예상인과 노예 소유자들이 니그로에게 가한 온갖 잔혹한 소행에 대해 여기서 새삼스럽게 진술할 필요는 없을 것이다.

우리가 주목해야 할 것은 — 헬라스 사회가 그와 비슷한 일을 했다는 것을 안 뒤로는 그리 놀랄 것도 없지만 — 아메리카의 니그로가 이 세상에서는 아무래도 이와 같은 운명은 영원히, 그리고 압도적으로 자기들에게 불리하다는 것을 알고 내세에서 위안을 찾은 일이다. 니그로는 서구인의 거대한 도전에 대해 과거로 돌이켜 생각할 수 있다면, 결국 고대의 동양인들이 그들의 주인인 로마인으로부터 받은 도전에 응전했던 것과 맞먹을 만한 종교적 응전을 하고 있는 것으로 보인다. 사실 니그로는 아프리카로부터 아메리카인들의 마음을 사로잡을 만한 선조 전래의 고유 종교를 가지고 오지는 못했다.

그들이 이어받은 원시적인 사회적 유산은 지극히 취약한 것이어서, 서구 문명과 맞부딪치자마자 두세 개의 단편을 제외하고는 완전히 산산조각나고 말았다. 이와 같이 그들이 아메리카로 건너왔을 때는 신체적으로는 물론 정신적으로도 벌거숭이여서 우선 급한 대로 그들을 노예로 만든 백인들이 벗어던진 옷으로 몸을 감싸지 않을 수 없었다. 니그로는 그리스도교 속에서 서구 그리스도교 사회가 오랜 옛날에 잊어버렸던 어떤 본래의 뜻과 가치를 재발견함으로써 새로운 사회적 환경에 적응한 것이다.

그들은 단순하고도 민감한 마음으로 복음서를 받아들였고, 예수가 권력 있는 자의 지위를 굳건히 하기 위해서가 아니라 비천하고도 순종적인 자들을 높여주기 위해 이 세상에 나타난 예언자라는 것을 발견했다. 지난날 그리스도교를 로마 시대의 이탈리아에 끌고 간 시리아의 노예 이주자들이 이미 생명력을 잃은 낡은 종교 대신 살아 있는 새 종교를 확립하는 기적을 이룩했던 것처럼, 아메리카에서 그리스도교를 발견한 니그로 노예 이주자들은 죽은 자를 부활시키는 한층 더 위대한 기적을 성취시킬지도 모른다. 어린아이 같은 정신적 직관력과 정서적인 종교적 경험에다 자연적으로 흘러나오는 예술적 표현을 첨가시키는 천재적 능력을 가진 그들은, 아마 우리에게서 얻은 그리스도교의 이미 식어 버린 흰 재에다 불을 지름으로써 또다시 그들의 마음속에 신성한 불길을 일으킬 수 있을 것이다.

만일 그리스도교가 또다시 빈사상태에 빠진 문명의 산 종교가 될 수 있다면 그 것은 아마 위와 같은 모양으로 이룩되는 것이리라. 만일 이러한 기적이 정말로 아 메리카의 니그로 교회에 의해 성취될 것이라고 가정한다면, 그것은 사회적 제재 의 도전에 대해 이제까지 인간이 행한 것 중 가장 강력한 응전이라고 할 수 있을 것이다.

파나리오트 · 카잔리 및 레반트

종교 이외의 점에서는, 모든 것이 균등한 사회의 내부에 있어서 단일한 종교적 소수자가 겪은 사회적 제재에 대해서는 너무나 잘 알려져 있기 때문에 거의 예증 할 필요가 없을 정도이다. 17세기 영국의 청교도들이 이런 종류의 도전에 대해 행한 강력한 응전, 즉 본국에 머무른 자들이 어떻게 해서 처음에는 하원을 장악하 고 나중에는 크롬웰의 철기병(鐵騎兵)을 장악하여 영국의 정치조직을 전복시킴 으로써 의회정치를 궁극적으로 성공시켰으며, 바다를 건너간 자들이 어떻게 해서 아메리카 합중국의 기초를 구축했는지 모르는 사람은 없을 것이다. 그것보다도 흥미로운 것은 잘 알려져 있지 않은 사실, 즉 특권이 주어진 교파와 박해당하는 교파가 지배적 소수자의 불가항력적인 강제력에 의해 동일한 정치조직에 포섭되 어 있으면서도 본래는 다른 문명에 예속되어 있던 경우인데, 여기서 그 예를 들어 보기로 한다.

오스만 제국은 정교 그리스도교 세계의 세계국가였는데, 이것은 다른 신앙과 문화를 지닌 침입자가 만들어준 것이었다. 정교 그리스도교 사회는 세계국가를 이루어야 할 필요에 쫓기면서도 스스로의 힘으로 그것을 건설할 수 없었다. 그래 서 정교 그리스도교도들은 그 사회적 무능력에 대한 보상으로서 타인의 지배를 달게 받지 않을 수 없었다. 정교 그리스도교 세계에 '오스만의 평화'를 확립하여 그것을 유지해 온 이슬람교 정복자들은, 종교적 차별대우라는 형태로 그들이 그 리스도교도인 피지배자들에게 부여하고 있는 정치적 봉사의 대가를 요구했다. 그 리고 여기서도 역시 다른 경우와 마찬가지로 박해당하는 교파에 속하는 사람들은 그 활동이 강제적으로 한 가지 직업에만 한정되어 있었기 때문에 그것을 숙달의 경지로 이끌어 이 도전에 대항했던 것이다.

구(舊) 오스만 제국에서는 오스만 아닌 자는 정치가나 군인이 되는 것이 허용되지 않았고, 또 제국의 광대한 모든 지역의 소유권과 경작권은 피지배자인 그리스도교도로부터 지배자인 이슬람교도의 손으로 넘어갔다. 이같은 사정 밑에서 정교 그리스도교 사회의 여러 민족은 서로가 별로 타협한 것도 아니고 또한 의식적으로 계획한 것이 아닌데도 불구하고 효과적인 상호이해에 도달했다. 그들은 이미 밥먹듯이 하던 내란도 일으키지 않았고, 직업 선택의 자유가 없었기 때문에 묵묵히 천한 직업을 나누어 가지며 혹은 장사꾼이 되고 혹은 직공이 되어 '정복자' 메메드(오스만 제국의 제7대 술탄)에 의해 계획적으로 모조리 쫓겨났던 제국의 수도의 성벽으로 들어가 또다시 설 자리를 획득했던 것이다. 루멜리아의 고지로부터 온 브라크 사람은 식료품상으로서 도회지에 정착했다. 에게 제도의 그리스어를 쓰는 그리스 사람과, 바다와 차단된 지역인 아나톨리아 카라만의 터키어를 쓰는 그리스 사람은 조금 더 큰 규모의 장사를 시작했다. 알바니아 사람은 석공이 되었고, 몬테네그로 사람은 현관지기나 문지기가 되었으며, 시골뜨기 불가리아 사람들조차도 마부나 채소장수로서 교외에 살며 생계를 이어갔다.

또다시 콘스탄티노플에서 살게 된 정교 그리스도교도 속에 파나리오트라고 불리는 그리스 사람의 집단이 있었다. 그들은 제재의 도전에 자극을 받아 결국 제국의 행정과 관리면에 있어서 오스만 왕조 자체를 위한 실질적인 협력자가 되어 가능한 한도내의 오스만의 대리자가 되었다. 이 야심적인 그리스인 가족 일단의 명칭의 기원이 된 파나르(근대 그리스어의 '등대'라는 뜻)라는 것은 오스만 정부가 수도에 사는 정교 그리스도교도에게 일종의 게토(유대인 거주 지구)로서 던져준 스탐불의 서북부 한구석이었다.

이곳에 성(聖) 소피아 교회가 모스크(이슬람 사원)로 바뀐 뒤 총주교(정교 그리스도 교회 최고의 직책. 콘스탄티노플의 사교를 그렇게 부른다)가 옮겨왔다. 이와 같이 얼핏 보아 장래성이 없는 퇴각을 했는데도 불구하고 총주교청은 상업으로 성공을 거둔 그리스 사람의 정교 그리스도교도의 집결점이 되었고 또한 그 수단이 되었다. 이들 파나리오트는 두 가지 특수한 재능을 발달시켰는데, 하나는 대규모의 상인으로서 서구 세계와 통상관계를 맺은 점이고, 다른 하나는 서구 사회의 풍속과 습관 및 언어에 관한 지식을 획득한 점이다. 구오스만 제국의 제도에는 총주교가 오스만 정부와 여러 지방의 여러 가지 언어를 쓰는 모든 정교 그리스도교도 신민 사이에서 공적인 정치적 중재자로서 활동할 수 있도록 되어 있었기 때문이다.

이 오스만 제국과 서구 세계 간에 일어난 장기간에 걸친 전쟁에서 오스만리가 1682년부터 다음해까지 행한 제2회 빈 포위공격에 실패하자 그 일과 때를 같이 하여 이 두 가지 재능이 파나리오트에게 행운을 가져다 주었던 것이다.

이상과 같은 군사적 정세의 변화와 함께 오스만 제국의 정무(政務)는 매우 복잡해지고 말았다. 1683년 실패하기 이전의 오스만리는 항상 실력을 행사하기만 하면 서구 여러 나라와의 관계는 해결된다는 기대를 가질 수 있었다. 그런데 군사적 세력의 쇠퇴는 그들을 새로운 두 가지 문제에 직면하게 했다. 그들은 이제부터 전쟁터에서 격파시킬 수 없었던 서구 여러 나라와 회의석상에서 협상하지 않으면 안 되었고, 또 한편 이미 억압할 자신이 없어진 그들의 그리스도교도 신민의 감정을 고려하지 않으면 안 되었다. 다시 말해서 이제는 노련한 외교관과 행정관리 없이는 일을 처리할 수 없게 되었는데, 오스만리 자신이 갖추지 못한 필요한 경험을 갖추고 있는 것은 그들의 피지배자 중 파나리오트뿐이었다. 따라서 오스만리는 부득이 전례를 무시하고 그들의 정치정세의 원칙을 변경하여 때마침 필요한 자격을 구비하고 있던 파나리오트로 하여금 높은 관직(외무장관, 해군장관 및 왈라키아·몰다비아 두 자치령의 주장관)을 독점할 수 있도록 했다. 이와 같이 하여 18세기 안에 파나리오트의 정치적 권력은 점차 증대해 갔으며, 서구 사회의 압력의 결과는 오스만 제국에게 몇 세기 동안이나 인종적·종교적 차별이라는 제재를 받아 온 사람들 사이에서 출현한 새 지배계급을 주게 되는 것이 아닌가 하는 생각이 들었다.

그런데 결국 파나리오트는 그들의 '명백한 운명'을 실현시키지 못했다. 왜냐하면 18세기의 끝무렵 한층 더 심해진 서구 사회의 압력 때문에 오스만 제국의 사회구조의 성질이 갑자기 변했기 때문이다. 오스만 제국의 피지배자 중에서 서구와 밀접한 관계를 가지게 된 최초의 민족이었던 그리스 사람들은 또한 민족주의라는 서구의 새로운 병독—그것은 프랑스 혁명의 격동의 여파라고도 할 수 있는 것이었다—에 감염된 최초의 민족이기도 했다. 프랑스 혁명의 발발로부터 그리스 독립 전쟁에 이르는 동안 그리스 사람들은 두 가지의 서로 용납할 수 없는 야망에 사로잡혀 있었다. 그들은 오스만리의 유산을 송두리째 물려받아 가지고 그대로 그리스 사람의 관리 밑에서 '성업 중인 상점'으로 유지시켜 보려는 파나리오트의 야심을 버리지 않았던 것이다. 그러나 그와 동시에 주권을 가진 독립적인 그들 자신의 민족국가—프랑스가 프랑스 사람들의 나라인 것처럼 그리스 사람의 나라인 그리스—를 세우려는 야심을 품었다. 이 두 가지 야심이 양립하기 어렵다는 사실은 1821년 그들이 이 두 가지 야망을 동시에 실현시키려 했을 때 여지없이 증명되었다.

파나리오트인 히프실랜티공(公)이 오스만 제국의 지배자가 되기 위해 그의 러시아 근거지에서 프루트 강을 넘어왔을 때, 그리고 마니오트의 우두머리인 페드로베이 마부로미헬리스가 독립적인 그리스를 세우기 위해 모레아(펠로폰네소스 반도의 중세 이후의 명칭)의 산채에서 내려왔을 때 결과는 처음부터 뻔한 것이었다. 무력에 대한 호소가 이들의 야망을 파멸로 이끌었다. 오스만리는 1세기 이상이나 길러온 개에게 손을 물린 셈인데, 이 배반에 격노한 오스만리는 배반자를 철저히 분쇄하여 어떤 희생을 치르더라도 이제부터는 타인에게 의존하지 않고 자력으로 해나가겠다는 결의를 굳혔다.

오스만리는 1683년 이후 파나리오트가 평화적인 수단으로 자신들을 위해 세운 권력조직을 단 일격에 파괴함으로써 히프실랜티공의 반란에 보복했다. 그리고 이것이 구오스만 제국의 잔존 부분에서 일체의 비터키인적인 요소를 근절시키는 과정—1922년에 정교 그리스도교 소수민족이 아나톨리아에서 추방당한 것을 절정으로 하는 과정—의 첫 단계였다. 즉 그리스 민족주의의 최초의 폭발은 터키 민족주의의 최초의 불꽃으로 점화되었던 것이다.

이와 같이 하여 결국 파나리오트는 그들이 의당 점령할 줄 알았던 합명회사 오스만 제국의 '사장' 자리를 획득하기 일보 직전에서 실패하고 말았던 것이다. 그러나 그들이 성공 일보 직전까지 다가갈 수 있었다는 사실은 제재라는 형태의 도전에 대해 활발하게 응전했다는 것을 입증한다. 실제로 파나리오트와 오스만리의 관계에 대한 역사는 '도전 대 응전'의 사회적 법칙을 가장 잘 증명한 예이다. 그리고 그렇게도 지대한 관심을 불러일으켰고, 또한 그렇게도 커다란 증오심을 불러일으켰던 그리스인과 터키인의 대조는 이 법칙에 의해 비로소 설명할 수 있는 것이며, 일반적인 토론에 있어서 어느 편을 드는 사람이건 인종이나 종교의 차이를 가지고 설명할 수는 없는 것이다.

터키 편이건 그리스 편이건 그리스인 그리스도교도와 터키인 이슬람교도의 기질의 역사적 차이를 어떤 떼어낼 수 없는 인종적 특질 혹은 어떤 지울 수 없는 종교적 표지의 탓으로 돌리는 점에서는 일치한다. 양자의 의견의 다른 점은, 이들 미지수의 탓으로 치고 있는 사회적 가치를 반대로 배정하고 있다는 것뿐이다. 그리스 편을 드는 사람은 그리스인의 피와 정교 그리스도교 자체에는 미덕이 있다고 가정한다. 그런데 터키 편을 드는 사람은 악덕과 미덕의 자리를 바꾸어 놓는 것이다. 사실상 이 두 가지 견해의 저변에 있는 공통적인 가정은 의심할 여지 없는 사실에 의해 부정된다.

예를 들어 인종에 관해 말한다면, 에르토롤이 말하듯이 근대 터키인의 혈관 속에는 터키인의 피가 극히 소량밖에 흐르고 있지 않은 것이 명백한 사실이다. 오스만 투르크인은 과거 6세기 동안 오스만리 안에서 생활해 온 정교 그리스도교도를 흡수하여 하나의 국민으로서 성장했던 것이다. 그리하여 오늘날에 이르러 양자는 인종적으로 거의 다를 바가 없다.

이상과 같은 사실에 의해 그리스인과 터키인을 대조해 보면 선험적인 인종적 설명을 배격할 수 있을 것이고, 또한 오스만 투르크인의 경우가 아니라 오스만리의 지배하에 있던 당시의 정교 그리스도교도의 경우와 비슷한 환경에서 오랫동안 생활해 온, 그리고 현재까지도 생활하고 있는 다른 터키계 이슬람교도를 살펴보아도 선험적인 종교적 설명을 배격할 수 있을 것이다. 볼가 강변에 카잔리라는 이름의 터키계 이슬람교 민족이 살고 있다. 이 민족은 몇 세기 동안 러시아 정교 그리스도교 정부의 지배에 복종해 왔고, 이 다른 민족의 정권 밑에서 오스만리가 정교 그리스도교도에 대해 행한 것과 거의 유사한 인종적·종교적 차별대우를 받아

왔다. 그렇다면 이 카잔리란 어떤 민족일까? 어떤 보고서에는 그들에 대해 이렇게 기술하고 있다.

'그들은 진지하고, 정직하고, 검소하고, 근면한 것이 특색이다. ……카잔 투르크인의 주업은 상공업이다. ……그들의 주요한 공업은 비누 제조와 방적과 직물이다. ……그들은 구둣방과 마부 일에도 뛰어나다. ……16세기 말까지 카잔에서 모스크는 금지되었으며, 타타르인(여기서는 남부 러시아 일대에 흩어져 있는 터키계 민족을 가리킨다)은 격리된 지역에서만 살게 되어 있었는데, 이슬람교도가 차차 세력을 얻게 되었다.'[19]

이 차르 시대에 러시아인들로부터 제재를 받은 터키인의 묘사는 거의 그대로 오스만 제국의 전성시대에 터키인들로부터 제재를 받은 정교 그리스도교도의 묘사라고 해도 좋을 것이다. 종교적 이유 때문에 제재를 받았다는 공통된 경험이 이 두 사회가 발전하게 된 지배적 요인이었다. 그리고 수세기 동안에 걸쳐 이 동일한 경험에 대해 똑같은 반응을 일으키고 있는 사이 양자간에는 자연히 '가족적 유사점'이 생겨났고, 그 때문에 정교 그리스도교와 이슬람교에 의해 본래는 뚜렷했던 서로의 특징이 완전히 지워지고 말았다.

이 '가족적 유사점'은, 그 신앙 때문에 박해를 받았고 그에 대해 똑같이 응전해 온 다른 몇 개 교파의 신봉자들에게서도 찾아볼 수 있다. 예를 들어, 구오스만 제국 안에 살고 있던 로마 가톨릭교 신봉자 '레반트인'이 바로 그렇다. 레반트인도 파나리오트와 마찬가지로 그들의 종교를 버리고 그 지배자의 종교를 받아들이면 박해를 모면할 수 있었다. 그러나 그 길을 택한 사람은 거의 없었으며, 반대로 그들은 파나리오트와 마찬가지로 그들에게 강요되는 부당한 제한 밑에서 간신히 잡을 수 있는 최소한의 기회를 이용하려고 했다. 그리고 그들은 그런 입장에 놓인 모든 사회집단의 특징이라고도 할 수 있는 강인한 성격과 비굴한 태도의 기묘하고도 별로 매력 없는 결합현상을 보였다. 이 점은 레반트인이 신체적으로 서구 그리스도교 세계 안에서도 가장 호전적이고, 거만하고, 의기양양한 민족—중세의

19 《우랄알타이어족 및 범(汎) 우랄알타이어족 연감》 pp. 181~4.

베네치아인이나 제노바인, 또는 근대의 프랑스인이나 네덜란드인, 영국인—의 한 자손이라 해도 별로 다를 바가 없었다. 오스만의 게토의 숨막힐 듯한 분위기 속에서 그들은 종교적 차별대우라는 도전에 대해 역시 똑같은 박해를 받고 있는 다른 집단처럼 응전하든지 아니면 굴복하든지 그 어느 쪽인가를 택해야만 했다.

오스만리는 자기들이 지배하던 초기의 수세기 동안은 서구 그리스도교 세계의 여러 민족—이른바 '프랑크인'—을 그 대표자인 레반트인을 통해서 알고 있을 뿐이었으므로 서유럽의 주민들은 모두 이와 같이 '법을 지키지 않는 시시한 종족'이라고 생각했다. 그러나 차차 경험을 쌓아감에 따라 오스만리는 이런 견해를 바꾸어 '담수(淡水) 프랑크인'과 '해수(海水) 프랑크인'을 뚜렷이 구별하게 되었다. '담수 프랑크인'이란 터키의 레반트인의 분위기 속에서 태어나 자랐고, 또한 레반트인적인 성격을 발달시킴으로써 응전한 무리를 말하며, '해수 프랑크인'이란 본국의 '프랑크랜드(서유럽)'에서 태어나고 자라 이미 성격이 형성된 성인으로서 터키에 들어온 무리를 말한다. 터키인들은 바다를 건너온 프랑크인들과 교섭하게 되었을 때, 예전부터 자신들 속에서 살아온 '담수 프랑크인'과 자신들 사이에 가로놓여 있는 것과 같은 심리적인 커다란 간격이 이들과의 사이에는 없다는 것을 알고 당황했다. 지리적으로 그들의 이웃 나라에서 온 프랑크인은 그들과 같은 감정을 지닌 인간이라는 것을 알았던 것이다.

그러나 그 이유는 사실 지극히 간단했다. 터키인과 '해수 프랑크인'이 서로 이해할 수 있었던 것은, 각각의 사회적 배경 사이에는 지극히 넓은 뜻에서 유사점이 있었기 때문이다. 양쪽 모두 내 집의 주인으로서 행동할 수 있는 환경 속에서 자랐던 것이다. 이와는 반대로 양자가 모두 '담수 프랑크인'을 이해하거나 존경하기 힘들다고 느낀 것은 '담수 프랑크인'이 양자와는 전혀 다른 사회적 배경을 가지고 있었기 때문이다. 그들은 자기 집에 사는 아이들이 아니고 게토에 사는 아이들이었다. 따라서 학대받으며 살아온 생활이 그들 속에 '프랑크랜드'에서 자라난 프랑크인들과 터키에서 자라난 터키인들에게서는 찾아볼 수 없는 일종의 독특한 기질을 발달시켰던 것이다.

유대인

이상으로 우리는 우선 매우 간단하게 몇 가지 잘 알려져 있는 예 가운데 영국 청교도의 예를 들어 제재를 받는 쪽이 가해자와 같은 사회에 소속되어 있을 경우의 종교적 차별대우의 결과에 대해 진술했고, 이어서 조금 자세하게 오스만 제국의 역사에서 몇 가지 예를 들어 종교적 차별을 받은 피해자가 가해자와는 다른 문명에 소속되어 있을 경우를 진술했다. 아직 진술하지 않은 것은 종교적 차별의 피해자가 화석문명으로서 겨우 살아남아 있긴 하나 이미 절멸해 버린 사회의 경우이다. 앞에서 이와 같은 화석문명에 관한 일람표를 제시한 바 있는데, 그 모두가 이런 종류의 제재의 결과를 나타내는 예증을 제공할 수 있다.

그러나 뭐니뭐니해도 가장 뚜렷한 예는 시리아 사회의 화석적 유물의 하나인 유대인이다. 아직도 막이 내리지 않은 이 길고도 긴 비극을 고찰하기에 앞서 시리아 사회의 또 하나의 유물인 페르시아 사람이 힌두 사회의 내부에서 유대인이 다른 사회에서 한 것과 똑같은 역할, 즉 상인 및 고리대금업자로서 거의 같은 정도로 숙달의 경지에 도달했었다는 것을 지적해 두기로 한다. 그리고 또 하나의 시리아 사회의 유물인 아르메니아의 그레고리오파 그리스도교 단성론자도 이슬람 세계에서 거의 같은 역할을 했다.

박해를 받고 있는 유대인 특유의 성질은 잘 알려져 있는 바이다. 여기서 찾아보고자 하는 것은, 이러한 성질은 과연 일반적으로 생각하듯이 하나의 인종 또는 교파로 보는 경우의 유대인의 '유대적 성격'에 의한 것인가, 아니면 단순히 박해의 영향 때문에 생긴 것에 지나지 않는가 하는 점이다. 이미 앞에서 알아본 다른 예로 미루어보아 우리는 처음부터 후자의 견해를 취하고 싶지만, 어디까지나 공정하게 역사적 사실에 접해 보기로 하자. 역사적 사실은 두 가지 방법으로 검토해 볼 수 있다. 그 한 가지는 종교적 이유에서 혹독한 제재를 받을 때 유대인들이 나타내는 기질과, 그 제재가 완화되거나 또는 완전히 면제된 뒤에 나타내는 기질을 비교해 보는 것이다. 또 한 가지는 현재 제재를 받고 있든가 아니면 받은 경험이 있는 유대인의 기질과, 이제까지 한 번도 제재의 자극을 받은 적이 없는 다른 유대인 사회의 기질을 비교해 보는 것이다.

오늘날 일반적으로 유대적이라고 불리고, 또 '이방인'으로부터 항상, 그리고 어디서나 분명한 유대인 기질이라고 인정받을 만한 특성을 가장 뚜렷이 나타내는 유대인은 동유럽의 아슈케나지 유대인(독일, 폴란드, 러시아 등에 있는 유대인으로, 세파르디 유대인과는 대조적이다. 〈창세기〉 10장 3절 참조)이다. 이들 유대인은 루마니아 및 루마니아에 인접한, 한때는 러시아 제국의 이른바 '유대인 지역'에 포함되어 있던 여러 지역에서 그들이 우연히 거기서 함께 살게 된 후진 그리스도교 국민에 의해 법적으로 강요당한 것은 아니지만 사실상 게토 안에 갇혀 있었던 것이다. 대영제국, 프랑스 및 미국 안의 해방된 유대인들에게서는 유대인 기질이 그다지 두드러지게 나타나지 않고 있다. 그리고 이런 여러 나라에서 유대인들이 법적으로 해방된 지는 얼마 되지 않았을 뿐만 아니라 비교적 진보된 서구의 여러 나라에서조차도 실질적인 해방이 완전히 실현되려면 아직 요원한 이야기라는 사실을 생각할 때, 우리는 이미 여기에 명백하게 나타나 있는 기질 변화의 의의를 결코 경시해서는 안 된다. 그리고 같은 서구의 해방된 유대인들 속에는 '유대인 지역'에서 온 아슈케나지 계통의 유대인 쪽이 본디 이슬람 세계에서 온 소수의 세파르딤(스페인이나 포르투갈에 사는 유대인. 〈오바댜서〉 20장 참조)보다 한층 더 '유대인 기질'이 뚜렷한 것 같은데, 이러한 현상은 이 두 유대인 사회의 역사의 차이에서 오는 것이라고 설명할 수 있다.

아슈케나짐(아슈케나지 유대인)은 로마인에 의해 이룩된 유럽 개발에 편승하여 알프스 너머의 반(半)야만적인 여러 지방에서 소매상으로 활약하여 이윤을 얻은 유대인의 자손이다. 로마 제국의 개종과 붕괴 이후, 이들 아슈케나짐은 그리스도 교회의 광신적 태도와 야만족의 원한 때문에 이중의 피해를 입어야만 했다. 야만족들은 자기 나라에 주재하고 있는 외국인이 전혀 별개의 생활을 하면서 자기들로서는 도저히 발휘할 수 없는 수완으로 사업을 하여 돈을 벌고 있는 것을 그냥 내버려둘 수가 없었다. 이런 감정에 힘입어 서구 그리스도교도들은 유대인이 그들에게 필요한 동안은 활용을 했지만, 그들 없이도 해나갈 만한 자신이 붙자 곧 추방하고 말았다. 그래서 서구 그리스도교 세계가 융성하고 확장되자 아슈케나짐은 차차 동쪽으로, 고대 로마 제국의 변방지역이었던 라인란트에서 근대 서구 그리스도교 세계의 변방지역이었던 '유대인 지역' 으로 흘러들어갔다.

차차 확대되어 가는 서구 그리스도교 세계의 내부에서 서구 여러 나라 국민이 잇달아 일정한 경제 수준에 도달하고 있을 때 유대인은 한 나라에서 또 다른 나라로 줄지어 추방당했다. ─예를 들어, 영국에서는 에드워드 1세 때 유대인을 추방했다. 그러나 차차 확대되어 가는 대륙측의 변두리에서는 반대로 내부로부터 추방되어 오는 이들 유대인을 서구화 초기단계에 필요한 상업적 개척자로서 앞을 다투어 맞이했을 뿐 아니라 때로는 일부러 초청하기까지 했다. 단, 그들은 박해를 받았으며, 그들의 일시적인 피난처였던 이 지역의 경제생활에 필요없는 존재가 되자 곧 다시 추방당하고 말았다.

아슈케나지 유대인의 이 서쪽에서 동쪽으로의 긴 이동은 '유대인 지역' 에 도달함으로써 그치게 되지만, 동시에 그들의 고난은 절정에 달하는 것이다. 왜냐하면 이 지역은 서구 사회와 러시아 정교 그리스도교 사회가 마주치는 곳으로서, 유대인은 두 세력 사이에 끼여 심한 박해를 받았기 때문이다. 여기서 더욱 동쪽으로 이동하려 해도 '신성 러시아' 가 앞길을 가로막고 있었다. 그런데 아슈케나짐으로서는 천만다행으로, 이 무렵 중세기에 앞장서서 유대인을 추방했던 서구의 일류국은 이미 유대인의 경제적 경쟁에 몸을 내맡기는 것을 두려워할 필요가 없을 정도로 경제력이 성장해 있었다. ─예를 들어, 공화정치 시대의 영국이 그러했다. 이 시대에 유대인은 크롬웰에 의해 영국에 다시 입국할 수 있었다. 동방을 향한 표류가 '신성 러시아' 의 서부 국경에 부딪혀 꼼짝 못하고 있을 때 마침 서구에서 일어난 유대인 해방에 의해 '유대인 지역' 의 아슈케나짐에게 서쪽으로 향하는 출구가 열린 것이다. 과거 1세기 동안 아슈케나짐의 이동의 방향은 바뀌어 동에서 서로, '유대인 지역' 에서 영국으로, 나아가서는 미국으로 향했던 것이다. 이와 같은 내력을 가진 이상, 이 역이동(逆移動)의 결과 서구 사회에 남게 된 아슈케나짐이 대대로 살기 좋은 장소를 거쳐온, 그들과 같은 종교를 신봉하는 세파르딤에 비해 유대인 기질을 한층 더 뚜렷이 발휘한다고 해서 놀랄 것은 없다.

스페인과 포르투갈에서 이주해 온 세파르디 유대인에게서 그다지 뚜렷한 '유대인 기질' 을 찾아볼 수 없다는 사실은 이슬람 세계에서의 세파르딤의 내력을 보면 이해가 갈 것이다. 페르시아와 로마 제국의 아랍인 손에 돌아간 속령(屬領)에 있던 유대인 디아스포라(이산 유대인)의 대표자는 비교적 행복한 입장에 놓여 있었다. 압바스 왕조의 칼리프 제도 밑에 있던 그들의 지위는 분명히 오늘날 해방된 서구 여러 나라 유대인의 지위와 비교할 때 그리 불리한 것은 아니었다. 세파르딤의 역사적 재앙은 15세기 끝무렵에 종결을 고한 이베리아 반도의 무어인으로부터 서구 그리스도교도에게 점진적으로 이양되어 온 것이었다. 그들은 그들을 정복한 그리스도교도로부터 전멸 · 추방 · 개종의 세 가지 중 하나를 택하도록 강요당했다.

우리는 뒤의 두 가지 중 하나를 택함으로써 죽음을 모면한, 따라서 그 자손이 오늘날까지도 살고 있는 이베리아 반도의 세파르딤의 그후의 상태를 고찰해 보기로 한다. 국외 망명의 길을 택한 유대인은 가톨릭국인 스페인과 포르투갈의 적국, 즉 네덜란드나 터키나 토스카나에 몸을 담았다. 터키에 있던 무리들은 그들을 보호해 준 오스만리의 권고에 따라 이전의 그리스인의 도시 중산계급의 추방 또는 멸망에 의해 비어 있던 자리를 채우기 위해 콘스탄티노플이나 살로니카나 루밀리(루멜리아) 등의 작은 상업도시에 정착했다. 이와 같은 좋은 환경의 오스만 제국으로 피난한 세파르디 유대인들은 아슈케나짐적인 기질을 발달시킬 필요 없이 상업에 전념하여 성공을 거두었던 것이다.

'마라노스', 즉 4, 5세기 이전에 그리스도교를 따를 것을 동의한 이베리아 반도의 유대인은, 그들 특유의 유대인 기질이 거의 소멸될 정도로 약화되어 있었다. 오늘날의 스페인 및 포르투갈에 있는 이베리아인의 피 속에는, 특히 상류계급의 피 속에는 이들 유대인 개종자의 피가 다분히 섞여 있다고 해도 좋을 만한 충분한 근거가 있다. 그럼에도 불구하고 아무리 예민한 정신분석학자라 할지라도 살아 있는 상류계급의 스페인인과 포르투갈인의 표본에서 유대인을 선조로 하는 사람을 찾아내는 데 곤란을 느낄 것이다.

오늘날 서구의 해방된 유대인 중 일부 사람들은 그들의 사회에 근대 서구식 민족국가를 세움으로써 해방을 완성하려고 했다. 시온주의자의 궁극의 목적은 몇 세기에 걸친 박해 때문에 생긴 특수한 심리적 콤플렉스로부터 유대 민족을 해방시키는 데 있었다. 그리고 이 궁극의 목적에 있어서 시온주의자들은 그들에게 대항하는 해방 유대인의 사상의 일파와 일치한다. 즉 유대인은 '특수민족'이라는 사고방식을 바꾸기를 원하는 점에서 시온주의자와 동화주의자는 일치하는 것이다. 그러나 시온주의자가 동화주의자와 의견을 달리하는 이유는 후자가 내세우는 방침이 불충분한 것이라고 생각하기 때문이다.

동화주의자의 이상은 네덜란드나 영국이나 미국에 있는 유대인들이 단순히 '유대교를 신봉하는' 네덜란드인, 영국인, 미국인이 되어야 한다는 데 있다. 그들은 문명국에 사는 유대인 시민이 일요일에 교회에 가는 대신 토요일에 유대교회당(시나고그)에 간다고 해서, 단지 그 이유만으로 동화된 그 나라의 완전히 만족할 만한 시민이 될 수 없다고 하진 못할 것이라고 주장한다. 여기에 대해 시온주의자들은 두 가지 대답을 한다. 첫째로 가령 동화주의자의 방침이 그 지지자의 주장대로의 결과를 낳을 수 있다 해도 그것은 문명국에서만 가능할 뿐이어서, 문명국의 시민이 되는 행운을 가진 유대인의 수는 온 세계에 퍼져 있는 유대인 수의 극히 일부에 지나지 않는다고 지적한다. 둘째로 가장 좋은 환경 밑에 있다 할지라도 유대인이라는 사실은 단지 '유대교를 신봉하는' 인간으로 그치는 것이 아니라 그 이상의 뜻을 가지는 것이기 때문에 그런 방법으로는 유대인 문제를 해결할 수 없다고 주장한다. 시온주의자의 눈으로 볼 때 네덜란드인, 영국인, 미국인이 되려고 노력하는 유대인은 공연히 그 유대인적 성격만 손상시킬 뿐이며, 그들이 선택한 국적이 네덜란드이건 다른 어떤 이방의 나라이건 간에 그 나라 사람의 성격을 완전히 몸에 지닐 가능성은 전혀 없는 것이다. 만일 유대인이 '다른 나라들처럼' 되는 데 성공하려면 동화의 과정이 개인적 기초가 아니라 민족적 기초 위에서 이루어져야 한다. ―시온주의자들은 이렇게 주장한다. 개개의 유대인이 개개의 영국인 또는 네덜란드인으로 동화하려는 헛된 노력을 하는 대신 유대 민족은 영국인이 영국에서 그러하듯이 유대인이 내 집의 주인으로서 행동할 수 있는 민족의 향토를 획득하거나 혹은 회복함으로써 영국 국민이나 네덜란드 국민과 동화해야 한다.

시온주의 운동이 실천 단계에 들어선 지 불과 반세기밖에 되지 않았지만, 그 사회철학이 옳다는 것이 실제의 결과에 의해 증명되고 있다. 즉 팔레스타인의 유대인 농민 식민지에서 지난날의 게토의 자손들이 완전히 면모를 일신하고 '이방인' 식민지 개척자형의 특성을 다분히 나타내는 개척적 농민이 되었던 것이다. 그런데 이 실험의 비극적 불행은 이 지방에 전부터 거주하고 있던 아랍인과 화해할 수 없다는 데 있다.

마지막으로 그 역사를 통해 한 번도 자극을 받지 않은, 그리고 별로 사람들에게 알려져 있지 않은 유대인 집단에 관해 이야기하기로 한다. 이들 집단은 모두가 변방의 땅에서 '성채' 안에 틀어박혀 살며 그곳에서 완강한 농부, 또는 양성적인 고지 주민의 특성을 유감없이 발휘하고 있다. 아라비아의 서남단에 위치한 예멘의 유대인, 아비시니아의 팔라시아인, 코카서스의 유대계 고지 주민, 크리미아의 터키어를 쓰는 유대계 크림차크인이 바로 그렇다.

제8장 중용(中庸)

1. 충분과 과잉

이제야 비로소 우리는 지금까지의 논의에 대해 결론을 내릴 수 있는 단계에 이르렀다. 우리는 문명이라는 것이 살기 좋은 환경이 아니라 매우 열악한 환경에서 발생한다는 것을 확인했다. 그리고 이 사실에 인도되어 '도전이 크면 클수록 자극도 커진다'는 공식으로 표현할 수 있는 어떤 사회법칙이 있어, 그 법칙에 따르는 하나의 사례에 해당하는가에 관해 이야기해 왔다. 우리는 살기 힘든 지역, 새로운 토지, 타격, 압력, 제재라는 다섯 가지 유형의 자극에 의해 불러일으켜진 응전을 살펴보았다. 그리고 그 결과 이 다섯 가지 분야에서 이 법칙이 모두 타당하다는 것을 느꼈다. 그러나 우리는 아직 이 법칙의 타당성이 절대적인 것인지 아닌

지는 확인하지 못했다. 도전의 격렬함을 무한히 증대시키면 거기에 따라 자극도 무한히 증대할 것이고, 따라서 결과적으로 도전을 받는 일에 성공했을 경우 이 응전의 힘은 무한히 증대할 수 있을까? 아니면 그 다음부터는 격렬함의 도수가 증대되면 거기에 대항하는 힘이 약화되어 하나의 한계점에 이르는 것이 아닐까? 만일 그렇다면 법칙은 '최대의 자극을 주는 도전은 격렬함이 부족한 것과 지나친 것의 중간 지점에서 찾을 수 있다'는 것으로 바뀌게 된다.

과연 지나친 도전이라는 것이 있을까? 우리는 지금까지 그런 예에 부닥친 적은 한 번도 없지만, 아직 알아보지 않은 도전과 응전의 작용의 극단적인 예가 몇 가지 있는데, 베네치아가 바로 그러하다. 베네치아는 바닷물이 괴어 있는 진흙의 개펄 위에 말뚝을 박아 집을 세워 이룩된 도시인데, 포 강의 비옥하고도 견고한 대지 위에 세워진 모든 도시를 능가하는 부귀와 권세와 명예를 얻었다. 또한 네덜란드도 그러하다. 네덜란드는 실제로는 바다에서 건져낸 국가인데, 역사상 북유럽 평원 속에서 같은 면적의 다른 어느 토지보다도 눈부신 활약을 했다. 그리고 또한 터무니없이 큰 산을 짊어진 스위스가 그러하다. 이러한 예를 볼 때, 서유럽 속에서 가장 살기 힘든 세 토지가 그 주민을 자극하여, 각각 다른 방향이긴 하지만, 아직 서구 그리스도교 세계의 어느 국민도 도달할 수 없었던 높은 수준의 사회적 업적을 달성시킨 것같이 느껴진다.

그러나 고려해야 할 점이 또 있다. 이 세 도전은 그 정도에 있어서는 극히 격렬한 것이었지만 그 범위에 있어서는 사회의 환경을 구성하는 영역 중 한쪽에 한정되어 있다. 그것은 분명히 살기 힘든 토지의 도전이었지만, 인간적 환경 ─ 타격과 압력 및 제재 ─ 의 측면에서 볼 때 이 자연적 환경의 엄격함은 도전이라기보다는 오히려 구제였다. 즉 인접지역이 겪은 인간적 시련으로부터 이 지역을 지키는 방패의 역할을 해냈던 것이다. 진흙 위에 서 있는 베네치아는 개펄이 대륙으로의 길을 가로막았기 때문에 거의 1천 년 동안(880~1797년)이나 외국의 군사적 점령을 면할 수 있었다. 네덜란드도 역시 여러 번 나라의 존재를 유지시키는 기구를 일시적으로 역이용하여 '제방에 구멍을 뚫어' 그 가장 중요한 중심지를 구한 일이 있다. 베네치아의 이웃 롬바르디아와 네덜란드의 이웃 플랑드르가 유럽의 단골 전쟁터가 된 데 비하면 얼마나 큰 차이라 하겠는가.

자연적 환경에서 인간적 환경으로 눈을 돌리면 여기서도 같은 사실을 발견할 수 있다. 하나의 응전자를 패배시킨 도전과 바로 그 직후에 맞서 싸워 훌륭한 승리를 거둔 응전자가 나타남으로써 결코 이겨내기 어려운 싸움이 아니라는 사실을 증명했던 것이다.

예를 들어, 헬라스 사회와 북부 유럽 야만족의 관계를 살펴보자. 이 경우 양자는 서로 압력을 가해 왔는데, 여기서는 헬라스 사회가 야만족에게 가한 압력에만 주목하기로 한다. 헬라스 문명이 대륙의 내부로 차차 깊숙이 침투해 감에 따라 야만족은 계속해서 생사와 관련된 문제에 직면하게 되었다. 그들은 이 강대한 외래 세력의 충격에 굴복하여 그 사회조직이 해체되고 헬라스 사회의 사회조직에 동화될 것인가, 아니면 동화되기를 거부함으로써 헬라스 사회에 대해 완강한 반항을 시도하고 있는 외적 프롤레타리아트와 한패가 되어 끝내는 헬라스 사회의 '임종에 입회' 하여 그 시체를 걸신들린 듯이 먹어치울 것인가? 요컨대 이쪽이 시체가 되느냐 아니면 상대편의 시체를 먹는 독수리가 되느냐, 이런 도전이 우선 켈트족에 이어서 튜턴족에게 제기되었다. 켈트족은 오랫동안 분투한 결과 마침내 힘이 다하여 쓰러졌으나, 튜턴족은 응전에 성공했다.

켈트족의 좌절은 매우 인상적이었다. 왜냐하면 그 출발이 좋아 처음 얼마 동안은 당당한 기세로 눈부신 활약을 했기 때문이다. 에트루리아인의 전술 착오로 그들에게는 기회가 주어졌다. 본디 히타이트 사회에 속하는 민족으로서 서부 지중해 개발의 경쟁 상대인 헬라스 사회의 문화로 전향한 에트루리아인은 이탈리아 서해안에 설 자리를 획득한 것만으로는 만족하지 못했으므로, 그들의 전위부대는 무모하게도 아펜니노 산맥을 넘어 내륙지방으로 진출하여 포 강 유역의 광대한 지역 일대에 흩어졌다. 거기서 그들은 그 힘의 한계를 초월한 행동을 했으며, 동시에 켈트족을 자극함으로써 그들을 멸망시켜야겠다는 결의를 품기에 이르렀다. 그 결과 약 2세기 동안 계속되었던 이른바 '켈트인의 분노'를 일으키게 되었는데, 켈트족은 아펜니노 산맥을 넘어 밀물처럼 로마로 진격(기원전 390년의 '알리아의 패배' 때)했을 뿐 아니라, 마케도니아(기원전 279~276년)와 그리스로, 그리고 또

한 동방의 아나톨리아까지 진출하여 거기에 그들의 흔적과 '갈라티아인' 이라는 형태의 이름을 남겼다. 한니발은 포 강 유역을 정복한 켈트인을 동맹자로서 이용했지만 그들은 실패했고, '켈트인의 분노'는 로마 제국주의의 응전을 촉구했다. 리미니(아드리아 해에 접한 이탈리아의 항구)로부터 라인 강 및 타인 강(영국 동북부 노섬벌랜드 주를 흐르는 강)에 접해 있는 그들의 서쪽 '생활권'에 있어서도, 그리고 다뉴브 강과 할리스 강(아나톨리아 동북부에서 중앙부를 통해 흑해로 흐르는 강) 유역의 전초지점에 있어서도 켈트인은 로마 제국에 의해 산산이 해체되었고, 먹혔고, 마침내 소화되고 말았다.

유럽 야만사회의 가장 외부층을 형성하고 있던 켈트족이 이와 같이 해체되었기 때문에 이번에는 그 뒤에 대기하고 있던 튜턴족이 같은 도전을 받게 되었다.

튜턴족은 켈트족과는 달리 그것이 군인에 의해 행해졌건 혹은 상인이나 선교사에 의해 행해졌건 간에 헬라스 문화의 공세에 지지 않았다. 고트족과 반달족이 펠로폰네소스 반도를 휩쓸고 다니며 로마를 휘어잡고 배상금을 강요했으며, 골 지방과 스페인과 아프리카를 점령한 기원전 5세기경에는 지난날 켈트족이 실패했던 곳에서 튜턴족이 성공을 거두었다는 사실은 너무나 분명한 일이었다. 이러한 사실은, 헬라스 문명의 압력은 요컨대 그것에 대항하는 응전이 성공하지 못할 만큼 격심하지 않았다는 것을 증명했다.

또 알렉산드로스 대왕의 뒤를 이어 행해진 헬레니즘의 시리아 세계를 향한 침입은 시리아 사회에 대해 끊임없는 도전을 제기했다. 시리아 사회는 이 밖으로부터 침입해 오는 문명에 대항하여 싸워 축출할 것인가 아니면 참아야 할 것인가, 이 도전에 직면하여 몇 번이나 응전을 시도했는데, 그 시도에는 모두 하나의 공통적인 특징이 있었다. 즉 어느 경우이건 헬라스 문명에 반대하는 반응은 종교운동을 그 수단으로 취했던 것이다. 그럼에도 불구하고 이들 반응 가운데 최초의 네 번과 최후의 한 번과는 근본적인 상이점이 있었다. 조로아스터교와 유대교와 네스토리우스파와 그리스도 단성론자의 반격은 실패로 끝났지만, 오직 이슬람의 반격만은 성공을 거두었다.

조로아스터교도와 유대교도의 반격은, 헬라스 문명의 침입 이전부터 이미 시리아 세계에 유포되어 왔던 종교의 힘을 빌려 헬레니즘의 지배와 싸우려는 시도였다. 시리아 문명의 지배영역인 동부의 이란인은 조로아스터교의 힘을 믿고 헬레니즘에 반기를 들고 일어나 알렉산드로스가 죽은 지(알렉산드로스는 기원전 323년 사망) 2세기도 지나기 전에 유프라테스 강 동쪽의 전역에서 헬레니즘을 몰아냈다. 그러나 여기에서 조로아스터교도의 반격은 한계점에 이르러, 알렉산드로스가 정복했던 지역의 나머지 부분은 헬레니즘을 지키고자 하는 로마에 의해 구출되었다. 마카베 일가의 영도하에 행해진 유대교도의 반응은 내부로부터 봉기하여 지중해를 바라보는 시리아 문명의 서부 요람지를 해방시키려는 한층 더 대담한 시도였지만, 이것 역시 성공을 거두지는 못했다. 셀레우코스 왕조에 대한 일시적인 승리도 곧 로마에게 복수당했다. 기원 66년에서 70년 사이의 격렬한 로마 대 유대의 전쟁에서 팔레스타인의 유대인 사회는 분쇄당했고, 지난날 마카베 일가가 예루살렘의 대사원에서 축출했던 '멸망의 가증한 것'(《마태복음》 24장 15절)은 하드리아누스 황제가 예루살렘 땅에 로마인 식민지 아엘리아 카피톨리나를 세움과 동시에 다시 제자리로 복귀했던 것이다.

네스토리우스파와 그리스도 단성론자의 반응은 어떠했는가 하면, 이들 양자는 모두 침입해 온 문명이 헬라스적 요소와 시리아적 요소를 혼합하여 자신을 위해 만든 무기를 헬레니즘에게 던진 중대한 반항이었다. 원시 그리스도교라는 혼합종교에 있어서 시리아 사회의 종교적 정신의 본질은 완전히 헬레니즘화되었고, 따라서 헬라스 사회 사람의 성질에는 맞았지만 시리아 사회 사람의 성질에는 맞지 않았다. 네스토리우스파와 그리스도 단성론이라는 두 개의 이단설은 모두 그리스도교로부터 헬레니즘적 요소를 제거하려는 시도였는데, 헬라스 사회의 침입에 대한 반항으로서는 양자 모두 실패했다. 네스토리우스파는 치욕적인 패배를 당한 끝에 동방의 유프라테스 강 저쪽의 땅으로 쫓겨나갔다. 단성론은 전혀 헬레니즘화되지 않은 농민의 마음을 사로잡아 시리아와 이집트와 아르메니아에서 위치를 굳혔지만, 결국 도시의 성벽 안에 살고 있던 지배적 소수자를 정교 그리스도교와 헬라스 문화로부터 떼어놓지는 못했다.

동로마 제국이 페르시아의 사산 왕조와 싸워 그 마지막 세력경쟁에서 승리를 거두고, 또 정교 그리스도교의 교세(教勢)가 네스토리우스파 및 단성론 이단자와 싸워 그 마지막 세력경쟁에서 승리를 거두는 것을 목격한 헤라클리우스 황제(동로마 황제)와 같은 시대를 살던 그리스인은 기원 630년경, 이러한 승리에 속아 로마와 가톨릭과 헬레니즘으로 이루어지는 지상의 삼위일체를 신이 패배하지 않는 자로 만들어주었다고 믿고 신에게 감사드렸는지도 모른다. 그런데 사실상 그때 시리아 사회의 헬레니즘에 대한 다섯 번째의 반격이 막 시도되려던 참이었다. 헤라클리우스 자신이 운명의 장난에 의해 예언자 마호메트의 후계자 우마르(636년 헤라클리우스의 군대를 격파하고 시리아를 정복했다)가 그의 왕국에 와서 알렉산드로스 이래 시리아 사회의 여러 지역을 헬레니즘화시킨 모든 사람들의 사업을 철저하게, 그리고 영원히 파괴해 버리는 것을 목격하는 처지에 놓이게 되었던 것이다. 이슬람은 앞서 반격에 실패한 바로 그 자리에서 성공했던 것이다. 이슬람은 헬레니즘을 시리아 세계로부터 완전히 쫓아냈다. 이슬람은 아랍 칼리프 왕조라는 형태로 알렉산드로스가 페르시아의 아케메네스 왕조를 타도했을 때 아직 그 사명이 실현되기도 전에 무자비하게 중단시켜 버렸던 시리아 사회의 세계국가를 재건했다. 마지막으로 이슬람은 마침내 시리아 사회에 토착의 세계국가를 세웠다. 그 덕분에 시리아 사회는 그후 몇 세기 동안 활발하지 못한 상태로 생존을 이어가다가(압바스 칼리프 왕조가 멸망한 것은 13세기였다) 이 세상을 떠나더라도 뒤에 자손이 남는다는 안도감을 품고 숨을 거둘 수 있었다. 왜냐하면 이슬람 교회는 마침내 여기에서 아랍 문명과 이란 문명이라는 새로운 문명을 탄생시키는 번데기 역할을 했기 때문이다.

2. 세 가지 항목의 비교

문제에 접근하는 새로운 방법

좀더 좋은 결과를 얻을 수 있는 다른 조사 방법을 발견할 수 있을까? 반대쪽에서 출발하여 조사해 가면 어떤 결과가 되는지 시도해 보기로 하자. 지금까지 우리는 응전자를 패배시킨 도전에서 출발했었는데, 이번에는 도전이 효과적인 자극을 주어 성공한 응전을 불러일으키는 경우에서 출발하기로 하자. 앞 장의 각 절에서 우리는 이런 종류의 예를 수없이 고찰했고, 응전이 성공한 예를 그것과 병행하는 같은 응전자 또는 그것과 맞먹는 응전자가 똑같은 도전 또는 그것과 맞먹는 도전에 응전했는데도 불구하고 도전이 크지 않았기 때문에 별로 큰 성공을 거두지 못한 경우와 비교했다. 지금 이 절에서는 두 개의 항으로 행한 이런 비교 안에서 몇 개를 골라 다시 고찰해 보고, 비교의 항을 두세 개 정도 늘릴 수 있는지 알아보자.

노르웨이 · 아이슬란드 · 그린란드

앞에서 진술한 바와 같이 유산된 스칸디나비아 문명이 문학과 정치에 있어서 최대의 성과를 올린 곳은 노르웨이나 스웨덴 또는 덴마크가 아니라 아이슬란드였다. 이 위대한 업적은 이중의 자극, 즉 해외이주의 자극과 이들 스칸디나비아인 항해자들이 뒤에 남기고 온 땅보다도 한층 더 춥고 메마른 지역의 자극에 대한 응전이었다. 지금 가령 같은 도전이 두 배의 강도를 가지고 되풀이되었다고 가정해 보자. 즉 북구인이 500마일을 더 나아가 아이슬란드가 노르웨이보다 더 추운 것과 마찬가지로 아이슬란드보다 더 추운 지방에 정착했다고 가정해 보자. 그럴 경우, 이 '듈레'(세계의 끝)보다 더 먼 '듈레'(그린란드에는 실제로 듈레라는 거리가 있다)는 문학과 정치 분야에서 아이슬란드에 정착한 사람들보다 두 배나 훌륭한 업적을 올린 스칸디나비아인 사회를 육성했을 것인가?

이 물음은 단순한 가설이 아니다. 왜냐하면 스칸디나비아인 항해자가 그린란드로 진출했을 때 우리가 가정한 조건이 실제로 이루어졌기 때문이다. 그리고 이 물음에 대한 답은 의심할 여지가 없다. 그린란드의 식민은 실패로 끝났다. 500년 이상이나 되는 기간 동안 아무리 그린란드인이라 할지라도 이 지나치게 준엄한 자연을 상대로 하는 싸움에서 비극적인 패배를 맛보고는 서서히 물러섰던 것이다.

딕시 · 매사추세츠 · 메인

우리는 앞에서 잉글랜드계 아메리카 이주자에 대해 뉴잉글랜드의 혹독한 기후와 사질(砂質) 토양이 제공하는 자연적 도전의 엄격함을 버지니아와 남북 캐롤라이나나 주가 제공하는 그다지 심하지 않은 도전과 비교하여, 대륙의 지배권 쟁탈전에 있어서 뉴잉글랜드인이 모든 경쟁 상대를 이겨낸 과정을 밝혀냈다. 예의 '메디슨-딕슨 라인'(펜실베이니아와 메릴랜드·델라웨어·서버지니아 사이의 경계선. 1763~67년에 부분적으로 영국인 메이슨이 측정했다. 노예제도 폐지 이전에는 자유주(州)와 노예주의 경계선으로 되어 있었다)이 뚜렷하게 되어 있어, 이 최적도의 도전의 범위의 남쪽 한계와 대체적으로 일치했다. 우리는 이번에는 이 최고도의 기후적 자극의 범위에 또 하나의 북쪽 한계가 있는가 하는 문제를 제기해야 하겠다. 그런데 이 물음에 대한 답은 두말할 것도 없이 긍정적이라는 것을 알 수 있다.

이 최적의 기후권의 북쪽 한계는 실제로 뉴잉글랜드가 양분하고 있다. 뉴잉글랜드나 뉴잉글랜드가 아메리카 역사상 이룩한 역할에 대해 진술할 때 취급하는 것은 뉴잉글랜드의 여섯 개 작은 주 속에서 매사추세츠와 코네티컷과 로드아일랜드의 세 주뿐이고, 뉴햄프셔와 버몬트와 메인의 세 주는 제외되어 있기 때문이다. 매사추세츠는 시종 북아메리카 대륙의 지도적인 영어권 사회의 하나였다. 18세기에는 영국의 식민지 정책에 대한 반항 운동에서 지도적 역할을 했고, 그 이후 오늘날까지 아메리카 합중국이 거대한 발전을 이룩했지만, 지적 영역에 있어서나 나아가 상공업 영역에 있어서나 그 위치를 확보해 왔다.

여기에 비해 메인 주는 1820년 독립주가 될 때까지 사실상 매사추세츠 주의 일부였는데, 시종 이렇다할 활약 없이 오늘날에는 일종의 박물관 진열품으로서, 즉 나무꾼·뱃사공·사냥꾼들이 살고 있던 17세기 뉴잉글랜드의 유물로서 존재하고 있다. 이 살기 어려운 지역의 주민들은 이 아르카디아적 주(고대 그리스의 명승지. 목가적 이상향으로 친다)에서 휴가를 즐기기 위해 북아메리카의 여러 도시에서 찾아오는 유람객을 안내하는 것으로 간신히 생계를 유지하고 있는데, 그것은 단적으로 말해 메인 주의 대부분의 도시가 아직 황야에서 벗어나기 이전의 상태에 머물러 있다는 것을 뜻한다. 오늘날의 메인 주는 아메리카 합중국 속에서도 가장 역사 깊은 입식지역(入植地域)의 하나인 동시에 가장 도시화되어 있지 않고 가장 세속적이 아닌 지역의 하나이다.

메인 주와 매사추세츠 주의 이 대조적인 차이를 어떻게 설명할 것인가? 뉴잉글랜드 환경의 어려움은 매사추세츠 주에서는 최적도이지만 메인 주에서는 한층 더 강화되어 인간의 응전의 '수확체감'을 낮게 하는 정도에 도달해 있기 때문이 아닌가 여겨진다. 이 추측은 좀더 북쪽으로 조사를 진행시켜 나가면 확인될 것이다. 뉴브런즈윅과 노바스코샤 및 프린스에드워드 섬은 캐나다 자치령 속에서 가장 가난하고 또한 가장 뒤떨어진 지방이다. 더 북쪽인 뉴펀들랜드는 근년에 이르러 자립하고자 하는 분에 넘치는 노력을 포기해야 했고, 표면상으로는 대영제국의 원조를 받지 않는 자치령의 일부로 되어 있지만 사실상 직할 식민지 통치에 복종하게 되었다(이 부분이 씌어진 것은, 1933년 이 지방이 또다시 캐나다 자치령의 일부가 되기 이전이었다). 더 북쪽인 래브라도로 가면 우리는 그린란드에서 북유럽인 식민자들이 만난 것과 똑같은 조건, 즉 최적이기는커녕 그야말로 최악이라고 할 수 있는 가장 큰 도전에 직면한다.

브라질 · 라플라타 · 파타고니아

남아메리카의 대서양 연안에서도 뚜렷하게 비슷한 현상을 찾아볼 수 있다. 예를 들어, 브라질에서는 그 국가적 재력 · 시설 · 인구 · 활동력의 대부분은 이 광대한 지역의 남위 20도 이남에 있는 극히 작은 부분에 집중되어 있는 것이다. 그리고 이 남부 브라질 자체는 남쪽에 있는 라플라타 강 하구 양쪽의 지역, 즉 우루과이 공화국과 아르헨티나의 부에노스아이레스에 비해 문명도가 뒤떨어져 있다. 남아메리카 대서양 연안의 적도지대는 자극을 주기는커녕 오히려 인간을 이완시키지만, 그보다 좀더 자극적인 리오데라플라타 하구의 온대성 기후가 최적이라는 것은 더욱 명백하다. 다시 말해서 해안선을 따라 더욱 남쪽으로 가면 틀림없이 '압력'이 증가되지만, 황량한 파타고니아 고원을 통과하면 사정은 심해져서 티에라델푸에고의 빙설 속에서 악조건을 견디며 살고 있는 헐벗고 굶주린 야만인의 지역에 도달하는 것이다.

갤러웨이 · 얼스터 · 애팔래치아

이번에는 도전이 가장 자연적이었던 경우와는 달리 자연적 도전과 인간적 도전이 함께 일어난 경우를 고찰해 보기로 한다.

오늘날 아일랜드의 얼스터 지방과 나머지 지방 사이에서는 잘 아는 바와 같이 매우 대조적인 차이를 인정할 수 있다. 남아일랜드가 고대풍의 농업지대인 데 비해 얼스터는 현대 서구 세계에서도 가장 활발한 공업지대의 하나이다. 벨파스트는 글래스고나 뉴캐슬, 함부르크, 디트로이트 등과 어깨를 나란히 하는 공업도시이며, 현대의 얼스터인은 불친절하다는 평을 받고 있지만 그만큼 유능하다는 평을 받고 있는 것도 사실이다.

얼스터인은 어떤 도전에 의해 현재와 같은 인간이 되었을까? 그들은 스코틀랜드에서 바다를 건너 이주해야 했으며, 얼스터에 도착한 뒤 이미 그곳을 점령하고 있던 아일랜드 원주민으로부터 그 토지를 탈취하기 위해 싸워야 하는 이중의 도전에 응전했던 것이다. 이 이중의 시련이 가져다 준 자극적 효과는, 오늘날의 얼스터의 재력을 다음 두 지방의 비교적 부진한 상태와 비교해 보면 짐작할 수 있을 것이다. 그 두 지방이란 스코틀랜드와 잉글랜드의 경계선 지역의 스코틀랜드 쪽 지방과 '하일랜드선'이 저지대에 접하고 있는 곳인데, 이 두 지방은 17세기 초엽 처음으로 얼스터로 이주해 온 스코틀랜드인이 본디 살았던 곳이다.

그러나 오늘날 생존해 있는 이 종족의 해외이주자들은 얼스터인뿐만은 아니다. 얼스터로 이주해 온 스코틀랜드인 개척자의 자손이 18세기에 또다시 얼스터에서 북아메리카로 이주한 이른바 '스코치 아일리시'(스코틀랜드계 아일랜드인)인데, 이 사람들은 오늘날 펜실베이니아로부터 조지아에 걸쳐 아메리카 합중국의 대여섯 개 주를 관통하고 있는 고원지대인 애팔래치아 산계(山系)의 산채에 틀어박혀 살고 있다. 이 두 번째의 이주가 가져온 효과는 어떠했을까? 17세기에는 제임스 (스코틀랜드의 왕 제임스 6세. 1603년 영국의 엘리자베스 1세가 독신으로 죽은 후 영국 왕을 겸하여 제임스 1세가 되었다)의 신하가 세인트조지 해협을 건너 야만적인 하일랜드 주민 대신 야만적인 아일랜드인과 싸워야 했던 것이다. 18세기에는 그들의 증손들이 대서양을 건너가 아메리카의 미개척 삼림지대에서 '인디언 토벌자'가

되었다. 이 아메리카의 도전은 확실히 자연적 도전과 인간적 도전의 양면에서 아일랜드의 도전보다 격심한 것이었다.

이 더욱 큰 도전은 더욱 큰 응전을 불러일으켰을까? 서로 헤어진 지 2세기가 지난 오늘날의 얼스터인과 애팔래치아인을 비교해 볼 때 우리는 그 해답이 부정적이라는 것을 알 수 있다. 현대의 애팔래치아인은 얼스터인에 비해 조금도 나아진 흔적이 없으며, 오히려 대단히 뜻밖의 일이지만 그들은 본래의 상태를 유지하지 못하고 한층 더 후퇴하고 말았다. 사실 오늘날의 애팔래치아의 '산사람'은 야만인과 별다른 차이가 없다. 그들은 문맹상태로 되돌아갔고 마술의 미신에 빠졌다. 그들은 오늘날 구세계에 머무르고 있는 라바트인(모로코의 산악지대에 사는 야만인)이나 알바니아인, 쿠르드인(터키·이란·이라크의 고원지대 쿠르디스탄의 주민), 바탄인(인도 국내 및 서쪽 국경지역에 사는 아프간족), 아이누 등과 맞먹는 아메리카의 백색 야만인이다. 그러나 지금 열거한 종족이 고대 야만사회의 생존자인데 비해 애팔래치아인은 일단 문명을 획득했다가 그것을 상실한 인간의 한심스러운 모습을 보여주고 있는 것이다.

전쟁의 참화에 대한 반응

얼스터와 애팔래치아의 경우는 자연적 도전과 인간적 도전의 복합이었지만, '수확체감의 법칙'의 작용은 오로지 인간적 도전의 형태를 취하는 다른 예에 있어서도 마찬가지로 명확하게 나타난다. 예를 들어, 전쟁에 의한 황폐가 제공하는 도전의 효과를 고찰해 보기로 하자. 우리는 이미 이 종류의 격렬한 도전에 응전하여 승리를 거둔 두 가지 예를 진술했다. 아테네는 페르시아군의 침입에 의해 입은 황폐에 응전함으로써 비스마르크의 독일이 되었다. 우리는 이런 종류의 도전이 지나치게 격심했던 예, 전화(戰禍)가 가져다 준 상처가 곪아서 결국 목숨을 잃은 예를 찾아낼 수 있을까? 찾아낼 수 있다.

한니발에 의해 이탈리아에 찾아온 황폐는 다른 별로 심하지 않은 재해들이 나중에 모습을 바꾸어 축복으로 변했듯이 그렇게 되지는 않았다. 남부 이탈리아의 황폐한 경작지는 일부는 방목지로, 또 일부는 포도원과 올리브원으로 바뀌었다.

그리고 새로운 농촌경제는 과수 재배이건 목축이건 모두가 한니발의 사병들이 농민의 집을 태워 버리고 잡초와 가시덤불이 무성해지기 이전에 그 토지를 경작하던 자유농민 대신 노예노동에 의해 경영하게 되었다. 이 자급농업으로부터 환금작물농업(換金作物農業)으로, 자가영농으로부터 노예노동력 사용으로의 혁명적 변화는 얼마 동안 토지 생산물의 금전적 가치를 증대시킨 것은 사실이었다. 그러나 이 이익을 상쇄하고도 남음이 있었던 것은, 그것이 가져다 준 농촌의 인구감소와 지난날 농민이었던 빈곤한 프롤레타리아트의 도시집중이라는 사회적 해악이었다.

한니발이 이탈리아로부터 철수하고 난 지 7, 80년 뒤에 그라쿠스 형제(두 사람 모두 로마의 정치가. 형 티베리우스는 기원전 133년, 동생 가이우스는 123년 및 122년에 호민관이 되었다)가 입법에 의해 이 해악을 막아보려고 했지만, 그것은 경제혁명을 저지시키는 대신 정치혁명을 촉진하는 결과가 되어 로마 공화국의 병세를 한층 더 악화시켰다. 정치적 분쟁의 불길은 타오르는 내란으로 발전했다. 그리고 티베리우스 그라쿠스가 호민관으로 취임한 지 100년 뒤에 로마인은 절망적인 사태를 구제하는 거친 치료법으로서 아우구스투스의 항구적인 독재제도의 수립을 묵인했다. 이와 같이 한니발이 가져다 준 이탈리아의 황폐는, 크세르크세스(페르시아의 왕)가 가져다 준 아티카의 황폐가 일찍이 아테네인을 자극했던 것과는 달리 로마 국민을 자극하기는커녕 오히려 그들이 그곳에서 결코 회복할 수 없는 충격을 주었던 것이다. 전쟁에 의한 황폐가 주는 징벌은, 페르시아 전쟁이 주는 정도의 타격은 자극이 될 수 있지만 포에니 전쟁이 주는 정도의 강한 타격은 치명적인 것이 되게 마련이다.

해외이주의 도전에 대한 중국인의 반응

우리는 앞에서 정도를 달리하는 자연적 도전이 영국인 이민의 각기 다른 집단에 미친 효과를 비교했다. 이제 여기서는 중국인 이민이 정도를 달리하는 인간적 도전에 대해 나타낸 반응을 살펴보기로 하자. 중국인 쿨리(노동자)가 영국령 말라야와 네덜란드 및 동인도에 이주하면 분발하여 사업을 일으키고 성공하는 경우가 많다. 그들은 정든 조국을 떠나 낯선 땅의 사회환경으로 들어가는 사회적 시련에 직면하여, 오랜 사회적 전통으로 인해 그들을 완전히 무기력하게 했던 경제적 환경을, 지위를 개선하도록 그들을 자극하는 경제적 환경과 바꾸어 흔히 상당한 부를 축적하기에 이른다.

그러나 경제적 기회를 부여받는 대가로 그 사회적 시련이 더욱 강화된다면 어떻게 될까? 그들을 말라야와 인도네시아로 보내는 대신 오스트레일리아나 캘리포니아로 보내면 어떻게 될까? 그런 '백인나라'에서는 진취적 기상이 풍부한 우리의 쿨리는 우선 입국할 수 있는지 없는지가 문제지만, 만약 입국이 허용된다면 확실히 엄격한 시련을 당하게 된다. 단순히 자기가 다른 나라에 온 이방인이라는 사실을 느끼게 될 뿐만 아니라, 그들은 의식적인 박해를 참고 견디어야만 한다. 왜냐하면 말라야의 경우처럼 호의적인 식민지 정부가 화교 보호관(華僑保護官)을 정식으로 임명하고 그들에게 구조의 손길을 뻗치는 대신 그곳에서는 법률 자체가 차별 대우를 하고 있기 때문이다. 이런 한층 더 엄격한 사회적 시련은 그에 비례하여 활발한 경제적 응전을 불러일으킬 것인가? 아니, 그렇지 않다. 그것은 말라야와 인도네시아에서 중국인이 실제로 도달했던 성공의 수준과, 이와 똑같이 뛰어난 재능을 부여받은 종족이 오스트레일리아와 캘리포니아에서 도달했던 성공의 수준을 비교해 보면 금방 알 수 있다.

슬라브족 · 아카이아족 · 튜턴족 · 켈트족

다음으로는 문명이 야만사회에 던지는 도전을 다시 생각해 보기로 하자. 그것은 유럽에 있어서 오랜 세월에 걸쳐 예전에는 암흑세계였던 이 대륙의 내부를 향해 빛을 발한 여러 문명에 의해 차례차례 다른 야만족층에 던져졌던 도전이었다.

이 드라마를 관찰할 때, 우리의 주의는 이 도전이 한층 더 뛰어난 응전을 불러일으켰던 하나의 실례로 집중된다. 헬라스 문명은 오늘날까지 꽃피었던 문명 중에서 가장 아름다운 꽃이지만, 그것은 미노스 문명으로부터 받은 도전에 대한 응전으로서 유럽의 야만족이 탄생시킨 것이었다. 바다를 지배하는 미노스 문명이 그리스 반도에 설 자리를 확보했을 때, 그 후배지(後背地)의 아카이아 야만족은 절멸도 복종도 동화도 되지 않았다. 그들은 그 반대로 궁지에 몰리면서도 그들이 끝내 접근을 허용하지 않았던 문명으로부터 마침내 그 기술을 빠짐없이 배워 획득하여 미노스 해양왕국의 외적 프롤레타리아트가 됨으로써 그 독립을 유지할 수 있었다. 그리하여 마침내 때가 오자 그들은 바다로 나아가 해양 지배자를 그들의 본거지인 바다 위에서 제압하고, 그 뒤 헬라스 문명의 참된 창시자가 되었다. 아카이아인이 헬레니즘의 어버이라는 사실은 앞에서 말한 바와 같이 종교를 살펴보면 명확하게 증명된다. 올림포스의 판테온 신전의 신들은 그 풍모에 있어 아카이아인의 야만사회에서 유래된 것임이 뚜렷하게 나타나는 데 반해, 미노스 세계에서 유래한 종교의 흔적은 비록 남아 있다 할지라도 헬라스 사회의 신들을 받드는 신전의 부속 예배당이나 지하 예배소, 어떤 종류의 지방적 숭배, 은밀하게 행해지는 의식, 비밀스러운 신앙에 있어서만 인정될 뿐이다.

이런 경우 그 자극의 정도는 헬레니즘의 현란함을 보면 알 수 있지만, 우리는 그것을 다른 방법으로, 즉 이 야만족인 아카이아인 계층의 운명을, 멀리 떨어진 변방지역에 숨겨져 있었기 때문에 아카이아인이 미노스 문명의 도전을 받고 일어나 그 빛나는 응전을 행하고 난 뒤 2천 년 동안 실제적으로 어떤 문명의 영향도 받지 못했던 다른 계층의 운명과 비교해 봄으로써 추측할 수도 있다. 그 다른 계층이라는 것은, 북부 유럽 일대를 뒤덮고 있었던 빙원(氷原)이 후퇴하고 대륙의 찌꺼기라고도 할 수 있는 프리페트 소택지대(유럽 대륙 최대의 습지. 벨로루시 남부와 우크라이나 북부의 여러 주에 걸쳐 있다. 프리퍄트 강과 드네프르 강 사이에 위치한다)가 인간의 손에 맡겨졌을 때 이 지역에 들어온 슬라브족을 말한다. 그들은 여기서 몇 세기 동안 유럽 야만사회의 원시생활을 계속했다. 그리하여 튜턴족의 민족이동이 아카이아인의 민족이동과 함께 개시되어 오랜 헬라스 문명의 드라마의 막을 내렸을 때에도 이들 슬라브족은 여전히 그곳에 있었다.

이와 같이 이미 유럽의 야만사회가 막을 내리려는 시기에 이르러 겨우 슬라브족을 그 '성채'에서 쫓아낸 것은, 튜턴족이 로마 제국을 약탈하고 파괴하는 일에 이끌려 그들과 한 무리가 되기 위해 그들의 고향 유라시아 스텝으로부터 뛰쳐나온 유목민 아바르족이었다. 농경세계라는 미지의 환경에 접하여, 스텝 지대에서 나온 이들 미아(迷兒)는 이제까지의 생활양식을 새로운 환경에 적응시키려고 노력했다. 아바르족은 스텝 지대에서는 가축 사육자로서 생계를 잇고 있었다. 이들 가축 사육자는 지금 그들이 침입한 농경지에서 그 토지에 적당한 가축은 인간인 농민이라는 사실을 깨달았다. 그래서 그들은 실로 합리적으로 인간 사육자가 되기로 했다. 예전에 새로이 획득한 목초지에 가축을 방목하기 위해 인접한 유목민의 가축을 늘 약탈했던 것처럼, 이번에는 그들의 손아귀에 든 로마 제국의 주민 없는 영지에 다시 사람을 방목하기 위해 주변에서 인간 가축을 찾았다. 그들은 슬라브족 속에서 자기들이 탐내는 것을 발견하고 그들을 끌어모아 몇 개의 집단으로 나누어, 자기들이 천막을 친 헝가리 평원을 둘러싼 광대한 권내에 배치했다. 이상이 슬라브 민족 대군(大群)의 서쪽 전위(前衛) — 오늘날의 체코인, 슬로바키아인, 유고슬라비아인의 선조 — 가 뒤늦게, 그리고 면목없는 자태로 역사의 무대에 처음으로 등장하게 된 과정이었다고 생각된다.

이러한 아카이아족과 슬라브족의 대조적인 차이는, 미개사회에 있어서 문명과의 만남이라는 도전을 완전히 모면한다는 것은 아주 큰 약점이 된다는 사실을 가리키고 있다. 그리고 그것은 이 도전이 일정한 한도의 엄격함에 이르렀을 때 자극적 효과를 지니고 있었음을 나타낸다.

그러나 이 도전이 한층 더 심했다고 가정해 보자. 미노스 문명이 주위에 방사한 힘이 더욱 강대해진 경우를 가정해 보자. 우리는 그것에 의해 헬라스 문명을 탄생시킨 아카이아족의 응전보다도 더 빛나는 응전을 이끌어낼 수 있을까? 아니면 역시 여기서도 또한 '수확체감의 법칙'이 작용하기 시작하는 것일까? 이 점에 관해 우리는 가상의 추측을 할 필요는 없다. 아카이아족과 슬라브족의 중간에 정도를 달리하는 다른 문명의 영향을 받은 몇몇 야만족이 있다. 이들은 어떻게 되었을까?

유럽의 야만족이 파괴적인 힘을 지닌 영향에 굴복했던 한 가지 실례에 대해서는 앞에서 말한 바 있다. 우리는 켈트족이 에트루리아인을 매개로 하여 받았던 자극에 대한 응전에 있어서 아주 잠시 동안 폭발적인 활동을 한 뒤 결국에는 혹은 절멸되고 혹은 복종하고 혹은 동화되는 과정을 살펴보았다. 우리는 이 켈트족의 궁극적인 실패와 헬라스 사회의 충격에 대해 자기 입장을 지킨 튜턴족의 상대적 성공의 차이를 지적했다. 우리는 유럽의 야만족인 튜턴족 사회가 켈트족 사회와 달리 헬레니즘의 파괴작용을 견딤으로써 헬라스 세계의 외적 프롤레타리아트가 되어 죽음의 괴로움을 겪고 있는 헬라스 사회에 종지부를 찍었다는 사실을 말했다.

켈트족의 '총붕괴'에 비하면 이 튜턴족의 반응은 성공이었다. 그러나 튜턴족의 업적을 아카이아인의 그것과 비교해 보면, 튜턴족이 얻은 것은 '피루스의 승리'(피루스는 에페이로스의 왕. 로마와 싸워 승리하기는 했으나, 그로 인해 많은 희생을 치러야만 했다)에 불과하다는 것을 알게 된다.

그들은 헬라스 사회의 임종에 입회했지만, 이번에는 그들 자신이 그 숨을 거둔 사회의 상속권을 다투는 다른 프롤레타리아트로부터 치명적인 타격을 받게 되다. 이 싸움의 승리자는 튜턴족의 전투단체가 아니라, 헬라스 사회의 내적 프롤레타리아트에 의해 조직된 로마 가톨릭 교회였다. 로마 영토에 침입했던 아리우스파 그리스도교(그리스의 신학자 아리우스가 제창한, 그리스도의 신성을 부정하고 인성을 중시하는 설. 325년의 니케아 공의회에서 이단으로 판정되었다) 또는 이교(異教)를 신봉하는 튜턴족 전투단체는 모두 가톨릭교로 개종하든가 또는 완전히 제거되었다. 헬라스 문명의 '자식' 문명에 해당하는 새로운 문명이 태어난 것은, 앞서 있었던 문명의 내적 프롤레타리아트에 의한 것이었지 외적 프롤레타리아트에 의한 것은 아니었다. 서구 그리스도교 문명은 본질적으로 가톨릭 교회에 의해 창조된 것이었으므로, 그 점에 있어 아카이아 야만족에 의해 창조되었던 헬라스 문명과 본질적으로 다르다.

이번에는 지금 여기서 문제삼았던 일련의 도전을 격렬함이 증대해 가는 순서에 따라 차례차례로 살펴보자. 슬라브족은 오랫동안 도전에서 완전히 벗어나 있었고, 따라서 자극이 없었던 탓으로 확실히 한층 더 심했다. 아카이아족은 그 응전으로 미루어볼 때 가장 적합하다고 할 만한 도전을 받았다. 튜턴족은 헬라스 문명의 도전에 대항했지만, 그 뒤 가톨릭교에 의해 패배했다. 켈트족은 쇠퇴기의 헬라스 사회와 맞닥뜨려 거기에 제압되었다. 슬라브족과 켈트족은 한편으로는 따분한 무자극의 상태, 다른 한편으로는 압도적인 돌격이라는 양극단을 경험했다. 아카이아족과 튜턴족은 여기서는 세 개의 항목이 아니라 네 개의 항목을 포함하는 비교의 '중간 항목'의 위치를 차지했지만, 가장 알맞은 정도의 경험이라는 의미로서의 중간 항목은 아카이아족이었다.

3. 두 개의 유산(流産) 문명

튜턴족 민족이동의 후위부대

주위에 영향력을 미친 문명과 유럽 야만족 사이의 일련의 도전에 있어서, '수확체감의 법칙'이 작용하기 시작한 점을 더욱 정밀하게 규정하는 일이 가능한가? 그 대답은 긍정적이다. 왜냐하면 이제까지 생각해 보지 않았던 두 가지 예가 있기 때문인데, 하나는 서구 사회를 탄생시킨 부모인 로마 교회와 '켈트 외곽지대'의 유산된 극서 그리스도교 사회의 충돌이며, 또 하나는 초기의 서구 사회와 바이킹 극서 사회 또는 스칸디나비아 사회의 충돌이다. 이 두 충돌에 있어 서로 맞선 것은, 전위인 튜턴족이 헬라스 사회를 멸망시키기 위해, 그리고 결국은 자멸하기 위해 빈사상태에 이른 헬라스 사회의 신체에 칼을 꽂았을 때 계속 로마의 지배 범위 밖에 머무르며 예비로 남겨져 있던 야만족의 '후위부대'였다. 더욱이 이 후위부대는 어느 정도 성공을 거두고―아카이아족의 성공에는 미치지 못했지만―방금 전에 말했던 네 항목에 있어서 아카이아족 다음가는 튜턴족의 성공을 훨씬 능가했다.

아카이아족은 그들이 공격을 가했던 미노스 문명을 대신하는 위대한 문명을 탄생시키는 데 성공했다. 튜턴족 전위부대는 그들의 성미에 맞는 파괴행위를 마음껏 행하고 일시적인 즐거움을 누렸지만, 적극적인 가치를 지닌 것은 전혀 또는 거의 완수하지 못했다. 이에 비해 극서 그리스도교도와 극북 바이킹족은 둘 다 문명을 잉태시키는 데까지는 이르렀으나, 그 문명의 태아는 지나치게 강한 도전을 만나 결국 생명을 잃었다. 우리는 이미 몇 번이나 넌지시 유산 문명의 존재에 대해 언급하면서도 그것을 우리의 첫번째 목록에 넣지 않았는데, 왜냐하면 문명의 본질이란 성숙된 영역에 이르러서야 발휘되는 것인데도 불구하고 이들 문명은 '유아(幼兒) 사망'의 희생자이기 때문이다.

그런데 우리 논의의 취지로 보아 마침 좋은 기회이므로, 여기서 이 두 가지 예를 고찰하기로 하자.[20]

유산된 극서 그리스도교 문명

그리스도교에 대한 '켈트 외곽지대'의 반응은 아주 독특한 것이었다. 켈트족은 아리우스파로 개종했던 고트족이나 가톨릭으로 개종했던 앵글로색슨족과 같이, 외래 종교를 그들이 만난 그대로의 모습으로 받아들이지는 않았다. 외래 종교로 하여금 고유한 전통을 파괴하도록 허락하는 대신, 그들은 그것을 자기들의 야만 사회에 계속 이어져 내려오는 전통에 합치시켜 새로운 형태를 재창조했다. "그리스도교를 받아들이는 방식에 있어 이들만큼 독창성을 발휘한 종족은 달리 없다"라고 르낭(프랑스의 종교사가이며 사상가)은 말하고 있는데, 이것은 로마 통치하에서 그리스도교로 개종했던 브리튼 섬 켈트족의 반응에서도 인정된다고 생각한다. 이들 켈트족의 경우에 대해서는 별로 잘 알려져 있지 않지만, 우리는 당시의 그리스도교 세계를 뒤흔들었던 이단설(異端說)을 제창한 펠라기우스(원죄설을 부정하고 인간의지의 자유를 강조하는 '펠라기우스설'을 설파했다)가 그들 중에서 나왔다는 사실을 알고 있다. 그러나 결국 펠라기우스의 설보다도 더 중요했던 것은 그리스도교를 로마 세계를 넘어서 아일랜드에 전한 펠라기우스와 같은 나라, 같은 시대 사람인 패트릭(아일랜드의 성자)의 사업이다.

영국인의 바다를 건너가는 민족이동(앵글로색슨의 브리튼 섬 침략)은 브리튼의 켈트족에게는 궤멸적인 타격을 안겨주었지만, 아일랜드의 켈트족에게는 행운을 가져다 주었다. 그것은 그리스도교의 씨가 막 뿌려진 그 시기에, 로마를 본뜬 새로운 그리스도교 문명이 발달되었던 서유럽의 여러 로마 영토로부터 아일랜드를

---

20 다음 장에서 우리는 '발육정지 문명'이라는 또 하나의 그룹과 만나게 된다. 이들 문명은 '유아 사망'의 희생자가 아니라 '소아마비'의 희생자라는 것이 판명된다. 즉 태어나기는 했지만 옛날 이야기의 어떤 아이들처럼(피터 팬 같은) 성장하지 못하는 문명이다.

격리시키게 되었다. 그리하여 아일랜드에 중심을 둔 '극서 그리스도교 사회'라는 하나의 독립된 문명의 태아가 신생 대륙인 서구 그리스도교 세계의 출현과 때를 같이하여 나타날 수 있었던 것은 이 격리 덕분이었다. 이 극서 그리스도교 세계의 독창성은 그 교회조직, 그 제식(祭式)과 성도전(聖徒傳), 그리고 문학과 예술에 한결같이 나타나고 있다.

성(聖)패트릭의 전도 활동(432~461년의 일로 보아야 할 것이다)으로부터 100년도 지나지 않는 동안에 아일랜드 교회는 그 독자적인 특색을 발달시켰을 뿐만 아니라, 많은 점에 있어 대륙의 가톨릭교에 앞섰다. 이러한 사실은, 격리되었던 기간이 끝남과 동시에 아일랜드인 전도자와 학자가 브리튼 및 대륙에서 환영받았던 일과, 또 브리튼과 대륙의 학생이 아일랜드의 학교에서 공부하기를 열렬히 원했던 일에 의해 입증된다. 아일랜드가 문화적으로 우월했던 시기는, 548년 클론맥크노이스(아일랜드 중앙부에 있는 도시)에 수도원 대학이 설치되었던 때로부터 1090년 라티스본(독일 바이에른에 있는 도시 레겐스부르크의 프랑스 이름)에 아일랜드계 성야곱 수도원이 설립되었던 때에 걸쳐서이다. 그러나 섬의 그리스도교 사회와 대륙의 그리스도교 사회 간에 다시 접촉이 시작된 일의 사회적 결과는 이상의 문화 전달만으로 그치지 않았다. 또 하나의 결과는 세력다툼이었는데, 서유럽 사회의 장래 문명은 아일랜드의 태아로부터 발전할 것인가 하는 것이 그 쟁점이었다. 그리고 이 쟁점에 있어서 아일랜드인은 그 문화적인 우월을 잃기 훨씬 이전에 패해 쓰러졌다.

이 다툼의 결말이 난 것은 7세기에 캔터베리의 성아우구스티누스의 제자들과 아이오나의 성콜롬바누스(콜롬바)의 제자들 사이에 행해졌던 노섬브리아의 앵글로족 개종을 둘러싼 경쟁에서였는데, 두 파의 대표가 위트비 회의(664년)에서 극적인 대결을 하여 결국 노섬브리아의 왕(오스위크)이 로마파의 성윌프리드(노섬브리아 태생의 성직자. 요크 대사교가 되었다)를 지지하는 결정을 내렸다. 로마파의 승리는 그뒤 곧 타르수스의 테오드로스가 캔터베리 대사교가 되어 대륙에서 건너와 잉글랜드의 교회를 로마 교회의 사교 관할구역제에 의거하여 조직하고 캔터베리와 요크에 대사교 자리를 둠으로써 확고부동하게 되었다. 그리하여 다음 반세기 동안에 켈트 외곽지대의 모든 종족이 —픽트족, 아일랜드족, 웨일스인, 브리튼 족, 끝으로 아이오나족마저도— 위트비 회의에서 공식적으로 논쟁점이 되었던 로마 교회풍의 삭발과 부활절의 산출법을 받아들이게 되었다. 그러나 다른 몇 가지 차이점은 12세기가 될 때까지 완전히 소멸되지 않았다.

위트비 회의 이후 극서 문명은 고립되었고, 따라서 멸망의 운명을 맞게 되었다. 9세기에는 아일랜드를 습격한 바이킹족에게 깊은 상처를 입어, 아일랜드 수도원 중 약탈을 모면한 곳은 한 군데도 없는 상태였다. 9세기는 대륙으로 피난했던 아일랜드인 학자의 활동이 최고조에 이르렀던 시기인데도 불구하고, 우리가 아는 한 아일랜드에서는 라틴어 책이 한 권도 쓰어지지 않았다. 잉글랜드인과 프랑스인에게는 가장 알맞은 자극이 되었기 때문에 문자 그대로 영국과 프랑스를 건설한 스칸디나비아인의 도전은 다시금 고립상태에 빠져 있던 아일랜드에는 지나치게 강력하여, 아일랜드는 겨우 피루스적 승리 —클론타프(더블린 교회)에서 브리안 보로가 침략자를 쳐부순 싸움— 를 얻은 데 지나지 않았다.

최후의 타격은, 12세기 중엽에 앙주가(家)의 헨리 2세(앙주가 최초의 잉글랜드 왕. 재위 1154~89)가 교황의 축복을 받으며 행했던 앵글로노르만의 아일랜드 정복 개시였다. '켈트 외곽지대'의 정신적 개척자는 그들 자신의 새로운 문명을 세우는 대신, 그들로부터 독립된 창조를 행하는 권리를 계속 박탈하는 바로 그 경쟁 상대에게 공헌하기를 강요당했다. 스칸디나비아인의 습격을 피해 아일랜드로부터 도망쳤던 아일랜드 학자는 카롤링거 왕조의 르네상스 —그 최대의 주연배우는 의심할 나위 없이 헬레니즘 연구가이고 철학자이며 신학자인 아일랜드 사람 요하네스 스코투스 에리게나(신플라톤주의의 흐름을 추종하는 철학자)였다— 에 힘을 미쳤으며, 이렇게 아일랜드의 학문은 대륙 서구 문명의 진보에 공헌을 했던 것이다.

유산된 스칸디나비아 문명

이제까지 밝혀진 바와 같이, 로마와 아일랜드 사이에 일어났던 새로운 서구 문명의 창조자가 될 특권을 획득하기 위한 다툼에 있어서 로마는 가까스로 우위에 설 수 있었다. 그런데 한숨 돌릴 겨를도 없이 신생 서구 그리스도교 사회는 아직 유년기도 벗어나지 못한 동안에 이번에는 스칸디나비아에 예비로 대기하고 있던 북구 야만족인 튜턴족의 후위부대를 만나 같은 권리를 둘러싼 제2의 다툼을 벌이지 않으면 안 되었다. 이때는 사정이 한층 만만치 않았다. 이 다툼은 문화면뿐만 아니라 군사면에서도 행해졌으며, 게다가 서로 싸우는 이 두 사회는 2세기 전에 미래의 서구 그리스도교 사회의 지배를 위해 싸웠던 아일랜드와 로마의 태아보다도 더 한층 강력하고 또 이질적이었다.

서구 그리스도교 사회와의 다툼이 시작되기 이전의 스칸디나비아인과 아일랜드인의 역사는, 둘 다 앞으로 맞서게 될 상대로부터 오랫동안 고립해 있었다는 점에서 유사점을 갖는다. 아일랜드의 그리스도교도는 이교도인 앵글로색슨족의 잉글랜드 침입에 의해 고립되었으며, 스칸디나비아인은 6세기 말 이전에 니멘 강 연안에서 엘베 강 연안에 이르는 발틱 해 남단에 육로로 표류해 온 이교도인 슬라브족에 의해 고립되었다.

당시 이 지역은 스칸디나비아인이 그들의 고향에 머물러 있는 동안 이 지역에 있던 야만의 튜턴족이 헬라스 사회의 붕괴 직후 민족이동에 휩쓸림으로써 일시 진공상태가 되어 있었던 것이다. 이와 같이 아일랜드인은 같은 그리스도교도들로부터, 스칸디나비아인은 같은 튜턴족으로부터, 자신들 사이에 끼여든 더 야만스러운 침입자에 의해 격리되었다. 그러나 근본적으로 다른 점이 하나 있었다. 아일랜드인의 경우에는 앵글로색슨 이전에 이미 로마 제국으로부터 발해진 빛에 의해 그리스도교의 불씨에 점화되어 그 불꽃이 고립기간 중 활활 타올랐던 데 비해, 스칸디나비아인은 그대로 이교도였다.

스칸디나비아인의 민족이동은 다른 민족이동과 마찬가지로 문명의 충격에 대한 야만사회의 반응이었는데, 이 경우 구체적으로 문명을 대표했던 것은 샤를마뉴의 제국이었다. 이 제국은 웅대하고도 또한 지나치게 조숙했기 때문에 결국 실패로 끝나고 말았다.

기원후 8세기에서 11세기에 걸친 스칸디나비아인의 팽창은, 그 범위에 있어서나 격렬함에 있어서나 기원전 5세기에서 3세기에 걸쳐 있었던 켈트인의 팽창을 능가했다. 우익을 스페인 중심부에, 좌익을 소아시아 중심부에 펴고 헬라스 사회를 에워싸려 하다가 실패로 끝난 켈트족의 계획도, 좌익을 러시아에, 우익을 북아메리카에 펴고 서구 그리스도교 세계뿐만 아니라 정교 그리스도교 세계에까지 위협을 준 바이킹족의 작전에 비하면 소규모로 보인다. 그리고 바이킹족이 템스 강, 센 강, 보스포루스 해협을 따라 런던, 파리, 콘스탄티노플을 경유하여 침입했을 때 이 두 그리스도교 문명이 직면했던 위험 쪽이, 켈트족이 일시적으로 로마와 마케도니아의 지배자가 되었을 때 헬라스 문명이 직면했던 위험보다 훨씬 컸다. 게다가 또한 그 얼음처럼 차가운 아름다움이 그리스도교의 따뜻한 입김에 녹아들어 형태를 잃어버리기 이전에 아이슬랜드에 전개되었던, 결국 유산으로 끝나고 만 스칸디나비아 문명은 실제로 완수한 업적으로 보나 앞으로의 발전 가능성으로 보나 현대의 고고학자들에 의해 그 유적이 발견된 유치한 켈트 문화[21]를 훨씬 능가하고 있다.

우리는 아직 스칸디나비아 문명이 그 본국에서 정복당하고 절멸했던 경과에 대해서는 이야기하지 않았는데, 이제부터 그것을 살펴보기로 한다.

이 정복은 샤를마뉴가 포기했던 전술로 복귀함으로써 완수되었다. 서구 그리스도교 세계의 자기방어는 부득이 무력을 사용하여 행해졌다. 그러나 무력에 의한 서구의 방어가 무력에 의한 스칸디나비아인의 공세를 저지하자마자 서구인은 또 다시 평화적 침입의 전술을 채용했다. 서구 그리스도교 세계 각 지역에 정착한 스칸디나비아인을 개종시키고 본디 속해 있던 문화로부터 끌어낸 뒤, 서구 그리스도교 사회는 본국에 머물러 있던 스칸디나비아인에게도 같은 전술을 적용했다. 그리고 이 점에 있어서 스칸디나비아인의 뛰어난 장점 하나가 그들의 파멸을 도왔다. 그것은 놀라운 수용성인데, 당시 서구 그리스도교 사회의 어느 학자가 그 특성에 주목하여 그다지 훌륭하지 못한 2행(行)의 6보격시(六步格詩)로 다음과 같이 표현하고 있다.

'그들은 너나없이 그들의 기치 아래 달려드는 인간의 풍습과 언어를 자기 것으

---

21 이 문화는 주목할 만한 최초의 유적지인 스위스 북부 뇌샤텔 호(湖)의 유출지 이름을 따서 '라 텐 문화'라고 명명되었다.

로 하여 하나의 종족이 되려고 한다.'

예를 들면, 스칸디나비아인 지배자들은 그리스도교로 개종하기 이전부터 샤를 마뉴를 영웅시하여 자기 자식에게 '카롤루스' 라든지 '마구누스' 라는 이름을 붙이는 경향이 있었다는 것은 재미있는 사실이다. 만일 같은 세대의 서구 그리스도교 사회 지배들 사이에 '마호메트' 라든가 '우마르' 라는 이름을 짓는 일이 유행했다면 우리는 이 새로운 유행이 이슬람과의 투쟁에 있어 서구 그리스도교의 앞날이 어두움을 나타내는 불길한 징후라고 결론지었을 것임에 틀림없다.

러시아, 덴마크, 그리고 노르웨이의 스칸디나비아 왕국에 있어서는, 10세기 말경 때를 같이하여 지배하고 있었던 세 스칸디나비아인 군주의 전제적인 명령에 의해 모든 국민이 형식적 · 외면적으로 그리스도교로 개종하도록 강요받았다. 노르웨이에서는 처음에는 상당히 강한 저항이 있었지만, 덴마크와 러시아에서는 아무런 저항 없이 조용하게 이 변화를 받아들였다. 그 결과, 스칸디나비아 사회는 단순히 정복되었을 뿐만 아니라 분열되었다. 왜냐하면 서구 그리스도교 사회와 마찬가지로 바이킹족의 습격을 받았던 정교 그리스도교 사회가, 그 뒤 역시 마찬가지로 종교적 · 문화적 역습을 가했기 때문이다.

러시아의 (스칸디나비아인 왕국의) 사절과 상인은 숲속에서의 우상숭배와 콘스탄티노플의 우아한 미신을 비교했다. 그들은 성소피아 교회의 돔, 성도와 순교자의 자태를 살아 있는 듯이 묘사한 그림, 제단 위의 보물, 다수의 성직자와 제복, 화려하고 정연한 의식을 경탄의 시선으로 바라보았다. 그들은 번갈아 되풀이되는 경건한 침묵과 잘 조화되는 성가에 의해 교화되었다. 천사의 합창대가 날마다 천상에서 내려와 그리스도교도의 예배에 참가한다고 그들에게 이야기하여 믿게 하는 일도 어렵지 않았다.[22]

바로 그에 이어 기원 1000년에는 아이슬란드가 개종했고, 그것이 아이슬란드

---

[22] 기번의 《로마 제국 쇠망사》 4장.

문화가 멸망하는 발단이 되었다. 과연 그뒤 관습을 문자로 기록하고,《에다》의 시를 모으고, 스칸디나비아 신화와 계보 및 법률의 훌륭한 적요를 만들었던 아이슬란드 학자들은 모두 북구의 문화적 유산과 함께 그리스도교 문화를 몸에 익혀 갔다. 이들 학자는 개종한 뒤 약 150년 내지 250년 사이에 그들의 일을 완수했던 것이다.

그러나 이 '과거를 향한' 학문적 사업이 아이슬란드 천재의 마지막 위업이었다. 우리는 여기에다 헬라스 사회의 역사에 있어 호메로스의 시가 한 역할을 대비시킬 수 있다. 이들 시도 역시 그에 영감을 준 영웅시대가 끝난 뒤 비로소 호메로스에 의해 문학적 형태를 부여받았다는 점에 있어서는 '과거를 향한 학문'의 사업이었다. 그러나 헬라스 사회의 천재는 서사시를 완성한 뒤 더욱 전진하여 다른 여러 가지 영역에 있어서도 마찬가지의 위대한 사업을 달성했지만, 아이슬란드가 세운 업적은 1150~1250년 무렵 호메로스적 절정에 이른 다음 차차 쇠퇴하여 사라져 갔다.

4. 두 그리스도교 사회에 가해진 이슬람의 충격

이 편을 끝냄에 이르러, 두 그리스도교 사회에 가한 이슬람의 충격이 이미 독자에게 낯익은 '세 항목 비교'의 또 한 가지 예를 제공하는지 어떤지 살펴보기로 하자.

우리는 앞서 다른 문제를 고찰하는 단계에서 가장 훌륭한 응전을 불러일으켰던 이슬람의 도전에 대해 서술했다. 기원 8세기에 프랑크족에게 제기된 도전은 몇 세기에 걸친 공격을 불러일으키고, 그 대공격은 이슬람 신봉자를 이베리아 반도에서 쫓아냈을 뿐만 아니라 당초의 목표 지점을 넘어서 더 앞으로 진격해 스페인인과 포르투갈인으로 하여금 바다를 건너 세계의 모든 대륙으로 향하게 했다. 이 경우에서도 우리는 역시 극서 문명과 스칸디나비아 문명을 고찰하는 단계에서 발견했던 것과 같은 현상을 인정할 수 있다. 이베리아 반도의 이슬람 문화는 완전히 근절되고 박멸되기 전에 승리를 획득한 적에 의해 이용당했고, 이슬람교 시대의 스페인 학자들은 은연중에 중세 서구 그리스도교 사회의 스콜라 학자들이 세운 철학체계에 기여하게 되었다. 그리스 철학자 아리스토텔레스의 저작 몇 권이 서구 그리스도교 세계에 전해진 것은 아라비아어 역(譯)을 통해서였다. 또한 이제까지 십자군 참가자가 시리아에 세운 여러 왕국을 통해 침입해 왔다고 여겨졌던 서구 문화에 미친 많은 '오리엔트'의 영향도 사실은 이슬람교 시대에 이베리아 반도에서 왔음이 확실하다.

이베리아 반도를 지나 피레네 산맥을 넘어 서구 그리스도교 세계에 가해진 이슬람교도의 공격은, 이 전선과 서남아시아에 있는 이슬람의 활동 근거지 사이의 거리가 멀었기 때문에 겉으로 보기보다 그리 두려워할 만한 것은 못 되었다. 그런데 병참선(兵站線)은 더욱 짧아지고, 따라서 이슬람교도의 공격이 더욱 격렬해진 방면을 발견하는 일은 그리 어렵지 않다. 그 지역은 당시 정교 그리스도교 문명의 성채였던 아나톨리아이다.

공격의 첫 국면에 있어 아랍인 침략자는 아나톨리아를 곧장 벗어나 바로 제국의 수도에 직접 공격을 가함으로써, 룸(그들은 아나톨리아를 이렇게 불렀는데, 로마라는 의미이다)을 활동 불능의 상태에 빠뜨려 정교 그리스도교 세계를 완전히 압도하려고 했다. 이슬람교도에 의해 673~677년과 717~718년 두 차례에 걸쳐 행해졌던 콘스탄티노플 포위공격은 실패로 끝났다. 두 번째 포위공격이 실패한 뒤 양세력의 경계선이 타우루스 산맥의 능선을 따라 고정되었을 때에도, 아나톨리아에 남아 있던 정교 그리스도교 세계의 영토는 으레 1년에 두 차례씩 이슬람교도의 침략을 받았다.

정교 그리스도교도는 이 압력에 대해 정치적 수단으로 응전했다. 그리고 이 응전은 단기적인 안목으로 보면 아랍인의 근접을 막는 데 성공했다. 그러나 긴 안목으로 보면 정교 그리스도교 사회의 내부생활과 성장에 해로운 결과를 초래했으므로 불행이었다. 그 수단이란 '시리아 태생'의 레오가 정교 그리스도교 세계에 로마 제국의 '망령'을 불러일으켰던 일로서, 그것은 마침 서유럽에서 샤를마뉴가 그와 똑같은 뛰어난 곡예를 시도했다가 실패한(따라서 거의 해가 없었다) 약 2세기 전에 해당한다. 레오 시루스의 사업이 초래한 가장 불행한 결과는 정교 교회를 희생시키고 비잔틴 정부의 권력을 강화했던 일이며, 그 때문에 한편으로는 동로마 제국 및 동로마 총주교 권력과 다른 한편으로는 불가리아 제국 및 불가리아 총주교 권력이 모두 멸망하는 백년전쟁이 일어난 일이었다. 이 스스로 가한 깊은 상처가 정교 그리스도교 사회의 원형과 본고장의 죽음을 초래했다. 이러한 사실은 이슬람의 충격이라는 형태로 정교 그리스도교 세계에 가해진 도전이 서구 그리스도교 세계에 대한 도전과 달리 과도한 것이었음을 나타내고도 남음이 있다.

이슬람의 충격이 그다지 강렬하지 못했기 때문에 자극을 받을 수 없던 경우를 발견할 수 있을 것인가? 발견할 수 있다. 왜냐하면 우리는 그 결과를 지금도 여전히 아비시니아(에티오피아)에서 볼 수 있기 때문이다. 이 아프리카의 '성채' 속에 살아남아 있는 단성론 그리스도교도의 사회는 첫째로 이슬람교 아랍 민족이 지금으로부터 13세기 전에 이집트를 정복한 이래 다른 그리스도교 사회에서 거의 완전히 고립되어 생존해 왔으며, 둘째로는 그 문화 수준이 지극히 낮은 까닭에 세계의 사회적 진품(珍品) 가운데 하나로 되어 있다.

국제연맹은 다소 주저하면서도 이 그리스도교 국가인 아비시니아의 가입을 승인했지만, 아비시니아는 무질서한 야만, 즉 봉건적·부족적 무정부상태의 무질서와 노예매매를 하는 야만의 전형으로서 공격을 받았다. 사실 리베리아를 제외하고는 당시 완전한 독립을 유지하고 있는 유일한 아프리카 국가였던 이 아비시니아가 보여준 자태는, 아프리카의 나머지 부분을 유럽의 열강들이 서로 나누어 갖기 위한 가장 좋은 구실이 되었다.

잘 생각해 보면 아비시니아의 특수성 — 독립 유지와 문화의 침체 — 은 모두 같은 원인, 즉 이 화석적 사회가 숨어 있는 고지대의 '성채'가 거의 외적의 침입을 받지 않았다는 사실에 그 원인이 있음을 알 수 있다. 이슬람의 물결과 그보다 더욱 강대한 서구 문명의 물결은, 절벽 밑을 씻어내고 순간적으로 절벽 꼭대기를 넘어 부서져 떨어지는 일은 있어도 결코 영구적으로 절벽 꼭대기를 물 속에 잠기게 할 수는 없었다.

이런 적의를 지닌 물결이 고지대 위까지 밀어닥쳤던 기회는 별로 없었고, 또 있었다 해도 그 기간이 짧았다. 아비시니아는 16세기 전반을 통해 연안의 저지대에 사는 이슬람교도가 아비시니아보다 먼저 화기(火器)를 손에 넣었을 때 그들에게 정복당할 위기에 처했다. 그런데 소말리아인이 오스만리로부터 입수한 이 신식 무기는, 때마침 포르투갈인으로부터 아비시니아인에게 전해져 아비시니아인을 파멸에서 구할 수 있었다. 그뒤 이번에는 포르투갈인이 아비시니아인을 그리스도 단성론에서 가톨릭으로 개종시키고자 압력을 가했을 때, 서구식 그리스도교는 탄압을 받고 이 나라에 와 있던 서구인은 모두 추방되었다. 그것은 1630년대의 일로서, 일본에서도 이와 똑같은 정책이 동시에 수행되었다.

1868년에 있었던 영국의 아비시니아 원정은 완전한 성공을 거두었지만, 그 15년 전의 아메리카 함대에 의한 '일본 개국(開國)'의 경우와 달리 그 다음에는 아무 성과도 없었다. 그러나 19세기 말의 '아프리카 쟁탈전' 때 유럽 열강 가운데 어느 나라가 아비시니아를 공격해야 했던 것은 불가피한 추세였는데, 이탈리아가 그 일을 맡았다. 이때 2세기 반 전에 포르투갈이 담당했던 역할을 행한 나라는 프랑스였다. 프랑스는 황제 메넬리크에게 후장총(後裝銃)을 공급하고, 메넬리크는 그것으로 1896년의 아두와 싸움에서 이탈리아 침략자를 철저하게 패배시킬 수 있었다.

1935년 이번에는 사악한 의도 아래 계획적으로 스스로의 내부에 신야만주의를 함양하여 강화된 이탈리아인이 저보다도 더 한층 강한 결의를 품고 다시 공격을 가했을 때, 처음 얼마 동안은 이탈리아가 아비시니아의 예로부터의 난공불락과 또한 고뇌하는 서구 세계를 위해 갓 태어난 집단안전보장 약속에 종지부를 찍는 데 성공한 것처럼 여겨졌다. 그러나 이탈리아령 에티오피아 제국을 선언한 지 채 4년도 못 되어 무솔리니가 1939~45년의 대전(大戰)에 참가했기 때문에, 1935~36년에는 국제연맹을 수호하기 위해 아비시니아를 지원하는 일을 삼가고 있던 영국이 자기 나라의 위태로움을 막으려고 1941~42년에, 지난날의 위기에 프랑스와 포르투갈이 행했던 것과 같은 은혜를 아비시니아에 베풀게 되었다.

이상 네 차례에 걸친 외적의 공격이, 그리스도교를 받아들인 이래 16세기 동안에 아비시니아가 직면해야 했던 것의 전부이다. 게다가 처음 세 번의 공격은 모두 자극을 받을 틈도 없을 정도로 빨리 격퇴되었으며, 이것 이외에 아비시니아가 경험한 것은 없었다. 그리고 그것은 '역사를 갖지 않은 국민은 행복하다'는 설을 반박하는 증거로서 쓰일지도 모르겠다.

문명의 성장　제3편

제9장 발육정지 문명

1. 폴리네시아인과 에스키모 및 유목민

전편에서 우리는 '문명이란 어떻게 하여 생겨나는 것인가?' 라는 지극히 어려운 문제와 씨름했다. 그런데 지금 우리 앞에 놓인 문제는 너무 쉬워서, 일부러 문제로 삼아 고찰할 필요조차 없는 것으로 여겨질지도 모르겠다. 일단 문명이 생겨난 이상, 우리가 유산된 문명이라고 이름붙였던 문명의 운명이 그러했듯이 어렸을 때 그 싹이 잘려지지 않는 한 당연히 그 성장을 기대할 수 있는 것이 아닐까? 이 물음에 대한 해답을 찾아내는 가장 좋은 방법은 또 하나의 물음을 제기해 보는 것이다. 탄생과 유아기(幼兒期)라는 잇따라 일어나는 위험을 모두 뛰어넘은 문명은 반드시 성장하여 '성년(成年)'에 이른다는 것이 역사적 사실로서 인정될 것인가? 바꾸어 말하면, 그들 문명은 반드시 당연하게 그 환경과 생활양식을 통제하게 되어, 이 책에서 작성한 명단에 기록될 자격을 갖춘 하나의 완전한 문명이 될 것인가? 이에 대한 해답은, 그대로 되지 않는 문명이 있다는 것이다.

이미 언급한 발달된 문명과 유산된 문명이라는 두 가지 부류 이외에, 발육정지 문명이라 부를 수밖에 없는 제3의 부류가 있다. 우리가 성장의 문제를 고찰하지 않으면 안 되는 까닭은, 지금까지 명맥을 이어오기는 했으나 성장하지 못한 이런 문명들이 있기 때문이다. 우선 처음에는 손에 넣을 수 있는 이런 종류의 문명의 표본을 모아 그것을 조사해 보기로 하자.

이런 문명의 표본으로서 쉽게 거론할 수 있는 것이 다섯 개 가량 있다. 자연적 도전에 응전하여 태어난 문명의 표본으로는 폴리네시아인과 에스키모와 유목민의 것이 있고, 인간적 도전에 응전하여 나타난 문명으로는 일반적인 인간적 도전이 국부적으로 특수한 사정에 의해 강화되어 이상하리만큼 엄격한 경지에 이르렀을 때 생겨난 정교 그리스도교 오스만리와 헬라스 세계의 스파르타인의 것을 들수 있다.

이들 발육정지 문명은 모두 '뛰어난 곡예'를 완수한 결과로서 운동이 멎어버린 것이다. 그들은 한층 더 높은 발달을 촉구하는 자극의 정도와 패배를 야기하는 정도의 바로 경계선에서 일어나는 격심한 도전에 대한 응전이다. 앞서 인용한 절벽을 기어오르는 등반자의 비유로 말하면, 도중에 꼼짝할 수 없게 되어 뒤로 물러서지도 못하고 앞으로 나아가지도 못하게 된 자와 같은 것이다. 이 상태는 극도로 긴장된 위험한 운동정지의 상태여서, 위에 든 다섯 가지 문명 가운데 네 가지는 결국 패하여 뒤로 물러설 수밖에 없었음을 덧붙여둔다. 오직 하나, 즉 에스키모 문화만이 간신히 멸망하지 않고 오늘날까지 남아 있다.

예를 들어, 폴리네시아인은 원양(遠洋) 항해라는 아주 대담한 '뛰어난 곡예'를 감행했다. 약하고 덮개가 없는 카누에 몸을 싣고 무모한 대항해를 해내는 일이 그들의 특기였다. 그들이 받은 벌은 어느 정도의 시간이 걸렸는지 모르지만, 아주 오랫동안 태평양과 간신히 평형을 유지하는 것이 고작이었던 상태, 즉 광막하고 공허한 공간을 겨우 횡단하여 조금도 마음을 놓을 여유가 없는 상태에 있었기 때문에, 이 참을 수 없는 긴장에서 해방됨과 동시에 완전히 기운이 빠져 버렸다. 그 결과, 예전에는 미노스인과 바이킹족에 필적할 만큼 용감했던 폴리네시아인이 타락하여 '로토스를 먹는 사람'이나 '태평락(太平樂)'의 국민처럼 땅으로 다니는 인간이 되어 바다를 지배하는 힘을 잃고, 서구의 항해자들이 내습해 올 때까지 제각기 자기 섬의 낙원에 고립되는 운명을 감수했다.

에스키모에 대해 말하면, 그들의 문명은 아메리카 인디언의 생활양식을 특별히 북극양 연안지대의 조건에 알맞도록 발달시킨 것이다. 에스키모가 행한 '뛰어난 곡예'는 겨울 동안 얼음 위 또는 얼음 옆에 머무르며 바다표범을 잡는 일이었다. 역사적 유인이 무엇이었든간에 그 역사의 어떤 시점에 에스키모의 선조가 대담하게 극지대의 환경과 싸우고, 뛰어난 솜씨를 발휘하여 그들의 생활을 새로운 환경의 요구에 알맞도록 적응시킨 것이 분명하다. 이 주장을 입증하려면, 에스키모가 머리를 짜내어 완성했거나 또는 발명한 물적(物的) 기구를 열거하는 것만으로도 충분하다. 카약(바다표범 가죽을 나무 둘레에 붙인 작은 배), 우미약(바다표범 가죽을 댄 여자용 작은 배), 작살과 발사대가 있는 새 잡는 창, 물고기 잡는 삼지창, 힘줄을 늘여서 보강해 붙인 활, 개썰매, 눈(雪) 구두, 고래기름 램프와 마루가 깔린 겨울 오두막집과 눈집(이글루), 여름 천막, 마지막으로 가죽옷이 그것이다.

이것들은 기지(機知)와 의지력에 찬 경탄할 만한 '뛰어난 곡예'의, 눈에 보이는 외면적인 징후이다.

어떤 면으로는, 이를테면 사회조직에 있어서 에스키모는 약간 뒤떨어진 발달을 보이고 있다. 그러나 이처럼 사회적 문화가 뒤떨어져 있는 이유가 그들이 미개하기 때문인지, 아니면 그들이 태고 이래로 줄곧 생활해 온 자연조건의 결과인지 그 점은 의문이다. 에스키모 문명에 대해 각별히 깊은 지식이 없어도, 그것이 생계를 세우는 수단을 개발하는 일에 그 정력의 대부분을 소모하지 않으면 안 되었던 문명임을 알 수 있다.[1]

대담하게 극지대의 환경과 대결한 에스키모가 치러야 했던 벌은, 극지대적인 풍토의 연주기(年周期)에 엄밀하게 따르는 생활을 하는 것이었다. 부족들은 모두 계절에 따라 다른 일을 해야만 했고, 극지대 자연의 제압은 '과학적 관리'라는 이름의 인간적 제압이 공장 노동자에게 부과하고 있는 것과 같은 정도의 가혹한 시간적 할당을 이 극지대 수렵인에게 부과했다. 실제로 우리는 에스키모가 극지대 자연의 주인인지 아니면 노예인지 자문해 보고 싶을 정도이다. 스파르타인과 오스만리의 생활을 고찰할 때에도 역시 비슷한 의문에 부닥쳐 그것에 대답하는 일이 마찬가지로 곤란하다는 사실을 알게 될 것이다. 그러나 그에 앞서 우선 에스키모 문명과 마찬가지로 자연적 도전에 의해 환기된 또 하나의 발육정지 문명의 운

---

1 H. P. Steensby, *An Anthropological Study of the Origin of the Eskimo Culture.*

명을 고찰해야 한다.

에스키모는 얼음과 싸우고 폴리네시아인은 바다와 싸웠지만, 스텝 지대의 도전을 받으며 일어선 유목민도 또한 그와 마찬가지로 다루기 힘든 자연과 대담하게 싸웠다.

사실 풀과 자갈로 뒤덮인 스텝 지대는 인간과의 관계에 있어, 가래와 괭이로 경작할 수 있는 대지보다는 '수확이 없는 바다(호메로스는 바다를 자주 이렇게 표현했다)'와 유사한 점이 많다. 스텝 지대의 표면과 바다의 표면은 모두 인간이 방랑자, 이를테면 일시적인 체재자로서만 가까이 갈 수 있다는 점에서 그 공통점을 찾을 수 있다. 거기엔 섬과 오아시스를 제외하고는 그 광대한 표면 어느 곳에도 인간이 머물러 생활할 만한 장소가 없다. 양자는 인간사회가 항구적인 거주지로 삼고 있는 지구상의 다른 지방보다는 여행과 수송에 있어 훨씬 많은 편의를 제공하지만, 그곳에 들어가는 대가로 끊임없이 앞으로 이동하든가 아니면 완전히 그 표면을 떠나 그곳을 둘러싼 연안지방의 대지 위로 물러가기를 요구한다.

이처럼 해마다 같은 궤도를 더듬으며 여름의 목초지와 겨울의 목초지 사이를 이동하는 유목민 집단과, 계절에 따라 이 어장에서 저 어장으로 순항(巡航)하는 어선대(漁船隊)와의 사이, 바다 양쪽 해안의 산물을 교환하는 상선과 스텝 지대의 대안을 서로 연결하는 낙타 대상(隊商)과의 사이, 해적과 사막의 약탈자와의 사이, 미노스인과 북구인을 몰아서 배에 태워 마치 해일과도 같이 유럽과 레반트 연안으로 밀려들게 한 저 폭발적인 민족이동과, 유목 아랍인이며 스키타이인이며 터키인이며 몽골인을 몰아 해마다 더듬는 정해진 궤도에서 벗어나 그에 못지않은 맹렬함과 불의의 습격으로 이집트, 이라크, 러시아, 인도, 중국에 밀려들게 한 민족이동 사이에는 확실히 서로 유사한 점도 있다.

자연적 도전에 대한 유목민의 응전이 폴리네시아인이나 에스키모의 응전과 마찬가지로 '뛰어난 곡예'였음은 분명하지만, 이 경우에는 폴리네시아인이나 에스키모의 경우와는 달리 그 역사적 유인이 추측의 범위를 벗어나지 않는 그런 것은 아니다. 우리는 유목생활이 이집트와 수메르와 미노스의 각 문명을 불러일으켰고, 또한 딩카족과 실루크족을 적도지역으로 쫓아낸 도전과 똑같은 도전, 즉 건조화(乾燥化)에 의해 불러일으켜졌다고 추론해도 무방하다. 유목생활의 기운에 대해 현재 우리가 가지고 있는 가장 확실한 자료는 펌펠리(미국의 지질학자) 탐험대가 트랜스카스피아(카스피 해로 향한 쪽, 즉 동쪽 일대라는 뜻)의 오아시스 지대 아나우에서 행한 조사 결과 알아낸 것이다.

여기서는 우선 첫째로 건조화가 그때까지 수렵생활을 하고 있던 몇몇 사회를 자극함으로써 그 사회가 초보적인 형태의 농업에 착수하여 불리한 조건 속에서 생계를 유지하게 한 것을 알 수 있다. 그 자료는 이러한 농업생활의 단계가 틀림없이 유목생활에 앞서 있었음을 나타내고 있다.

농업은 이 옛 수렵생활의 사회사에 간접적이긴 하나 그와 마찬가지로 중요한 또 하나의 결과를 안겨주었다. 다시 말해서 그것은 그들에게 야생동물들과 대단히 새로운 관계를 맺는 기회를 부여했던 것이다. 수렵자는 그 직업의 성질상 극히 좁은 범위는 별도로 하더라도 그 범위를 넘어서 야생동물을 기르며 길들이는 기술을 발달시키기가 곤란하지만, 농경자들에게는 그런 가능성이 많이 있다. 수렵자는 때로 먹이를 빼앗기도 하고 나누기도 하는 이리라든가 표범을 길들여 사냥할 때의 동료로 삼을 수 있을지는 모르지만, 수확물로서 노리는 동물을 길들인다는 것은 도저히 생각할 수 없는 일이다. 목자 및 양을 지키는 개를 생각해 내어 한 걸음 진보된 변화를 이룩한 것은, 사냥개를 거느린 수렵자가 아니라 집 보는 개를 기른 농경자이다. 개처럼 수렵자가 던져준 고기에 이끌려 온 것이 아닌, 소와 양 같은 반추동물을 유인하는 먹이를 가지고 있는 것도 농경자이다.

아나우의 고고학적 자료는, 이 한 걸음 더 진보된 사회적 진화가 트랜스카스피아에서 이룩된 것은 자연이 더 한층 건조화의 정도를 강하게 했을 때 있었던 것임을 나타내고 있다. 반추동물이 가축화됨에 따라 유라시아인은 앞서 수렵자에서 경작자로 변신할 때 잃었던 기동력을 가능한 한 회복했고, 따라서 이제까지의 도전이 더욱 격심해지자 이 새로이 손에 넣은 기동력을 두 개의 전혀 다른 용도에 이용했다. 트랜스카스피아의 어느 오아시스 경작자 가족은 그들의 기동력을 다만 여기저기로 이주해 가기 위한 일에 이용했다. 그들은 건조화의 경향이 더욱 심해짐에 따라 자꾸만 앞으로 이동해 가, 이제까지의 생활양식을 그대로 이어나갈 수 있는 자연환경 속에 늘 머무르려고 했다. 그들은 생활양식을 바꾸지 않기 위해 거주 장소를 옮겼던 것이다.

그러나 다른 사람들은 그들과 헤어져 더욱 대담한 방법으로 그런 도전에 응전했다. 이 다른 무리의 유라시아인도 역시 이미 유지할 수 없게 된 오아시스를 버리고 가족과 가축을 이끌고 스텝 지대로 나선 것이다. 그러나 그들은 건너편 언덕에 간신히 이르기를 바라는 도망자로서, 초원의 바다에 나선 것은 아니다. 그들은 자기의 옛 선조가 수렵생활을 포기했던 것처럼 농경생활을 포기하고 새로이 획득한 기술, 즉 가축 기르는 일에 그 운명을 걸었다. 그들이 스텝 안으로 뛰어든 것은 그 범위 밖으로 피하려는 것이 아니라 그곳을 거주지로 삼기 위해서였다. 결국 그들은 유목민이 되었던 것이다. 농업을 버리고 스텝 지대에 머무른 유목민의 문명과, 거주 장소를 바꾸어 가며 부조로부터 물려받은 농업을 지켜나간 그들 동족의 문명을 비교해 보면 유목생활 쪽이 몇 가지 점에 있어 나은 것을 알 수 있다. 무엇보다 먼저 동물의 순화(馴化)는 식물의 순화에 비하면 잘 순종하지 않는 대상에 대한 인간의 지혜와 의지력의 승리이므로, 확실히 더 뛰어난 기술이라고 하겠다. 목자는 농부보다 뛰어난 기술의 소유자이다. 그리고 이 진리는 시리아 사회의 신화에 나타나 있다.

'아담이 그 아내 하와와 동침하매 하와가 잉태하여 카인을 낳았다. ……그가 또 카인의 아우 아벨을 낳았는데, 아벨은 목양자였고 카인은 농사하는 자였더라. 세월이 지난 후에 카인은 땅의 소산으로 제물을 삼아 여호와께 드렸고 아벨도 역시 그 무리 가운데 기름진 것을 드렸더니, 여호와께서 아벨과 그 제물은 열납하셨으나 카인과 그 제물은 열납하지 아니하셨다.' (《창세기》 4장 1~5절)

실제로 유목민의 생활은 인간이 지닌 기술의 승리이다. 유목민은 자기가 먹을 수 없는 풀을 가축의 젖과 고기로 바꾸어 생명을 유지한다. 그리고 제철이건 제철이 아니건 간에 헐벗고 메마른 스텝 지대의 자생식물(自生植物)에서 가축의 사료를 얻어야만 하므로, 그들의 생활과 행동을 계절적으로 변화하는 시간표에 정확하게 맞추지 않으면 안 된다. 실제로 유목생활의 '뛰어난 곡예'는 극도로 엄밀한 고도의 수준을 지닌 성격과 행동을 요구한다. 그리고 그 때문에 유목민이 치를 수밖에 없었던 보상은 에스키모의 경우와 본질적으로 같다. 그들이 성공적으로 정복한 힘겨운 환경은 어느새 그들을 노예로 만들고 말았다. 유목민은 에스키모와 마찬가지로 기후와 식물이 성장하는 발육연주기의 포로가 되었다. 그들은 스텝 지대에서 주도권을 잡음으로써 널리 온 세계에 있어서의 주도권을 잃었던 것이다.

물론 그들이 문명의 역사라는 무대 위에 그 흔적을 전혀 남겨놓지 않은 것은 아니다. 그들은 때때로 그들의 영토에서 뛰쳐나가 부근에 있는 정착문명의 영역에 침입했고, 그 가운데 몇 번은 거침없는 기세로 진격했었다. 그러나 이런 돌발적인 출현은 그들 스스로의 의지에 따른 것이 아니었다. 또한 유목민이 스텝에서 나와 경작자의 농경지대에 침입한 것은 습관적인 주기에서 이탈하려는 계획적인 의도에서였던 것도 아니다. 그들은 도저히 제어할 수 없는 힘에 기계적으로 반응한 것일 따름이다.

유목민을 지배한 그런 외적인 힘에는 두 가지가 있는데, 하나는 밀어내는 힘이고 또 하나는 끌어들이는 힘이다. 다시 말하면, 어떤 때는 그들이 이제까지 살던 거주지에서 도저히 계속 살아갈 수 없을 정도로 심해진 건조화에 밀려 스텝 밖으로 나오고, 또 어떤 때는 정착문명의 쇠퇴와 그 결과로 일어나는 민족이동 같은 역사적 과정의 작용(이들 원인은 유목민 자신의 경험과는 전혀 관계없는 것이다)에 의해 인접한 정착사회 영역에 생겨난 사회적 진공상태의 흡인력에 이끌려 스텝 밖으로 나온다. 유목민이 정착사회의 역사에 개입한 중대한 역사적 사건의 실례를 조사해 보면, 그들이 개입한 예는 모두 앞서 말한 두 가지 원인의 어느 쪽인가에 의한 것임이 밝혀진다.

따라서 때때로 이처럼 역사적 사건의 영역 가운데 침입했음에도 불구하고 유목사회는 본질적으로 역사를 갖지 않은 사회이다. 일단 연주기의 궤도에 오르면 유목민의 집단은 그 뒤로는 그 궤도를 따라 운행하며, 유목사회로서는 방어할 도리가 없는 외적인 힘이 그 집단의 운동을 정지시키든가 또는 그 생명을 끊든가 하지 않는 한 언제까지나 계속 빙빙 돌아갈 가능성이 크다. 그 힘은 주위의 정착문명이 가하는 압력이다. 과연 하느님은 아벨과 그 제물은 받아들이고 카인과 그 제물은 받아들이지 않았을지 모르지만, 어떤 힘으로도 아벨이 카인에게 살해당하는 것을 막을 수는 없었다.

유라시아 유목사회의 운명은, 17세기에 모스크바 제국과 청조(淸朝)라는 두 정착민족의 제국이 상반되는 두 방향에서 유라시아 스텝 주위에 손을 뻗침과 동시에 결국 끝장이 나고 말았다. 오늘날은 지구 표면에 손을 뻗친 서구 문명이, 예로부터 이어져 온 다른 모든 유목민의 지배영역에 있어서의 유목사회의 절멸을 완성하고 있는 중이다. 케냐에서는 마사이족의 목초지가 유럽인 농업 경영자에게 길을 양보하기 위해 분할되어 줄어들었다. 사하라 사막에서는 이제까지 남의 침입을 허용하지 않았던 이모샤그족의 사막 성채가 비행기와 대형 트럭으로부터 침략을 받고 있다. 아프라시아 유목사회의 고전적 본거지인 아라비아에 있어서조차 베두인족이 강제로 농민으로 변화되어 가고 있다. 더욱이 그것은 외부 세력에 의해서가 아니라, 아랍인 중의 아랍인인 이븐 사우드—나지드와 페샤즈의 임금으로, 퓨리턴적인 열광적 이슬람교도 집단인 와하브파의 세속적인 우두머리—의 계획적 정책에 의한 것이다. 아라비아 한가운데서 와하브파의 실력자가 장갑차로 그 권력을 강화하고, 석유 펌프와 땅 속 깊이 판 우물과 아메리카 석유업자에게 채굴권을 이양함으로써 경제 문제를 해결하고 있는 오늘날 유목사회의 종말이 도래했음은 명백한 일이다.

이리하여 아벨은 카인에게 살해되었는데, 지금 우리는 단지 과연 유목민의 살해자 위에 응당 있게 되어 있는 그 카인에 대한 저주가 내려져 있는지 여부를 조사하기만 하면 된다.

'땅이 그 입을 벌려 네 손에서부터 네 아우의 피를 받았은즉 네가 땅에서 저주를 받으리니, 네가 밭을 갈아도 땅이 다시는 그 효력을 네게 주지 아니할 것이요, 너는 땅에서 피하며 유리(流離)하는 자가 되리라.'《창세기》4장 11~12절)

카인에 대한 저주의 처음 항목은 명확히 실현되지 않았다. 물론 오아시스 경작은 건조한 스텝의 땅에서 수확을 올릴 수 없었지만 이주하여 기후조건이 호적한 지역에 들어갔고, 그리고 거기에서 산업주의의 추진력에 힘입어 아벨의 목초지까지 자기 것으로 하기 위해 돌아왔기 때문이다. 카인이 그가 창조한 산업주의의 주인이 되는가 희생자가 되는가 하는 것은 현재로서는 아직 알 수 없다. 이 새로운 경제적 세계질서가 붕괴와 해체의 위험에 직면했던 1933년 현재 아벨이 결국 복수를 이룬다는 가능성, 빈사상태에 있는 '호모 노마스(유목자)'가 죽을 듯하면서 좀처럼 죽지 않고 그의 살해자 '호모 파베르(공작자)'가 광란하여 지옥으로 떨어지는 것을 지켜볼 가능성이 전혀 사라진 것은 아니다(토인비가 1945년에 이 글을 썼더라도 이 구절을 다시 고쳐 쓸 필요를 느끼지는 않았을 것이다).

2. 오스만리

자연적 도전에 응전해 '뛰어난 곡예'를 행한 대가로 성장을 저지당했던 문명에 대한 고찰은 이것으로 끝내고, 이번에는 인간적 도전에 의해 성장의 가능성을 박탈당할 정도로 커다란 도전을 받은 경우로 옮겨가기로 한다.

오스만 체제에 응전해 발생된 도전은 유목사회가 본래 살던 스텝 지대의 환경에서 지리적으로 새로운 환경으로 옮겨가는 것이었는데, 그 유목사회는 이질적 인간사회를 지배한다는 새로운 문제에 부닥친 것이었다. 앞서 우리는 스텝의 방목지에서 추방되어 농경지역에 도달했을 때 아바르 유목민이 그들이 정복한 정착민을 마치 인간가축처럼 다루고, 그들 자신을 양의 사육자에서 인간의 사육자로 바꾸려고 노력했다는 점을 서술했다. 사육하여 길들인 동물이라는 변환수단을 매개로 하여 스텝 지대의 들풀로 생활을 유지하는 대신, 아바르족은(같은 일을 한 다른 많은 유목민 집단과 마찬가지로) 이번에는 동물의 소화작용에 의해서가 아니라 인간의 노동력을 변환수단으로 하여 경작지의 재배작물로 생활을 유지하려고 했다. 이상의 유추는 한번 써보고 싶어지는 교묘한 유추이며, 또 실제로 어느 정도까지는 그것으로 잘 설명이 된다. 그러나 실제로 조사해 보면, 이 유추에는 거의 치명적인 결함이 한 가지 있음을 알게 된다.

스텝에 있어서 유목민과 인간이 아닌 가축의 무리로 구성되어 있는 혼성사회는, 그러한 자연환경에 대처하기 위해 생각해 낼 수 있는 가장 적절한 수단이다. 더욱이 유목민은 엄밀하게 말하면 '인간이 아닌 협력자'에게 의존하는 기생충이 아니며, 그들 둘은 서로 적절하게 도움을 주며 살아간다. 가축은 그 젖뿐만 아니라 고기까지 유목민에게 주어야 하지만, 그 대신 무엇보다도 먼저 유목민이 가축을 위해 생활수단을 확보해 주어야 한다. 스텝에서는 이들이 서로 돕지 않으면 생존할 수가 없다.

이와 반대로 농지나 도시에서 이루는 환경에서는 이주해 온 유목민과 토착민인 '인간가축'의 혼성사회는 경제적으로 불건전한 것이다. 왜냐하면 '인간사육자'는 정치적으로는 반드시 그렇다고 할 수 없지만 경제적으로는 늘 잉여분이며, 따라서 기생적이기 때문이다. 경제적 입장에서 보면, 그들은 이미 양 떼를 지키는 목자가 아니라 일벌을 착취하는 수벌이 되었던 것이다. 그들은 생산적인 주민의 노동에 의해 부양되는 비생산적인 지배계급이기 때문에, 그들이 없으면 주민은 경제적으로 더욱 풍족해진다.

이런 까닭으로 유목민 정복자에 의해 수립된 제국은 급속히 쇠퇴하여 멸망하는 운명을 겪었다. 마그리브(북아프리카)의 위대한 역사가 이븐 하르둥은 제국의 평균 수명은 4대(代), 즉 120년을 넘지 않는다고 말하고 있는데, 그의 이런 견해는 유목민 제국을 그 기준으로 한 것이다. 한번 정복하게 되면 정복자인 유목민은 이제까지 살던 영토에서 밀려나 경제적으로 불필요한 잉여분의 인간이 되었기 때문에 퇴화해 갔지만, 그들의 '인간가축'은 자기 토지에 머무르며 여전히 경제면으로 보아 생산적이었기 때문에 차차 세력을 되찾는다. '인간가축'은 다시 자기의 인간성을 주장하며, 그들의 주인인 목자를 나라 밖으로 추방하든가 동화시키든가 한다.

아바르족이 슬라브족을 지배했던 기간은 50년을 채 넘지 못했으며, 그것은 슬라브족이 발전하고 아바르족이 몰락해 가는 과정이었다. 아틸라가 세운 서(西) 훈족의 제국, 이란과 이라크의 몽골계 일칸 제국, 남중국의 대칸 제국 등도 모두 그 생명이 매우 짧았다.

이집트의 힉소스 제국은 겨우 1세기 동안 계속되었을 뿐이다. 몽골족(元朝)과 그 직전의 지방세력 금조(金朝)가 계속해서 북중국에 군림했던 2세기 이상에 걸친 기간(1142?~1368)이나, 그보다 더 긴, 파르티아족이 이란과 이라크를 지배한

3세기 반 이상에 걸친 기간(기원전 140 ?~기원후 226년)은 분명히 예외적이었다.

이에 비해 오스만 제국이 정교 그리스도교 세계를 지배했던 기간은 의외로 길었다. 1372년의 마케도니아 정복을 제국이 성립된 해로 삼고 1774년의 러시아와 터키 사이에 맺어진 퀴추크 카이나르지 조약을 멸망의 실마리로 삼는다면, 그 이전의 융성하기까지 걸린 기간과 몰락하는 데 걸린 기간을 계산에 넣지 않고도 4세기 동안이나 이어져온 셈이 된다. 오스만 제국이 이처럼 비교적 오래 계속되었던 것은 무슨 까닭일까? 여기에 대해서는, 오스만리가 경제적으로는 분명 무거운 부담을 지우는 성가신 존재였지만 정교 그리스도교 사회가 그들의 세계에 스스로의 힘으로는 실현할 수 없었던 세계국가를 제공함으로써 적극적인 정치적 목적에 도움이 되었다는 사실 속에서 그 부분적인 설명을 구할 수 있다. 그러나 우리는 좀더 깊이 파고들어 철저하게 설명할 수 있다.

앞에서 서술한 바와 같이 아바르족이나 또는 그와 같은 종류의 종족은 사막지대에서 경작지로 침입했을 때 '인간사육자'로서 새로운 사태에 대처하려고 했으나 실패하고 말았다. 그들의 실패는 농경지대에 제국을 건설하려다가 성공하지 못하고 끝난 그들 유목민이 스텝의 혼성사회에 반드시 있어야만 할 협력자의 하나에 해당되는 것을 정착사회의 인간 속에서 구하려고 하지 않았던 일을 생각하면 별로 뜻밖의 일로 여겨지지는 않는다. 스텝 사회는 가축을 사육하는 인간과 그들의 가축 무리만으로 이루어졌던 것은 아니며, 거기서 나오는 생산물에 의존하여 살아가기 위해 기르는 동물 이외에 그들의 일을 도와주는 다른 동물―개나 낙타나 말―을 기르고 있었다. 이들 보조 역할을 하는 동물은 유목문명의 걸작이며, 또한 그 성공의 열쇠이다. 양이나 소는 인간에게 소용되게 하려면 단지 기르기만 하면 된다(하긴 이것만도 충분히 힘들고 어려운 일이긴 하지만). 그러나 개와 낙타와 말은 단지 기를 뿐만 아니라, 게다가 훈련을 시키지 않으면 한층 어려운 그들의 임무를 해낼 수가 없다. 인간이 아닌 보조자를 훈련시키는 일이야말로 유목민이 해낸 가장 훌륭한 사업이다.

오스만 제국이 아바르 제국과 달리 훨씬 오래 계속되었던 까닭은, 이런 뛰어난 유목민의 기술을 정착사회의 조건에 알맞게 적용시켰기 때문이다. 오스만의 파디샤들은 노예를 훈련하여, 그들의 '인간가축' 사이에 질서를 유지하는 일을 도와주는 인간보조자가 되게 함으로써 그들의 제국을 지탱해 나갔던 것이다. 노예를 군인이나 행정 관리로 삼는 이런 주목할 만한 제도는 실로 유목민다운 착상이며 우리로서는 생각도 할 수 없는 일이지만, 그것을 오스만이 창안한 것은 아니었다. 우리는 그것을 정착민족을 지배했던 다른 몇몇 유목민 제국, 특히 존속 기간이 가장 길었던 제국에서 반드시 발견하는 것이다.

파르티아 제국에서는 노예군대가 존재했던 흔적이 인정된다. 왜냐하면 알렉산드로스 대왕에게 맞서려던 마르쿠스 안토니우스의 야망을 좌절시킨 군대의 하나는, 모두 5만 명의 병력 가운데 자유인은 불과 400명밖에 안 되었다고 전해지고 있기 때문이다.

또한 같은 근거에 의거하여, 1천 년 뒤에 압바스 왕조의 칼리프들은 스텝 지대에서 터키인 노예를 사들여, 이들을 훈련시켜 군인과 행정관으로 양성함으로써 그들의 권력을 유지했다. 코르도바의 우마이야 왕조 칼리프들은, 이웃 나라의 프랑크인이 그들을 위해 모아온 노예친위대를 가지고 있었다. 프랑크인은 프랑크 국왕의 영토 코르도바와 반대쪽 국경을 넘어 노예사냥을 해서 코르도바의 노예시장에 공급했다. 이렇게 붙잡혀온 야만인들이 바로 슬라브족이었다. 이것이 영어의 노예를 의미하는 'slave' 라는 말의 기원이다.

그러나 이와 같은 현상 중 가장 유명한 예는 이집트의 맘루크 정치체제였다. '맘루크' 는 아라비아어로 '소유물' 이라는 뜻인데, 맘루크는 본래 살라딘이 세운 아이유브 왕조의 노예 무사였다. 그런데 1250년에 이 노예들이 주인을 쫓아내고 이번에는 그들이 스스로 아이유브 왕조의 노예제도를 계속 이어나가, 자기 자식들을 군대에 내보내는 대신 외국에서 노예를 사들여 그 군단(軍團)을 보충했다. 칼리프 왕조를 꼭두각시로 표면에 내세우고 뒤에서 그것을 조종하던 노예가족은 1250년에서 1517년에 걸쳐 이집트와 시리아를 지배하고 무서운 몽골족을 유프라테스 강 선(線)에서 막아냈지만, 1517년에 이르러 그들은 도저히 당해 낼 수 없는 오스만리의 노예가족이라는 큰 적을 만났다. 그러나 이때 그들이 완전히 멸망하여 없어진 것은 아니다. 이집트의 오스만 정권 밑에서 그들은 여전히 전과 같은 방법으로 훈련을 하고 같은 보급원에서 보충을 받아가며 존속되어 나갔다. 그리하여 오스만의 세력이 쇠퇴해 감에 따라 맘루크는 다시 세력을 되찾았으며, 18세기에는 이집트가 터키에 정복되기 전 카이로의 압바스 왕조 칼리프들이 그러했던 것처럼 오스만의 이집트 총독이 맘루크에게 구금되어 국사범 신세가 되었다.

18세기에서 19세기로 옮아갈 무렵에는, 이집트에 있는 오스만령(領)이 본래대로 맘루크의 손에 들어가느냐 그렇지 않으면 유럽의 어떤 강국 ─ 나폴레옹이 다스리는 프랑스나 혹은 영국 ─ 의 손에 들어가느냐 하는 것이 문제로 떠올랐다. 실제로는 이 두 가지 가능성이 모두 알바니아의 이슬람교도 모험가 메흐메트 알리의 뛰어난 수완에 의해 배제되었지만, 메흐메트 알리는 영국과 프랑스를 가까이 오지 못하도록 하는 일보다도 맘루크를 처리하는 데 한층 더 어려움을 느꼈다. 500년 이상에 걸쳐 끊임없이 유라시아와 코카서스의 인적(人的) 자원을 흡수하면서 타향인 이집트에 계속 생존해 온 강인한 노예군단을 모조리 제거하기 위해서는 그의 모든 능력과 냉혹함을 쏟아부어야만 했다.

그러나 규율과 조직적인 점에서 맘루크를 훨씬 능가하는 것은, 맘루크보다 역사가 짧은 오스만 왕조가 정교 그리스도교 세계에 대한 지배를 확립하고 그것을 유지하기 위해 창설했던 노예가족이었다. 다른 문명사회 체제 전체에 지배권을 행사한다는 것은 확실히 유목민 정복자가 스스로에게 부과할 수 있는 가장 힘들고 어려운 임무였으므로, 이 대담한 기획은 오스만을 선두로 하여 가장 전성기를 누린 술레이만에 이르는 오스만의 후계자들에 대해 유목민의 사회적 능력을 최고도로 발휘할 것을 요구했다.

자유민인 오스만 귀족이 정치에서 제외되어 있는 사실이 이 제도 중에서 우리에게 가장 기묘하게 느껴지는 점인데, 실제 결과에 의해 이 방침이 옳았음이 입증되었다.

술레이만의 치세(治世) 후반에 이슬람교도 자유민이 결국은 노예가족 안으로 파고들어갔지만, 그와 동시에 이 제도는 무너지기 시작하여 오스만 제국은 쇠퇴기에 접어들었다.

이 제도가 건재한 동안은 필요한 인원이 여러 이교도의 공급원에서, 이를테면 국외로부터 전쟁포로 또는 노예시장에서 사들여오거나 자발적으로 응모해 온 자를 받아들여 보충되었고, 또한 국내에서는 정기적으로 행한 강제징발에 의해 젊은이들을 모아 보충했다. 새로이 징집된 요원은 철저한 교육을 받았고, 단계가 진행됨에 따라 도태와 전문화가 행해졌다. 규율은 준엄했고 처벌은 극도로 냉혹했지만, 그 반면 끊임없이 계획적으로 야심을 북돋아주었다. 오스만 파디샤의 노예가족에 편입된 모든 소년들은, 그들 앞에 고위관리가 되는 길이 열려 있으며, 그들의 장래가 훈련기간 동안에 나타나는 용감성에 걸려 있다는 것을 자각하고 있었다.

이 교육제도의 전성기 상태에 대해서는, 플랑드르 태생의 학자이자 외교관으로서 술레이만에게 파견된 합스부르크 궁정(오스트리아의 페르디난트 1세)의 사절이었던 오기에르 기셀린 드 부스벡이 직접 관찰하여 생생하고 상세한 기록을 남기고 있다. 그의 결론은 오스만리를 격찬하고 반대로 당시의 서구 그리스도교 세계의 교육방법을 비방하고 있다.

결국 이 제도는 멸망했는데, 그 이유는 모든 인간이 서로 특권을 부여받으려고 다투어 몰려들었기 때문이다. 16세기 끝무렵에는 흑인을 제외한 모든 이슬람교도 자유민에게 예니체리 군단²의 문호가 개방되었다. 따라서 인원이 늘어남에 비례하여 규율과 실력은 저하되어 갔다. 17세기 중엽에는 이들 인간 정찰견은 '자연으로 돌아가' 파수꾼으로서 파디샤의 인간가축을 지키고 질서를 유지하게 하는 대신 그것을 괴롭히는 늑대가 되어 버렸다. 본래 정교 그리스도교를 신봉하는 피정복 민족이 순순히 오스만의 멍에에 복종하게 되었던 것은 오스만이 평화를 유지해 주었기 때문임에도 불구하고 이제 그 '오스만의 평화'가 속임수가 되어 버렸던 것이다. 1682~99년에 오스만 제국과 서구 그리스도교 여러 국가 사이에 있었던 큰 싸움은 오스만의 패배로 돌아갔으며, 그 뒤 1922년까지 계속되어 이것이 일련의 오스만령 함락의 시초가 되었는데, 이 싸움을 경계로 하여 규율과 실력

---

2 오스만 제국의 정복사업에 커다란 위치를 차지한 술탄의 친위대. 처음에는 피정복지의 그리스도교도 주민 가운데서 강제로 징집한 남자로 구성되어 있었다.

의 우월성은 결정적으로 오스만측에서 서구측으로 옮아갔다.

　오스만 노예가족의 퇴폐 결과 이 제도의 치명적인 결함인 어쩔 수 없는 경직도(硬直度)가 적나라하게 드러났다. 일단 상태가 좋지 않게 되자, 그것은 수리하는 일도 불가능해졌다. 이 제도는 유해무익한 무거운 짐이 되어 버려, 후대의 터키 지배자는 부득이 적인 서구 여러 나라의 방식을 모방하게 되었다. 이 정책은 오랫동안 그다지 마음이 내키지 않는 채로 실시되었고 또 신통치 않은 효과밖에 얻지 못했지만, 마침내 현대에 이르러 무스타파 케말에 의해 철저하게 실행되었다.

　이런 표변은 그런대로 초기 오스만의 위정자에 의한 노예가족 제도 창설과 마찬가지로 훌륭하고 뛰어난 곡예였다. 그러나 이 두 사업의 결과를 비교하면, 뒤의 것은 비교적 평범한 사업이었음을 알 수 있다. 오스만 노예가족 제도의 창설자는, 고향의 스텝 지대에서 쫓겨난 소규모의 유목민 집단이 다만 익숙지 못한 세계에 있어서의 자기 위치를 확보하게 했을 뿐만 아니라 해체기에 들어선 거대한 그리스도교 사회에 평화와 질서를 강요했고, 더욱이 뒷날 온 인류에게 영향을 미치게 된 한층 거대한 그리스도교 사회(서구 사회)의 생명을 위협하는 일을 가능케 하는 수단을 창조해 냈던 것이다. 그러나 뒷날의 위정자는, 옛 오스만 제국의 비할 데 없이 뛰어난 대전당이 소멸했기 때문에 근동지방에 발생한 공백의 한 부분을 메우기 위해 황폐한 대지에 터키 민족국가라는 표준 서구형의 기성 '창고'를 세웠을 뿐이었다.

　이 평범한 '별장' 속에서 발전을 저지당한 오스만 문명의 유산 상속인인 터키인은 오늘날 이웃집에 사는 화석화한 시리아 문명의 유산 상속인인 시온주의자나 이웃 동네에 사는 유산한 극서 문명의 유산 상속인인 아일랜드와 마찬가지로, 더 이상 참을 수 없었던 '특수민족'의 지위로부터의 고마운 도피구로서 안락한 가운데 아주 평범한 생활을 보내는 일에 만족하고 있다.

　노예가족 제도 그 자체는 어떻게 되었는가 하면, 성질이 난폭해져 양을 몹시 괴롭히게 된 정찰견이 의당 짊어져야 할 운명이지만, 1826년 그리스-터키 전쟁이 한창일 때 메메드 2세(제30대 술탄. 터키의 근대화를 위해 개혁을 단행했다)에 의해 인정사정없이 '처치'되고 말았다. 그것은 맘루크의 제도와 유사한 제도가 메메드의 명목상 신하가 된—때로는 동맹자가 되고 때로는 대항자가 된—이집트의 메흐메트 알리에게 박멸된 지 15년 후의 일이었다.

3. 스파르타인

오스만의 제도는 플라톤 '공화국'의 이상을 아마도 가장 완벽에 가까운 형태로 실생활에 있어 실현한 것이었지만, 플라톤 자신은 그의 유토피아를 생각했을 때 스파르타에서 실제로 행해지고 있던 여러 제도를 염두에 두고 있었음이 분명하다. 그리고 오스만과 스파르타의 정치 사이에는 규모에 있어서 차이가 있는데도 불구하고, 두 국민이 제각기 '뛰어난 곡예'를 완수하기 위해 마련했던 '특수한 제도' 사이에는 아주 비슷한 점이 있다.

이 책의 처음 부분에서 서술했던 바와 같이, 스파르타인은 기원전 8세기에 헬라스의 인구가 충분한 식량 공급을 할 수 없을 정도로 증가됨에 따라 헬라스 사회의 모든 국가가 직면했던 공통의 도전에 대해 특수하게 맞서 싸웠다. 이 공통의 문제를 해결하기 위해 취해졌던 가장 보편적인 방법은 식민지 개척, 즉 해외에 새로운 토지를 찾아내거나 그런 각 토지의 야만족을 희생시키고 토지를 빼앗거나, 또는 그곳으로 이주하여 헬라스 사회가 영유하는 지역을 넓히는 일이었다. 이 일은 야만족의 저항이 무력한 것이었기 때문에 비교적 쉽게 행해졌다.

그런데 스파르타는 유력한 그리스 도시국가 가운데 유일하게 바다에 면해 있지 않은 나라였기 때문에, 같은 그리스인 이웃의 메세네(그리스 · 로마 시대에 펠로폰네소스 서남부에 있었던 지방)인을 정복하는 길을 택했다. 이러한 행위로 말미암아 스파르타인은 이례적으로 엄격한 도전에 직면하게 되었다.

제1차 스파르타-메세네 전쟁(기원전 736~720년 무렵)은 제2차 전쟁(기원전 650~620년 무렵)에 비하면 마치 장난과 같았지만, 제2차 전쟁에서는 역경에 단련된 피정복자인 메세네인들이 그들의 지배자에게 무기를 들고 대항했다. 그들은 그들 자신의 자유를 쟁취하는 일에는 실패했지만, 스파르타의 발전 방향을 완전히 한쪽으로 치우치게 하는 데 성공했다. 메세네의 반란은 실로 무서운 경험이어서, 스파르타 사회를 '괴로움과 무쇠로 꼼짝할 수 없게 결박지어 버렸다'. 그로부터 스파르타인은 잠시도 마음을 늦출 수 없게 되었으며, 전쟁 뒤의 반동(反動)에서 벗어날 수가 없었다. 에스키모가 극지대의 환경을 정복함으로써 노예가 되고 말았던 것과 마찬가지로, 스파르타인의 메세네 정복은 정복자인 스파르타인을 포로로 했다.

에스키모가 생활의 엄격한 연주기에 얽매어 있었듯이, 스파르타인은 그들의 농노인 메세네인을 억누르는 임무에 얽매였다. 스파르타인은 그들의 '뛰어난 곡예'를 행하기 위해 오스만리와 같은 방법을 채택했고, 기존의 여러 제도를 새로운 요구에 호응하도록 개조했다. 그러나 오스만리가 유목생활의 풍부한 사회적 유산에 의존할 수 있었던 것과는 달리 스파르타인의 제도는 미노스 문명 멸망 후에 있었던 민족이동 때 그리스로 침입해 온 도리스 야만족의 지극히 원시적인 사회조직을 개조한 것이었다. 헬레니즘 사회의 전승(傳承)에 의하면 이 사업을 이룩한 것은 리쿠르고스라고 한다. 그러나 리쿠르고스는 인간이 아니고 신이었으며, 이 사업을 실제로 성취시킨 인간은 아마 기원전 6세기경에 생존했던 일련의 정치가였으리라고 생각된다.

스파르타의 제도에 있어서도 오스만의 경우와 마찬가지로 그것이 매우 유능한 제도인 동시에 치명적으로 견고했기 때문에 결국 와해되고 말았는데, 그 현저한 특징은 인간성을 완전히 무시했다는 점에 있었다. 스파르타인의 교육제도는 오스만의 노예가족만큼 극단적으로 태생과 집안을 무시하지는 않았다. 스파르타의 자유시민 토지소유자는 오스만 제국의 자유 이슬람교도 지주귀족과는 상반되는 입장에 놓여 있어서, 메세네에 대한 스파르타의 지배권을 유지하는 임무의 거의 전부가 그들에게 부과되었다. 그와 동시에 스파르타의 시민단체 내부에서는 평등의 원칙이 엄격히 실시되었다. 스파르타인은 모두 국가로부터 같은 면적 또는 같은 생산력을 지닌 토지를 할당받았다. 그리고 이와 같이 할당받은 땅은 각각 메세네인 농노가 경작했는데, 그것은 소유자인 스파르타인과 그 가족을 부양하기에 충분했으므로 그들은 그 정력의 전부를 전쟁 기술에다 바칠 수 있었다. 스파르타 시민의 자녀는 허약하다는 이유로 병역을 유예(猶豫) 받거나 버림받아 죽음을 당하는 자를 빼놓고는 누구나 7세 이후부터 스파르타식 군사교육을 받아야만 했다. 예외는 있을 수 없어 여자아이도 남자아이와 똑같이 체육 훈련을 받았는데, 여자도 남자와 마찬가지로 남자들이 보는 앞에서 벌거벗은 채 경기를 했다. 스파르타인은 그런 점에 있어서는 현대의 일본인과 마찬가지로 성적 자제력 또는 무관심의 경지에 도달해 있었던 것 같다.

스파르타에서는 우생학적(優生學的) 입장에 입각하여 철저하게 산아통제를 실시했고, 만일 남편이 허약하면 자기보다 튼튼한 남자를 데려다 그 집의 아이를 낳게 하는 종마(種馬) 역할을 하도록 장려했다. 플루타르코스에 의하면 스파르타인은 이렇게 생각하고 있었다.

'암캐와 암말에게는 타인에게서 빌려오거나 혹은 돈을 주고 사오거나 하는 방법으로 가능한 한 우수한 수컷을 붙여주도록 애쓰면서도 자기 여자는 집안에 가두어두고 끊임없이 감시하며—설령 남편이 저능하거나 늙었거나 불구이거나 할지라도 그것이 남편의 신성한 권리이기나 하다는 듯—남편 이외의 인간의 아이를 낳지 못하게 하는 다른 나라 국민의 성적 관습은 속악하고도 쓸모없는 것이다.'

스파르타 제도의 주요한 특색은 오스만의 경우와 마찬가지로 감독·도태·전문화·경쟁심 등이었다. 그리고 어떤 경우에도 이런 특색은 단순히 교육의 단계만으로 한정되어 있지는 않았다. 스파르타인은 53년 동안 군무에 복종했다. 어떤 점에서는 스파르타인에게 부과되는 요구는 예니체리 병사에게 부과되는 요구보다 가혹했다. 예니체리 병사는 결혼을 시키지 않는 것이 원칙이었지만, 그럼에도 불구하고 결혼하면 부부 숙사에서 살도록 허용되어 있었다. 그런데 스파르타인은 결혼은 강요당하면서도 가정생활을 영위하지 못하도록 금지되어 있었으며, 결혼 후에도 여전히 병영에서 식사를 하고 잠을 자야만 했다. 그 결과 거의 믿기 어려울 정도로, 그리고 확실히 압도적인 공공(公共)정신이 양성되었다. 그것은 영국인으로서는 비록 전쟁 중이라 할지라도 거기에 복종한다는 것은 곤란하고 지극히 싫은 일로서 하물며 그 밖의 경우에 있어서는 절대적으로 참을 수 없다고 여겨지는 정신이다. 그래서 그후 오늘에 이르기까지 이처럼 개인을 완전히 희생하며 공적인 일에 봉사하는 극단적인 애국심을 '스파르타 정신'이라고 부르게 되었을 정도이다. 이 정신의 일면이 〈테르모필레의 300명의 용사〉이야기[3]나 〈소년과 여우〉이야기[4]에 나타나 있다. 또 한편 우리는 스파르타 소년교육의 마지막 2년간이 통례적으로 '비밀근무'에 소요된다는 것을 잊어서는 안 된다. 그것은 바로 공공연하게 인정받는 살인단으로서, 그들은 밤에 지방을 순회하다가 반항의 징조가 보일 때는 물론 조금이라도 무례한 일을 저지르거나 주도권을 잡고 있는 듯한 징조를 보이는 농노가 있으면 죽이는 것이다.

스파르타 제도의 '단선(單線)'적 성격은 오늘날의 스파르타 박물관을 찾아가 보면 곧 눈에 띈다. 스파르타 박물관은 다른 예술작품의 수집과 전혀 양상이 다르기 때문이다. 다른 수집품에 있어서 관람자의 눈은 대체로 기원전 5세기에서 4세기에 해당되는 고전시대의 걸작을 찾아다니다가 그것을 발견하면 그 자리에 못박힌 듯 서버리고 만다. 그러나 스파르타 박물관에는 고전시대의 미술품이 전혀 없다는 점이 우리의 눈길을 끄는 것이다. 고전시대 이전의 진열품을 보면 장래에 크게 기대를 걸게 되는데, 그 뒤에 계속되는 것을 찾으려 해도 보이지 않는다. 연속에 완전히 틈새가 생겨 있으며, 그 뒤에 오는 것은 이른바 헬레니즘기와 로마기가 표준화되어 아름다운 광택을 잃은 작품들뿐이다. 초기 스파르타 예술이 중단되는 시기는 대체적으로 킬론이 장관직을 맡고 있던 시기와 일치한다. 그 때문에 가끔이 정치가가 스파르타 제도의 창시자의 한 사람이었던 것으로 추측되는 것이다. 퇴폐기로 들어선 뒤, 중단되던 때와 거의 마찬가지로 갑자기 예술품 제작이 다시 시작되는데, 그것은 스파르타 제도가 외래의 정복자에 의해 강제적으로 폐지된 기원전 189년에서 188년 이후의 일이었다. 이 제도가 그 '존재이유'를 잃은 뒤에도, 즉 메세네가 영원히 없어지고 난 뒤에도 2세기 동안에 걸쳐 존속했다는 사실은 이 제도가 얼마나 견고했었는가를 나타내는 기묘한 증거이다.

---

3 기원전 480년, 스파르타의 왕 레오니다스가 그리스 북동부에서 테살리아로 통하는 해안을 따라 나 있는 좁은 길 테르모필레에서 페르시아군을 맞아 마지막 남은 300명의 병사들과 함께 용감히 싸우다 전사했다. 이 싸움에서 페르시아는 큰 타격을 입었다.

4 한 소년이 여우를 훔쳐 셔츠 밑에 숨겼는데, 그 여우에게 배를 물려 마침내 숨이 끊어질 때까지 절대로 자백하지 않았다는 이야기(플루타르코스의 《라쿠르고스전》 제18장에 나온다).

4. 일반적 특징

이상 이야기한 발육정지 사회가 공통적으로 갖는 특성으로 두 가지 점이 두드러지게 눈에 띤다. 그것은 배역과 전문화라는 것인데, 이 두 가지 현상을 하나의 표현형식으로 간추려보면 다음과 같이 말할 수 있다. 즉 이들 사회 속에 포함되어 있는 개개의 구성원은 모두 똑같은 한 가지 유형에 속하는 것이 아니라 둘 또는 셋의 전혀 다른 부류로 나뉘어 있다.

에스키모 사회에는 수렵을 하는 인간과 그 보조자인 개라는 두 개의 배역이 있다. 유목사회에는 목자인 인간과 그를 보좌하는 동물, 그리고 가축이라는 세 개의 배역이 있다. 오스만의 사회에서는 동물이 인간으로 바뀌었을 뿐 유목사회의 세 개의 배역에 해당하는 것을 찾아볼 수 있다. 유목사회의 다형사회체(多形社會體)는 서로 상대의 협력 없이는 스텝 지대에서 존속할 수 없는 인간과 동물이 단일사회 속에 모여서 구성되어 있는 데 비해, 오스만의 다형사회체는 본래는 비등한 인간인데 마치 종류가 다른 동물처럼 취급하여 몇 개의 형으로 구분하는 반대적 방향의 과정에 의해 구성되어 있다.

그러나 당면한 목적에서 생각해 본다면 이 차이는 무시할 수가 있다. 에스키모의 개 및 유목자의 말과 낙타는 인간의 협력자가 됨으로써 반인간화되어 있지만, 오스만의 피정복 주민인 '라이예'(본래 가축의 무리를 뜻하는 말로, 오스만 치하의 비이슬람교도 주민의 총칭)와 라코니아(스파르타의 수도로 간주되는 지방)의 노예는 가축과 다를 바 없는 대우를 받음으로써 '괴물'이 되고 있다. 완전한 스파르타인은 '군신(軍神)', 완전한 예니체리 병사는 '수도사', 완전한 유목자는 '켄타우로스', 또한 완전한 에스키모는 '인어(人魚)'와 같다. 페리클레스가 장송연설 속에서 지적한 아테네적 스파르타와의 대조적 차이는, 요컨대 아테네인이 신을 모방하여 만들어진 인간인 데 비해 스파르타인은 전쟁 로봇에 불과하다는 점이다. 에스키모와 유목민에 관해 모든 관찰자들이 진술한 바에 의하면, 이들 전문가의 기능이 전자에 있어서는 인주일체(人舟一體)이고 후자에 있어서는 인마일체(人馬一體)의 경지에 도달했다는 점에서 일치한다.

이와 같이 에스키모, 유목민, 오스만리 및 스파르타인은 가능한 한 인간성의 무모한 다양성을 버리고 그 대신 융통성 없는 동물성을 몸에 지님으로써 그들의 사업을 성취했던 것이다. 그 때문에 그들은 퇴보의 길에 발을 들여놓았다. 생물학이 가르치는 바에 의하면, 매우 특수한 환경에 지나치게 잘 적응한 동물의 종류는 이미 막다른 곳에 이르러 진화의 과정에서 버림을 받는다고 했는데 발육정지 문명의 운명이 바로 그와 같았다.

그와 비슷한 상태를 하나는 유토피아의 이름으로 불리는 공상적 인간사회가, 또 하나는 사회적 곤충에 의해 조작되는 현실사회가 보여준다. 비교해 보면 플라톤의 《국가》나 올더스 헉슬리의 《멋진 신세계》뿐만 아니라 개미둑이나 벌집에서도 모든 발육정지 문명에서 발견한 바와 같은 현저한 특징, 즉 카스트와 전문화라는 특징을 발견하게 된다.

사회적 곤충이 현재의 사회적 발전의 단계에 도달하여 그 단계에서 영원히 정지하게 된 것은 '호모 사피엔스'가 일반적인 척추동물 속에서 두각을 나타내게 된 것보다 몇백만 년이나 앞선 일이었다. 유토피아에 이르러서는 애당초의 가설에서부터 정지적(靜止的)이다. 이들 작품은 예외없이 공상사회의 묘사라는 형태를 빌려 위장한 행동강령이며, 환기시키려는 행동은 거의 늘 이미 쇠퇴기에 들어가 인위적으로 하향운동을 저지하지 않는 한 결국 멸망해 버릴 현실사회를 어느 일정한 수준으로 고정시키는 일이기 때문이다. 어떤 사회에서나 유토피아가 씌어지는 것은 대개는 그 사회의 성원이 그 이상으로 진보할 기대를 잃은 뒤의 일이므로, 하향운동을 저지하는 것이 대다수의 유토피아가 염원하는 최대한의 일이다. 따라서 이 문학의 장르 전체를 가리키는 명칭의 기원이 된 영국 천재의 주목할 만한 작품(토머스 모어의 《유토피아》)을 제외하고 거의 모든 유토피아의 목적은 절대부동의 안정된 평형상태이고, 다른 모든 사회적 목표는 그 절대부동의 평형상태에 종속하게 하여 필요에 따라서는 희생시키기도 하는 것이다.

아테네에서 펠로폰네소스 전쟁의 파국 직후에 출현한 철학 제파(諸派)에 있어서 구상된 헬라스 사회의 각종 유토피아도 마찬가지이다. 이들 작품의 성립을 촉구한 소극적인 원인은 아테네의 민주정치에 대한 심한 반감이다. 그도 그럴 것이 페리클레스의 사후 민주정치는 아테네 문화와의 빛나는 제휴를 중지하고 아테네 문화가 번영한 세계에 전화(戰禍)를 가져왔던 광적인 군국주의를 발달시켰기 때문이며, 나아가서는 패전에 부채질해서 소크라테스를 사형에 처했기 때문이다.

전후 아테네 철학자들의 최대의 관심사는 과거 2세기 동안 아테네를 정치적으로 위대하게 한 일체의 것을 거부하는 일이었다. 그들은 헬라스를 구하는 길은 오직 아테네의 철학과 스파르타의 사회제도를 결부시키는 일뿐이라고 생각했다. 첫째로는 그 제도를 논리적 궁극에까지 밀고 나가 완성하는 것이었고, 둘째로는 아테네의 철학자에 형상화한 최고의 학자 카스트(플라톤의 '수호자')를, 유토피아의 오케스트라에서는 제2바이올린 주자의 역할을 감수해야 하는 스파르타의 군인 카스트 위에 두는 것이었다.

카스트제의 용인, 전문화에 대한 경향, 어떤 희생을 치르더라도 평형상태를 확보하려는 정열이라는 점에서, 기원전 4세기의 아테네 철학자들은 6세기의 스파르타 정치가의 유순한 제자들이다. 카스트제에 관한 한 플라톤이나 아리스토텔레스의 사상은 최근 서구 사회가 범한 죄의 하나인 인종적 편견에 오염되어 있다. 플라톤의 '고매한 거짓'(《국가》 제3권)이라는 착상은 인간과 인간 사이에 동물의 종(種)의 차이에 필적할 만한 큰 차이가 있다는 것을 믿게 하는 교묘한 속임수이다. 아리스토텔레스의 노예제도 옹호도 같은 경향을 나타내고 있다. 그는 어떤 종류의 인간은 태어나면서부터 노예가 되도록 결정되어 있다고 주창한다. ─물론 실제로는 자유인이어야 할 많은 인간이 노예가 되어 있고, 노예여야 할 많은 인간이 자유인이 되어 있는 것을 인정하고는 있지만.

플라톤의 유토피아(《국가》나 《법률》)에 있어서나 아리스토텔레스의 유토피아(《정치학》의 마지막 두 권)에 있어서나 목표는 개인의 행복이 아니라 사회의 안정에 두어져 있다. 플라톤은 마치 스파르타의 감찰관의 입에서나 나올 법한 시인 추방령을 선언하여, 후대의 공산주의 러시아나 나치스 독일, 파시스트 이탈리아, 신도(神道) 일본 등의 단속과 비슷한 '위험사상'의 전면적 검열제도를 창도하고 있다.

유토피아 계획도 결국 헬라스 구제의 목적을 이룰 수가 없었다. 그리고 그것이 불모(不毛)의 것임은 헬라스 사회의 역사가 끝나기 이전에 유토피아의 교훈을 그대로 실행하여 인위적으로 만들어진 다수의 공화국에 의해 실제로 증명되었다. 플라톤의《법률》속에서 가정된 크레타 섬의 황무지 한구석에 있었던 단 하나의 공화국은 다음 4세기 동안에, 알렉산드로스와 셀레우코스 왕조가 오리엔트 여러 지역에 건설하고 로마인이 야만족 여러 지역에 건설한 현실의 도시국가의 형태로 천 배나 늘었다. 이들 현실화된 유토피아에 있어서 다행히도 그곳에 들어가 살 수 있었던 소수의 그리스인이나 이탈리아인 집단은, 그들을 위해 천한 일을 해 주는 무수한 '원주민'의 노동력을 할당받아 잡다한 일에서 해방됨으로써 주위의 암흑을 향해 헬레니즘의 빛을 비추게 하는 문화적 임무에 전념할 수 있었다. 골 지방의 한 로마 식민지가 어느 야만 부족의 땅과 인구 전체를 받게 되는 경우도 있었다.

기원 2세기는 헬라스 세계가 소강상태에 들어간 시기인데, 당시 사람들은 물론 후세의 인간마저 오랫동안 그것을 황금시대로 잘못 생각했을 정도여서 플라톤의 엉뚱한 희망은 실현되고도 남음이 있을 것처럼 여겨졌다. 96년부터 180년에 걸쳐 잇따라 철인왕(哲人王)이 전체 헬라스 세계에 군림하는 왕좌에 올라(네르바제에서 마르쿠스 아우렐리우스에 이르는 대대의 로마 황제를 가리킨다), 이들 철인왕의 비호 아래 천 개 이상이나 되는 도시국가가 평화와 화합을 유지하면서 공존하고 있었다. 그러나 이 무사평온은 일시적인 중간휴식에 불과하고, 표면이야 어떻든 실제로는 반드시 다 좋은 것만이 아니었다. 황제의 명령에 의해 실시되는 경우보다는 한층 효과적인 사회의 일반적 풍조에 의해 빚어진 눈에 보이지 않는 검열제도 때문에 학문적·예술적 활동은 철저하게 배제되어, 만약 플라톤이 되살아났다면 그의 변덕스런 권고가 너무도 글자대로 실현되고 있는 것을 보고 당황했을 것이다. 그리고 이 2세기의 아무 감격 없는 훌륭한 번영시대 뒤에 농노가 주인을 몹시 괴롭힌, 3세기의 혼돈된 격정이 광란하는 비참한 시대가 계속되었다. 4세기에 접어들자 형세는 완전히 일변하여 전에 권력을 제멋대로 휘둘렀던 로마 여러 도시의 지배계급은 살아남아 있는 한 도처에서 쇠사슬에 묶이게 되었다. 개집에 비끄러매인 채 꼬리를 감추고 움츠린 빈사의 로마 제국 여러 도시의 원로원 의원의 모습은 플라톤의 당당한 '인간 정찰견'의 사상적 후예라고는 도저히 생각할 수 없는 꼴이었다.

　마지막으로 수많은 군대의 유토피아 중 두서너 개에 눈을 돌려보면, 역시 같은 플라톤적 특성을 찾아볼 수 있다. 올더스 헉슬리의《멋진 신세계》는 풍자적인 작품으로서 독자의 마음을 끌기보다는 오히려 혐오감을 불러일으키는 데 그 목적을 두고 씌어진 것인데, 근대 산업주의는 '선천적인' 카스트를 엄격히 구분함으로써 그런대로 참고 견딜 수 있는 것으로 하는 일이 가능하다는 가정에서 출발한다. 이 카스트의 구분은 생물학의 눈부신 발달에다 심리학적인 기술을 덧붙여 이루어진다. 그 결과 알파족 · 베타족 · 감마족 · 델타족 및 입실론족으로 구성되는 계층사회가 출현하는데, 그것은 플라톤의 이상사회나 오스만리가 실제로 만들어낸 사회를 극단에까지 밀고 나간 것과 마찬가지이고, 단지 헉슬리의 알파벳 카스트가 실제로 유목사회에서 협력하는 인간과 개와 초식동물처럼 다른 동물의 종(種)이 되도록 결정되어 있다는 점이 다를 뿐이다. 천한 일을 하는 입실론족은 진심으로 그 일을 좋아하며, 따라서 다른 일을 하기 원하지 않는다. 그들은 생식실험소에서 그렇게 만들어진 것이다. 웰스의《달세계의 최초의 인간》속에 묘사되어 있는 사회에서는 모든 시민이 자기 자신의 지위를 알고 있다. 그는 태어나면서부터 그 지위에 오르도록 결정되어 있는 것이다. 그리고 그가 받는 훈련 · 교육 · 수술에 의해 완전히 그것에 적합한 인간이 되어, 그 이외의 목적을 추구하기 위한 관념도 기관도 갖지 않고 살아간다.

제10장　문명 성장의 본질

1. 신뢰할 수 없는 두 가지 기준

우리는 지금까지의 연구 결과 가장 큰 자극을 주는 도전은 그 격렬함의 정도가 지나친 것과 부족한 것의 중간에 해당하는 도전이라는 것을 발견했다.[5] 격렬함이 부족한 도전은 도전당한 인간을 전혀 자극하지 않을 우려가 있으며, 반대로 지나친 도전은 완전히 사기를 꺾을 우려가 있기 때문이다. 그러나 도전을 받는 자가 대항할 수 있을 정도의 도전이란 어떤 것인가?

근시안적으로 보면, 상상할 수 있는 한도내에서는 최대의 자극을 주는 도전이다. 사실상 폴리네시아인과 에스키모, 유목민, 오스만리, 그리고 스파르타인 등의 구체적인 예를 보아도, 우리는 그와 같은 도전이 '기발한 행위'를 불러일으키는 경향이 있음을 알 수 있다. 그러나 우리는 또 다음 단계에 있어 이 '기발한 행위'가 그것을 행한 인간에게 발육정지라는 치명적인 벌을 과한다는 것을 알았다. 그러므로 긴 안목으로 보면 전체로서 또 결국 최대의 응전을 불러일으키는 도전이 어떤 것이냐 하는 입장에서 생각할 때, 어느 특정한 도전이 최대의 직접적 응전을 불러일으킨다고 하여 그것이 특정한 도전이 곧 최적도의 도전이라는 궁극적 증거가 되지 않는다고는 할 수 없다. 참된 최적(最適)의 도전이란 도전당한 인간에게 단 한 번의 성공적인 응전을 시킬 뿐만 아니라 나아가 한 발짝 전진할 수 있도록 자극하는 도전이며, 한 가지 사업이 달성됨으로써 또 새로운 노력을 하게 하고, 한 가지 문제가 해결됨으로써 다른 문제를 제기하게 하고, 음(陰)에서 다시 양(陽)으로 전진하게 하는 도전이다.

잃은 균형을 원래의 상태로 돌이키는 단 한 번의 유한한 운동만으로는 불충분하며, 그것만으로는 발생 후 성장을 계속해 나갈 수가 없다. 이 운동을 몇 번이고 반복하는 리듬 운동으로 전환시키려면, 베르그송의 말에 따라 '엘랑 비탈(생의 비약)'이 반드시 있어야만 한다. '엘랑 비탈'의 힘을 입은 피도전자는 균형을 넘어서 불균형 상태에 도달하고, 그 때문에 새로운 도전을 만나게 된다. 그리고 그 도전에 응해 다시 균형 회복을 위한 새로운 응전을 하게 되는데, 그 응전도 너무 지나쳐 또한 균형을 잃고 만다. 이리하여 도전과 응전이 가능한 한도 안에서 무한히

---

5 일반적으로 문명이란 쉬운 환경이 아니라 살기 힘든 환경에서 생겨난다는 것, 그러면서도 환경의 엄격함에는 이른바 '중용'이라는 정도가 있어, 그 정도를 지나치면 응전에 성공할 가능성이 소멸된다는 법칙을 구체적인 많은 예를 들어 설명하고 있다.

이어지며 반복되는 것이다.

일련의 불균형을 거쳐 진행해 가는 이 '엘랑'을 헬라스 문명의 발생 당초로부터 시작하여 기원전 5세기의 전성기에 이르는 과정 안에서 간취할 수 있다.

발생한 지 얼마 되지 않는 헬라스 문명이 직면한 최초의 도전은 혼돈과 태곳적 암흑이라는 도전이었다. '부모' 문명인 미노스 사회는 해체되고 고도(孤島)에 남게 된 미노스인, 좌초하여 꼼짝할 수 없게 된 아카이아인과 도리스인, 이런 식으로 혼돈된 사회적 잔해를 뒤에 남겼다. 낡은 문명의 침전물은 새로운 야만의 분류가 범람하여 밀려 내려온 자갈 밑에 파묻혀 버릴 것인가? 아카이아의 풍경 속에 점점이 흩어져 있는 약간의 저지대는 그 지점을 둘러싸는 고지의 황폐에 압도당하고 마는 것일까? 평지의 평화로운 경작자는 산지의 목자와 비적(匪賊)이 하는 대로 당하고 마는 것일까?

이 최초의 도전은 훌륭하게 극복되었다. 헬라스를 촌락의 세계가 아니라 도시의 세계, 목축의 세계가 아니라 농업의 세계, 무질서의 세계가 아니라 질서의 세계로 하는 방침이 결정되었다. 그런데 이 최초의 도전에 대한 응전의 성공이 승리자를 제2의 도전에 직면케 했다. 저지에서 평화롭게 농사짓는 일을 보증한 승리가 인구증가의 경향에 활력을 주었고, 더구나 그 힘은 인구가 헬라스 사회 본토의 농업이 길러낼 수 있는 최대 밀도에 도달해도 정지되지 않았기 때문이다. 이리하여 최초의 도전에 대한 응전의 성공이 유아기의 헬라스 사회를 제2의 도전에 직면케 했는데, 헬라스 사회는 이 맬서스 이론 그 자체인 인구과잉의 도전에 응전하여 혼돈의 도전에 응전했을 때와 마찬가지로 성공을 거두었다.

인구과잉의 도전에 대한 헬라스 사회의 응전은 몇 개의 다른 실험의 형태를 취해 이루어졌는데, 가장 쉽고 가장 확실한 방법이 최초에 채용되어 수확체감의 현상이 야기될 때까지 적용되었다. 이 최초의 방법이 이미 기대했던 만큼의 효과를 올리지 않게 되자 그 대신 가장 곤란하고 또 반드시 확실하다고는 할 수 없는 방법이 채용되어 적용되었는데, 이번에는 훌륭하게 문제 해결에 성공했다.

최초의 방법은 헬라스의 저지대 주민이 국내의 인접한 고지대 주민을 정복하는 과정에서 만들어낸 기술과 제도를, 헬레니즘을 위해 해외에 새로운 영토를 획득하는 데 이용하는 일이었다. 장갑보병의 방형밀집진(方形密集陣)이라는 군사적 수단과 도시국가라는 정치적 수단을 사용하여 다수의 헬라스 사회의 개척자는 이탈리아 반도의 장화 발끝에 해당하는 곳에다 야만족인 이탈리아인과 코네스인의 희생으로 마그나 그라에키아를 건설하고, 시칠리아에서는 야만족 시켈인의 희생으로 신(新)펠로폰네소스를, 키레나이카(이집트의 서쪽 지역)에서는 야만족 리비아인의 희생으로 새로운 그리스 5도시를, 에게 해 북안(北岸)에서는 야만족 트라키아인의 희생으로 칼키디케를 건설했다.

그런데 또한 응전의 성공이 승리자에게 새로운 도전을 초래하게 했다. 그들이 행한 일 자체가 다른 여러 지중해 민족에 대한 도전이었고, 따라서 그리스인으로부터 차용한 기술과 무기를 사용해서 그리스인의 침공에 저항하도록 했다. 그렇게 함으로써 또 한편에서는 그들의 힘을 그리스인 자신이 이룩한 이상의 규모로 집결했으며, 그 때문에 헬라스의 확대를 중지시켰던 것이다. 이리하여 기원전 8세기에 시작된 헬라스 사회의 확대는 6세기 중엽에는 정지상태를 이루고 말았다. 그럼에도 불구하고 헬라스 사회는 여전히 인구과잉의 도전에 직면하고 있었다.

헬라스 사회의 역사적인 이 새로운 위기를 맞이해 필요한 발견을 한 것은 아테네인이었다. 아테네인은 헬라스 사회의 발전을 밖으로 퍼져가는 외연적 과정으로부터 안으로 집중하는 집약적 과정으로 전환시키는 일을 배우고, 또 다른 도시국가에 그것을 가르침으로써 '헬라스 교육'으로 삼았다. 이 아테네인의 응전에 대해서는 이미 앞에서 말했으므로, 여기서 다시 되풀이할 필요는 없을 것 같다.

이 성장의 리듬을 감독한 월트 휘트먼은 '비록 그것이 무엇이든 하나의 성공이 달성되면 거기에서 더욱 큰 노력을 필요로 하는 무엇인가가 생겨난다. 이것이 사물의 본질 속에 갖추어져 있다'라고 썼다. 또 그와 동시대인인 빅토리아 여왕 시대의 시인 윌리엄 모리스도 약간 비관적인 필치로, '나는 깊은 생각에 잠겼다……사람들이 어떻게 싸우고 어떻게 패배하는가를, 또 그들의 패배에도 불구하고 그들이 쟁취하기 위해 싸운 것이 어떻게 실현되는가를, 그리고 그것이 실현되고 보면 얼마나 그것이 의도한 바와 다르게 되는가를, 나아가서는 얼마나 다른 사람들이 다른 명목하에 그들이 의도했던 바를 위해 싸워야 하는가'라고 썼다.

문명이란 도전으로부터 응전을 거쳐 새로운 도전으로 몰아치는 '엘랑'을 통해 성장하는 것처럼 생각되는데, 이 성장에는 외면과 내면의 양면이 있다. '마크로코스모스(외면적 세계)'에서는 성장은 외적 환경에 대한 지배의 점진적 증대라는 형태로 나타나고, '미크로코스모스(내면적 세계)'에서는 자기결정 혹은 자기분화[6]의 점진적 증대라는 형태로 나타난다. 이중 어느 하나의 출현이 '엘랑' 그 자체의 전진을 측정하는 기준이 될지도 모른다. 그러면 이런 견지에서 이 두 가지의 출현을 차례대로 조사하기로 하자.

　우선 먼저 외적 환경의 점진적 정복을 고찰함에 있어 어느 사회의 경우에나 외적 환경을 그 사회가 접촉하는 다른 인간사회로부터 성립되어 있는 인간적 환경과, 인간 이외의 자연으로부터 성립되어 있는 자연적 환경으로 나누는 것이 편리하다는 것을 알게 된다. 인간적 환경의 점진적 정복은 대체로 한 사회의 지리적 확대라는 형태로 나타나고, 비인간적 환경의 점진적 정복은 흔히 기술의 향상이라는 형태로 나타난다. 우리는 전자, 즉 지리적 확대로부터 시작해서 어디까지 그것이 문명의 참된 성장을 측정하는 적절한 기준이 되느냐에 대해 조사해 보기로 하자.

　가령 압도적으로 많은 실례를 열거할 시간을 생략하고 단도직입적으로 '지도를 붉은색으로 칠해 버리는 일', 즉 지리적 확대는 전혀 문명의 참된 성장의 기준이 될 수 없다고 단언했다 하더라도 거기에 대해 이론을 제기할 독자는 아마 없으리라 본다. 하기야 지리적 확대의 시기가 질적 진보와 시대적으로 일치하고, 그것이 부분적으로 출현하는 경우도 더러는 있다(앞서 말한 초기 헬라스 사회의 확대의 경우처럼). 그러나 그보다 훨씬 많은 경우에서의 지리적 확대는 쇠퇴에 부수되는 현상이며, 쇠퇴와 해체의 단계에 상당하는 혼란기 혹은 세계국가와 시기적으로 일치한다. 그 이유를 알아내는 것은 그리 어려운 일이 아니다. 혼란기는 인간정신을 상호파멸이라는 사도(邪道)에 빠뜨리는 군국주의를 낳고, 가장 성공한 군국주의자가 흔히 세계국가의 창설자가 된다. 지리적 확대는 이 군국주의의 부산물이

---

6 미분화(未分化)로 혼돈되어 있던 것이 각기 명확한 특징을 갖춘 부분으로 분화되는 일을 말한다.

며, 강대한 무력을 소유한 자가 한동안 그들 자신의 사회 내부에 있는 경쟁 상대에게 덤벼드는 일을 중지하고 인접 사회에 공격을 가하는 막간극이다.

이 책의 뒷부분에서 기술하겠지만 군국주의는 오늘날 기록에 남아 있는 20여개 문명의 쇠퇴가 일어난 과거 4, 5천 년간에 있어서의 가장 보편적인 문명 쇠퇴의 원인이었다. 군국주의가 문명 쇠퇴의 원인이 되는 것은, 그 사회가 분화해서 성립한 몇몇 지방국가를 서로 충돌시켜 파괴적인 골육상잔을 일으키게 하기 때문이다. 이 자살적인 과정에서 그 사회의 조직 전체가 몰렉(셈족의 최고신으로 어린이를 희생양으로 바치는 습관이 있었다)의 놋쇠 가슴에서 모든 것을 불살라 버리는 불꽃의 연료가 된다. 단지 전쟁의 기술만이 갖가지 평화의 기술을 희생으로 하여 진보한다. 그리고 이 죽음의 제전이 신자를 모조리 멸망시키기 전에 군군주의자들은 살인도구 사용에 완전히 숙달되어 잠시 상호살육의 광적인 축제를 멈추고 무기를 이민족의 가슴에 돌리게 되면 파죽지세로 진격하는 경향이 있다.

실제로 헬라스 사회의 역사를 조사해 보면, 우리가 부정한 결론과 정반대의 결론에 도달하게 된다. 이미 말했듯이 헬라스 사회는 그 역사의 어느 단계에 있어 인구과잉의 도전에 대처하기 위해 지리적 확대를 행했다. 그리고 이 지리적 확대는 약 2세기 동안(기원전 750~550년경) 계속된 다음 주위의 비(非) 헬라스 세력에 의해 중지당했다. 그러고 난 뒤 헬라스 사회는 수세에 몰렸는데, 본국에서는 동쪽에서 온 페르시아에게 공격당하고, 비교적 새로 획득한 영토에서는 서쪽에서 온 카르타고에게 공격당했다. 이 기간 중 투키디데스가 말했듯이 '헬라스는 장기간에 걸쳐 사방으로부터 압박당했고'(투키디데스 1권 17장), 헤로도토스가 말했듯이 '그 이전의 20세대 사이의 동란보다도 많은 동란에 압도되었던' (헤로도토스 6권 98장) 것이다. 그리스의 2대 역사가의 이상과 같은 우울한 문장을 읽는 현대인으로선 이것을 후세에 돌이켜볼 때 헬라스 문명의 절정으로 유달리 눈에 띄는 시대, 즉 헬라스 사회의 천재가 사회생활의 모든 분야에 있어 헬레니즘을 불멸의 것으로 한 그런 위대한 창조활동을 했던 시대의 묘사라고는 믿기 어렵다. 헤로도토스와 투키디데스가 이 창조적인 시대에 관해 그렇게 느낀 것은 그 이전의 시대와 달리 헬라스의 지리적 확대가 중지되었기 때문이다.

그러나 이 세기중의 헬라스 문명의 상징인 '엘랑'이 그 전후의 어느 시기보다
도 컸다는 데 대해서는 이론을 내세울 여지가 없다. 그리고 만일 이 두 역사가가
초인간적 수명을 타고나 그 뒤의 시대를 관찰할 수 있었다면, 그들은 아테네-펠
로폰네소스 전쟁의 발발을 계기로 하여 헬라스 사회가 쇠퇴기로 들어간 뒤에 그
물질적 규모에 있어 지난날의 해로(海路)를 통한 헬라스 확장을 훨씬 능가하는
새로운 지리적 확장, 즉 알렉산드로스에 의해 개시된 육로를 통한 헬레니즘 확장
이 일어난 것을 보고 놀랐을 것이다. 알렉산드로스가 헬레스폰토스를 건넌 뒤 2
세기 동안에 헬레니즘은 그와 만난 다른 모든 문명—시리아·이집트·바빌로니
아·인도의 각 문명—의 영역을 침식하여 아시아와 나일 강 유역으로 확장했다.
그 뒤로도 또 약 2세기 동안 로마 세력의 수호를 받으며 계속 확대해 나가 유럽과
아프리카 북서부의 야만족이 사는 벽지에까지 침입했다. 그러나 이 지리적 확장
의 시대는 헬라스 문명이 명백히 해체의 과정을 밟고 있던 시기이다.

거의 모든 문명의 역사가 지리적 확장이 질의 저하와 시간적으로 일치한다는
것을 나타내는 실례를 제공한다. 그 가운데서 두 가지를 골라보기로 한다.

미노스 문명이 가장 넓은 범위로 퍼진 것은 현대의 고고학자가 '후기 미노스
제3기'라는 명칭을 부여한 시기였는데, 이 시기가 시작된 것은 기원전 1452년경
의 크노소스의 약탈 이후, 즉 미노스 사회의 세계국가인 '미노스 해양왕국'이 붕
괴하고 미노스 사회가 파산하는 공백기가 그것과 대체된 파국 이후의 일이었다.
이 후기 미노스 제3기에 속하는 미노스 문명의 물질적 산물은 이전의 어느 시기
의 산물보다도 넓은 지리적 분포를 나타내고 있는데, 그것과 마찬가지로 우리의
시선을 끄는 것은 모든 산물 위에 퇴폐의 낙인이 뚜렷이 찍혀 있는 일이다. 그것
은 마치 기술의 질적 저하라는 것이 생산량의 확대 때문에 지불하지 않을 수 없었
던 대가였던 것처럼 여겨질 정도이다.

현재의 극동 사회의 선행 사회인 고대 중국 사회의 역사에 있어서도 사정은 역
시 마찬가지다. 성장기에는 고대 중국 문명의 지배 영역이 황허 유역의 범위를 벗
어나지 않았다. 중국 문명세계가 남쪽인 양쯔 강 유역과 그 반대쪽인 백하(白河)
보다 더 먼 평원지대를 합병한 것은 중국 사회의 혼란기, 즉 중국인들이 '전국시

대' 라 부르는 시대의 일이다. 고대 중국의 세계국가 건설자인 진(秦)나라 시황제
는 그의 정치적 경계선을 아직도 장성(長城)에 의해 한정되어 있는 선까지 진출
시켰고, 시황제의 유업을 이은 한조(漢朝)는 더 멀리 남쪽에 진출했다. 이와 같이
고대 중국의 역사에서도 지리적 확장의 시기와 사회적 해체의 시기가 때를 같이
하고 있는 것이다.

　마지막으로 우리 서구 문명의 아직 끝나지 않은 역사에 눈을 돌려 극서 문명과
스칸디나비아 문명을 희생시킴으로써 행해진 그 초기의 팽창, 다음에 북유럽의
야만사회를 희생시켜 행해진 라인 강에서 비스툴라 강까지의 팽창과, 유라시아
유목사회의 전위인 헝가리를 희생시켜 행해진 알프스에서 카르파티아 산맥까지
의 팽창, 나아가서는 그 뒤의 '십자군' 이라는 매우 편리하고 간결한 명칭으로 불
리고 있는 광범한, 그러나 일시적인 정복과 통상의 운동에 의해 행해진 지브롤터
해협에서 나일·돈 두 강 어귀에 이르는 지중해 전역의 해로에 의한 팽창을 바라
보면, 우리는 이것들이 모두 헬라스 초기의 해로에 의한 확장과 마찬가지로 그와
동시에 또는 그후에 팽창하는 문명의 참된 성장의 정지라는 현상이 수반되지 않
았던 지리적인 확장의 예라는 것을 승인할 수 있다. 그러나 최근 수세기 동안에
재차 개시된, 그리고 이번에는 전세계에 걸쳐 행해진 팽창을 바라보면 우리는 그
저 주저하고 판단에 어리둥절할 뿐이다. 이 경우 문제는 우리에게 있어 극히 절실
한 것이므로, 현재로 보아 확정적인 답을 주는 것은 삼가야 한다.

　그럼 다음에는 두 번째 문제로 넘어가 기술의 향상에 의한 자연환경 정복의 증
대가 과연 참된 문명 성장의 적절한 기준이 되는가를 생각해 보자. 기술향상과 사
회적 성장의 전진 사이에 과연 적극적인 상호관계가 존재함을 나타내는 증거가
있는 것일까?

　현대의 고고학자가 발명한 분류법으로는 이 상호관계는 당연한 일로 간주되고,
추정된 일련의 물질적 기술향상의 단계가 그에 대응하는 문명의 진보의 계속적
단계를 나타내는 것이라고 생각되고 있다. 이 사고방식으로는, 인류의 진보는 구
석기시대·신석기시대·동석(銅石)병용시대·동기시대·청동기시대·철기시
대, 게다가 우리 자신이 그 속에서 살 수 있는 특권이 주어진 기계시대를 덧붙일

수 있지만, 이처럼 기술적 명칭에 의해 구별되는 일련의 '시대'에 의해 표현된다.

이 분류법은 널리 일반적으로 행해지고 있는 방법이지만, 그래도 그것이 문명 진보의 단계를 나타낸다는 주장에 대해서는 비판적으로 검토할 필요가 있다. 실증적 검증이 필요한 것은 말할 나위도 없지만, 단순히 선험적으로 생각했을 경우에도 의문스러운 몇 가지 이유를 들 수 있기 때문이다.

우선 첫째로 이 분류법이 일반시된다는 그 자체부터가 의문시된다. 왜냐하면 이 분류법은 최근의 기술적 승리에 완전히 도취되어 있는 사회의 선입관에 영합되는 일이기 때문이다. 이 분류법의 인기는, 각 세대는 그 세대 특유의 일시적인 사상 경향에 따라 과거의 역사를 이루는 경향이 있다고 하는, 의심할 여지 없는 사실을 나타내는 하나의 예증이다.

사회적 진보의 기술적 분류법을 의문시하는 두 번째 이유는, 그것이 연구자는 우연히 입수한 특정 연구 자료의 노예가 될 경향이 있다는 것을 나타내는 명백한 예이기 때문이다. 과학적 견지에서 보면, 선사시대의 인간이 자기를 위해 만든 물질적 도구가 남아 있는 데 반해 제도나 사상 같은 정신적 산물은 소멸되어 버렸다는 것은 단순한 우연에 불과하다. 실제로는 이들 정신적 도구는 그것이 사용되고 있는 동안은 인간생활에 있어 어떤 물질적 도구가 이행하는 일보다도 훨씬 중요한 역할을 이행한다. 그럼에도 불구하고 유기(遺棄)된 물질적 도구는 유형의 파편을 남기는데, 유기된 정신적 도구는 그런 것을 남기지 않는다. 그리고 고고학자의 일은 유기된 파편에서 인류 역사에 관한 지식을 끄집어내기를 희망하여 그것을 연구하는 것이기 때문에, 고고학자는 자칫 '호모 사피엔스'로서의 인간을 그 부차적인 역할인 '호모 파베르'로만 생각하기 쉽다. 사실이 나타내는 바를 살펴보면, 문명이 정지하고 쇠퇴해 감에도 불구하고 기술이 향상되는 경우도 있는가 하면, 또 반대로 문명이 움직이는—전진하는 경우와 후퇴하는 경우를 포함해서—데도 불구하고 기술이 정지하는 경우도 있음을 알 수 있다.

예를 들어, 발육정지 문명은 모두가 고도의 기술을 발달시켰다. 폴리네시아인은 항해자로서, 에스키모인은 어렵자(漁獵者)로서, 스파르타인은 군인으로서, 유목민은 말의 조련자로서, 오스만리는 인간의 조교자로서 제각기 탁월했다. 이들은 모두가 기술이 향상되었음에도 불구하고 문명이 정지되어 있던 예이다.

문명이 쇠퇴해 감에도 불구하고 기술이 향상되는 예로는 유럽의 구석기시대 후기와, 기술적 진보의 계열상으로 보아 바로 그 뒤를 잇는 신석기시대 전기 사이에서 대조적 차이를 제시할 수 있다. 구석기시대 후기의 사회는 세공이 조잡한 도구로 만족하고 있었으나, 섬세한 미적 감각을 발달시켜 거기에 회화적 표현을 주는 어떤 종류의 단순한 방법을 발견했다. 구석기시대 사람들이 생활한 흔적을 남긴 동굴의 벽 위에 남아 있는, 살아 있는 것처럼 교묘하게 그려진 동물의 목탄화(木炭畵)는 우리의 찬사 대상이 되고 있다.

신석기시대 전기의 사회는 비상한 노력을 기울여 훌륭히 연마된 기구를 만들어 냈다. 그리고 그 기구들을 구석기시대인과의 생존경쟁에 사용했던 모양이어서, 호모 픽터(화가적 소질을 타고난 인간)는 모습을 감추고 호모 파베르가 승리자로서 남았다. 아무튼 기술의 견지에서 현저한 진보를 획책하는 이 변화는 문명의 견지에서는 뚜렷한 퇴보였다. 왜냐하면 구석기시대 후기의 예술은 구석기시대인과 함께 사멸했기 때문이다.

또 마야 문명은 기술적으로는 석기시대의 영역을 벗어날 수 없었다. 이에 반해 그 자식문명인 멕시코 문명과 유카텍 문명은 스페인인에 의한 정복에 앞선 500년 동안 각종 금속 가공법에서 눈부신 진보를 이루었다. 그럼에도 마야 사회 쪽이 그 '자식' 사회에 해당하는 두 이류사회(二流社會)보다는 훨씬 뛰어난 문명을 달성했다는 것은 의심할 여지가 없다.

헬라스 사회 최후의 위대한 역사가인 가이사랴의 프로코피오스는 유스티니아누스 황제(동로마 황제)가 행한 일련의 전쟁 ― 그런 전쟁이 실제로 헬라스 사회의 죽음을 알리는 종을 울리게 되었지만 ― 을 기술한 역사책의 서문에서, 당시의 군사기술은 이전의 어느 전쟁에서 사용된 기술보다도 뛰어났으므로 자기의 논제는 어떤 선인(先人)이 택한 논제보다도 흥미를 준다는 점에서 뛰어나다고 주장하고 있다. 하기야 헬라스 사회의 역사라는 한 가닥의 실만을 빼내면 헬라스 문명의 성장기뿐만 아니라 다시 쇠퇴기를 통해 시종 끊임없이 진보하고 있는 것이 엿보인다. 동시에 또 이 기술의 진보의 각 단계가 문명에 있어 불행한 결과를 초래한 사건에 의해 자극받았다는 것을 엿볼 수 있다.

기술의 진보와 문명의 진보 사이에 상관관계가 없다는 사실은, 앞에서 본 것처럼 문명이 정지상태에 있든지 혹은 퇴보된 시기에 기술이 진보된 예에 따라 증명될 뿐만 아니라, 또한 문명이 진보 혹은 퇴보되어 있음에도 불구하고 기술이 정지상태에 있었던 예에 따라 증명된다.

예를 들어, 구석기시대 전기와 후기 사이에 유럽에서 인류의 거대한 진보가 이루어졌다.

구석기시대 후기의 문화는 제4빙하기의 종료와 결부되어 있다. 네안데르탈인의 유골 대신에 우리는 여러 종류의 다른 유골을 발견했는데, 네안데르탈인과 유사함을 나타내는 것은 하나도 없었다. 반대로 그것들은 모두가 어느 정도 근대인에 가깝다. 유럽의 이 시기의 화석유골을 관찰해 보면 인간의 체형에 관한 한 단번에 근대기로 이행해 온 것처럼 생각된다.[7]

구석기시대 중엽에 있어서의 이 인체의 형태의 변화는 어쩌면 인류 역사의 과정에서 일어난 가장 획기적인 일인지도 모른다. 왜냐하면 이 시기에 유인원은 인간이 되는 일에 성공했으나, 그에 비해 인간은 유인원이 이행한 진보가 인간을 인간답게 한 이래 대단히 오랜 시간이 경과했음에도 불구하고 아직 초인간적인 단계에 도달하지 못했기 때문이다. 이 비교에 의해 호모 네안데르탈렌시스의 단계를 넘어서 호모 사피엔스가 출현했을 때 이룩된 정신적 진보가 얼마나 큰 것이었는가를 알 수 있다. 그런데 이 거대한 정신적 혁명은 그에 필적하는 기술적 혁명을 수반하지 않았다. 그 때문에 기술적 분류법에서는 지금도 우리가 찬탄해 마지않는 구석기시대 후기의 동굴 주거인의 그림을 그린 그 감각이 뛰어난 예술가를 이른바 '빠져 있는 고리(유인원과 인류의 중간으로 생각된다)'와 혼동해 버리는 것이다. 그러나 사실상 이 구석기시대 후기인과 구석기시대 전기인 사이에는, 마치

---

7 A. M. Carr-Saunders, *The Population Problem*.

후자와 오늘날의 '호모 메카닉스(기계시대인)' 사이에서 인정할 수 있는 것과 마찬가지로 엄청난 거리가 있는 것이다.

　사회가 진보했음에도 불구하고 기술이 정지해 있던 사례와 함께 사회가 퇴보했음에도 불구하고 기술이 정체하고 있던 예를 볼 수 있다. 이를테면 제철술(製鐵術)은 미노스 사회의 멸망이라는 커다란 사회적 퇴보의 시기에는 향상도 하지 않고 퇴보도 하지 않은 정지상태에 있었다. 서구 세계는 로마로부터 이 제철술을 고스란히 이어받았고, 동시에 라틴 알파벳과 그리스 수학이란 기술을 이어받았다. 그 동안 사회적으로는 큰 변동이 일어났다. 헬라스 문명이 붕괴하고 그 뒤에 공백기가 계속되었으며, 그 공백기의 중간 무렵부터 결국 새로운 서구 문명이 출현했던 것이다. 그럼에도 불구하고 이상 세 종류의 기술이 연속되는 데는 그에 대응하는 절단상태는 나타나지 않았다.

2. 자기결정을 하는 방향으로의 진보

　기술발달의 역사는 지리적 확장의 역사와 마찬가지로 문명의 성장 기준을 제공하지 못했다. 그러나 그것은 점진적 단순화의 법칙이라고도 할 수 있는 기술의 진보를 지배하는 원칙을 가리킨다. 정교하게 만들어진 '영구도로'(철도의 선로를 가리킨다) 위를 달리는 무겁고 몸집이 큰 증기기관차 대신 기차와 같은 속도로, 더구나 보행자와 거의 다름없는 행동의 자유를 갖고 도로를 달릴 수 있는 아담하고 조작이 손쉬운 내연(內燃)기관차가 출현했다. 유선전신 대신 무선전신이 나타났으며, 또 말할 수 없이 복잡한 고대 중국 사회나 이집트 사회의 문자 체계 대신 정연하고 편리한 라틴 알파벳이 출현했다.

　언어도 같은 단순화의 경향을 나타내고 있는데, 인도유럽어족에 속한 여러 언어의 역사를 비교해 보면 명백하듯이 굴절어(屈折語)를 버리고 그 대신 조사(助詞)를 쓰게 되었다. 기록에 남아 있는 이 어족의 최고의 표본인 산스크리트는 놀라울 만큼 풍부한 굴절을 나타내고, 또한 불변화 언어가 놀라울 정도로 적다. 이에 반해 한쪽 극단에 있는 근대 영어는 거의 완전히 굴절을 상실하고, 그 대신 전치사와 조동사를 발달시켜 빈 자리를 보충했다. 고전 그리스어는 이 양극단의 중간항(中間項)에 해당된다. 근대 서구 세계의 복장은 엘리자베스 여왕 시대의 복잡한 양식에서 오늘날의 산뜻한 양식으로 단순화되었다. 프톨레마이오스 천문학 대신 들어선 코페르니쿠스 천문학은 훨씬 넓은 범위에 걸친 천체의 운행에 관해 시종 일관된 설명을 가한다.

단순화라는 말은 이들 변화를 표현함에 있어 그다지 정확하거나 적절한 말이 아닌지도 모른다. 단순화란 소극적인 말로서 '생략'과 '제거'라는 뜻을 내포하고 있다. 그런데 위에서 든 각 예에 있어 실제로 일어난 일은 실용적 능률, 미적 만족, 혹은 지적 파악의 감퇴가 아니라 증진이다. 결과는 손실이 아니라 이득이다. 그리고 이 이득이 단순화의 과정에서 생기는 것은, 단순화의 과정이 그때까지 물질적인 매체 속에 갇혀 있던 힘을 해방시켜 보다 영묘한 매체 속에서 자유로이 활동하고, 보다 더 큰 효과를 발휘하는 일을 가능하게 하기 때문이다. 그것은 단순히 장치의 단순화를 뜻할 뿐 아니라 동시에 그 결과로서 생기는 저차원의 존재 혹은 활동의 영역에서 고차원의 영역으로의 에너지 전환 내지 중점의 이동을 뜻한다. 단순화라 부르기보다는 영성화(靈性化)라고 불러야만 이 과정의 성질을 보다 적절히 표현하는 셈이 될 것이다.

위에서 든 몇 가지 예는 우리가 구하고 있는 성장의 기준이 인간적 환경과 자연적 환경 양쪽을 포함해 외적 환경의 정복에 있는 것이 아니라 오히려 도전과 응전이 충돌하는 두 영역 중 한쪽에서 다른 한쪽으로 점차 중점이 바뀌어 활동무대가 이동되는 점에 있다는 것을 암시한다. 이 다른 방면에 있어서의 도전은 외부에서 육박해 오는 것이 아니라 내부에서 발생하는 것이며, 그것을 이기는 응전은 외적 장해를 극복한다든지 외적을 정복하는 형태를 취하는 것이 아니라 내면적인 자기 표현 혹은 자기결정이라는 형태로 나타난다. 개개의 인간 혹은 개개의 사회가 계속적인 도전에 대해 계속 응전하는 것을 보고 과연 이 특정한 도전─응전의 연속을 성장의 표현이라 할 수 있겠는가 여부를 문제삼을 때, 그 연속이 진행함에 따라 활동이 위에서 말한 두 영역 중 한쪽에서 다른 한쪽으로 이행하는가 하지 않는가를 관찰함으로써 그 문제에 대한 해답을 얻을 수 있을 것이다.

이 말이 진리라는 것은 처음부터 끝까지 오로지 외면적 영역을 기준으로 하여 성장 과정을 기술하려고 노력하고 있는 역사적 저술을 보면 극히 명료해진다.

그런 방식으로 쓰어진 두 천재의 저술을 예거해 본다. 그것은 에드몽 드믈랭(프랑스의 역사가·사회학자·교육가)의 《도로는 어떻게 사회 유형을 만들어내는가》와 H.G. 웰스의 《세계문화사 대계》이다.

드믈랭은 그 저서의 서문에서 단호하고 간결한 표현으로 다음과 같이 환경설을 주장하고 있다.

'지구 표면에는 무수히 다양한 종족이 생존하고 있다. 이 다양성을 낳게 하는 원인은 무엇인가…… 종족의 다양성의 최우선적인, 또한 결정적인 원인은 각 민족이 거쳐간 도로이다. 종족과 사회 유형의 쌍방을 만들어내는 것은 도로이다.'

이 도발적인 선언이 의도하는 바대로 우리가 그것에 자극받아 저자의 주장이 상술되어 있는 본문을 읽어보면, 미개사회에서 예증을 인용하고 있는 한은 그의 주장대로 제법 잘 되어가는 것을 알 수 있다. 그런 사례에 있어서는 사회의 성격은 외적 환경에서 오는 도전에 대한 응전이라는 것만을 기준으로 하여 거의 완전히 설명할 수 있다. 그러나 말할 나위 없이 이것은 성장에 관한 설명은 되지 못한다. 왜냐하면 이런 사회는 현재 정지하고 있으므로, 발육정지 문명의 상태를 설명함에 있어서도 드믈랭은 역시 성공하고 있다. 그러나 저자가 그의 공식을 가부장제 촌락 공동체에 적용하게 되자 독자는 차차 불안을 느끼기 시작한다. '카르타고와 베네치아에 관한 장에서 저자는 무언가를 빠뜨리고 있다. 그 빠뜨린 것이 무엇인가를 아마 말할 수 없는 모양이다' 하는 식으로 느끼는 것이다. 피타고라스 철학을 이탈리아의 장화의 발끝으로 횡단하여 행해진 수륙무역에 의거하여 설명하려고 할 때까지만 해도 그럭저럭 터져나오는 웃음을 억제할 수 있었다. 그러나 〈고원의 도로─알바니아형과 그리스형〉이라는 제목이 붙여진 장에서는 마침내 깜짝 놀라고 만다. 알바니아의 야만사회와 헬라스 문명을, 저마다의 대표자가 그 옛날 우연히 같은 지역을 경유하여 저마다의 목적지에 당도했기 때문이라는 그 단 한 가지 이유로 일괄해서 취급한다는 것은 말도 안 된다. 이 불운한 장에서 이 저서의 논의는 견강부회에 빠져 스스로 파탄한다. 어떤 문명이든 헬라스 문명 정도의 수준에 도달하게 되었을 때 그 성장을 외적 환경에서 주어지는 도전에 대한 응전이라는 것만을 기준으로 하여 기술하려고 하는 시도는 분명히 난센스이다.

웰스도 원시적인 사항이 아니라 완전히 발달된 사항을 다루는 단계에 이르면 필치의 확실성을 잃은 듯이 보인다. 상상력을 구사하여 태고의 지질시대에 일어난 극적인 사건을 재구성하는 일에 관한 한 그는 유감없이 그 본령을 발휘한다. 그의 '이 작은 수형(獸形)동물, 이 포유류의 선조들'이 살아남고 지나치게 커진 파충류가 멸망하는 경과를 서술한 이야기는 성서의 다윗과 골리앗의 영웅 이야기에 필적할 정도이다. 이 수형동물이 구석기시대의 수렵자나 유라시아의 유목민이 되는 데까지는 웰스도 드믈랭과 마찬가지로 우리 기대에 어긋나지 않는다. 그런데 서구 사회의 역사로 들어와 그 수형동물이 비길 데 없이 영성화된 윌리엄 유어트 글래드스턴을 평가할 단계에 접어들자 실패한다. 그것은 이야기의 진행에 따라 정신적 문화를, 즉 중점을 마크로코스모스에서 미크로코스모스로 전이시킬 수 없었기 때문이다. 그리하여 이 실패가 《세계문화사 대계》라는 훌륭한 지적 업적의 한계를 나타낸다.

웰스의 실패는 같은 문제를 해결한 셰익스피어의 성공에 의해 그것을 측정할 수 있다. 위대한 셰익스피어의 작품 속에 등장하는 주요인물은 차차 영성화가 고조되어 가는 순서로 배열하고, 또 극작가의 수법이 인물의 행동을 통해 성격을 분명히 하는 데 있다는 것을 염두에 둔다면, 셰익스피어가 우리의 인물 척도의 낮은 수준에서 높은 수준을 향해 나아감에 따라 각 드라마의 주인공이 활약하는 행동 영역을 끊임없이 이동시켜 미크로코스모스에 차츰 많은 무대를 할애하고 마크로코스모스를 점차 멀리 배경으로 밀어젖혀 가는 것을 알게 될 것이다.

《헨리 5세》, 《맥베스》, 《햄릿》으로 순서를 더듬어 가면 이상의 사실을 확인할 수 있다. 비교적 단순한 헨리 5세의 성격은 거의 완전히 그를 둘러싸고 있는 인간적 환경으로부터 오는 도전에 대한 응전에 의해서, 즉 그의 친구 및 부친과의 관계, 아진코트 싸움의 이른 아침, 전우에게 자기의 고매한 결의를 전하는 장면, 공주 케이트에 대한 열렬한 구애 등에 의해서 나타나 있다. 《맥베스》의 경우에는 행동장면이 이동하고, 맥베스와 말콤 또는 맥더프와의 관계, 나아가서 맥베스 부인과의 관계에 대해서 주인공의 자신과의 관계가 같은 비중을 가지고 있다. 끝으로 《햄릿》의 경우에는 마크로코스모스가 거의 자취를 감추고 주인공과 그 부친의 살해자와의 관계, 불행한 운명의 연인 오필리아와의 관계, 더 이상 지도자의 임무를 다할 수 없게 된 호레이쇼와의 관계는 주인공 자신의 영혼 속에서 진행되는 내면적인 싸움에 흡수되고 만다. 《햄릿》에서는 행동영역은 거의 완전히 마크로코스모스에서 미크로코스모스로 이행되고 있다. 이 셰익스피어 예술의 걸작에서는 아이스킬로스의 《결박당한 프로메테우스》나 브라우닝의 《극적 독백》의 경우와 마찬가지로 단 한 사람의 인물이 거의 무대를 독점하고, 이 한 인물의 가슴속에 소용돌이치고 있는 온갖 정신적인 힘이 보다 자유롭게 활동할 수 있는 여지가 부여되어 있다.

셰익스피어 극의 주인공을 정신적 성장이 고조되어 가는 순서로 배열함으로써 알 수 있는 이상의 행동영역의 이행과 동일한 현상이 문명의 역사에 있어서도 간취된다. 여기서도 또 일련의 도전에 대한 응전이 누적되어 성장이 실현될 경우에, 이 성장의 진행과 아울러 행동영역이 끊임없이 외적 환경에서 그 사회 스스로의 사회체 내부로 이행해 가는 것을 알 수 있다.

예를 들어 서구인의 선조가 스칸디나비아의 습격을 격퇴하는 일에 성공했을 때, 그들이 이 인간적 환경에 대한 승리를 얻게 된 수단 중 하나는 봉건제도라는 강력한 군사적·사회적 도구를 만들어냄에 의해서였다. 그런데 서구 사회의 역사의 다음 단계에서는 봉건제도의 결과 생긴 계급의 사회적·경제적·정치적 분화가 여러 가지 알력을 야기시켰고, 이 알력이 성장기의 서구 사회가 직면한 다음 도전을 낳았다. 서구 그리스도교 세계는 바이킹 격퇴를 위한 노력에서 거의 쉴 사이도 없이 다음 계급간의 여러 관계로 이루어지는 봉건제도 대신 주권국가와 그 시민 개개인간의 여러 관계로 이루어지는 새로운 제도를 확립한다는 문제의 해결에 직면하지 않으면 안 되었다. 이처럼 연달아 일어난 두 도전의 예에 있어 외적 영역에서 내적 영역으로의 행동장면의 이동이 명백히 간취된다.

앞서 다른 문제와의 관련으로 고찰한 다른 역사적 과정에 있어서도 같은 경향이 관찰된다. 이를테면 헬라스 사회의 역사에 있어 초기의 도전은 우리가 보아온 대로 모두가 외적 환경에서 비롯된 것이었다. 헬라스 본토의 고지 야만사회의 도전이 그러하고, 인구과잉의 도전은 해외로의 영토확장이라는 방법으로 대책이 강구되었으나, 그 결과 헬라스 사회가 진출한 각 토지의 야만족과 헬라스 사회에 대항하는 문명으로부터의 도전을 초래했다. 이 뒤의 도전은 기원전 5세기의 제1·4분기에 동시에 이루어진 카르타고와 페르시아의 반격에서 정점에 이르렀다. 그러나 인간적 환경에서 온 이 강대한 도전은 알렉산드로스의 헬레스폰토스 통과에서 시작되고, 이어서 로마가 승리를 거둔 그 뒤의 4세기 동안에 훌륭하게 극복되었다. 이 승리 덕분에 헬라스 사회는 거의 5, 6세기 동안 휴식기간이 계속되었고, 이 동안에 외적 환경에서 오는 도전은 하나도 나타나지 않았다. 그러나 이런 사실은 이 수세기 동안에 헬라스 사회가 완전히 도전에서 벗어나 있었음을 뜻하는 것은 아니었다. 뿐만 아니라 이 수세기간은 쇠퇴기, 즉 헬라스 사회가 계속 잘 응전해 나갈 수 없었던 도전을 만난 시기였던 것이다. 이 도전을 다시 검토해 보면 그 모두가 이전의 외적 도전에 대한 응전에 있어 승리를 얻은 결과 생긴 내적 도전이었음을 알 수 있다. 그것은 마치 봉건제도가 서구 사회에 불러일으킨 도전이, 앞서 있었던 외적인 바이킹의 압력에 대한 응전의 한 수단으로서의 봉건제도의 결과였던 것과 마찬가지이다.

예를 들어, 페르시아와 카르타고로부터 가해진 군사적 압력은 헬라스 사회를 자극하여, 자위(自衛)를 위해 아테네 해군과 시라쿠사의 참주정치(僭主政治)라는 두 강력한 사회적 및 군사적 수단을 만들어내게 했다. 이 두 가지 수단이 다음 시대에 헬라스 사회의 사회체 속에 내부 알력을 생기게 했고, 이 알력들이 아테네-펠로폰네소스 전쟁을 야기했으며, 또한 시라쿠사에게 정복된 야만족 및 시라쿠사의 동맹자인 그리스인과 아울러 시라쿠사에 대한 반발이라는 결과를 낳았다. 그리고 이 동란들이 헬라스 사회의 쇠퇴의 시초가 되었던 것이다.

헬라스 사회의 역사에 있어 그후의 시기에는 알렉산드로스와 양(兩) 스키피오의 정복에 있어 외부로 향했던 무기가 마침내 내부로 향하기에 이르러 서로 세력다툼을 하는 마케도니아의 '후계자'들이나 로마의 '집정관'들 간의 내전이 되었다. 마찬가지로 서지중해의 지배권 획득을 놓고 헬라스 사회와 시리아 사회 사이에서 행해진 경제적 경쟁은, 시리아 사회가 경쟁에서 패하고 난 뒤에 헬라스 사회 내부에서 오리엔트 출신의 농원(農園) 노예와 그들의 주인인 시켈리오트 그리스인(시칠리아에 식민지를 개척한 그리스인)이나 로마인과의 사이에 한층 큰 재난을 초래한 싸움으로 재현되었다.

헬레니즘과 오리엔트 여러 문명 — 시리아 · 이집트 · 바빌로니아 인도의 각 문명 — 간의 문화적 투쟁도 역시 헬라스 사회의 내부에서 본래 헬라스 사회에 속하는 혹은 헬레니즘화된 사람들의 영혼 속에 내면적 위기로서 재현되었다. 즉 이시스 숭배나 점성술 · 미트라교 · 그리스도교, 그 밖에 다수의 혼합종교 출현이란 형태로 나타난 위기가 바로 그것이다.

　　싸움을 그치지 않는 동과 서는
　　내 가슴의 경계지대에서 진을 치고[8]

서구 사회의 오늘날까지의 역사에 있어서도 같은 경향을 인정할 수 있다. 서구 사회가 초기단계에서 만난 가장 현저한 도전은 인간적 환경에 의해 야기된 것이며, 그것은 스페인의 아랍인과 스칸디나비아인과의 도전으로 시작되어 오스만리의 도전으로 끝나고 있다. 그 뒤의 근대 서구 사회의 확대는 문자 그대로 전세계적이었다. 그리고 적어도 당장은 이 확대가 그때까지는 계속 신경을 써야 했던 다른 인간사회로부터의 도전이라는 불안에서 서구인을 완전히 해방시켜 주었다.

오스만리의 제2차 빈 공략이 실패한 이후 서구 사회에 가해진 유일하고도 유력한 외부로부터의 도전으로 보이는 것은 레닌과 그 일당이 러시아 제국의 지배자가 된 1917년 이래 서구 사회가 직면하게 된 볼셰비즘의 도전이다. 그러나 볼셰비즘은 아직 현재로 보아서는 소비에트 연방의 국경을 멀리 넘어서 서구 문명의 우세를 위협하기까지에는 이르지 않았다. 그리고 가령 어느 날이 되건 러시아 공

---

8 A.E. Housman, *A Shropshire Lad.*

산주의자의 희망이 실현되어 공산주의 체제가 지구의 전표면에 확대되었다 하더라도, 전세계에 걸친 공산주의의 자본주의에 대한 승리는 이질적인 문화의 승리가 되지는 않을 것이다. 공산주의는 이슬람교와 달리 그 자체가 서구 사회에 유래하는 것으로, 투쟁 상대인 서구 자본주의에 대한 반동 혹은 비판으로서 생겨난 것이기 때문이다. 이 외래사상인 서구의 교설(教說)이 20세기 러시아의 혁명 신조로서 채용되었다는 것은 서구 문명이 위험에 직면해 있음을 뜻하기는커녕 오히려 그 세력이 얼마나 강대해졌는가를 나타내는 것이다.

레닌의 생애에 구현되어 있는 볼셰비즘의 성질에는 상당히 애매한 점이 있다. 레닌은 표트르 대제의 사업(러시아의 서구화)을 완성하기 위해 출현한 것인지, 아니면 그것을 파괴하기 위해 출현한 것인지 의심스럽다. 러시아의 수도를 표트르가 선정한 중심에서 벗어난 요새(페테르스부르크)에서 다시 내륙의 중심부(모스크바)로 옮긴 것을 보면, 레닌은 스스로를 수석 사제(司祭) 아바쿰[9]과 '구신도(舊信徒)' 및 슬라브주의자들의 후계자라고 선언하고 있는 것 같다. 우리는 여기서 서구 문명에 대한 러시아인의 영혼의 반발을 구현한 신성 러시아의 예언자가 나타났다고 생각해도 좋을 것이다.

그런데 교리(教理)를 찾아나선 레닌은 그것을 서구화된 유대계 독일인 칼 마르크스에게서 차용했다. 확실히 마르크스주의는 20세기의 러시아 예언자가 차용할 수 있었던 어떤 다른 서구 기원의 신조보다도 거의 완전하게 서구적 사회질서를 부인하는 것이다. 마르크스주의를 러시아의 혁명가로 하여금 받아들이기 쉽게 한 것은 마르크스주의 가운데 소극적인 요소이지 적극적인 요소는 아니었다. 그리고 이 일이 1917년에 여전히 외래 제도의 지위에 머무르고 있던 러시아에 있어서의 서구식 자본주의가, 같은 외래 사상인 서구의 반자본주의적 교설에 의해 타도된 이유를 설명한다. 이 설명은 현실적으로 마르크스 철학이 러시아적 분위기 속에서 받아들여지고 있는 듯이 보이는 변화에 의해 증명되고 있다.

---

9 당시의 모스크바 총주교 니아콘의 개혁에 반대하여 수백만의 구신도와 함께 라스코리니키(분리파)를 형성했다.

마르크스주의는 러시아에서 정교(正敎) 그리스도교를 대신하는 감정적·사상적 대용품이 되어가고 있으며, 마르크스가 모세의, 레닌이 메시아의, 그리고 마르크스·레닌 전집이 이 새로운 무신론적인 전투적 교회에서 성서의 지위를 차지하려 하고 있다. 그러나 신앙에서 실제 사업으로 눈을 돌려 레닌과 그 후계자가 러시아 국민에 대해 현실적으로 행해 온 일을 조사해 본다면 이 현상은 다른 양상을 띠게 된다.

　스탈린의 5개년 계획의 의의는 무엇이냐고 묻는다면, 그것은 공업과 수송면뿐 아니라 농업까지 기계화하려는 노력, 즉 오래된 러시아를 새로운 미국으로 변화시키려는 노력이었다고 대답할 수밖에 없다. 다시 말해 그것은 표트르 대제의 사업을 아주 야심적이고 철저하고 가차 없는 것으로 하는 새로운 서구화의 시도였던 것이다. 현재의 러시아 지배자들은 초인적인 에너지를 기울여 그들이 전세계에서 비난을 퍼붓고 있는 그 문명이 러시아에서 승리를 확보할 수 있도록 노력하고 있는 것이다. 아마 그들은 장비는 미국적이고 영혼은 러시아적인 새로운 사회의 창조를 꿈꾸고 있는 모양이다. 이것은 유물사관을 신조로 하고 있는 정치가가 꾸는 꿈으로서는 참으로 기묘하다고 할 수 있다. 마르크스주의의 원리에 의하면, 러시아의 농민에게 미국의 기계공과 같은 생활을 하도록 가르치게 될 경우 그들은 미국의 기계공과 똑같이 생각하고, 똑같이 느끼고, 똑같은 일을 원하게 될 것이다. 현실적으로 러시아에서 우리가 목격하는 이 레닌의 이상과 포드의 방법 간 줄다리기 경쟁에 있어 마침내 러시아 문명에 대한 서구 문명의 우세가 역설적으로 확립될 날이 도래할 것이라고 기대해도 좋을 것이다.

　같은 애매함이 간디의 생애에도 나타나 있다. 러시아에서와 같은 서구화의 과정은 세계 어디에서나 볼 수 있는데, 간디는 그 서구화에 반대하면서도 본의 아니게 그것을 촉진한다는 한층 더 아이러니컬한 결과를 빚었다. 이 힌두 사회의 예언자는 인도를 서구 세계의 망 속에 뒤얽어 넣은 무명실을 잘라내려고 했다.[10] "인도인의 손으로 우리 인도의 무명을 짜도록 하시오"라고 그는 설파했다. "서구의

---

10 경제적 독립을 목표로 삼고 외국 제품 불매를 호소한 스와데시 운동을 가리킨다.

동력 직기로 만들어진 옷을 입지 마시오. 또 나는 여러분에게 호소하겠소. 외국 제품들을 추방하기 위해 인도 땅에 새로운 서구식 동력 직기를 설치한다는 것은 잘못된 생각이오."

이것이 간디가 전하려고 했던 참된 가르침이었으나, 그의 국민에게는 그것이 받아들여지지 않았다.

그들은 간디를 성자로서 숭배하고 있었으나, 간디가 부득이 그들을 서구화 방향으로 이끄는 한도 안에서만 그의 지도를 따랐다. 이리하여 간디는 오늘날 회의·투표·정견 발표·신문·선전 등, 모든 서구적 정치수단을 동원하여 형성되는 인도를 독립주권 의회주의 국가로 만든다는 서구식 정치강령을 내세우는 정치 운동의 추진자가 된 것이다. 이 운동에 있어 이 예언자의 표면에는 나타나지 않았으나 가장 유력한 지지자는 이 예언자의 참된 가르침을 뒤엎는 일을 해 온 인도의 산업가들, 즉 인도의 토지에 산업주의의 기술을 이양시킨 사람들이다.[11]

마찬가지로 외적 도전에서 내적 도전으로의 변화라는 현상이 물질적 환경에 대한 서구 문명의 승리 뒤에 일어나고 있다. 기술적 영역에 있어서 이른바 '산업혁명'의 성공은 다 알다시피 경제적·사회적 영역에 있어 수많은 문제를 야기시켰으나, 이것은 상당히 복잡하고 또 잘 알려진 문제이므로 여기서 상세히 말할 필요는 없을 것이다.

자연의 에너지를 마음대로 이용하고, 수백만이라는 다수 인간의 협동을 조직화하는 점에서 최근의 발명가들이 실현한 현저한 진보 덕분으로, 현재 우리 사회에서 행해지는 일은 모두가 좋든 나쁘든 간에 어쩔 수 없이 큰 추진력을 갖고 행해지게 되어 있다. 그리고 이 일이 행동의 물질적 결과와 행위자의 도덕적 책임을 종래보다 훨씬 더 큰 것으로 만들고 있다. 어떤 사회, 어떤 시대에 있어서나 일종의 도덕적 문제가 항상 그 사회의 장래 운명을 결정하는 도전이 되는지도 모른다. 그렇기 때문에 더욱 오늘날 서구 사회가 직면하고 있는 도전이 자연적 도전이라

---

11 처칠은 1942년 9월 10일 하원에서 행한 인도에 관한 연설 가운데서 그 사실을 지적했으며, 인도 국민회의파의 기관지는 처칠의 이 연설을 맹렬히 공격했다.

기보다는 도덕적 도전이라는 것은 의심할 여지가 없다.

　기계화의 발전이라 불리는 현상에 대한 현대 사상가의 태도에서 우리는 지금까지와는 다른 기분이 생긴 것을 알 수 있다. 칭찬은 비판에 의해 주춤하고, 자기만족은 회의에 길을 양보하고, 회의는 공포로 이행해 가고 있다. 긴 여행 끝에 길을 잘못 들었음을 알게 된 사람처럼 당황과 실망의 빛이 보인다. 이제 새삼 되돌아갈 수는 없다. 그러나 어떻게 전진해 가면 될까? 이 길 혹은 저 길을 더듬어가면 대체 어디에 닿게 되는 것일까? 응용역학의 한 늙은 학자가 지금 길가에 서서 눈앞을 무서운 속력으로 지나쳐 가는, 전에는 한없는 기쁨을 품고 바라보던 발견과 발명의 퍼레이드를 지켜보면서 환멸감을 드러내 보였다 하더라도 너그러이 봐줄 것이다. 우리는 묻지 않을 수 없다. 이 무서운 행렬은 어디로 향해 가는 것인가? 마지막으로 도착하는 곳은 어디인가? 그것은 인류의 장래에 어떤 영향을 미칠 것인가?

　이 비통한 연설은 상당히 오래 전부터 우리 모두의 가슴속에서 머리를 쳐들고 있던 의문을 뚜렷이 표명한 것이다. 더구나 그것은 권위있는 말이다. 왜냐하면 그것은 영국 학술진흥회 회장(앨프레드 유잉)이 그 유서깊은 단체의 제101회 연차총회의 개회식에서 했던 연설의 일부분이기 때문이다. 산업주의와 데모크라시로 이루어지는 새로운 사회적 추진력은 서구화된 세계를 하나의 세계적인 사회로 조직하는 위대한 건설적인 일에 사용될 것인가, 아니면 우리의 이 새로운 힘은 우리 자신의 파멸을 위해 사용되려고 하는 것인가?

　좀더 단순한 형태였다고 생각되는데, 고대 이집트의 지배자들도 같은 딜레마에 직면했다. 이집트 사회의 개척자가 최초의 자연적 도전에 응전해서 승리를 얻어나일 하류 지역의 물과 흙과 식물을 인간의 의지 앞에 굴복시켰을 때, 이집트의 국토와 국민의 지배자는 자기 마음대로 움직일 수 있는 경탄할 만한 인간 조직을 어떻게 이용하느냐 하는 것을 문제시했다. 그것은 하나의 도덕적 도전이었다. 그는 그의 손아귀에 있는 물력과 인력을 국민 전체의 환경을 개선하기 위해 이용할

까, 아니면 국왕과 일단의 귀족이 이미 도달한 복지의 수준으로 국민의 생활을 향상시켜 전진하게 할까, 혹은 아이스킬로스의 극(《결박당한 프로메테우스》) 속의 관대한 프로메테우스 역을 맡아 할까, 또는 폭군적인 제우스 역을 할까?

우리는 그 대답을 알고 있다. 그는 피라미드를 세웠다. 그리고 피라미드는 이들 독재 군주들을 불멸의 것으로 했는데, 그러나 그것은 영원히 사는 신으로서가 아니라 '가난한 자의 얼굴에 맷돌질하는 자'(빈민의 착취자. 〈이사야〉 3장 15절)로서였다. 그들의 악평은 이집트 사회의 민간전승에 의해 전해져 마침내 헤로도토스의 붓에 올라 불후의 것이 되었다. 그들의 그릇된 선택의 '네메시스(벌)'로서 성장의 자극이 된 도전이 외적 영역에서 내적 영역으로 옮겨진 순간 죽음이 그 얼음같이 차가운 손을 이 성장기 문명의 생명 위에 놓았던 것이다. 이것과 다소 비슷한 사정에 있고, 산업주의의 도전이 기술의 영역에서 도덕의 영역으로 이행하고 있는 오늘날의 서구 세계에 있어서는 새로운 사태에 대한 우리의 반응이 아직 결정되어 있지 않으므로 그 결과는 미지수이다.

그럭저럭 우리는 이 장의 논술의 종착점에 도달했다. 우리는 잇따라 나타나는 도전에 대한 일련의 응전이 성공을 거둘 경우, 도전―응전이 연속됨에 따라 행동 영역이 자연적 환경과 인간적 환경을 가리지 않고 차차로 외적 환경에서 성장하고 있는 개인 또는 사회의 내면으로 이행해 간다면 그것을 성장의 표현이라고 해석해도 좋다는 결론을 내린다. 개인이나 문명이 성장을 지속하는 한, 외적인 세력으로부터 주어져 외적인 싸움터에서 응전하기를 요구하는 도전을 고려할 필요성은 점차로 감소해 가고, 내적인 싸움터에서 스스로가 스스로에 대해 가하는 도전을 고려할 필요성이 점점 증대해 간다. 성장이란 자라고 있는 개인 혹은 문명이 점차로 스스로의 환경, 스스로의 도전자, 스스로의 행동 영역이 되어 가는 일을 뜻한다. 다시 말해 성장의 기준은 자기결정을 하는 방향으로의 진보이다. 그리고 자기결정을 하는 방향으로의 진보란 생명이 생명의 왕국에 들어가는 기적을 말하는 일종의 산문적인 표현이다.

제11장 성장의 분석

1. 사회와 개인

결국 우리는 그렇게 생각할 수밖에 없겠지만, 자기결정이란 것이 성장의 기준이며, 더구나 자기결정이 자기분화를 뜻하는 것이라고 가정할 때 성장기의 문명이 차츰 자기분화하여 가는 과정을 조사하면 그 문명의 실제 성장 과정을 분석하는 셈이 될 것이다. 일반적으로 말해 문명의 과정에 있는 사회는 그 사회에 '소속하는', 혹은 사회가 개인들에 '소속하는' 그런 개인을 통해 스스로 분화하여 가는 것이 명백하다. 서로 모순됨에도 불구하고 우리는 사회와 개인의 관계를 이상의 두 가지 표현 방법 중 어느 것으로나 표현할 수 있다. 그리고 이 애매함은 두 가지 표현 방법 중 어느 것으로나 표현할 수 있다. 그리고 이 애매함은 이 두 가지 표현이 다 불충분하다는 것, 또 새로운 탐구에 착수하기에 앞서 사회와 개인은 서로 어떤 관계에 있는가 하는 것을 고찰해야 함을 나타내고 있는 듯이 보인다.

이 문제는 말할 나위도 없이 흔히 알려진 사회학 문제 중의 하나이며, 그에 대한 대답도 널리 알려진 것이 두 가지 있다. 하나는 개인이야말로 존재하고 개인이 인식할 수 있는 실재자이며, 사회는 원자적(原子的)인 개인의 집합체에 불과하다는 설이다. 또 하나는 사회야말로 실재자이고, 사회가 완전하고 또 이해가 가능한 전체인 데 대해 개인은 이 전체의 부분에 불과하여 그이외의 자격 혹은 배경에 있어서는 존재할 수 없고 또 존재한다고 생각할 수도 없다는 설이다. 그러나 이 두 견해는 모두 검토해 볼 만한 가치가 없다는 것을 알 수 있다.

가상(假想)한 원자적 개체의 고전적 묘사는 플라톤이 지금 여기서 우리가 인용하는 것과 같은 목적으로 인용하고 있는 호메로스의 키클롭스에 관한 묘사이다.

그들은 모임을 갖는 일도 없고, 법률도 없다.
높은 산꼭대기에 있는 동굴에 살며,

각각 제멋대로의 규칙을 처자에게 적용하고

동료의 존재를 완전히 무시했다.

플라톤의《법률》제2권

이 원자적 생활양식은 보통 인간의 것이 아니라는 점이 의미심장하다. 실제로 키클롭스적인 생활을 한 인간은 아직 없었다. 인간은 본질적으로 사회적 동물이고, 사회생활이야말로 유인원에서 인간으로 진화하기 위한 전제조건이며, 사회생활 없이 진화가 일어났다고는 도저히 생각할 수 없다. 그러면 인간을 단순히 사회라는 전체의 부분으로 보는 또 하나의 대답은 어떤가?

꿀벌이나 개미의 사회와 같은 사회가 있다. 그와 같은 사회에서는 구성원 사이에 개체의 연속성은 없으나, 모든 성원(成員)이 자기를 위해서가 아니라 전체를 위해서 일하고, 개개의 성원은 동료로부터 떨어져 나가면 죽게 마련이다…… 산호충(珊瑚蟲)이나 히드로충 폴립과 같은 군체(群體)가 있다. 그와 같은 군체에서는 하나하나를 떼어내면 주저없이 개체라 부를 수 있는 일정 수의 동물이 유기적으로 연결되어 있고, 한 개의 생활체가 다른 모든 생활체와 연속되어 있다…… 그러면 도대체 어느 쪽이 개체인가…… 여기서부터는 인간을 포함해 대다수의 동물이 일정 수의 단위, 이른바 세포로 이루어져 있다는 것을 나타낸다. 이들 단위 중 어떤 것은 상당한 독립성을 가지고 있다. 그리고 멀지 않아 우리는 그것들이 전체에 대해 산호충 폴립 군체의 개체, 혹은 그 편이 보다 적절한 예일지도 모르지만, 관(管)해파리 군체의 개체가 전군체에 대한 관계와 대동소이한 관계에 있다는 것을 인정할 수밖에 없게 된다. 이 결론은 다른 것으로부터 떨어져 나와 독립해 생존한다는 점을 제외하면 인체를 구성하는 단위와 모든 본질적인 점에 있어 대응하는, 이미 알고 있는 모든 것 중 가장 단순한 형태를 포함한 다수의 독립생활을 영위하는 동물, 즉 원생동물(프로토조아)의 존재에 의해 한층 강화된다. ……어떤 의미에서는 유기적 세계 전체가 하나의 큰 개체를 구성하고 있다. 그것은 막연하고 잘 정합(整合)되어 있다고는 할 수 없지만, 그럼에도 불구하고 서로 의존하는 부분으로 이루어진 전체이다. 만일 어떤 우연한 일 때문에 녹색식물 혹은 박테리아가 전부 없어졌다고 하면, 나머지 생물은 그 어느 것도 생존할 수 없게 될 것이다.[12]

이 유기적 자연에 관한 관찰은 인류에게도 적용될까? 개개의 인간은 키클롭스와 같은 독립성을 갖기는커녕 실제로는 사회체의 하나의 세포, 혹은 더 넓은 견지에서 보면 '유기계(有機界) 전체'로 이루어지는 '하나의 큰 개체'의, 아니 그보다 큰 신체의 한낱 작은 세포에 불과한가?

홉스의 《리바이어던》의 초판 속표지 그림에서는 인간의 사회체를 개개의 인간에 해당되는 무수한 아낙사고라스의 '호모이오메레이아'[13]로 이루어지는 유기체로 묘사하고 있다(마치 사회적 계약이 키클롭스를 세포로 타락시켜 버리는 아주 이상한 효력을 초래하는 것처럼).

19세기에는 허버트 스펜서가, 또 20세기에는 오스발트 슈펭글러가 진지하게 인간 사회를 사회적 유기체로서 기술하고 있다. 슈펭글러의 말을 인용해 본다.

우리가 말하는 문명은 영구히 유아적(본래의 것 그대로의)인, 인류의 원시적인 정신상태에서 강대한 정신이 잠을 깨어 탈출할 때, 형태가 없는 것에서 형태가 생기고 무한의 영속적인 것에서 유한의 일시적인 존재가 출현할 때 생긴다. 이 정신은 명확한 경계로 한정된 지역의 토양 위에서 꽃을 피우고 식물처럼 그곳에 정착한다. 반대로 재차 이 정신이 민족·언어·신앙·예술·국가·학문의 형태로 그 가능성을 남김없이 실현해 버리자 문명은 사멸하고, 원래 거기서 출현했던 원시적 심성으로 복귀한다.

이러한 주장에 대한 효과적인 비판이 우연히 슈펭글러의 저서와 같은 해에 나

---

12 J. S. Huxley, *The Individual in the Animal Kingdom*.
13 고대 그리스의 철학자 아낙사고라스는, 지구는 무수한 질이 같은(호모이오스) 부분(메로스)으로 이루어진다고 말했으며, 그 요소를 '호모이오메레이아'라고 했다.

온 어떤 영국인 학자의 저작 속에서 발견된다.

종래의 사회학설은 종종 연구 대상에 적합한 방법과 술어체계를 발견하여 계속 그것을 사용하는 대신 다른 이론 혹은 학문의 용어를 사용하여 사회적 사실과 사회적 가치를 표현하려고 했다. 물리학의 아날로지도 사회를 메커니즘으로 분석, 설명하려고 노력했고, 생물학의 아날로지도 그것을 유기체로 보아야 한다고 주장했으며, 심리학 혹은 철학의 아날로지도 그것을 인격으로 취급해야 한다고 말했고, 때로는 종교의 아날로지도 그것을 거의 신과 동일시하려고 했다.[14]

생물학적 및 심리학적 아날로지는 미개사회나 발육정지 문명에 적용한 경우에는 가장 해가 적고 잘못으로 이끌 우려가 적을지도 모르나, 성장기 문명의 개개 성원에 대한 관계를 표현하기에는 부적당하다.

그와 같은 아날로지를 도입하는 경향은 앞서 언급한 역사가의, 신화를 만들든가 창작하든가 하는 경향, '영국' '프랑스' '교회' '언론계' '경마계' 등등과 같이 집단이나 제도를 의인화하고 거기에 명칭을 붙여 이들 추상물을 인간과 같이 다루는 경향의 한 보기일 따름이다. 사회를 인격 또는 유기체로서 표현하는 것은 사회와 그 개개의 성원과의 관계에 적절한 표현이 아님은 아주 명백한 사항이다.

그러면 인간사회와 개인의 관계를 어떻게 말해야 가장 올바른 표현이 될까? 인간 사회는 그 자체에 있어서는 인간 사이의 여러 관계에 대한 체계, 단순히 개인만이 아니라 동시에 상호 일정한 관계를 결부시키는 일 없이는 존재할 수 없다는 의미에 있어 사회적 동물이기도 한 인간과 인간 사이의 여러 관계에 대한 체계라 함이 진실이라고 생각된다. 사회는 개인간의 여러 관계에서 빚어지는 것이며, 개인간의 관계는 개인의 저마다의 행동범위가 일치되는 데서 생긴다고 해도 무방하다. 이 일치가 개개의 범위를 결부시켜 하나의 공통된 기반을 만들어낸다. 그리고 이 공통된 기반이 우리가 바로 사회라는 이름으로 부르고 있는 것이다.

---

14 G.D.H. Cole, *Social Theory.*

만일 이 정의가 시인된다면, 자명한 노릇이지만, 거기서 하나의 중요한 귀결이 나온다. 그것은 사회는 '행동범위'이긴 하나, 모든 행동의 원천은 사회를 구성하는 개인 속에 있다는 것이다. 이 진리를 베르그송은 다음과 같이 강력히 주장하고 있다.

우리는 역사에 있어 무의식(의 요인)의 존재를 믿지 않는다. 최근 흔히 언급되는 그 '위대한 지하 사상의 흐름'이라는 것은 대중이 그들 동료 중 한 사람 혹은 몇 사람에게 작용을 받음으로써 비로소 흐르기 시작하는 것이다. ……(사회적 진보는), 그 사회의 일정한 역사적 시기에 정신적 상황에 의해 저절로 조금씩 서서히 일어난다고 주장하는 것은 부질없는 노릇이다. 사실 그것은 사회가 어떤 실험을 해보려고 결심했을 때 비로소 행해지는 비약적 전진이다. 이 사실은 사회가 틀림없이 어떤 것에 확신을 갖도록 설득되었다든가 아니면 적어도 동요를 일으키게 되었다는 것을 뜻한다. 그리고 그 동요를 일으키게 하는 것은 항상 어떤 개인이다.[15]

이처럼 자기가 '소속하는' 사회의 성장 과정을 야기시키는 개인은 단순한 인간 이상의 것이다. 그가 인간의 눈으로 보아 기적이라 생각되는 일을 할 수 있는 것은, 그들이 단순히 비유적인 뜻에서가 아니라 문자 그대로 초인이기 때문이다.

인간에게 인간이 사회적 동물이 되기 위해 필요한 도덕적인 성품을 부여함으로써 자연은 인류를 위해 할 수 있는 모든 일을 이행해 버린 것이다. 그러나 인간의 지성의 한계를 넓힌 천재들이 출현한 것과 마찬가지로…… 자기들은 모든 영혼과 관계가 있다고 보고 그들 집단의 한계내에 머물며 자연에 의해 세워진 (한정된) 연대성을 고수하는 대신 사랑의 '엘랑'을 행하여 전인류를 불러낸 혜택받은 영혼이 출현했다. 이들 영혼의 출현은 마치 단 한 사람의 인간에 의해 구성된 새로운 종류의 창조라고 일컬을 만한 것이었다.

---

15 H. Bergson, *Les Deux Sourcesde la Marale et la Religion*.

미개인의 사회생활의 악순환을 단절하고 창조활동을 재개하는 이런 희귀한 초인간적인 영혼의 새로운 종류로서의 특징을 인격이라 불러도 무방할 것이다. 개인이 외면적인 행동범위에 있어 인간사회의 성장을 야기시키는 창조적 행위를 행할 수 있는 것은 인격의 내면적 발전에 의해서이다.

베르그송에게 있어서는 가장 위대한 초인적 창조자는 신비가로 보였으므로, 그는 창조행위의 본질을 신비적 체험의 극치에 달한 순간 속에서 발견한다.

그의 분석을 그 자신의 말에 의해 알아본다.

위대한 신비가의 영혼은 (신비적) 황홀상태에 도달해 마치 여행의 목적지에 당도한 것처럼 거기서 정지하는 것은 아니다. 과연 황홀상태는 휴식상태라 불러도 좋을지 모르나, 그 휴식은 증기의 압력이 가해진 채로 정거장에 서 있는 기관차의 휴식과도 같은 것이므로 새롭게 돌진할 순간을 기다리고 있는 동안에도 맥박과 같이 계속 움직이고 있다. ……위대한 신비는 진리가 그 원천에서 작용하는 힘처럼 그의 속에 흘러듦을 느낀다. ……그의 소원은 신의 도움을 받아 인류의 창조를 완전한 것으로 만드는 일이다. ……신비가가 목표하는 방향은 본래의 '엘랑'의 방향 그 자체인 것이다. 이 '엘랑'이 그대로 고스란히, 특히 혜택받은 인간에게 전달됨으로써 그 사람들은 인류 전체 위에 '엘랑'의 각인을 찍고, 그리고…… 그 모순을 알고…… 본질적으로 말해 피조물인 인류를 창조적 노력의 방향으로 향하게 하여 분명히 정지하고 있는 어떤 것을 운동으로 바꾸기 원하는 것이다.

이 모순이 신비적 영감을 받은 인격의 출현과 아울러 인간 사이에 생기는 동적(動的)인 사회적 관계의 요점이다. 창조적 인격은 그의 동료인 인간을 그 자신의 모습과 흡사한 것으로 재창조함으로써 창조의 협력자로 변모시키려고 한다. 신비가의 미크로코스모스 속에서 일어난 창조적 변화는, 그것이 완전한 것 혹은 확실한 것이 되기 위해서는 마크로코스모스가 그에 적응하도록 개조되기를 요구한다. 그런데 가설적으로 변모한 인격의 미크로코스모스는 동시에 변모하지 않은 그의 동료인 인간들의 마크로코스모스이기도 하다. 그러므로 마크로코스모스를 그 자신 속에서 일어난 변화에 합당하도록 변화시키려는 그의 노력은, 미크로코스모스를 현상태로 유지함으로써 변화하지 않는 자아와 조화를 이루게 하려는 동료의 타성적인 저항을 받을 것이다.

이같은 사회적 사태가 하나의 딜레마를 초래한다. 만일 창조적 천재가 그의 환경 속에 그 자신의 내부에서 달성된 변화와 같은 변화를 실현할 수 없다면, 그의 창조성은 그에게 치명적인 것이 될 것이다. 그는 그의 행동범위와 전혀 형편이 맞지 않게 된다. 그리고 활동 능력을 상실함으로써 살아갈 의욕을 잃고 만다. ― 가령 군거성(群居性)의 동물이나 곤충의 정적(靜的) 사회에서 개미나 벌이나 가축이나 이리 집단의 변종이 동료에게 덤벼들어 죽음을 당하는 것처럼, 이전의 동료로부터 죽음을 당하는 일은 없다 하더라도 스스로 생에 대한 의욕을 상실하고 마는 것이다. 그와 반대로 이 천재가 이전 동료의 타성 혹은 적극적 적성(適性)을 극복하는 데 성공하고, 그 사회환경을 그의 변모를 이룩한 자아에 적합한 새로운 질서로 바꿀 수 있었다면, 그는 그 때문에 이번에는 평범한 대중이 그들의 자아를, 승리를 얻은 천재의 강대한 창조적 의지가 그들에게 밀어붙인 새로운 사회환경에 적합하게 하는 일에 성공하지 않는 한 그 평범한 사람들에게는 일상생활이 견디기 힘든 것이 될 것이다.

일단 천재의 돌진에 의해 어지러워진 사회적 균형은 어떻게 하면 회복시킬 수 있을까?

사회의 모든 성원이 각각 독립해 통일된 ― 그 운동량에 있어서나 방향에 있어서도 통일된 ― 돌진을 한다면 그것이 가장 간단한 해결법일 것이다. 그런 경우에는 전혀 무리나 긴장을 일으키지 않고 성장이 이루어질 것이다. 그러나 거의 말할 필요도 없는 일이지만, 창조적 천재의 출현을 구하는 외침에 대해 그런 완벽한 응답이 나온다는 것은 실제로는 있을 수 없는 일이다. 역사상 어떤 사상 ― 종교적 사상이건 과학적 사상이건 ― 이 이른바 'in the air' (널리 도처에 넘쳐 있다는 뜻)의 상태에 있을 경우, 그같은 사상이 영감을 받은 몇몇 인간의 머릿속에서 독립하여, 또한 동시에 형태를 이루는 사실을 나타내는 예가 얼마든지 있다. 그러나 그와 같은 사례 중 가장 현저한 것에 있어서도 독립해서 동시에 영감을 받는 인간은 기껏해야 열을 넘지 않는 데 대해 그 외침에 해답하지 않는 인간의 수는 몇만, 몇백만을 헤아린다.

어떤 창조행위라도 본질적으로 특이한 것이고 개별적인 것이어서, 이 본질이 모든 개인이 잠재적 창조자이며 또한 동일한 분위기 속에서 살고 있다는 사실에서 기인하는 통일성에 대한 경향에 의해 저해받는다 하더라도 그것은 극히 사소한 정도라는 것이 사실이라고 생각된다. 따라서 창조자가 출현할 때는, 가령 다행히도 뜻을 같이하는 소수의 동료를 얻을 수 있었다 하더라도 항상 압도적으로 다수의 활발치 못함으로 비창조적인 대중에게 둘러싸인다. 사회적 창조행위는 모두가 개인적 창조자라든가, 아니면 기껏해야 창조적 소수자에 의해 성취된다. 그리고 전진이 이루어질 때마다 사회 성원의 대다수가 뒤에 남게 된다. 오늘날의 세계에 현존하는 위대한 종교 단체, 즉 그리스도교와 이슬람교 및 힌두교를 보면, 명목상의 신자인 대다수는 그들의 혀끝으로만 고백하는 신조가 아무리 고매한 것일지라도 종교에 관한 한 여전히 단순한 이교(異教) 신앙과 별로 거리가 없는 정신적 분위기 속에서 살고 있는 것이 눈에 띈다.

물질문명의 성과에 대해서도 마찬가지이다. 서구 사회의 과학지식 및 그 지식을 실제로 응용하는 기술은 위험할 정도로 비교적(秘教的)이다. 데모크라시와 산업주의라는 크고 새로운 사회적 세력은 몇몇 창조적 소수자가 불러일으킨 것으로, 대다수의 인간은 여전히 이들 거대한 새로운 사회세력이 출현하기 이전과 거의 같은 지적·도덕적 수준에 머물러 있다. 실제로 '땅의 소금'을 자처하는 서구인이 오늘날 그 맛을 상실할 위험에 빠져 있는 주요한 이유는, 서구 사회의 사회체를 구성하는 대다수의 인간에게 소금기가 전혀 스며들지 않았기 때문이다.

문명의 성장이 창조적 개인 혹은 창조적 소수자에 의해 성취되는 사업이라는 사실은, 결국 선구자가 전력을 다해 전진할 때 느린 후위부대를 함께 끌고 가는 어떤 수단을 강구하지 않는 한 비창조적인 다수자는 뒤에 남게 된다는 것을 뜻한다. 그리고 이 점을 고려하면 지금까지 그에 입각하여 작업을 진행시켜 온 문명과 미개사회와의 차이에 대한 정의를 수정할 필요를 느낀다.

이 저서의 처음 부분에서 우리는 우리가 알고 있는 형태의 미개사회가 정지상태로 있는 데 대해 문명 — 발육정지 문명 이외의 문명 — 은 힘찬 운동을 하고 있다고 말했다. 그러나 이제야말로 우리는 성장기의 문명은 그 사회체 안에서 창조적 개인의 힘찬 운동이 행해진다는 점에서 정적인 미개사회와 다르다고 고쳐 말해야 한다. 그리고 또 이런 창조적 인격은 아무리 그 수가 많을 때라도 극소수의 사람에게 한정된다고 덧붙여야겠다. 어떤 성장기의 문명에 있어서나 관여자의 대다수는 정적인 미개사회의 성원과 마찬가지로 침체된 휴식상태에 있다. 그리고 성장기 문명의 관여자의 대다수는 겉치레뿐인 교육의 도금을 벗기면 미개인과 똑같은 감정을 지닌 인간이다. 이 점에서 인간의 성질은 절대로 변하지 않는다는 속설에 일면의 진리가 있음을 인정할 수가 있다. 뛰어난 인격 — 그것을 천재라 부르든 신비가라 부르든 혹은 초인이라 부르든 상관없으나 — 은 평범한 인간성의 덩어리 속에 있는 누룩에 불과하다.

다음으로 우리는 자기 내면에 있어 '습관의 굴레'를 타파하는 데 성공한 동적인 인격이 어떻게 하여 그 사회적 환경에서 '습관의 굴레'를 타파하여 개인적 승리를 굳건히 함으로써 그것이 사회적 패배로 전화(轉化)하는 일을 방지할 수 있었는가를 고찰하지 않으면 안 된다. 이 문제를 해결하기 위해서는 이중의 노력, 즉 누군가가 새로운 것을 발견하려는 노력과, 남은 자 전부가 그것을 받아들여 그에 순응하는 노력이 필요하다. 이 솔선적인 태도와 복종하는 태도가 한 사회 안에 공존하게 되는 순간 곧 그 사회는 문명이라 부를 수 있다. 그런데 사실상 둘째 조건 쪽이 첫째 조건보다도 확보하기가 곤란하다. 미개사회가 뜻대로 할 수 없었던 불가결의 요소는 아무리 생각해도 뛰어난 인격은 아니다(자연은 언제나 또 어디서나 이 일정한 수의 교묘한 변종을 만들어냈다는 점을 부정할 이유는 없는 것 같다). 결여되었던 요소는 오히려 이런 종류의 인간이 그 우수함을 발휘하는 기회와, 그 밖의 사람들이 그들의 지도를 따르려는 마음의 준비였다.

비창조적인 다수자를 실제로 창조적 소수자의 지도에 따르게 할 수 있는 방법에는 실제적인 해결과 이상적인 해결의 두 가지가 있는 것으로 보인다.

'하나는 훈련(dressage)에 의한 방법이며, 다른 하나는 신비주의에 의한 방법이다. ······첫째 방법은 비인격적인 습관으로 이루어진 도덕적 습성을 강제적으로 주입시킨다. 둘째 방법은 다른 인격을 모방하고 다시 그와 정신적으로 일체가 되어 많든 적든 완전히 그와 동일화시킨다.'(베르그송)

영혼에서 영혼으로 직접 창조적 에너지의 불을 붙여가는 일이 확실히 이상적인 방법이긴 하나, 거기에만 의존하는 것은 실행 불가능한 이상안(理想案)이다. 비창조적인 대중으로 하여금 창조적 소수자와 같은 행동을 취하도록 한다는 문제는 순전히 미메시스(모방)의 능력 — 인간성의 그다지 고귀하다고는 할 수 없는 능력의 하나이고, 영감의 요소보다도 훈련의 요소 쪽이 많이 포함되어 있다 — 을 발휘시키지 않는 곳에서는 실제 사회적 규모로 해결할 수가 없다.

미메시스를 활동시키는 일이 당면한 목적에 있어서 아무래도 필요한 이유는, 아무튼 미메시스는 아무리 미개한 인간이라도 가지고 있는 보편적인 능력의 하나이기 때문이다. 앞서 말했듯이 미메시스는 미개사회에 있어서나 문명사회에 있어서나 공통된 사회생활의 일반적 특성이지만, 두 종류의 사회에 있어 각각 다른 방향으로 작용한다. 정적인 미개사회에서는 미메시스는 '습관의 굴레'의 화신인 살아 있는 성원 중 연장자와 사자(死者)에게로 향하게 된다. 그런데 문명의 과정에 있는 사회에서는 같은 능력이 새로운 경지를 연 창조적 인격으로 향하게 된다. 즉 능력은 같으나 방향은 반대로 향하게 되는 것이다.

이 형태를 바꾼 원시적인 사회적 훈련, 이 기계적이고 거의 자동적인 '우로 나란히, 좌로 나란히'가 과연 플라톤이 한 인간으로부터 다른 인간에게 철학을 전달하는 유일한 방법이라고 단언했던 '끊임없는 지적 교제와 친밀한 개인적 교제'의 유효한 대용품 역할을 이행할 수 있을 것인가? 그에 대한 유일한 답은, 아직까지 플라톤식의 방법만을 사용하여 다수 인간의 타성을 실제로 극복한 예가 없다는 것, 활발치 못한 다수자를 활동적인 소수자 뒤에 따라오게 하기 위해서는 한 사람 한사람에게 직접 영감을 준다는 이상적인 방법은 항상 많은 인간을 한 묶음으로 하여 사회적 훈련을 시킨다는 실제적 방법 — 그것은 미개인이 시종하고 있는 방법으로, 새로운 지도자가 지휘를 하고 새로운 전진 명령을 내릴 때에는 사회의 진보를 위해 도움이 될 수 있다 — 에 의해 보충할 필요가 있다는 것이다.

미메시스는 사회적 '자산' ─재능·감정 혹은 사상─을 그들 자산의 창조자 이외의 인간, 그들 자산의 소유자를 만나 그를 모방하지 않았다면 결코 그 자산의 소유자가 될 수 없었을 인간에게 취득하게 한다. 사실 그것은 하나의 지름길이다. 이 지름길은 필요한 목적지에 도달하기 위한 불가피한 길인지도 모르나, 동시에 또 마찬가지로 성장기의 문명을 불가피하게 쇠퇴의 위험에 직면하게 하는 의심스러운 편법이다. 그러나 지금 여기서 그 위험에 대해 논하는 것은 시기상조이다.

2. 인퇴와 복귀─개인

앞 절에서 창조적 인격이 그들 최고의 정신적 수준인 신비주의의 길을 선택한 경우에 걷게 되는 도정을 고찰했다. 우리는 그들이 우선 행동에서 황홀상태로 이행하고, 다시 황홀상태에서 나와 새로운, 보다 차원 높은 행동으로 이행하는 것을 보았다. 이 말은 창조적 운동을 창조적 인격의 심적 체험에 입각해서 표현한 말이다. 창조적 인격이 소속하는 사회와의 외면적 관계에 입각해서 같은 운동의 이원성(二元性)을 표현한다면, 우리는 그것을 인퇴와 복귀라고 부를 수 있다. 인퇴는 창조적 인격이 한동안 사회적 노역과 구속으로부터 해방되지 않았다면 잠든 채로 있었을지도 모를 능력을 그 자신의 내부에서 실현할 수 있게 한다. 그와 같은 인퇴는 창조적 인격이 자발적으로 행하는 수도 있으며 또 어쩔 수 없는 사정에 쫓겨 불가피하게 행하는 수도 있으나, 어느 경우에도 인퇴는 은둔자(anchorite)가 변모를 이루는 좋은 기회이며 또한 틀림없는 필요조건이기도 하다. 'anchorite'의 어원인 그리스어 'anachōrētēs'의 뜻은 '이탈해 가는 자'이다. 그러나 고독상태에서 변모를 이룩해 보아야 그 변모한 인격이 처음에 나온 그 사회환경으로 되돌아가는 복귀의 서막이 아닌 한 아무런 소용도 없으며, 또 대부분 아무 의미도 없다. 사회환경이야말로 사회적 동물인 인간이 태어난 환경이며, 만일 영원히 그곳에서 떠나려고 한다면 인간은 인간성을 버리고 아리스토텔레스의 표현대로 '짐승이나 신' 중 어느 하나가 되지 않으면 안 된다. 복귀야말로 이 운동 전체의 본질이며 목적이다.

모세가 홀로 시내 산에 오르는 이야기를 전하는 시리아 사회의 신화 속에서 이상과 같은 점을 뚜렷이 엿볼 수 있다. 모세는 여호와의 부름을 받아 여호와를 만나기 위해 산에 오른다. 부름을 받은 것은 모세 한 사람뿐이며, 다른 이스라엘의 자손들은 멀리 떨어져 있도록 한다. 그러나 여호와가 모세를 산 위로 부른 목적은, 새로운 율법의 사자로서 그를 다시 산에서 내려보내 신과 직접 대화를 나눌 수 없었던 다른 사람들에게 그 율법을 전하게 하기 위해서였다.

14세기 아랍 사회의 철학자 이븐 할둔이 쓴 예언자의 경험 및 사명에 관한 기술에서도 역시 복귀라는 것이 강조되고 있다.

'인간의 영혼은 한순간, 눈 깜짝할 정도로 재빠르게 거래되는 한순간에 인간성을 벗어 버리고 천사의 성질을 몸에 걸친 다음 진정한 천사가 되는 천성적인 소질을 지니고 있다. 그리고 천사의 세계에서 동료인 인간에게 전할 사명을 받은 다음에 그 영혼은 다시 인간성을 회복한다.'

이 이슬람 사회의 예언의 교리에 대한 철학적 해석 중에서 헬라스 사회의 철학의 그 유명한 한 구절, 즉 플라톤의 '동굴의 비유' 《국가》의 반향을 듣는 듯하다. 그 부분에서 플라톤은 범용한 인간을 동굴 안의 죄수들에게 비유하고 있는데, 죄수들은 빛을 등진 채 그 배후에서 움직이는 실재의 그림자가 암벽에 비친 것을 바라보고 있다. 죄수들은 동굴 속 벽에 비치는 그림자를 궁극의 실재물로 믿어 의심치 않는다. 그들은 오직 그것밖에 본 일이 없기 때문이다. 다음에 플라톤은 한 죄수가 갑자기 석방되어 뒤돌아서서 빛 쪽으로 얼굴을 돌리고 동굴 밖으로 걸어나가라는 명령을 받았다고 가정한다. 이처럼 갑자기 시선의 방향이 바뀌었으므로 해방된 죄수는 처음에는 눈이 부셔서 당황한다. 그러나 그것은 오래 계속되지 않는다. 그는 차차 시력을 회복하고 실재세계의 성질을 그에게 일러준다. 그러고 나서 다시 한 번 동굴로 되돌아가게 하면, 이번에는 어둠 때문에 조금 전 햇빛 속으로 나갔을 때처럼 앞이 보이지 않아 당황한다. 조금 전 햇빛 속에 나가게 된 일을 후회했듯이 이번에는 다시 어둠 속으로 들어오게 된 일을 전보다 더 후회하는데, 그 이유는 한 번도 햇빛을 본 일이 없는 동굴 속에 있는 친구들 곁으로 돌아옴으로써 그는 적대시당하는 위험에 봉착하게 되기 때문이다.

'그는 반드시 친구들에게서 조롱을 받을 것이며, 그가 지상에 나감으로써 눈을 완전히 못쓰게 만들어 버렸을 뿐이라고 말할 것이다. 지상에 나갈 생각을 하는 자는 어리석다.'

플라톤 자신이 복귀의 시련을 매력적으로 묘사하지 않고서도 그의 선택된 철학자들에게 사정없이 복귀의 의무를 부과하고 있는 것을 보면 뜻밖의 기분이 들 정도이다. 그러나 선택된 사람들은 철학을 배워야 한다는 것이 플라톤의 사상체계의 본질적인 점이라고 한다면, 선택된 사람들은 단순한 철학자로 머물러 있어서는 안 된다는 것 역시 마찬가지로 본질적인 점이다. 그들을 계발하는 일의 목적과 의의는 그들이 철인왕이 되는 데 있다. 플라톤이 그들을 위해 설정하고 있는 길은 그리스도교 신비가들이 걸어온 것과 같은 길이다.

그러나 길은 동일해도 그 길을 걷는 헬라스 사회의 철학자와 그리스도교도의 정신은 같지 않다. 플라톤은, 해방되어 계몽을 받은 철학자의 개인적 이해 및 욕구는 여전히 '암흑과 사망의 그늘에 앉으며 인고와 쇠사슬에 얽매여 있는'(《시편》 107편 10절) 그들의 많은 동료의 이해와 당연히 대립될 것으로 결정짓고 있다. 플라톤이 말하는 바에 의하면, 죄수들의 이해가 어떤 것이든 철학자는 자기 행복과 완성을 희생하지 않고서는 인류의 필요에 봉사할 수가 없다. 일단 광명에 도달한 철학자에게 있어 가장 좋은 일은 동굴 밖의 빛 속에 머물며 언제까지나 거기서 행복하게 사는 일이다.

사실 헬라스 사회 철학의 근본적인 가르침의 하나는, 가장 좋은 생활 상태는 명상의 상태라는 것이었다. 피타고라스는 명상생활을 행동생활의 상위에 두고 있으나, 이 가르침이 헬라스 사회의 철학적 전통을 일관해서 흐르고, 헬라스 사회가 마침내 해체되려 하던 가장 마지막 시대에 살고 있던 신(新) 플라톤파 철학자들에게까지 미치고 있다. 플라톤은 그의 철학자들이 단순한 의무관념만으로도 세속적인 사업에 관여하는 일에 동의한다고 믿는 것 같았으나, 실제에 있어서 그들은 동의하지 않았던 것이다. 그리고 이 철학자들의 거부라는 것이, 플라톤 탄생 1세대 전에 시작된 헬라스 문명의 쇠퇴가 왜 결국 회복되지 못했는가를 설명하는 하나의 이유가 된다. 그러면 왜 헬라스 사회의 철학자들이 '위대한 거부'를 했는가 하는 이유도 명백해진다. 그들의 도덕적 한계는 잘못된 신념의 당연한 결과였다. 그들은 복귀가 아니라 황홀상태야말로 그들이 개시한 정신적 편력의 전부이며 종국이라고 믿고 있었으므로, 실제로는 복귀야말로 그들이 하고 있는 운동의 목적이며 정점인데도 불구하고 황홀상태로부터 고통을 수반하는 복귀로의 이행을 단지 의무의 제단 위에 희생물로 바치는 일이라고밖에 생각하지 않았던 것이다. 그들의 신비적 체험에는 그리스도교의 기본적 덕인 사랑이 결여되어 있었다. 그런데 그리스도교의 신비가는 사랑의 작용으로 높은 영적인 접촉에서 곧장 아직 구제되지 않은 속세의 빈민굴, 도덕적 및 물질적 빈민굴 속으로 떨어져 가는 것이다.

이 인퇴—복귀의 운동은 인간과 인간 사이의 관계에서만 볼 수 있는 인간생활 특유의 현상은 아니다. 그것은 생명 일반의 특색이며, 인간이 농업을 시작하여 식물의 생명에 관심을 기울이기 시작하자마자 식물의 생명에 관해서 인간의 눈에 명확하게 보이게 된다. 그 때문에 인간의 상상력은 인간의 희망과 불안을 농업에 관계가 있는 용어로 표현하게 되었던 것이다. 매년 되풀이되는 곡물의 인퇴와 복귀가 제사나 신화 속에서 의인적으로 표현되어, 이를테면 코레나 페르세포네의 약탈과 반환, 디오니소스, 아도니스, 오시리스 및 그 밖에 고장에 따라 갖가지 이름으로 불리고 있는 보편적인 곡물의 정(精), 또는 세월의 신의 죽음과 부활이 되어 나타나 있고, 틀에 박힌 인물이 갖가지 이름을 달고 똑같은 비극적 드라마를 행하는 이 제사와 신화는 농업의 관습 그 자체와 마찬가지로 널리 유포되어 있다.

그와 마찬가지로 인간의 상상력은 또 식물의 생명에 나타나는 인퇴와 복귀의 현상에서 인간생활의 알레고리를 발견하고, 이 알레고리에 의거하여 성장기의 문명에 있어 위대한 인물이 대중에게서 이탈해 가는 순간부터 인간의 마음을 괴롭히기 시작하는 죽음의 문제와 씨름해 왔다.

'죽은 자들이 어떻게 다시 살아나며 어떤 몸으로 올 것인가?' 하고 묻는 사람이 있을 것이다. ……어리석은 질문이다. 네가 심은 씨는 죽지 않고서는 살아나지 못한다. ……그리고 네가 심는 것은 장차 이루어질 형태의 몸 그 자체가 아니다. 밀이든 그 밖의 어떤 곡식이든 다만 하나의 씨앗을 심는 것뿐이다. ……그러나 하느님께서는 뜻하신 대로 그 씨앗에 형체를 주시고 하나하나의 씨앗에 각기 특유의 형체를 가지게 하신다. ……죽은 자들의 부활도 이와 같다. 썩은 것으로 심어져 썩지 않을 것으로 다시 살아난다. 욕된 것으로 심어져 영광스러운 것으로 다시 살아난다. 약한 것으로 심어져서 강한 것으로 다시 살아난다. …… 육의 몸으로 심어져 영의 몸으로 되살아난다. ……기록된 바 '첫사람 아담은 산 영이 되었다'고 하였으나 마지막 아담은 생명을 주는 영이 되었다. 첫사람은 땅에서 났으니 흙에 속한 자이지만, 둘째 사람은 하늘에서 나셨다. 〈고린도전서〉 15장 38절, 42장 5절 참조)

이 〈고린도전서〉의 구절에는 네 가지 생각이 잇따라 차츰 강하게 제시되어 있다. 첫째는 가을에 자취를 감춘(인퇴한) 곡물이 봄에 복귀하는 것을 볼 때 우리는 부활을 눈앞에 보고 있는 것이라는 생각이다. 둘째는 곡물의 부활은 죽은 인간의 부활의 전조라는 생각으로, 이것은 훨씬 전에 그리스 비교(秘教)에서 가르친 교의를 재확인하는 것이다. 셋째는 인간의 부활은 죽음과 삶에의 복귀 중간에 있는 대기 기간 중에 신의 작용에 의해 인간성이 어떤 종류의 변모를 이룸으로써 비로소 가능해지며 고려될 수 있다는 생각이다. 이 죽은 자의 변모의 전조는 누구의 눈에도 명백한, 씨가 꽃이 되고 열매가 되는 변모이다. 인간성에 일어나는 이 변화는 보다 큰 인내·미·힘 및 영성(靈性)으로 향하는 변화여야 한다. 넷째 생각은 이 한 구절 가운데서도 최후의 가장 숭고한 생각이다. '첫째 사람'과 '둘째 사람'이라는 사상에 있어 죽음의 문제는 잊혀지고, 개개의 인간의 부활이라는 문제에 대한 관심도 잠시 보류된다. 바울은 '하늘에서 온 둘째 사람'의 출현에 의해 단 한 사람의 인간이 될 새로운 씨가 창조된 것, 즉 신으로부터 부여받은 영감을 다른 인류 동포에게 불어넣음으로써 인류 전체를 초인의 단계로 끌어올리는 것을 사명으로 하는 '신의 보좌자'가 창조된 것에 찬미를 부르고 있는 것이다.

이와 같이 인퇴―변모―영광과 힘에 가득 찬 복귀의 순서로 진행하는 같은 모티프는 신비주의의 정신적 체험 속에도, 식물계의 자연적 생명 속에도, 죽음과 불사(不死)에 관한 인간의 사색 중에서도 명백히 널리 우주 전체에 미치고 또한 보편적 진리의 인식 및 표현의 직관적 형식인 신화의 가장 오래된 이미지의 하나로 되어 있다.

이 모티프의 신화적 변형에 기아(棄兒) 이야기가 있다. 왕위 계승자로 태어난 아이가 어렸을 때에 버려진다. ─때로는 (오이디프스나 페르세우스의 이야기처럼) 꿈속에서, 혹은 신탁을 통하여 그 아이가 왕위를 찬탈하게 되리라는 것을 알게 된 그 아버지 또는 할아버지에 의해, 때로는 (로물루스의 이야기처럼) 그 아이의 부친으로부터 왕위를 빼앗은, 그리하여 그 아이가 성인이 되어 복수할 것을 두려워하는 찬탈자에 의해, 때로는 (이아손이나 오레스테스, 제우스, 호루스, 모세, 키루스의 이야기처럼) 악인의 살해 계획으로부터 아이를 지키기 위해 부심하는 동정자에 의해 버려지는 수가 있다. 이야기의 다음 단계에서는 바야흐로 훌륭하게 성장하고, 그때까지 겪은 온갖 고통에 의해 영웅적 기질로 단련된 운명의 아들이 힘과 영광에 충만한 채 그의 왕국으로 복귀한다.

예수의 이야기 속에도 인퇴─복귀의 모티브가 끊임없이 되풀이해서 나타난다. 예수는 왕위의 계승자─다윗의 후손 또는 신 자신의 아들─로 태어났으나 어렸을 때 버림을 받는다. 그는 지상에 태어나기 위해 하늘에서 내려온다. 그는 다윗의 성 베들레헴에서 태어났는데, 누울 방이 없어 모세가 갈대상자 속에, 페르세우스가 궤짝 속에 누운 것처럼 말구유 속에 뉘어졌다. 로물루스를 이리가 지키고 키루스를 개가 지킨 것처럼 마구간 안에서 유순한 동물들이 그를 지켰다. 그는 또 목자들에게 둘러싸여 로물루스나 키루스나 오이디푸스와 마찬가지로 천한 태생인 양부모에 의해 양육된다. 그후 그는 모세가 갈대 속에 숨어 파라오의 살해 음모로부터 구출되고, 이아손이 펠리온 산의 성채에 숨겨져 펠리아스왕의 손길을 벗어난 것처럼 남몰래 이집트로 도피하여 헤롯의 살해 음모로부터 구출된다. 그리고 이야기의 끝에 이르러 그는 다른 영웅들처럼 복귀하여 그의 왕국에 들어간다. 당나귀를 타고 예루살렘에 입성하며 군중들로부터 다윗의 자손으로 환영을 받게 될 때 그는 유대 왕국에 들어간 것이다.

이상 기술한 바로는 예수의 이야기는 기아 이야기의 일반적 표준과 일치한다.

그러나 복음서 속에는 인퇴—복귀의 기본적 모티프가 다른 형태로 나타난다. 그것은 예수의 신성(神性)이 차차 뚜렷이 나타나면서, 잇따라 일어나는 영적 경험의 하나하나에서 모습을 나타낸다. 예수는 요한에게 세례를 받고 자기 사명을 자각하자 40일간 광야로 물러가 거기에서 마귀의 시험을 이기고 성령이 충만하여 《누가복음》 4장 41절) 돌아온다. 그후 자기가 전하는 교리 때문에 죽음을 면치 못할 것을 깨달았을 때 예수는 다시 '높은 산' 《마태복음》 17장 1절)으로 올라가 거기에서 '변모'를 경험한 뒤 기꺼이 죽을 결심을 하고 복귀한다. 그리고 그 뒤 '십자가 위의 죽음'이라는 형태로 피할 수 없는 인간의 죽음을 감수하고 무덤으로 내려갔다가, '부활'을 통해 영원히 죽지 않는 자로서 다시 살아났다. 그리고 마지막으로 '승천'에 있어 영광과 함께 재림하여 산 자와 죽은 자를 심판하고 무궁한 왕국을 세우기(325년의 니케아 회의에서 정해진 이른바 '니케아 신조'의 일절) 위해 지상에서 천국으로 들려 올라간다.

이와 같이 예수 이야기 속에 여러 번 나타나는 중요한 인퇴—복귀의 모티프에도 역시 유례가 있다. 광야로의 후퇴는 모세의 미디안으로의 도피(《출애굽기》 2장 16절 이하)의 재현이다. '높은 산' 위에서의 '변모'는 모세의 시내 산 위에서의 변모의 재현이다. 신성을 갖춘 자의 죽음과 부활은 그리스 비교(秘敎)에 그 선례가 있다. 현세의 질서의 종말을 초래하는 위기에 출현하여 지배권을 장악하게 될 놀라운 인물은 이미 조로아스터교의 신화에서 구세주의 형태로 표현되어 있고, 유대교의 신화 속에서는 그것이 메시아 또는 '인자(人子)'로 표현되어 있다. 그러나 그리스도교의 신화에는 어디에도 그 전례가 없는 듯이 여겨지는 특징이 하나 있다. 그것은 미래에 있어서의 구세주 또는 메시아의 도래를, 이미 인간으로서 지상에서 생활한 일이 있는 역사적 인물의 복귀라고 해석하는 점이다. 이 직관의 섬광에 의해 기아 이야기의 무시간적 과거와 농경 제사의 무시간적 현재가 인간의 노력의 목적에 도달하려고 하는 인류의 역사적 분투 속에 이행해 온다. 인퇴—복귀의 모티프는 '재림' 사상에서 그 가장 깊은 정신적 의미에 도달한다.

예수의 재림 사상을 낳은 그리스도교의 직관의 섬광은 분명히 그 시대 및 그 장소의 어느 특수한 도전에 대한 응전이었을 것이다. 그런데 사물은 그 기원 속에서 발견되는 것 이상의 것을 전혀 포함하지 않는다고 생각하는 오류를 범하는 비평가는, 이 그리스도교의 교의가 실망 속에서 태어났다는 이유로 그 가치를 낮게 평가하려 할 것이다. 이 교의는 예수가 원시 그리스도교도 집단이 대망한 결과를 남기지 않고 그냥 세상에 왔다가 떠난 것을 깨달았을 때의 실망 속에서 생겨난 것이다. 예수는 사형에 처해졌다. 따라서 그의 죽음은 그의 제자들을 완전히 실망시켰을 것이다. 예수의 가르침을 계승할 용기를 찾기 위해서는 그들은 예수의 생애를 과거에서 미래로 투영함으로써 그 생애에서 실패의 가시를 뽑아내야만 했다. 즉 그들은 예수가 힘과 영광에 충만하여 재림할 것이라고 주장해야 했다…… 비평가는 이런 식으로 해석할 것이다.

물론 이 재림의 교의가 그 이후로 그런 절망 또는 실의의 상태에 빠진 다른 사회집단에 채택된 것은 사실이다. 이를테면 역사상의 실존인물인 아서왕이 침략자인 야만족을 막지 못하여 마침내 정복되었을 때 브리튼인은 아서왕 재림의 신화에 의해 스스로를 위로했다. 또 서구 그리스도교 세계의 주도권을 계속 쥘 수 없었던 중세 후기의 독일인들은 프리드리히 바르바로사 황제의 재림 신화로 스스로를 위로했다.

그러나 다시 한 번 그리스도교에 있어서 전형적인 형태로 주장되고 있는 재림의 교의에 눈을 돌리면, 사실 그것은 예수의 육체적인 죽음에도 불구하고 사도들이 용기를 내서 전에 예수가 그들에게 부여해 준 위대한 사명을 수행할 결의를 했을 때 그들의 가슴속에 모습을 나타내게 된 예수의 정신적 복귀를 육체의 비유를 빌려 신화적으로 미래에 투입한 것임을 알게 된다. 환멸과 절망의 한 시기 뒤에 일어난 이 창조적인 사도들의 용기와 신앙의 회복이 〈사도행전〉 속에서는 다시 신화적 표현을 빌려 오순절(五旬節) 성령 강림의 비유로 세밀히 묘사되어 있다.

이상 인퇴 — 복귀의 참뜻을 파악하기에 노력했는데, 이로써 우리는 창조적 인물 및 창조적 소수자와 그 동지들과의 상호작용을 통해 행해지는 인간의 역사에 있어서의 이 운동의 작용을 실증적으로 고찰하는 데 별로 어려움을 느끼지 않게 되었다. 이 운동의 유명한 역사적 사례는 인생의 갖가지 면에 걸쳐 존재한다. 신비가나 성도·정치가·역사가·군인·철학자·시인 등의 생애에 있어서나, 또 국민이나 국가나 교회의 역사에 있어서도 그것과 만날 수 있다. 월터 배저트는 우리가 확립하려는 진리를 다음과 같이 표현하고 있다.

'위대한 국민은 모두 은밀한 가운데 조용히 만들어졌다. 그들은 마음의 착란과는 아무 상관없이 형성되었다.'

지금부터 창조적 개인들을 비롯하여 갖가지 예를 간략하여 살펴보기로 하자.

성(聖) 바울

타르수스의 바울은 시리아 사회에 가해진 헬레니즘의 충격이 아무래도 피할 수 없는 도전을 제기하고 있었던 시대인 유대인 사회에 태어났다. 그는 그 생애의 전반에는 열렬한 유대교 신자의 눈으로 볼 때 유대인의 보조를 어지럽게 만드는 것 같이 여겨지던 예수를 따르는 유대인을 박해했다. 그런데 생애의 후반에는 그 노력을 전혀 다른 방향으로 돌려, 그리스인과 유대인, 할례와 무할례, 미개한 사람, 스키타이인, 노예, 자유인의 차별이 없는 새로운 체제를 설교하며 돌아다녔다. 이 후반기가 바울 생애의 창조적인 시기였고 전반기는 잘못된 출발이었다. 그리고 두 시기 사이에는 커다란 심연이 가로놓여 있었다. 다마스쿠스를 향하는 도중에서 갑자기 빛을 만난 뒤 바울은 '혈육에게 의논도 하지 않고' 아라비아 사막에 들어갔다. 그로부터 3년 후에 비로소 그는 다시 실천활동을 개시하기 위해 예루살렘에 올라가서 최초의 사도들을 만났다.

성(聖) 베네딕트

누르시아(이탈리아 중부 움브리아에 있는 마을)의 베네딕트가 살아 있던 시대 (480~543년)는 헬라스 사회가 죽음의 고통을 받고 있던 시기였다. 그는 어렸을 때 전통적인 원로 계급의 고전교육을 받기 위해 움브리아의 고향에서 로마로 나왔는데, 수도생활에 싫증을 느낀 나머지 아직 어린 나이로 광야에 은둔했다. 3년간 완전히 고독한 생활을 했는데, 그의 생애의 전기(轉機)는 성인이 되는 것과 동시에 사회생활에 복귀했을 때였다. 처음에는 수비아코 골짜기의 수도원에서, 다음에는 카지노 산의 수도원에서 일을 했다. 이 생애의 후반기의 창조적인 시기에 이 성자는 어렸을 때 자신이 거부했던 낡은 교육법에 대체되는 새로운 교육을 창시했다. 그리하여 카지노 산의 베네딕트파 수도원은 수도원의 모태가 되어 점차 그 수가 늘어나 마침내 서구 사회 구석구석까지 베네딕트회의 회칙이 보급되었다. 실제로 이 회칙이 결국 서구 그리스도교 세계에 있어 고대 헬라스 사회 구질서의 폐허 위에 세워진 새로운 사회구조의 주요한 초석의 하나가 되었던 것이다.

베네딕트회 회칙의 가장 중요한 특색의 하나는 육체노동을 명하고 있는 점인데, 그것은 무엇보다도 야외에서의 농업노동을 의미했다. 베네딕트파의 운동은 경제적인 면에서는 농업 부흥이며, 특히 한니발 전쟁으로 말미암아 이탈리아 농민경제가 파괴된 이래 이탈리아에서 최초로 성공한 농업 부흥이었다. 베네딕트회의 회칙이 그라쿠스 형제의 농지법이나 로마 제국의 농민융자정책을 가지고도 이루지 못했던 일을 이룩한 것은, 그것이 나라의 시책처럼 위에서 아래로 작용한 것이 아니라 아래에서 위로, 개개 인간의 종교적 정열을 이용하여 그 자발적 활동을 각성시킨다는 형태로 작용했기 때문이다. 이 정신적 '엘랑'에 의해 베네딕트 수도회는 이탈리아 경제생활의 퇴세를 만회했을 뿐 아니라, 중세 알프스 너머의 유럽에 있어서 북아메리카에서 프랑스인 및 영국인 개척자가 행한 것과 같은 삼림을 개척하고 소택지를 간척하여 농지와 목초지를 만드는 불굴의 개척사업을 이룩했던 것이다.

대교황 그레고리우스

베네딕트의 사후 약 30년쯤 지났을 때 로마 시장을 지낸 그레고리우스는 도저히 실행 불가능한 과제에 직면했다. 572년 당시의 로마는 1920년의 빈과 거의 비슷하게 곤란한 상태에 놓여 있었다. 몇 세기 동안이나 대제국의 수도였던 까닭에 거대한 도시로 팽창한 로마는 이제 갑자기 이전의 속령에서 분리되어 그 역사적 기능을 박탈당함으로써 자기 자원만으로 생활해야 했다. 그레고리우스가 시장이 되던 해에는 '로마 영지(領地)'는 약 9세기 전 로마인이 이탈리아의 패권을 두고 삼니움인과 쟁탈전을 시작하기 이전과 거의 같은 면적에 한정되어 있었다. 그리고 옛날에는 그것으로 작은 상업 거리를 지탱하면 되었는데, 지금은 거대한 기생

도시를 지탱하지 않으면 안 되게 되어 있었다. 종래의 체제로는 새로운 사태를 도저히 처리할 수 없다는 것을 당시 시장의 직책을 맡고 있었던 로마 고관은 절실히 느꼈을 것이다. 그리고 이 고된 경험이 2년 후에 그레고리우스가 속세에서 완전히 인퇴한 원인이 되었을 것이다.

그의 인퇴는 바울의 인퇴와 마찬가지로 3년간 계속되었다. 그리고 이 기간이 끝나갈 즈음, 나중에 대리인에게 그 일을 맡긴, 이교도 영국인을 개종시키기 위한 포교활동을 스스로 행하려는 계획을 세우고 있을 때 교황에게 소환되어 로마로 돌아왔다. 그는 로마에서는 교회의 요직을 역임하고 마침내 교황의 직위에까지 올랐는데, 그 동안 세 가지 대사업을 성취했다. 또한 이탈리아 및 이탈리아 밖에 있는 로마 교회령의 관리를 개혁했다. 또한 이탈리아의 로마 제국 당국과 침략자 랑고바르드족이 화해를 하도록 중재 역할을 했다. 그리고 로마를 위해서 바야흐로 폐허 속의 낡은 제국 대신 새로운 제국의 기초 — 무력에 의해서가 아니라 전도자의 열의로써 건설되어, 결국 로마 군단이 한 번도 발을 디딘 일이 없고, 우선 그런 세계가 있다는 것조차 스키피오나 카이사르가 알지 못했던 새로운 세계를 정복하게 된 새로운 로마 제국의 기초 — 를 쌓았다.

석가모니

석가모니 싯다르타 가우타마는 혼란기의 인도 세계에서 태어났다. 그는 그가 태어난 도시국가 카필라바스투가 약탈당하고 동족인 사카족이 대량으로 학살되는 것을 보았다. 사카족 사회도 그중 하나였으나, 초기 인도 세계의 군소 귀족제 공화국은 가우타마의 시대에 신흥의 가장 규모가 큰 전체주의(全體主義) 군주국 앞에 잇따라 굴복했던 것으로 평가된다. 가우타마가 사카족의 귀족으로 태어난 것은 이와 같이 귀족 체제가 새로운 사회적 세력에 도전을 받고 있던 시기였다. 이 도전에 대한 가우타마 자신의 반발은, 그들 일문과 같은 귀족에게는 살기 어려워져 가는 세상을 버리는 일이었다. 7년 동안 그는 고행을 거듭하여 광명을 추구했다.

그에게 광명이 비치기 시작한 것은 단식을 끝내고 세상 복귀의 첫발을 딛기 시작한 뒤의 일이었다. 그리고 혼자 힘으로 광명에 도달한 뒤 그는 나머지 생애를 그 광명을 동족에게 전하기 위해 소비했다. 그는 광명을 효과적으로 전하기 위해 그의 주위에 제자의 일단이 모이는 것을 허용했다. 이리하여 그는 교단의 중심이 되고 우두머리가 되었던 것이다.

마호메트

마호메트가 로마 제국의 외적 프롤레타리아트인 아랍인 사이에서 태어난 것은 로마 제국과 아라비아의 관계가 위기에 빠져 있는 시대였다. 6세기에서 7세기로 이행하는 시기에 로마 제국에서 아라비아에 침입한 문화적 영향은 포화점에 달했다. 따라서 에너지의 역방출이라는 형태로 아라비아로부터 어떤 반작용이 일어날 것은 불가피한 일이었다. 이 반작용이 취해야 할 형태를 결정한 것이 마호메트의 생애였다. 마호메트의 생애의 방향을 결정적으로 만든 두 가지 신발족(新發足)의 각각에 대해서 인퇴─복귀의 운동은 그 전주곡이었다.

마호메트 시대의 로마 제국의 사회생활 가운데는, 아라비아에는 그 양자가 모두 결여되어 있었으므로 그것을 보는 아랍인의 마음에 특히 깊은 인상을 주었다고 여겨지는 특징이 두 가지 있었다. 첫째는 종교에 있어서의 일신교(一神教)였고, 둘째는 정치에 있어서의 법과 질서였다. 마호메트 필생의 사업은 로마의 사회 조직에 포함되어 있는 이 두 요소의 각각을 아라비아화하고, 그 아라비아화한 일신교와 지배체제를 합하여 단일한 지고(至高)의 제도─이슬람이라는 일체를 포괄하는 제도를 만들어내는 일이었다. 그는 이 제도에 대해서 거대한 추진력을 부여하는 데 성공했으므로, 본래 아라비아 야만족의 필요를 충족시키기 위해 만들어진 이 새로운 체제는 아라비아 반도의 경계를 돌파하고 대서양 연안에서 유라시아 스텝 연안에 이르는 시리아 세계 전체를 사로잡게 되었다.

마호메트가 필생의 사업을 개시한 것은 40세 무렵(609년경)이라 여겨지는데, 그것은 두 가지 단계를 거쳐 성취되었다. 첫째 단계에서는 그는 오로지 종교를 널리 전파하는 일에 종사했으며, 둘째 단계에서는 포교활동에 더해서, 아니 거의 그것을 압도하는 형태로 정치적 사업에 종사했다. 마호메트가 최초로 순수하게 종교적인 활동을 개시한 것은 약 15년간 반쯤 인퇴하여 아라비아의 오아시스와 북아라비아 스텝 주변에 점재하는 로마 제국과 시리아의 '사막항(港)' 사이를 왕래하는 캐러밴의 생활을 보낸 뒤 아라비아의 지방적 생활로 복귀한 뒤의 일이었다. 마호메트 생애의 제2기, 즉 정치적·종교적 활동의 시기는 이 예언자가 태어난 고향인 오아시스 도시 메카에서 그것에 대항하는 오아시스 도시 야스리브 — 이 사건 이후 단지 메디나, 즉 '도시'('예언자의 거리'라는 뜻)라 불리게 된 거리 — 로 인퇴했던 '헤지라'와 함께 시작되었다. 헤지라는 이슬람교도가 그 기원 원년으로 삼고 있을 만큼 중요시하고 있는 사건인데, 이때 마호메트는 도망자가 되어 메카를 떠나야만 했다. 그런데 7년간(622~629년)의 부재 뒤에, 그는 사면당한 망명자로서가 아니라 아라비아 절반의 지배자로서 메카에 복귀했다.

마키아벨리

1494년 프랑스의 샤를 8세가 프랑스군을 이끌고 알프스를 넘어 이탈리아를 침략했을 때 마키아벨리는 25세의 피렌체 시민이었다. 즉 그는 '야만인의 침략'을 받기 이전의 이탈리아를 충분히 체험한 세대에 속해 있었으며, 또 그는 생전에 이탈리아 반도가 알프스 너머 또는 바다 너머의 강국이 세력다툼을 하는 국제적 경쟁의 무대가 되어 그들이 번갈아 획득한 승리의 포상으로, 또 상징으로 독립국가였던 이탈리아의 도시국가에 대해 다투어 압제적인 지배권을 행사하는 것을 보았다. 이탈리아에 가해진 알프스 북쪽 열강의 압박이, 마키아벨리 세대의 사람들이 만날 수밖에 없었던 도전이었고, 또 맛볼 수밖에 없었던 경험이었다. 더구나 그 경험은 이 시대의 이탈리아인은 물론 그때까지의 거의 2세기 반 동안 그들의 선조도 맛보지 않은 경험이었던 만큼 한층 대처하기 어려운 경험이었다.

마키아벨리는 천성적으로 거의 완벽한 정치적 재능을 갖추었을 뿐만 아니라 그 재능을 실생활에 이용하는 데 지칠 줄 모르는 열정을 갖고 있었다. 운명이 그로 하여금 반도의 주요한 도시국가의 하나인 피렌체의 시민이 되게 했고, 실력이 그로 하여금 29세의 젊은 나이로 장관의 지위를 획득하게 했다. 제1차 프랑스 침입이 있은 지 4년 후에 해당하는 1498년에 이 요직에 임명된 마키아벨리는 재직 중 직접 새로운 '야만적인' 열강에 관한 지식을 얻었다. 14년 동안 이런 경험을 쌓은 마키아벨리는 당시의 이탈리아인 가운데 누구보다도 이탈리아를 정치적으로 구제할 수 있는 긴급한 문제해결에 적격자가 되었지만, 때마침 피렌체 내부의 정치정세가 일변하여 갑자기 그는 실천활동의 무대에서 추방당했다. 1512년 그는 장관직을 박탈당하고 그 다음해에는 투옥과 고문이라는 쓴잔을 마셨다. 그리고 다행히 죽음을 모면하여 출옥했는데, 그 대신 피렌체의 시골에 있는 그의 농원에서 종신토록 칩거생활을 하지 않으면 안 되었다. 그의 실각은 완전한 것이었다. 그러나 운명이 이와 같이 심한 개인적 도전의 시련을 만나게 했음에도 불구하고 마키아벨리에게는 그 도전에 대해 효과적인 응전을 할 만한 힘이 아직 남아 있었다.

칩거생활에 들어간 지 얼마 되지 않아 옛 동료에게 써 보낸 편지 속에서 그는 아주 자세히, 게다가 거의 해학적이라고 할 만큼 초연한 태도로 스스로 일과로서 정한 생활방식을 적었다. 해뜨는 것과 함께 기상하고, 낮에는 현재 그에게 강요된 생활방식에 알맞은 단조로운 사회활동과 야외활동에 전념한다. 그러나 그것만으로 그의 하루가 끝나는 것은 아니다.

'저녁이 되면 집에 돌아가 서재에 들어간다. 그리고 입구에서 흙투성이의 작업복을 벗어던지고 궁정복을 입는다. 이렇게 단정한 복장으로 갈아입은 다음 옛날사람들의 옛 저택에 들어간다. 거기서 나는 그 집주인으로부터 친애의 정이 깃들인 환대를 받는다. 나에게 있어 그것만이 참된 영양분이며, 또 그것을 위해 내가 살아온 음식을 마음껏 먹는다.'

이러한 문학적 탐구와 사색의 시간에 《군주론》이 구상되고 집필되었다. 이 유명한 논문의 맨 끝장인 〈이탈리아를 야만인으로부터 해방시키기 위한 권고〉를 보면, 이 논문을 쓰기 위해 붓을 들었을 때 마키아벨리가 품고 있었을 의도가 명백해진다. 그가 다시 한 번 당시의 이탈리아의 사활에 관한 최대의 정치문제와 맞붙은 것은, 실천의 배출구를 빼앗긴 에너지를 창조적인 사색으로 전환함으로써 지금이라도 그 문제의 해결에 힘을 빌려줄 수 있다는 희망을 품고 있었기 때문이었다.

말할 나위 없이 실제로는 《군주론》에 생명을 부여하고 있는 이 정치적 희망은 완전히 수포로 돌아갔다. 이 책은 저자의 직접적 목적을 달성하지는 못했다. 그러나 그렇다고 해서《군주론》이 실패작이었다는 말은 아니다. 문필에 의해 실제 정치를 수행하는 것이 매일 낮 매일 밤 궁벽한 시골집에서 옛 벗의 저택을 드나들며 꾸준히 행한 일의 본질은 아니었다. 마키아벨리가 그 저작을 통해 세상에 복귀할 수 있었던 것은 더 영묘한 면에 있어서이다. 즉 그는 실제 정치의 잡무에 몰두하는 피렌체의 장관이 할 수 있는 어떤 고매한 사업보다도 훨씬 커다란 영향을 세상에 미쳤던 것이다. 내심의 고뇌를 초월한 그 마법과 같은 카타르시스의 시간에 마키아벨리는 그 선천적 에너지를, 근대 서구 정치철학의 씨가 된 일련의 위대한 지적 작품 —《군주론》·《리비우스론》·《로마사론》·《전술론》·《피렌체사(史)》등 — 으로 전환시키는 일에 성공했다.

단테

그보다 200년 전 피렌체의 역사는 묘하게 유사한 예를 제공하고 있다. 그것은 단테의 예로서, 단테가 그의 필생의 작업을 완성한 것은 그가 태어난 거리 피렌체에서 추방당한 후의 일이었다. 피렌체에서 단테는 베아트리체와 사랑에 빠졌으나, 베아트리체는 유부녀로서 단테에 앞서 세상을 떠났다. 피렌체에서 단테는 정계에 투신했으나 추방선고를 받고 마침내 두 번 다시 돌아오지 못한다. 그러나 단테는 피렌체에서 생득권을 잃음으로써 세계의 시민권을 획득하게 되었다. 그도 그럴 것이, 실연한데다가 또 정계 진출을 방해당한 이 천재는《신곡》창작을 그 필생의 사업으로 삼았기 때문이다.

3. 인퇴와 복귀 — 창조적 소수자

헬라스 사회의 성장 제2기에 있어서의 아테네

앞서 다른 문제와의 관련에서 서술한 인퇴 — 복귀의 현저한 예는 기원전 8세기에 인구과잉이라는 도전의 제기에 의해 헬라스 사회가 직면한 위기에 대처하는 아테네인의 행동이다.

앞에서 서술한 대로 이 인구과잉의 문제에 대한 아테네의 최초의 반응은 표면상 소극적인 것이었다. 아테네는 많은 이웃 나라와 같이 해외에 식민지를 건설한다는 식의 반응을 나타내지 않았고, 또 스파르타처럼 인접한 그리스 도시국가의 영토를 빼앗고 그 주민을 농노로 하는 그런 반응도 나타내지 않았다. 이 시대에는 이웃나라가 간섭하지 않고 가만히 내버려두기만 하면 아테네는 계속 일견 온순하고 소극적인 태도를 취했다.

아테네의 초인적인 잠재세력의 최초의 편린은 스파르타의 왕 클레오메네스 1세(510년 아테네에 출정했다)의, 아테네를 라케다이몬(스파르타의 공식 명칭)의 지배하에 굴복시키려는 기도에 대한 맹렬한 반항 속에서 찾아볼 수 있다. 식민지 운동 불참에 이어 이 라케다이몬에 맹렬히 반항함으로써 아테네는 2세기 이상이나 많든 적든 의식적으로 헬라스 세계의 다른 국가들로부터 고립되어 있었다. 그러나 아테네에 있어서의 이 2세기 동안은 그저 무위로 보낸 기간은 아니었다. 오히려 아테네는 이 오랜 인퇴 기간을 이용하여 헬라스 사회 전체가 당면한 문제를 독자적 방법으로 해결하는 데 온 힘을 쏟았다. 이 아테네의 해결법은 식민에 의한 해결법과 스파르타적 해결법이 차차 수확체감의 현상을 나타내고 있을 때에도 여전히 효과를 올림으로써 그 탁월함을 증명했다. 아테네가 겨우 경쟁장에 복귀한 것은 그 자신의 준비가 완료되었을 때, 즉 전통적인 여러 제도를 새로운 생활양식에 맞도록 개혁한 뒤였다. 그러나 드디어 복귀 단계에 들어서자 아테네는 헬라스 사회 역사상 전대미문의 활약을 보였다.

아테네는 페르시아 제국에 대한 도전이라는 놀라운 거사를 행함으로써 복귀를 선언했다. 기원전 499년에 반란을 일으킨 아시아의 그리스인에 호응한 것은 아테네였다(스파르타는 주저했다). 그리고 그때 이래 아테네는 헬라스 및 시리아 사회의 세계국가 사이의 50년 전쟁의 주역으로 두각을 나타냈다. 기원전 5세기 이후 2세기 동안 아테네가 헬라스 사회의 역사에 있어 행한 역할은 그 이전의 2세기 동안에 행한 역할과 상반되는 것이었다. 이 제2의 기간 중 아테네는 항상 헬라스 사회 도시국가간의 정치투쟁의 한복판에 있었다.

아테네가 마지못해 헬라스 사회의 대국의 지위 및 책임을 포기한 것은 알렉산드로스의 동방원정 결과 생긴 새로운 거인족에 압도당하여 그에 반격할 가망이 없어졌을 때였다. 그러나 기원전 262년의 마케도니아에 의한 결정적 정복 이후 아테네가 인퇴한 일로 아테네의 헬라스 사회 역사에 대한 적극적 참여가 종언을 고한 것은 아니다. 군사적 · 정치적 경쟁에서는 비록 낙오했으나, 그 훨씬 전부터 아테네는 그 밖의 온갖 분야에 있어 '헬라스의 교육'이 되어 있었다. 아테네는 헬라스 문화에 후세 사람들의 눈으로 보아도 명백한 흔적을 남기고 있는 영속적인 아테네적 특징을 부여한 것이다.

서구 문명의 성장 제2기에 있어서의 이탈리아

앞서 마키아벨리에 대해 언급했을 때 기술한 대로 이탈리아는 13세기 중엽의 호엔슈타우펜 왕가(1138~1254년 사이에 계속된 중세 독일의 왕가)의 멸망에서 15세기 말 프랑스군의 침입에 이르는 2세기 이상의 기간에 알프스 너머 유럽의, 소동이 끊일 사이 없는 봉건시대의 반(半)야만사회 밖으로 물러나 있었다. 외적의 침입을 면한 이 2세기 반 동안에 이탈리아의 천재가 이룩한 최대의 업적은 외면적인 것이 아니라 내면적인 것, 물질적이 아니라 정신적인 것이었다. 건축 · 조각 · 회화 · 문학, 그 밖의 예술 및 일반 문화의 영역에 속하는 온갖 분야에 있어 이탈리아인은 기원전 5세기에서 4세기에 걸쳐, 마찬가지로 2세기 동안에 그리스인이 이룩한 업적과 비견할 만한 창조활동을 행했다.

사실 이탈리아인은 이 고대 그리스인의 천재에게서 영감을 얻도록 노력했으며, 표준적인 것, 고전적인 것으로서 되돌아보고 절멸한 헬라스 문명의 망령을 환기시켰던 것이다. 그리고 우리 근대인도 이 이탈리아인의 선례를 모범으로 삼아 '고전' 교육의 제도를 수립했던 것이다. — 물론 이것은 최근에 이르러 현대의 기술적 요구 앞에 차차 그림자가 희박해져 가고 있기는 하지만, 요컨대 이탈리아인은 간신히 외국세력의 지배에서 벗어난 상태를 이용하여 그런대로 외부의 폭풍으로부터 보호받고 있는 반도 내부에 '이탈리아 세계'를 창조했던 것이다. 여기에서 서구 문명은 다른 지역보다도 더 빨리 질적으로나 양적으로나 높은 단계에까지 끌어올려졌다. 15세기 말경 그들은 스스로를 다른 서구인보다 훨씬 우수하다고 생각한 나머지 알프스 북쪽과 티레니아 해(이탈리아 반도와 코르시카, 사르디니아, 시칠리아의 여러 섬에 둘러싸인 해역) 건너편의 국민에 대해 절반은 자만에서 절반은 진심으로 '바르바로이(야만인)'라는 말을 부활시켜 썼을 정도였다. 그후 이 근대의 '야만인'은 그야말로 그 역할에 알맞은 활동을 하여 그들이 정치적 · 군사적으로 이탈리아의 빛의 아들들보다 더 현명하다는 것을 입증해 보였다.

새로운 이탈리아 문화가 반도에서 모든 방향에 그 빛을 방사함에 따라 주위 여러 나라의 문화적 성장이 촉진되었는데, 맨 처음에 성장이 촉진된 것은 방사의 효과가 언제나 가장 빨리 나타나는 정치조직이나 군사기술과 같은 비교적 거친 문화 요소였다. 그리고 '야만인'들은 이탈리아의 기술을 습득하게 되자 그것을 이탈리아 도시국가의 규모보다는 훨씬 큰 규모로 적용하게 되었다.

'야만인'들이 이탈리아인의 힘이 도저히 미치지 못했던 규모의 조직을 실현하는 데 성공한 이유는 '야만인'이 이탈리아인보다도 훨씬 용이한 정치상황 밑에서 이탈리아인으로부터 배운 교훈을 적용했기 때문이라고 하겠다. 이탈리아인의 정치능력을 방해하고 '야만인'의 정치능력을 조장한 것은 '세력균형'의 통상적 법칙의 한 적용이었다.

세력균형이란 사회가 몇 개의 서로 독립된 지방국가로 분화하는 것과 동시에 반드시 활동하기 시작하는 정치역학의 하나의 계통이다. 서구 그리스도교 세계의 다른 나라들과 구분되어 온 이탈리아 사회는 그것과 동시에 바로 앞서 말한 대로의 형태로 분화했다. 이탈리아를 신성 로마 제국에서 이탈시키려는 운동은, 저마다 지방적 자결의 권리를 주장하기만 하는 다수의 도시국가에 의해 이루어졌다. 즉 격리된 이탈리아 세계의 창조와 이 세계의 다수의 국가로의 분화는 동시에 일어난 사건이었다. 이런 세계에서는 세력균형은 일반적으로 국가의 평균 규모를 정치적 세력을 측정하는 어떤 기준에서 보아도—영토에 있어서나 인구에 있어서나, 또는 부(富)에 있어서나 낮은 수준에 머물러 있도록 작용한다. 그 규모를 평균 이상으로 증대할 우려가 있는 국가는 거의 자동적으로 인접한 다른 국가들로부터 압력을 받게 되는 것이다. 그리고 이 압력은 해당 국가군(群)의 중심부에서 최대가 되며 주변에서는 최소가 된다는 것이 세력균형의 법칙 가운데 하나이다.

중심부에서는 어느 한 국가가 영토 확장을 목표로 행하는 어떤 움직임도 주위의 모든 국가에 의해 빈틈없이 감시되고 기민하게 그에 대한 제재조치가 취해진다. 그리고 겨우 수제곱마일 토지의 주권이 가장 집요한 싸움의 씨가 된다. 그런데 주변에서는 반대로 경쟁은 약화되고 작은 노력으로 큰 성과를 얻는 경우가 있다. 북미합중국은 대서양에서 태평양까지 타국을 침해하는 일 없이 확장하고, 러시아는 발틱 해에서 태평양까지 확장할 수 있었으나, 프랑스나 독일은 아무리 노력해도 타국의 도전을 받지 않고 알자스나 포젠 같은 것을 영유할 수가 없다.

러시아나 미국의, 오늘날 서구의 낡고 비좁은 민족국가에 대한 관계가, 마침 400년 전의 서구 여러 나라—루이 11세에 의해 정치적으로 이탈리아화된 프랑스, 아라곤의 페르디난트에 의해 정치적으로 이탈리아화된 스페인, 튜더 왕가 초기의 국왕들에 의해 정치적으로 이탈리아화된 영국—의 피렌체, 베네치아, 밀라노 등 당시의 이탈리아 도시국가에 대한 관계와 같다.

비교해 보면 기원전 8·7·6세기의 아테네의 인퇴와, 기원후 13·14·15세기의 이탈리아의 인퇴는 서로 강한 유사점을 나타냄을 알 수 있는데, 두 경우 모두 정치면에서의 인퇴는 완전하고 영속적인 것이었다. 두 경우 모두 다른 것과 고립해 있던 소수자가 사회 전체 앞에 닥친 문제에 대한 어떤 해결법을 발견하는 일에 정력을 기울였다. 그리고 두 경우 모두 그 창조적 소수자는 때가 차서 창조사업을 이룩하게 되자 잠시 떠나 있던 사회에 복귀하여 사회 전체에 커다란 영향을 미쳤다. 또 아테네와 이탈리아가 인퇴 기간 중에 해결한 문제는 거의 비슷했다. 헬라스에 있어서의 아티카와 마찬가지로 서구 그리스도교 세계에 있어서의 롬바르디아나 토스카나는 지방적으로 자급자족하는 농업사회를 국제적으로 상호의존 관계에 서는 상공업 사회로 바꾸는 실험을 행하여 성공한, 격리된 사회의 실험실의 역할을 다했다.

또 이탈리아의 경우에도 아테네의 경우와 마찬가지로 새로운 생활양식에 맞도록 전통적인 여러 제도의 근본적인 개혁이 행해졌다. 상업화하고 공업화한 아테네는 정치면에 있어 출생에 기초를 두는 귀족제도에서 재산에 기초를 두는 부르주아 체제로 이행했다. 상업화하고 공업화한 밀라노, 볼로냐, 피렌체, 시에나는 서구 그리스도교 세계 전체에 행해지고 있던 봉건제도에서 개개 시민과 그 시민 자체에 주권이 있는 지방적 주권정부와의 직접관계로 되는 새로운 제도로 이행했다. 이들 구체적인 경제적·정치적 발명이 이탈리아인 천재에 의해 태어나, 손으로 만질 수도 없고 무게를 잴 수도 없는 비구체적 산물과 함께 15세기 말 이후 이탈리아에서 알프스 이북의 유럽 제국에 전해졌던 것이다.

그러나 이 단계에서 서구 사회의 역사와 헬라스 사회의 역사는 각각 그 방향을 달리하게 된다. 왜냐하면 서구 그리스도교 세계에 있어서 이탈리아의 도시국가가 차지하는 지위와 헬라스 사회에 있어서 아테네가 차지하는 지위 사이에는 한 가지 본질적인 차이점이 있었기 때문이다. 아테네는 도시국가들로 구성된 세계로 복귀하는 형식의 '세계 속의 세계'를 조직하게 되기는 했으나, 그 도시국가의 형식은 서구 그리스도교 세계의 사회적 분화의 본래의 기초는 아니었다. 그 본래의 기초는 봉건제도였다. 따라서 이탈리아의 도시국가들이 서구 사회의 본체에 다시 병합된 15세기 말에도 서구 그리스도교 세계의 대부분은 아직 봉건제도의 기초 위에 조직되어 있었다.

이와 같은 사정은 이론적으로 두 방식 중 어느 한 가지에 의해 해결될 수 있는 문제를 제기했다. 알프스 이북의 유럽은 이탈리아가 제공할 수 있는 새로운 사회적 발명을 채용할 만한 지위에 서기 위해서는 그 봉건적 과거에서 벗어나 전면적으로 도시국가의 기초 위에 재분화하든가, 아니면 봉건적 기초와 그에 대응하는 왕국제 국가의 규모 위에서도 운영될 수 있는 방향으로 이탈리아의 발명에 손질을 가하든가 둘 중 어느 하나를 택해야만 했다. 스위스, 슈바벤, 프랑켄, 네덜란드, 그리고 한자 동맹 여러 도시가 내륙수로와 해상수로를 지배하는 요지를 차지하고 있던 북부 독일 평야에서는 도시국가 체제가 상당한 성공을 거두었으나, 알프스 이북에서 일반적으로 채용된 것은 도시국가적인 문제해결의 방법이 아니었다. 여기서 서구 사회의 역사는 다음 시기로 접어들어 또 하나의 주목할 만한 '인퇴와 복귀'가 나타나는 것이다.

서구 사회의 성장 제3기에 있어서의 영국

이때 서구 사회가 직면하게 된 문제는 도시국가 체제를 채용하지 않고, 어떻게 하면 농업을 주로 하는 귀족적 생활양식에서 공업을 주로 하는 민주적 생활양식으로 이행하느냐 하는 것이었다. 이 도전에 응한 것은 스위스와 네덜란드 및 영국이었는데, 결국은 영국이 채택한 방식이 서구 전체의 해결방법이 되었다. 이 세 나라는 모두 유럽 전체의 생활에서 벗어나 있었는데, 그 방침은 어느 정도 지리적 환경에 의해 조장되었다.

즉 스위스는 산맥에 의해, 네덜란드는 제방에 의해, 영국은 해협에 의해 유럽 전체에서 격리되어 있었던 것이다. 스위스는 연방형태를 수립함으로써 중세 후기의 도시국가적 질서의 위기를 무사히 극복할 수 있었는데, 처음에는 합스부르크가, 다음에는 부르고뉴가에 저항하여 그 독립을 유지했다. 네덜란드는 스페인과 싸워서 독립을 쟁취하여 7개주 연방의 나라를 만들었다. 영국은 백년전쟁에서 결국 패배하여 대륙의 속령들을 정복하려던 야욕을 버렸다.

그리고 네덜란드와 마찬가지로 엘리자베스 여왕 시대에 가톨릭교국인 스페인을 격퇴했다. 그때 이래 1914~18년 제1차 세계대전에 이르기까지 대륙의 분쟁에 말려들지 않으려는 것이 영국 외교정책의 기본적이고도 일관된 목표의 하나가 되었다.

그러나 이 지방적 소수자인 세 국가가 모두 다 그 공통적인 고립정책을 유효하게 실행할 수 있는 지리적 위치에 놓여 있었던 것은 아니다. 스위스의 산맥과 네덜란드의 제방은 영국의 해협만큼 방벽으로서의 효과가 크지 못했다. 네덜란드는 루이 14세와의 전쟁에서 입은 피해로부터 완전히 재기하지는 못했고, 또 네덜란드도 스위스도 한때 나폴레옹 제국에 병합되었었다. 게다가 스위스와 네덜란드는 지리적인 면 이외의 다른 면에서도 앞서 제기한 문제의 해결을 찾기에는 불리한 처지였다. 스위스와 네덜란드는 둘 다 완전한 중앙집권적 국민국가가 아니라 그저 느슨하게 결합된 칸톤(스위스의 주)과 도시의 연합에 불과했던 것이다. 따라서 서구 그리스도교 세계의 역사의 제2기에 이탈리아가 행했던 역할을 제3기에 연출할 자는 영국이었고, 1707년에 스코틀랜드와 통합한 이후에는 대영 연합왕국이었다.

주목할 만한 것은 이탈리아 자신이 도시국가적 단위의 한계를 넘는 방향으로 움직이기 시작했다는 것이다. 왜냐하면 약 70 내지 80개의 독립적 도시국가들이 이탈리아의 고립기 마지막 무렵에는 정복 행위에 의해 약 8 내지 10개의 비교적 큰 연합체로 감소되었기 때문이다. 그러나 결과는 두 가지 점에 있어서 불충분했다. 첫째로 이탈리아의 이 새로운 정치단위는 이전에 비하면 큰 것이었으나, 일단 침략기가 시작될 때에 '야만인'에 대항하여 독립을 유지하기에는 아직 너무 작았던 것이다. 둘째로는 새로운 큰 단위에서 발전된 정치형태는 항상 전제정치였다는 것이다. 따라서 도시국가 체제의 정치적 장점은, 이 전제정치의 과정에서 상실되고 말았다.

알프스 너머 북쪽의 보다 더 큰 정치적 단위에 손쉽게 응용된 것은—스페인의 합스부르크 왕가에 의해, 프랑스의 발루아 왕가 및 부르봉 왕가에 의해, 다시 오스트리아의 합스부르크 왕가에 의해, 나중에는 프러시아의 호엔촐레른 왕가에 의해 채용된 것은—이 새로 발달된 이탈리아의 전제정치였다.

그러나 언뜻 보기에 진보인 듯이 여겨진 방향은 실은 막다른 골목이었다. 왜냐하면 알프스 이북의 나라들이 정치적 민주주의—어떤 종류의 것이든—를 실현하지 않고 농업에서 상공업으로 발전시켰던 이탈리아의 경제적 진보—도시국가 체제 시대에 이탈리아가 성취했던—를 모방한다는 것은 곤란한 일이었기 때문이다.

영국에서는 프랑스나 스페인과는 달리 전제군주 정치의 발전이 효과적인 응전을 불러일으킨 도전이 되었다. 그리고 그 영국의 응전은 영국은 물론이고 프랑스와 스페인에도 서구 그리스도교 세계의 공통의 과거로부터 상속받은 알프스 이북의 전통적인 정치체제에 새로운 생명을 불어넣어 새로운 기능을 발휘하게 했다. 알프스 이북의 전통적인 제도의 하나는 국왕과 국민 각 계층 사이에 의회 혹은 회의를 정기적으로 개최하는 것이었다.

그것은 불평을 털어놓고 말할 기회를 주는 동시에 근거 있는 불평은 반드시 시정해 준다는 국왕의 명예로운 보증의 대가로 각 신분의 사람들이 국왕이 필요로 하는 비용의 지불에 결의한다는 이중의 목적을 가지고 있었다. 이 제도가 점차 발전해 가는 동안 알프스 이북의 왕국들은 각 지역의 물적 규모의 문제—즉 전원이 참가하기에는 인원수가 지나치게 많고, 거리가 너무 멀어서 회의에 참가할 수 없는 문제—를, '대표제'라는 법률상의 의제(擬制)를 발명 내지 재발견함으로써 극복했다. 의회에서 심의하는 안건에 관계있는 모든 사람이 직접 의사(議事)에 참가하는 권리라든가 의무—도시국가에서는 자명한 의무이며 권리이다—는 이제 이 방대한 봉건왕국에서는 대리인만이 대표하는 권리로 약화되고, 대리인만이 의회의 개최 장소까지 가야 하는 의무로 약화되었다.

정기적으로 대표자들이 모여 협의하는 이 봉건시대의 제도는 국왕과 신민 사이의 연락기관 역할을 한다는 그 본래의 목적에는 아주 합당한 것이었다. 그러나 17세기의 영국은 이 제도를 그 본래의 목적에 적합하지 않은 일—즉 국왕 자신의 기능을 인수하여 정치적 권력의 주체로서의 왕의 기능을 점차 밀어내는 일—에 적용시키는 데 성공했다.

영국이 같은 시대의 알프스 이북의 어떤 왕국도 감히 극복할 수 없었던 그 도전에 대응하여 그것을 멋지게 극복한 것은 무엇에 의해서였던가? 이 질문에 대한 해답은, 영국은 대륙의 봉건 왕국들보다 협소했고 또 그 국경선이 명확히 확정되어 있었기 때문에, 대륙의 다른 나라들보다 훨씬 일찍 봉건국가에서 벗어나 진정한 국민국가를 이루었다는 사실에서 찾아볼 수 있다. 서구 그리스도교 세계의 역사의 제2기, 즉 중세에 영국의 군주정치가 강력했다는 사실이 제3기에 가서 의회정치가 그것과 대체되는 것을 가능하게 했다고 말해도 역설은 아니다. 제2기에 있어서 영국 이외의 어떤 나라도 정복왕 윌리엄과 헨리 1세 및 3세가 휘두른 것과 같은 강력한 권력과 준엄한 통치를 경험하지 못했다. 영국은 이런 강력한 통치자들 밑에서 프랑스나 스페인이나 독일보다 훨씬 먼저 국민적으로 통일되어 있었던 것이다.

같은 결과를 초래하는 데 이바지한 또 하나의 요인은 런던의 우월성이었다. 알프스 이북의 서구의 어느 왕국에서도 단 하나의 도시가 이토록 완전하게 다른 모든 도시를 비교가 불가능할 만큼 작게 보이게 하는 예는 없었다. 17세기 말에 영국의 인구는 프랑스나 독일에 비하면 문제가 안 되었고, 또 스페인이나 이탈리아에도 미치지 못했는데도 런던은 이미 확실히 유럽 최대의 도시였다. 사실 영국이 이탈리아의 도시국가 체제를 국민적 규모의 공공생활에 적용시키는 문제를 해결하는 데 성공한 까닭은, 영국은 벌써 —그 좁은 국토와, 튼튼한 국경과, 강력한 국왕과, 하나의 대도시의 우월성 등을 통하여— 알프스 이북의 다른 어느 국가보다도 대형 도시국가의 구조와 자각 같은 것을 더 많이 달성했기 때문이라고 단언해도 무방할 것이다.

그러나 이 유리한 조건들을 충분히 고려한다 하더라도 영국이 르네상스기의 이탈리아의 통치능력이라는 새 술을 알프스 이북의 중세적 의회제도라는 낡은 부대에, 더구나 그 부대를 터뜨리지 않고 담을 수 있었던 것은 놀랄 만한 곡예라고밖에 표현할 수 없는 입헌제도의 승리이다. 그리고 또 의회정치의 비판기관으로부터 그 운영기관으로 전환시킨 이 영국의 정치적 '곡예'는, 영국의 창조적 소수자가 대륙의 분쟁에 말려들지 않으려고 했던 그 인퇴의 제1기, 즉 엘리자베스 여왕 시대와 17세기의 대부분에 걸친 시기에 서구 사회를 위해 완수한 것이었다. 루이 14세의 도전에 응하여 영국이 처칠의 멋진 지휘하에 부분적으로 일시 대륙의 경쟁장으로 복귀했을 때, 대륙의 여러 국민들은 이 섬나라 국민이 그 동안에 이루어 놓은 것을 주목하기 시작했다. 프랑스인이 종종 '영국 심취(Anglomanie)'라고 부르던 시대가 막을 열었던 것이다.

몽테스키외는 영국의 업적을 칭찬하고, 또 한편으로는 오해했다. 입헌군주정치에 대한 예찬 형태로서의 '영국 심취'는 프랑스 혁명에 불을 붙인 한 도화선이 되었다. 그리고 19세기에서 20세기로 이행하면서 지구상의 모든 국민이 그 정치적 나체를 의회정치라는 무화과 잎으로 가리고자 하는 야망을 갖게 되었다는 것은 잘 알려진 사실이다. 서구 사회의 역사적 제3기 말에 있어서의 영국의 정치제도에 대한 이 광범한 숭배는 분명히 15세기에서 16세기로 전환하는 제2기 말에 있어서의 이탈리아 문화에 대한 숭배에 대응하는 현상이었다.

영국인들이 이탈리아를 숭배했다는 가장 명백한 예증은, 셰익스피어의 창작극의 4분의 2 이상이 이탈리아의 이야기에 근거하고 있다는 점에서 찾아볼 수 있다. 실제로 셰익스피어는 《리처드 2세》 속에서 그 자신의 이야기의 선택이 입증하고 있는 바의 그 '이탈리아 심취(Italomanie)'에 언급하여 그것을 비꼬고 있다. 그는 훌륭한 늙은 요크 공의 입을 통하여, 어리석은 젊은 왕은 '느림보에다가 우매한 백성이 풍속을 어설프게 흉내라도 내려고 절뚝거리며 따라가려는 교만한 이탈리아 유행의 풍문'에 현혹되어 있다고 말한다. 셰익스피어는 흔히 잘 쓰는 시대착오의 필치로 그 자신의 시대의 특징이었던 유행을 초서(영국의 시인. 영어를 문학적 표준어로 끌어올렸고, 프랑스식 운율법을 영시 속에 확립했다) 시대의 풍습인 것처럼 말하고 있는 것이다. 물론 초서와 그 시대에 '이탈리아 심취'가 시작된 것은 사실이지만 말이다.

영국인의 정치적 발명인 의회정치는 산업주의라는 그 다음의 사회적 발명에 그야말로 안성맞춤의 배경이 되었다. 행정부가 국민을 대표하는 의회에 대해 책임을 지는 정치조직이라는 의미의 '민주주의'와, 공장에 집중된 '손(직공들)'에 의한 대량 생산조직이라는 의미의 '산업주의' 등은 현대의 가장 중요한 2대 제도이다. 이 두 제도가 널리 행해지게 된 것은 서구 사회가 이탈리아의 도시국가 문화의 정치적·경제적 업적을 도시국가의 규모에서 왕국의 규모로 전화시키는 문제에 대해 최선의 해결책을 제공했기 때문이다. 그런데 이 두 해결방법은 후세의 어떤 영국 정치가가 '영광스러운 고립'이라고 부른 정책을 취한 바로 그 시대에 영국에서 성취되었던 것이다.

서구 역사에 있어서 러시아의 역할

서구 그리스도교 세계는 오늘날 대사회로 팽창했는데, 그 현대사에 있어서도 역시 한 시대가 평형을 잃고 다음 시대로 넘어가는 경향, 전체 사회는 아직도 과거의 문제를 처리하고 있는데 어떤 한 부분이 고립해서 미래의 문제를 해결하려는 경향, 즉 성장의 과정이 아직 계속되고 있다는 것을 나타내는 징후를 인식할 수 있을까? 서구 사회의 초기의 문제들이 이탈리아식으로 해결됨으로써 생겼던 문제들은 영국식으로 해결되었는데, 이제 이 영국식 해결의 결과는 또다시 새로운 문제들을 일으키고 있지 않은가?

우리는 이미 현대에 있어서 민주주의와 산업주의의 승리에 의해 두 가지 새로운 도전에 직면하고 있다는 것을 잘 알고 있다. 특히 각국이 세계시장을 겨냥하여 특수한 제품을 고도의 기술과 거액의 자본을 투자하여 생산하는 경제제도를 의미하는 산업주의는 어떤 종류의 세계적 질서의 수립을 필요로 하고 있다. 그리고 일반적으로 산업주의와 민주주의는 사회적 동물로서의 인간이 지금까지 실행해 온 이상의 개인적 자제와 상호관용 및 공동정신의 협동을 인간성에게 요구하고 있다.

이 두 새로운 제도는 인간의 모든 사회활동에 전대미문의 강한 추진력을 부여했기 때문이다. 예를 들어보면 오늘날 우리가 처한 사회적·기술적 조건하에서 우리의 문명이 과연 존속할 수 있느냐 없느냐 하는 것은, 우리의 의견의 차이를 해결하는 방법으로서의 전쟁을 배제할 수 있느냐 없느냐에 달려 있다는 점에 누구나 동의하고 있다. 그러나 여기서는 다만 이 두 도전이 과연 복귀를 수반하는 새로운 인퇴의 실례를 제공했는가 그렇지 못했는가 하는 문제를 고찰하는 데 그치고자 한다.

현재로는 아직 갓 시작한 데 불과한, 분명히 어떤 역사의 단계에 대해 단정적인 의견을 말하는 것은 시기상조이지만, 러시아 정교 그리스도교 사회의 현재의 태도를 앞서 기술한 견지에서 설명할 수 있는지 고찰해 보자. 우리는 앞서 러시아의 공산주의 운동은 서구화의 가면을 쓴 '젤로트(기원 60년경 로마에 반항한 열광적인 유대교 신자)'적인 노력, 그 2세기 전에 이미 표트르 대제가 러시아에 과했던 서구화로부터 이탈하려는 시도라는 것을 지적했다.

그와 동시에 우리는 이 가면이 가면에 머물지 않고 싫든 좋든 점점 진짜 서구화로 이행하고 있다는 것을 관찰한 바 있다. 그리고 무리하게 서구화된 러시아가 반(反)서구의 제스처로 채용한 서구적 혁명운동이 종래의 서구 사회의 다른 어떤 사회적 신조보다도 러시아를 서구화하려는 강력한 힘이 되고 있다는 결론을 내린 바 있었다. 그리고 또 우리는 러시아와 서구의 사회적 교섭의 이 최근의 결과를, 전에는 각기 성질을 달리하는 두 사회간의 외적 접촉에 지나지 않았던 관계가 지금은 러시아도 그 일원으로 편입된 대사회의 내적 경험으로 변형했다는 식으로 표현했다.

우리는 여기서 한 걸음 더 나아가 지금 대사회에 편입되어 있는 러시아는 동시에 대사회의 오늘날의 문제들이 어떤 해결책을 찾아내려고 노력하는 창조적 소수자의 역할을 담당하기 위해 그 대사회의 공동생활로부터 인퇴하고 있는 것이라고 말할 수 있을까? 러시아가 앞으로 대사회에 복귀하여 이 창조적 역할을 담당하게 되리라는 것은 적어도 전혀 생각할 수 없는 일은 아니며, 그리고 사실 현재의 러시아의 실험을 칭찬하는 많은 사람들은 그렇게 믿고 있다.

제12장 성장에 의한 분화

이상으로 문명의 성장 과정에 대한 연구를 끝냈는데, 우리가 조사한 몇 가지 예에 있어 그 과정은 모두 완전히 동일한 것 같다. 성장이 이루어지는 것은 개인이나 소수자나 사회 전체가 하나의 도전에 대해 응전하고, 그 응전이 최초의 도전에 응할 뿐만 아니라 그 응전자에게 다음 응전을 요구하는 새로운 도전에 직면하게 하는 때이다.

그러나 성장 과정은 모두가 동일할지 모르지만 도전을 받는 여러 당사자들의 경험은 동일하지가 않다. 일련의 일정한 도전에 직면하는 인간들의 경험이 다양하다는 것은 어떤 한 사회에 속한 몇 개의 다른 공동사회들의 경험을 비교해 보면 확실히 알 수 있다. 어떤 것은 굴복하고 어떤 것은 '인퇴 ― 복귀'의 창조적 운동을 통하여 응전에 성공하며, 또 어떤 것은 굴복도 성공도 하지 않은 채 가까스로 성공한 다른 구성원들이 새로운 길을 보여주면 조용히 그 길을 따라 선구자들의 발자취를 잇는다.

이렇게 도전이 계속해서 일어날 때마다 그 사회의 내부적 분화가 일어나는데, 이 분화는 도전이 오래 연속되면 연속될수록 점점 뚜렷해진다. 그리고 이와 같이 성장 과정에서 모든 구성원이 같은 도전을 받는 단일한 성장기 사회의 내부에도 분화가 일어난다면, 성장 과정에서 받는 도전의 성격이 전혀 다른 사회간에 차이가 나타날 것은 분명하다.

그 예증은 예술의 영역에서 뚜렷이 나타난다. 왜냐하면 문명마다 각각 그 고유한 예술양식을 창조한다는 것은 일반적으로 인정되는 사실이기 때문이다. 따라서 우리가 어떤 특정한 문명의 공간적·시간적 한계를 확정하기 위해서는 예술을 보는 것이 가장 정밀하고도 가장 확실한 방법이 된다. 예컨대 이집트에 보급되었던 예술양식들을 살펴보면, 왕조시대 이전의 예술에는 아직 이집트적 특성이 나타나 있지 않고, 코프트 시대[16]의 예술은 이미 이집트다운 특성을 잃었다는 사실이 드러난다. 이 사실에 입각하여 이집트 문명의 시간적 넓이를 확인할 수 있다. 또 마찬가지 방법에 의해 미노스 사회의 잔해 속에서 헬라스 문명이 출현하는 시기와, 그것이 해체되어 정교 그리스도교 사회에 양위하는 시기를 확인할 수 있다. 다시 우리는 미노스 문명의 공예품의 양식을 보고 그 문명의 역사의 각 단계에 있어서의 공간적 넓이를 확인할 수 있다.

각 문명마다 예술의 영역에 있어 고유한 양식을 갖고 있다는 사실이 인정된다면 우리는 이제 양식의 본질이 되는 질적 고유성이 과연 각 문명의 모든 부문·기관·제도·활동에까지 미치지 않고 예술의 영역에만 나타날 수 있겠는가를 조사하지 않으면 안 된다. 이 방면에 대해 포괄적인 조사를 행하지 않더라도 우리의 각 문명은 각자 어떤 특정한 활동 방면에 특히 중점을 둔다는 주지의 사실을 주장할 수 있다.

예컨대 헬라스 문명은 인생 전반을 주로 심미적 입장에서 바라보는 경향을 현저하게 보여주고 있다. 이 경향은, 그리스어의 형용사 '카로스'는 본래 심미적으로 아름다운 것을 의미하는 말인데, 도덕적으로 선하다는 의미로도 사용된다는 사실에 의해 증명된다. 한편 인도 문명과 그 자식문명인 힌두 문명은 주로 종교적인 입장에서 인생을 바라보는 경향을 역시 현저하게 보여주고 있다.

---

16 로마의 동서 분열로 이집트가 동로마 제국의 지배하에 들어간 5세기 초부터 아랍인에게 정복된 642년까지의 시기를 말한다. 정통파 교회에서 분리되어 독립된 교회를 세운 이집트의 그리스도교도(코프트교도)가 은연한 세력을 지니고, 특히 예술면에서 독자적인 양식을 전개했으므로 '코프트 시대'라고 한다.

서구 문명을 보면, 그 독특한 경향 내지 성향을 탐지해 내는 것은 그다지 어려운 일이 아니다. 말할 것도 없이 그것은 기계를 중시하는 경향이다. 즉 정교한 물질적 및 사회적 '기계장치' — 자동차나 손목시계나 폭탄 같은 물질적 기계와, 의회제도나 사회보장제도 및 군사동원계획 같은 사회적 기계 — 를 만들어냄으로써 자연과학의 여러 발견을 물질적 목적에 응용하는 데 관심과 노력과 재능을 집중시키는 경향인 것이다. 더구나 이 경향은 우리가 일반적으로 생각하고 있는 것보다 오랜 역사를 갖고 있다.

이른바 '기계시대' 훨씬 이전부터 다른 문명의 교양있는 지식 계층들은 서구인을 혐오스러운 물질주의자라고 생각했다. 역사가가 된 비잔틴의 왕녀 안나 콤네나[17]는 11세기의 서구인 선조들을 그런 관점에서 보고, 당시 서구 사회의 신무기였던 십자군의 정교한 석궁(石弓)을 공포와 멸시가 뒤섞인 시선으로 바라보았다. 어느 시대에 있어서나 일반적으로 살상용 무기의 발명이 최대의 관심사가 되기 때문에, 이 석궁도 중세 서구인의 기계를 좋아하는 경향을 전쟁보다는 매력이 없는 평화적 기술에 응용하여 제작한 걸작 '기계장치'의 발명보다 수세기나 앞서 발명되었던 것이다.

최근의 서구의 몇몇 저술가들, 특히 슈펭글러는 이 이질적인 문명의 '특성'에 관한 문제를 연구했는데, 그 견해는 냉정한 진단을 벗어나서 멋대로의 환상으로 달리고 있다. 모름지기 우리는 어떤 종류의 분화가 일어난다는 사실을 증명하기에 충분한 설명을 한 것같이 생각되는데, 만일 그와 똑같이 확실하고 그보다 더 중요한 사실, 즉 인간의 생활과 제도에 나타나는 다양성은 하나의 피상적 표현이고 그 저변에는 그 다양성을 해치는 일 없이 숨어 있는 통일이 있다는 사실을 간과한다면 우리는 균형감각을 상실할 위험에 빠지게 될 것이다.

앞서 우리는 문명을 바위를 기어오르는 자들에 비유한 바 있다. 이 비유에 의하면 등반자는 각각 별개의 사람임에 틀림없지만 모두 같은 일에 종사하고 있다. 그

---

17 1083~1148년경 동로마 제국의 황제 알렉시우스 1세의 딸. 서사시 형식을 빌려 그 아버지의 행적을 중심으로 역사책을 저술했다.

들은 모두 밑에 있는 어떤 바위에서 출발하여 위에 있는 같은 바위를 향해 같은 절벽 위를 기어오르려 애쓰고 있다. 이 경우 기본적 동일성은 명백하다. 다른 예로서 문명의 성장을 씨 뿌리는 자의 비유에 의해 고찰해도 마찬가지이다. 뿌리는 씨는 각각 다른 것이고, 씨마다 고유한 운명을 지니고 있다. 그러나 씨는 모두 동일한 종류의 것이고, 추수를 할 동일한 희망을 가지고 동일한 한 사람의 파종자에 의해 뿌려진다.

문명의 쇠퇴 　제4편

제13장 문제의 성질

문명의 쇠퇴라는 문제는 그 성장의 문제보다 분명하다. 그것은 그 발생의 문제와 거의 같은 정도로 명확하다. 문명의 발생은 그런 종의 문명이 출현하게 되었다는 사실과 그런 종의 대표로서 26개의 문명 — 이중에는 다섯 개의 발육정지 문명이 포함되지만 중도에 유산된 문명들은 포함되지 않는다 — 을 헤아릴 수 있다는 사실만으로도 설명을 해야 할 필요가 생긴다. 다시 더 관찰하면 이 26개의 문명 가운데서 적어도 16개의 문명은 이미 사멸해 버렸다는 것을 알 수 있다. 나머지 현존하는 10개의 문명은 서구 사회 근동지방에 있는 정교 그리스도교 사회의 본체, 러시아에 있는 그 분파, 이슬람 사회, 힌두 사회, 중국에 있는 극동 사회의 본체, 일본에 있는 그 분파, 폴리네시아인, 에스키모 및 유목민의 세 발육정지 문명들이다.

이 남아 있는 10개의 문명을 좀더 면밀히 분석하면, 폴리네시아인과 유목민의 사회는 바야흐로 임종상태에 있으며, 다른 8개의 사회 중 7개는 모두 정도의 차이는 있으나 여덟 번째 문명, 즉 서구 문명에 의해 절멸되거나 동화될 위험에 빠져 있다는 것을 알 수 있다. 더구나 이 7개 가운데서 6개까지도(유아기에 성장을 멈춘 에스키모 문명은 예외로 하고) 이미 쇠퇴하여 해체기에 들어섰다는 징후를 보여주고 있다.

앞서 지적한 바와 같이 해체의 가장 뚜렷한 징후 가운데 하나는 쇠망의 단계에 앞선 최후 단계에서 해체기의 문명이 세계국가의 강제적인 정치적 통일에 복종함으로써 가까스로 일시적인 유예를 얻은 현상이다. 서구의 연구자에 있어서는 헬라스 사회가 그 역사의 끝에서 두 번째 시기에 로마 제국에 강제적으로 통합된 사실이 그 고전적 예가 된다. 지금 서구 문명 이외의 다른 현존 문명의 하나하나를 바라보면, 정교 그리스도교 세계의 본체는 이미 오스만 제국이라는 형태로 세계 국가의 단계를 통과했고, 러시아의 정교 그리스도 세계의 분파는 15세기 말엽 모스크바 공국과 노브고로드 공국과의 정치적 통합 이후 세계제국으로 접어들었으며, 힌두 문명은 무굴 제국과 그 후계자인 영국의 통치에 있어서 세계국가를 형성했고, 극동 문명의 본체는 몽골 제국(원)과 그것이 부활한 만주 제국(청)의 형태로, 극동 문명의 일본 분파는 도쿠가와 막부의 형태로 각각 세계국가를 형성했던 것이다. 이슬람 사회에 대해서는 범(汎)이슬람 운동이 아마 세계국가 출현의 이데올로기적 징조인 듯싶다.

만일 이 세계국가의 현상을 쇠퇴의 징조로 본다면, 오늘날 현존하는 여섯 개의 비(非)서구 문명은 모두 서구 문명의 충격에 의해 외부로부터 붕괴되기 전에 내부적으로 쇠퇴하고 있었다는 결론에 도달한다. 이 책의 뒷부분에서 성공적인 침략의 희생이 되는 문명은 모두가 사실상 이미 내부적으로 쇠퇴하여 성장의 상태에 있지 않음을 믿어야 할 이유를 설명하게 되겠지만, 지금 여기서는 다만 현존하는 문명 가운데서 서구 문명을 제외한 다른 문명은 이미 쇠퇴하여 해체의 도상에 있음을 지적하는 것만으로도 충분하다.

그러면 서구 문명은 어떤가? 그것은 아직 세계국가의 단계에 도달하지 않았음이 명백하다. 그러나 앞서 본 바와 같이 세계국가는 해체의 최후 단계가 아닌 것과 마찬가지로 그 최초의 단계도 아니다. 세계국가는 우리가 '공백기'라고 명명한 시기보다 앞서 있고 '혼란기'라고 명명한 시기보다는 뒤에 있는데, 이 '혼란기'는 보통 몇 세기 동안 계속되는 것 같다. 여기서 현대의 우리가 우리 자신의 느낌의 순수한 주관적 기준으로 현시대를 판단할 수 있다면, 가장 뛰어난 판단자는 아마도 서구 문명의 '혼란기'는 분명히 이미 시작되었다고 단언할 것이다. 그러나 이 문제는 잠시 접어두기로 하자.

이미 문명의 쇠퇴의 본질에 대해서는 명백히 한 바 있다. 쇠퇴는 원시적인 인간성의 수준에서 어떤 종류의 초인적인 생활의 높이에까지 오르려는 대담한 시도의 실패이다. 우리는 이 장대한 사업의 위험을 갖가지 비유를 들어 설명했다. 이를테면 우리는 그들을 암반을 기어오르기 시작한 등반자들에 비유했는데, 그들은 산꼭대기에 있는 새로운 휴식처에 도달하지 못한 채 막 출발한 암반 위에 그대로 쓰러져 죽거나, 혹은 죽음과 다름없는 흉한 모습을 드러내고 있다. 또 우리는 이 쇠퇴의 성질을 비물질적인 용어로 설명하며, 그것은 창조적인 개인이나 소수자의 정신적 창조력의 상실, 즉 비창조적 대중의 정신을 강화할 만한 마술적 능력의 상실이라고 기술했다.

창조가 없는 곳에는 모방도 없다. 피리 부는 능력을 상실한 사람은 이미 그 마력으로 대중을 춤추게 할 수 없다. 여기서 그가 만일 격분하고 당황한 나머지 훈련 하사관이나 노예 사역부처럼 광포해져서, 이제는 종전처럼 사람의 마음을 끈 매력으로는 도저히 지도할 수 없게 된 민중을 완력으로 억누른다면, 그때야말로 그는 한층 더 확실하고도 신속하게 그 본래의 의도를 번복하는 꼴이 된다. 왜냐하면 영묘한 음악이 그치면서 기력이 쇠진하여 보조를 맞출 수 없게 된 민중은 채찍질의 고통에 참다못해 마침내 적극적으로 반란을 일으키게 될 것이기 때문이다.

앞서 말한 바와 같이 어떤 사회의 역사에 있어서나 사실 창조적 소수자가 지배적 소수자로 퇴락하여 그 지위에 적합한 자격이 없이 애써 그 지위만을 유지하려고 할 때, 이 지배계급의 성격 변화는 그 반대편의 지배자들을 이제 더 이상 찬양도 모방도 하지 않고 오히려 그들에 대한 순종에 반항하는 프롤레타리아트의 이반(離反)을 유발하게 된다. 동시에 이것도 이미 말한 바 있지만, 이 프롤레타리아트는 당초부터 명확히 두 개의 다른 부분으로 나누어진다. 표면상으로는 순종하는 체하지만 내심으로는 완강히 반항하는 내적 프롤레타리아트와, 이제는 폭력에 의한 병합을 거부하는 국경 저쪽의 외적 프롤레타리아트가 그것이다.

이렇게 볼 때 문명의 쇠퇴의 성질은 소수자의 창조적 능력의 상실, 이에 따르는 다수자측의 모방과 철회, 그 결과로 발생하는 사회 전체의 사회적 통일의 상실이라는 세 가지로 요약될 수 있다. 이러한 쇠퇴의 성질을 염두에 두고 쇠퇴의 원인을 연구하기로 하자.

제14장 결정론적인 해답

그러면 문명의 쇠퇴 원인은 무엇인가? 우리의 연구와 상관 있는 구체적인 역사적 사실들을 열거하는 것이 우리의 연구 방법인데, 그 방법의 적용에 앞서 우리는 공중을 높이 날아올라서, 증명할 수 없는 도그마나 인간 역사의 영역 이외의 사물에서 근거를 구하는 이 문제에 대한 몇 가지 해답을 검토해 보는 편이 좋을 것 같다.

인간의 끊임없는 약점의 하나는, 자신의 실패를 인력으로는 도저히 어찌할 수 없는 힘의 탓으로 돌리는 것이다. 이런 사고방식은 쇠망기의 감수성이 예민한 사람들의 마음을 끄는 것으로서, 헬라스 문명의 쇠퇴기에 있어서도 여러 파의 철학자들은 통탄스럽지만 막아낼 수 없는 사회적 쇠퇴를 전면적으로 도래한 '우주적 노쇠'의 불가피한 결과라고 설명하는 것이 보통이었다. 이것은 헬라스 사회의 혼란기의 마지막 세대에 나타난 루크레티우스(로마의 철학자이며 시인으로서, 에피쿠로스의 제자)의 철학이었고, 또 그로부터 300년 후 헬라스 사회의 세계국가가 붕괴하기 시작하던 때 서구 그리스도 교회의 교부(教父) 중 한 사람인 키프리아누스(카르타고의 사제)가 종교적 논쟁을 위해 쓴 저작에서도 같은 주장이 나타난다. 키프리아누스는 이렇게 서술하고 있다.

현대의 자연과학은 최소한 현존하는 문명에 관한 한 이론을 근본적으로 전복시켰다. 현대 자연과학자들은 상상을 초월하는 먼 미래에는 물질이 불가피적으로 방사선에 의해 변형함으로써 우주의 '시계'가 멈출 날이 올 것이라고 예견하고 있다. 그러나 그 미래란 상상할 수 없는 미래이다.

그러나 문명의 쇠퇴에 관한 현대 서구의 숙명론적 또는 결정론적 설명은 이 인간의 제도의 운명을 물리적 우주 전체의 운명에 결부시키려고는 하지 않는다. 오히려 그들은 우주보다 짧은 파장을 가진 노쇠와 사망의 법칙에 호소하고 있다. 그리고 그들은 이 법칙은 지구상의 생명계 전부를 지배한다고 주장한다. 슈펭글러는 어떤 은유를 설정한 다음 그 은유를 출발점으로 하여 그것이 마치 관찰된 현상에 근거한 어떤 법칙인 것처럼 논의를 전개시키는 방법을 사용하여, 문명은 모두 인간과 마찬가지로 생애의 각 시기를 차례차례 경과하는 것이라고 선언한다.

그러나 그의 주장이 아무리 유창하더라도 그의 웅변은 전혀 그의 주장에 대한 증거가 되지 못하며, 또 앞서 지적한 대로 사회는 어떤 의미에서는 생명이 있는 유기체가 아니다. 사회는 주관적 용어로 말하면 많은 개인들의 각 활동 영역 간의 공통기반이다. 그런데 개인들 자체는 생명이 있는 유기체지만, 개인들의 그림자의 교차에서 그들과 똑같은 모양의 한 거인을 만들어낼 수도 없고, 이 실체가 없는 신체에 개인들 자신의 생명의 입김을 불어넣을 수도 없다. 한 사회의 이른바 '구성원'이 되는 모든 인간의 개별적 에너지야말로 그 사회의 존속 기간을 포함한 그 역사를 만들어내는 활력이다. 사회는 모두가 미리 예정된 숙명적인 수명을 갖는다고 독단적으로 선언하는 것은, 마치 모든 연극은 반드시 일정하게 몇 막이 있어야 한다고 선언하는 것과 마찬가지로 어처구니없는 일이다.

각 문명은 그 생물학적 수명의 최후가 다가올 때 쇠퇴현상이 일어난다는 설을 우리는 부정할 수 있다. 왜냐하면 문명은 생물학적 법칙에 지배를 받는 따위의 실재가 아니기 때문이다. 그런데 또 다른 설이 있다. 즉 문명은 개인들의 상호관계로 형성되는데, 개인들의 생물학적 자질은 설명할 수 없는 어떤 이유로 일정한 또는 일정하지 않은 몇 세대가 지나면 이상하게도 쇠퇴한다는 설이 그것이다. 다시 말해 문명의 경험은 결국 본질적으로 손을 쓸 수 없이 열생학적(劣生學的)이라고 주장하는 설인 것이다.

조부모보다 못난 부모가
부모보다 못난 우리를 낳았다.
우리는 머지않아 우리보다 더 못난 자식을 낳으리라.[1]

---

1 Horace, 《송시》 제3권 제6송시의 마지막 연.

이 시는 마치 말 앞에 마차를 다는 것처럼 사회의 쇠퇴의 결과를 원인과 혼동하고 있다. 사회가 쇠퇴할 때는 그 쇠퇴기의 사회 구성원들은 그 사회의 성장기의 선조들이 당당한 몸집과 훌륭한 활동을 한 데 비해 난쟁이처럼 왜소하고 앉은뱅이처럼 경화(硬化)한 것같이 보일지 모르지만, 그 병을 퇴화의 탓으로 돌리는 것은 잘못된 진단이다. 아무리 못난 후손이라도 그 생물학적 유전은 선조들과 같은 것이고, 모든 선조들의 노력과 업적은 잠재적으로 그 후손들의 능력의 범위 안에 있는 것이다. 퇴폐기 사람들의 활동을 억압하고 있는 병은 그들의 선천적 능력의 마비가 아니라, 그 능력이 손상되지 않고 효과적이고 창조적인 사회활동을 충분히 하는 것을 불가능하게 하는 사회적 유산의 붕괴인 것이다.

종족의 퇴화를 사회 쇠퇴의 원인으로 보는 이 가설은 수긍하기 어렵다. 이 가설은 다음과 같은 사실의 관찰에 의해 지지를 받는 수가 있다. 그것은 퇴폐한 사회의 최종적 소멸과 이 사회의 '자식'에 해당하는 신생사회의 출현 중간에 개재하는 공백기에 민족이동이 일어나 그 전후 두 사회의 동일한 본거지의 주민이 '새로운 피'를 주입받는다는 사실이다. '이 일에 따라서 이 일로 말미암아'의 논리(시간적으로 먼저 일어났기 때문에 후에 생긴 것의 원인이라고 생각하는 것)에 의거하여 신생문명이 그 성장기에 발휘하는 새로운 창조력의 증진은 원시적인 야만족의 순수한 원천에서 온 이 '새로운 피'의 덕택이라고 생각하고 있다. 그리고 반대로 선행 문명의 생애에서 창조력이 없어진 것은, 건강한 피의 새로운 주입 이외에는 달리 치유 방법이 없는 어떤 종류의 종족적 빈혈증 또는 패혈증(敗血症)에 기인하는 것이 분명하다고 추론하고 있는 것이다.

이 견해를 지지하는 가장 좋은 예로 인용되는 것이 이탈리아의 역사이다. 이탈리아 국민은 기원전 최후의 4세기간과 또 기원후 11세기부터 16세기까지의 약 6세기에 매우 뛰어난 창조력을 발휘했다는 사실과, 그리고 이 두 시기 사이에는 1천 년에 걸친 퇴폐 · 쇠약 · 회복의 기간이 가로놓여 있고, 그 1천 년 동안 이탈리아인의 미덕이란 것은 아예 없어져 버린 것같이 보였던 사실을 지적한다. 이탈리아에 침입한 고트족과 랑고바르드족의 새로운 피가 위대한 업적을 이룩한 이 두 시대의 중간기에 이탈리아인의 혈관 속에 주입된 사실 이외에 다른 무엇으로도 이탈리아 역사상의 이 현저한 성쇠영고의 교체를 설명할 수 없다고 인종론자들은 말한다.

이 불로불사약은 몇 세기의 잠복기를 지나 적당한 시기가 되어 이탈리아의 재생, 즉 르네상스를 낳았다. 이탈리아가 로마 공화정 시대에 굉장한 정력을 발휘한 후 로마 제정하에서 쇠약해진 것은 새로운 피가 부족했기 때문이었다. 그리고 공화정의 출현과 더불어 맹렬히 활동하게 된 그 에너지는 틀림없이 그 이전 헬라스 문명의 탄생 전의 민족이동기에 새로운 야만족의 피가 주입된 결과였다는 것이다.

기원후 16세기까지의 이탈리아 역사에 대한 이 종족적 설명은, 16세기라는 시점에서 정지하는 한 표면적으로 볼 때 그럴듯하다. 그러나 우리의 고찰을 16세기에서 현재까지로 연장하면, 이탈리아는 17세기와 18세기의 두 차례의 퇴폐기를 거쳐 19세기에 이르러 다시 부활의 무대가 되었다는 것을 알게 된다. 이 부활은 실로 극적인 것으로서, 부활을 의미하는 이탈리아어의 '리소르지멘토'라는 말은 현재 중세 이탈리아의 경험의 근대적 반복을 무조건적으로 가리키는 말로만 사용되고 있을 정도이다. 그러면 어떤 순수한 야만족의 피가 주입되어 이 최후의 이탈리아의 에너지를 폭발시켰단 말인가? 이에 대한 대답은 물론 '그런 야만족의 피는 없었다'이다. 19세기 이탈리아 리소르지멘토의 주요한 직접 원인은 ─ 역사가들 사이에 이 점에 관해서 의견이 일치하는 것 같다 ─ 프랑스 혁명 시대 및 나폴레옹 시대의 프랑스에 일시 정복되어 지배된 경험에 의해 이탈리아 전체에 일어난 동요와 도전이었다.

기원후 11세기경부터 시작된 이탈리아의 부흥과 더 이전의 기원전 1, 2세기간에 나타난 이탈리아의 쇠퇴에 대해 비인종적 설명을 발견하는 것은 별로 어려운 일이 아니다. 이 기원전 2세기간의 쇠퇴는 분명히 한니발 전쟁 후에 발생한 가공할 사회악을 잇달아 이탈리아에 초래한 로마 군국주의의 결과였다. 헬라스 문명 절멸 후의 공백기에 있어서의 이탈리아의 사회적 부흥도 확실히 재래의 이탈리아족의 창조적 인격들, 특히 성베네딕트와 대교황 그레고리우스의 사업에까지 거슬러 올라갈 수 있다. 이들은 다시 젊어진 중세 이탈리아를 낳은 어버이일 뿐 아니라 중세 이탈리아인도 같이 참가한 서구 문명을 낳은 어버이이기도 했다.

반대로 '순수혈통'의 랑고바르드족이 휩쓸고 다닌 이탈리아의 지방들을 조사해 보면, 그중에는 베네치아와 로마냐는 물론 들어 있지 않고, 르네상스기에 이 두 도시만큼 훌륭한 역할을 했을 뿐 아니라 랑고바르드족 세력의 중심으로 알려져 있는 파비아, 베네벤토, 스폴레토의 도시들보다 훨씬 더 훌륭한 역할을 했던 다른 지방들도 포함되어 있지 않은 것을 알 수 있다. 이탈리아 역사에 관한 인종적 설명을 더 빛나게 하려던 우리는 랑고바르드족의 피가 불로불사약이기는커녕 오히려 병독이었다는 증거를 쉽게 제시할 수 있다.

끝으로 로마 공화정의 출현에 관해 비(非)인종적 설명을 시사함으로써 이탈리아 역사에 있어서 단 하나 남은 인종론자를 그 성채에서 몰아낼 수 있다. 로마 공화정의 출현은 그리스인과 에트루리아인의 식민이라는 도전에 대한 응전으로 설명할 수 있다. 이탈리아 반도의 원주민들은 그리스인이 시칠리아 섬의 사촌들에게 강요했고, 또 에트루리아인이 움브리아 지방의 원주민에게 강요했던 바와 같은 전멸이냐, 복속이냐, 동화냐의 삼자 중 어느 하나를 택하려 했던가? 아니면 그들은 자발적으로, 그리고 독창적으로 헬라스 문명을 수입하여(일본이 서구 문명을 도입했을 때와 같이) 그리스인이나 에트루리아인과 같은 유능한 수준까지 스스로를 끌어올림으로써 침입자에 대항하여 자기의 발판을 지키려고 했던가? 로마인은 이 후자의 응전을 결심하고 이를 결행함으로써 그 뒤의 위대한 시기의 창조자가 되었던 것이다.

이상으로 우리는 문명의 쇠퇴에 관한 세 종류의 결정론적 설명을 처리했다. 이제 여기서 다시 또 하나 일반적으로 역사의 순환설이라고 하는 가설을 고찰하지 않으면 안 되겠다.

인류 역사의 순환설은 분명히 기원전 8세기나 6세기 사이의 어느 시기에 바빌로니아 사회에서 이루어졌다고 여겨지는 놀라운 천문학상의 발견에서 생긴 자연스러운 귀결이었다. 즉 누구나 다 알고 있는 현저한 세 가지 순환 — 낮과 밤의 교체, 태음력과 태양력 — 만이 천체운동의 주기적 실례가 아니라 지구·달·태양은 물론 모든 유성을 포함하는 천체의 운동에 보다 큰 질서가 있고, 이 천체의 코러스의 화음에 따라 연주되는 '천체의 음악'은 태양력과는 비교도 안 될 정도로 거대한 주기로 돌면서 완전한 화음을 갖고 주행한다는 것이었다. 이 천문학적 발견에서 분명히 태양의 주기에 의해 지배되는 식물의 해마다 되풀이되는 탄생과 죽음은, 보다 큰 우주적 주기의 스케일에 따르는 만물의 생사의 순환과 대응한다고 추론했던 것이다.

별이 인간의 운명을 지배한다는 따위의 설과는 전혀 관계 없이 합리적으로 생각해도 우리는 인간 역사의 순환운동을 믿어야 하는 것일까? 이 책의 연구 과정에서 지금까지 우리는 그런 가정을 뒷받침하는 말을 해 온 것이 아닌가? 우리가 이미 설명한 음과 양, 도전과 응전, 인퇴와 복귀, 부모문명과 자식문명 등의 운동들은 어떤가? 이것들은 '역사는 되풀이된다' 는 낡은 주제의 변주곡이 아닌가? 분명히 인간 역사의 옷감을 짜는 이 모든 힘의 운동에는 반복의 요소가 있다. 시간이라는 베틀 위를 끊임없이 왔다갔다하는 북은 그저 동일한 형(型)을 무한히 반복하고 있는 것이 아니라 분명히 무늬에 발전이 있는 다채로운 색깔의 옷감을 짜고 있는 것이다. 이것 역시 우리가 반복해서 보아 온 일이다.

수레바퀴의 비유 자체는 반복과 진보가 동시에 일어난다는 예를 제시하고 있다. 수레바퀴의 운동은 차축(車軸)에 대한 관계에 있어서는 분명히 반복적이지만, 바퀴를 만들어서 차축에 붙인 이유는 오로지 차량을 움직이게 하기 위해서이고, 바퀴는 차량의 일부에 지나지 않는 것이다. 바퀴의 존재 이유가 되는 차량이 차축을 중심으로 한 바퀴의 회전운동에 의해서만 움직일 수 있다고 하여 차량 자체가 원형궤도(圓形軌道)를 그리며 도는 회전목마처럼 동일한 궤도를 뱅뱅 돌아야 한다는 것도 아니다.

이 서로 다른 두 운동의 조화─되풀이되는 작은 운동에 지탱되어서 뒤로 물러서지 않는 큰 운동─야말로 우리가 '리듬' 이라고 부르는 사물의 본질이다. 그리고 우리는 이 힘의 작용을 수레의 끄는 힘이나 현대적인 기계류뿐만 아니라 생명의 유기적인 '리듬' 에서도 인식할 수 있다. 해마다 식물의 인퇴와 복귀를 일으키며 진행하는 사계절은 식물계의 장구한 진화를 가능하게 하고, 탄생과 생식과 죽음의 우울한 순환은 인류에까지 이르는 모든 고등식물의 진화를 가능하게 했다. 두 다리를 교대로 움직임으로써 보행자는 먼 길을 갈 수 있다. 폐장과 심장의 펌프 활동은 동물로 하여금 생명을 유지할 수 있게 하고, 음악의 소절(小節)과 시의 음률 및 연(聯)은 작곡가와 시인으로 하여금 그 테마를 전개할 수 있게 한다. 모든 순환설의 기원이 되는 유성의 '대년(大年)'[2]을 이제 별세계의 궁극적·전반적 운동으로 잘못 아는 일은 없게 되었다. 왜냐하면 현대 천문학의 강력한 확대경을 통하여 볼 때 우리의 태양계는 한 조각 티끌처럼 작아지고 말았기 때문이다. 반복하는 '천체의 음악'도, 믿을 수 없을 만큼 서로 멀어지고 있는 많은 성군(星群)으로 확대되어 가는 우주에 있어서는 일종의 '알베르티 저음'[3]처럼 단순한 덧붙임의 반주가 되고 만다. 한편 공간―시간의 구조의 상대성은 광대한 성좌 배치가 시시각각 취하는 위치에 대해, 실제인물이 배우로 활약하는 어떤 극의 장면에 있어서와 같이 다시 원상으로 되돌릴 수 없는 역사적 독자성을 부여한다.

이와 같이 하여 우리는 문명 과정의 분석에 있어서 주기적 반복운동을 발견했는데, 그것은 문명의 과정 자체가 실제 그대로 순환함을 뜻하는 것은 아니다. 이 소운동의 주기성에서부터 어떤 귀결을 이끌어낼 수 있다면, 우리는 오히려 그 소운동이 일으키는 대운동은 순환이 아니라 전진운동이라는 결론을 내릴 수 있을 것이다. 인간은 수레에 영구히 결박된 익시온도 아니고, 산꼭대기를 향해 밀어올린 바위가 다시 굴러내리는 것을 절망적으로 바라보다 다시 밀어올리기를 영구히 되풀이하는 시시포스도 아니다.

이 사실은 오늘날 노쇠한 문명들 사이에서 혼자 외로이 알 수 없는 미래로 전진하고 있는 서구 문명의 아들 되는 우리에게 용기를 주는 메시지인 것이다. 모든 것을 평등하게 취급하는 사망이 앞으로 그 차가운 손을 우리 문명 위에도 뻗칠지 모른다. 그러나 우리는 지금 어떤 '잔인한 필연'에 직면한 것은 아니다. 사멸한 문명들은 숙명에 의해 죽은 것도 아니고, '자연의 섭리에 의해' 죽은 것도 아니다. 따라서 우리도 미리부터 어찌할 수 없이 사멸한 '다수 문명에 참가할' 운명을 지니고 있는 것은 아니다. 우리가 알고 있는 것에 의하면 16개 문명은 이미 사멸

---

2 천체의 운행이 일주하는 주기로, 약 2천 6백 년
3 18세기 이탈리아의 작곡가 알베르티가 그 수십 개의 소나타에 붙인 반주.

하고 나머지 아홉은 바야흐로 죽음에 직면하고 있지만, 28번째인 우리의 문명은 그 운명의 수수께끼를 통계라는 맹목적인 판결에 내맡길 필요는 없다. 창조력의 성스러운 불씨가 아직 우리 가슴에 살아남아 있으니 우리가 그것을 다시 한 번 타오르게 할 수 있다면, 궤도를 따라 운행하는 별들도 최종 목표에 도달하려는 우리의 노력을 짓밟을 수가 없다.

제15장 환경을 지배하는 힘의 상실

1. 자연적 환경

이상으로 문명의 쇠퇴는 인간의 지배 밖에 있는 우주적 힘의 작용에 의해 일어나는 것이 아니라는 점이 충분히 증명되었다 하더라도, 우리는 아직 이 재앙의 진정한 원인을 찾아내지 못했다. 우선 우리는 문명의 쇠퇴는 사회환경을 지배하는 힘의 상실에 기인한다는 가능성을 고찰하기로 하자. 이 문제를 해결하고자 함에 있어 우리는 앞서 행했던 바와 같이 자연적 환경과 인간적 환경의 두 가지로 나누어 다루기로 하자.

문명의 쇠퇴는 그 자연적 환경을 지배하는 힘을 상실함으로써 일어나는 것인가? 어떤 사회를 막론하고 자연적 환경을 지배하는 그 힘이 어느 정도인가는 이미 지적한 대로 그 사회의 기술에 의해 측정할 수 있다. 우리가 2조(組)의 곡선 — 하나는 문명의 성쇠, 다른 하나는 기술의 성쇠를 표시하는 — 을 도표로 그린다면, 이 2조의 곡선은 이미 '성장'의 문제를 고찰했을 때 확증한 바와 평행하지 않을 뿐만 아니라 오히려 심한 차이를 나타낸다. 우리는 기술은 향상되고 있는데 문명은 정체하거나 쇠퇴하는 경우와, 기술은 정체하고 있는데 문명은 때에 따라 전진도 하고 후퇴도 하는 경우를 고찰했다. 따라서 이미 우리는 자연적 환경을 지배하는 힘의 상실이 문명의 쇠퇴의 기준이 아니라는 것을 증명하는 방향으로 상당히 전진한 셈이다. 그러나 우리의 증명을 완전한 것으로 하기 위해서는 문명의 쇠퇴와 기술의 퇴보가 동시에 일어나는 경우에도 후자는 전자의 원인이 아니라는 것을 분명히 할 필요가 있다. 우리는 사실 기술의 퇴보는 원인이 아니라 결과 혹은 징조였다는 것을 발견하게 될 것이다.

문명의 성장기에는 실행이 가능하고 또 유익하기도 한 어떤 특정한 기술이, 쇠퇴기에 들어서면 사회적 장애에 부딪히고 경제적 이익도 감소하게 되는 일이 있다. 이익의 감소가 분명해지면 그것은 의식적으로 포기될 수도 있다. 그런 경우에 있어서 그 기술의 포기는 그것을 실행할 기술적 능력이 없어졌기 때문이고, 이 기술적 능력의 상실이 문명의 쇠퇴 원인이었다고 주장하는 것은 분명히 원인과 결과의 참된 순서를 완전히 뒤집은 주장이다.

이 점에 관한 명백한 예는, 서구 사회에 있는 로마의 도로들의 포기이다. 그것은 분명히 로마 제국의 쇠퇴 원인이 아니라 결과였다. 이 도로들이 방기(放棄)된 이유는 기술적 능력의 부족 때문이 아니라, 군사적·상업적 목적의 필요에 응하여 그 도로들을 건설한 사회가 붕괴했기 때문이다. 우리의 시야를 단지 도로건설의 기술에서부터 널리 경제생활의 기술적 조직 전반에까지 확장하여 고찰한다 해도 헬라스 문명의 쇠퇴와 멸망을 기술의 퇴보에서 찾을 수 없다.

로마 도로의 방기와 유사한 사례는 거의 동시에 일어난 티그리스·유프라테스 유역의 충적층(沖積層) 델타에 있는 훨씬 더 오래된 관개시설의 부분적 포기였다. 서남이라크의 광대한 지역의 관개시설은 7세기에 일어난 홍수로 말미암아 그 시설이 파괴된 뒤 개수되지 않고 그대로 방치되었다. 그 홍수가 그전의 4천 년 동안에 일어난 많은 홍수보다 특히 심한 피해를 가져왔다고는 생각되지 않는다. 그 후 13세기에는 이라크의 관개시설 전부가 황폐되는 대로 그대로 버려졌다. 이라크의 주민들은 왜 하필 이런 때에 한하여 그들의 선조가 수천 년간 끊임없이 훌륭하게 유지해 온 시설—그 나라의 농업 생산력과 조밀한 인구의 생계를 좌우하는 시설—의 보존을 포기했을까?

이 기술문제의 퇴보는 실은 사회적 원인에서 비롯된 인구와 번영의 감퇴의 원인이 아니라 그 결과였다. 7세기와 13세기는, 시리아 문명이 이라크에서 매우 침체해 있던 시기였다. 따라서 일반적으로 불안정한 상태가 극에 달했으므로, 하천의 보존과 관개공사에 자본을 투자할 만한 재력이나 정력을 가진 사람이 없었던 것이다. 7세기에 있어서의 기술적 파탄의 진정한 원인은 603~628년의 로마 대 페르시아 대전과 그 뒤 일어난 원시 이슬람 아랍족에 의한 이라크의 침략이었고, 13세기의 경우는 시리아 사회에 최후의 일격을 가한 1258년의 몽골족 침입이었다.

실론 섬에서의 실증적 관찰의 결과 발견된 주목할 만한 유적을 연구해 보아도 역시 같은 결론에 도달하게 된다. 오늘날 실론에서 인도 문명의 유적이 있는 지역은 언제나 한발(旱魃)에 시달리던 곳에 위치할 뿐만 아니라, 최근 말라리아가 유행하는 곳과도 일치한다. 오늘날 급수상태가 열대 말라리아 모기의 서식에는 알맞지만 곡물 재배에는 전혀 적합하지 않은 곳이 일찍이 문명이 번창했던 곳이라는 사실은 얼핏 생각하기에는 기이한 느낌이 든다. 그러나 실론에 있던 인도 사회의 개척자들이 그 감탄할 만한 수리시설을 건설했을 때부터 이미 말라리아가 만연하고 있었으리라고는 도저히 생각할 수 없다. 사실 말라리아는 관개시설 황폐의 결과이고, 따라서 그 관개시설 건설 후에 생긴 것이었다는 점은 얼마든지 입증할 수 있는 일이다. 실론 섬의 이 지방이 말라리아 발생 만연지가 되었던 것은 관개시설 붕괴로 말미암아 인공 수로가 군데군데 웅덩이로 변하여 수로에 살면서 장구벌레의 발생을 막아주던 어류가 전멸된 뒤였다.

그러나 이 인도 사회의 관개시설은 어째서 방기되었을까? 파괴적인 전쟁이 끊임없이 거듭되는 동안에 제방은 파괴되고 수로가 막혔다. 침략자들이 군사적 목적의 손쉬운 방법으로서 그 시설들을 고의로 파괴했던 것이다. 이와 같이 여기서도 또 기술적 요인은 사회적 원인에까지 거슬러올라가지 않으면 안 되는 사회적 인과관계의 연쇄 속의 부수적·종속적 일환에 지나지 않았다.

실론 섬에 있어서의 인도 문명의 역사에 일어난 이상의 사건과 매우 유사한 예가 헬라스 문명의 역사에도 있었다. 여기서도 우리는 지금은 소멸한 이 문명이 한때는 그 번영을 자랑하고 가장 활기찬 정력을 발휘한 지방들이, 그후 말라리아의 소굴이 되었다가 최근 다시 개간된 사실을 발견한다. 코파이스 소택지(그리스 동부 보에오티아 지방에 있는 코파이스 호 주변)는 최소한 2천 년간 질병을 발생시키는 늪지였다가 1887년 이래 영국의 어떤 회사의 사업에 의해 배수시설이 완공되었는데, 한때는 그곳도 '풍요로운' 오르코메노스의 시민에게 식량을 제공해 주던 경작지였다. 또 오랜 세월 동안 황무지였다가 무솔리니 정권 때 간척되어 다시 사람이 살 수 있게 된 폼프티노 소택지도 한때는 다수의 볼스키인의 도시들과 파티움의 식민지에 안식처를 제공했던 곳이다. 헬라스 문명의 쇠퇴 원인인 '기력의 상실'(길버트 머레이 교수의 말)은 실로 헬라스 문명의 두 본산지에 말라리아가 발생했기 때문이라고 생각하는 사람도 있을 정도이다. 그러나 이 두 지방에서도 실론 섬에서와 마찬가지로 문명의 전성기가 지나기까지는 말라리아가 지배하지 못했다는 것을 믿어야 할 근거가 있다. 이 문제를 연구하고 있는 현대의 어떤 권위자[4]의 결론에 의하면, 그리스에서는 펠로폰네소스 전쟁 후에 비로소 말라리아가 풍토병이 되고, 라티움에서는 한니발 전쟁 후에도 이 병이 별로 심각하게 유행한 것 같지 않다고 한다.

알렉산드로스 사후 시대의 그리스인과 스키피오 형제 및 카이사르 부자 시대의 로마인이 기술적으로 자기들보다 뒤떨어진 선조들도 해결할 수 있었던 코파이스와 폼프티노 소택지의 배수 문제를 해결하지 못한 것을 기술적 무능 탓으로 돌리는 것은 확실히 이치에 맞지 않는 이야기이다. 그러므로 기술적인 면에서가 아니라 사회적인 면에서 그 반대의 해석을 찾아보아야 할 것이다. 한니발 전쟁과 그후 200년간 잇따라 계속된 로마의 침략전쟁 및 내란은 이탈리아의 사회생활을 완전히 붕괴시키는 악영향을 끼쳤다. 농민문화와 농민경제는 처음에는 그 기초가 침식당하는 정도이더니, 나중에는 극히 유독한 여러 세력이 쌓이고 쌓여 마침내 완전히 파괴되고 말았다. 그 유독한 세력이란 한니발 전쟁에 의한 황폐, 농민들의 끊임없는 병역 징발, 노예노동에 의한 대규모 영농이 이루어짐으로써 자급자족적 소규모 자작농이 축출된 농업혁명, 그리고 농촌으로부터 기생적 도시로의 대량이주 등이다. 이런 사회악들이 겹쳐서 한니발 시대부터 성베네딕트 시대까지의 700

---

4 W. H. S. Jones, 《말라리아와 그리스 역사》

년 동안에 이탈리아에서 인간이 퇴각하고 모기가 진군했다는 사실을 잘 설명하고 있다.

그리스에 관해 말하면, 펠로폰네소스 전쟁부터 시작하는 유사한 사회악의 결합은, 폴리비우스(기원전 206~128년) 시대에 이르러 후년의 이탈리아 인구감소보다 더 극심한 인구감소를 초래했다. 폴리비우스는 그의 유명한 일절에서 낙태와 영아살해의 의한 가족수 제한의 풍습을 당대 그리스의 사회적 · 정치적 몰락의 주요 원인으로 꼽고 있다. 따라서 코파이스 평야도 폼프티노 평야처럼 곡창이 어째서 모기의 소굴로 변하게 되었는가를 설명하는 데 토목기술의 퇴보 따위를 들고 나올 필요가 없다는 것이 명백하다.

토목공사라는 실제적 기술에서 눈을 돌려 건축 · 조각 · 회화 · 서법 · 문학 등 예술적 기술을 살펴보아도 같은 결론에 도달한다. 예컨대 어째서 헬라스 사회의 건축양식은 기원 4세기에서 7세기 사이에 사용되지 않게 되었던가? 왜 오스만 터키족은 1928년에 아라비아 문자를 폐지했던가? 세계의 거의 전부가 되다시피 한 비(非)서구 사회는 어째서 오늘날 복장과 예술의 전통적 양식을 폐기하고 있는가? 우선 이런 문제를 철저히 규명하기 위해 우리도 어째서 서구의 젊은 세대의 대부분이 우리의 음악 · 무용 · 회화 · 조각의 전통적인 양식을 버리고 있는가를 생각해 보아야 하겠다.

서구인의 경우, 그 이유는 예술적 기술을 상실했기 때문인가? 서구 역사의 제2기와 제3기에 있어서 이탈리아 및 그 밖의 창조적 소수자에 의해 발견된 리듬 · 대위법 · 원근법 · 균형법 등의 법칙들을 우리는 벌써 잊어버렸단 말인가? 분명히 그렇지는 않다. 서구의 예술적 전통을 포기하려는 일반적 경향은 기술적 능력의 결여에서 오는 결과는 아니다. 이 젊은 세대는 지금 예술 감각을 서구의 전통적 방향에 따라서 육성하기를 포기하고 있기 때문에, 그런 일반적 경향은 젊은 세대에게 차츰 매력을 잃어가고 있는 양식의 의식적 포기를 의미한다. 우리는 우리 선조들의 정신적 지주였던 위대한 인물들을 의식적으로 우리의 영혼으로부터 쫓아내었다. 그리고 우리는 우리가 창조한 정신적 공허를 자만하면서 자기도취에 빠져 있는 사이에 음악과 무용 및 조상(彫像)에 있어서 열대 아프리카적 정신이 회화와 박부조(薄浮彫)에 있어서의 의사(擬似) 비잔틴 정신과 함께 비신성동맹(非神聖同盟)을 맺고 '비고, 소제되고, 수리된 집안'(〈마태복음〉 12장 44절)에 들어와서 같이 살게 되었다. 그 쇠퇴의 원인은 기술적인 것이 아니라 정신적인 것이다. 서구 문명 고유의 예술적 전통을 버리고 자기 능력을 영양실조와 불모의 상태로 떨어뜨리고 다오메이(서아프리카에 있는 프랑스의 옛 식민지)의 이국적이고 원시적인 예술을 마치 광야에 내린 만나처럼 탐식함으로써, 우리는 지금 우리의 정신적 상속권을 잃어버렸다는 것을 만인 앞에 고백하고 있는 셈이다. 우리의 전통적인 예술적 기술의 포기는 명백히 서구 문명에 일어난 어떤 종류의 정신적 쇠퇴의 결과이다. 그리고 이 쇠퇴의 원인이 그 결과의 하나가 되는 어떤 현상 속에서 발견될 수 없음은 자명한 일이다.

얼마 전 터키인이 라틴어 알파벳을 채용하고 아라비아 문자를 폐지한 것도 같은 맥락에서 설명되어야 한다. 무스타파 케말 아타튀르크와 그 일파는 그들 자신의 이슬람 세계의 철저한 서구화주의자들이었다. 그들은 자신의 문명의 전통에 대한 신념을 상실하고, 따라서 그 문명을 전달해 준 문자를 폐지했다. 그보다 더 앞서 다른 빈사상태의 문명들이 그 전통적인 문자를 폐지한 데 대해서도 비슷한 설명을 가할 수 있다. 예컨대 이집트의 상형문자 폐지와 바빌로니아의 설형문자 폐지가 그렇다. 현재 중국과 일본에서도 한자 폐지에 찬성하는 운동이 나타나고 있다.

하나의 기술을 다른 기술로 바꾸는 흥미있는 예는 헬라스 문명의 건축 양식을 포기하고 비잔틴 양식을 채택한 일이다. 이때 바야흐로 숨을 거두려 하고 있던 사회의 건축가들은 십자형 건물 위에 원형의 돔을 씌우는 매우 곤란한 문제를 시도하느라고 원주(圓柱) 위에 아르키트레이브를 붙이는 비교적 간단한 구조를 폐지했다. 따라서 기술적 능력의 퇴보란 있을 수 없었던 것이다. 유스티니아누스 황제를 위해 하기아 소피아 교회의 건축 문제를 훌륭하게 해결할 수 있었던 이오니아의 건축가들이나, 고전적 그리스 양식의 신전을 건축하는 것이 이 전제군주의 뜻이었다 하더라도, 도저히 그런 양식의 신전을 세울 능력이 없었다고 생각할 수 있을까? 유스티니아누스와 그의 건축가들이 새로운 양식을 채용한 것은, 낡은 양식은 이미 사멸하고 부패한 과거의 유물을 연상시킨다는 점에서 그들의 비위에 맞지 않았기 때문이다.

우리의 조사 결과에 의하면, 전통적인 예술적 양식의 포기는 그 양식과 결부되어 있는 문명이 이미 오래 전부터 쇠퇴의 길을 걷다가 이제 해체되고 있다는 증거라고 여겨진다. 이 경우에도 기존의 기술은 쓰이지 않게 되는 경우와 마찬가지로 그것은 쇠퇴의 결과이지 그 원인은 아니다.

2. 인간적 환경

앞에서 문명의 성장을 고찰했을 때, 우리는 한 사회가 그 역사의 어느 단계에서나 가지고 있는 인간적 환경에 대한 지배력의 정도는 대체로 지리적 팽창에 의해 측정될 수 있다는 것과, 또 여러 실례를 조사한 결과 그 지리적 팽창은 흔히 사회적 해체와 동시에 일어난다는 것을 알게 되었다. 만일 그렇다고 하면 바로 이와 똑같은 쇠퇴와 해체의 원인이 그 정반대의 경향, 즉 외래의 인간적 세력의 침입에 의해 그 정도를 측정할 수 있는 인간적 환경에 대한 지배력의 감퇴 경향에서 발견될 것이라고는 도저히 생각되지 않는다.

그럼에도 불구하고 문명도 원시사회처럼 외래의 세력으로부터 공격을 받은 결과 생명을 잃는다는 견해가 널리 통용되어 왔다. 이 견해를 고전적으로 서술한 것이 에드워드 기번의 《로마 제국 쇠망사》이다. 기번은 그의 서술을 회고하면서 요약한 글, 즉 '나는 야만과 종교의 승리를 서술했다' 라는 단 한 줄의 글에 그의 주제를 표명했다. 두 안토니우스 황제 시대에 전성기에 달한 로마 제국에 의해 구체적으로 대표되어 있었던 헬라스 사회는 두 상이한 전선에서 동시에 공격을 가해 온 두 외적, 즉 다뉴브 강과 라인 강 건너편의 중간지대에서 일어난 북구 야만족과, 로마에 정복되기는 했으나 결코 동화되지 않은 오리엔트의 제속주에서 출현한 그리스도교의 공격으로 인해 붕괴한 것처럼 기술되어 있다.

기번은 두 안토니우스 시대가 헬라스 사회 역사의 전성기가 아니라 '노년의 회춘'이었다고는 꿈에도 생각하지 않았다. 그의 착각의 정도는 그의 대작의 표제 《로마 제국 쇠망사》 자체에 나타나 있다. 이런 제목으로, 기원후 2세기의 역사부터 서술하기 시작한 저자는 분명히 진정한 이야기가 막 끝나려는 곳에서부터 그 서술을 시작했던 것이다. 왜냐하면 기번이 취급하고 있는 '역사 연구의 이해 가능한 영역'은 로마 제국이 아니라 헬라스 문명이기 때문이다. 로마 제국 자체는 헬라스 문명의 해체가 상당히 진행된 것을 보여주는 거대한 증거였던 것이다. 이야기의 전제를 고려할 때 안토니우스 시대 이후 로마 제국이 급속도로 쇠퇴했다는 것은 조금도 놀랄 만한 것이 아니라는 것을 알 수 있다. 반대로 로마 제국이 더 존속했다면 그것이야말로 놀랄 만한 일이다. 왜냐하면 이 제국은 수립되기 전부터 이미 멸망이 선고되어 있었기 때문이다. 이 세계국가의 수립은 이미 회복 불능인 헬라스 사회의 파멸을 잠시 지연시킬 수는 있었으나 영구히 막아낼 수는 없는 일시적인 회복에 지나지 않았던 것이다.

만일 기번이 이 긴 이야기를 발단부터 쓰려고 했더라면, 그는 '야만과 종교의 승리'가 그 이야기의 줄거리가 아니라 에필로그에 불과하다는 것, 즉 그 승리는 쇠퇴의 원인이 아니라 긴 해체 과정의 최후에 반드시 일어날 멸망에 수반된 피할 수 없는 사건에 불과하다는 것을 알게 되었을 것이다. 뿐만 아니라 그는 승리에 의기양양한 교회와 야만족은 결국 외부세력이 아니라, 실은 페리클레스 시대의 쇠퇴와 아우구스투스 시대의 일시적 만회 사이에 개재한 혼란기에 지배적 소수자와 정신적으로 분리하게 된 헬라스 사회의 자식이었다는 것을 알게 되었을 것이다. 즉 그는 헬라스 사회는 자기의 생명을 구할 도리가 없어졌을 때 자신에게 가한 치명적 결과를 피해 보려고 애썼으나, 아우구스투스 시대의 일시적 만회도 결국 300년 묵은 용태로 악화하게 되어 스스로 입힌 낡은 부상의 악화로 말미암아 분명히 빈사상태에 빠지게 되자 여태까지 학대하고 멀리했던 아들에게 최후의 일격을 맞고 쓰러진 자살자였다고 보고하지 않으면 안 되었던 것이다.

따라서 검시관(檢屍官)으로서의 역사가는 헬라스 사회 역사의 에필로그에만 눈을 돌릴 것이 아니라, 언제 어떻게 이 자살자가 자신에게 폭력을 가했던가를 정확히 알아내려고 애써야 할 것이다. 그 연대를 추정할 때 역사가는 기원전 431년의 펠로폰네소스 전쟁의 발발을 지적할 것이다. 이 전쟁은 당시 투키디데스가 그의 비극적인 배역 중 한 사람의 입을 빌려서 '헬라스의 대재앙의 시초'라고 선고했을 정도로 사회적 대이변이었던 것이다. 이 검시관은 헬라스 사회의 구성원들이 어떻게 하여 자멸적 죄악을 범했던가를 보고함에 있어 국가간의 전쟁과 계급간의 전쟁이라는 두 가지 악을 같은 정도로 중시하게 될 것이다. 그는 투키디데스의 발자취를 따라가면서, 이 두 악의 각각의 특별히 현저한 예로서 아테네인이 정복한 멜로스인에게 가한 가혹한 징벌과, 역시 마찬가지로 가혹한 코르키라의 계급전쟁을 거론할 것이다. 어느 경우이든 이 검시관은 치명적 타격이 가해진 것은 기번이 추측한 것보다 600년 전이었고, 그 하수인은 피해자 자신이었다고 선언할 것이다.

오늘날 분명히 사멸했거나 그렇지 않으면 빈사상태에서 허덕이고 있는 다른 문명들의 예를 들어 우리의 조사 범위를 넓힌다 해도 동일한 판정을 내리지 않을 수 없다는 것을 알게 될 것이다. 예컨대 수메르 사회의 쇠퇴와 멸망의 과정에 있어서 '함무라비의 황금시대'(《케임브리지 고대사》에서 이렇게 칭하고 있다)는 역시 같은 '노년의 회춘기'이지만, 안토니우스 시대보다 더 늦은 국면을 나타낸 시대이다. 왜냐하면 함무라비는 수메르 사회의 역사의 트라야누스기보다는 디오클레티아누스에 해당하기 때문이다. 따라서 우리는 수메르 문명의 살해자를 기원전 18세기에 국경을 넘어 '사계제국(四界帝國)'을 침범한 야만족이라고 판단해서는 안된다. 그보다 약 900년 전에 일어난 사건들―라가시(바빌로니아의 한 도시)의 왕 우루카기나와 라가시의 승려계급 사이의 계급전쟁 및 우루카기나를 정복한 루갈차그기시의 군국주의―이야말로 치명적 타격이었을 것으로 생각된다. 왜냐하면 이 까마득한 옛날의 대격동이야말로 수메르 문명의 혼란기의 분명한 시초였기 때문이다.

중국 고대사회의 쇠퇴와 멸망에 있어서 '야만과 종교의 승리'에 해당하는 것은, 300년경 유라시아 유목민에 의해 황허 유역에 세워진 중국 고대사회에 세계 국가의 후계 제국(諸國)을 건설한 것과, 같은 시대에 서북 지방에 행해졌던 중국 고대사회의 내적 프롤레타리아트의 종교 중의 하나인 대승불교의 중국 고대세계 침입이었다. 그러나 이 승리들도 로마 제국의 '야만과 종교'의 승리와 마찬가지로 죽음에 직면한 사회의 외적 및 내적 프롤레타리아트의 승리에 불과했으며, 이야기 전체의 종장을 형성하는 데 불과했다. 중국 고대사회의 세계국가 자체는, 그 사회가 분화하여 발생한 여러 지방국가 상호간의 내란에 의해 그 사회가 사분오열 상태가 된 혼란기 후에 나타난 하나의 사회적 만회기였다. 중국의 전승에 의하면, 헬라스 사회의 기원전 431년에 상당하는 치명적인 연대는 기원전 479년인데, 전통적으로 '전국시대'라고 부르는 시대가 이때에 시작된다고 인습적으로 생각하고 있다. 그러나 이 인습적 연대는 실제 사건보다 약 250년 늦은 것 같다. 왜냐하면 그것은 공자가 사망한 것으로 전해지고 있는 연대이므로 그해를 중국 고대사회 혼란기의 시초로 삼는 듯하기 때문이다.

바그다드의 압바스 칼리프 왕국 치하에서 '노년의 회춘기'를 즐기고, 유목 터키족의 침입과 그들의 토착종교 이슬람교로의 개종을 통해 '야만과 종교의 승리'를 경험한 시리아 사회에 관해서는 이 책의 첫 편에서 입증한 것, 즉 시리아 사회의 쇠망 과정은 헬레니즘의 침입으로 말미암아 1천 년간 정지되었다는 것과, 압바스 왕국은 아케메네스 제국이 기원전 4세기에 떨어뜨리지 않을 수 없었던 실오라기를 주워 거기서부터 시리아 사회의 역사를 다시 시작한 데 불과하다는 것을 기억할 필요가 있다. 따라서 우리는 키루스 때부터 시작되는 '아케메네스 왕조의 평화'에 선행하는 시리아 사회의 혼란기로 거슬러올라가 조사를 진행시켜야만 할 것이다.

혼란기에 앞선 짧은 성장기에 유일신과 알파벳과 대서양의 3대 발전을 통해 그 천재적 자질을 입증하고 그 생명력을 발휘한 이 문명이 쇠퇴한 원인은 무엇일까? 우리는 여기서 마침내 인간의 외적 공격에 의해 전도된 문명의 실례를 만나게 된 것처럼 생각될지도 모른다. '시리아 문명은 기원전 9세기와 8세기 및 7세기에 아시리아의 군국주의에 맹렬히 강타됨으로써 붕괴되지 않았을까?'라는 식으로 생각될는지도 모른다. 그러나 좀더 자세히 조사해 보면, '아시리아인이 양의 무리를 습격하는 이리처럼 습격했을 때' 시리아 세계는 이미 한 목자와 더불어 있는 하나의 무리가 아니었다는 것을 알게 된다. 바빌로니아 세계와 이집트 세계 중간에 위치한 헤브루, 페니키아, 아람, 히타이트 등의 약소국들을 이스라엘의 패권하에 정치적으로 통일하려는 기원전 10세기의 시도는 실패로 끝났다. 그 결과로 일어난 시리아 사회의 동족상잔이 아시리아에게 침략의 기회를 준 것이었다. 시리아 문명의 쇠퇴는 아슈르나지르팔(아시리아의 왕)이 유프라테스 강을 최초로 건넌 기원전 876년에 시작되는 것이 아니라, 기원전 937년 솔로몬의 사후 그가 건설한 제국이 해체한 시기에 시작되었던 것이다.

또 정교 그리스도교 문명의 '비잔틴' 시대의 정치적인 '동로마 제국' ─그 오랫동안의 시련이 기번의 거대한 에필로그의 주제가 되고 있지만─은 오스만 터키족에게 멸망되었다고 흔히 말한다. 그리고 보통 이에 덧붙여, 비잔티움에서 비잔틴 황제의 존재를 반세기 이상이나(1204~61년) 탈취한 제4십자군이라는 불경스러운 이름으로 변장한 서구 그리스도교의 침입으로 말미암아 이미 치명적인 상처를 입은 사회에, 이슬람교도 터키족이 최후의 일격을 가했을 뿐이라고 한다. 그러나 라틴계 민족의 습격도 그후의 터키족의 습격과 마찬가지로 습격을 당한 사회의 외부로부터의 공격이었다. 따라서 여기서 만족하여 우리의 분석을 그친다면, 우리는 지금까지 줄곧 자살로 진단해 온 사망자의 명단에 틀림없는 '타살'이라는 진단을 써넣을 수밖에 없게 될 것이다. 그러나 우리의 소견에 의하면 정교 그리스도교 사회 역사의 치명적 전환점은 14, 5세기의 터키인의 습격도 아니고, 13세기 라틴계 민족의 습격도 아니며, 더구나 이보다 앞선 11세기의 터키족의 침략자(셀주크족)에 의한 아나톨리아 중심부의 정복도 아닌, 이 모든 것보다 먼저 일어난 어디까지나 내부적인 사건, 즉 기원후 977~1019년의 로마─불가리아의 대전이었다. 당시의 정교 그리스도교 세계의 2대 강국간의 이 동족상잔이 끝났을 때는 이미 한편은 정치적 존재가 말살되고 다른 한편은 도저히 회복할 수 없는 심각한 상처를 입게 되었던 것이다.

1453년 오스만의 메메드 2세가 콘스탄티노플을 정복했을 때 정교 그리스도교 문명이 종말을 고한 것은 아니었다. 기묘한 역설에 의해 이 외래 정복자는 자기가 정복한 사회에 그 세계국가를 제공하게 되었던 것이다. 하기아 소피아의 그리스도교 교회는 이슬람 사원이 되고 말았지만, 정교 그리스도교 문명은 그 생존을 계속했다. 이는 마치 100년 후에 힌두 문명이 무굴인의 아크발에 의해 건설된 역시 터키계의 세계국가 아래에서 계속 생존했고, 또 무굴 제국 이상으로 이국적이라고 할 수 없는 영국 통치하에서도 계속하여 생존하고 있는 것과 흡사하다. 그러나 이윽고 정교 그리스도교 사회의 영토와 일치하는 오스만 투르크 제국의 영내에서는 해체의 움직임과 민족이동의 단서가 나타나기 시작했다. 18세기 말엽 이전에 그리스인, 세르비아인, 알바니아인 등이 명백하게 동요하기 시작했다. 그러면 이런 운동이 이미 우리가 헬라스 사회와 중국 고대사회 및 그 밖의 사회의 말기에서 발견한 바와 같은 '야만과 종교의 승리'를 낳지 못한 이유는 무엇일까?

이에 대한 답은, 누구도 막을 수 없는 힘으로 팽창하는 서구 문명의 맹렬한 진격이 정교 그리스도교 사회의 후계자가 되지 못한 야만족의 바로 뒤를 쫓아왔다는 그것이다. 오스만 제국의 붕괴가 가져온 것은 '야만과 종교의 승리'가 아니고 서구화의 승리였다. 오스만 제국의 후계제국은, '영웅시대'의 양식으로 만족 공국(蠻族公國)이란 미개한 형태를 취하지 않고 국가의 형태를 취하여 출현하게 되자마자 서구의 영향을 받아, 당시 바로 민족주의의 기반 위에 활발히 재편성되고 있던 서구 제국의 민족국가라는 형태를 모방하게 되었다. 어떤 경우에는 새로이 건설된 야만족 후계국가가 직접 서구의 본을 따 신식 민족국가의 하나로 변형하기도 했는데, 세르비아와 그리스가 그 한 예이다. 한편 아직 서구 문명의 영향을 별로 받지 못하여 서구적 민족주의의 노선으로 활동을 전환할 수 없었던 서구 문명의 민족들은 '늦어서 버스를 놓치는' 벌을 받았다. 알바니아인은 18세기에는 그리스인과 세르비아인 및 불가리아인보다 더 훌륭하게 보이던 유산을 19세기에 들어와서 그 민족들에게 빼앗기고, 20세기에 이르러 가까스로 하찮은 상속재산을 가지고 서구 제국의 일원이 될 수 있었다.

이렇게 하여 정교 그리스도교 사회의 역사의 종말은 '야만과 종교의 승리'가 아니라, 이 빈사상태의 사회 전체를 삼켜 그 구조를 자신의 사회조직 안에 편입한 이문명(異文明)의 승리였다.

여기서 우리는 문명이 그 주체성을 상실할 우려가 있는 다른 과정에 봉착하게 되었다. '야만과 종교의 승리'라는 것은 빈사상태의 사회가 그 자체의 외적 프롤레타리아트와 내적 프롤레타리아트의 우상 파괴적 반란에 의해 쓰레기더미에 던져지는 것을 의미하는데, 프롤레타리아트가 그렇게 하는 까닭은 그 반란세력의 어느 쪽이든 새로운 사회를 탄생시키기 위한 자유로운 활동무대를 얻으려는 의도에서이다. 이 사건을 통해서 낡은 사회는 멸망하지만, 그래도 우리가 '부자관계'라고 말한 관계를 통해 아직 새로운 문명의 생명 속에 대리자의 자격으로 계속 살아남는다. 그런데 이 경우와 달리 낡은 문명이 그 '자식문명'에게 자리를 양보하기 위해 쓰레기더미에 던져지지 않고 같은 시대의 다른 문명에게 병탄되어 동화되는 경우에는, 그 주체성의 상실은 어떤 의미에 있어서는 사실상 별로 철저하지 않으나, 또 다른 의미에 있어서는 한층 더 철저하다.

빈사상태의 사회를 구성하고 있는 부분사회들은 사회 해체의 극단의 고통을 면할 수 있다. 그들은 역사적 연속을 절대적으로 단절시키지 않고 낡은 사회체에서 새로운 사회체로 옮아갈 수 있다. 예를 들면, 근대 그리스인이 4세기 동안이나 오스만의 '밀레트'(터키 제국의 비이슬람교도 주민)의 생활을 지낸 후에 서구화된 세계의 한 국민으로 개조되었던 것과 같은 경우이다. 그러나 다른 관점에서 보면, 그런 사회의 주체성의 상실은 더 철저하면 철저했지 결코 경미하다고는 할 수 없다. 왜냐하면 사멸해 가는 사회는 다른 사회에 병탄됨으로써 그 유형적 조직의 연속은 어느 정도 유지할 수 있겠지만, 그 대신 다음 시대에 그 사회를 대표하는 '자식사회'를 탄생시킬 기회를 완전히 상실하게 되기 때문이다. 사실적인 의미에서 말한다면 서구 사회가 헬라스 사회의 대리자이고, 힌두 사회가 인도 사회의, 극동 사회가 중국 고대사회의 대리자인 것과 같다.

이 동화(同化)에 의한 절멸 과정이 우리의 주목을 끌게 된 것은 정교 그리스도교 사회의 본체가 서구 문명의 사회체에 편입된 예이다. 그러나 우리는 여기서 곧 그 밖의 모든 현존 문명도 이와 같은 길을 밟아가고 있다는 것을 알 수 있다. 그것이 러시아에 있는 정교 그리스도교 사회 분파, 이슬람 사회와 힌두 사회, 극동 사회의 두 분파의 현대사이다. 그것은 또 현존하는 3개의 발육정지 사회—에스키모, 유목민, 폴리네시아인—의 설정이기도 하다. 이 세 발육정지 사회는 모두 서구 문명의 사회적 영향에 의해 지금 완전히 파괴되어 가고 있지 않는 한 서구 문명에 병탄되어 가는 과정에 있음이 분명하다. 그리고 지금은 모두 사멸해 버린 문명들도 같은 모양으로 그 독자성을 상실했다는 것을 알 수 있다. 17세기 말엽 정교 그리스도교 사회를 습격하기 시작한 서구화의 과정은 그보다 약 200년 이전에 신세계의 멕시코 사회와 안데스 사회에도 밀려들어왔는데, 이 두 경우의 서구화 과정도 이제는 사실상 모두 완료된 것 같다. 바빌로니아 사회는 기원전 1세기에 시리아 사회에 병합되었고, 그 수세기 후에는 이집트 사회가 역시 시리아 사회에 흡수되었다. 이 시리아 사회가 이집트 사회 — 역사상 가장 수명이 길고 가장 단단히 결합되고 통일적인 문명 — 를 동화한 것은 이제까지 널리 알려진 가장 이례적인 사회적 동화의 업적일 것이다.

현재 서구 문명에 동화되어 가고 있는 일군의 현존 문명에 눈을 돌려보면, 그 과정이 각기 다른 부면(部面)에서 각기 다른 속도로 진행되고 있음을 알게 될 것이다.

경제면에 있어서는, 이들 사회가 근세 서구의 산업주의가 인간이 거주할 수 있는 전세계에 펼친 관계망 속에 다 걸려들게 되었다. 정치면에 있어서도, 표면적으로 빈사상태에 있는 이 모든 문명의 아들들은 여러 경로로 잠입하여 서구 제국의 한 구성원이 되기를 원하고 있다. 그러나 문화면에 있어서는 이에 대응하는 어떤 통일적인 경향이 없다. 정교 그리스도교 본체에 있어서는, 전에 오스만 제국의 '라이예(인간 가축)'였던 그리스인, 세르비아인, 루마니아인, 불가리아인은 정치적·경제적 서구화와 마찬가지로 문화적 서구화도 열렬히 환영한 것 같다. 그들의 지난날의 상전이었던 터키의 현재의 지도자들도 그들의 예를 따랐다. 그러나 이런 경우는 예외적인 것 같다. 아라비아인, 페르시아인, 인도인, 중국인 및 일본인까지도 서구 문명을 조금이라도 받아들이는 경우에는 그 정신적·도덕적인 면을 의식적으로 배제한 채 받아들이고 있다. 서구로부터의 도전에 대한 러시아인의 응전의 애매성에 대해서는 이미 앞서 다른 문제를 논했을 때 고찰한 바 있다.

이렇게 볼 때 경제·정치·문화의 세 면에 있어서 똑같이 서구 사회의 틀 안에 세계가 통일되어 가는 현재의 경향은 언뜻 보았을 때처럼 그렇게 진행되어 있는 것도 아니고, 또 궁극적 성공이 그렇게 확실한 것도 아니라는 점이 분명해진다. 한편 멕시코 사회, 안데스 사회, 바빌로니아 사회 및 이집트 사회의 네 경우는, 동화의 과정을 통하든가 독자성을 완전히 상실하는 데는 마찬가지라는 것을 밝혀 보여주고 있다. 해체의 과정을 통한 예는 헬라스 사회, 인도 사회, 중국 고대사회, 수메르 사회 및 미노스 사회가 종말을 고하던 때이다. 여기서 우리는 이 장의 본래의 목적이 무엇이었던가를 다시 상기하여, 이런 사회들이 봉착한 운명 또는 지금 봉착하고 있는 운명—즉 이웃 사회에 의한 병탄과 동화—이 그 사회들의 쇠퇴의 참된 원인이었던가, 그렇지 않으면 우리가 이미 검토한 다른 일군의 사회의 경우와 같이 병탄이나 동화의 과정이 일어나기 전에 이미 쇠퇴가 실제로 진행되고 있었던가를 고찰해야 하겠다. 만일 우리가 후자의 결론에 도달하게 된다면 우리의 당면한 연구는 완료된 셈이고, 따라서 우리는 자연적 환경이건 인간적 환경이건, 어떤 사회의 환경을 지배하는 힘의 상실이 우리가 탐구하고 있는 쇠퇴의 첫번째 원인이 아니라고 말할 수 있게 된다.

예컨대 우리는 정교 그리스도교 사회의 본체가 병탄의 과정에 의해 그 독자성을 상실한 것은 그 세계국가의 수명이 다한 공백기로 들어갔을 때였고, 또 참된 의미에서의 쇠퇴가 시작된 것도 서구화의 징후가 나타나기 800년 전 로마와 불가리아 간에 전쟁이 발발했을 때였다는 것을 고찰한 바 있다. 이집트 사회의 쇠퇴가 발생하여 병합되기까지의 기간은 그보다 훨씬 더 길었다. 이집트 사회의 쇠퇴는 제5왕조에서 제6왕조로 옮아가던 기원전 2424년경까지, 즉 피라미드 건설자들이 범한 죄가 그 후계자들에게까지 전승되어 머리만 무거운 '노왕국'의 정치기구가 붕괴된 때까지 거슬러올라갈 만한 정당한 이유를 발견한 바 있었다. 극동 사회의 경우, 쇠퇴에서 병합 과정이 시작되었을 때까지의 기간은 이집트 사회의 역사만큼은 길지 않으나, 정교 그리스도교 사회의 역사보다는 길다.

그 이유는 기원후 9세기의 마지막 4분기의 당조(唐朝) 쇠미와 그 결과로서의 혼란기의 개시가 극동 사회의 쇠퇴에 해당하고, 혼란기 뒤에는 야만족들이 잇따라 건설한 제국의 형태로 세계국가가 나타났다고 생각할 수 있기 때문이다. 이런 세계국가 중 최초의 것인 쿠빌라이가 건설한 '몽골족의 평화'는 결국 악바르가 힌두 사회에서 실현하고 정복자 메메드가 정교 그리스도교 사회에서 실현한 것과 같은 종류의 '유목민의 평화' 만큼 오래가지 못했다. 중국인은 '나는 그들이 선물을 가지고 올 때라도 그리스인을 두려워한다'는 원칙하에 이집트인이 힉소스족을 몰아낸 것처럼 몽골족을 몰아냈던 것이다. 몽골족 다음에는 서구화의 연극이 연출되기 전에 만주족(淸朝)이 한 차례 더 등장했다가 사라졌다.

러시아와 일본에 서구 문명이 밀어닥친 것은, 현재 서구화된 이 양대국이 각각 대표하는 그 두 문명의 쇠퇴기의 아주 초기의 일이었다. 그러나 이 두 문명의 경우에 있어서도 쇠퇴기는 이미 오래 전부터 시작되고 있었던 것이다. 왜냐하면 표트르 대제와 일본의 메이지 유신(明治維新)의 수행자들이 각각 서구 국제사회 일원으로서의 민족국가로 개조하려던 로마노프 왕조의 제정과 도쿠가와의 장군제 (將軍制)가 각각 성립된 후 러시아의 경우에는 200년 이상, 일본의 경우에는 300 년 이상 지속한 세계국가였기 때문이다. 이 두 경우에 있어서 표트르 대제와 일본의 서구화 지도자들의 업적을 쇠퇴로 간주해야 한다고 말할 사람은 아무도 없을 것이다. 오히려 반대로 근본적으로 변혁을 치밀하게 계획해 무사히 수행한—적어도 현재로선—이 두 사회야말로 많은 관찰자들이 왕성한 성장의 비약의 증거로 그 업적을 들고 싶어할 정도로 모든 점으로 보아 성공적이었다.

러시아인과 일본인의 응전은 동일한 도전에 대응한 오스만리, 힌두인, 중국인, 아스테카인 및 잉카인의 무력함에 비해 두드러진 대조를 나타내고 있다. 러시아인과 일본인은 그 서구의 이웃들—폴란드인, 스웨덴인, 독일인, 아메리카인—의 손에 의한 강제적인 서구화의 과정을 밟지 않고 자신의 힘으로 사회적 변혁을 완수하여, 식민지적 속국이나 '가난한 친척(귀찮은 존재)'으로서가 아니라 서구 열강과 동등한 자격을 갖춘 자로서 서구 국제사회의 일원이 될 수 있었던 것이다. 그러나 최초로 포르투갈의 배가 나가사키에 내항하고, 최초의 영국 배가 아르항 겔스크에 내항(이것이 폴란드의 모스크바 침입보다 먼저 러시아에 온 서구 사회의 전조였다)하기 전에 일본에 있어서의 극동 문명도 러시아에 있어서의 정교 그리스도교 문명도 둘 다 쇠퇴기에 들어가 있었다는 명백한 증거들이 있다.

이 책에서 사용되고 있는 혼란기란 말의 의미에 있어서, 러시아 역사의 진정한

'혼란기'는 러시아인 자신들이 혼란기라고 부르고 있는 17세기 초엽의 무정부적 시대는 아니다. 그것은 헬라스 세계에 있어서의 안토니우스 시대와 디오클레티아누스 황제의 즉위 중간으로, 3세기의 무정부적 시기에 해당하는 러시아 세계국가의 제1기와 제2기의 막간극에 불과했던 것이다. 헬라스 사회의 역사에서 펠로폰네소스 전쟁과 '아우구스투스의 평화' 중간에 해당하는 시기, 따라서 우리의 의미에 있어서는 러시아의 혼란기에 해당하는 시기는 1478년의 모스크바 왕국과 노브고로드 왕국과의 통합을 통하여 러시아의 세계국가가 수립되기 이전의 고난의 시대이다. 마찬가지 모양으로 일본 역사에 있어서의 혼란기는 노부나가(信長), 히데요시(秀吉), 이에야스(家康)에 의해 성취된 강제적 통일과 평정에 선행하는 봉건적 무정부상태의 카마쿠라(鎌倉) 시대와 아시카가(足利) 시대이다. 그리고 인습적으로 전해져 오는 연대에 의하면 이 두 시대의 연속기간은 1184년부터 1597년까지이다.

이 시기들이 러시아와 일본의 진정한 혼란기라면, 우리는 이 두 경우 혼란기를 불러일으킨 것은 어떤 자살적 행위였던가, 혹은 어떤 외적의 활동이었던가를 고찰해야만 한다. 러시아의 경우 일반적으로 시인되어 있는 설명에 따르면, 서구의 중세에 해당하는 시기에 일어난 러시아 사회의 쇠퇴는 유라시아 초원지대로부터의 몽골족 유목민의 습격이 그 원인이라고 한다. 그러나 우리는 이미 다른 경우, 이를테면 정교 그리스도교 사회의 본체의 경우에 유라시아 유목민이 그들이 등장하는 여러 무대에서 악역을 맡았다는 주장에 대해 이를 배격한 바 있다. 그러므로 러시아에 있어서도 정교 그리스도교 사회는 몽골족이 1238년에 볼가 강을 건너기 이전에 자신의 행위에 의해 이미 그 쇠퇴를 초래하고 있었던 것이 아닐까? 이 물음에 대한 긍정적인 답은 키예프의 원시적 러시아 공국이 12세기에 다수의 호전적인 후계국가들로 분열한 사실로 암시된다.

일본의 경우에는 그 사정이 보다 명확하게 나타나 있다. 여기서 일본의 쇠퇴의 원인을 1281년 일본인이 그 해안에서 격퇴했던 몽골족의 내습에 돌릴 수는 없다. 마라톤 전쟁(기원전 490년 그리스가 페르시아의 대군을 무찌른 전쟁)에 비교될 만한 이 전쟁의 승리의 원인을 조사해 보면, 어느 정도는 일본이 섬나라라는 지리적 위치의 혜택이었음이 분명하지만, 그보다는 그들의 군사적 능력의 우월이 주된 원인이었다는 것을 알게 된다. 그 군사적 능력은 그때까지 이미 100년 이상이나 끌어오던 혼란기의 파당적 투쟁에 의해 발달되어 있었던 것이다.

힌두 사회와 바빌로니아 사회 및 안데스 사회의 역사에 있어서도 러시아나 일본의 경우와 같이 세계국가의 단계에서 쇠퇴해 가고 있을 즈음 이방사회에 의한 병탄이 일어났다. 그러나 이 세 사회의 경우에는 보다 더 큰 격변이 일어났는데, 즉 쇠퇴해 가던 이 사회들은 외래자에 의한 군사적 정복을 당했던 것이다. 힌두 사회의 역사에 있어서는 영국의 정복에 앞서 이미 이슬람 터키족에게 정복된 바 있었는데, 그것은 '대무굴 제국' 시대보다 훨씬 앞선 1191~1204년의 침략 시기까지 소급된다. 힌두 사회가 맞은 첫 외구(外寇)는, 다 아는 바와 같이 그후의 무굴이나 영국에 의해 정복당했을 때와 마찬가지로 당시의 힌두 사회가 이미 만성적인 무정부상태에 빠져 있었던 사실에 기인했던 것이다.

바빌로니아 사회는, 그 세계국가인 네부카드네자르 제국이 페르시아의 키루스에게 정복된 후 시리아 사회에 병탄되었다. 그때부터 바빌로니아 문화는 시리아 사회의 문화에 차츰 자리를 양보했다. 그리고 시리아 사회 최초의 세계국가는 아케메네스 제국이었다. 그러나 바빌로니아 사회의 쇠퇴 원인은 그보다 앞서 아시리아의 과도한 군국주의에 기인한다.

안데스 사회에 있어서는, 잉카 제국이 스페인의 정복자들의 공격에 의해 멸망한 것은 사실이지만, 만일 서구 세계의 여러 나라 국민이 대서양을 건너가지 않았더라면 잉카 제국은 수세기 동안 더 존속했을 것이다. 그러나 잉카 제국의 멸망은 안데스 문명의 쇠퇴와 동일한 것이 아니다. 오늘날 우리가 가지고 있는 안데스 사회의 역사에 관한 지식을 가지고도 쇠퇴가 훨씬 전부터 일어나고 있었고, 또 스페인의 정복이 있기 바로 전 세기의 잉카 제국의 군사적 · 정치적 흥기는 안데스 문명의 문화적 융성과 같은 것이 아니었을 뿐더러 실은 그 쇠퇴기의 말엽에 나타난 부수현상이었다는 것을 알 수 있다.

3. 부정적 결론

지금까지의 연구 결과로 미루어 문명의 쇠퇴 원인은 사회생활을 침략하는 외래의 인간적 세력에 의해 측정할 수 있는 인간적 환경을 지배하는 힘의 상실에서 발견되는 것이 아니라고 결론지어도 좋을 것이다. 우리가 조사한 모든 경우에 있어서 외적이 할 수 있는 것은 기껏해야 막 숨을 거두려는 자살자에게 최후의 일격을 가하는 것뿐이었다. 임종의 마지막 순간을 제외한 문명의 역사적 단계에서는 무력에 의한 공격의 형태를 취하는 외래 침략이 생활에 미치는 결과는 보통 파괴적이 아니라 오히려 자극적이다.

헬라스 사회는 기원전 5세기 초 페르시아의 공격에 자극을 받아 그 천재적 능력을 최고도로 발휘했다. 서구 사회는 기원후 9세기의 북구인 및 마자르족의 공격에 자극을 받아 잉글랜드와 프랑스의 두 왕국을 건설했고, 색슨족에 의해 신성로마 제국을 재건하는 용기와 정치수완을 유감없이 발휘했다. 북이탈리아의 중세 도시국가들은 호엔슈타우펜 왕가의 침입에 의해 자극을 받고, 유아기의 힌두 사회는 기원후 8세기의 원시적 이슬람교 아랍족의 맹렬한 습격에 의해 자극을 받았다.

방금 든 예들은 모두 공격을 받은 쪽이 아직 성장 단계에 있었던 경우이다. 그러나 우리는 자기 실수로 말미암아 이미 쇠퇴기에 들어선 사회에 외래의 공격이 일시적 자극을 주는 경우도 그 수만큼 열거할 수 있다. 그 전형적인 예는 이런 자극에 대한 이집트 사회의 반복적인 반응이다. 이 이집트 사회의 반응은 2천여 년에 걸쳐 환기되었는데, 이집트 사회의 역사의 긴 종막은 이집트 사회가 이미 그 세계국가의 단계를 지나 급속한 해체의 서곡으로 여겨지는 공백기에 들어섰을 때 개시되었던 것이다. 이런 말기 단계에도 이집트 사회는 자극을 받아 힉소스족의 침략을 격퇴했고, 또 그후 훨씬 뒤에 가서 잇따라 정력을 발휘하여 해적과 아시리아인과 아케메네스 왕조를 쫓아냈으며, 최후로 프톨레마이오스 왕조에 의해 강요된 헬레니즘화의 과정에 완강히 저항하여 성공을 거두었다.

중국에 있어서의 극동 문명의 역사에서도 외부로부터의 타격과 압력에 대해 유사한 일련의 반응을 보인 예가 있었다. 명조(明朝)에 의한 몽골족의 구축은 이집트의 '신제국'을 건설한 테베 왕가에 의한 힉소스족의 구축을 상기시키고, 중국에 있어서 헬레니즘화에 대한 이집트 사회의 저항에 해당하는 것은 그 반(反)서구 운동이다. 그것은 1900년의 의화단사건에서 불꽃을 튀기고, 1925~27년에는 러시아 공산주의로부터 무기를 빌려다가 패배를 무릅쓰고 끝까지 싸워내려고 했던 운동이다.

이런 실례들은, 외부로부터의 타격과 압력의 결과는 대체로 자극적이며, 결코 파괴적이 아니라는 우리의 주장을 뒷받침하기에 충분할 것이다. 그리고 이 주장이 받아들여진다면, 그것은 인간적 환경을 지배하는 힘의 상실이 문명의 쇠퇴 원인이 아니라는 우리의 결론을 확립하게 되는 셈이다.

제16장 자기결정 능력의 감퇴

1. 미메시스의 기계적 성질

지금까지 우리가 문명의 쇠퇴 원인을 탐구하여 도달한 결론은 모두 부정적인 것이었다. 문명의 쇠퇴는 '신의 소행' ─적어도 법률가들이 그런 표현에 붙인 의미에 있어서─도 아니고 무의미한 자연법칙의 공허한 반복도 아니라는 것을 우리는 알게 되었다. 뿐만 아니라 그 쇠퇴의 원인을 자연적 혹은 인간적 환경을 지배하는 힘의 상실에 돌릴 수도 없고, 또 그것이 산업적 혹은 예술적 기술의 퇴보나 외적의 살육적인 습격에 기인하는 것도 아니라는 것을 알게 되었다. 우리는 이런 지지할 수 없는 견해들을 차례로 배격해 왔을 따름이고, 우리의 연구 목적에는 아직 도달하지 못하고 있다.

그러나 우리가 위에서 든 그릇된 견해의 마지막 이론이 우연히 우리에게 하나의 단서를 제시했다. 문명이 쇠퇴해 가다 결국 사멸한 것은 습격을 받은 탓이 아니라는 것을 증명할 수 있다 하더라도, 우리는 그 문명들이 폭력의 희생이 되었다는 주장에는 반대해야 할 하등의 이유도 발견하지 못했다. 거의 모든 예를 철저한 논리적 방법으로 검토한 결과 자살의 판정을 내리게 되었는데, 우리의 연구를 다소라도 적극적인 방법으로 진전시키기 위해서는 이 단서를 추궁하는 수밖에 없다. 그런데 우리의 판정에는 곧 눈에 띄는 유망한 특징이 하나 있다. 그것은 이 판정이 별로 새삼스러운 것이 아니라는 점이다.

성장을 계속해 온 문명을 중도에 넘어뜨려 프로메테우스와 같은 '비약'을 잃게 하는 약점은 무엇일까? 그 약점이야말로 문명이 쇠퇴하는 가장 근본적인 원인임에 틀림없다. 왜냐하면 쇠퇴라는 재앙은 반드시 일어나도록 되어 있는 것이 아니라 단지 일어날지도 모르는 위험성인데, 그 위험성의 정도가 분명히 크기 때문이다. 무사히 발생하여 성장을 계속한 21개 문명 중 13개는 죽어 묻히고, 나머지 8개 중 7개는 확실히 쇠퇴기에 있으며, 여덟 번째인 서구 문명도 우리가 현재 알고 있는 한에 있어서는 전성기를 이미 지난 듯한 여러 사실을 나타내고 있다. 실례를 조사해 보면, 성장하고 있는 문명의 앞날은 위험에 가득 차 있음이 명백해질 것이다. 그리고 우리가 앞에서 행한 성장의 분석을 상기한다면, 그 위험은 성장기의 문명이 처하지 않을 수 없는 그 방침의 본질 안에 잠재하고 있는 것을 알게 될 것이다.

성장은 창조적 개인과 창조적 소수자에 의해 이룩되지만, 그들은 동족들을 함께 전진시키지 못하면 그들 자신도 전진을 계속할 수가 없다. 항상 압도적 대다수를 차지하는 비창조적인 일반 대중이 한꺼번에 변모하여 지도자들과 어깨를 나란히 할 수는 없는 것이다. 그것은 실제로 불가능한 일일 것이다. 왜냐하면 어리석은 인간이 성자와의 영교에 의해 불을 받는 내면적인 정신적인 은총이란 그 성자를 이 세상에 나타나게 한 기적만큼이나 흔치 않은 일이기 때문이다. 지도자의 과업은 동족을 자신의 추종자로 만드는 일이다. 전체 인류를 그 능력 이상의 목표를 향해 움직이게 할 수 있는 유일한 방법은 원시적이며 보편적인 모방, 즉 미메시스의 힘을 이용하는 것뿐이다. 왜냐하면 이 미메시스야말로 일종의 사회적 교련으로서, 오르페우스의 영묘한 하프 선율을 들을 줄 모르는 둔감한 귀에도 교련 하사관의 구령소리는 잘 들리기 때문이다. 하멜른의 피리 부는 사람이 프리드리히 빌헬름의 프러시아의 거친 소리를 흉내내자 지금까지 멍하게 서 있던 대중은 기계적으로 갑자기 움직이기 시작한다. 이렇게 하여 대중 사이에 일어난 기동대열(機動隊列)을 순조롭게 피리 부는 사람의 뒤를 따라 움직이게 할 수 있다.

그러나 대중은 지름길이 아니면 그를 따를 수가 없으므로, 파멸로 통하는 넓은 길 위에 전개함으로써 비로소 대오를 정돈하여 행군할 수 있는 여지를 발견하게 된다. 생명을 구하기 위해 불가피하게 파멸의 길을 걸을 수밖에 없다면, 그 생명의 추구가 흔히 불행한 결과로 끝난다고 해도 놀랄 것은 없으리라. 또한 미메시스의 힘을 이용할 수 있는 방법과는 상관없이 미메시스의 실행에도 약점이 있다. 왜냐하면 미메시스는 일종의 교련이라는 바로 그 이유 때문에, 그것은 인간의 생활과 운동의 기계화이기 때문이다.

'정교한 기계'니 '숙련된 기계'니 하는 말을 할 때, 우리는 물질에 대한 생명의 승리, 자연의 장애에 대한 인간 기능의 승리라는 것을 생각하게 된다. 축음기나 비행기로부터 역사상 최초의 수레나 통나무배에 이르는 구체적인 사물의 예들도 역시 같은 생각을 하게 한다. 왜냐하면 그런 발명들은 무생물을 교묘히 조종하여 인간의 목적을 실현시키게 함으로써 인간의 환경을 지배하는 힘을 확대했기 때문이다. 그것은 마치 교련 하사관의 구령이 그의 기계화된 부하들에 의해 실행되는 것과 비슷하다. 하사관은 자기 부대를 훈련할 때, 백 개의 수족이 제 몸의 한 부분이나 되는 것처럼 신속히 자기의 생각대로 움직이는 브리아레우스(그리스 신화에 나오는 백 개의 팔을 가진 거인)가 된다. 마찬가지로 망원경은 사람의 눈, 나팔은 사람의 소리, 준마는 사람의 다리, 칼은 사람의 팔의 연장이다.

자연은 인간보다 한발 앞서 기계장치를 사용함으로써 암암리에 인간의 교묘한 솜씨에 경의를 표해 왔다. 자연이 기계장치를 널리 사용하고 있는 것은 그 걸작품인 인체에 대해서이다. 자연은 심장과 폐장이라는 두 개의 모범적인 자동기계를 만들었다. 이 두 기관과 그 밖의 다른 기관이 자동적으로 움직이도록 조정하여 그 기관들의 단조로운 반복작용에서 해방시킴으로써 거기서 정력의 여유가 생겨 그 정력으로 자유로이 걷게 하고 말하게도 하며, 요컨대 21개의 문명을 만드는 일을 할 수 있게 했다. 자연은 어떤 유기체의 기능의 90퍼센트 정도는 자동적으로, 따라서 최소한의 정력으로 작용하도록 하여, 그 덕분에 정력의 최대량을 나머지 10퍼센트의 기능에 집중하도록 배합함으로써 새로운 전진의 길을 모색할 수 있게 했다. 사실 자연의 유기체는 인간의 사회와 마찬가지로 창조적인 소수 '성원'과 비창조적인 다수 '성원'들로 구성되어 있다. 성장하고 있는 건전한 유기체에 있어서는 성장하고 있는 건전한 사회의 경우와 같이 다수자는 소수자의 지도를 기계적으로 따라가게 되어 있다.

그러나 이 자연과 인간의 기계적 승리에 찬사를 연발하면서도 '기계'라는 말의 함축의(含蓄意)가 물질에 대한 생명의 승리를 의미하지 않고 정반대로 생명에 대한 물질의 승리를 의미하는 다른 낱말들— '기계제품'이나 '기계적 행동' 따위—이 있다는 것을 생각하면 불안을 느끼지 않을 수 없다. 기계는 인간의 노예가 되어야 하지만, 인간이 그 기계의 노예가 될 수도 있다. 만일 소크라테스가 자신의 음식을 스스로 요리하지 않아도 괜찮았다면 우주의 비밀을 발견할 시간과 기회가 그만큼 더 많아질 수 있었던 것과 같이 90퍼센트 기계화된 산 유기체는 50퍼센트 기계화된 유기체보다 창조성을 발휘할 기회나 능력을 더 많이 가질 수 있다. 그러나 100퍼센트 기계화된 유기체는 이미 인간이 아닌 로봇이다.

이와 같이 인간의 사회적 관계에 있어서의 기계화의 수단인 미메시스가 그 능력을 실행할 때 그 속에는 파국의 위험이 숨겨져 있는 것이다. 그리고 이 위험은 미메시스가 휴식상태의 사회에서 작용될 때보다 동적으로 운동하는 사회에서 작용될 때 더 클 것은 자명한 이치이다. 미메시스의 약점은 그것이 외부로부터의 암시에 대한 기계적 반응이라는 데 있다. 따라서 수행된 행위는, 그 행위자의 자발적 의사에 따라 수행된 것이 결코 아니다. 즉 미메시스의 행위는 자기결정에 의한 것이 아니다. 그리고 그것을 가장 안전하게 행하도록 하는 보장은 미메시스의 기능이—실제로 음(陰)의 상태에 있는 미개사회에서 그런 것처럼—습성이나 관습의 형태로 결정되어 있어야 한다는 것이다. 그러나 '관습의 덩어리'가 깨질 때에는, 종래 불변의 사회적 전통의 화신으로서의 장로들과 선조들에게 향하고 있던 미메시스의 능력이 방향을 바꾸어 동족을 약속의 땅으로 인도하려고 열망하는 창조적 인격들로 향하게 된다. 그와 동시에 그 성장하고 있는 사회는 위태로운 생애를 지내지 않을 수 없게 된다. 더구나 그 위험은 언제 일어날지 모르는 절박한 상태에 있다. 왜냐하면 성장을 유지하는 데 필요한 조건은 항구적인 융통성과 자발성인데, 성장의 전제조건이 되는 효과적인 미메시스에 필요한 조건은 상당한 정도의 기계적인 자동성이기 때문이다.

월터 배저트가 그 나름의 경구를 써서 영국인 독자에게, 영국이 국가로서 비교적 성공한 것은 대부분 영국인이 어리석었던 덕분이라고 말했을 때, 그가 생각하고 있었던 것이 바로 이 미메시스의 필요조건이었다. 영국이 성공한 것은 훌륭한 지도자들 때문이었는가? 물론 그렇다. 그러나 대다수의 추종자들이 무슨 일이든 제멋대로만 생각하기로 결심했더라면, 아무리 훌륭한 지도자라도 훌륭한 추종자를 얻을 수 없었을 것이다. 그러나 모두가 어리석다면 누가 지도자가 된단 말인가? 사실 문명의 선봉에 서서 미메시스의 기계성을 이용하는 창조적 인격들은 적극·소극의 양면에 걸쳐 실패의 위험 앞에 놓여 있다.

있을 수 있는 소극적 실패는, 지도자 자신이 추종자들에게 건 최면에 스스로 걸릴지 모른다는 것이다. 그렇게 되면 부하의 복종은 상관의 자발성 상실이라는 불행한 대가를 치르고 얻은 셈이 될 것이다. 이런 일은 발육정지 문명에서 일어난 일이었고, 또 그 밖의 다른 문명의 역사에서는 정체기로 간주될 수 있는 모든 시대에 일어난 일이었다. 그러나 보통 이 소극적 실패로 이야기가 끝나지는 않는다. 지도자가 지도할 능력을 상실했으면서도 권력을 그대로 보유하고 있는 것은 곧 권력의 남용이 된다. 그때 부하는 반항하고 상관은 힘으로 질서를 회복하려고 한다.

하프를 잃은, 아니면 그 연주법을 잊어버린 오르페우스는 이제 크세르크세스의 채찍을 닥치는 대로 휘두른다. 그 결과는 무서운 대혼란이다. 대형(隊形)은 완전히 무너지고 아무래도 수습할 수 없는 지리멸렬의 상태로 떨어진다. 이것이 적극적 실패인데, 우리는 지금까지 재삼 그것을 다른 이름으로 불렀다. 그것이 '지배적 소수자'로 타락한 일단의 지도자로부터의 '프롤레타리아트의 이반'이라는 형태로 나타나는 쇠퇴한 문명의 해체이다.

이 피지도자의 지도자로부터의 이반은 사회 전체의 통일을 구성하는 부분 상호간의 조화의 상실이라고 생각할 수 있다. 부분적으로 구성된 전체에 있어서는 어디서나 그 부분 상호간의 조화의 상실은 전체가 자기결정 능력을 상실하도록 하는 대가를 요구한다. 이 자기결정 능력의 상실이야말로 쇠퇴의 궁극적 기준이다. 그리고 이 결론은 이 책의 앞에서 도달한 자기결정 능력의 증대가 성장의 기준이라는 결론의 번복임을 알면 전혀 놀라운 일이 아니다. 우리는 이제 이 조화의 상실로 인한 자기결정 능력의 상실이 나타내는 몇 가지 형태를 조사해 보기로 하자.

2. 낡은 가죽부대에 넣은 새 포도주

적응 · 혁명 · 이상(異常)

한 사회를 구성하는 여러 제도 사이의 부조화의 원천 중 하나는 새로운 사회적 세력 — 새로운 습성, 새로운 정서나 사상 — 의 도입인데, 기존의 제도는 본래 그런 새로운 세력을 감당하도록 만들어진 것이 아니었다.

이 새로운 세력과 낡은 제도가 서로 조화되지 못한 채 병존함으로써 생기는 파괴적 결과가 다음과 같은 예수의 가장 유명한 말의 한 구절에 지적되어 있다.

'생베조각을 낡은 옷에 대고 꿰매는 사람은 없다. 새로 댄 조각이 그 옷을 당기어 더 찢어지기 때문이다. 새 포도주를 낡은 가죽부대에 담는 사람은 없다. 그렇게 하면 부대가 터져서 포도주는 쏟아지고 부대는 못쓰게 된다. 새 포도주는 새 부대에 넣어야 둘 다 보존된다.'(《마태복음》9장 16~17절)

이 비유의 출처가 되는 가정경제에 있어서는 물론 이 가르침을 문자 그대로 실천할 수 있다. 그러나 사회생활에 있어서는 뜻있는 일들을 합리적인 계획하에 처리하는 인간의 능력은 극히 제한을 받게 마련이다. 왜냐하면 사회는 포도주를 담는 가죽부대나 베옷처럼 개인의 소유가 아니고 다수인이 활동하는 공동의 기반이기 때문이다.

그러므로 그 교훈은 가정경제에서는 상식이 되고 정신생활에서는 실용적인 지혜가 되지만, 사회문제에 있어서는 실천이 매우 어려운 하나의 이상이다.

물론 이상적으로 말하면 새로운 동적 세력의 도입에 따라서 마땅히 현존 제도 전체를 재편성해야 할 것이고, 또 실제 성장하고 있는 사회에서는 언제나 시대착오적인 것을 끊임없이 재조정한다. 그러나 끊임없이 새 작용을 일으키는 새로운 사회적 세력과의 부조화가 날로 심해짐에도 불구하고 타성의 힘은 언제든지 낡은 사회구조의 대부분을 그대로 유지하는 경향을 가지고 있다. 그 힘은 한편으로 스스로 수립한 새로운 제도를 통하거나 혹은 자기 목적에 적합하도록 개조한 낡은 제도를 통하여 창조적인 과업을 수행한다. 이때 새로운 힘은 조화된 노선으로 흘러들어가서 사회의 복지를 증진한다. 그런데 동시에 이 새로운 힘은 그 앞을 가로막는 어떤 제도에도 불구하고 뚫고 들어간다. ─ 마치 기관실에 돌입하게 된 강력한 증기의 압력이 거기에 설비되어 있는 다른 낡은 기관의 어느 장치 속이라도 구별 없이 돌입하는 것과 마찬가지로.

그런 경우에는 두 가지 재액 중 어느 하나가 반드시 일어나게 마련이다. 그 강력한 새로운 증기의 압력은 낡은 기관을 산산이 폭파시켜 버리든가, 아니면 망가지지 않은 채 그럭저럭 새로운 모양으로 움직이기 시작하기는 하되 그것은 불안한 동시에 파괴적이다.

이상의 비유들을 사회생활의 술어로 바꾼다면, 새로운 압력에 견디지 못하는 낡은 기관의 폭발, 혹은 새 포도주의 발효에 견디지 못하는 낡은 가죽부대의 파열은 시대착오적인 제도를 가끔 습격하는 혁명이며, 한편 본래의 목적과는 전혀 동떨어진 일을 해야 하는 긴장을 견디는 낡은 기관의 유해한 활동을 고집스럽게 계속하려는 완미한 제도상의 시대착오가 간혹 산출하는 사회적 이상이다.

혁명은 한동안 눌려 있던, 따라서 그만큼 더 격렬한 미메시스의 행위로 정의할 수 있다. 혁명에 있어서는 미메시스가 본질적인 요소이다. 모든 혁명은 이미 다른 데서 발생한 사건에 관련을 갖고 있는 것이다. 혁명을 그 역사적 배경 속에서 조사해 보면, 그 이전에 외부세력의 작용 없이는 결코 혼자서 일어나지 않는다는 것이 판명된다. 그 명백한 예는 1789년의 프랑스 혁명이다. 그것은 한편으로는, 그 직전에 영국령 아메리카에서 일어난 사건—그야말로 자살적인 행위라고 할 수밖에 없지만, 앙시앵 레짐(구체제)하의 프랑스 정부가 원조를 아끼지 않았던 사건—에서, 또 한편으로는 몽테스키외 이래의 2세대 계몽사상가들에 의해서 프랑스에 널리 보급되어 찬미를 받고 있던, 100년의 역사를 가진 잉글랜드의 입헌제도에서 그 정신을 본받았던 것이다.

지연(遲延)의 요소도 혁명에는 반드시 따라다니는 본질적인 것인데, 이것은 혁명의 가장 뚜렷한 특징인 폭력이 어째서 일어나는가를 설명해 준다. 혁명이 폭력적인 이유는, 혁명은 새로운 생명의 표현을 일시 방해하고 억압한 완고한 구제도에 대한 가장 강력한 새로운 사회적 세력의 지연된 승리이기 때문이다. 그 방해가 오래 계속되면 될수록 출구가 막힌 힘의 압력은 더욱더 커지고, 압력이 커지면 커질수록 갇혀 있던 힘이 마침내 방해물을 돌파하게 될 때의 폭발력은 더욱 맹렬해진다.

혁명 대신 나타나는 사회적 이상은, 낡은 제도를 새로운 사회적 세력에 조화시켜야 할 미메시스의 행위가 일시 지연될 뿐 아니라 완전히 저지될 때 그 사회가 받지 않을 수 없는 벌이라고 정의할 수 있다.

여기서 어떤 사회의 기존 제도상의 구조가 새로운 사회적 세력의 도전을 받게 될 때에는 언제든지 다음 세 가지 결과 중의 어느 하나가 나타날 수 있다는 것이 명백해진다. 즉 새로운 세력에 대한 조화된 구조의 적응, 혁명(지연된 부조화의 적응), 이상(異常)이다. 그리고 이 세 가지 결과의 어느 한 가지 혹은 그 모두가 한 사회의 다른 부분—이를테면 그 사회가 국민국가로 분화해 있다면 그 각 국민국가—에서 나타나는 경우가 있다는 것 또한 명백하다. 만일 조화된 적응이 우세하면 그 사회는 성장을 계속할 것이고, 혁명이 우세하면 그 사회의 성장은 점차 위험하게 될 것이며, 이상이 우세하면 쇠퇴기로 진단해도 무방할 것이다. 방금 제시한 공식을 입증하는 몇 가지를 실례로 들어 보자.

산업주의가 노예제도에 미친 영향

과거 200년 동안 산업주의와 민주주의라는 두 새로운 동적인 사회적 세력이 활동하기 시작했는데, 이 두 세력과 충돌하게 된 낡은 제도의 하나가 노예제도였다. 헬라스 사회의 쇠망의 주요 원인이 된 이 유해한 제도는 서구 사회의 본고장에서는 그 기반을 획득하지 못했으나, 서구 그리스도교 세계가 해외로 팽창하던 16세기 이래 그것은 새로 손에 넣은 해외 영토의 몇 군데에서 발을 붙이게 되었다. 그러나 오랫동안 이 부활된 농장노예제도의 규모는 별로 두려워할 만한 것은 아니었다. 18세기 말엽 민주주의와 산업주의의 새로운 세력이 영국에서 서구 세계의 다른 지역으로 퍼져가던 때에도 노예제도는 아직 서구 세계의 변두리 식민지에 한정되어 있었고, 게다가 거기서도 점차 그 범위가 줄어들고 있었다. 워싱턴과 제퍼슨같이 노예 소유자였던 정치가들도 그 제도에 대해 통탄했을 뿐만 아니라, 다가오는 시대에는 평화적으로 없어질 것이라는 매우 낙관적인 견해를 갖고 있었다.

그러나 이런 가능성은, 농장노예노동에 의해 생산되는 원료의 수요를 크게 자극한 영국 산업혁명의 발생으로 인해 일소되고 말았다. 이와 같이 산업주의의 충격은 점점 쇠퇴해 가고 있던 시대착오적인 노예제도의 수명을 새롭게 연장시켰다. 서구 사회는 이제 곧 노예제도를 종결시키는 적극적인 방법을 취하든가, 아니면 산업주의라는 새로운 추진력에 의해 이 오랜 사회악이 서구 사회의 생명 자체를 위협하는 치명적 독소가 되는 것을 방관하든가 어느 하나를 택하지 않을 수 없게 되었다.

이러한 정세 아래 서구 세계의 여러 국가에서는 노예제도 폐지 운동이 일어나 평화적인 방법으로 어느 정도 성공을 거두었다. 그러나 노예제도 폐지 운동이 평화적으로 전진하지 못한 중요한 지역이 하나 있었는데, 그것은 미연방의 남부 제주(諸州)에 있는 '면화지대'였다. 그곳의 노예제도 옹호자들은 꼭 1세대 동안 더 노예를 지배했는데, 이 30년의 짧은 기간에 ― 대영제국에서 노예제도가 폐지된 1833년부터 합중국에서 그것이 폐지된 1863년까지 ― 남부 제주의 이와 같은 '특수한 제도'는 산업주의의 추진력을 배경삼아 거대한 괴물로 성장했다. 그후 이 괴물은 막다른 골목까지 쫓겨 퇴치되었으나, 미합중국의 노예제도의 제거가 그렇게 지연되었기 때문에 파괴적인 혁명의 대가를 치르지 않을 수 없었다. 그

참담한 상처는 오늘날에도 눈에 띈다. 미메시스 지연의 대가는 그만큼 비싼 것이었다.

그러나 이와 같은 대가를 치르면서도 서구 사회가 노예제도라는 사회악을 그 최후의 요새로부터 근절시킨 것은 경하해야 할 일이다. 그리고 이 행운을 가져다 준 것은 산업주의보다 조금 더 앞서 서구 세계에 출현한 민주주의라는 새로운 세력이었다. 서구 세계 최후의 거점에서 노예제도를 근절시킨 링컨이 널리 당연히 최대의 민주적 정치가로 간주되는 것은 결코 우연의 일치는 아니다. 민주주의는 인도주의의 정치적 표현이고, 인도주의와 노예제도는 결코 해소되지 않을 적대관계에 있기 때문에, 새로운 산업주의가 노예제도에 박차를 가하고 있는 바로 그 시기에 이 새로운 민주정신이 노예제도 폐지 운동에 박차를 가했던 것이다. 만일 이 노예제도를 중심으로 한 싸움에 있어서 산업주의의 추진력이 민주주의의 추진력에 의해 크게 중화되지 않았더라면, 서구 세계는 그렇게 쉽게 노예제도를 제거하지는 못했을 것이라고 확언할 수 있다.

민주주의와 산업주의가 전쟁에 끼치는 영향

산업주의의 영향은 노예제도의 공포를 증대시켰을 뿐만 아니라 전쟁의 공포까지도 증대시켰다는 것은 새삼스러운 말이 아니다. 전쟁도 노예제도와 거의 같은 정도로 도덕적 견지에서 비난받고 있는 또 하나의 시대착오적인 낡은 제도이다. 그리고 엄밀한 지적(知的) 근거에서 전쟁은 노예제도와 마찬가지로, 그것으로 이익을 얻고 있다고 생각하는 사람에게까지도 '수지맞지 않는' 것이라고 널리 주장하는 생각이 있다. 그렇다면 도대체 무엇 때문에 우리 사회는 노예제도의 제거에 성공한 것처럼 전쟁을 제거하는 데 순조로운 성과를 거두지 못했던가? 그 답은 명백하다. 전쟁의 경우에는 노예제도와 달리 민주주의와 산업주의의 두 추진력이 동시에 같은 방향으로 영향을 미쳤기 때문이다.

산업주의와 민주주의가 출현하기 직전의 서구 세계의 사정을 회고하면, 우리는 당시 18세기 중엽에 있어서의 전쟁은 노예제도와 거의 같은 상황하에 있었다는 것을 알게 된다. 즉 전쟁은 분명히 내리막길이었다. 그러나 그것은 전쟁의 횟수가 줄었다기보다는—이 사실도 통계상으로 입증될 수 있겠지만[5]—그전보다 온건한 방법으로 행해지게 되었다는 의미이다. 18세기 서구의 합리주의자들은 전쟁이 종교적 열광의 충돌에 의해 무섭게 격화된 가까운 과거를 불쾌한 감정으로 회고하고 있었다. 그런데 17세기 후반에 이르러 이 종교적 열광이라는 악마가 축출됨으로써 서구 역사상 전무후무할 정도로 전쟁의 해악이 최소한으로 억제되었다. 이 비교적 '개화된 전쟁'의 시대는 18세기 말에 끝나고, 그후 민주주의와 산업주의에 영향을 받아 전쟁은 다시 격화되기 시작했던 것이다.

이 두 세력 중 어느 것이 과거 150년 동안에 전쟁을 격화시키는 데 더 큰 역할을 했느냐고 묻는다면, 우리는 아마 산업주의 쪽이라고 말하고 싶을 것이다. 그러나 그것은 잘못이다. 여기서 말하는 의미의 최초의 근대전은 프랑스 혁명을 계기로 시작된 일련의 전쟁인데, 이런 전쟁에 대한 산업주의의 영향은 보잘것없는 것이었고, 오히려 민주주의, 즉 프랑스 혁명적인 민주주의의 힘이 가장 중요했던 것이다. 아직 혁명이 일어나지 않았던 대륙 제국의 18세기적인 구식 방비를 마치 나이프로 버터를 자르듯이 쉽게 돌파하여 전유럽을 프랑스의 총검으로 석권한 것은 나폴레옹의 군사적 재능이라기보다는 새로운 프랑스 군대의 혁명적 열광이었다. 만일 이 주장을 뒷받침할 증거가 필요하다면, 그것은 나폴레옹의 등장 이전 루이 14세의 직업군대에게도 극히 어려웠던 사업을 갓 소집된 프랑스군이 해치웠다는 사실에서 찾아볼 수 있다. 그리고 우리는 또 로마인과 아시리아인 및 그밖에 과거의 고도로 발달한 군국주의적인 강국들이 기계화된 장비의 도움을 전혀 받지 않고도 사실 16세기의 화승총병(火繩銃兵)이 보기에도 매우 유치하게 여겨지는 무기로 문명을 멸망시켰던 일을 상기하게 된다.

18세기의 전쟁이 그 전후의 시대보다 격렬하지 않았던 근본 이유는, 그때의 전쟁은 이미 종교적인 열광의 무기는 아니었고, 또 아직 민족주의적인 열광의 도구가 되어 있지 않았기 때문이다. 이 중간기에는 전쟁은 그저 '왕들의 유희'에 지나

---

5 소로킨은 그가 수집한 통계적 증거를 통해 서구 세계에서 일어났던 전쟁의 횟수가 대체로 18세기보다 19세기에 더 적었다고 추론하고 있다. 《사회와 문화의 다양성》 제3권.

지 않았다. 도덕적으로 볼 때는 그런 경박한 목적을 위해 전쟁을 한다는 것이 한층 더 고약할지 모르겠으나, 전쟁의 물적 참화를 완화시킨 결과를 가져왔다는 것을 부정할 수는 없다. 전쟁놀이를 하는 왕들은 국민이 허용하는 한계를 잘 알고, 그 한계 안에서 행동하려 했던 것이다. 그들의 군대는 징병제도에 의해 소집되지도 않았고, 종교전쟁의 군대처럼 점령국을 모조리 폐허로 만들지도 않았으며, 20세기의 군대처럼 평화의 업적을 모조리 말살하지도 않았다. 그들은 군사적 경기의 법칙을 준수하고 온건한 목표를 세웠으며, 패배한 적에게 재기불능의 조건을 강요하지도 않았다.

산업주의의 힘에 의한 노예제도의 강화가 노예폐지 운동을 불러일으킨 것처럼 민주주의의 힘―물론 뒤에는 산업주의의 힘도 가세했는데―에 의한 전쟁의 강화는 반전운동을 야기했다. 1914~18년의 대전 후 이 운동의 최초의 구체적 표현으로서 탄생한 국제연맹도 세계를 1939~45년의 대전으로 들어가지 못하도록 막을 수가 없었다. 이 두 차례의 불행을 겪은 대가로 이제 겨우 우리는 어떤 살아남은 강대국에 의해 세계국가가 강제적으로 수립됨으로써 일련의 전쟁을 종식시키기를 기다리는―그것은 너무나 지루하고 또 너무나 늦다―대신에 세계정부의 협동체제를 통하여 전쟁을 폐지한다는 어려운 일을 시도하는 새로운 기회를 얻었다. 아직껏 어떤 문명도 성취한 일이 없는 이 사업을 우리의 세계에서는 과연 달성할 수 있을지 어떨지 그것은 신만이 아는 일이다.

민주주의와 산업주의가 지방적 주권에 미친 영향

민주주의의 찬미자들은 흔히 민주주의는 그리스도교의 당연한 귀결이라고 주장하고 있는데, 노예제도에 대한 민주주의의 태도를 보면 그 주장에는 과연 수긍할 만한 점이 없는 것도 아니다. 그런데 그 민주주의가 노예제도와 마찬가지로 명백히 악한 전쟁에 대해서는 어째서 더 나쁜 영향을 끼쳐왔을까? 그 답은 민주주의는 전쟁이라는 제도와 충돌하기 전에 지방적 주권이라는 제도와 충돌했다는 사실에서 발견할 수 있다. 그리고 민주주의와 산업주의의 새로운 추진력이 지방국가라는 낡은 틀에 도입되면서 정치적 및 경제적 내셔널리즘이라는 쌍둥이 이상

(異常)이 태어났던 것이다. 민주주의가 전쟁을 반대하지 않고 그것을 촉구하게 된 것은 민주주의의 고매한 정신이 이질적인 매체를 통과하면서 저속한 형태로 변했기 때문이다.

이 점에서도 서구 사회는 18세기의 민족주의 출현 이전의 시대에는 한층 더 행복한 상태에 놓여 있었다. 한두 가지 예외는 있었지만, 서구 세계의 지방적 주권국가들은 당시 국민 전체의 일반의사의 도구가 아니라 사실상 왕가의 사유재산이었다. 이 사유재산이나 그 재산의 일부가 한 왕가에서 다른 왕가로 이동해 가는 절차에는 두 가지가 있었는데, 즉 왕가간의 전쟁과 왕가간의 통혼이 그것이었다. 이 두 방법 가운데 분명히 후자가 더 애용되었다. 여기서 합스부르크 왕가의 외교정책을 칭찬한 저 유명한 말―전쟁은 다른 사람들에게 시켜라. 오, 행복한 오스트리아여, 그대는 결혼을 하라―이 생겼다. 18세기 전반기의 3대 전쟁의 명칭이 스페인 왕위계승 전쟁, 폴란드 왕위계승 전쟁, 오스트리아 왕위계승 전쟁이라는 것만 보아도 혼인관계가 복잡해져서 어쩔 도리가 없게 되었을 때 비로소 전쟁이 일어났다는 것을 알 수 있다.

오늘날 전쟁은 '총력전'이 되었다. 그렇게 된 이유는 지방국가들이 민족주의적인 민주주의 국가가 되었기 때문이다.

총력전이라고 할 때, 우리는 육군 및 해군이라는 선발된 '체스의 말'만이 전투대원이 아니라 당사국의 국민 전부를 전투원으로 생각하는 전쟁을 의미한다. 이 새로운 전쟁관은 언제부터 시작되었던가? 그것은 아마도 독립전쟁이 끝났을 때, 승리한 영국계 아메리카 식민지인들이 영국의 편에 섰던 동족에 대해 취한 조처에서 비롯된 것 같다. 이 대영연방 제국에 충성한 근왕파(勤王派)는 전쟁이 끝난후―남녀노소 할 것 없이―그들의 집에서 쫓겨났다. 그들이 당한 처사는, 그보다 20년 전에 프랑스계 캐나다인이 영국에 의해 정복되었을 때, 그들의 집을 그대로 보유할 뿐만 아니라 그 고유의 법률제도와 종교 조직도 그대로 보존할 수 있도록 허용된 것과 비교하면 대단한 차이가 있다. 영국에 승리한 아메리카 식민지인들이야말로 서구 사회 최초의 민주화된 국민이라는 점에서 볼 때 그 최초의 '전제주의'의 예[6]는 더욱 의미심장하다.

정치적 내셔널리즘에 못지않게 큰 해악이 된 경제적 국민주의도 역시 지방국가의 숨막힐 듯한 틀 속에서 작용하는 산업주의의 변질에 의해 발생했다.

물론 산업주의시대 이전의 국제정치에도 경제적인 야망과 경쟁이 없었던 것은 아니었다. 사실 경제적 내셔널리즘의 전형적 표현은 18세기의 '중상주의' 에서 나타났다. 스페인령 아메리카 식민지의 노예무역 독점권을 영국에게 부여한 위트레흐트 조약의 저 유명한 조항이 명시하는 바와 같이, 18세기의 전쟁의 목적에는 시장과 독점권의 획득도 포함되어 있었다. 그러나 18세기의 경제적 투쟁은 소수의 계급과 한정된 업자에게만 영향을 미쳤다. 나라마다, 아니 각 마을마다 생활필수품의 거의 전부를 생산하고 있던 농업 위주의 시대에 있어서는 대륙의 영토 획득전을 '왕들의 유희' 라고 부른 것처럼, 영국의 시장 획득전은 '상인들의 유희' 라고 불러도 좋을 정도의 것이었다.

규모도 작고 긴장도 적었던 이 경제적 균형의 일반적 상태를 심하게 교란시킨 것은 산업주의의 출현이었다. 왜냐하면 산업주의도 민주주의와 마찬가지로 그 작용은 본질적으로 전세계적인 것이기 때문이다. 프랑스 혁명이 기만적으로 선언한 바와 같이, 만일 민주주의의 본질이 우애의 정신이라면, 산업주의가 그 가능성을 완전히 발휘하기 위한 불가결의 요건도 전세계적인 협동이어야 한다. 산업주의가 요구하는 사회체계는, 18세기의 새로운 기술의 개척자들이 외쳤던 저 유명한 자유방임, 자유통상 —제조의 자유와 교역의 자유—이란 표어 가운데 정확하게 표명되어 있다. 세계가 작은 경제적 단위로 세분되어 있는 것을 본 산업주의는 이미 150년 전에 세계적 통일의 방향을 지향하는 두 방법에 의해 세계의 경제구조를 재편성하기 시작했던 것이다. 그것은 경제적 단위의 수를 줄이고 규모를 크게 하는 동시에 각 단위 상호간의 장벽을 낮추려고 노력했다.

이러한 노력의 역사를 훑어보면, 전세기의 60년대와 70년대에 하나의 전환기가 있었다는 것을 알게 된다. 그때까지 산업주의는 민주주의의 도움을 받아 경제

---

6 실제로 그보다 더 빠른 예가 있다. 즉 7년전쟁이 시작되었을 때, 프랑스 통치지역의 아카디아인을 영국 관헌이 노바스코샤에서 추방했다. 그러나 이것은 18세기적 기준에서 보면 난폭한 처사였지만 소규모의 사건에 불과했고, 또 거기에는 전략상의 이유가 있었다고 한다.

적 단위의 수를 줄이고 각 단위 사이의 장벽을 낮추려고 노력해 왔다. 그런데 그 시기 이후부터는 산업주의와 민주주의는 모두 정책을 바꾸어 반대방향으로 작용하게 되었다.

우선 경제적 단위의 크기를 고찰해 보면, 18세기 말엽에는 대영제국이 서구 사회에서 가장 큰 자유무역 지역이었는데, 이 사실은 산업혁명이 다른 나라 아닌 영국에서 처음 일어난 이유를 설명하기에 충분하다. 그런데 북아메리카의 식민지들이 1788년에 필라델피아 헌법을 채택하여 각 주 사이의 통상 장벽을 완전히 철폐했다. 여기서 미국이 필연적으로 팽창하여 오늘날의 세계에 있어서 가장 큰 자유무역 지역이 되고, 따라서 그 직접적인 결과로 가장 강대한 공업국이 될 수 있었다. 그 수년 후의 프랑스 혁명은 종래 프랑스의 경제적 통일을 방해하고 있던 지방 사이의 관세장벽 철폐라는 결과를 가져왔다. 19세기 2 · 4분기에는 독일이 그 정치적 통일의 선구가 되는 경제적 관세동맹을 실현했고, 그 3 · 4분기에는 이탈리아가 정치적 통일을 성취하는 동시에 경제적 통일도 확보했다. 이 문제의 다른 면, 즉 국제무역을 방해하고 있던 관세와 그 밖에 지방적 장벽을 낮추려는 노력을 살펴보면, 애덤 스미스를 사숙한다고 선언한 피트가 무관세 자유무역운동을 개시했고, 19세기 중엽에 와서는 필, 코브던, 글래드스턴 등이 그 운동을 완성했다. 아메리카 합중국은 실험적으로 고율관세정책을 실시해 본 후, 1832년에서 1860년까지 점진적으로 자유무역의 방향으로 나아갔으며, 루이 필리프와 나폴레옹 3세 시대의 프랑스 및 비스마르크 이전의 독일도 같은 길을 걸었다.

그런데 그후 이런 경향이 갑자기 방향 전환을 하여, 독일과 이탈리아에서 다수의 소국들을 하나로 통일한 민주주의적 민족주의는 합스부르크 제국과 오스만 제국 및 러시아 제국 등의 다민족 제국을 해체하기 시작했다. 제1차 대전 후에는 본래 하나의 자유무역권이었던 다뉴브 제국이 경제적 자급자족을 확보하고자 필사적으로 노력하는 여러 후계국가들로 분열되었고, 동시에 다른 일군의 새로운 국가들이 ─ 따라서 경제적으로 새로운 경제구획들이 ─ 모두 영토를 깎여서 매우 작아진 독일과 러시아 사이에 끼어들게 되었다. 그러는 사이에 약 1세대 전부터 자유무역에 대한 동향은 한 나라 두 나라씩 점차 역전되기 시작하다가, 1931년에 이르러서는 마침내 '중상주의'의 역류가 영국 자체에까지 미치게 되었다.

이와 같이 자유무역을 포기하게 된 원인은 쉽게 구명할 수 있다. 자유무역은 '세계의 공장' 노릇을 하던 시대의 영국에 아주 합당한 것이었고, 또 그것은 1832년에서 1860년까지 아메리카 합중국의 정치를 좌우하고 있던 면화 수출의 제주에도 적합한 것이었다. 그것은 같은 시기의 프랑스와 독일에도 여러 가지 이유에서 적합한 것으로 생각되었다. 그러나 여러 국가들이 하나 둘 공업화됨에 따라서 단기적으로는 인접 국가들과 더불어 격렬한 산업적 경쟁을 전개하는 것이 각 국가의 이해관계에 적합하게 되었을 때, 지방국가가 각각 주권을 쥐고 있는 체제하에서 누가 감히 그것에 반대할 수 있겠는가?

코브던과 그 일파는 크게 오판하고 있었다. 그들은 세계의 국민들과 국가들이 영국을 중심으로 산업주의의 넘치는 힘에 의해 맹목적으로 구성되어 가는 새로운, 전대미문의 치밀한 세계적 경제 관계의 조직에 의해 하나의 사회 안에 통일되어 갈 것으로 기대했던 것이다. 빅토리아 시대의 영국의 자유무역운동을 단순히 하나의 총명한 이기주의가 낳은 걸작에 불과한 것이라고 단언해 버리는 것은 코브던 일파에 대해 공평하지 못한 견해일 것이다. 그 운동은 도덕적 이념과 건설적인 국제정책의 표현이었다. 그 운동의 가장 위대한 인물들은 영국을 세계시장의 주역으로 만드는 것 이상의 무엇을 지향하고 있었다. 그들은 경제적 세계질서가 번영할 만한 정치적 세계질서가 차차 발전되도록 촉진하기를 희망했고, 물자와 서비스가 평화롭고 안전하게 전세계적으로 교환될 수 있는—거기서 안전이 증대되고 또한 어느 곳에서나 전인류의 생활수준이 한 걸음씩 더 향상되는—하나의 정치적 분위기를 조성하기를 희망했던 것이다.

코브던은 민주주의와 산업주의가 지방국가간의 경쟁에 미치는 영향의 결과를 예견하지 못했다는 점에서 판단착오를 일으켰던 것이다.

그는 당시 전세계적인 산업주의의 거미줄을 치고 있던 인간거미들이 그 가는 줄 속에 두 거인을 완전히 묶어 버릴 때까지, 이 두 거인이 18세기에 그랬던 것처럼 19세기에도 잠자코 얌전하게 묶여 있을 줄 알았던 것이다. 그는 민주주의가 우애를 의미하고 산업주의가 협동을 의미하는 그 본래의 자유로운 표현을 통해 민주주의와 산업주의가 낳을 수 있는 통일과 평화의 성과를 믿고 있었고, 따라서 지방국가라는 낡은 기관에 새 '증기압'을 무조건 주입함으로써 그 두 세력이 파멸과 세계적 무정부상태를 야기할지도 모른다는 가능성을 계산에 넣지 않았다. 그는 프랑스 혁명의 대변자들이 가르친 우애의 복음이 고대 최초의 큰 민족주의 전쟁의 도화선이 되었다는 것을 상기하지 못했다. 아니, 그가 그것을 상기하지 못했다기보다는 그 전쟁은 그런 종류의 것으로서는 처음이자 마지막이 될 것이라고 생각했던 모양이다. 그는 18세기의 한정된 중상주의적 과두지배가 당시의 국제통상의 내용을 구성하고 있던 비교적 중요도가 덜한 사치품 무역의 확장을 위해 전쟁을 일으킬 수 있었다면, 국제통상이 산업혁명에 의해 사치품의 교환에서 생활필수품의 교환으로 변하게 된 시대에 있어서는 더욱더 민주화된 여러 국민이 경제적 목적을 실현하기 위해 어디까지나 서로 철저히 싸우게 되리라는 것을 깨닫지 못했던 것이다.

요컨대 맨체스터 학파는 인간성을 오인하고 있었던 것이다. 그들은 경제적인 세계질서라 할지라도 단순히 경제적인 기반 위에서만 건설될 수는 없다는 것을 이해하지 못했다. 그 순수한 이상주의에도 불구하고 그들은 '사람은 떡으로만 사는 것이 아니라는' 것을 깨닫지 못했다. 빅토리아 시대의 영국의 이상주의의 궁극적 원천은 그레고리우스 교황과 그 밖에 서구 그리스도교 세계의 건설자들인데, 그들은 그런 치명적 오류를 범하지 않았다. 그들은 초속적(超俗的) 문제에 온 힘과 마음을 다 기울이고 있던 까닭에 의식적으로 어떤 세속적 질서를 건설하려고 하지 않았다. 그들의 현세적 목적은 난파된 사회(헬라스 사회)에서 살아남은 자들의 목숨을 어떻게 유지하느냐 하는 좀더 소극적인 물적 소망에 한정되어 있었다.

그레고리우스와 그의 동료들이 귀찮은 일이고 또 남이 알아주지도 않지만 필요에 의해서 건설한 경제적 건축은 분명히 임시방편의 것이었다. 그런데도 그들은 그것을 경제라는 모래 위가 아니라 종교라는 반석 위에 세우려고 노력했던 것이다. 그리하여 그들의 노력이 성과를 올려 서구 사회의 구조는 견고한 종교적 기반 위에서 안정을 찾게 되어, 처음에는 한쪽 구석에서 초라하게 발족했던 것이 1천 4백 년도 못 되어 전세계에 두루 충만하게 퍼진 대사회로 성장했다. 그레고리우스의 소박한 경제적 건축에도 견고한 종교적 기초가 필요했었다면, 오늘날 우리가 건설해야 할 보다 더 거대한 세계질서의 건축이 단순한 경제적 이해관계라는 자갈밭 위에 안전하게 서 있을 수 있으리라고는 도저히 생각할 수가 없다.

산업주의가 사유재산제에 끼친 영향

사유재산제는 한 가정이나 한 세대가 경제활동의 통상적 단위로 되어 있는 사회에서 성립되는 경향이 있는 제도로서, 그런 사회에서는 아마도 그 제도가 물질적 부의 분배를 지배하는 데 가장 적합한 제도일 것이다. 그러나 오늘날 경제활동의 자연적 단위는 이미 가정도 아니고, 또 마을이나 단일한 국민국가도 아닌 현재 살아 있는 인류의 세대 전체이다. 산업주의 출현 이래 현재 서구 사회의 경제는 사실상 가족단위를 넘어섰고, 따라서 논리적으로는 가족단위의 사유재산제를 넘어섰다. 그럼에도 불구하고 실제로는 이 낡은 제도가 아직 실시되고 있다. 이러한 정세하에서 산업주의는 사유재산제에 강한 추진력을 부여하는 부유한 자의 사회적 세력을 증대함과 동시에 그들의 사회적 책임을 감소시켰다. 그 결과 산업시대 이전에는 유익했던 이 사유재산제가 이제는 여러 가지 모양의 사회악을 드러내기에 이르렀다.

그래서 오늘날 우리 서구 사회는 낡은 사유재산제를 산업주의의 새로운 세력과 조화할 수 있도록 조절하는 과제에 직면하고 있다. 그 평화적 조절방법은 국가라는 기관을 통해 계획적이고 합리적이며 공평한 사유재산의 관리와 재분배를 행함으로써 산업주의에 필연적으로 수반되는 사유재산의 편재를 방지하는 것이다. 국가는 기간산업을 관리함으로써 그 사유로 인해 다른 사람의 생활을 지나치게 지배하는 힘을 억제할 수 있고, 부유한 자에게 고율과세를 부과하여 조달되는 경비로 사회사업을 행함으로써 빈곤의 비참한 결과를 완화시킬 수 있다. 이 방법은 국가를 전쟁제조기 — 지금까지 국가의 가장 두드러진 기능은 전쟁의 제조였다 — 로부터 사회복지의 증진기관으로 바꾼다는 부수적인 사회적 이익도 있다.

만일 이 평화적인 정책이 원만하게 실시되지 못한다면, 그 대신에 공산주의와 같이 사유재산제를 전멸시키려는 혁명적인 방법이 우리를 습격할 것이다. 이것은 적응에 대신할 수 있는 유일한 실제적인 귀결이라고 생각한다. 왜냐하면 산업주의의 힘에 의한 사유재산의 편재가 사회사업과 고율관세에 의해 효과적으로 완화되지 않는다면, 그것은 도저히 참을 수 없는 이상(異常)을 초래할 것이기 때문이다. 그러나 러시아의 실험이 명시하는 바와 같이, 공산주의라는 혁명적 요법은 질병 그 자체에 못지않게 치명적인 것이 될 우려가 있다. 왜냐하면 사유재산제는 산업주의시대 이전의 사회적 유산 가운데서 가장 좋은 것과 밀접히 결부되어 있는 까닭에, 이를 함부로 폐지하게 되면 우리 서구 사회의 사회적 전통에 불행한 단절을 가져올 것이 틀림없기 때문이다.

민주주의가 교육에 끼친 영향

민주주의의 출현에 의해 초래된 최대의 사회적 변화의 하나는 교육의 보급이다. 진보적인 나라에서는 무상으로 보통 의무교육제도를 채택함으로써 모든 아이들이 그 생득권으로서 교육을 받을 수 있게 했다. 이것은 민주주의시대 이전에는 특권적 소수자의 독점물이었던 교육의 역할과는 두드러진 대조를 보인다. 이 새로운 교육제도는 현대 국제사회의 일원으로서 명예로운 지위를 염원하는 모든 국가의 주요한 사회적 이상의 하나가 되었다.

보통교육이 최초로 시작되었을 때, 당시의 자유주의적 여론은 그것을 정의와 개화의 승리라고 환영하여, 인류의 행복과 안녕의 새 시대 도래를 예고하는 것으로 기대했다. 그러나 지금 생각해 보면, 그런 기대는 천년왕국을 향한 대로상에 가로놓여 있는 몇 개의 장애물이라는 존재를 계산에 넣지 않은 것으로 여겨진다. 그리고 이 문제에 있어서도 흔히 다른 경우와 마찬가지로 예견치 못했던 요소가 가장 중대한 것이 되었다. 그 장애의 하나는 '대중'을 위한 교육 과정이 실시됨으로써 전통적인 문화적 배경에서부터 절단되는 대가를 치르지 않을 수 없어 불가피하게 생긴 교육 내용의 빈곤화였다. 민주주의의 선한 인도도 '오병이어(五餠二魚)'(《마태복음》 15장 32~39절)의 기적을 행할 만한 신통력을 가지고 있지 않다. 대량생산의 지적 양식에는 향취와 영양이 없다.

두 번째의 장애는 교육의 결과를 공리적으로 이용하려는 경향이 있다는 점이다. 사회적 특권으로서 교육권을 상속한 자나, 근면과 지능의 특출한 재능에 의해 그 교육권을 향유할 수 있는 자에게만 교육이 실시되는 사회제도하에서의 교육은 '돼지 앞에 던져진 진주'(《마태복음》 7장 6절)이거나, 아니면 '그것을 발견한 자가 있는 것을 다 팔아서 사는 값진 진주'(《마태복음》 13장 46절)일 것이다. 어느 경우든 그것은 목적을 위한 수단이 아니며, 세속적 야심의 도구도 아니고, 또 무익한 오락의 도구도 아니다. 교육을 대중오락의 수단으로 이용할 수 있는 가능성, 따라서 그 오락을 제공하는 기업가가 이익의 수단으로 이용할 가능성이 생긴 것은 보통 초등교육 실시 이후의 일이다.

그리고 이 새로운 가능성은 세 번째의 가장 큰 장애를 만들어냈다. '보통교육의 빵이 바다에 던져지자마자'(《전도서》 11장 1절) 곧 상어 떼가 바다 밑에서 떠올라 교육자의 바로 눈앞에서 아이들의 빵을 빼앗아 먹는다. 영국의 교육사에 있어서 그 연대만 보아도 이 사실을 알 수 있다. 국민 초등교육의 제도는 대체로 말하면 1870년의 '포스터 법'에 의해 완성되었는데, 그로부터 약 20년 후―즉 초등학교를 졸업한 첫 세대 아동들이 충분히 구매력을 획득하자마자―박애주의적인 교육자의 사랑의 노고를 교묘히 이용하기만 하면 신문왕이 막대한 이익을 거둘 수 있다는 것을 간파한 무책임한 인간의 천재적 수완에 의해 황색지가 발명되었던 것이다.

민주주의가 교육에 미친 영향에 대한 이 배신적 반응은 현대의 전체주의를 표방하는 국민국가 지배자들의 주의를 끌었다. 신문왕이 어중간한 교육을 받은 자들에게 쓸데없는 오락을 제공함으로써 막대한 돈을 벌 수 있었다면, 착실한 정치가들은 그들에게서 설사 돈을 벌어들이지는 못해도 권력을 앗아낼 수는 있지 않았겠는가. 현대의 독재자들은 신문왕들을 물리치고 거칠고 저속한 개인적 오락의 자리에, 역시 거칠고 저속한 국영 선전조직을 대치시켰다. 영국과 아메리카의 자유방임제도하에서 개인적 이익을 위해 어중간한 교육을 받은 대중을 집단적으로 노예화하는, 정밀하고 교묘하게 만들어진 지능장치를 국가의 지배자들이 고스란히 접수하여, 영화와 라디오로 보강하여 그들의 음흉한 목적을 위해 이용하고 있다. 노스클리프(영구 신문계의 일인자로 활약한 사람)의 뒤를 이어 히틀러가 나타난 것이다.—물론 히틀러가 그런 정책을 쓴 최초의 정치가는 아니지만.

이와 같이 민주적 교육이 채용된 나라의 국민은 기업가의 개인적 착취나 정부 당국에서 조종하는 지적 전제의 지배를 받을 위험에 직면했다. 여기서 국민의 영혼이 구원되려면 대중교육의 수준을 높여서 교육을 받은 자가 최소한 영리적인 착취와 선전의 저급한 형태에 걸려들지 않도록 하는 것만이 유일한 방법이다. 그러나 그것이 결코 쉬운 일이 아니라는 것은 말할 필요도 없으리라. 다행히 오늘날 서구 세계에는 이 문제를 해결하려고 애쓰는 이해(利害)를 초월한 유력한 교육기관들이 있다.—영국의 노동자 교육협회와 방송협회, 그리고 여러 나라 대학의 공개강좌 등이 그런 것이다.

이탈리아의 정치 능력이 알프스 북쪽의 정치체제에 끼친 영향

지금까지의 모든 예는 서구 역사의 최근의 국면에서 인용한 것이다. 이제 같은 서구 역사의 초기에 보다 새로운 세력이 낡은 제도에 영향을 미침으로써 제기된 문제에 관해서는 단순히 독자의 기억을 되살리는 것으로 충분하다. 왜냐하면 우리는 이미 다른 데서 이 예를 검토한 일이 있기 때문이다. 여기서 제기된 문제는, 르네상스 시대 이탈리아의 도시국가들이 발휘한 정치적 능력에 대해 알프스 북쪽의 봉건군주제가 어떻게 조화롭게 적응할 수 있었는가 하는 것이었다.

비교적 쉬운, 그러나 신통하지 않은 적응법은 군주제 자체를 강화하여 이미 여러 이탈리아 도시국가들이 그에 굴복하고 있던 전제정치의 본을 딴 독재체제나 전제군주제를 채택하는 것이었다. 그보다는 어렵지만 더 좋은 방법은, 알프스 북쪽의 왕국들이 중세적인 삼부회(三部會)를 대외정치의 기관으로 발전시켜서, 당시 이탈리아의 전제군주제만큼 효율적이고 동시에 적어도 정치적인 면에서는 전성기의 이탈리아 도시국가의 자치제만큼 관대한 자치를 전국적 규모로 실시하게 하는 것이었다.

이미 앞에서 언급한 바와 같은 이유에서 그런 적응이 가장 조화롭게 달성된 곳은 영국이었다. 따라서 서구 역사의 그전 단계에서 이탈리아가 그랬던 것처럼 그 다음 단계에서는 영국이 서구 사회의 선구자 내지 창조적 소수자가 되었던 것이다. 민첩한, 그래서 전국을 통일하려는 의지를 품었던 튜더 왕가의 치세에 군주정치는 전제군주정치로 발전하기 시작했는데, 비운의 스튜어트 왕가의 치세에 이르러 의회는 왕권을 뒤쫓더니 마침내 왕권을 앞지르게 되었다. 그래도 그 적응에는 두 번씩이나 혁명을 치르지 않을 수 없었다. 그러나 그 두 번의 혁명은 다른 대부분의 혁명에 비하면 훨씬 더 온건하고 신중하게 수행되었다.

프랑스에서는 전제적 경향이 훨씬 더 오래 지속되었고 훨씬 더 심했기 때문에 그만큼 더 격렬한 혁명이 일어났는데, 그 혁명과 더불어 시작된 정치적 불안정의 시대는 아직도 막을 내릴 기미를 보이지 않는다. 스페인과 독일에서는 전제정치에 대한 추세가 오늘날까지 계속되어 이에 대항하는 민주주의 운동은 너무 오래 방해되었기 때문에 지금까지 이 장에서 서술한 여러 가지 장애에 휘말리게 되었다.

솔론의 혁명이 헬라스 사회의 도시국가에 미친 영향

서구 역사의 제2기와 제3기의 과도기에 서구 세계의 알프스 북쪽 제국에 영향을 미친 이탈리아의 정치적 능력에 필적하는 헬라스 사회 역사의 경우는, 기원전 7세기에서 6세기에 걸쳐 헬라스 세계의 몇몇 나라에서 맬서스적인 인구문제의 압박 밑에 달성한 경제적 능력이다. 그 까닭은, 이 새로운 경제적 능력도 역시 그 능력을 창시한 아테네와 그 밖의 국가에 한정되지 않고 외부로 확산되어, 전 헬라스 세계의 많은 도시국가의 내정과 국제정치에 영향을 미쳤기 때문이다.

앞에서 이미 서술한 이 새로운 경제적 출발을 솔론 혁명이라고 부르기로 하자. 그것은 요컨대 자급자족 농업에서부터 상공업의 발달에 따르는 현금취득 농업으로의 전환이었다. 토지면에 비해 인구가 너무 조밀하다는 경제문제의 해결은 두 가지 새로운 정치적 문제를 야기했다. 즉 한편으로 이 경제혁명은 도시의 상공업 종업원과 장인(匠人)과 선원 등의 새로운 사회계급을 발생시켜, 그들에게도 일정한 정치적 지위를 부여하지 않으면 안 되게 되었다. 또 한편으로는 경제면에서 도시국가가 종래의 고립상태에서 상호의존의 관계로 옮아감으로써 다수의 도시국가가 일단 경제적으로 서로 의존하게 되자, 정치면에 있어서도 종래의 고립상태를 지속할 수 없게 되었던 것이다. 이 두 문제 가운데서 전자는 빅토리아 시대의 잉글랜드가 일련의 의회제의 개혁안에 의해 해결한 문제와 비슷하고, 후자는 그 잉글랜드가 자유무역운동을 통해 해결하려던 문제와 비슷하다. 우리는 이 두 가지 문제를 지금 말한 순서대로 하나씩 고찰하려 한다.

헬라스 사회 도시국가의 국내 정치생활에 있어 새로 출현한 계급에게 참정권을 부여하기 위해서는 근본적으로 정치적 결합의 기초를 수정하지 않으면 안 되었다. 전통적인 혈연적 기반은 재산에 기초를 둔 새로운 참정권 제도로 변경할 필요가 있었다. 아테네에서는 이 전환이 솔론 시대와 페리클레스 시대 사이에 일련의 정치조직의 발전을 통해 대체로 효과적으로 원만히 수행되었다. 이 전환이 비교적 원만하게 또 효과적으로 수행되었다는 것은 아테네의 역사에 있어서 참주정(僭主政)의 역할이 미미했다는 사실에 의해 증명된다. 그 이유는 이런 도시국가의 정치조직의 역사에 있어서 선진국가의 예를 따르려는 과정이 너무 오랫동안 눌려 있게 되면 하나의 '스타시스(혁명적인 계급전쟁)' 상태가 일어나서 참주, 즉 로마로부터 전해져 온 현대용어로 말하면 독재자의 출현에 의해 해결될 수밖에 없었다는 것이 통례였기 때문이다. 다른 나라에서와 마찬가지로 아테네에서도 독재는 적응의 과정에 있어서 불가결의 한 단계이기는 했으나, 아테네에서는 페이시스트라토스와 그의 아들들의 참주정치는 솔론의 개혁과 클레이스테네스의 개혁 사이의 짧은 막간에 지나지 않았다.

그리스의 다른 도시국가들은 그 적응이 그리 원만하지 못했다. 코린트에서는 장기간에 걸쳐, 시라쿠사에서는 몇 번이나 독재가 반복되었다. 코르키라에서는 처절한 '스타시스'가 행해져서 투키디데스의 붓을 통해 그 참상이 영구히 전해지고 있다.

끝으로 기원전 725~525년 사이에 헬라스 문명의 지리적 팽창의 결과로 헬라스 세계에 끌려들어가게 된 비(非)그리스인 공동사회였던 로마의 예를 들어보자. 로마가 헬라스 사회의 도시국가나 헬레니즘화한 도시국가의 보통 코스였던 경제적·정치적 발전 과정을 밟기 시작한 것은 문화적으로 헬레니즘화한 뒤였다. 따라서 로마는 이 시기에 아테네 역사의 각 단계에 해당하는 연대보다 약 150년 뒤에 그 단계를 거쳤다. 시간적으로 약 150년 가량 지체됨으로써 로마는 출신에 의해 권력을 독점하는 귀족과, 부(富)와 수에 의해 권력을 요구하는 평민 사이에 벌어진 과격하고도 치열한 '스타시스'의 어려움을 경험하지 않으면 안 되었다. 이 로마의 '스타시스'는 기원전 5세기부터 3세기까지 계속되었는데, 그 동안에 평민 계급은 몇 번이나 실제로 포풀루스(평민에 대해 민권을 소유한 계급의 총칭)와 분리하여 별개의 나라를 만들고자 시위를 하는 데까지 이르기도 했고, 또 정통적인 공화국의 한복판에 별도로 평민의 대립정권 — 고유의 제도와 의회와 관리를 완비한 — 을 영구적으로 수립했다.

로마의 위정자가 기원전 287년에 이 헌정상의 이상(異常)을 해소하여 정통정권과 대립정권을 하나의 정치적 통일로 실현시키는 데 성공한 것은 오로지 외부의 압력 덕분이었다. 따라서 그후 1세기 반 동안 계속된 제국주의적 팽창의 시기가 지났을 때, 이 기원전 287년의 해결이 임시변통적이었다는 것이 곧 폭로되었다. 로마인이 불안정한 정치조직으로서 수락했던 귀족의 제도와 평민의 제도의 어울리지 않는 합성은 새로운 사회정세에 적응하기 위한 정치적 수단으로는 매우 부적합한 것으로서, 과감하긴 했으나 실패로 끝난 그라쿠스 형제의 개혁에 의해 그전보다 한층 더 악화된 제2의 '스타시스'의 시기(기원전 131~31년)가 시작되었던 것이다. 이번에는 1세기 동안의 분열과 항쟁 끝에 로마의 정치체는 영구적인 독재에 굴복하게 되었다. 그리고 그 무렵에는 이미 로마의 무력은 헬라스 세계의 정복을 끝내고 있었기 때문에, 아우구스투스와 그의 후계자들에 의한 로마의 전제정치는 뜻밖에도 헬라스 사회에 그 세계국가를 제공하기에 이르렀다.

로마인은 국내문제 처리에는 서툴렀으나, 반면에 외국을 정복하고 그 영토를 보존하고 조직하는 데는 비범한 능력을 발휘했다. 이와는 대조적으로 아테네인은 '스타시스'를 제거하는 데는 뛰어났으나, 기원전 5세기 당시에 이미 긴급히 요청되고 있었던 국제질서 — 400년 후의 로마인이 그럭저럭 만들어내는 데 성공한 — 를 창설하는 데는 여지없이 실패하고 말았다는 것은 주목할 만하다.

아테네인이 실패한 이 국제적 과업은 솔론 혁명에 의해 제기된 두 가지 적응문제 중 두 번째 문제였다. 헬라스 사회의 국제무역에 필요한 국제적인 정치적 보장을 조성하는 데 장애가 된 것은 도시주권국가라는 전통적 정치제도였다. 기원전

5세기 초 이래의 헬라스 사회의 정치사 전체는 도시주권국가를 극복하려는 노력 및 이 노력이 불러일으킨 저항의 역사였다는 식으로 표현할 수 있다. 기원전 5세기가 끝나기 전에 이 노력에 대한 완강한 저항으로 인해 헬라스 문명은 쇠퇴하기 시작했다. 이 문제는 로마의 힘으로 어느 정도 해결되기는 했으나, 헬라스 사회의 해체가 최후 붕괴를 향해 달음질치는 것을 막기에는 이미 시기적으로 너무 늦어 있었다. 이 문제의 이상적 해결은, 도시국가들 상호간의 자발적인 협정에 의한 도시국가 주권의 항구적 제약에서 구해야만 했다. 페르시아에 대한 반격 중 아테네와 그의 에게 해 동맹국가들에 의해 실현된 델로스 동맹은 그런 시도 가운데서 가장 두드러진 것이었지만, 강제적으로 맺어진 동맹을 지도적인 가맹국이 부당하게 이용하는 패권, 즉 헬라스 사회 고래의 전통의 침입으로 말미암아 불행히도 유산되고 말았다.

델로스 동맹은 아테네가 패권을 쥔 제국이 되어 버렸고, 그 아테네 제국은 펠로폰네소스 전쟁을 도발했다. 그로부터 400년 후 로마는 아테네가 실패한 사업에 성공했다. 그러나 아테네의 제국주의가 그 협소한 세계에 가한 회초리의 징벌은, 한니발 전쟁 후부터 아우구스투스에 의한 평화 수립까지 200년 사이에 훨씬 더 넓어진 헬라스 사회와 헬레니즘화한 사회에 로마 제국주의가 가한 투석기(投石機)의 징벌에 비하면 아무것도 아니었다.

지방주의가 서구 그리스도 교회에 미친 영향

헬라스 사회는 그 전통적인 지방주의를 적기에 극복하지 못했기 때문에 붕괴했지만, 우리 서구 사회는 그 본래의 기본 재산 중 아마 가장 귀중한 부분인 사회적 연대(連帶)를 유지하는 데 실패했다(그것이 어떤 결과를 가져왔는지는 아직 장래를 기다려 봐야 하지만). 서구 사회의 역사가 중세에서 근세로 이행될 때 사회적 변화의 가장 큰 의미있는 표현의 하나는 지방주의의 발생이었다. 지방주의는 오늘날 시대착오적인 유물이 되어 우리에게 막대한 해악을 미치고 있으므로, 이 변화를 냉정하게 바라보기란 쉬운 일이 아니다. 그러나 지금부터 500년 전에 중세적인 세계주의를 포기해야 할 충분한 이유가 있었다는 것은 이해할 수 있다.

세계주의는 도덕적으로는 실로 훌륭한 것이지만, 그것은 과거의 망령이고 헬라스 사회의 세계국가의 유산이었다. 따라서 세계주의적 이념의 이론상의 탁월함과 중세적 실제의 사실상의 무정부상태 사이에는 언제나 보기 흉한 모순이 있었다. 새로 나타난 지방주의는 최소한 그 신분에 어울리는 온건한 주장에 합치하는 행동을 하는 데 성공했다. 아무튼 이 새로운 세력은 승리하여 정치에 있어서는 주권국가가 많아졌다는 사실로 나타났고, 문학에 있어서는 새로운 국민문학의 형태로 나타났으며, 종교의 영역에서는 중세적인 서방 교회와 격돌하게 되었다.

이 서방 교회와의 충돌이 가장 격심했던 이유는, 교황의 종교적 권력하에 교묘히 조작된 교회야말로 중세적인 체제 가운데서 가장 중요한 제도였기 때문이다. 문제는 교황권이 최성기에 이미 시도해 본 일이 있었던 방침의 노선에 따라 잘 적응했다면 아마 해결의 빛이 보였을 것이다. 예를 들면, 그전에 예배의식에서 라틴어 대신 자국어를 쓰고 싶어하는 각국 국민의 강한 요구에 대처하는 데 있어서, 로마 교회는 크로아티아인에게 기도서를 자기 나라 말로 번역해도 좋다고 허락한 일이 있었다. 그 이유는 아마 동방의 정교 그리스도 교회가 그리스도교로 개종한 그리스인 이외의 민족들에게 그리스어를 예배 용어로 사용할 것을 강요하는 따위의 일을 하지 않았을 뿐더러 기도문을 각기 자국어로 번역시켜서 쓰게 하는 정책상의 너그러움을 보여주고 있었을 때, 로마 교회는 크로아티아의 변경지역에서 이 동방 교회와 경쟁할 수밖에 없었기 때문이었던 것 같다. 그리고 또 근세의 주권국가로 발전하기 전의 중세적 지방국가들과의 교섭에 임했을 때 신성 로마 제국 황제들의 세계주의적 권리 주장에 대항하여 결사적으로 투쟁하고 있던 교황들은 각각 자기 나라 안의 교회조직에 대한 감독권을 행사하게 해달라는 잉글랜드, 프랑스, 카스티야 및 그 밖의 지방국가의 지방주의적 요구에 대해 훨씬 융통성 있는 태도를 보여주었던 것이다.

이와 같이 하여 로마 교황청은 충분히 성장한 지방주의적인 신(新)카이사르주의가 자기를 주장하기 시작할 무렵에는 이미 어느 정도 카이사르의 것은 카이사르에게 돌려야 함을 깨닫고 있었다. 거기서 교황권은, 이른바 종교개혁이 일어나기 전 세기에는 세속적 주권과의 협약에 의해 교회조직에 대한 지배권을 로마와 지방국가의 지배자 사이에 분담하는 데까지 전진했던 것이다. 그 협약의 제도는 15세기 전반기에 콘스탄츠와 바젤에서 개최되었던 세계 그리스도 교회 공의회의 우연한 결과였다.

이 공의회 운동[7]은 중세의 봉건시대에 이미 지방적 규모로 국왕들의 행동을 억제하는 수단으로서 그 유효성이 입증되었던 의회제도를 본떠 그것을 전교회적 규모로 확대해 교회회의제도를 설립함으로써 그리스도의 대리자로 자처하는 교황의 무책임하고, 그래서 종종 악용되는 권력을 제한하려는 건설적인 노력이었다. 그러나 이 공의회 운동에 직면한 교황들은 그 태도를 더욱더 굳게 했는데, 불행하게도 그들의 비타협적 태도가 성공을 거두어 공의회 운동을 완전히 물거품이 되게 했다. 이와 같이 하여 그것은 적응의 최후의 기회를 거절함으로써 서구 그리스도교 세계의 낡은 세계주의적 전통과 새로운 지방주의적 경향의 맹렬한 내적 불화로 말미암은 분열을 불가피하게 만들었다.

그 결과는 한심하기 짝이 없는 혁명과 이상(異常)의 연속이었다. 혁명의 예로서는 교회가 적대적인 교회들로 분열하여 상대방을 서로 반그리스도적 도당이라고 비난함으로써 전쟁과 박해의 한 시기를 만들어냈다는 점을 지적하면 충분할 것이고, 이상의 예로서는 원래 교황 고유의 것으로 생각되었던 '신성한 권리'를 세속적 군주들이 찬탈한 사실을 지적할 수 있다. 이 '신성한 권리'는 아직도 국민주권국가의 이교적 숭배라는 무서운 형태로 서구 세계에 커다란 재앙을 가져오려 하고 있다.

통일의식이 종교에 미친 영향

전인류에 대해 전도의 사명을 가지고 있는 '고등종교'들이 인간 역사의 무대에 등장한 것은 비교적 최근의 일이다. 고등종교는 미개사회에는 전혀 없었을 뿐더러, 문명의 과정에 있는 사회들 가운데서도 몇 개의 문명이 쇠퇴하여 해체의 길을

---

[7] 그리스도교 교회의 권력을 교황에게 주지 않고, 각국 지방교회의 대표자가 정기적으로 기간마다 모이는 공의회에 부여하려는 운동.

꽤 걸어간 뒤에야 겨우 출현했던 것이다. 이 고등종교들은 문명의 해체로 말미암아 제기된 도전에 대한 응전을 통해 출현하게 되었다. 부모문명을 가지지 않은 문명의 종교제도는, 미개사회의 종교제도와 마찬가지로 그 사회의 세속적 제도와 결부되어서 그 이상 더 앞을 내다보지 못한다. 고차원의 정신적 관점에서 볼 때 그런 종교들은 분명히 불충분한 것이지만, 그래도 한 가지 중요한 소극적 장점들을 갖고 있다. 그것은 한 종교와 다른 종교 사이에 서로 '나도 살고 너도 사는' 관용의 정신을 기른다는 것이다. 그런 상황하에서는 세계에 신과 종교가 많다는 것은 국가와 문명이 많은 데 필연적으로 수반되는 당연한 현상이라고 간주되는 것이다.

그와 같은 사회적 상황에 있어서는 인간의 정신은 신의 무소부재(無所不在)와 무소불능(無所不能)은 깨닫지 못하더라도, 서로 다른 형태와 칭호로 신을 숭배하는 다른 사람들과 접촉하게 될 때 불관용의 죄에 빠지는 유혹에 넘어가지 않는다. 신은 하나이고 전인류는 동포라는 생각을 종교에 불어넣은 그 광명이 동시에 불관용과 박해를 증진시키게 되었다는 것은 인간 역사의 웃지 못할 아이러니의 하나이다. 물론 그 이유는 통일의 관념이 종교에 적용될 때 이 관념을 품게 된 정신적 개척자들에게 그것이 다른 무엇보다도 더 중요한 생각인 것 같은 강렬한 인상을 주어서, 자기들의 관념을 조금이라도 빨리 실현시킬 어떤 지름길이라도 있으면 그 길을 취하려는 경향이 있기 때문이다. 지금까지 고등종교가 전파된 곳에서는 언제 어디서나 거의 틀림없이 이 불관용과 박해의 이상이 그 혐오스러운 모습을 나타냈었다.

이 광신적 격정의 불은 기원전 14세기 이집트 세계에 일신교의 사상을 강요하려다 실패했던 아크나톤의 획책에서 타올랐다. 이와 마찬가지로 뜨거운 광신은 그 의심스러운 불꽃을 유대교의 발생과 발전 위에 던지고 있다. 헤브루의 예언자들이 시리아 사회와 같은 계통의 다른 민족의 어떤 예배에도 참여하는 것을 맹렬히 배격한 것은, 야훼 신의 지방적 신앙을 일신교적 종교로 영화(靈化)하려는 그들의 적극적이고 숭고한 정신적 위업의 이면이 되었던 것이다. 그리스도교의 역사에서도 그것이 내적으로 분열했을 때나 이교와 더불어 대항했을 때에 같은 정신이 재삼 폭발했던 것이다.

이와 같이 통일의식이 종교에 작용하면 정신적 이상이 생기기 쉬운데, 이런 경우에 대처하는 도덕적 조정은 관용의 덕의 실천이다. 관용의 올바른 동기는, 모든 종교는 공통의 정신적 목표를 찾아가는 탐구라는 점을 인식하는 것이고, 또 가령 어떤 종류의 탐구가 다른 것보다 더 진보하고 더 '올바른' 종교가 '잘못된' 종교를 박해하는 것은 그 자체만으로도 이미 '올바른' 종교는 잘못이라는 것을 증명하여 자기의 신임장을 부정하는 것이기 때문에, 본질에 있어서 명백히 모순임을 인식하는 것이다.

이렇게 높은 입장에서 그 신도들에게 관용을 명한 예언자의 주목할 만한 예가 한 가지 있다. 마호메트는 이슬람의 세속적 무력 앞에 정치적으로 굴복한 유대교도와 그리스도교도에 대한 종교적 관용을 명했는데, 그 명령은 분명히 마호메트 자신이 언명한 바와 같이 이 두 비(非)이슬람교도도 이슬람교도와 마찬가지로 '성전의 백성'이라는 생각을 근거로 한 것이었다. 그후 마호메트 자신의 명백한 인가가 없었음에도 불구하고 실제로 이슬람교의 지배하에 복속하게 된 조로아스터교도에게까지도 같은 관용을 확대했다는 것은 원시 이슬람교를 움직이게 한 관용의 정신을 보인 것으로서 의의가 깊다.

17세기 후반에 시작된 서구 그리스도교 세계의 종교적 관용의 시기는 좀더 냉소적인 기분에서 시작되었다. 그것이 '종교의 관용'이라고 일컬어지게 된 것은 종교를 믿고 싶은 자에게는 제멋대로 믿게 내버려두라는 의미의 관용이었다. 그러므로 그 동기를 들여다보면, 그것은 오히려 비(非)종교적 관용이라고 불러야 할 것이다. 이 17세기 후반에 가톨릭파와 프로테스탄트파가 뜻밖에 그 싸움을 그친 것은 불관용의 죄를 자각했기 때문이 아니라, 양쪽 모두 적에게 이길 수 없다는 것을 깨달았기 때문이다. 동시에 그들은 신학적인 문제를 위해 자신들이 그 이상 더 희생을 치를 생각이 없다는 것을 깨닫게 된 것 같다. 그들은 '열심'(어원적으로 보면 신의 영으로 충만해짐을 의미한다)이라는 전통적 덕을 포기하고 그후부터는 그것을 하나의 악덕으로 생각하게 되었다. 18세기 영국의 어떤 사교(司教)가 같은 18세기 영국의 어떤 선교사를 '가련하게 열심을 보이는 자'라고 평한 것은 바로 이런 정신에서 나온 것이었다.

그럼에도 불구하고 관용은 그것이 어떤 동기에서 나왔든 종교에 미치는 통일의식의 영향에서 생기기 쉬운 광신에 대한 단 하나의 해독제이다. 관용이 없는 데서 오는 네메시스는 박해의 이상(異常)이나 종교 자체에 대한 혁명적 반감의 어느 한 가지에 빠지게 된다.

종교가 카스트에 미친 영향

종교는 그 자체가 악이라는—아마 인간세계에 있어서의 근본적 악이라는—루크레티우스와 볼테르의 견해는, 종교가 카스트 제도에 미친 영향이 분명히 혐오스럽다는 인도 및 힌두 문명의 역사의 기록에 의해 지지를 받을 수 있을 것 같다.

이 카스트 제도는 동일한 지역에 거주하는 둘 혹은 그 이상의 인간집단을 사회적으로 격리시키는 제도인데, 한 집단이 다른 집단의 지배자가 되어 피지배집단을 전멸시키거나 자기의 사회체제 안에 동화시킬 수 없거나 또는 그렇게 할 의사가 없는 경우에는 언제 어디서나 성립되는 경향이 있다. 예를 들면, 아메리카 합중국에서는 지배적 백인의 다수자와 흑인의 소수자 사이에, 남아프리카에서는 지배적 백인의 소수자와 흑인의 다수자 사이에 카스트의 분열이 생겼다. 인도 아대륙의 카스트 제도는 기원전 2000년대의 전반기에 유라시아의 유목민 아리아족이 이른바 인더스 문명의 구(舊)영토에 침입함으로써 발생한 것으로 생각된다.

카스트 제도는 종교와 본질적 관련을 갖고 있지 않다는 것을 차차 알게 될 것이다. 흑인이 조상 전래의 종교를 포기하고 지배자 유럽인의 그리스도교를 채택한 아메리카 합중국과 남아프리카에서는 각 교회의 흑인회원과 백인회원은 다른 사회활동에서와 마찬가지로 종교적 예배에 있어서도 서로 격리되어 있지만, 교회간의 구분은 인종간의 구분을 초월하고 있다. 그러나 인도의 경우는 처음부터 종교적 관습의 차이에 의해 카스트가 서로 구별되어 있다고 추측할 수 있다. 그러나 이 종교적 차별은 인도 문명이 그 후계문명인 힌두 문명에 전한 그 강렬한 종교적 경향을 발달시켰을 때 한층 더 강화되었을 것이 틀림없다. 더구나 카스트 제도에 미친 이 종교의 영향이 카스트 제도의 해악을 한층 더 증대시켰을 것이라는 점은 두 말할 나위가 없다. 카스트는 자칫 잘못하면 언제든지 사회적 이상(異常)으로 떨어질 위험성이 있지만, 그것이 종교적 해석과 종교적 승인을 얻어서 더욱 강화되면 이상은 예상외로 무서운 것이 되지 않을 수 없다.

사실 인도에서는 종교가 카스트에 영향을 끼친 결과 '불가촉천민(不可觸賤民)'이라는 어디에도 그 유례가 없는 사회적 악폐를 낳았다. 그런데 이 카스트 제도 전체를 통솔하는 승려계급인 브라만측에서 이 '불가촉천민'의 제도를 폐지하거나 완화하려는 어떤 유효한 조치를 취한 일은 한번도 없었다. 따라서 이 이상은 여전히 존속하고 있고, 그저 지금까지 몇 차례 혁명의 공격을 받았을 따름이었다.

힌두 문명의 역사에 있어서 카스트 제도에 대한 반항은 외래의 종교에 끌리어 힌두교로부터 분리한다는 형태로 나타났다. 이 분리 가운데 힌두교의 단점을 제거하고 외래적 요소를 가해서 새로운 교회를 창설한 힌두교 개혁가들에게 영도된 것도 있었다. 예컨대 시크교의 교조인 나나크는 이슬람교의 요소를 받아들였고, 람 모한 로이는 힌두교와 그리스도교를 연결시켜서 브라흐마 사마지교를 창시했다. 이 두 종파에서는 모두 카스트 제도가 부인되고 있다. 또 어떤 경우에는 분리파가 힌두교와 완전히 인연을 끊고 이슬람교나 그리스도교의 진영에 가담했다. 그와 같은 개종은 하층 카스트와 피압박 계층이 많이 사는 지역에서 가장 대규모로 일어났다.

이것은 카스트 제도에 미친 종교의 영향에 의해 야기된 '불가촉천민'의 이상에 대한 혁명적인 보복이다. 그리하여 인도의 대중이 경제적·지적·도덕적으로 서구화의 자극에 의해 점차 동요되고 있는 오늘날, 반야 출신의 마하트마 간디의 정치적 이상(理想)과 함께 종교적 이상도 존경하고 있는 힌두교 사회의 성원들이 브라만의 반대를 누르고 종교적·사회적 제도의 조화있는 적응을 성취하지 못한다면, 아직 낙숫물같이 미미한 상태에 있는 하층민의 개종이 앞으로 홍수와 같이 큰 힘으로 증대할 가능성이 크다.

분업에 미친 문명의 영향

우리는 앞서 미개사회에서도 분업이 전혀 없었던 것은 아니라는 사실을 고찰한 바 있는데, 거기서 대장장이 · 음유시인(吟遊詩人) · 승려 · 주술사 등의 전문화가 미개사회에도 있었다는 것을 예증했다. 그러나 문명의 힘이 분업에 작용하면 일반적으로 분업을 극도로 촉진시켜 사회적 이익을 감소시키게 될 뿐만 아니라 실제로 반사회적인 작용을 하게 할 염려가 있다. 그리고 그 결과는 창조적 소수자와 비창조적 다수자 상호간의 생활에도 나타난다. 창조자는 비교화(秘敎化)하고 일반 대중은 불구화(不具化)하는 것이다.

비교화는 창조적 개인들의 생애에 나타나는 실패의 징후로서, 그것은 '인퇴와 복귀'의 리듬의 초기의 운동만이 강조되고 그 전과정을 완성하는 데 실패한 현상이라고 말할 수 있을 것이다. 그리스인은 이런 형태로 실패한 자들을 '이디오티스'라 부르며 비난했다. 기원전 5세기 그리스의 관용어(慣用語)로서의 '이디오티스'는 자기의 뛰어난 천부의 재능을 공공복지를 위해 쓰지 않고 자기 혼자만 만족하며 살아가는 사회적 죄악을 범한 인물을 가리키는 말이었다. 페리클레스 시대의 아테네에서 그런 행위가 어떤 시각으로 주목되었는가는, 사실은 현대 유럽의 각국 언어에서 이 그리스어에 어원을 둔 이디오트(idiot)라는 말이 백치를 의미하게 된 사실에 의해 측정할 수 있다. 그러나 현대 서구 사회의 진정한 백치들은 정신박약자 수용시설에 있는 것이 아니다. 그들 중 한 무리는 '호모 에코노미쿠스(경제인)'로 전문화하고 타락한 '호모 사피엔스(이성인)'로서 디킨스의 풍자에 나오는 그래드그라인드 및 바운더비와 같은 족속이다.

또 하나의 무리는 자기들이 이와 반대로 '빛의 아들'이라고 믿고 있지만, 실은 그들도 같은 비난을 받게 되는 사람들인데, 그들은 스스로의 예술을 '예술을 위한 예술'이라고 자부하고 있는 지적 · 예술적 속물들과 교양인들이며, 길버트가 풍자의 대상으로 한 번트혼 같은 족속들이다. 디킨스와 길버트의 연대의 차이는, 아마도 전자의 족속들은 빅토리아 시대 초기의 잉글랜드에 많았고, 후자의 족속들은 그 시대 후기의 잉글랜드에 많았던 것을 보여주는 것이리라. 그 두 유형은 북극과 남극처럼 차이가 있다. 그러나 누군가가 말한 것처럼, 지구의 북극과 남극은 사실 멀리 떨어져 있지만 기후상 같은 결점을 갖고 있다.

다음으로 우리는 불구화라고 이름붙인 현상, 즉 분업에 작용하는 문명의 충격으로 비창조적 다수자의 생활에 일어나는 결과를 고찰해야 하겠다.

창조자가 인퇴로부터 복귀하여 그의 동족 대중과 다시 섞이게 될 때 그가 만나게 되는 사회적 문제는, 다수의 평범한 인간들의 평균수준을 창조자 자신이 도달한 높은 수준까지 끌어올리는 것이다. 그는 이 과제에 착수하자마자 대부분의 일반 대중은 마음과 뜻과 정성과 힘을 다해도 그 높은 수준에서 살 수 없다는 사실에 직면하게 된다. 이런 때 그는 지름길을 택하여 전인격적으로 끌어올리려고 하지 않고 어느 한 가지 능력만을 높은 수준까지 발달시키는 방법을 강구해 보려는 생각을 갖게 된다. 이것은 말할 것도 없이 인간을 강제로 불구화하는 것을 의미한다.

그와 같은 결과가 가장 쉽게 얻어지는 것은 기계적 기술의 면에 있어서이다. 왜냐하면 모든 문화의 요소 중 기계적 재능만큼 쉽게 사람들을 고립시킬 수 있고, 또 서로 교류시킬 수 있는 것은 없기 때문이다. 다른 모든 부문에서는 아직 원시적이고 미개한 사람일지라도 유능한 기계공으로 만드는 것은 그리 어려운 일은 아니다. 그러나 기계적 기술 이외의 다른 능력도 같은 모양으로 특수화시킬 수 있고, 또 그 이상 발달시킬 수도 있다. 매튜 아널드는 그의 《교양과 무질서》라는 저서의 〈히브리화의 역류〉속에서 경건한 중산계급의 비국교도(非國敎徒)인 영국의 실리주의자를 비평하여 말하기를, 착각한 나머지 그것이 그리스도교라고 믿고 있기 때문에 그대로 굳어져 균형잡힌 인격을 형성하는 다른 덕 — 헬레니즘적인 가치 — 을 등한히 한다고 말하고 있다.

우리는 앞서 박해받은 소수자가 박해의 도전에 대해 응전하는 문제를 검토했을 때, 이미 이 불구화의 현상을 다룬 일이 있다. 이 소수자들이 완전한 시민권을 무참하게 박탈당한 데 자극받아, 자기들에게 허용된 활동면에서 성공하여 탁월해지는 것을 우리는 보았다. 거기서 우리는 이 소수자들을 탁월하게 한 그 위업의 전모를 보고, 인간성은 쉽사리 굴하지 않는다는 것을 생생하게 느끼며 경탄한 바 있다. 동시에 우리는 이 소수자들 중의 어떤 사람들은 — 레반트인, 파나리아인, 그리스인, 아르메니아인, 유대인 등 — 좋든 싫든 '다른 사람과 같지 않다'는 평을 받고 있다는 사실을 무시할 수 없다. 유대인과 이방인 간의 불행한 관계가 그 전형적인 예인데, 자기 동포의 반(反)셈족 유대인 배척운동을 혐오하고 부끄럽게 생각하는 이방인도, 유대인을 괴롭히는 자가 자신의 비인간적 행위를 정당화하기 위해 그려내는 캐리커처에 다소의 진리의 요소가 있다는 것을 시인하지 않을 수 없어서 당황하게 된다.

이 비극의 핵심은, 박해받는 소수자로 하여금 강한 응전을 하지 않을 수 없게 하는 압박이 동시에 그 인간성을 왜곡시키는 경향이 있다는 점이다. 그리고 사회적으로 박해받는 소수자에 대한 이런 진실은 분명히 우리가 지금 여기서 다루고 있는 기술적으로 전문화한 다수자에게 해당된다. 이것은 종래 교양 과목을 주로 하던 교육 과정 ─ 너무 비실제적인 과정이었는지는 몰라도 ─ 이 점차 기술 과목을 주로 하는 교육 과정으로 대치되어 가고 있는 오늘날 특히 우리가 명심해야 할 점이다.

기원전 5세기의 그리스인은 이 불구화를 뜻하는 '바나우시아' 란 말을 가지고 있었다. 그것은 사회적 동물로서의 원만한 발달을 하지 못하고 어떤 특수한 기술에만 집중하여 그 활동을 전문화한 사람을 가리키는 말이었다. 그 말을 사용할 때 그리스인들이 보통 염두에 두고 있었던 기술의 종류는, 사리(私利)를 위해 일하는 어떤 수공업 내지 기계적 기술이었다. 그런데 '바나우시아' 에 대한 고대 그리스인의 경멸은 거기에서 그치지 않아, 그들은 모든 종류의 전문화에 대한 경멸감을 마음속 깊이 가지고 있었다. 이를테면 스파르타인의 군사적 기술에 대한 편중은 '바나우시아' 의 좋은 예였다. 아무리 위대한 정치가이고 조국의 구원자일지라도 생활기술의 원만한 이해를 갖지 않고서는 비난을 면할 수 없었다.

이보다는 부드러운 '바나우시아' 의 대조적인 예로서 우리는 하이든, 모차르트, 베토벤이 뛰어난 활동을 했던 빈의 광경을 보여줄 수 있는데, 거기에서는 합스부르크 왕가의 황제와 재상이 휴식시간이 되면 으레 현악 사중주 연주에 열광하곤 했다.

이 '바나우시아' 의 위험에 대한 헬라스 사회의 민감성은 다른 사회의 제도에도 나타났다. 예를 들면, 유대교의 안식일과 그리스도교의 일요일의 사회적 기능은 6일간 생계를 위해 전문적 직업에 시달리며 침식을 잊고 열심히 일하는 인간이 7일 가운데 하루만이라도 조물주를 기억하며 완전한 인간의 정신적 생활을 할 수 있도록 해주는 것이다. 그리고 영국에서 산업주의의 발흥과 더불어 조직적인 경기와 그 밖의 스포츠가 유행하게 된 것은 결코 우연한 일이 아니다. 왜냐하면 그런 스포츠는 산업주의하에서 발생한 분업의 필연적 결과로서 인간의 영혼을 파괴하는 전문화에 대항하려는 의식적인 노력이기 때문이다.

스포츠를 통해 인간생활을 산업주의에 합치하도록 적응시키려는 이 계획은 불행히도 산업주의의 정신과 리듬이 스포츠 자체에 침투하여 그것을 해쳤기 때문에 반쯤은 실패로 돌아갔다. 오늘날의 서구 세계에 있어서 공업기술자들보다 한층 더 전문화하고 엄청난 보수를 받는 직업운동가들은 지금 최극단의 '바나우시아'의 놀랄 만한 표본을 보여주고 있다. 이 책의 저자는 아메리카 합중국의 두 대학의 구내에서 본 두 축구경기장을 기억했다. 그 축구장 하나는 주야 연속 교대로 축구선수들을 길러낼 수 있도록 전등이 대낮같이 켜져 있었고, 또 하나는 날씨에 관계없이 연습할 수 있도록 지붕이 덮여 있었다. 그것은 세계 최대의 지붕으로, 그것을 건설하는 데 막대한 금액이 소요되었다. 주위에는 기절한 선수나 부상당한 선수를 수용하는 침대가 쭉 놓여 있었다. 이 두 축구장에서 축구를 하는 경기자의 수는 전체 학생의 극히 일부분밖에 안 되며, 또 이 선수들은 시합에 출전하기에 앞서 그들의 형(兄) 뻘 되는 청년들이 1918년 참호에 들어가면서 느꼈던 것과 거의 같은 불안한 심정을 갖는다는 말을 들었다. 사실 이 앵글로색슨의 축구는 결코 유희가 아니었다.

이와 유사한 발전이 헬라스 세계의 역사에서도 있었다. 핀다로스의 송시에서 찬탄의 대상이 되었던 귀족의 아마추어 경기의 승리는 점차 직업선수단에 대치되어 갔다. '디오니소스 연예단' (주식회사 연예가 동맹이라고 할 수 있는 것)이 알렉산드로스 이후의 시대에 파르티아에서 스페인에 이르기까지 광범한 지역을 돌아다니며 보여준 것과 아테네의 디오니소스 극장에서 상연된 연극의 차이는, 마치 오늘날의 음악당의 레뷰와 중세의 기적극(그리스도나 성도의 사적을 다룬 종교극)의 차이만큼 두드러졌던 것이다.

사회적 이상이 이렇게 해결하기 곤란한 것이 될 때, 철학자들이 이 이상을 일소하기 위한 혁명적 계획을 꿈꾸는 것도 무리는 아니다. 헬라스 문명의 쇠퇴기가 시작된 첫 세대에 저술활동을 한 플라톤은 해상무역도 없고 생활을 위한 농경 이외의 어떤 경제활동의 필요도 거의 없는 오지에 그의 이상국을 건설함으로써 '바나우시아'를 근절시키려고 했다. 유감스럽게도 타락하고 만 아메리카의 이상주의의 근원이 되는 토머스 제퍼슨도 19세기 초에 같은 꿈을 꾸고 있었다. 그리고 또 새뮤얼 버틀러도 그의 《에레혼(Erewhon)》에서, 기계로 말미암아 노예화되는 것을 피하는 유일한 방법으로 그 기계를 모두 계획적·조직적으로 파괴시키고 있다

미메시스에 미치는 문명의 영향

미개사회가 문명사회로 변하는 것과 함께 종래 연장자로 향했던 미메시스의 기능이 개척자 쪽으로 향하게 되는 것은 앞서 말한 바와 같다. 그리고 그 목적은 개척자들이 도달한 새로운 수준까지 비창조적 대중을 끌어올리는 데 있다. 그러나 미메시스에 의지한다는 것은 지름길이기 때문에, 즉 진짜를 대신하는 '값싼 대용품'이기 때문에, 얼핏 보기에 목적이 달성된 것 같더라도 실은 그렇지 않은 경우가 많다. 대중은 사실 '성도와의 교제'에는 참여할 수가 없다. 흔히 자연 그대로의 원시인, 즉 원시적인 덕을 갖춘 사람은 겉만 그럴듯한 저급한 '시정인(市井人)'—노스클리프와 같은 종류의 무가치한 선전에 넘어가는 속물이나 클레온과 같은 선동정치가에게 조종되는 대중—이 될 뿐이다. 이때 문명의 힘이 미메시스에게 미치는 영향은 여러 면에서 미개한 선조들보다 뚜렷이 열등한 사이비 교육을 받은 도시의 군중이라는 이상(異常)을 낳게 된다.

아리스토파네스는 아티카의 연극 무대에서 조소를 무기로 하여 클레온과 싸웠지만, 그 무대 밖에서는 클레온에게 패하고 말았다. 기원전 5세기가 끝나기 이전에 헬라스 사회의 역사의 무대에 클레온 같은 인간을 따르는 '시정인'이 나타났다는 것은 사회적 쇠망이 시작되었다는 것을 보여주는 명백한 징후의 하나였다. 그런데 이 '시정인'은 결국 알맹이 없는 껍질로 배를 채우는 데 불과할 뿐 그의 정신적 굶주림을 채워주지 못하는 문화를 거부함으로써 그 영혼을 구제하게 되었다. 즉 낡은 문명에서 이탈하여 정신적으로 각성한 프롤레타리아트의 아들로 새로운 고등종교를 발견함으로써 드디어 자기의 구원을 성취했던 것이다.

이상의 예들은, 새로운 사회적 세력에 끈질기게 저항하는 구제도 ─ 성서의 표현을 빌리면 새 포도주를 담기에 적당하지 않은 낡은 가죽부대 ─ 가 문명의 쇠퇴에서 맡은 역할이 무엇인가를 예증하기에 충분할 것이다.

3. 창조성의 네메시스 ─ 일시적인 자아의 우상화

역할의 전도

이상 문명 쇠퇴의 원인으로 보이는 자기결정 능력 상실의 두 측면, 즉 미메시스의 기계적 성질과 제도의 완고성을 고찰했다. 이번에는 명백히 창조성의 네메시스, 즉 보응(報應)으로 생각되는 것을 고찰하여 이 편의 연구를 끝내기로 하자.

문명의 역사에 있어서 동일한 소수자가 2회 혹은 그 이상의 연속적 도전에 대해 창조적으로 응전하는 데 성공하는 일은 흔하지 않은 것 같다. 실제로 하나의 도전을 처리하는 데는 보기 좋게 실패하는 수가 많다. 유감스러운 일이지만 분명한 이 인간 운명의 무상한 전변(轉變)은 아티카의 연극의 주요 모티프 중 하나가 되어 있었고, 또 그것은 아리스토텔레스가 '페리페테이아', 즉 '역할의 전도'라는 이름으로 그의 《시학》에서 논의한 문제였다. 그리고 그것은 또 《신약성서》의 주요한 테마의 하나이기도 하다.

《신약성서》의 드라마에서, 그리스도는 지상에 강림하여 유대민족의 메시아 대망을 진정으로 성취했음에도 불구하고, 불과 수세대 전까지만 해도 파죽지세로 진행하는 헬레니즘화에 대한 유대인의 영웅적 항쟁의 선봉에 서서 영도했던 서기관과 바리새인의 일파에게 배척되었다. 이전의 위기에서 서기관과 바리새인을 지도적 입장에 서게 한 것은 그 통찰력과 고결성이었는데, 이제 그보다 더 중대한 위기에 처하여 그들은 그런 것을 잃어버리게 되었으며, 그리스도에 응한 유대인은 오히려 세리와 창녀들이었다. 메시아 자신이 '이방의 갈릴리' 태생이었고, 그의 가장 위대한 전도자는 옛날부터 전해 오는 약속의 땅에서 멀리 떨어져 있는 헬레니즘화한 이교의 도시 타르수스 출신의 유대인(사도 바울을 말한다)이었다. 이 드라마를 약간 다른 각도에서, 그리고 좀더 넓은 무대 위에 놓고 보면, 바리새교인의 역할을 제4복음서에서 취급하고 있는 바와 같이 유대인 전체에 해당시킬 수도 있고, 세리와 창녀의 역할을 유대인이 거절한 사도 바울의 교훈을 받아들인 이방인에 해당시킬 수 있다.

같은 사상이 그리스 문학의 위대한 작품들을 관통해 흐르고 있어 '위브리스 아테', 즉 '교만은 멸망을 낳는다' 라는 표현으로 간결하게 요약되어 있다. 헤로도토스는 크세르크세스와 크로이소스(리디아 왕국 최후의 왕)와 폴리크라테스(사모스 섬의 참주)의 전기를 통해 이 교훈을 강조하고 있다. 사실 헤로도토스의 '역사' 의 주제 전체가 아케메네스 제국의 교만과 멸망이라고 해도 과언이 아니다. 그보다 한 세대 후 분명히 보다 객관적이고 '과학적인' 태도로 역사를 저술한 투키디데스는 '역사의 아버지' (헤로도토스를 가리킨다)의 솔직한 경향을 포기한 것만큼 더 한층 인상적으로 아테네의 교만과 파멸을 묘사하고 있다.

이런 것이 창조성의 네메시스이다. 만약 이 비극이 참으로 흔히 일어나는 일이라면, 즉 어느 한 단계에서 성공한 창조자가 다음 단계에서도 창조적 역할을 계속하려고 할 때 이전에 성공했다는 자체가 큰 약점이 되고, 따라서 실제 기회는 항상 '우승 후보자' 에게 불리하고 경쟁 상대에게 유리하다는 것이 사실이라면 우리는 여기서 문명의 쇠퇴의 극히 유력한 원인을 포착한 셈이 된다. 이 네메시스는 두 가지의 서로 다른 방법으로 사회적 쇠퇴를 초래한다는 것을 알 수 있다. 그것은 한편으로는 다음에 일어날 도전에 직면하게 될 때 창조자의 역할을 담당할 자격을 가진 후보자의 수를 감소시키는데, 그것은 앞서의 도전에 성공적으로 응전할 수 있었던 자들을 제외하기 때문이다. 다른 한편으로는 이와 같이 전시대에 창조자의 역할을 담당한 자들이 창조자의 자격을 잃게 됨으로써 이들은 새로운 도전에 대해 현재 응전을 하고 있는 자들을 반대하는 운동의 선두에 서게 된다. 이전의 창조자들은 전에 창조성을 발휘했다는 바로 그 사실에 의해, 새 창조자가 될 가능성을 가진 자들과 함께 속해 있는 사회의 권력과 세력을 쥔 중요한 지위를 계속 차지하고 있다. 그들은 그 지위에 눌러앉아서 사회의 전진을 돕지 못한 채 '노를 놓고 쉬는' 것이다.

'노를 놓고 쉬는' 태도는 창조성의 네메시스에 굴복하는 피동적인 태도라고 말할 수도 있겠으나, 그 정신적 태도가 소극적이라고 하여 도덕적으로 잘못이 없다는 말은 아니다. 현재에 대한 방관적이고 피동적인 태도는 과거에 대한 열중에서 생기는 것이고, 이 과거에 대한 열중은 우상숭배의 죄를 범하는 것이다. 왜냐하면 우상숭배란 창조주가 아니라 피조물에 대한 지적 · 도덕적인 맹목적 숭배라고 정의할 수 있기 때문이다.

어떤 경우 그것은 생명의 본질인 도전과 응전, 그리고 다시 새로운 도전, 이렇게 쉬지 않고 계속되어 가는 운동의 어떤 일시적인 국면에 있어서의 자기 인격 또는 사회의 우상화라는 형태를 취한다. 또 어떤 경우에는 더욱 한정된, 이전에 쓰였던 어떤 특정한 제도나 기술의 우상화라는 형태를 취하기도 한다. 이 각각 다른 두 가지 우상숭배의 태도를 분리하여 고찰하는 것이 편리할 듯하여 우선 자아의 우상화에 먼저 착수하기로 한다. 그렇게 하는 것이 이제부터 조사하고자 하는 죄에 대해 가장 명백한 예증들을 제공해 주기 때문이다.

유대인

일시적인 자아의 우상화에 있어서 가장 유명한 역사적 실패는《신약성서》에 폭로된 유대인의 과오이다. 유대인의 역사가 시리아 문명의 요람기에 시작하여 예언자 시대에 그 최고점에 이를 때까지의 기간 동안에 이스라엘과 유대의 백성은 일신교의 사상에 도달함으로써, 그 주위에 사는 시리아 사회의 다른 민족보다 단연 두각을 나타내게 되었다. 그들이 자기들이 발견한 종교사상의 가치를 강하게 의식하고 그것을 자랑스럽게 생각한 것은 당연했으나, 그 정신적 성장에 있어서 주목할 만한 단계이기는 했으되 하나의 과도적인 단계에 불과한 것을 우상화하는 과오에 빠지게 되었다. 그들은 확실히 더할 수 없는 정신적 통찰력을 타고난 민족이었지만, 절대적이고 영속적인 진리를 발견한 후에 상대적이고 일시적인 반(半)진리에 사로잡히고 말았다.

그들은 '유일한 참된 신'을 이스라엘이 발견한 것은 이스라엘 자체가 신의 선민이라는 명백한 증거라고 주장했다. 이 반진리는 그들로 하여금 그들이 가까스로 도달한 일시적인 정신적 탁월성을 신이 자기들에게 영원한 성약(聖約)으로서 부여한 특권이라고 생각하는 치명적인 과오에 빠지게 했던 것이다. 그 천부의 재능을 어리석게도 땅에 숨겨놓고 활용할 줄 몰랐던 《마태복음》25장 14~30절) 그들은, 신이 나사렛 예수의 강림을 통해 자기들에게 제공한 한층 더 큰 보물을 거부했던 것이다.

아테네인

이스라엘 민족이 자기들을 '선민'으로 우상화함으로써 창조성의 네메시스에 굴복했다면, 아테네 시민은 자기들을 '헬라스의 교육'으로 우상화함으로써 역시 네메시스에 굴복했다. 우리는 앞서 아테네인이 솔론 시대와 페리클레스 시대 사이에 성취한 업적에 의해 이 영광스런 칭호를 획득할 일시적인 권리가 있다는 것을 고찰한 바 있다. 그러나 아테네인이 성취한 업적이 불완전하다는 것은 이 칭호를 부여한 사람인 아테네 자체가 낳은 위대한 인물이었다는 바로 그 사실로 밝혀졌고, 또 밝혀졌어야 한다. '헬라스의 교육'이라는 말을 처음 쓴 사람은 페리클레스이다. 투키디데스에 의하면, 일반적으로 헬라스 사회의 생애, 특히 아테네의 생애의 내면적·정신적 쇠퇴의 외면적·가시적(可視的) 징조였던 그 전쟁의 초년에 페리클레스가 아테네의 전사자를 칭송한 조사(弔辭)에서 그 말을 처음 썼다고 한다.

이 치명적인 전쟁이 발발한 이유는 솔론의 경제혁명으로 발생한 문제의 하나, 즉 헬라스 사회 전체의 정치적 질서를 새로 만드는 문제가 기원전 5세기 당시의 아테네인의 도덕적 능력의 범위를 넘은 것이었기 때문이다. 기원전 404년 아테네의 군사적 패배와 5년 후 소크라테스의 합법적 암살에 의해 복구된 민주정치가 자신에게 가한 보다 더 큰 도덕적 패배는, 다음 세대에 이르러 플라톤을 격분시켜 페리클레스 시대의 아테네와 그 대부분의 사업을 배격하게 했다. 그러나 플라톤의 일면 성급하고 일면 고의적인 태도는 아테네 시민에게 거의 감동을 주지 못했다. 아테네를 '헬라스의 교육'으로 만들어 놓은 아테네 개척자들의 후예는 몹시 완고하여, 남의 이야기에 귀를 기울이지 않는다는 비뚤어진 태도로 잃어버린 칭호에 대한 권리를 주장하려고 했다. 그들은 아테네가 마케도니아의 지배 시대를 거쳐 로마 제국의 한 지방도시로 전락하여 그 역사가 어설픈 종말을 고하게 될 때까지 줄곧 두서없고 무익한 정책으로 일관했다.

그후 일찍이 헬라스 세계의 자유로운 도시국가였던 곳에서 새로운 문화가 싹트기 시작했을 때, 그 씨가 떨어진 곳은 아테네가 아니었다. 〈사도행전〉 속에서 아테네 사람과 사도 바울은 당시 헬라스 세계의 옥스퍼드였던 이 도시의 '아카데믹' 분위기에 무감각하지도 않았고, 또 '군신(軍神)의 언덕'에서 학자들에게 연설할 때도 바울은 이 특별한 청중의 비위에 맞는 각도에서 중심 문제에 접근하려고 최선을 다했다는 것을 알 수 있다. 그럼에도 불구하고 성서의 기록은 그의 아테네에서의 설교가 실패였다는 것을 명백히 보여주고 있다. 그리하여 그는 그리스의 여러 도시에 세운 많은 교회에는 서간을 써 보내면서도, 결국 우리가 알고 있는 한 입으로 내뱉은 말에 조금도 감동하지 않았던 이 아테네인에게는 글을 써서 개종시키려고 하지도 않았다.

이탈리아

만일 기원전 5세기의 아테네가 '헬라스의 교육'이라고 불릴 만한 충분한 자격이 있다면, 근세 서구 세계는 르네상스의 위업에 입각하여 마땅히 북부 이탈리아의 도시국가에 동등한 칭호를 주어야 할 것이다. 15세기 후반에서 19세기 후반에 이르는 400년간의 역사를 조사해 보면, 그 근세에 예술적·지적 문화는 물론 경제적·정치적 능력도 명백히 이탈리아의 영향을 받았다는 것을 알게 된다. 서구 사회는 역사의 근세기에는 이탈리아의 원동력에 의해 활동하기 시작했고, 이 원동력은 그 전시대의 이탈리아 문화의 방사(放射)였다. 사실 서구 사회의 역사의 근세기는 이탈리아 문화시대라고 불러도 좋을 정도이다. 그것은 마치 헬라스 사회의 역사에 있어서 헬레니즘 시대에 기원전 5세기의 아테네의 문화가 알렉산드로스 군대의 뒤를 따라 지중해 연안에서부터 이미 멸망한 아케메네스 제국의 육상 변경에까지 전파되었던 것과 같다고 할 수 있다.

그런데 여기서 다시 우리는 같은 역설에 직면하게 되는데, 즉 아테네가 헬레니즘 시대에 들어가서는 줄곧 더 무익한 역할을 한 것과 마찬가지로 근세 서구 사회 전체의 생활에 미친 이탈리아의 공헌도 알프스 북방 후진국들의 공헌보다 훨씬 뒤떨어지게 되었던 것이다.

근세를 통해 이탈리아가 비교적 부진했다는 사실은 중세 이탈리아 문화의 여러 중심지 — 피렌체, 베네치아, 밀라노, 시에나, 볼로냐, 파도바 — 에 잘 나타나 있었다. 그리고 근세기 말에 이르러 더 주목할 만한 일이 일어났는데, 그것은 알프스 북쪽의 나라들이 중세의 이탈리아에게 진 빚을 갚을 수 있는 힘을 갖게 되었다는 사실이다. 18세기에서 19세기로 전환하는 시기에 새로운 문화적 빛이 알프스를 넘어 비치기 시작했는데, 그 비치는 방향이 전과는 반대였다. 이 알프스 북쪽의 영향이 이탈리아로 비쳐 들어간 것이야말로 이탈리아의 '리소르지멘토'의 최초의 단서가 되었다.

이탈리아가 알프스 북쪽으로부터 받은 최초의 강력한 정치적 자극은 나폴레옹 제국에 일시 병합된 일이었고, 최초의 강력한 경제적 자극은 지중해를 경유하여 인도로 통하는 무역항로의 재개였다. 이 무역항로의 재개는 수에즈 운하의 개통에 앞서 나폴레옹의 이집트 원정의 간접적 결과로 시작되었던 것이다. 이 알프스 북쪽의 자극이 그 충분한 효과를 발휘하게 된 것은 이탈리아인의 활동의 주체가 되면서부터였으나, '리소르지멘토'를 결실하게 한 이탈리아인의 창조력이 발휘된 곳은 중세 이탈리아 문화가 번창한 곳이 아니었다.

예컨대 경제적 분야에 있어서 근세 서구 사회의 해상무역에 참가하게 된 최초의 이탈리아 항구는 베네치아도 제노바도 피사도 아닌 리보르노였다. 리보르노는 토스카나의 어떤 대공(大公)이 르네상스 이후에 숨어사는 유대교도들을 스페인과 포르투갈에서부터 식민시켜 건설한 도시였다. 리보르노는 피사에서 몇 마일밖에 안 떨어진 곳에 건설되었지만, 이 도시를 번창하게 한 것은 중세 피사의 항해자들의 무기력한 후손들이 아니고 서부 지중해의 대안(對岸)에서 온 불요불굴의 피난민이었다.

정치적 분야에 있어서 이탈리아의 통일은 본래 알프스 북쪽에 있던 한 공국(公國)에 의해 성취되었다. 이 공국은 11세기 이전에는 프랑스어를 상용하던 발 다

오스타 이남의 이탈리아 쪽 알프스에는 아무 근거도 없었던 나라이다. 이 사보이가(家)의 영토의 중심이 알프스 이남의 이탈리아에까지 미치게 된 것은 이탈리아 도시국가의 자유와 이탈리아 르네상스의 정신이 잇달아 소멸된 뒤의 일이었다. 그리고 사보이 영토의 지배자는 이제 사르데냐 왕이라고 칭하게 되었는데, 그 영토 안에는 이탈리아의 성시(盛時)에 가장 중요한 위치를 차지하고 있었던 이탈리아의 도시가, 나폴레옹 전쟁의 종결 후 제노바를 합병할 때까지는 하나도 없었다. 사보이가의 기풍은 당시 아직도 이 제노바의 도시국가적 전통에 맞지 않았다. 그러므로 1848년에 이르러 사르데냐 왕이 민족주의 운동의 선봉에 섬으로써 이탈리아의 반도지역에서 지지자를 얻게 될 때까지 제노바는 사르데냐 왕의 지배에 심복하지 않고 시종 마찰을 일으켰다.

롬바르디아와 베네치아를 지배한 오스트리아 정권은 1848년에 피에몬테의 침략과 동시에 오스트리아 영내의 베네치아나 밀라노, 그 밖에 이탈리아 여러 도시의 봉기에 의해 위협을 받았다. 이 두 반오운동(反墺運動)은 동시에 일어났고, 또 둘 다 이탈리아의 해방이라는 공통된 목적을 위한 운동으로 공인되어 있는데, 지금 이 두 운동의 역사적 의의와 차이를 생각해 보는 것은 흥미로운 일이다.

베네치아와 밀라노에서 일어난 봉기는 분명히 자유를 위한 행동이었다. 그러나 그들을 각성시켜 궐기하도록 한 자유의 이상은 중세적 과거의 추억이었다. 이 도시들은 정신적으로 호엔슈타우펜 왕조에 항거하는 중세의 전쟁을 계속하고 있었던 것이다. 확실히 영웅적이었던 그들의 실패에 비하면 1848~49년의 피에몬테인의 군사적 행동은 그다지 칭찬할 만한 것이 못 되었다. 그들은 어렵게 체결된 휴전조약을 무책임하게 위반했기 때문에 노바라에서 굴욕적 패배의 보복을 받았던 것이다. 그러나 이 피에몬테인의 굴욕은 이탈리아에 대해 베네치아와 밀라노의 혁혁한 방어전보다 더 많은 이익을 가져다 주었다. 왜냐하면 피에몬테군은 10년 후 마젠타에서 설욕의 기회를 얻을 수 있었고, 또 1848년에 카를로스 알베르트(사르데냐 왕국의 왕)가 재가한 영국식 의회주의적인 새 정치체제가 1860년에 통일된 이탈리아의 정치체제로 되었기 때문이다. 이에 반해 오래된 도시 밀라노와 베네치아가 1848년에 성취한 바 있는 그 눈부신 무공은 그후 다시 반복된 일이 없었고, 오스트리아의 속박 밑에서 다시 굴복하고 있다가 결국 피에몬테인의 군대와 외교에 의해 가까스로 해방되는 형편이었다.

이와 같은 정반대의 상황이 발생한 이유는, 1848년의 베네치아와 밀라노의 장거는 그 배후의 정신적 추진력이 근대 민족주의가 아니고 중세적 도시국가의 죽어버린 자아의 우상화였기 때문인데, 그들은 처음부터 실패할 운명이었던 듯싶다. 또 1848년에 마닌[8]의 외침에 호응한 19세기 베네치아인은 그저 베네치아만을 위해 싸웠다. 그들의 목적은 오로지 낡아빠진 베네치아 공화국을 복구하기 위해서였을 뿐, 통일 이탈리아의 건설에 기여하고자 하는 생각은 갖고 있지 않았다. 이에 반해 피에몬테인은 그 과거에 우상화의 대상으로 할 만한 자아가 없었기 때문에, 낡아빠진 일시적인 자아를 우상화하려는 유혹에 빠지지 않았던 것이다.

이와 같이 고찰해 볼 때, 이탈리아의 리소르지멘토에 있어서 1848~49년의 봉기의 역할은 본질적으로 소극적인 것이었고, 그 실패는 1859~70년의 성공을 위한 귀중하고도 불가결한 준비였던 것이다. 중세적인 밀라노와 중세적인 베네치아의 낡은 우상들은 1848년에 큰 타격을 받고 완전히 부서져 그 숭배자들의 영혼을 사로잡고 있던 치명적인 지배력을 마침내 상실하고 말았다. 다소 늦었지만 이제 겨우 과거를 말살해 버림으로써 중세적인 기억의 방해를 받지 않고 하나의 이탈리아 국가가 건설적 지도력을 발휘할 소지가 마련된 것이다.

사우스캐롤라이나

구세계에서 신세계로 시야를 넓혀 보면, 합중국의 역사에서도 역시 유사한 창조성의 네메시스의 실례를 발견하게 된다. 1861~65년의 남북전쟁 때 남부 연맹에 가입했다가 그 패배에 휩쓸려 들어간 '낡은 남부' 몇몇 주의 전후의 역사를 비교해 보면, 공통의 재해로부터 회복한 정도가 주에 따라 뚜렷한 차이가 있다는 것을 알게 된다. 그리고 그 차이는 남북전쟁 이전 그들 사이에 있었던 뚜렷한 차이

---

8 이탈리아의 애국자. 1848년 3월혁명 때 오스트리아의 세력을 몰아내고 일시 공화정부를 세워서 대통령이 되었다.

와는 상반된다는 것을 알게 된다.

20세기의 40년대에 '낡은 남부'를 방문한 외국인 관찰자가 있다면, 그는 아마 버지니아 주와 사우스캐롤라이나 주를 회복의 징조도 희망도 거의 없는 주로 지적했을 것이다. 그리고 이 두 주가 받은 물질적 피해와 더불어 사회적 재난의 영향이 너무나 오랫동안 끈질기게 지속되고 있는 것을 보고 놀라지 않을 수 없었을 것이다. 이 두 주에서는 그 대재앙의 기억이 지금도 마치 엊그제 있었던 일처럼 생생하다. 남북전쟁 후 가공할 큰 전쟁이 두 차례나 더 일어났음에도 불구하고 버지니아와 사우스캐롤라이나의 주민들은 아직도 '전쟁'이라면 대부분의 경우 남북전쟁을 연상할 정도인 것이다.

사실 20세기의 버지니아와 사우스캐롤라이나는 요술에 걸려 시간이 정지된 나라 같은 비통한 인상을 주는데, 이런 인상은 이 두 주 사이에 있는 다른 주를 찾아가 그와 비교해 보면 한층 더 강렬해진다. 노스캐롤라이나를 찾아가 보면 최신식 공업이 일어나고 신흥 대학들이 서 있으며, 북부의 '양키'에게서 배운 '활동적'인 기풍이 넘쳐흐른다. 동시에 노스캐롤라이나는 월터 페이지 같은 20세기의 위대한 정치가를 낳았다.

이웃의 두 주는 언제 끝날지 알 수 없는 '불만의 겨울'에 깊이 잠겨 있는 데 반해, 노스캐롤라이나의 생활은 봄날의 새순처럼 활기에 찬 것은 어째서일까? 그 이유를 찾기 위해 과거로 눈을 돌리면, 남북전쟁 직전까지는 노스캐롤라이나 주가 사회적으로 활발하지 못했고, 오히려 버지니아와 사우스캐롤라이나가 예외적으로 활발한 시절을 즐겼다는 사실을 발견하고는 더 한층 당혹감에 빠질 것이다.

아메리카 합중국의 처음 50년간의 역사에 있어서 버지니아 주는 다른 주의 추종을 불허할 만큼 단연 지도적인 주로서 처음 5명의 대통령 중 4명을 배출했고, 또 필라델피아 회의에서 그 초안이 작성된 '한 장의 종이조각' 같은 애매한 문서를 아메리카의 현실생활에 적합하게 만드는 데 누구보다 큰 공헌을 한 존 마셜을 낳았다. 버지니아 주가 1825년 이후 퇴락하면서 사우스캐롤라이나 주는 칼 하운(애덤스, 잭슨 두 대통령 때의 부통령)의 지휘하에 결국 남북전쟁에서 입게 될 재난의 방향으로 남부 여러 주를 이끌어가고 있었던 것이다. 그동안 노스캐롤라이나는 줄곧 조용했다. 노스캐롤라이나 주는 토지가 척박하고 항구도 없었다. 그 빈한한 소농들은 대부분 버지니아 주나 사우스캐롤라이나 주에서 별다른 이득을 못 보고 이곳의 토지를 불법 점유한 이민의 후손들로서, 버지니아 주의 지주와 사우스캐롤라이나 주의 면화농장주와는 전혀 비교가 안 되었다.

노스캐롤라이나 주가 초기에 그 양쪽에 있는 이웃의 두 주와 달리 실패한 이유는 쉽게 설명되지만, 그후 그 이웃의 두 주가 실패하고 노스캐롤라이나 주가 성공한 이유는 어떻게 설명하면 좋을까? 노스캐롤라이나 주는 피에몬테와 마찬가지로 영광스런 과거의 우상화로 인한 방해를 받지 않았기 때문이다. 원래 가진 것이 비교적 적었던 노스캐롤라이나 주는 따라서 남북전쟁의 패배로 말미암아 잃은 것도 비교적 적었고 또 조금밖에는 퇴락하지 않았으므로, 그 받은 피해를 회복하는 데도 어려움이 훨씬 덜했던 것이다.

낡은 문제에 대한 새로운 견해

이 창조성의 네메시스에 대한 실례들은 이 책의 첫 부분에서 우리의 주의를 환기했던 현상, 즉 '새로운 토지의 자극'이라고 칭한 현상을 새로운 견지에서 비추어 본 셈이다. 왜냐하면 위에서 든 실례들, 즉 유대인에 대한 갈릴리 인과 이방인, 밀라노와 베네치아에 대한 피에몬테, 남북으로 인접한 주에 대한 노스캐롤라이나 주 등의 예에서 그 현상이 다시 모습을 나타내고 있기 때문이다. 한편 아테네의 경우에도 같은 조사를 했더라면, 기원전 3세기 및 2세기의 그리스인이 결국 실패하기는 했으나 팽창된 헬라스 세계의 주변에서 일어난 강대한 신흥세력에 대항하여 독립을 유지하려고 노력하고 있었을 때, 도시국가의 연합 조직을 만드는 어려운 문제를 거의 해결 단계까지 끌어올린 곳은 아티카가 아니라 아카이아였다는 사실을 밝힐 수 있었을 것이다.

이제 우리는 새로운 토지가 두드러진 산출력을 보이는 이유는 언제나 혹은 전면적으로 반드시 처녀지를 개척하는 고난의 자극으로 인한 것이라고는 설명할 수 없다는 것을 알게 되었다. 새로운 토지가 풍작을 가져오는 일이 많다는 데는 적극적 이유와 더불어 소극적 이유도 있다. 즉 새로운 토지는 이미 유해무익해진, 씻어 버릴 수 없는 전통과 기억의 악몽에 지배되지 않는다는 것이다.

그리고 또 하나의 사회적 현상—창조적 소수자가 지배적 소수자로 타락하는 경향—의 원인도 이해할 수 있는데, 이 책의 처음에서 우리는 그 현상을 사회적 쇠퇴와 해체의 현저한 징후로 진단한 바 있다. 창조적 소수자는 분명히 처음부터 타락하는 방향으로 나아가도록 예정되어 있는 것은 아니지만, 창조자는 바로 '그 창조성으로 인하여' 결정적으로 타락의 방향으로 이끌리기 쉬운 것이다. 창조성의 능력은 처음 그것을 발동시킬 때는 하나의 도전에 대한 성공적인 응전을 낳지만, 그 다음에는 그 능력을 가장 잘 활용한 바로 그 사람에 대해 감당할 수 없는 새로운 도전이 된다.

4. 창조성의 네메시스 — 일시적인 제도의 우상화

헬라스 사회의 도시국가

헬라스 사회의 쇠퇴와 해체에 있어서 이 제도—그 본래의 한계 안에서는 눈부신 성공을 거두었으나, 동시에 인간이 만든 모든 것이 그러하듯이 일시적이었던 이 제도—의 우상화가 이행한 역할을 조사할 때, 우상이 사회문제의 해결에 방해가 되는 서로 다른 두 가지를 구별해서 다루어야만 할 것이다.

두 가지 중 더 중대한 첫째 것은 이미 다른 문제와의 관련에서 고찰한 바 있으므로 여기서는 간단히 처리해도 좋을 것이다. 우리가 솔론의 경제혁명이라고 칭한 개혁은 그 필연적 귀결의 하나로서 어떤 종류의 헬라스 세계의 정치적 연합을 필요하게 만들었다. 그런데 이 정치적 연합을 실현하려던 아테네의 기도가 실패로 끝났기 때문에 우리가 헬라스 사회의 쇠퇴로 진단한 바와 같은 결과가 초래되었던 것이다. 그 실패의 원인은, 모든 관련자들이 도시국가의 주권이라는 방해물을 배제하지 못한 데 있었다는 것은 명백하다. 그러나 이 회피할 수 없는 중심적인 문제가 해결되지 않고 방치되어 있을 때, 기원전 4세기에서 3세기로 전환함에 있어 헬라스 사회의 역사는 그 제2기에서 제3기로 이행함과 동시에 헬라스 사회의 지배적 소수자 자신이 구한 2차적인 문제가 뒤이어 나타났다.

이 과도기의 주요한 외면적 징후는 헬라스 사회생활의 물적 규모의 급격한 증대였다. 종래 지중해 분지의 연안지역에 국한되어 있었던 해상세계가 육지로 팽창하여 다르다넬스 해협에서부터 인도까지, 그리고 올림포스 산과 아펜니노 산맥에서 다뉴브 강과 라인 강까지 넓어졌다. 한 사회의 구성단위인 도시국가들 상호간에 법과 질서를 수립하는 정신적인 문제를 해결하지 않은 채 영토만을 이렇게 증대시킨 사회에 있어서는, 주권적 도시국가는 너무 작아서 이미 정치생활의 단위로서는 쓸모가 없게 되었다. 이 자체는 결코 불행한 일이 아니었으며, 오히려이 전통적인 헬라스 사회의 지방적 주권의 형태가 사라져 간다는 것은 지방적 주권의 악몽을 완전히 떨쳐 버릴 절호의 기회라고 생각할 수도 있었다.

만일 알렉산드로스가 좀더 오래 살아서 제논이나 에피쿠로스와 결탁했더라면 그리스인은 도시국가에서 곧바로 세계국가로 이행할 가능성도 있었을 것이다. 그리고 그랬더라면 헬라스 사회는 새로운 창조적 생활을 더 오래 지속할 수 있었을 것이다. 그러나 알렉산드로스의 요절로 헬라스 세계는 그의 후계자들의 독점무대가 되어 마케도니아의 무장(武將)들이 서로 패권을 다투게 되었으므로, 알렉산드로스에 의해 시작된 새 시대에 있어서도 지방적 주권제도가 그대로 존속하게 되었던 것이다. 그러나 헬라스 사회생활의 새로운 물적 규모에 있어서는, 지방적 주권제가 보존되기 위해서는 반드시 한 가지 조건을 갖추어야만 했다. 즉 주권적 도시국가는 보다 더 큰 규모의 새로운 국가에 길을 양보해야만 했던 것이다.

그런 새로운 국가들은 순조로이 발전했으나, 기원전 220년에서 168년 사이에 로마가 그 모든 경쟁자들에게 가한 연속적인 대타격의 결과로 그런 국가들의 수는 복수에서 단수가 되고 말았다. 자발적인 연합조직을 만들 기회를 놓친 헬라스 사회는 이제 세계국가의 테두리에 꽁꽁 묶이고 말았다. 그러나 우리의 당면한 목적에서 볼 때 흥미로운 점은, 페리클레스 시대의 아테네를 패퇴시킨 도전에 대한 로마의 응전도, 이 로마의 응전을 위해 로마 이외의 다른 손으로 이루어진 모든 예비공작도 모두가 도시국가적 주권제라는 우상에 전혀 미혹되지 않는 헬라스 사회의 성원들에 의해 이행되었다는 사실이다.

로마의 조직 원리는 그런 우상화와는 전혀 일치되지 않는 것이었다. 왜냐하면 그 조직 원리는 각 시민의 충성심을 그가 탄생한 지방적 도시국가에 대한 것과 로마가 창설한 보다 더 광대한 정치조직에 대한 것으로 나누는 '이중 시민권'이었기 때문이다. 이 창조적 절충은 도시국가적 우상숭배가 시민들의 마음을 억압하지 않는 공동사회에서 비로소 심리적으로 가능했던 것이다.

헬라스 세계의 지방적 주권 문제와 오늘날 서구 세계의 주권 문제의 유사점을 여기서 특히 강조할 필요는 없다. 그러나 이 점만은 말해도 좋을 것이다. 즉 헬라스 사회의 역사에 비추어 보아 현대 서구의 문제가 해결된다면, 그것은 국가 주권의 제도가 우상숭배의 대상이 되어 있지 않은 곳에서만 가능하리라는 점이다. 우리는 서구의 역사적인 국민국가에서 구제 수단이 출현하리라고 기대해서는 안 된다. 왜냐하면 그 정치사상과 감정이 모두 영광스러운 과거의 상징으로 인정되고 있는 지방적 주권과 결부되어 있기 때문이다.

우리 사회가 지방적 주권을 보다 높은 법의 규제하에 두고, 그렇게 하지 못할 때는 결국 철저한 대타격에 의한 불가피한 절멸의 운명을 맞게 되겠는데, 이 비운을 미연에 방지할 수 있는 어떤 새로운 형태의 국제적 연합의 발견을 기대할 수 있는 곳은 에피메테우스같이 뒤를 돌아보는 심리적 환경에서가 아니다. 만일 그런 발견이 이루어진다면, 그것이 구체적인 형태로 실현될 수 있는 정치적 실험실은 유럽의 낡은 역사를 가진 한 국민국가의 경험과 몇몇 새로운 해외 신흥국가의 유연성을 결합시킨 대영연방(大英聯邦) 같은 정치조직이거나, 서구적 혁명사상의 기초 위에 다수의 비(非)서구적 민족을 전혀 새로운 종류의 사회로 조직하려고 하는 소비에트 연방 같은 정치조직일 것이다.

소비에트 연방은 셀레우코스 왕조에 대비되고, 대영연방은 로마 공화국에 대비될 수 있을 것이다. 현대 서구 세계의 주변에 위치한 그런 정치조직 내지 그와 비슷한 정치조직이 과연 양대전(兩大戰) 중간기에 우리가 처음으로 시도했던 국제연맹의 자리에, 또한 지금 두 번째 수립을 기도하는 신흥 국제기구에 너무 늦기 전에 보다 실질적인 내용을 부여할 만한 어떤 정치조직을 낳을 수 있을까? 그 점에 대해 뭐라고 말할 수는 없으나 한 가지 거의 확실한 것은, 만일 현대의 선구자들이 그 사업에 실패한다면 국가적 주권을 우상으로 떠받들고 있는 자들에 의해서는 결코 그런 사업이 성취되지 못한다는 것이다.

동로마 제국

한 사회에 불행을 초래하는 제도를 우상화한 전형적인 예는 정교 그리스도교 세계가 로마 제국이라는 낡은 제도의 망령에 치명적으로 매혹된 경우이다. 로마 제국은 정교 그리스도교 세계의 부모사회가 되는 헬라스 사회의 세계국가로서 그 역사적 기능을 완료하고 천수를 다한 낡은 제도이다.

피상적으로 보면 동로마 제국은 콘스탄티누스 대제가 콘스탄티노플을 건설한 이래 11세기 이상이나 지난 1453년에 오스만 터키족에게 제국 수도를 정복당할 때까지 — 혹은 적어도 1204년 콘스탄티노플을 함락한 라틴 제국의 십자군에 의해 동로마 제국 정부가 잠시 수도에서 물러섰을 때까지 — 동일한 제도가 단절 없이 이어져 온 듯 보인다. 그러나 중간의 공백기에 의해 시간적으로 서로 격리된 두 가지 다른 제도로 보는 편이 한층 더 실정에 맞을 것이다. 헬라스 사회의 세계국가 노릇을 한 원래의 로마 제국은 서유럽에서 암흑시대 중에 명백히 종말을 고했다. 즉 사실적으로는 4세기에서 5세기로 넘어가는 시기, 형식적으로는 이탈리아 최후의 괴뢰 황제가 야만족의 용병대장 — 그는 콘스탄티노플의 동로마 황제의 이름으로 권력을 행사하게 되었는데 — 에 의해 폐위된 476년에 멸망했던 것이다. 본래의 로마 제국은 그 동쪽에서도 눈에 잘 띄지는 않으나 암흑시대가 끝나기 전에 같은 운명을 만나게 되었다. 동쪽의 로마 제국은 565년 유스티니아누스 황제의 긴장이 끊이지 않는 불행한 치세의 종말과 함께 소멸했다고 볼 수 있다.

그후 동쪽에서는 1세기 반의 공백기가 계속되었는데, 공백기라 해도 그 기간에 로마 황제의 칭호를 가지고 콘스탄티노플에서 실제로 통치하거나 혹은 통치하려는 사람이 없었다는 의미가 아니라, 사멸한 사회의 잔재를 일소하고 후계사회의 지반을 닦는 해체와 부화(孵化)의 시기였다는 의미이다. 그러나 그후 8세기 전반에 사멸한 로마 제국의 망령이 레오 시루스라는 천재에 의해 환기되었다. 정교 그리스도교 사회 역사의 이 첫 장을 이상과 같이 읽어보면, 레오 시루스는 불행히도 성공한 샤를마뉴였다. 혹은 반대로 샤를마뉴는 다행히도 성공하지 못한 레오 시루스였다. 샤를마뉴의 실패는 서구 그리스도교와 서구의 수많은 지방국가들이 중세를 통하여, 다 잘 알고 있는 바와 같은 역사적 경과를 따라 발전을 할 수 있는 여지를 주었다. 레오의 성공은 아직 걸음도 잘 걷지 못하는 갓난 정교 그리스도교 사회에 부활한 세계국가라는 작은 조끼를 억지로 입혀서 몸을 자유로이 움직일 수 없게 만들었다. 그러나 결과가 이렇게 대조적이라고 하여 목적이 달랐다고는 볼 수 없다. 왜냐하면 샤를마뉴도 레오도 다같이 에피메테우스처럼 일시적인, 시대에 뒤진 제도의 숭배자들이었기 때문이다.

정교 그리스도교 세계가 서구 세계보다 훨씬 앞서 뛰어난 정치적 건설력을 발휘했는데 — 그것이 결국 화근이 되기는 했으나 — 그 뛰어난 힘을 어떻게 설명하면 좋을까? 한 가지 중요한 요인은 틀림없이 이 두 그리스도교 사회가 동시에 이슬람교도 아랍족에게서 받은 압박의 정도의 차이이다. 멀리 떨어진 서구를 공격했을 때 아랍 족은 북아프리카와 스페인의 상실한 식민지를 시리아 교회를 위해 되찾는 데 진력했다. 피레네 산맥을 넘어 갓 태어난 서구 사회의 심장부를 공격했을 무렵에는 그들의 힘은 이미 쇠잔해 가고 있었다. 그리하여 지중해의 남쪽과 서쪽의 변두리를 돌아서 난폭하게 질주하다가 아우스트라시아의 견고한 방어벽에 부딪혀 투르에서 갑자기 발을 멈추게 되었을 때, 그들은 그 견고한 방어벽을 돌파하지 못하고 옆으로 피해 갔다. 이 지친 공격자에 대한 피동적 승리만으로도 아우스트라시아 왕조의 융성을 초래하기에는 충분했다.

아우스트라시아가 서구 그리스도교 사회의 미발달 국가들 사이에서 지도자로 두각을 나타내게 된 것은, 732년 투르에서 획득한 승리에 의한 것이었다. 강철 같은 아랍족의 이 비교적 미약한 충격도 카롤링거 왕조의 출현을 촉구할 수 있었다면, 같은 공격자에 의해 훨씬 더 맹렬하고 훨씬 더 오래 계속된 공격을 받은 정교 그리스도교 사회가 거기에 저항하기 위해 동로마 제국이라는 견고한 조직을 탄생시킨 것은 결코 이상한 일이 아니다.

이와 같은 이유나 또 다른 이유로 레오 시루스와 그 후계자들은, 샤를마뉴나 오토 1세나 하인리히 3세가 교황의 묵인하에도 달성하지 못했던 목표 — 하물며 그 후 교황의 반대에 부딪히게 된 황제들은 도저히 달성할 수 없었던 목표 — 를 달성하는 데 성공했었다. 동로마의 황제들은 그 제국 안에서 교회를 정부의 한 부문으로 만들고, 총주교를 종교 관계를 처리하는 일종의 국무차관으로 만듦으로써 콘스탄티누스가 수립하고 유스티니아누스까지의 역대 황제들이 유지해 왔던 교회와 국가의 관계를 회복했다. 이런 관계의 영향은 두 가지 모양으로, 즉 일반적인 형태와 특수한 형태로 나타났다.

일반적인 효과는 정교 그리스도교 사회의 생활에서의 다양성과 신축성, 실험과 창조성에 대한 경향을 방해하고 고갈시킨 일이다. 서구에 있어서 자매문명에 의해 이루어진 몇몇 현저한 업적을 — 정교 그리스도교 사회에는 거기에 비교될 만한 것이 없는 — 주목함으로써 그 피해가 얼마나 컸던가를 대략 계산할 수 있다. 정교 그리스도교 사회의 역사에는 힐데브란트의 교황에 대응하는 것이 전혀 없었을 뿐만 아니라, 자치적인 대학과 자치적인 도시국가의 발생 및 보급도 없었다.

특수한 효과는 부활한 제국정부가 그것이 대표하는 문명이 전파된 지역내에 독립적인 '야만족 국가'의 존재를 끝까지 인정하려 하지 않았던 일이었다. 이 정치적 불관용이 10세기에 로마와 불가리아의 전쟁을 야기했는데, 동로마 제국은 이 전쟁에서 표면적으로는 승리한 것 같았지만 사실에 있어서는 회복 불능의 상처를 입었다. 그런데 우리가 이미 다른 데서 지적한 바와 같이, 이 양국간의 전쟁은 정교 그리스도교 사회의 쇠퇴의 원인이 되었던 것이다.

국왕 · 의회 · 관료제도

우상숭배의 대상이 된 정치제도는 도시국가든 제국이든, 어떤 종류의 국가에 한정되어 있는 것이 아니다. 한 국가의 주권자 — '신성한' 국왕이나 '전능한' 의회 — 또는 국가의 존립이 그 수완과 용기에 의존하고 있다고 생각되는 카스트나 계급이나 전문직업도 역시 우상숭배의 대상이 되어서 비슷한 결과를 낳았던 것이다.

한 인간 속에 구현된 정치주권의 우상화의 전형적인 예는 '고왕국' 시대의 이집트 사회의 역사에서 찾아볼 수 있다. 앞서 다른 데서 이미 말한 바와 같이 이집트 통일왕국의 주권자들이 신적인 숭배를 받거나 혹은 그런 숭배를 강요한 것은 보다 높은 사명에 대한 임무를 '철저히 거부한' 징후이고, 그것은 이집트 사회의 두 번째 도전에 대한 응전의 치명적 실패를 보여주는 것으로서, 이 실패야말로 이집트 문명을 그 청춘기에 요절하게 한 원인이 되었던 것이다. 이 일련의 인간 우상화가 이집트 사회의 생활에 파멸적인 무거운 짐을 짊어지게 했음을 적나라하게 상징하는 것이 피라미드이다. 피라미드는 그 건설자들을 주술에 의해 불멸의 존재로 만들기 위해 국민에게 노동을 강요함으로써 건설된 것이다. 사회 전체의 이익을 위해 자연적 환경에 대한 지배력을 증대시키는 데 이용되어야 할 기술과 자본과 노동이 잘못된 우상숭배의 방향으로 향했던 것이다.

한 인간 속에 구현된 잘못된 정치주권의 우상화는 이집트 사회 이외의 다른 데서도 그 예를 찾아볼 수 있다. 근세 서구 사회의 역사에서 그 유례를 찾아보면, 태양신 라의 아들의 비속화(卑俗化)한 모습을 프랑스의 태양왕 루이 14세 속에서 쉽게 찾아낼 수 있다. 이 서구 사회 태양왕의 베르사유 궁전은, 기제의 피라미드가 이집트의 국토에 대해 지운 것과 같은 무거운 부담을 프랑스 국토에 지웠다. "짐은 국가이다"란 말은 케오프스도 했을 법한 말이고, "내 뒤에야 홍수가 나든 말든"이란 말은 페피 2세도 했을 법한 말이다. 그러나 근대 서구 세계가 제공하고 있는 주권자의 우상화에 대한 가장 흥미있는 예는, 현재로서는 아직 거기에 대한 역사적 판결을 내릴 수는 없다.

웨스트민스터의 '의회의 어머니'에 대한 숭배에 있어서 그 우상화의 대상은 개인이 아니고 위원회이다. 위원회의 어쩔 수 없는 단조성(單調性)은 근세 영국의 사회적 전통의 끈질긴 실제주의와 더불어 이 의회의 우상화를 일정한 한계내에 억눌러 왔다. 만일 어떤 영국인이 1938년의 세계를 둘러보았다면, 그는 필시 그 자신의 정치적 신에 대한 절제 있는 헌신은 충분한 보답을 받고 있다고 주장했을 것이다. '의회의 어머니'에게 충성을 바쳐온 영국은 다른 사신(邪神)들을 숭배하고 있는 이웃 나라들보다 행복한 상태에 있지 않은가? 대륙의 잃어버린 10지파

(支派)⁹는 두체(무솔리니에 대한 칭호)니 퓌러(히틀러에 대한 칭호)니 콤미사르(소비에트의 인민위원)니 하는 기이한 신들을 열광적으로 예찬하여 과연 평안이나 번영을 얻었던가? 그 영국인은 이렇게 자부할지 모르나, 동시에 그는 의회제도라는 섬나라의 오래된 제도를 모태로 최근 탄생한 대륙의 제도는 참으로 무력하여 영국을 제외한 현대 인류의 대다수를 정치적으로 구출할 능력도, 또 전쟁이 낳은 독재의 질병에 저항하여 건강을 유지하게 할 힘도 없다는 것을 인정하지 않을 수 없을 것이다.

생각건대 웨스트민스터의 의회가 영국인의 존경과 애착을 굳게 붙들고 있는 비결이 되어 있는 특색 그 자체가, 이 유서깊은 영국의 제도를 전세계의 정치적 만능약으로 만드는 데 장애가 되어 있다는 것이 아마도 사실인 것 같다. 모름지기 우리가 앞서 지적한 법칙 — 한 도전에 성공적으로 응전한 자는 다음 도전에 응전하는 데 불리한 입장에 서게 된다는 법칙 — 에 따라, 이제는 이미 끝나 버린 '근대'의 요구에 적합하도록 자기개조를 함으로써 중세 이후까지 발전해 온 웨스트민스터의 의회의 유례없는 성공은 우리에게 닥친 후근세기의 도전에 대처할 수 있는 새로운 창조적 변화를 곤란하게 하고 있는 것이다. 영국 의회의 구조를 들여다보면, 그것은 본질적으로 지방선거구의 대표자로 구성된 집합이라는 것을 알게 된다. 이것은 그 제도가 발생한 연대와 장소로 미루어 당연히 예기되는 상황이다. 왜냐하면 중세 서구 세계의 왕국은 작은 도시들이 여기저기 흩어져 있는 촌락공동체의 집합이었기 때문이다. 그러한 국가조직에 있어서는 사회적·경제적 목적을 위해 중요한 집단은 근린(近隣) 집단이었고, 또 그와 같이 구성된 사회에 있어서는 지연(地緣) 집단이 곧 자연스런 정치조직의 단위가 되어 있었던 것이다.

그러나 이 중세적인 의회 대의제의 기반은 산업주의의 충격에 의해 붕괴되었다. 오늘날 지연적 결합은 나머지 많은 목적에 대해서는 물론 정치적 목적에 대해서도 그 의의를 상실하고 있다. 만일 현대의 영국 유권자에게 누구를 이웃으로 생각

---

9 고대 이스라엘 민족 중 아시리아의 포로가 되어 결국 돌아오지 못했다는 10개의 부족이 유럽 여러 민족의 선조가 되었다는 전설.

하느냐고 묻는다면, 그는 "랜즈 엔드에서부터 존 오 그로츠에 이르는 여러 지점에 살고 있는 동업의 철도원이나 광부"라고 대답할 것이다. 실제의 선거구는 이미 직업별이 아니라 직능별이 된 것이다. 그러나 직능대표제는 정치제도상 미지의 세계로, 안락하게 노후를 보내고 있는 '의회의 어머니'는 이제 새삼스러운 그런 미지의 세계를 탐험해 보려는 생각을 하지 않는다.

물론 20세기 영국의 의회제도 예찬자는 이 문제에 대해 "돌아다니면 해결된다"고 정당하게 대답할 것이다. 그는 13세기의 대의제도가 20세기의 사회에는 적당하지 않다는 것을 추상적으로는 시인하겠지만, 이 이론적으로 부적당한 것이 실제로는 잘 되어가고 있다고 지적할 것이다. 그는 설명하기를 "우리 영국인은 우리가 수립한 이 제도에 충분히 익숙해졌기 때문에 우리나라에서 우리들끼리만이라면 어떤 조건하에서도 이 제도를 잘 운용해 갈 수 있다. 물론 외국인은 모르지만……" 하고는 어깨를 으쓱 올린다.

영국인의 그 정치적 유산에 대한 신념은 앞으로도 계속하여 그 정당성을 증명할는지 모르겠다. 그리하여 한때는 이 제도를 정치적 만능약으로 믿고 열심히 복용하다가 급성 소화불량에 걸리자 이번에는 그것을 거칠게 토해 낸 '법이 없는 열등한 종족들'을 깜짝 놀라게 할는지 모르겠다. 그러나 동시에 생각나는 것은, 영국이 다시 한 번 새 시대가 요구하는 새로운 정치제도의 창조자가 되어 그 17세기의 위업을 이행할 가능성은 없는 듯하다는 것이다. 새로운 것을 발견해야만 할 필요에 직면할 때 그것을 발견하는 길은 두 가지뿐이다. 즉 창조나 혹은 미메시스인 것이다. 그런데 누군가가 모방의 대상이 될 만한 창조적 행위를 수행하기 전에는 미메시스란 있을 수 없다. 우리가 사는 이 시대에 이미 시작된 서구 사회 역사의 제4기에 있어서 과연 누가 이 새로운 정치적 창조자가 될 것인가? 현재로서는 아직 유력한 어떤 후보자가 있다는 것을 보여주는 증거가 별로 없다. 그러나 새로운 정치적 창조자는 '의회의 어머니'의 예찬자가 아니라는 것만은 어느 정도 자신감을 갖고 말할 수 있다.

끝으로 카스트·계급·전문직업에 대한 우상숭배를 살펴봄으로써 이 제도 우상화에 관한 개관을 마치기로 하자. 여기서 우리는 이 조사를 진행시킬 수 있는 몇 가지 단서를 이미 고찰한 바 있다. 앞서 발육정지 문명을 고찰하는 과정에서 우리는 사실상 집단적 우상이거나 신격화된 거인이었던 카스트가 가장 중요한 지위를 차지하고 있었던 두 사회 — 스파르타인과 오스만인 — 를 다룬 바 있다.

카스트를 우상화하는 과오가 문명의 성장을 저지할 수 있다면, 그것은 또 문명의 쇠퇴 원인도 될 수 있을 것이다. 그리하여 이 관련성을 놓고 이집트 사회의 쇠퇴를 재검토해 보면 '고왕국' 시대에 있어 이집트 백성의 우상은 '신성한' 왕만이 아니었다는 것을 알게 된다. 이집트의 백성은 학자·관료계급의 무거운 짐도 지지 않으면 안 되었던 것이다. 왕이 신으로 숭배를 받기 위해서는 반드시 유식한 서기(書記) 계급의 존재가 필요하게 된다. 그러한 뒷받침 없이는 왕이 조상(彫像) 같은 자세로 보좌 위에 오래 앉아 있을 수 없다. 따라서 이집트의 학자계급은 왕관의 배후세력이 되었는데, 시간적으로는 국왕보다 앞서 있었다. 그들은 없어서는 안 되는 존재였고, 또 그들 자신이 그 사실을 잘 알고 있었다. 따라서 이집트의 학자들은 그 사실을 이용하여 '무거운 짐을 묶어 남의 어깨에 지우면서도' 그 짐을 내려주는 데는 '손가락 하나' 까딱하려고 하지 않았다.(《마태복음》 23장 4절). 땀흘려 일하는 국민의 운명에서부터 학자계급만이 특권적으로 면제되어 있었다는 것이 이집트 사회의 역사의 모든 시기를 통해 관료계급의 자기예찬의 테마가 되어 있다.

극동 세계에도 이집트의 '학자관료'와 비슷한 악마 같은 만다린 계급이 있는데, 이것은 극동 사회가 그 선행 문명의 말기에 계승한 것이었다. 유학자(儒學者)는 붓을 잡는 일 외에는 손을 전혀 사용하지 못할 정도로 손톱을 길게 기름으로써 노동에 시달리는 수많은 사람의 짐을 가볍게 하기 위해 손가락 하나도 움직이기를 거부하는 냉혹한 태도를 과시했던 것이다. 그리하여 그들은 극동 사회의 역사의 모든 변동과 기회를 이용하여 그 압제적 지위를 보존하는 데 이집트 사회의 동류와 마찬가지로 끈질겼다. 서구 문화의 충격도 그들의 지위를 빼앗을 수는 없었다. 이제는 유학 고전(儒學古典)의 시험은 폐지되었지만, 학자들은 시카고 대학이나 런던 대학의 정치·경제학부 졸업장을 과시함으로서 여전히 백성을 괴롭히고 있다.

이집트 사회의 역사가 진행됨에 따라 국왕의 권력이 점차 인간화하기에 이르러 오랫동안 고통을 받아온 민중의 부담이 다소 가벼워졌음에도 불구하고—너무 늦었지만—기생충적 계급이 잇따라 나타나서 모처럼의 민중의 부담의 경감이 상쇄되고 말았다. 관료계급이라는 짐만으로는 아직 가볍다는 듯이 '신제국' 시대에 이르러 민중의 등에는 신관(神官) 계급이란 짐이 더 실리게 되었다. 이 신관계급은 황제 토트메스 3세(기원전 1480~50년경)에 의해 테베의 아멘라(테베의 부족신 아멘과 라가 동일시된 것)신의 제사장을 정점으로 강력한 범(汎) 이집트적인 단체로 조직된 것이었다. 그후부터 이집트 사회의 만다린 계급은 브라만이라는 새로운 친구와 함께 민중의 등에 올라타게 되어, 민중은 피로에 지친 서커스의 말처럼 비틀거리면서 끝없이 뱅뱅 돌지 않을 수 없게 되었다. 그런데 얼마 뒤 서기관과 바리새인의 작은 안장 뒤에 '큰소리만 탕탕 치던 군인'이 올라탐으로써 말 위에 탄 자는 이제 둘에서 셋으로 늘게 되었다.

이집트 사회는 그때까지의 전생애에 정교 그리스도교 사회의 성장기에 있어서처럼 군국주의를 모면했으나, 힉소스 왕족과의 충돌에 자극을 받아 군국주의적인 방향으로—마치 동로마 제국이 불가리아와의 충돌에 자극을 받은 것처럼—향하게 되었다. 제18왕조의 황제들은 힉소스 왕족을 이집트 밖으로 축출하는 데 만족하지 않고 자위(自衛)에서 공격으로 전환하려는 유혹을 이기지 못해 아시아에 이집트의 영토를 획득했다.

그런데 그와 같은 무모한 모험은 손을 대기는 쉬웠으나 손을 떼기는 어려웠다. 형세가 불리하게 변했을 때, 제19왕조의 황제들은 이집트 본토를 보전하기 위해 급속히 쇠퇴해 가는 이집트 사회체의 모든 힘을 총동원할 수밖에 없었던 것이다.

제20왕조 시대에 이르러 이 늙고 고통 가운데 있는 사회는 미노스 사회 멸망 후의 민족이동의 타성에 의해 이집트로 밀려들어온 유럽과 아프리카 및 아시아의 야만족의 연합군을 물리치는 최후의 곡예를 한 대가로 결국 마비상태에 빠지고 말았다. 이집트 사회가 이렇게 땅바닥에 엎드려 꼼짝 못하게 되었을 때도 이집트의 학자와 신관은 손가락 하나 다치지 않고 아직 안장을 꼭 붙들고 앉아 있었다.

그런데 이집트 사회의 무력의 마지막 공격에 의해 앞서 이집트 세계 밖으로 격퇴된 바 있던 리비아의 침략자 자손들이, 이번에는 이집트의 용병이 되어 이집트 세계에 되돌아와서 학자와 신관의 말 위에 함께 탔다. 이 기원전 11세기의 리비아인 용병의 후손으로서 그후 1천 년 동안 줄곧 이집트 사회의 등에 올라타고 있었던 군벌 카스트는 싸움터의 적병으로서는 터키의 근위병이나 스파르타의 군인보다 덜 두려운 상대인지 몰라도, 그 발굽 아래서 신음하는 국내의 농민으로서는 마찬가지로 무거운 짐이었을 것이다.

5. 창조성의 네메시스 ― 일시적인 기술의 우상화

어류 · 파충류 · 포유류

다음에는 기술의 우상화를 고찰하기로 하겠는데, 앞서 기술한 바 있는 이 우상화 때문에 극단적인 벌을 받은 예들을 상기하면서 조사를 시작하자.

오스만 및 스파르타의 사회제도에 있어서는, 인간의 가축 사육 또는 인간의 식량이 되는 짐승 사냥의 기술이 그런 활동을 수행하기 위한 모든 제도와 함께 우상화되었다. 그리고 인간적 도전에 의해 환기된 발육정지 문명에서부터 물리적 자연의 도전에 의해 환기된 발육정지 문명으로 시선을 돌리면, 기술의 우상숭배가 그런 문명의 비극의 전부를 구성하고 있다는 것을 알게 된다. 유목민과 에스키모는 그들의 모든 능력을 목축과 수렵의 기술에만 지나치게 집중시켰기 때문에 그 문명의 성장이 저지되었던 것이다. 그들의 단선궤도적(單線軌道的)인 생활은 그들로 하여금 인간다운 융통성을 잃게 하여 동물적인 생활로 퇴보하는 원인이 되었던 것이다. 이 지구상에 있어서 인간 출현 이전의 시기에 생명의 역사를 돌아다보면, 거기서도 역시 같은 법칙의 실례들이 발견된다.

인간 이외의 생물계와 인간계의 활동을 비교 연구한 근대 서구의 한 학자는 이 법칙을 다음과 같이 설명하고 있다.

생물은 바닷속에서 시작된다. 바다에서 생물은 굉장한 능률화의 높은 수준에 도달한다. 어류는 오늘날에 이르기까지 조금도 변화하지 않고 그대로 존속할 수 있을 만큼 아주 훌륭한 유형(예컨대 상어 같은 것)을 낳았다. 그러나 한 단계씩 더 향상하는 진화의 길은 이런 방향에 있는 것이 아니었으며, 진화에 관해서는 잉(Inge) 박사의 '어떤 것이든 성공만큼 실패하는 것은 없다'는 격언이 항상 타당한 것 같다. 환경에 완전히 적응한 생물, 우선 당장 용하게 살아가는 데 그 능력과 생명력의 전부를 써버리는 동물은 어떤 근본적 변화에 적응할 만한 여력을 전혀 갖고 있지 않다.

시대를 거듭함에 따라서 그런 동물은 더욱더 당면한 관습적 기회에만 잘 응할 수 있는 모양으로 그 전능력을 쏟게 된다. 그리하여 나중에는 의식적 노력이나 익숙지 않은 운동을 하지 않고도 살아가는 데 필요한 모든 것을 할 수 있게 된다. 따라서 특정한 곳에서는 모든 경쟁자를 이길 수 있으나, 그 반면 장소가 변화하면 절멸할 수밖에 없게 된다. 막대한 수효의 종(種)이 절멸한 원인은 바로 이 능률화가 성공을 거두었기 때문인 듯하다. 기후의 조건이 변했다. 그런데 그들은 이 기후변화 이전의 상태에 적응하는 데 그 생명력의 전부를 소비해 버리고, 예의 어리석은 처녀들(《마태복음》 25장 1~13절)처럼 새로운 적응에 필요한 여분의 기름을 남겨놓지 않았던 것이다. 그들은 특정한 환경에만 전념한 나머지 새로운 적응이 불가능하게 되었으므로 멸망했던 것이다.[10]

육서동물(陸棲動物)이 출현하기 이전의 수서동물(水棲動物) 시대에 있어서 자연적 환경에 완전히 적응한 어류의 기술적 성공이 바로 어류에게 치명적인 것이 되었다는 점을 같은 학자가 같은 문맥 속에서 자세히 기술하고 있다.

생물이 바다에만 있고 어류가 발달하고 있는 단계에서는 어류는 척추를 발달시켜 당시 최고로 발달된 형태의 척추동물을 대표하는 형태를 낳았다. 두부(頭部)를 보조하기 위해 척추에서 양편으로 촉각이 자랐는데, 이것이 가슴지느러

---

10 Gerald Heard, 《문화의 원천》.

미가 되었다. 상어에 있어서—상어뿐 아니라 거의 모든 어류가 그렇지만—이 촉각은 특수화하여 이미 촉수가 아니라 물을 헤쳐가는 노, 먹이를 향해 돌진하는 아주 유능한 지느러미가 되었다. 이제는 민첩한 반응이 무엇보다 중요해지고, 지루한 협상은 아무 소용이 없게 되었다. 이 지느러미는 이제 시험기 노릇도, 탐색기 노릇도, 검사기 노릇도 다 그만두고 수중운동을 하기 위한 용기(用器)로서만 급속히 발달하여 다른 데는 써먹을 수가 없게 되었다.

어류 이전, 척추동물 이전의 생물은, 오늘날의 성대가 그 촉각으로 고체 해상(海床)에 접촉하고 있는 것처럼 따뜻한 얕은 못에 살면서 늘 수저(水底)에 접하고 있었을 것이다. 그러나 일단 예기치 못했던 급속한 변화가 전면적으로 일어나자, 특수화한 이 어류는 그 때문에 수저와 모든 땅과의 접촉을 잃고 수중으로 쫓겨 들어갔다. ……물만이 그들의 유일한 활동 영역이 되었다. 이것은 그들이 새로운 환경에 의해 자극을 받을 수 있는 능력이 극히 제한되어 있었다는 것을 의미한다…….

여기서 동물의 다음 발달 단계는, 즉 발달한 어류의 형태는 이 지느러미를 극도로 특수화시키지 않은 생물이었을 것이 분명하다. 첫째로 그런 것은 분명히 해저와의 접촉을 유지해 온 생물이었을 것이고, 따라서 고체적 환경과의 접촉을 잃은 어류들보다 여러 가지 자극을 더 많이 받았을 것이기 때문이다. 둘째로 그런 것은 같은 이유로 얕은 물과 접촉한 생물이었을 텐데 이 접촉은 앞다리에 의해 유지되었을 것이고, 앞다리는 완전히 수영용 지느러미로서 특수화될 수 없었으므로 좀더 일반화된 '비능률적인' 탐색적·시험적 성격을 보유한 생물이었을 것이기 때문이다. 그런 생물의 골격이 발견되고 있는데—그 앞다리는 정상적인 지느러미라기보다 손이 되려다 만 듯한 형태의 생물이다. 이런 종류의 생물을 통해 얕은 물속에서 조수가 밀려드는 언덕으로 이동하여 깊은 바다를 뒤로 하고 육지에 침입하여 마침내 양서류(兩棲類)가 출현하게 된 것 같다.

이렇게 굼뜬 양서류가 날쌔고 과감한 어류와의 경쟁에서 승리한 사실을 통하여, 우리는 그후부터 여러 차례 그때그때 다른 배역으로 반복 연출되어 온 초기의 드라마 상연을 보고 있는 셈이라고 하겠다.

우리의 주목을 끄는 다음 무대에서 어류의 역할을 한 것은 양서류의 자손이 되는 무서운 파충류이고, 앞무대에서의 양서류 역을 맡은 것은 뒤에 인간을 낳게 되는 포유동물의 선조였다. 원시 포유류는 약하고 왜소한 생물이었다. 그들이 뜻밖에도 지상의 지배자가 된 것은, 그들보다 앞 시대에 피조물의 왕자였던 거대한 파충류가 지구를 버리고 가버렸기 때문이다. 중생대의 파충류는―에스키모나 유목민과 마찬가지로―과도한 특수화라는 막다른 골목으로 잘못 들어감으로써 어렵게 정복한 것을 잃은 정복자였다.

이 명백히 돌발적인 파충류의 종말은 의심할 여지 없이 인류의 출현 이전의 지구의 전역사를 통해 가장 놀라운 혁명이었다. 그것은 오랜 세월 동안 줄곧 따뜻한 기온이 계속되다가 그것이 끝나고, 겨울이 몹시 춥고 여름은 짧으나 매우 뜨거운 엄혹한 기후의 시대가 새로이 내습한 것과 관련이 있을 것이다. 동물도 식물도 중생대의 생물은 온난한 기후조건에는 적응했으나 추위에는 저항할 능력이 거의 없었다. 이에 반해 새로 나타난 생물은 무엇보다도 심한 기온의 변화에 저항할 능력을 가지고 있었……

포유류가 새로운 변화에 적응할 능력이 부족한 파충류와 싸워서 그것을 내쫓은 데 대해서는…… 그런 직접경쟁의 증거는 전혀 찾아볼 수가 없다…… 중생대 후기에는 그 특징에 있어서 완전히 포유류의 것과 일치하는 작은 악골(顎骨)들이 많이 발견되고 있다. 그러나 공룡에게 정면으로 대항할 수 있는 큰 포유류가 중생대에 생존했었다고 암시하는 흔적도, 골편(骨片)도 전혀 발견되지 않는다. ……그들은 모두 생쥐나 쥐새끼만한 크기의 존재 없는 작은 짐승이었던 것 같다.[11]

웰스가 서술한 이상과 같은 주장은 지금까지는 일반적으로 승인되어 있는 것 같

---

11 H.G. Wells, 《세계문화사 대계》.

다. 이 몸집이 크고 둔한 파충류는 새로운 환경에 적응할 능력을 상실했기 때문에 포유류에게 그 자리를 양보할 수밖에 없었다. 그렇다면 파충류에게 압도되는 시련에서 포유류로 하여금 죽지 않고 살아남을 수 있게 했던 것은 무엇이었을까?

이 지극히 흥미로운 문제에 관해 위에 인용한 두 저자의 의견은 같지 않다. 웰스에 의하면, 아직 미발달한 유치한 단계의 포유류가 살아남을 수 있었던 것은 내습해 오는 추위로부터 그 몸을 보호하는 털이 있었기 때문이라고 한다. 만일 그것만이 유일한 원인이었다면, 그것은 어떤 조건하에서는 모피가 비늘보다 더 효과적인 무기가 된다는 것 외에는 말해 주는 바가 없다. 하지만 히어드는 포유류의 생명을 보호한 무기는 물리적인 것이 아니라 심리적인 것이었고, 이 심리적 방비의 강점은 정신적 무방비상태였다고 주장한다. 즉 우리가 앞서 영성화(靈性化)라고 칭한 그 성장의 원리가 인간의 출현 이전에도 존재했다는 실례가 여기 있다고 주장하는 것이다.

산업에 있어서의 네메시스

100년 전의 영국은 '세계의 공장'이라고 자칭했을 뿐만 아니라 사실상 '세계의 공장'이었다. 그러나 오늘날의 영국은 전세계의 경쟁적인 공장들 중 하나에 지나지 않고, 더구나 영국이 그 실업상 분담해야 할 몫은 벌써부터 상대적으로 축소되어 가는 경향을 보이고 있다. '영국은 이제 끝장났는가?' 하는 문제는 헤아릴 수 없이 많은 사람들에 의해 논의되고, 또 여러 가지 답이 제시되었다.

온갖 요소를 염두에 두고 생각해 볼 때, 아마 우리 영국인은 대체적으로 지난 70년간 예상 밖으로 잘해 온 것 같다. 물론 이 문제는 새뮤얼 버틀러가 가장 즐겨 쓰는 반구적(反句的) 인용구[12]의 하나에 재치있게 묘사된 것과 같이 사물을 비관적으로 보고 무엇에 대해서도 따지고 투덜거리는 형의 예언자에 의해 반박될 여지가 얼마든지 있는 문제이긴 하지만 말이다. 그러나 영국인이 행한 일 중 가장

---

12 '어떤 나라든 그 나라의 예언자들 외에는 존경을 못 받는 일이 없다'는 것인데, 이는 〈마태복음〉 13장 57절의 '예언자는 자기 고향과 자기 집 이외에는 어디서나 존경을 받지 못하는 일이 없다'라는 말을 뒤집은 반구법이다.

큰 과오를 하나 골라낸다면, 우리 산업계의 지도자들이 그 조부들의 재산을 이룬 시대에 뒤떨어진 기술을 우상화한 그 보수적 태도를 들 수 있을 것이다.

영국의 경우만큼 일반적이지 않기 때문에 한층 더 참고가 되리라고 생각되는 것은 미국의 예이다. 19세기 중엽의 아메리카인이 그 산업상 발명의 다양성과 교묘성에 있어서, 그리고 그런 발명을 실제적 목적에 이용하는 적극적 태도에 있어서 다른 모든 국민들을 능가했다는 것은 누구도 부정하지 못할 것이다. 재봉틀, 타이프라이터, 기계를 이용한 제화(製靴), 매코믹 자동수확기 등은 무엇보다도 먼저 머릿속에 떠오르는 '양키다운 고안품'들이다.

그런데 아메리카인이 한 가지 발명의 이용에 있어서 영국인에게 결정적으로 뒤떨어진 것이 있었다. 더구나 그것은 19세기 초 아메리카인이 발명한 기계인데도 그 개량을 등한시했기 때문에 뒤떨어지게 되었다는 사실로서 더욱 우리의 주목을 끈다. 그것은 기선이다. 아메리카의 외륜기선은 북아메리카에 아주 흔한 수천 마일의 가항내륙(可航內陸)의 수로를 따라 급속히 번져가는 공화국의 운수기관에 매우 중요한 수단이 되었던 것이다. 그후 해양 항해용으로 발명된 한층 더 우수한 스크루 추진기를 이용하는 데 있어서 아메리카인이 영국인보다 훨씬 뒤떨어진 것은 분명히 외륜기선이 거둔 성공의 직접적 결과였다. 이 문제에 있어서 그들은 일시적인 기술을 우상화하는 데 한층 더 강하게 유혹되었던 것이다.

전쟁에 있어서의 네메시스

군사사(軍事史)에 있어서, 부드러운 모피를 입은 포유류와 중무장을 한 파충류 사이의 생물학적 경쟁에 상당하는 것은 다윗과 골리앗의 결투에 관한 이야기이다.

이스라엘군에 도전하는 운명의 날이 오기 전까지는 골리앗의 창자루는 베틀의 도투마리 같고, 창날은 600세켈의 쇠로 되어 있어, 그 창으로 당당한 승리를 거두었다. 그리고 투구와 갑옷과 둥근 방패와 경갑(硬甲)으로 된 그의 무장은 어떤 적의 무기에도 완전히 대항할 수가 있었다. 그는 그 밖에 더 다른 무장을 생각할 수 없었다. 즉 자기의 무장이면 당할 자가 없다고 확신했던 것이다. 그는 자기의 도전에 응할 만큼 담대한 이스라엘 사람은 자기와 마찬가지로 '머리에서 발끝까지'

완전 무장한 창병(槍兵)일 것이고, 그리고 자기와 같은 무장을 한 상대라도 자기를 당해내지는 못할 것이라고 확신하고 있었다.

골리앗은 그런 생각으로 굳어져 있었기 때문에, 다윗이 무장도 하지 않고 손에는 막대기 외에는 아무것도 든 것이 없이 자기에게 대항하려고 뛰어나오는 것을 보았을 때 경계하는 대신 오히려 분개하여 "네가 나를 개로 여겨 막대기를 가지고 덤비느냐?"고 고함쳤던 것이다. 골리앗은 이 젊은이의 오만한 태도야말로 깊이 생각한 끝에 취한 계략임을 까맣게 몰랐다. 그리고 그는 다윗이 자기와 같은 무장으로는 도저히 상대방과 대적할 수 없다는 것을 명확히 알고 있었기 때문에 사울왕이 적극 권한 무기를 거절하고 나왔다는 것도 미처 몰랐던 것이다. 골리앗은 다윗의 돌팔매도 눈여겨보지 않았고, 이 양치기의 주머니 속에 어떤 위험이 숨겨져 있는지 의심하지도 않았다. 그래서 이 불운한 피리스테의 장수 트리케라톱스(뿔 셋 달린 공룡)는 파멸을 향해 전진했던 것이다.

그러나 역사적 사실의 문제로서는 후기 미노스 사회 해체 후의 민족이동 시기의 중장보병(重裝步兵) — 가드의 골리앗이나 트로이의 헥토르[13] — 이 다윗의 돌팔매나 필록테테스[14]의 활에 맞아서 패한 것이 아니라 어깨와 어깨, 방패와 방패가 서로 맞부딪치는 수많은 중장보병으로 구성된 하나의 거대한 리바이어던, 곧 미르미돈[15]의 중장 밀집 창병부대(重裝密集槍兵部隊) 앞에 굴복한 것이었다. 이 창병 한 사람 한 사람은 그 무장에 있어서는 헥토르나 골리앗과 다를 바 없었지만, 그 정신에 있어서는 호메로스의 시에 나오는 중장병과는 하늘과 땅만큼 차이가 있었다. 그 밀집 창병부대의 본질은 단순한 오합지졸 같은 개개의 병사의 집단을 한 덩어리의 움직이는 부대로 바꾼 그 군기(軍紀)에 있었고, 그 정연한 기동작전은 똑같이 완전무장한 같은 수의 군인들이 제멋대로 행동하는 것보다 10배나 큰 효과를 올릴 수 있었기 때문이다.

---

13 트로이 전쟁 때 트로이군의 총사령관. 제일가는 용장이었으나 마침내 그리스군에게 피살당했다.
14 트로이 전쟁에 참전한 그리스의 용사. 아버지에게 물려받은 헤라클레스의 활로 트로이의 왕을 쏘아 죽였다.
15 트로이 전쟁 때의 영웅 아킬레스의 부대를 그렇게 불렀다.

이 새로운 군사기술은 이미 《일리아스》에 어떤 예조 같은 것이 퍼뜩 보였지만, 역사의 무대에 확실히 등장한 것은 스파르타의 사회적 파멸의 원인이 된 제2차 스파르타·메시나 간의 전쟁에서 승리를 향해 티르타이오스[16]의 시를 노래하며 진격한 스파르타의 밀집 창병부대였다. 그러나 그 승리로 이야기가 끝난 것이 아니었다. 스파르타의 밀집 창병부대는 적군을 모조리 전장에서 몰아낸 후 '노를 놓고 쉬었던' 것이다. 처음에는 아테네의 펠타스트(경장병)—스파르타의 골리앗들로 구성된 창병대가 도저히 대항할 수 없었던 다윗의 집단—에 의해, 후에는 테베의 종대편제(縱隊編制)라는 새 전술에 의해서였다. 그러나 다음 아테네와 테베의 차례가 돌아오면, 그들의 기술도 기원전 338년에 마케도니아의 군대 앞에 굴복하고 말았다. 왜냐하면 고도로 분화된 산병(散兵)과 밀집 창병부대를 중기병에 교묘하게 결합시켜 단일한 전투부대로 편성한 마케도니아의 군제에 비하면 그들의 기술은 이미 구식이 되었기 때문이다.

알렉산드로스의 아케메네스 제국 정복은 마케도니아의 전투대형이 그 초기부터 능률적이었음을 나타내는 증거이다. 그리고 마케도니아의 밀집 창병부대는 그후 170년간 최신식 군사기술의 모범이 되었는데, 이 170년간이란 그리스 도시국가의 시민군의 우세에 종지부를 찍게 한 카에로네아의 전투부터 마케도니아의 밀집 창병부대가 로마의 레기온(군단) 앞에 굴복한 피드나의 전투까지 말한다. 마케도니아의 군사적 운명에 끼친 이 굉장한 역전의 원인은 일시적이고 낡아빠진 기술에 언제까지나 연연하는 것이었다. 마케도니아인이 헬라스 세계의 서쪽을 제외한 전지역에 대한 완전한 지배자로서 노를 놓고 있는 사이에, 로마인은 한니발과의 사투에서 맛본 고난을 통해 얻은 경험을 바탕으로 전쟁기술의 혁명을 성취했던 것이다.

로마의 레기온이 마케도니아의 밀집 창병부대를 압도할 수 있었던 것은, 경장보병과 창병의 결합을 훨씬 더 장기적인 단계로 추진시켰기 때문이다. 사실 로마인은, 어떤 병사나 뜻대로 경장보병의 역할 혹은 중장보병의 역할을 할 수 있고, 또 어떤 부대나 적의 면전에서 즉시 이 전술에서 저 전술로 전환할 수 있는 새로

---

16 기원전 7세기의 그리스 시인. 그의 시는 상무(尙武)의 기상에 넘쳐 군가(軍歌)로 많이 불렸다고 한다.

운 형태의 대형과 장비를 발명했던 것이다.

피드나의 전투 당시 이 능률적인 로마군은 생긴 지 아직 한 세대밖에 안 되었다. 헬라스 세계의 후진지역인 이탈리아에서는 얼마 전의 칸나이 전투(기원전 214년) 무렵까지만 해도 마케도니아 이전의 구식 창병 밀집부대가 전장에 모습을 나타냈던 것이다. 이 전투에서 스파르타의 구식 창병 밀집부대의 전투 대형을 하고 있던 로마의 중장보병은, 한니발이 통솔하는 스페인과 갈리아의 중기병에게 후미로부터 공격을 받고 양옆에서 공격을 가해 온 아프리카의 중장보병에게 마치 가축이 도살되듯 살육당했다. 이 참화는—앞서 트라시메네 호[17]의 패전에서 받은 충격으로 말미암아—새로운 모험을 피하고 신중하게 안전한 작전을 쓰려고(이것이 터무니없는 예상착오가 되었다) 결심한 로마의 최고사령부를 내습했던 것이다.

칸나이에서의 대패배를 쓴 경험으로 삼아 로마인은 마침내 본격적인 보병전술의 개량에 진력하여, 로마군은 일약 헬라스 세계에서 가장 강한 정예군이 되었다. 이로부터 자마[18]와 키노스케팔라이 및 피드나에서 연전연승하게 되었고, 그후에도 야만족에 대한 전쟁과 로마인 상호간의 일련의 전쟁을 통해 로마의 레기온은 마리우스에서 카이사르에 이른 여러 장군의 지휘하에 화기(火器) 발명 이전의 보병으로서 도달할 수 있는 최고의 능률에까지 도달했던 것이다. 그러나 그 레기온이 완전한 경지에 도달한 그 순간에, 전혀 다른 기술을 가진 두 종류의 무장기병으로부터 장차 있을 여러 일련의 패배의 첫 굴욕을 당하게 되었다. 그 무장기병은 결국 앞으로 로마의 레기온을 전장에서 몰아내게 된다. 기마궁병(騎馬弓兵)이 기원전 53년에 카르라이에서 레기온에게 승리한 것은, 로마의 보병전술이 절정에 달한 것으로 생각되고 있던 파르살루스에서의 전형적인 로마의 레기온끼리의 싸움보다 5년 앞선 일이었다. 카르라이의 전조는 그로부터 400년 후, 즉 기원후 378년에 창기병—투창을 들고 방패를 한 기병—이 아드리아노플에서 로마의 레기온에게 최후의 일격을 가했을 때에 사실로 나타났다. 당대 로마의 역사가이

---

17 이탈리아 중부에 있는 호수. 기원전 217년에 로마군이 한니발에게 패한 곳.
18 카르타고의 도시 이름. 기원전 202년에 로마군이 여기서 카르타고군에게 이겼다.

며 군인이었던 암미아누스 마르켈리누스는 이 전투에서 로마군의 사상자가 싸움에 참가한 병력의 3분의 2에 달한 사실을 증언하고, 또 로마군이 그와 같은 군사적 참패를 당한 일은 칸나이의 싸움 이래 한 번도 없었다는 의견을 말하고 있다.

이 두 전쟁(피드나의 전투와 아드리아노플의 전투) 사이의 600년 동안, 최소한 그 나중 400년 동안에 로마인은 '노를 놓고 쉬고' 있었던 것이다. 그 동안 로마인은 페르시아군을 본뜬 고트족의 창기병에 의해 카르라이에서 경고를 받았고, 또 260년 발레리아누스의 패전과 363년 율리아누스의 패전으로 되풀이된 경고에도 불구하고 뉘우치지 않고 있다가, 378년에 결국 발렌스와 그의 레기온은 전멸되고 말았다.

아드리아노플의 패전 후, 테오도시우스 황제는 로마의 보병대를 섬멸한 야만족의 기병들을 용병으로 로마군에 편입시킴으로써 이 야만족 기병이 로마군 속에 만들어 놓은 큰 구멍을 메웠는데, 이 근시안적인 정책으로 말미암아 로마 제국은 불가피하게 그 대가를 치르게 되었다. 즉 이 야만족 용병들은 제국의 서방 제주(諸州)를 분할하여 야만족의 '후계국가'로 만들었던 것이다. 그후에도 제국의 동방 제주가 같은 운명에 빠지는 것을 최후의 순간에 가까스로 구출한 새로운 제국 군도 야만족식의 무장을 한 기마부대였다.

이 중장비 창기병의 우세는 그후 1천 년 이상 존속했는데, 그 지리적 분포는 더한층 놀랄 만한 것이었다. 크림 지방의 한 분묘에서 발견된 1세기경의 벽화에 나타난 초상도, 3세기·4세기·5세기·6세기에 사산 왕조의 왕이 파르스[19]의 절벽에 새긴 박부조(薄浮彫)도, 혹은 당나라 왕조의 군대였던 극동 사회의 무장 군인을 점토로 빚은 소초상들도, 또는 정복왕 윌리엄의 노르만 기사들이 당시의 구식 영국 보병을 무찌르는 모습을 그린 바이유 소재의 11세기의 자수도 모두 한눈에 그것이 똑같은 창기병이라는 것을 알아볼 수 있다.

이 창기병의 장수(長壽)와 편재(遍在)가 실로 놀라운 일이라면, 그 편재와 함께 타락해 간 것도 주목할 만하다.

---

19 이란 서남쪽 지방으로, 페르시아인의 고향.

이슬람 교력(敎曆) 656년(기원후 1258년) 평화의 도성 바그다드가 최대의 재앙을 맞던 해, 그 수도의 서쪽에서 타타르군에 대항하기 위해 진군했을 때, 나는 차관(次官)의 군대에 있었다. 우리는 두자일[20]의 지류의 하나인 나흐르 바시르에서 맞부딪치게 되었다. 우리 편에서는 완전무장한 한 기사가 아라비아산 말을 타고 1대 1의 싸움을 하려고 나타났는데, 그 모양은 인마일체(人馬一體)로서 꼭 큰 산처럼 보였다. 그러자 몽골군 쪽에서도 이에 대항하려고 노새 같은 말을 탄 한 기사가 나왔는데, 손에는 막대기 같은 창을 쥐고 갑옷도 무기도 갖지 않고 있어서 보는 자로 하여금 폭소를 터뜨리게 했다. 그러나 해가 저물기 전에 이미 승리는 적의 것이 되었고, 적은 우리에게 큰 패배를 안겨주었다. 이것이 '재앙의 열쇠'가 되어 그후 그와 같은 불운이 우리에게 닥쳤던 것이다.[21]

이와 같이 시리아 사회의 역사의 여명기에 있어서의 골리앗과 다윗의 전설적인 만남은 약 2천 3백 년 후의 저녁 무렵에 다시 되풀이되었던 것이다. 이번에는 거인과 난쟁이가 말을 타고 싸우지만, 그 결과는 마찬가지였다.

이라크의 창기병을 누르고 바그다드를 약탈하고 압바스 이슬람교 왕국의 칼리프를 아사(餓死)시킨 무적의 타타르족의 카자흐병은, 기원전 8세기에서 7세기로 넘어오는 시기에 킴메르족과 스키타이족의 침입을 통해 처음으로 서남아시아에 나타난 유목민 특유의 유형인 무섭고도 끈질긴 경기궁병(輕騎弓兵)이었다. 그러나 타타르족이 유라시아 초원지대로부터 침입하기 시작하던 때 기병 다윗이 기병 골리앗을 응당 패주시켰다면, 이같은 이야기의 반복에 있어서 양자의 만남의 후일담도 역시 원래의 이야기와 똑같았다. 우리는 앞서 다윗의 돌팔매에 쓰러진 보행무장 군인을 그후 앞지르게 된 것은 다윗 자신이 아니라 정연한 집단행동을 하는 골리앗의 창병 밀집부대였다는 것을 고찰했다. 훌라구 칸의 몽골 경기병은 바그다드의 성 밑에서 압바스 이슬람교 왕의 기사들에게는 이겼으나, 그후 이집트

---

20 바그다드 부근에서 티그리스 강과 유프라테스 강을 연결하는 운하.
21 E.G. Browne, 《페르시아 문학사》.

의 맘루크 군대에게는 몇 번이나 패했다. 이 맘루크병은 그 무장에 있어서는 바그다드 성 밖에서 패멸된 이슬람교도 기사와 거의 비슷했으나, 그 전술에 있어서는 몽골의 저격병도 프랑스의 십자군들도 완전 제압할 수 없을 만큼 일사불란한 집단적 통제에 복종하는 것이었다. 몽골군이 이 맘루크병으로부터 최초의 징계를 받기 10년 전에 성왕(聖王) 루이[22]의 기사들이 만수라흐에서 패했다.

프랑스인도 몽골인도 모두 제압할 수 있게 된 맘루크병들은 13세기 말엽에 이르러 피드나 전투 후의 로마의 레기온처럼, 그 세력 범위 안에 군사적으로 우월한 지위를 확립했다. 이 탁월한, 그러나 사기가 둔화되어 가는 정세하에서 맘루크병도 로마의 레기온과 마찬가지로 '노를 놓고 쉬게' 되었다. 그런데 맘루크병이 새로운 전법을 터득한 구적(舊敵)에게 기습을 받기까지 '노를 놓고 쉬고' 있었던 시간은 신기하게도 로마의 레기온의 휴식 기간과 거의 일치한다. 피드나의 전투에서 아드리아노플 전투까지의 기간은 546년이었는데, 맘루크병이 성왕 루이에게 승리한 날부터 루이의 후계자 나폴레옹의 군대에게 패할 때까지의 기간은 548년이다. 이 5세기 반의 기간에 다시 보병이 나타났다. 그 첫 세기가 지나가기 전에 영국식 큰 활은 도보(徒步)의 다윗으로 하여금 기마(騎馬)의 골리앗을 크레시에서 패배시킬 수 있게 했다. 그 승리의 결과는 화기의 발명과 터키 근위병에게서 빌려온 훈련 방식에 의해 더욱 철저하게 확립되었다.

맘루크병의 최후는 어떻게 되었느냐 하면, 나폴레옹의 공격과 그 13년 후 메흐메트 알리에 의한 맘루크병 전멸에서 살아남은 자들은 나일 강 상류지역으로 철퇴하여 수단의 마흐디(구세주)라고 칭하는 칼리파에게 사역당하는 장갑기병들에게 자기들의 장비와 전술을 전해 주었는데, 이 기병들은 1898년에 옴두르만에서 영국 보병의 포화에 굴복하고 말았다.

맘루크병을 물리친 프랑스군은 터키 근위병을 모방한 가장 초기의 서구 군대와는 전혀 달랐다. 그것은 일찍이 프리드리히 대왕이 완성해 놓았던, 수는 적으나

---

22 프랑스의 왕 루이 9세로, 1226년부터 1270년까지 왕위에 있었다. 제6회 십자군에 참여, 이집트에 원정했으나 패하여 포로가 되었다.

더할 나위 없이 잘 훈련된 신식 서구군을 양적으로 증대함으로써 대왕의 군대의 뒤를 잇게 된 프랑스의 국민징병제의 새로운 산물이었다. 그러나 프러시아의 구식 군대가 나폴레옹의 신식 군대에게 예나에서 타도되자, 프러시아의 군사적·정치적 천재들이 이에 자극을 받고 새로운 수효와 낡은 훈련을 결부시키는 것보다 한층 진보된 전술을 개발함으로써 프랑스군을 능가하게 되었다. 그 결과의 징조는 1813년(유럽 해방전쟁)에 나타났고, 마침내 1870년 보불전쟁에서 실현되었다. 그러나 그 다음 순서가 되면, 프러시아의 전쟁기구는 전대미문의 대규모 포위공격이라는 예기치 않았던 반응을 불러일으킴으로써 독일과 그 동맹국들을 패전의 구렁텅이로 몰아넣었던 것이다. 1870년의 방법은 1918년의 참호전과 경제봉쇄라는 새로운 방법 앞에 무릎을 꿇고 말았다.

다시 1945년까지 1914~18년의 전쟁에 승리한 기술이 이 한없이 늘어나는 쇠사슬의 마지막 고리가 아니라는 것이 증명되었다. 쇠사슬의 고리마다 발명과 승리와 태만과 참패의 순환이었다. 골리앗과 다윗의 정면 대결에서부터 시작하여 기계화된 창기병(탱크 부대)의 돌격과, 날개 달린 준마(비행기)를 탄 군병들의 백발백중 사격에 의해 마지노선과 서부 요새선[23]이 돌파될 때까지의 3천 년의 군사사의 전례에 비추어, 인류가 그 과오를 뉘우치지 않고 여전히 전쟁기술을 개발해 가는 한 우리의 테마를 입증하는 새로운 실례들이 금후에도 끊임없이 속출할 것으로 생각된다.

6. 군국주의의 자살성

코로스 · 위브리스 · 아테

이상으로 창조성의 네메시스에 굴복하는 피동적 양식인 '노를 놓고 쉬는' 예에 관한 고찰을 마치고, 계속하여 그리스어의 '코로스' · '위브리스' · '아테'라는 세

---

23 프랑스의 마지노선(線)에 대치했던, 독일의 서부 전선에 구축했던 지크프리트선.

낱말에 표현되어 있는 능동적인 잘못을 조사해 보기로 하자. 이 낱말들은 개관적 의미와 더불어 주관적 의미를 가지고 있다. 객관적으로 코로스는 '포만'을 의미하고, 위브리스는 '난폭한 행위'를 의미하며, 아테는 '재난'을 의미한다. 주관적으로 코로스는 성공으로 말미암아 교만해진 심리상태, 위브리스는 그 결과로 일어나는 지적·도덕적 평형의 상실, 아테는 평형을 잃은 사람으로 하여금 불가능한 일을 감행하도록 하려는 맹목적이고 완고하여 제어할 수 없는 충동을 의미한다.

이 3막으로 된 능동적인 심리적 파탄은 기원전 5세기 아테네 비극의 가장 일반적인 테마였다. ― 현존하는 소수의 걸작에 의해 판단한다면 아이스킬로스의 《아가멤논》이라는 극작에 나오는 아가멤논의 이야기와, 그의 《페르시아인》에 나오는 크세르크세스의 이야기와, 소포클레스의 《아이아스》라는 극작에 나오는 아이아스의 이야기와, 그의 《오이디푸스왕》에 나오는 오이디푸스의 이야기와, 그의 《안티고네》에 나오는 크레온의 이야기가 모두 그런 것이고, 또 에우리피데스의 《바쿠스》에 나오는 펜테우스의 이야기도 그런 것이다.

플라톤의 말을 인용하겠다.

'만일 사람이 균형의 법칙에 위배되게 작은 사람에게 큰 것을 갖도록 하면 ― 작은 배에 큰 돛을, 작은 몸에 많은 식사를, 하찮은 소인에게 큰 권력을 부여하면 ― 그 결과는 완전한 전복이 된다. 위브리스의 폭발에 의하면 과식한 몸은 발병(發病)을 향해 돌진할 것이고, 또 권력을 내세우는 소인 관리는 언제나 위브리스가 낳은 부정을 향해 돌진할 것이다.'[24]

파멸을 초래하는 이 피동적인 방법과 능동적인 방법 간의 차이를 밝히기 위해 우선 조금 전에 고찰을 마친 '노를 놓고 쉬는' 예의 군사적 분야에 있어서의 코로스 ― 위브리스 ― 아테의 예를 살펴보기로 하자.

두 방법은 모두 골리앗의 행동에 예시되어 있다. 한편으로는 그가 파멸을 자초한 것은, 일찍이 무적이었던 개별적인 창병의 기술만 믿은 나머지 자기에게 대항하여 사용하려는 다윗의 우월한 새 기술을 예지하지 못했고, 또 기선을 제압하지

---

24 Platon, 《법》.

도 못했기 때문이다. 동시에 만일 그의 기술상의 비적극성에 비교될 만한 기질의 소극성이 그에 동반되었더라면, 그는 다윗에게 패배하지 않았을지도 모른다. 그런데 골리앗에 있어 불행은 '큰소리만 탕탕 치는 장군'의 기술적 보수성은 그런 온건한 태도에 의해 보충되지 못하고 오히려 그 자신이 먼저 싸움을 걸어 재난을 자초했다는 데 있었다.

그는 호전적이면서도 그에 필요한 충분한 준비가 없는 군국주의의 상징이다. 그런 군국주의자는 모든 문제가 무력으로 해결되는 사회제도—아니, 오히려 반사회적 제도라고 해야 하겠다—에 있어서 자기주장을 관철하는 능력을 과신했기 때문에 만사를 무력으로 해결하려고 한다. 정세는 예기했던 대로 군국주의자에게 유리한 방향으로 전개된다. 그러면 그의 무력은 무소불능한 것이라는 결정적 증거로서 자신의 성공을 과시한다. 그러나 이야기가 다음 단계로 진행하면, 전적으로 관심을 가지고 있는 특정한 사건에 있어서 그의 편향된 명제가 정당하다는 것을 입증할 수 없게 된다. 왜냐하면 다음 단계에 일어나는 사건은 자기보다 강한 군국주의자에 의해 자기 자신이 타도되는 것이기 때문이다. 그는 일찍이 한 번도 자기에게 일어난 적이 없었던 '검을 갖는 자는 모두 검으로 망한다'(《마태복음》 26장 52절)는 명제를 입증하게 된다.

이상의 서론으로 시리아 사회의 전설적인 결투 이야기를 끝내고 역사에 나타난 몇 가지 실례를 고찰하기로 하자.

아시리아

기원전 614~610년 아시리아의 군사정권이 종말을 고한 일은 역사상 가장 완전한 재액의 하나였다. 그것은 아시리아의 전쟁기구를 파괴했을 뿐만 아니라, 아시리아의 국가를 멸망시키고 아시리아의 국민을 전멸시켰다. 2천 년간이나 존속했고, 또 약 2세기 반이나 서남아시아에서 점점 더 지배적인 역할을 해 왔던 나라가 거의 완전히 말살되었던 것이다. 그후 210년 뒤에 소(少) 키루스(페르시아의 왕자)의 1만 명의 그리스인 용병이 쿠낙사(바빌로니아 서북부의 마을)의 전장에서 흑해 연안 쪽을 향해 티그리스 강 유역을 거슬러서 후퇴하고 있을 때, 칼라흐(티그리스 강에 면한 도시로 한때 아시리아의 수도였다)와 니네베의 폐허를 속속 통과하면서 놀라움을 금치 못했는데, 그들이 놀란 것은 성새(城塞)가 크고 도시의 범위가 넓어서라기보다 그런 거대한 인간의 업적이 완전히 황폐하여 사람의 그림자조차 찾아볼 수 없었기 때문이다.

생명이 없는 물질이 썩지 않고 남아서 이미 오래 전에 소멸한 생명의 발랄했던 한때를 입증해 주는, 이 공허한 해골 같은 껍데기가 얼마나 기분을 상하게 했던가가 그리스 원정군의 일원이 그 경험을 기록한 문학 작품에 의해 생생히 전해지고 있다. 그러나 크세노폰의 기록을 읽는 현대인을 더욱 놀라게 하는 것은—현대 고고학자들의 발견을 통해 아시리아 성쇠에 관해 잘 알고 있기 때문에—크세노폰은 이 유기된 성곽도시들의 진실한 역사에 관해서는 가장 기초적인 사실들조차 모르고 있었다는 점이다. 이 도시들의 지배자들이 예루살렘에서 아라랏[25]까지와 엘람에서 리디아까지의 서남아시아 일대를 지배하여 전율하게 한 지 불과 200년 후에 크세노폰이 그곳을 통과했는데도 이 도시들의 주인공에 관한 그의 최선의 기록도 진정한 역사와는 아무 관계가 없고, 또 그는 아시리아라는 이름조차 알지 못하고 있었던 것이다.

언뜻 볼 때 아시리아의 멸망은 이해하기 곤란한 것처럼 생각된다. 왜냐하면 그 군국주의자들은 마케도니아인이나 로마인이나 맘루크인들처럼 '노를 놓고 쉬고' 있지는 않았기 때문이다. 아시리아 이외의 다른 나라의 전쟁기구들은 치명적인 사고에 봉착했을 때는 이미 폐물로 화하여 도저히 고칠 수 없게 되어 있었던 것이다. 그러나 아시리아의 전쟁기구는 그 멸망의 순간까지 계속하여 점검되고 개선되고 보강되었다. 아시리아가 처음으로 서남아시아에서 패권을 잡기 직전인 기원전 14세기에는 중장병의 원형을 만들어내었고, 또 아시리아가 멸망하기 직전인 기원전 6세기에는 창기군병의 원형을 만들어내었던 것이다. 아시리아의 군사적 재능은 그 건국부터 멸망까지의 700년 동안에 늘 생산적이었다. 전쟁기술에 쏟은 후기 아시리아인의 정신의 특징이었던 그 힘에 넘치는 창의성과 끊임없는 개량의

---

25 기원전 9세기부터 7세기에 걸쳐서 아시리아의 북쪽에 있었던 왕국.

열의는 그 왕궁 안에 아직도 본래의 위치대로 놓여 있는 일련의 저부조(低浮彫)에 의해 완전히 입증되고 있다. 이 저부조에는 아시리아 역사의 최후 300년간의 군사적 장비와 기술의 각 단계가 회화의 형태로 극히 정밀하고도 자세하게 기록되어 있다. 여기서 우리는 전신갑주와, 전차의 설계와, 공격용 병기와, 특별 목적을 위한 특수부대의 분화 등의 끊임없는 실험 및 개량의 기록을 발견하게 된다. 그러면 도대체 아시리아가 멸망한 참된 원인은 무엇이었던가?

첫째 끊임없는 공격정책과 이 정책을 실행하기 위한 강력한 수단을 보유하고 있었다는 것이 아시리아의 장군들로 하여금 그 군국주의의 네 번째이며 마지막 발작시에 그들의 기도와 임무의 범위를 그 선배들이 자제해 왔던 한계를 훨씬 넘어서 확장하게 했다. 아시리아는 한편으로는 자그로스 산맥과 타우루스 산맥의 고원지대에 사는 야만족에 대항하고, 다른 한편으로는 시리아 문명의 선봉인 아람족에 대항하여 바빌로니아 세계 변경지역의 감시자로서의 임무를 다하기 위해 항상 그 무력을 행사하지 않을 수 없었다. 처음 세 번의 군국주의의 발작에 있어 아시리아는 이미 전선에서 방위로부터 공격으로 전환하기는 했지만, 그 공세를 극한까지 밀고 나가지도 않았고 그 병력을 다른 방면으로 분산시키지도 않았다.

그럼에도 불구하고 기원전 9세기의 중간 50년 사이에 있었던 세 번째 발작은 시리아 사회에 자극을 주어 기원전 853년에 카르타르에서 아시리아의 진격을 막아낸 시리아 제국의 일시적인 연합을 촉진시켰던 것이다. 그리고 아르메니아에서 아시리아의 진격은 우라르투 왕국의 건설이라는 한층 더 무서운 보복을 당했다. 이런 경고에도 불구하고 티글라스 필레세르 3세가 정치적 야망을 품고 군사적 목적을 달성하려고 아시리아의 최후 최대의 공격을 감행하여 새로운 세 적국, 즉 바빌로니아, 엘람, 이집트와 충돌하게 되었는데, 이 세 나라는 각각 아시리아와 비교할 만한 군사적 잠재력을 보유하고 있는 대국들이었다.

티글라스 필라세르는 시리아 지방의 약소국들을 완전히 정복하려고 했는데, 그럼으로써 그는 후계자들이 이집트와 충돌할 소지를 만들었던 것이다. 왜냐하면 이집트는 자기의 국경선 근처까지 아시리아 제국이 팽창하는 데 대해 무관심할 수 없었고, 또 아시리아 제국의 건설자들이 이집트 본토마저 정복하려는 보다 더 무서운 계획을 도모하여 그 정복을 완성하려고 하지 않는 한 이집트는 아시리아의 정복사업을 좌절시키든가 수포로 돌아가게 할 수 있는 위치에 있었기 때문이다.

기원전 734년 티글라스 필레세르의 대담한 필리스티아 점령은 733년 사마리아의 일시적 항복과 732년 다마스쿠스의 함락이라는 결과를 불러일으킨 점에서 보면 전략상 대성공이었는지도 모른다. 그러나 그것은 720년 사르곤과 이집트군의 소전투 및 700년 세나케리브와 이집트군의 소전투의 원인이 되었다. 그리고 이 국부적인 작은 싸움들이 결국 에사르하돈으로 하여금 기원전 675년과 674년 및 671년의 정복을 통해 이집트를 점령하게 했던 것이다. 아시리아군은 이집트군을 패주시키고 이집트의 국토를 점령하며, 또 이런 사업을 반복할 만한 힘을 가지고 있었으나, 이집트를 완전히 눌러 버릴 만큼 강하지는 못하다는 것이 분명해졌다. 에사르하돈은 한 번 더 친히 이집트를 향해 진격하던 도중 669년에 죽었다. 또 667년 이집트에 반란이 일어났을 때, 아슈르바니팔은 그것을 진압하기는 했으나, 그는 다시 663년에 이집트를 정복하지 않으면 안 되었다.

이 시점에 이르러 아시리아 정부는 이집트의 정복이 마치 모래밭에 물 붓기나 다름없다는 것을 자각하게 되었던 것 같다. 그리하여 프삼메티쿠스가 조용한 방법으로 658~651년 사이에 아시리아 주둔군을 축출했을 때 아슈르바니팔은 그 사건을 모르는 체했다. 이와 같이 이집트의 상실을 모르는 체한 아시리아 왕은 분명히 현명했다. 그러나 이 사후(事後)의 지혜는, 다섯 번에 걸친 이집트 원정에 소비된 정력이 아주 헛된 것이었음을 스스로 인정하는 일이었다. 더구나 이집트의 상실은 다음 세대에 시리아 상실의 서곡이 되었다.

티글라스 필레세르의 바빌로니아 간섭의 궁극적 결과는, 그의 시리아에 대한 진공정책의 결과보다 훨씬 더 중대했다. 왜냐하면 그것은 인과(因果)의 직접 연쇄에 의해 기원전 614~610년의 파국을 초래했기 때문이다.

바빌로니아에 대한 아시리아의 군사적 공격의 초기에는 어느 정도 정치적 절제가 있었다는 증거가 있다. 정복자는 무조건 합병하기보다는 원주민의 명목상의 군주가 지배하는 보호국을 수립하는 길을 택했다. 따라서 세나케리브가 자기의 아들이며 자신의 상속자로 지명된 에사르하돈을 총독으로 임명하여 바빌로니아의 독립을 정식으로 종결시키게 된 것은, 기원전 694~689년 칼데아인이 대반란을 일으킨 후의 일이었다. 그러나 그 온건정책은 칼데아인의 환심을 사기는커녕 오히려 그들을 흥분시켜 아시리아의 군사적 도전에 날로 반항하게 할 뿐이었다. 아시리아의 군국주의라는 철퇴를 맞은 칼데아인은 자기 나라의 무질서를 바로잡고 이웃의 엘람 왕국과 동맹을 맺었다. 이리하여 다음 단계에 이집트가 정치적 온건정책을 포기하고 689년에 바빌로니아를 약탈한 것은 그 의도와는 상반되는 교훈을 주게 되었다. 즉 아시리아의 이 무단정책은 오래 전부터 도시의 주민들뿐만 아니라 외부에서 침입해 온 칼데아의 유목민 사이에도 아시리아에 대한 불타는 증오심을 불러일으키게 하여, 시민과 부락민은 상호 반감은 접어둔 채 새로운 바빌로니아 국민으로서 융합, 일체가 되어 그 압제자를 타도할 때까지는 잊을 줄도, 용서할 줄도, 그리고 쉴 줄도 모르게 되었던 것이다.

그러나 아시리아의 군사기구는 여전히 강화되었기 때문에 그 피할 길 없는 멸망의 일격은 거의 1세기 동안이나 더 연기되었다. 이를테면 639년에는 엘람이 철저한 타격을 받고 전멸상태에 빠져 그 유기된 영토는 동방의 변경에서 침입한 페르시아인 고산 주민의 지배하에 들어갔고, 100년 후에 아케메네스인은 그곳을 도약의 발판으로 삼아 서남아시아 전역의 지배자가 되었다. 그러나 626년 아슈르바니팔이 죽은 직후, 바빌로니아는 나보폴라사르의 영도하에 엘람보다 강한 메디아라는 새 왕국과 동맹을 맺어 다시 반란을 일으켰다. 이로부터 16년도 되기 전에 아시리아는 지도상에서 완전히 소멸되고 말았다.

기원전 745년 티글라스 필레세르의 즉위와 더불어 시작되어, 605년에 바빌로니아의 왕 네부카드네자르가 카르케미시에서 이집트의 왕 네코와 싸워 승리함으로써 막을 내린, 1세기 반에 걸쳐 날로 격화되었던 전쟁의 역사를 회고해 볼 때 맨 먼저 주목되는 역사적 사건은, 아시리아가 모든 나라들을 차례로 파괴한—도시들을 모조리 파괴하고 그 주민을 모두 끌어다 포로로 삼은—철저한 타격이다. 즉 732년에 다마스쿠스가, 722년에 사마리아가, 714년에 무사시르가, 689년에 바빌로니아가, 677년에 시돈이, 671년에 멤피스가, 663년에 테베가, 639년경에 수사가 차례차례 파괴되었던 것이다. 아시리아의 힘이 닿는 범위 안의 모든 국가의 모든 수도 가운데 612년에 니네베마저 약탈될 때까지 침략을 받지 않은 채 남아 있던 것은 티루스와 예루살렘뿐이었다.

아시리아가 그 인접한 제국에 가한 손실과 비참은 실로 무엇이라 표현하기가 어려웠다. 그러나 위선적인 교장 선생이 학생을 매질하면서 했다는 "저보다 내가 더 아프다"는 전설적인 말은, 아시리아의 장군들이 자기들의 무력을 자랑스럽게 서술한 후안무치하고 잔인하고 우직하고 독선적인 이야기들보다 더 적절한 아시리아의 군사적 활동에 대한 비판이다. 위에서 열거한 아시리아에 희생이 된 도시들은 모두 온갖 고난 끝에 마침내 복구되었고 그중 몇몇은 양양한 전도를 가진 도시도 있었는데, 니네베만은 죽어 넘어진 후 다시는 소생하지 못했다.

이와 같이 국가의 운명이 완전히 뒤바뀐 이유는 쉽게 발견할 수 있다. 아시리아는 그 군사적 승리라는 표면의 배후에서 서서히 자살행위를 하고 있었던 것이다. 지금 여기서 고찰하고 있는 시기의 아시리아 국내사에 관해 우리가 알고 있는 모든 일이 정치적 불안정, 경제적 파탄, 문화의 쇠퇴, 광범한 인구 감소 등을 말해 주는 결정적 증거를 제공하고 있다. 아시리아의 최후의 1세기 반 동안에 아시리아 본국에서 그 고유한 아카드어(語)가 자취를 감추고 아람어가 널리 퍼졌다는 사실은, 아시리아의 군사력이 절정에 달했던 시대에 그 활과 창으로 포로가 되었던 사람들이 서서히 아시리아 국민의 자리를 빼앗고 있었다는 명백한 증거가 된다. 612년 니네베의 성벽에서 진퇴양난의 궁지에 빠져 어쩔 수 없이 반항한 불굴의 용사는 실은 '갑옷을 입은 시체'였다. 시체는 갑옷의 무게로 넘어지지 않고 가까스로 서 있을 수 있었는데, 그 속에서 '자살자'는 스스로 질식해서 죽은 것이다. 메디아의 바빌로니아 돌격대가 나한처럼 버티고 서 있는 무서운 적 앞에 와서 그 벽돌의 퇴적을 호수 밑으로 밀어 버렸을 때, 그들은 대담하고도 분명히 결정적인 타격을 가하는 순간에도 그들의 가장 무서운 적이 이미 산 사람이 아니라는 사실을 알지 못했다.

아시리아의 멸망은 그런 종류의 멸망의 전형적인 예이다. '갑옷 입은 시체'의 그림은 기원전 371년 레우크트라의 전장에서의 스파르타 밀집 창병부대의 모습과, 기원후 1683년 빈 근교에 설치되었던 참호 안의 터키 근위병의 모습을 상기시킨다. 또 이웃 나라들에 대해 무절제한 섬멸전을 감행함으로써 불의의 자멸을 초래하는 군국주의자의 얄궂은 운명은, 카롤링거 왕조나 티무르 왕조가 스스로의 멸망을 초래한 운명을 상기하게 한다. 이들은 작센이나 페르시아를 희생시키고 그 희생자의 극도의 괴로움에 의해 대제국을 건설했으나, 그 제국주의에 대한 보복으로 겨우 당대에 쇠퇴의 길로 접어들고, 때마침 나타나서 그 기회를 포착한 스칸디나비아라든가 우즈베크의 모험자들에게 뜻밖의 이득을 제공했던 것이다.

아시리아의 예에서 연상하게 되는 또 하나의 자살 형태는, 사방의 여러 민족과 나라를 보호하여 얼마 동안 한 줄기의 평화를 확보해 온 세계국가나 그 밖의 대제국을 침략하여 파괴하는 군국주의자—야만족과 문명인의 차별을 불문하고—의 자멸이다. 그런 정복자들은 제국을 보호하고 있던 수천만의 인민을 암흑의 공포와 사망의 그늘에 직면하게 한다. 그러나 그 사망의 그늘은 희생자에게 그러하듯이 가해자에게도 가차없이 드리워지는 것이다. 강탈된 세계의 새 지배자들은 그 전리품이 너무 많아 도덕적으로 타락하여, '킬케니의 고양이들'[26]처럼 내분을 일으키기 시작하여 결국 그들 중 누구 하나 그 약탈한 것을 마음껏 즐기지 못한 채 하나 둘씩 죽어 버리게 된다.

우리가 바빌로니아 사회라고 칭한 보다 더 큰 사회체의 불가결의 일부분으로서 아시리아를 그 본래의 배경에 갖다 놓고 볼 때, 역시 아시리아의 군국주의에서 그 원형을 발견하게 되는 다른 종류의 군국주의적 과실이 또 하나 있다. 이 바빌로니아 사회에 있어서 아시리아는 변경국가였으므로, 그 특수한 임무는 북방과 동방의 약탈적인 고산 주민 및 남방과 서방에서 침략의 기회를 노리는 시리아 사회의 선봉으로부터 아시리아 자신뿐만 아니라 자기가 속해 있는 세계의 다른 부분도 방어하는 것이었다. 본래 미분화상태였던 사회체의 일부분을 이렇게 명백히 변경지대라는 성질로 구분하게 되면, 반드시 그 사회의 모든 구성원을 이롭게 하는 것이 된다. 왜냐하면 변경지대는 외부의 압력에 저항한다는 그 고유한 도전에 훌륭히 응전하는 한에 있어서 계속적으로 자극을 받게 되고, 또 한편 내부지역은 외부

---

[26] 아일랜드의 설화. 고양이 두 마리가 서로 꼬리만 남게 될 때까지 싸웠다는 이야기.

의 압력을 받지 않고 다른 도전에 대항하여 그 과업을 수행할 수 있기 때문이다.

만일 변경의 주민이 외부에 대항하는 데 사용하던 무기를 그 사회 안의 내부의 주민을 희생하여 자기의 야망을 충족시키려는 수단으로 사용하기에 이르면 이 분업은 깨지게 되고, 그 결과는 바로 내란이다. 이것이야말로 기원전 754년 티글리스 필레세르 3세가 아시리아군의 창끝을 바빌로니아로 돌린 행동에서 발단하여 그후 잇따라 나타나게 된 궁극적인 결과의 중대성을 말해 주는 것이다. 변경지대가 내부로 창끝을 돌리는 잘못은, 그 본질상 전체로서의 사회에 대해서는 화가 되고 변경의 주민에 대해서는 자살행위가 된다. 그것은 마치 자기의 몸에다 칼을 꽂는 오른팔의 행위나, 혹은 자기가 앉아 있는 나뭇가지에 톱질을 함으로써 잘린 밑동은 그대로 서 있는데 나뭇가지와 함께 땅에 털썩 떨어지는 나무꾼의 행위와 다름없다.

샤를마뉴

754년 아우스트라시아의 프랑크족이, 그들 대장 페핀이 동족 랑고바르드족에 대해 응징의 군사를 일으키라는 교황 스데반의 요청에 응하기로 결정했을 때 그에 대해 결사적으로 반대한 것은, 아마도 앞의 절에서 진술했듯이 힘을 잘못된 방향으로 돌리는 과오를 직관하여 불안을 느꼈기 때문일 것이다. 교황은 이 알프스 북쪽의 세력에 주의를 돌려 749년 페핀에게 왕관을 씌워줌으로써 사실상의 권위를 합법화하여 그의 야심을 자극했던 것이다. 그것은 페핀 시대의 아우스트라시아는 라인 강 건너편의 이교도 작센족과의 전선과, 이베리아 반도를 정복하고 피레네 산맥을 넘어 침입하는 이슬람교 아랍족과의 두 전선에서 그 변경지역의 역할을 수행하는 데 두각을 나타냈기 때문이다. 754년 아우스트라시아인은 자기들의 진정한 사명을 발견한 분야로부터 교황의 정치적 야망에 방해되는 랑고바르드족을 격멸시키는 대로 그 병력을 돌리라는 청을 받았던 것이다. 이 이탈리아 원정에 관해 일반 아우스트라시아인이 가졌던 불안은 결국 그 원정에 구미를 느낀 그들의 영도자보다 정당했다는 것이 입증되었다. 왜냐하면 페핀은 자기 부하들의 반대를 무시하고 아우스트라시아를 더욱더 굳게 이탈리아에 묶어 버리게 한 군사적·정치적 행위의 사슬의 첫 고리를 만들었기 때문이다.

그의 755~756년의 이탈리아 원정에 이어 773~774년에는 샤를마뉴도 이탈리아에 원정하지 않으면 안 되었는데, 그것은 당시 샤를마뉴가 착수한 지 얼마 되지 않은 작센 정복을 도중에 중지하게 하는 불행한 결과를 가져왔다. 그후 30년 동안 작센에서의 그의 악전고투의 작전은 이탈리아의 위기라는 방해 때문에 네 번이나 중단되었다. 즉 그는 어느 때는 장기간에 걸쳐, 어느 때는 단기간에 걸쳐 네 번이나 이탈리아에 가지 않으면 안 되었던 것이다. 샤를마뉴의 서로 모순되는 두 야심으로 인하여 그 국민에게 부과되었던 짐은 아우스트라시아의 등뼈를 부러뜨릴 정도로 더욱더 무거워졌던 것이다.

티무르 렌크

티무르도 역시 마찬가지로 유라시아 유목민에게 평화를 부여하는 자기의 본래 사명에만 집중시켜야 할 트랜스옥사니아의 약소한 국력을 이란, 이라크, 인도, 아나톨리아, 시리아 등으로의 무리한 원정에 낭비함으로써 그 잔등을 부러뜨렸던 것이다.

트랜스옥사니아는 정착민 사회였던 이란 사회의 변경지대로서 유라시아의 유목민 세계와 대치하고 있었다. 티무르는 처음 19년간의 통치에 있어서는(1362~80년) 변경의 파수꾼으로서의 본래의 임무에 전념했다. 그는 차가타이 유목민에 대해 처음에는 격퇴하고 나중에는 공격했다. 그리고 그는 옥수스 강 하류의 후와리즘 지방의 오아시스들을 주치 왕가(황금군단 킵차크의 왕가) 속령의 유목민에게 해방시킴으로써 그의 영토를 완성했다.

1380년에 이 위업을 완성하자 티무르의 눈앞에는 보다 더 큰 사냥감이 놓여 있었다. 그것은 칭기즈 칸의 유라시아 대제국의 계승권이었다. 티무르 시대에 사막과 경작지 사이에 있는 긴 경계선의 모든 지역으로 유목민은 후퇴하고 있었고, 유라시아 역사의 다음 단계는 칭기즈 칸의 유산을 둘러싸고 힘을 되찾은 정착민 사이에 경쟁이 벌어질 것이 필연적인 추세였다. 몰다비아인과 리투아니아인은 그 경쟁에 참가하기엔 너무 멀리 있었고, 모스코인은 숲에서, 중국인은 그들의 경작지에서 떠나려고 하지 않았다. 단지 카자흐인과 트랜스옥사니아인 쪽이 더 유망하게 보였다. 그들은 본래 힘이 더 강하고 초원지대 중심부에 더 가까웠을뿐더러 경쟁에 맨 먼저 참가했고, 동시에 순나(이슬람교의 일파)의 옹호자로서 초원지대 건너편에 있는 이슬람 사회의 전초 지점이었던 정착 이슬람교의 민족들을 자기편으로 끌어들일 가능성이 있었던 것이다.

한동안 티무르는 좋은 기회가 온 것을 알고는 그 기회를 잡을 결심을 한 것 같았다. 그러나 대담하고도 눈부신 몇 차례의 예비적 행동만 취했을 뿐 곧 방향을 바꾸어 그의 군대를 이란 세계의 내부로 돌려 생애의 마지막 24년의 거의 전부를 이 지방에서 무익하고도 파괴적인 전쟁에 소비했다. 그의 승리가 미친 범위는 놀랄 만큼 넓었는데, 그만큼 그 결과는 자살적인 것이었다.

티무르가 자초한 파탄은 군국주의의 자살성을 나타내는 가장 좋은 본보기이다. 그의 제국은 그의 사후에 모습을 감추었을 뿐만 아니라, 어떤 적극적 의미의 영향도 후세에 남기지 못했다. 그 영향을 뚜렷이 인정할 수 있는 것마저도 매우 소극적인 것이었다. 파멸을 향해 오로지 돌진하는 그 노상에 가로놓인 것을 모조리 때려부순 티무르의 제국주의는 서남아시아에 하나의 정치적 · 사회적 진공상태를 만들어 놓았을 뿐이었다. 이 진공상태는 결국 오스만리와 사파비 왕가(1502년부터 1736년까지 존속했던 이란의 시아파 계통의 이슬람 왕조)와의 충돌을 야기하여 이미 상처를 입고 있던 이란 사회에 치명적 타격을 가하게 했다.

이란 사회가 유목민 세계의 유산을 상속할 기회를 놓쳤다는 것은 우선 종교적인 면에서 명백히 나타났다. 티무르 시대에 이르는 400년 동안 이슬람은 유라시아 초원지대 주변의 정착민 사이에 착착 퍼져 나가, 사막지대에서 경작지대로 침입하는 유목민의 마음을 모조리 사로잡았다. 14세기에 이르러 이슬람교가 유라시아 전역의 종교가 되는 것을 막을 자는 아무도 없는 것같이 보였다. 그러나 티무르의 생애가 막을 내린 후 유라시아에서의 이슬람교의 진출은 완전히 중단되고, 200년 뒤에는 몽골인과 칼묵족이 대승불교의 한 형태인 라마교로 개종했다. 이와 같이 이미 오래 전에 전멸해 버린 인도 문명의 종교생활의 화석화한 유물이 승리를 거두었다는 것은, 티무르 시대 이래 200년간에 이슬람교의 신망이 얼마나 유라시아 유목민에게 낮게 평가되었던가를 보여주는 척도가 된다.

정치적인 면에 있어서도, 티무르가 처음에는 옹호했으나 나중에는 배신한 이란 문화 역시 파탄에 빠졌다. 유라시아의 유목생활을 정치적으로 길들이는 어려운 사업을 결국 수행한 정착사회는 러시아인과 중국인이었다. 유목사회의 단조롭게 반복되는 역사의 지루한 드라마가 종막에 도달했음을 예언할 수 있게 했던 것은, 17세기 중엽 모스코 공국의 하인 격이었던 카자흐인과 중국의 지배자 만주족이 초원지대의 북쪽 외곽을 돌아 하나는 동쪽으로 또 하나는 서쪽으로 전진해 가다가 서로 부딪쳐, 아무르 강 상류지방의 칭기즈 칸의 선조 전래의 목장 부근에서 유라시아의 지배를 놓고 최초의 교전을 했을 때였다. 이 두 경쟁자 사이에 유라시아의 분할이 완성된 것은 그로부터 1세기 후의 일이었다.

만일 티무르가 1381년에 유라시아를 뒤에 두고 그의 군대를 이란으로 돌리지 않았더라면, 트랜스옥사니아와 러시아의 현재 관계는 사실상 정반대가 되었을지도 모른다. 이 가정적인 상황하에서도 오늘날의 러시아는 소비에트 연방의 면적과 거의 같은 넓이의 제국에 포함되었을 것이라고 생각할 수 있지만, 그 중심은 전혀 달라졌을 것이다. 즉 그 제국은 모스코가 사마르칸트를 통치하는 것이 아니라 반대로 사마르칸트가 모스코를 통치하는 이란 제국이 되었을 것이다. 이 상상도는 과거 550년간의 실제 역사 과정과는 전혀 다른 것이기 때문에 기이하게 생각될지 모른다. 그러나 티무르 군사력의 방향 전환이 이란 문명에 재난을 끼쳤던 것처럼, 그보다는 덜 맹렬하고 덜 치명적이었던 샤를마뉴의 군사력의 방향 전환도 서구 문명에 재난을 끼쳤다고 가정하고 서구 사회의 역사가 걸어갔을 과정을 그려 보면 아마 마찬가지로 기이한 그림이 전개될 것이다. 이란 사회의 예에서 유추하여, 우리는 10세기의 암흑시대에 아우스트라시아가 마자르족에게, 네우스트리아가 바이킹족에게 정복되고, 그후 카롤링거 제국의 심장부가 14세기에 이르기까지 이 야만족의 통치하에 있다가, 오스만리가 서구 그리스도교 세계의 유기된 변경지대에 비교적 해가 적은 외래통치를 만들어 거기에 복속하게 되었을지도 모른다는 것을 상상하지 않을 수 없을 것이다.

그러나 티무르의 모든 파괴행위 중 가장 큰 것은 그 자신에 대한 것이었다. 그는 자기가 훌륭했다는 것을 회상할 만한 행위는 후세 사람들의 기억에서 깨끗이 지워 버림으로써 그 이름을 길이 남겼다. 그리스도교 세계와 이슬람 세계에서 티무르의 이름을 듣고 과연 몇 사람이나 19년간의 긴 독립투쟁의 결과 드디어 조국의 성직자와 국민을 승리로 인도하여, 야만과 싸워서 문명을 옹호한 투사의 이미지를 연상할 것인가? 티무르 렌크니 타메를랑(티무르 렌크를 유럽에서 일반적으로 부르는 이름)이니 하는 이름을 듣고 어떤 의미를 생각하는 사람의 대부분에게 있어서 그 이름은, 아시리아의 마지막 5대의 왕들이 120년 동안에 범한 것과 다를 바 없는 잔학행위를 불과 24년 동안에 범한 하나의 군국주의자를 상기하게 할 뿐이다.

변경 수호자의 산적화

우리는 앞서 티무르와 샤를마뉴 및 후기 아시리아의 왕들의 생애를 분석했는데, 그 결과 이 세 경우에는 모두 동일한 현상이 있다는 것을 발견했다. 한 사회가 외적을 방어할 목적으로 변경민 사이에 발전시키는 용맹성이 만일 그 본래의 활동 장소가 되는 국경 밖의 중간지대에서부터 그 사회 내부에 사는 변경민의 동족에게 향하게 되면, 그 용맹성은 군국주의라는 도덕적 방패로 변하여 화를 초래하게 된다. 이런 사회적 해악의 다른 예가 얼마든지 우리의 머릿속에 떠오른다.

우리는 머시아가 웨일스에 대항하는 영국 변경지역으로서의 본래의 임무를 수행하기 위해 연마한 무기를 브리튼에 있는 로마 제국의 '후계국가'인 다른 영국인 왕국으로 돌린 예를 상기하고, 또 영국의 플랜테저넷 왕조가 '켈트의 외곽'을 희생하여 공동의 모체가 되는 라틴 그리스도교 세계의 영역을 확대하는 본래의 임무에 전념하지 않고 자매 왕국인 프랑스를 점령하기 위해 백년전쟁을 일으킨 예를 상기한다. 또한 시칠리아의 노르만족의 왕 로저가 정교 그리스도교 세계와 이슬람 세계를 희생하여 지중해 연안의 서구 그리스도교 세계의 영역을 확대하는 선조 전래의 사업을 수행하지 않고 이탈리아의 자기 영토 확장에 그 무력을 돌린 예를 상기한다. 마찬가지로 유럽 대륙에 있어서 미노스 문명의 전초였던 미케네인도, 대륙의 야만족에 대항하기 위해 습득한 용맹성을 그 모체가 되는 크레타로 돌려 크레타를 산산조각으로 만들었다.

　이집트 세계에 있어서도, 나일 강 유역에 있는 전형적인 남부 변경은 상류의 누비아 야만족을 방어하는 임무를 수행하기 위해 연마한 무력을 거꾸로 내부의 제 민족으로 돌려 잔혹하게 폭력을 휘둘러 상하 양 이집트 통일왕국을 건설했다. 이 군국주의의 행위는 지금까지 발견된 이집트 문명에 관한 가장 오래된 기록 속에서 그 범행자 자신에 의해 야만스럽게 묘사되어 있다. 나르메르왕의 화장용 석판은 하이집트를 정복하고 의기양양하게 개선한 상이집트 장군의 모습을 보여주고 있다. 초인간적인 크기로 그려진 이 정복왕은 활보하는 기수대의 뒤를 따라 두 줄의 목이 잘린 적의 시체를 향해 전진하고 있으며, 그 밑에는 황소의 형상으로 그려진 그가 죽어 넘어진 적을 짓밟고 요새도시의 성벽을 무너뜨리고 있다. 그 그림에 부기되어 있는 문자는 포로 12만, 황소 40만, 양과 염소 142만 2천을 노획했다는 사실을 말해 주는 것으로 간주되고 있다.

　이 끔찍한 고대 이집트의 예술작품에는 나르메르 시대 이래 되풀이되어 온 군국주의의 비극의 전모가 집약적으로 표현되어 있다. 이 군국주의의 비극 가운데 가장 심각한 것은 아마도 아테네가 '헬라스의 해방자'에서 '전제자의 도시'로 바뀌었을 때 범한 행위일 것이다. 이 아테네의 과실이 아테네와 펠로폰네소스 간의 전쟁이라는 결코 돌이킬 수 없는 참화를, 아테네 자체에는 물론이고 헬라스 전체에 끼쳤던 것이다. 군사적 기량과 무용은 예리한 칼 같은 것이기 때문에 그것을 잘못 사용하는 자들에게 치명적인 상처를 입히는 수가 많다. 그러므로 이 장에서 고찰한 군사의 분야는 '코로스―위브리스―아테'의 치명적 연쇄의 연구에 다시없이 좋은 예를 제공한다. 그러나 군사적 행위에 관한 이 명백한 진리는, '코로스'에서 '위브리스'를 거쳐 '아테'로 향하는 화약열차의 폭발력이 그리 심하지 않고 덜 위태로운 다른 인간행위에 있어서도 역시 진리이다. 인간의 능력이 무엇이든, 그리고 그 능력이 어떤 영역에서 행사되든 간에 어떤 한 가지 능력이 그 본래의 분야에서 일정한 임무를 달성할 수 있다고 하여 다른 환경에서도 마찬가지로 큰 성과를 거둘 수 있으리라고 생각하는 것은 지적·도덕적 미망에 지나지 않으며, 오직 명백히 참화를 낳을 따름이다. 다음에는 이와 동일한 인과가 비군사적 영역에 있어서 어떤 작용을 나타내는지 그 예를 살펴보기로 하자.

7. 승리의 도취

교황제

코로스—위브리스—아테의 비극이 취하는 보다 더 일반적인 형태의 하나는 승리의 도취이다. 막대한 포획물을 차지하려는 싸움은 무력에 의한 전쟁인 경우도 있고, 정신적인 힘의 충돌인 경우도 있다. 이 드라마의 두 가지 유형은 다 로마의 역사에서 예증을 들 수 있다. 즉 군사적 승리의 도취의 예는 기원전 2세기 공화정의 몰락에서 들 수 있고, 정신적 승리의 도취의 예는 기원후 13세기 교황제의 몰락에서 들 수 있다. 그러나 우리는 이미 다른 데서 로마 공화정의 몰락에 대해 다루었으므로 여기서는 후자의 예만 다루기로 하겠다. 서구 사회의 모든 제도 가운데서 가장 큰 로마 교황제의 역사 중 우리가 이제부터 다루려는 시기는, 신성 로마 황제 하인리히 3세가 수트리의 종교회의를 개최한 1046년 12월 20일부터 최초의 이탈리아 왕 비토리오 에마누엘레의 군대가 로마를 점령한 1870년 9월 20일까지의 기간이다.

교황의 그리스도교 공화국은 인간이 만든 제도 중에서도 독특한 위치를 차지하고 있는데, 다른 여러 사회에서 발달한 여러 가지 제도와 비교함으로써 그 성격을 밝혀보려고 해도 근본적으로 다르기 때문에 비교 자체가 성립되지 않는다. 따라서 소극적으로 설명하는 것이 최선의 방법인데, 이것은 황제—교황 체제의 정반대이고, 그런 체제에 대한 사회적 반발이자 정신적 반항이었다고 설명할 수 있을 것이다. 이 설명은 다른 어떤 설명보다도 힐데브란트의 업적이 얼마나 위대했던가를 잘 나타내고 있다.

토스카나 출신의 힐데브란트가 11세기의 2·4분기에 로마 시에 자리잡고 살기 시작했을 때의 로마는, 비잔틴 사회의 타락한 한 분파에게 점령당한 동로마 제국의 버려진 전초 지점이었다. 당시의 로마인은 군사적으로 멸시당할 만했고, 사회적으로 늘 동요하고 있었다. 그들은 그 이웃의 랑고바르드족에게 대항할 수 없었고, 국내외의 교황령의 전부를 잃어버렸으며, 수도원 생활의 수준을 향상시키는 문제에 있어서도 알프스 북쪽의 클뤼니로부터 도움을 받지 않으면 안 되었다.

교황제를 쇄신하려는 최초의 기도는 로마인을 제외하고 알프스 북쪽 출신을 임명하는 형태로 행해졌다. 로마는 이와 같이 한심스러운 상태하에 외국인이 득실거리고 있었는데, 그곳에 힐데브란트와 그의 후계자들은 서구 그리스도교 세계의 가장 중요한 제도를 만들어내는 데 성공했던 것이다. 그들은 교황이 다스리는 제국을 건설했는데, 그 제국은 안토니우스 시대의 로마 제국보다 더 강하게 민심을 사로잡았다. 그리고 물적인 측면으로만 보아도 아우구스투스와 마르쿠스 아우렐리우스의 군단은 발을 들여놓은 적도 없는 라인 강과 다뉴브 강 저편의 서부 유럽의 광대한 땅을 포함하는 제국을 건설했다.

이렇게 교황제가 승리하게 된 부분적 원인은 역대 교황이 그 영역을 점점 확장해 가고 있었던 그리스도교 공화국의 조직 덕분이었다. 그것은 적의를 불러일으키지 않았을 뿐만 아니라, 오히려 신뢰심을 일으키게 하는 조직이었기 때문이다. 그 조직은 교회의 중앙집권과 획일성을 정치의 다양성과 분권화에 결합시켜 그 결합을 토대로 이루어진 것이었다. 그리고 세속적 권력에 대한 그 정신적 우월이야말로 조직 원리의 핵심이었기 때문에, 그 결합은 성장의 불가결한 조건인 자유와 융통성의 요소를 청춘기의 서구 사회로부터 빼앗지 않고도 전체의 통일을 보전할 수 있게 했던 것이다. 교황제가 교권과 더불어 속전(贖錢)까지 요구한 중부 이탈리아의 영지에 있어서도, 12세기의 교황들은 도시국가의 자치제 운동을 장려했다. 이런 시민운동이 이탈리아에서 가장 성행했고 교황의 권위가 서구 그리스도교 세계에서 절정에 달했던 12세기와 13세기의 전환기에 있어서 웨일스의 한 시인이 "로마에서는 무엇 하나 움직이게 할 수 없는 교황의 말이 다른 데서는 왕홀(王笏)을 떨게 하다니, 참으로 이상하다……"라고 지적했다. 기랄두스 캄브렌시스는 이 시에 풍자시의 주제가 될 만한 패러독스를 폭로하고 있는 것으로 생각했다. 그러나 그 시대에 서구 그리스도교 세계의 대부분의 군주와 도시국가가 별다른 이의 없이 교황의 우월권을 승인한 이유는, 당시의 교황은 세속적 권력의 영역을 침범하려고 한다는 의심을 받지 않았기 때문이다.

이와 같이 세속적 야심과 영토적 야심에 무관심한 매우 현명한 정책에 의해 절정에 달한 교황의 교직정치(敎職政治)는, 로마의 교황이 비잔틴에서 물려받은 행정 능력도 정력적으로 또한 대담하게 행사했다. 정교 그리스도교 세계에서는 이 행정 능력을 부활한 로마 제국의 망령에게 실체를 부여한다는 '곡예'에 사용함으로써 청년기의 정교 그리스도교 사회를 감당하기 어려운 과중한 제도 밑에 깔려서 괴멸하게 하는 불행한 결과를 초래한 데 반해, 그리스도교 공화국을 건설한 로마 교황들은 그 행정 능력을 보다 더 교묘히 사용하여 새로운 설계를 가지고 한층 더 넓은 기초 위에 한층 더 그럴듯한 건물을 세웠던 것이다. 교황이 사방에 둘러친 거미줄은 처음에는 눈에도 잘 보이지 않을 정도로 가늘어서 부분적으로도 전체적으로도 똑같이 유익을 주는 자유로운 통일 속에 중세의 서구 그리스도교 사회를 결속시켰다. 그 명주실이 쇠줄로 변하고, 그 무게를 견딜 수 없게 된 각국의 군주와 국민들이 마침내 격분하여 쇠줄을 끊어 버리고 스스로를 해방함으로써 교황제를 확립하고, 그것을 유지해 온 전체적 통일이 파괴되는 것을 조금도 개의치 않게 된 것은 훨씬 먼 훗날의 일로, 알력이 격화됨으로써 조직이 거칠어지고 경화된 뒤의 일이었다.

교황제의 창조적인 사업에 있어서 가장 중요한 창조력은 행정에 대한 능력도, 영토적 야심의 회피도 아니었음은 물론이다. 교황제가 창조력을 발휘할 수 있었던 것은, 한창 자라고 있는 한 사회가 점차 각성하여 보다 더 높은 생활과 보다 더 큰 성장을 추구하고 있을 때, 그 사회에 대해 조금도 주저하지 않고 전력을 다하여 지도와 표현과 조직을 부여하는 과업에 몰두했기 때문이다. 교황제는 그런 희망에 구체적인 형태와 명목을 주어서 제멋대로 흩어져 있는 소수자와 고립되어 있는 개인들의 공상을 공통의 큰 목적으로 바꾸어 놓았던 것이다. 즉 이 공통의 큰 목적을 실현하는 것이 무엇보다도 중요한 일이라는 확신을 가지게 했던 것이다. 그리고 그 목적은 교황제의 운명을 거기에 걸고 있는 교황의 설교를 듣는 자들을 감동시켰다. 그리스도교 공화국의 승리는 교황이 앞장서서 주장한 다음 세 가지 운동에 의해 획득되었다. 즉 성직자의 성적 무절제와 재정적 타락이라는 두 가지 도덕적 악폐를 추방하는 운동과, 교회생활을 세속적 권력의 간섭으로부터 해방하는 운동, 또 동방의 그리스도교도와 성지를 이슬람교 터키인의 지배로부터 구출하는 운동이었다. 그러나 이런 운동이 힐데브란트 교황제의 사업의 전부는 아니었다. 이러한 '성전(聖戰)'을 지휘한 위대한 교황들은 매우 어려운 시대에도 교회가 가장 아름다운 진가를 발휘하고 가장 창조적인 생활을 하고 있었던 평화 사업, 즉 초기의 대학과 새로운 형태의 수도원 생활과 탁발 교단 등에도 그 생각과 뜻을 둘 만한 여유를 갖고 있었던 것이다.

힐데브란트 교회의 몰락은 그 흥기와 마찬가지로 그야말로 이례적인 사건이었다. 왜냐하면 그 교회를 왕성하게 한 모든 미덕은, 교회의 몰락과 함께 정반대의 것으로 바뀌었기 때문이다. 물질적 힘에 대항하여 정신적 자유를 획득하려는 싸움에서 승승장구하던 이 신성한 제도는, 그 제도가 추방하려고 했던 바로 그 악에 감염되었던 것이다. 성직 매매(聖職賣買)의 악습을 박멸하는 운동을 영도해 온 교황제가 이제는 성직자에게 직위 상승의 대가로 그 수수료를 로마에 지불하도록 요구하게 되었다. 로마 자신이 지방의 세속군주에게서 높은 성직을 매수하지 못하도록 성직자들에게 금지해 왔던 것인데, 이제 교황은 그 대가를 요구하게 되었던 것이다. 그때까지 도덕적·지적 진보의 최선두에 서왔던 로마 교황청이 이제는 정신적 보수주의의 성채로 변했다. 교회의 지상권(至上權)은 스스로 그 권위를 효과적인 것이 되도록 고안한 재정적·행정적 수단의 성과 가운데서 가장 좋은 부분을 이제는 그 지배하에 있었던 지방의 세속적 권력자—신흥 지방국가의 군주들—에게 빼앗기고 말았다.

그리하여 마침내 교황은 겨우 교황령의 지방적 군주로서 그 잃어버린 제국의 '후계국가' 가운데서 가장 작은 나라에 대한 주권행사에만 만족하지 않을 수 없게 되었다. 신의 적에게 이처럼 큰 독신(瀆神)의 이유를 제공한 제도가 언제 또 있었던가. 이것은 확실히 이 책에서 우리가 취급한 바 창조성의 네메시스 가운데 가장 극단적인 실례이다. 이런 결과는 어떻게 일어났으며, 또 왜 일어났을까?

그것이 일어나게 된 배경은 힐데브란트의 생애 초기에 기록된 행위에 예시되어 있다.

11세기에 그리스도교 공화국을 수립함으로써 서구 사회를 봉건적 무정부 상태로부터 구출하려고 했던 로마 교회의 창조적 정신은, 오늘날 국제적 무정부 상태를 일소하고 하나의 세계질서를 수립하고자 기도하고 있는 그 정신적 계승자들과 마찬가지의 딜레마에 빠졌다. 그들의 목적의 본질은 정신적 권위를 물리적인 힘에 대치하는 것이었고, 그 정신적인 칼이야말로 그들의 무상의 승리를 획득하게 한 무기였다. 그러나 물리적 힘에 의지하는 기성의 체제가 정신적 칼을 뻔뻔스럽게 무시하는 것같이 보이는 경우가 가끔 있었다. 이런 때에 로마의 전투적인 교회는 스핑크스의 수수께끼에 답하도록 도전을 받았다. 신의 군병은 그 전진이 정지되는 위험이 있다 하더라도 정신적 무기 이외의 어떤 무기의 사용도 거부해야 하는 것일까, 그렇지 않으면 악마에 대항하는 신의 싸움을 적과 같은 무기를 써서 수행해야 할까? 힐데브란트는 그레고리우스 6세에 의해 교황청의 재정관리관으로 임명되었는데, 교황청의 재정이 항상 도둑 떼에게 약탈되는 것을 보고 후자의 길을 택하여 군대를 모집, 무력으로 비적단을 소멸시켰던 것이다.

　힐데브란트가 이런 조치를 취했을 당시는 아직 그의 행위의 내면적·도덕적 성격을 간파하기가 힘들었는데, 40년 후 그의 최후 순간에 이르러 비로소 이 수수께끼에 대한 뚜렷한 답이 나왔다. 그가 망명 교황으로서 1085년에 살레르노에서 숨을 거두려 할 때 로마 시는 이 교황의 정책이 바로 그 전해에 초래한 무서운 재난의 중압 밑에 깔려 있었던 것이다. 1085년 당시의 로마는 성베드로 제단 — 즉 교황청의 재정 — 의 계단에서부터 시작하여 서구 그리스도교 세계 전역으로 번져간 무력투쟁에 있어서, 교황이 원조를 청했던 노르만족에게 오히려 약탈당하고 불살라진 직후였다. 힐데브란트와 신성 로마 황제 하인리히 4세와의 물리적 투쟁의 절정은, 150여 년 후 인노켄티우스 4세와 프레데리크 2세간에 벌어졌던 보다 더 철저하고 보다 더 치명적이고 가장 큰 재해를 초래한 싸움의 전조였던 것이다. 법률가였다가 군국주의자가 된 교황 인노켄티우스 4세의 시대로 내려오면, 설마하는 우리의 의심은 완전히 사라지고 만다. 힐데브란트는 그의 힐데브란트식 교회의 진로를, 그가 이 땅 위에 실현하려고 했던 신의 나라가 결국 그의 적들 — 속세와 육체와 악마 — 에게 패배당할 수밖에 없도록 잡아놓았던 것이다.

이상으로 교황제가 어떻게 하여 자신이 물리치려고 애쓰던 물리적 폭력의 악마에 홀리게 되었는가를 설명하는 데 성공했다면, 동시에 우리는 교황제의 미덕들이 그 반대의 악덕으로 전화한 다른 변화들에 대한 설명도 발견한 셈이 된다. 왜냐하면 정신적인 칼 대신 물질적인 칼을 사용했다는 것은 근본적인 변화이고 나머지 모든 변화는 그 필연적 귀결에 지나지 않는 것이기 때문이다. 예를 들면, 성직자의 재정문제에 관해 처음 11세기에 주로 성직매매의 근절에 주력한 교황청이 13세기에는 고위 성직을 사기 위한 세속적 권력에 넘겨주는 악습을 애써 끊어버리게 한 그 교회의 수입을 어찌하여 서임(敍任) 성직자들에게 나누어주게 되었으며, 또 14세기에는 교황청 자체의 이익을 위해 세금으로 부과하게 되었던가? 그 답은 간단하다. 교황청은 군국주의자로 변했고, 전쟁을 하는 데는 돈이 들었기 때문이다.

13세기의 교황과 호엔슈타우펜 왕가 사이에 일어난 대전의 결과는 끝장을 보고야 마는 모든 전쟁의 일반적인 결과와 마찬가지였다. 명목상의 승리자는 패자를 철저히 타도하는 데는 성공하지만, 그 대신 자기 자신도 치명적 상처를 입었다. 두 교전자에 대해 진정한 승리를 거둔 자는 어느 편에도 가담하지 않고 뜻밖의 이득을 차지한 제삼자였다. 교황 보니파키우스 8세가 신성 로마 황제 프리드리히 2세를 타도한 교황의 분노를, 그 황제의 사후 반세기 뒤에 프랑스 왕에게 던졌을 때에 나타난 결과는 어떠했는가? 1227~68년의 사투의 결과로 이 전쟁에서 승리했던 교황제는 패한 신성 로마 제국과 똑같이 약체화했고, 그 반면 프랑스 왕국은 교황제와 제국이 이렇게 서로 싸워서 타도되기 그 이전의 힘만큼 강해지게 되었던 것이다. 미남왕 필리프 4세는 프랑스의 국민과 성직자 모두의 찬성하에 노트르담 사원 앞에서 교황의 칙서를 불사르고 교황을 납치하게 했는데, 납치된 교황이 죽은 후에는 교황청의 소재지를 로마에서 아비뇽으로 옮겼다. 이런 일이 있은 뒤에 '교회의 바빌로니아 유수시대'(1305~78년)와 '교회의 대분열시대'(1379~1415년)가 잇따라 닥쳐왔던 것이다.

일찍이 교황제가 자신을 위해 서서히 건설했던 행정적·재정적 조직과 권력의 전부를, 이제는 지방적 세속군주들이 각자의 영토 안에서 머지않아 계승하게 되리라는 것은 확실했다. 이 이양의 과정은 오로지 시간 문제였다. 우리는 이 과정의 진행을 보여주는 징표로서 영국에 있어서의 사교대리법(司敎代理法, 1351년)과 왕권모독죄법(1353년)의 성립, 그 뒤 1세기 후에 바젤 종교회의의 결의를 철폐하는 대가로 교황청이 프랑스와 독일의 세속국가에게 승인하지 않을 수 없었던 양보, 프랑스와 교황청 사이에 체결된 1516년의 조약, 1534년에 영국 의회를 통과한 영국의 수장령(首長令) 등을 들 수 있다. 교황청의 특권들이 세속적 정부로 이양되기 시작한 것은 종교개혁이 일어나기 200년 전부터였고, 신교로 개종한 나라들뿐만 아니라 구교를 보수하고 있던 나라에서도 같은 현상이 일어났다. 이양의 과정은 16세기에 완료되었다. 그러므로 16세기에 근세 서구 세계의 '전체주의적인' 국가들이 그 성립의 기반을 닦게 되었다는 것도 결코 우연한 일이 아니다. 왜냐하면 우리가 앞서 열거한 외면적인 사건들의 과정에서 가장 의의 깊은 요소는, 종래 세계교회로 향했던 헌신이 지방적 세속국가로 향하게 된 것이기 때문이다.

이러한 인심의 포섭이야말로 이 후계국가들이 그보다 더 크고 더 고상한 제도에서 빼앗은 모든 전리품 중 가장 귀중한 것이었다. 왜냐하면 이 후계국가들이 그 생명을 유지해 온 것은 징세나 징병에 의한 것보다 국민들의 충성심에 호소한 바가 훨씬 더 컸기 때문이다. 따라서 오늘날 명백해진 바와 같이 전에는 무해할뿐더러 유용하기까지 했던 지방국가제도가 이제 와서는 문명에 대한 위협으로 변하게 된 것은 힐데브란트식 교회로부터 계승한 정신적 유산이다. 헌신의 정신은 신의 나라를 통해 신 자신으로 향하고 있었을 때에는 유익한 창조력이 되었으나, 그 본래의 대상에서 일탈하여 인간의 손으로 만든 우상에 봉헌하게 되면서부터는 파괴적인 힘으로 변질되고 말았던 것이다. 중세의 우리 선조들이 알고 있었던 바와 같은 지방국가는 인간이 만든 제도로서 유용하고도 필요한 것이며, 오늘날 우리의 자치도시와 군의회에 대해 행하는 것과 같이 양심적으로 대하되 미친 듯이 날뛰지 않고 담담한 마음으로 작은 사회적 의무를 다하기에 알맞은 제도이다. 그런데 이러한 사회기구를 우상화하면 반드시 파멸을 초래하게 되는 것이다.

이상으로 우리는 어떻게 하여 교황제가 그 격심한 페리페테이아를 만나게 되었던가 하는 문제에 대해 어느 정도 답을 찾아낸 것 같다. 그러나 우리는 그 과정을 서술했을 뿐 그 원인은 아직 설명하지 않았다. 중세의 교황제가 자신이 만든 도구의 노예가 되어, 본래의 정신적 목적에 봉사하게 할 생각으로 물질적 수단을 사용하는 사이에 저도 모르게 오히려 정신적 목적에서 일탈하게 된 것은 무슨 이유일까? 그 원인은 최초의 승리가 초래한 불운한 결과에 있는 것 같다. 힘과 힘의 싸움이라는 그 위험한 게임은 직관적으로는 알 수 있더라도 명백히 어느 정도까지라고 말할 수 없는 일정한 한계 안에서만 정당화될 수 있는 것인데, 그것이 싸움에 임해 너무 멋진 성공을 거두었기 때문에 결국 치명적인 결과를 낳았던 것이다. 그레고리우스 7세(힐데브란트)와 그 후계자들은 신성 로마 제국과의 싸움의 초기 단계에서 스스로 택한 위험스러운 전략에 의해 승리를 획득하고, 그 성공에 도취되어 언제까지나 무력의 사용을 계속하다가, 마침내 이 비정신적인 면의 승리가 궁극적 목적이 되고 말았던 것이다. 그리하여 그레고리우스 7세는 교회개혁에 대한 장애를 제거할 목적으로 신성 로마 제국과 싸웠던 것인데, 인노켄티우스 4세는 신성 로마 제국 자체의 세속적 권위를 타파하기 위해 제국과 싸웠던 것이다.

그러면 우리는 힐데브란트의 정책이 어디서 '궤도를 벗어났던가', 혹은 전통적인 용어로 말하면 '좁은 길'에서 벗어난 특정 지점은 어디였던가를 찾아낼 수 있을까? 교회가 이 잘못된 길로 빠져들어간 곳이 과연 어디인가를 찾아보자.

1075년에 이르기까지 성직자의 성적 타락과 재정적 타락이라는 이중의 악에 대한 개혁은 서구 세계 전체에 걸쳐서 원만히 추진되었다. 그리하여 반세기 전만해도 로마 교회의 모든 추문 가운데서 교황청의 방탕이 으뜸이었는데, 이제 교황청은 그 도덕적 용기에 의해 찬란한 승리를 획득하게 되었던 것이다. 이 승리는 힐데브란트 자신의 업적이었다. 그는 이 승리를 위해 알프스의 북쪽에서, 교황의 배후에서 싸웠다. 그리하여 드디어 그는 오욕에서 구출된 교황직에 스스로 취임하게 되었다. 그는 정신적인 것이든 물질적인 것이든 가리지 않고 이용할 수 있는 온갖 무기로 싸웠다. 힐데브란트의 옹호자들이 거의 불가피한 일이었다고 그럴듯하게 변호하고 그의 비난자들도—마찬가지로 그럴듯하게—역시 거의 피할 수 없는 화근이 되었다고 비난하는 그 불가피한 조처를 그가 취하게 된 것은 그레고리 7세로서 그가 교황에 취임한 지 3년째, 즉 그의 승리의 순간이었다.

그해에 힐데브란트는 대처(帶妻)와 성직매매라는 이의를 제기할 여지가 없는 문제로부터 성직 서임권이라는 이의를 제기할 여지가 있는 문제로 그의 투쟁범위를 확대했던 것이다.

세 가지 투쟁을 교회의 해방을 위한 단일한 투쟁으로 간주한다면, 논리적으로는 성직 서임권에 관한 투쟁은 대처와 성직매매의 악습에 대한 투쟁의 불가피한 귀결이었다고 정당화할 수 없는 것도 아니었다. 그 생애에 있어서 가장 위험한 국면에선 힐데브란트로서는, 만일 교회를 세속적 권력에 대한 정치적 예속에 속박된 그대로 내버려둔다면 애써 비너스와 마몬에 대한 종속에서 교회를 해방시켜 놓은 노력마저 허사로 끝날 것같이 보였는지도 모른다. 이 제3의 차꼬가 교회에 무겁게 채워져 있는 한, 교회는 인류에게 새 생명을 부여한다는 성스러운 업적을 수행하는 데 방해를 받을 것이 아니겠는가? 그러나 이 논법은 힐데브란트의 비평가들이 사물의 성질상 '이것이다, 혹은 저것이다' 라고 어떤 결정적인 답은 할 수 없을지라도 마땅히 제기해 보아야 할 문제를 회피하고 있는 것이다. 1075년의 정세는 아무리 명민하고 굳은 의지를 가진 자가 교황의 보좌를 차지했더라도, 로마 교황청이 대표하는 교회 안의 개혁파와 신성 로마 제국이 대표하는 그리스도교 세계 안의 세속적 권력 사이에는 이미 더 성실하고 유익한 협력의 가능성은 없어졌다고 생각하지 않으면 안 될 상태가 되어 있었던 것일까? 이 질문에 대해 힐데브란트파는 최소한 두 가지 이유에서 납득할 만한 증언을 해야 할 의무가 있다.

첫째 힐데브란트 자신이나 또한 그 일파도—평신도의 성직 서임권을 금지한 1075년의 회칙이 발표되기 전이든 후이든—교황을 비롯한 그 이하의 교회의 모든 계층의 성직자들을 선출함에 있어 그 절차에 관해 세속적 권력자가 직권상 합법적으로 관여하는 것을 부정하려고 한 일이 한 번도 없었다.

둘째 로마 교황청은 1075년까지의 30년 동안 대처와 성직매매의 문제에 대한 투쟁에 있어 신성 로마 제국과 협력해 왔다. 이 문제에 있어서 제국의 협력은 하인리히 3세가 죽은 직후부터 그의 아들이 아직 미성년이었던 시기에 흔들리기 시작하여 기대했던 것처럼 잘 되지 않았다는 것과, 1069년에 성년이 된 하인리히 4

세의 행동이 불만스러웠다는 것은 시인하지 않을 수 없다. 교황청이 평신도 권력자의 성직 임명에 대한 관여를 제한 내지 금지하는 정책을 개시했던 것은 바로 이런 정세하에서였다. 그것은 부득이한 일이었다고 변명할 수 있을는지 모르지만, 거의 혁명적인 조처였다는 것을 인정해야 한다. 설혹 비위에 거슬리는 일이 많았더라도 힐데브란트가 신중을 기하여 1075년의 도전장을 내던지지 않고 참았더라면 어쩌면 우호관계가 회복되었을지도 모르는 일이다. 힐데브란트는 위브리스의 특징의 하나인 성급함의 과오를 자기도 모르게 범했다는 인상을 부정하기 어렵다. 그리고 또 그의 숭고한 동기에는, 1046년의 수트리 종교회의에서 당시 타락할 대로 타락한 교황청이 받은 모욕에 대해 복수하려는 불순한 욕망이 섞여 있었다는 인상도 부정하기 어렵다. 이 나중의 인상은 힐데브란트가 교황의 관을 쓰게 되었을 때, 그전에 수트리 회의에서 폐위된 교황의 이름, 즉 그레고리우스라는 이름을 채용한 사실에 의해 한층 더 강해진다.

성직 서임권이라는 새로운 문제를 신성 로마 제국과 교황청 사이에 불화가 일어나지 않을 수 없도록 전투적인 태도로 제기했다는 것은, 이 제3의 문제가 얼마 전에 제국과 교황 양측이 의견의 일치를 본 다른 두 문제보다 훨씬 애매한 점이 많았던 만큼 더 위험스러웠던 것이다.

이 애매성의 원인의 하나는, 힐데브란트 시대에 이르기까지 사교급(司敎級) 성직의 임명에는 몇몇 다른 당사자의 동의가 필요하다는 것이 관례로 되어 있었다는 사실이다. 즉 사교는 그 교구의 성직자와 교구민에 의해 선출되고, 그리고 그 교구가 속해 있는 대교관구(大敎管區)의 일정한 수의 사교들에 의해 임명되어야만 한다는 것은 교회의 아주 초기 규정의 하나였다. 그리고 세속적 권력은 어느 때나—콘스탄티누스 황제의 그리스도교 개종에 의해 이 문제가 제기된 이래—이 사교의 의식상의 특권을 침해하려고 기도한 일이 없었고, 또 적어도 이론상으로라도 성직자와 교구민의 선거권을 문제시하려고 한 일도 없었다. 세속적 권력이 사실상 수행해 온 역할은—명목상 어떻게 되어 있었는가 하는 문제는 논외로 하고—후보자의 지명과 선거의 결과에 대한 거부권 행사였으며, 힐데브란트 자신도 몇 번인가 이 권리를 시인한다는 것을 언명한 바 있었다.

더구나 11세기경에 이르러서는 성직자의 임명에 대해 세속적 권력이 어느 정도 통제를 가할 수 있도록 요구하는 전통적인 주장은 실제적 이유에 의해 한층 더 강화되어 있었다. 왜냐하면 성직자는 오랫동안 나날이 더 많아지는 교회의 의무와 더불어 세속적인 임무도 수행해 왔기 때문이다. 1075년경에는 서구 그리스도교 세계의 일반행정의 아주 많은 부분이 봉건적 토지 소유권에 의한 세속적 권한을 가지고 있던 성직자들의 수중에 있었으므로, 평신도가 성직자의 임명에 관여하지 못하게 되면 세속적 권력은 본래의 광대한 영역에 속한 지배권을 잃게 될 것이었고 또 교회는 교회 문제에 있어서뿐만 아니라 민사 문제에 있어서도 '제국 안의 제국'이 되어 버릴 것이었다. 그렇다면 이 민사상의 직무만은 세속적인 행정관에게 이양하면 되지 않겠느냐고 말해 보아도 아무 소용 없는 일이다. 분쟁의 당사자가 모두 그런 직무를 인계할 만큼 유능한 세속적 관리가 없다는 것을 충분히 알고 있었던 것이다.

1075년에 힐데브란트가 취한 행동의 중대성은, 그 행동의 결과로 일어난 재난이 얼마나 엄청났는가 하는 점에서 명확해진다. 힐데브란트는 이 성직 서임권의 문제에 지난 30년 동안 획득했던 교황제의 도덕적 위신을 모두 걸었다. 그는 알프스 북쪽의 하인리히 4세의 영토내에 있는 그리스도교 신도들의 양심을 꽉 움켜쥐고 있었고, 거기에다 작센의 강한 무력도 곁들여 붙잡고 있었으므로, 황제를 카노사에서 굴복시킬 수 있었다. 그러나 카노사의 굴욕은 제국의 존엄성에 다시 회복할 수 없을 정도로 큰 타격을 주었는지는 몰라도 그 결과는 투쟁의 종결이 아니라 재연이었다. 50년간의 투쟁은 교황청과 제국 사이에, 그 투쟁의 원인이 되어 있었던 특정한 문제에 관해 어떤 정치적 타협으로도 도저히 메울 수 없는 큰 심연을 파놓고 말았다. 성직 서임권에 관한 분쟁은 1122년의 협약 후 수습되었으나, 그로 인해 생긴 적개심은 계속 커질 뿐이었고, 인간의 완악한 마음과 사악한 야심 속에 끊임없이 새로운 분쟁의 씨를 만들어냈던 것이다.

우리는 힐데브란트의 1075년의 결정을 꽤 상세하게 검토했는데, 그 이유는 그것이야말로 그후에 나타난 모든 것을 좌우하는 중대한 결정이었다고 믿기 때문이다. 승리에 도취한 힐데브란트는, 자기 힘으로 치욕의 밑바닥에서 위엄의 절정에까지 높이 끌어올린 제도를 잘못된 길로 밀어넣고 말았다. 그리고 그의 후계자들 중 누구도 그것을 바른 길로 돌리지 못했다. 우리는 그 이야기를 더 이상 상세히 추구할 필요는 없다. 인노켄티우스 3세의 교황 시대(1198~1216년)는 힐데브란트식 교황제의 안토니우스 시대, 즉 소강기(小康期)에 해당한다. 인노켄티우스 3세가 걸출한 교황이라는 이름을 얻게 된 것은 때마침 호엔슈타우펜가에 어린 왕의 시대가 오랫동안 계속되었다는 우연한 사정으로 말미암은 것으로서, 그의 생애는 그저 행정가로서는 뛰어났다 해도 정치적으로는 어리석을 수도 있다는 실례를 제공하는 데 불과하다. 그후 프리드리히 2세와 그의 후손에 대한 교황청의 철저한 항쟁, 카노사의 굴욕에 대한 세속적 권력의 비열한 보복이었던 아나니의 비극, 교황의 바빌론 포수와 교회의 대분열, 공의회 운동과 의회주의의 실패, 이탈리아 르네상스 시대에 있어서의 바티칸의 이교화(異敎化), 종교개혁에 의한 가톨릭 교회의 분열, 반동 종교개혁에 의해 개시된 승부 없는 잔인한 싸움, 18세기 교황청의 정신적 무기력과 19세기의 적극적인 반(反)자유주의 투쟁 등 불행한 사건이 잇달아 발생했다.

그러나 이 독특한 제도는 오늘날까지 존속하고 있다. 우리가 잘 알고 있는 이 결단을 요하는 시기에, '약속에 의한 상속자들'로서 '그리스도와 합하여 세례를 받은'(《갈라디아서》 3장 27~29절) 서구 세계의 모든 남녀와, 서구적 생활양식을 채택함으로써 '함께 약속에 참여하는 자가 되고 같은 몸을 이룬 형제'(《에베소서》 3장 6절)가 된 모든 이방인들도 우리와 더불어 교황에 대해 '그리스도의 대리자'라는 그 굉장한 칭호에 어울리는 행동을 보여주도록 요구하는 것은 마땅한 일이고 또 정당한 일이다. 베드로의 스승은 베드로 자신을 향해 '많이 받은 자에게는 많이 찾고, 많이 맡은 자에게는 많이 달라 할 것이다'(《누가복음》 12장 48절)라고 말하지 않았던가? 계속해서 우리의 선조들은 그들의 보화의 전부였던 서구 그리스도교 세계의 운명을 로마의 사도에게 맡겼던 것이다. '주인의 뜻을 알고 있으면서 그 뜻대로 준비하지 않고 행하지도 않은 종'이 당연한 벌로서 '많이 매를 맞았을 때'(《누가복음》 12장 47절) 그 태형(笞刑)은 '하느님의 종의 종'(교황의 칭호)에게 영혼을 맡기고 있는 '남녀 종들'(《누가복음》 12장 45절)의 몸에도 같은 고통을 주었던 것이다.

진실하지 않은 종의 위브리스에 대한 벌은 우리에게도 내려졌다. 우리가 가톨
릭이건 신교도이건, 그리스도교도이건 불신자이건, 우리를 이 궁지에서 구할 책
임이 있는 자는 우리를 이 험한 골짜기로 데리고 온 교황이다. 이 중대한 시기에
제2의 힐데브란트가 나타난다면, 이번에야말로 우리의 구제자는 고난 속에서 생
긴 지혜로써 교황 그레고리우스 7세의 위업을 물거품이 되게 했던 그런 치명적인
승리의 도취에 빠지지 않도록 대비할 것인가?

문명의 해체 제5편

제17장 해체의 성질

1. 개관

문명의 쇠퇴에서 문명의 해체로 이행함에 있어 우리는 문명의 발생에서 문명의 성장으로 이행할 때 봉착했던 것과 같은 문제에 직면하지 않을 수 없게 된다. 해체는 별도로 고찰해야 하는 새로운 문제인가, 아니면 쇠퇴에 따르는 필연적이고 불가피한 귀결로서 새로 취급할 필요가 있는 문제인가? 앞서 말한 성장은 발생의 문제와 별개의 새로운 문제이냐 아니냐 하는 것을 고찰했을 때, 발생의 문제는 해결했으나 성장의 문제를 해결하지 못한 '발육정지' 문명이 사실 몇 개 있다는 것을 발견함으로써 그 물음에 대해 긍정적인 답을 했던 것이다. 지금 우리 연구의 뒷부분에 와서도 어떤 문명은 쇠퇴한 뒤에 마찬가지로 진행을 정지하고 오랜 기간 화석상태에 들어가 있었던 사실을 지적함으로써 비슷한 문제에 대해 역시 긍정적인 답을 할 수 있다.

화석화한 문명의 전형적인 예는 앞서 고찰한 바 있는 이집트 사회 역사의 일면이다. 이집트 사회는 피라미드 건조자들에 의해 지워진 견딜 수 없는 무거운 짐으로 인해 쇠퇴기에 접어들기에 이르렀다. 그 뒤에 해체의 세 국면 — '혼란기', '세계국가', '중간 공백기' —의 첫째와 둘째를 지나서 셋째 국면으로 들어갔을 때 어느 모로 보나 빈사상태에 빠져 있었다. 그때 이 사회는 분명히 그 수명을 다해가고 있는 것으로 생각되었는데, 바로 그 순간 갑자기 뜻하지 않게 우리가 지금까지 표준형으로 간주해 온 그 경과를 밟지 않고 다른 방향으로 나아갔던 것이다. 여기서 표준형이라 함은 이 세 국면이 처음으로 우리의 주목을 끌게 되었던 헬라스 사회의 예를 기준으로 한 것이다. 이집트 사회는 그 시기에, 즉 해체의 세 번째 국면에 들어갔을 때 사멸하기를 거부하고 그 수명을 배가하기 시작했던 것이다.

기원전 16세기의 1·4분기에 있었던 힉소스족의 침입에 대한 격렬한 저항의 시기부터 기원후 5세기 이집트 문화의 최후의 흔적이 소멸한 때까지의 이집트 사회의 연수(年數)를 계산척(計算尺)으로 삼는다면, 이 2천 년의 기간은 기원전 16세기에 격렬하게 자기 재주장(再主張)을 한 때부터 기원전 3000년대의 어느 시기에 처음으로 미개상태를 벗어난 시기까지 거꾸로 계산하여 올라간 기간, 즉 이집트 사회의 발생과 성장 및 쇠퇴, 그리고 거의 완전한 해체에 소요된 연수를 전부 합한 것만큼 길다는 것을 알 수 있다. 그러나 이집트 사회의 그 존속 기간의 후반기는 말하자면 '죽음 속의 삶'이었다. 전반기에는 활동적이고 의미에 충만했던 그 문명이, 그 후반 2천 년 동안에는 전진을 멈추고 타성적으로 죽지 못해 사는 꼴이 되었다. 즉 화석화함으로써 겨우 목숨을 이어갔던 것이다.

이와 같은 예는 이집트 문명 하나뿐이 아니다. 중국에 있는 극동 사회 본체의 역사로 눈을 돌리면, 이 문명의 쇠퇴기는 기원후 9세기의 4·4분기, 당조(唐朝)의 붕괴시기라고 생각해도 좋지만, 우리는 그후의 해체 과정이 '혼란기'를 지나서 '세계국가'로 들어가는 정상적인 코스를 밟아간 것을 볼 수 있다. 그러나 세계국가의 단계 중도에서, 이집트 사회가 힉소스족의 침입에 저항한 것과 같은 돌발적이고 격렬한 반항 때문에 그 진행이 정지되고 말았다.

야만족 몽골인이 수립한 극동 사회의 세계국가에 대항하여 남부 중국이 명조(明朝)의 창건자 홍무(洪武 ; 명의 태조 주원장)의 영도하에 반란을 일으킨 것은, 멸망한 이집트 사회의 세계국가(이른바 '중기제국')의 버려진 옛 영토의 일부에 야만족인 힉소스족이 건설한 '후계국가'에 저항하여 테베의 제18왕조 창건자 아모시스의 영도하에 반란을 일으킨 것과 흡사하다. 그리고 그후의 경과에도 서로 유사한 점이 있었다. 즉 극동 사회도 세계국가가 막을 내리고 중간 공백기로 들어가 급속히 해체의 단계를 거쳐 소멸하는 대신 화석화한 형태로 오늘날까지 연명해 왔던 것이다. 이 두 예 이외에도 앞서 열거한 일이 있는, 화석화하지 않았더라면 절멸했을 문명의 여러 가지 화석화한 단편들을 첨가할 수 있다. 즉 인도 문명의 화석화한 단편을 보면 인도의 자이나교도, 실론, 미얀마, 샴, 캄푸치아에 있는 소승불교, 티베트와 몽골에 있는 대승불교의 일파인 라마교도이고, 시리아 문명의 화석화한 단편들을 보면 유대교도, 파르시교도, 네스토리우스파와 모노피지트파들이다.

더 이상 새로운 예를 추가할 수는 없다 하더라도, 매콜리의 판단에 의하면 최소한 헬라스 문명도 기원전 3, 4세기경에 자칫 비슷한 경험을 할 뻔했다는 사실을 지적할 수 있다.

매콜리의 설에 의하면, 로마 제정시대의 헬라스 사회는 다행히 교회와 야만족에 의해 절멸된 덕분에 그 무서운 불사의 운명으로부터 구출될 수 있었다. 그러나 모든 문명이 다 그렇게 되는 것은 아니며, 생명이 지속하는 한 클로토[1]는 무정하지만 한편 고맙기도 한 가위로 싹둑 잘라 버리지 않는다면 보통 저도 모르는 사이에 점차 경화되어 마침내 '죽음 속의 삶'의 마비상태로 떨어질 가능성이 있다.

문명의 성장을 고찰했을 때 문명의 성장은 도전과 응전이라는 드라마 연출의 연속의 형태로 분석할 수 있다는 것을 말한 바 있는데, 이 드라마가 꼬리를 물고 계속되는 이유는 각 응전마다 단지 그 한 응전을 일으키게 한 특정한 도전에 대해서만 성공적으로 응하는 데 그치지 않고 새로운 도전을 유발하는 계기가 되기 때문이며, 또 그 응전이 새로운 사태를 만들 때마다 거기서 새로운 도전이 발생한다는 것을 알았다. 이와 같이 하여 문명의 성장의 본질은 일종의 비약(엘랑)인데, 이 비약이 도전을 받는 인간들로 하여금 성공적 응전의 평형을 거쳐서 또 새로운 불균형을 낳게 하고, 이 불균형이 새로운 도전을 제공하게 된다.

이 도전의 반복은 해체의 개념에도 역시 포함되어 있다. 그러나 이 경우 응전은 실패한다. 따라서 해체에 있어서는 성공적으로 응전한 뒤에는 과거의 역사 속에 묻혀 버린 앞의 도전과는 성질이 다른 일련의 도전들이 계속적으로 나타나는 것이 아니라 같은 도전이 반복되는 것이다. 예컨대 헬라스 세계의 국제정치사에 있어서, 솔론의 경제혁명이 처음으로 헬라스 사회에 정치적으로 세계 질서의 수립 문제를 던져준 때부터 그 문제를 델로스 동맹의 수단으로 해결하려던 아테네의

---

1 그리스 신화에 나오는 운명을 관장하는 여신의 하나로서 인간 생명의 실을 빼내는 여신.

시도의 실패는, 그것을 코린트 동맹의 수단으로 해결하려는 마케도니아의 왕 필리포스의 시도를 낳았고, 또 필리포스의 시도의 실패는 원수정치(元首政治)[2]의 지지하에 '로마의 평화'로써 해결하려는 아우구스투스의 시도를 낳았던 것이다. 이 동일한 도전의 반복은 바로 사태의 성질 그 자체에 뿌리박고 있는 것이다. 잇달아 일어나는 충돌의 결과가 모두 성공이 아닌 실패로 끝날 때 해결이 없는 도전은 아무런 결말도 지을 수 없으므로, 해결이 결국 도전을 되풀이하다가 마침내 어떤 때는 늦고 불완전한 해결을 얻든가, 아니면 효과적인 응전의 능력이 전혀 없다는 것이 밝혀진 그 사회를 멸망시키든가 한다.

문명의 성장 과정을 고찰하면서 우리는 그 과정의 분석에 착수하기 전에 먼저 그 성장의 기준을 탐구했었는데, 해체를 고찰함에 있어서도 같은 방식을 따르기로 하자. 그런데 해체론에 있어서는 생략해도 무방한 문제가 한 가지 있다. 우리는 이미 성장의 기준은 인간적 환경 내지 자연적 환경에 대한 지배력의 증대에 있는 것이 아니라는 단정을 내렸으므로, 그런 지배력의 상실이 해체의 원인의 하나가 되지 않는다고 단정해도 좋을 것이다. 역사적 사실이 명시하는 바에 의하면, 환경에 대한 지배력의 증대는 성장보다는 오히려 해체에 따르는 현상인 것 같다. 군국주의는 쇠퇴와 해체의 일반적 특징으로서 흔히 한 사회가 다른 현존사회와 생명 없는 자연력에 대해서 그 지배력을 증대시키는 효과를 발휘한다.

쇠퇴한 문명의 생애의 내리막에 있어서는 이오니아의 철학자 헤라클레이토스의 '전쟁은 만물의 아버지'라는 말이 적중하는 경우가 있다. 그리고 일반 대중은 권세와 부를 기준으로 인간의 번영을 측정하기 때문에, 한 사회의 비극적인 쇠퇴가 시작되는 시기를 웅장한 성장의 절정기라 하여 환영하는 수가 많다. 그러나 오래지 않아 반드시 환멸이 찾아온다. 왜냐하면 어쩔 수 없이 자기분열의 상태에 빠진 사회는 전쟁에 의해 우연히 입수하게 된 여분의 인적·물적 자원의 대부분을 다시 전쟁이라는 '사업에 돌릴' 것이 거의 확실하기 때문이다. 예컨대 알렉산드로스의 정복에 의해 획득된 금력과 인력은 알렉산드로스의 후계자들 간의 내란에

---

2 로마의 민주정과 공화정의 절충적 정치 형태.

낭비되었고, 기원전 2세기 로마의 정복에 의해 얻어진 금력과 인력은 기원전 1세기의 내란에 낭비되었다.

따라서 해체 과정의 기준은 다른 데서 구하지 않으면 안 된다. 그 단서를 우리에게 제시해 주는 것은 사회 내부의 분열과 불화의 장면으로서, 환경에 대한 지배력의 증대도 흔히 이 분열과 불화에 기인한다. 이것은 당연히 예기되는 일이다. 왜냐하면 앞서 본 바와 같이 해체에 선행하는 쇠퇴의 궁극적인 기준이 되고 근본적인 원인이 되는 것은 내부적 불화의 반발이었고, 이 불화의 반발 때문에 사회는 자기결정의 능력을 상실하게 되기 때문이다.

이 불화는 사회적 분열의 일부로 나타나고, 사회적 분열은 동시에 붕괴한 사회를 두 가지 다른 차원에서 분열시킨다. 즉 지리적으로 분리되어 있는 공동사회 상호간의 수직적 분열과, 지리적으로는 서로 겹쳐 있지만 사회적으로 분리되어 있는 계급 상호간의 수평적 분열이 생기는 것이다.

수직적 분열에 관해서는 이미 국가간의 전쟁이라는 무모한 범행에 열중하는 것이 얼마나 자살적인 행위의 주요한 방향이었던가를 고찰한 바 있다. 그러나 이 수직적 분열이 문명의 쇠퇴를 초래하는 불화의 가장 특징적인 표현은 아니다. 왜냐하면 한 사회가 지방적인 공동체로 분화하는 것은 결국 문명사회건 미개사회건 인간사회의 모든 종에 공통되는 특징이고, 따라서 국가간의 전쟁이라는 것도 어느 시대, 어느 사회나 쉽게 이용할 수 있는 자멸의 위험이 잉태된 수단을 그저 남용하는 데 지나지 않는 것이기 때문이다. 이에 반해 계급에 의한 사회의 수평적 분열은 문명사회 특유의 것일뿐더러, 문명의 시기에는 나타나지 않고 쇠퇴와 해체의 시기에 현저한 특색을 나타내는 현상이다.

우리는 이미 앞서 이 수평적 형태의 분열을 고찰한 적이 있는데, 그것은 우리가 서구 사회의 확대를 시간적 차원의 순서에 따라 거슬러올라가 찾아보았을 때였다. 그때 우리는 그리스도교 교회와, 로마 제국의 북쪽 국경 안에 있었던 서구의 교회가 충돌하게 된 몇몇 야만족 전투단체와 만나보는 데까지 거슬러올라갔었다. 이 두 제도, 즉 전투단체와 교회는 모두 우리 서구 사회 사회체제의 일부가 아니라 우리 사회에 선행한 다른 사회, 즉 헬라스 문명에 의해서만 설명이 가능한 사회집단이 창조한 것임을 알았다. 우리는 그리스도교 교회의 창조자를 헬라스 사회의 내적 프롤레타리아트, 야만족 전투단체의 창조자들을 그 외적 프롤레타리아트라고 불렀었다.

탐구를 더 진행시킨 결과 우리는 이 두 프롤레타리아트가, 헬라스 사회 자체가 명백히 그 이상 더 창조적으로 되지 못한 채 이미 쇠퇴로 기울어지기 시작하고 있었던 '혼란기' 속에서 헬라스 사회로부터 분리됨으로써 출현했다는 것을 알았다. 그리고 다시 한 단계 더 거슬러올라가 추구함으로써 우리는 이 분리가 발생하게 된 것은 그전에 헬라스 사회 지배계급의 성격이 일변했기 때문이라는 것도 발견했다. 한때는 창조성의 특권인 매혹의 힘으로 비창조적인 대중의 자발적인 충성과 순종을 얻을 수 있었던 '창조적 소수자'가 이제는 비창조적이기 때문에 대중의 마음을 끌 힘을 상실한 '지배적 소수자'로 변하고 만 것이다.

이 지배적 소수자는 강제로 그 특권적 지위를 유지해 왔다. 결국 전투단체와 그리스도교 교회의 창조를 낳은 프롤레타리아트의 분리는 이 압제에 대한 반발이었다. 그러나 지배적 소수자의 그 본래 의도의 좌절―그릇된 방법으로 사회를 결속시키려 하다가 그 사회의 분열을 초래한―만이 우리가 알고 있는 그들의 유일한 업적은 아니다. 그들은 로마 제국이라는 그들 자신의 기념비를 남겼다. 로마 제국은 교회나 전투단체보다 먼저 형성되었을 뿐만 아니라, 프롤레타리아트의 제도들이 발달한 세계에 이 강력한 제국이 존재했다는 사실은 두 제도의 발달을 고찰하고자 함에 있어 도저히 무시할 수 없는 요소이다. 헬라스 사회의 지배적 소수자를 감싸주었던 이 세계국가는 큰 거북의 등껍질과 같은 것이었다. 그리고 교회는 그 그늘 밑에서 자랐고, 야만족은 그 위에서 발톱을 갈며 전투단체로 단련했던 것이다.

끝으로 우리는 이 책의 좀더 뒷부분에서 지도적 소수자가 창조적 능력을 상실한 것과, 강제에 의하지 않고 매력에 의해 다수자를 끄는 능력을 상실한 것의 인과관계를 더 명확히 해보려고 했다. 그리고 거기서 우리는 창조적 소수자가 사회적 훈련―비창조적 대중을 추종시키는 첩경으로서―이라는 편리한 수단을 이용한다는 것을 지적했는데, 이 사회적 훈련이야말로 성장기의 소수자와 다수자의 관계의 약점이라는 것도 지적했다. 결국 사태가 점점 악화되어 마침내 프롤레타리아트의 분리로 결말이 나는 소수자와 다수자의 불화는, 성장기에조차 잘 훈련된 미메시스 능력의 이용에 의해서만 가까스로 이어져 왔던 그 고리가 끊어지면서 생긴 결과이다. 그리고 성장기에도 이 미메시스에 의해서만 유지되는 고리가 기계적인 수단에는 반드시 따라다니는, 잠시도 마음을 놓을 수 없는 이중성격—마지못해 승복하는 노예의 복수—으로 인해 언제 끊어질지 알 수 없는 불안스러운 것이라는 점을 생각한다면, 지도자의 창조성이 고갈됨과 동시에 미메시스도 정지한다는 것은 놀랄 만한 일이 못 되는 당연지사임을 알 것이다.

이상은 이미 우리가 가지고 있는 수평적 형태의 분열을 조사하는 데 필요한 단서이다. 우리의 연구를 앞으로 진전시키는 가장 효과적인 방법은 이 실마리들을 함께 모아서 하나의 노끈으로 꼬는 일이다.

우선 첫째로 쇠퇴한 사회가 수평적 분열에 의해 그 조직이 갈라질 때 나타나는 세 부분, 즉 지배적 소수자와 내적 프롤레타리아트 및 외적 프롤레타리아트를 보다 더 면밀히 조사해야 할 텐데, 이 세 부분에서 분열하는 것은 헬라스 사회의 예에서 보나, 이 책의 여러 군데에서 이미 조사한 다른 예에서 보나 쇠퇴한 사회에서는 반드시 일어나는 것 같다. 그 다음으로 우리는 성장을 연구하는 과정에서 한 바와 같이 대우주에서 소우주로 시선을 돌리기로 하자. 그러면 혼(魂)의 혼란의 증대라는 해체의 보충적 일면을 발견하게 될 것이다. 이 두 가지 방향의 연구에 의해 해체 과정은 적어도 부분적으로는 해체의 본질에 논리적으로 모순되는 결과, 즉 '출생의 재현' 혹은 '재생'을 낳게 된다는 얼핏 보기에 역설적인 발견에 도달하게 된다.

이 분석을 완료하면 알게 되겠지만, 해체가 가져오는 질적 변화는 성장의 결과로 나타나는 질적 변화와는 상반되는 성질의 것이다. 앞서 본 바와 같이 성장의 과정에 있어서는 성장하는 문명들은 점차 서로 다른 형태로 분화하게 된다. 그러나 해체의 질적 결과는 성장의 경우와는 정반대로 표준화가 될 것이다.

이 표준화의 경향은 그것이 극복해야만 하는 다양성이 큰 만큼 한층 더 주목할 만한 현상이다. 쇠퇴한 문명들이 해체기에 들어설 때에는 그 성장기에 각자 획득한 매우 다양한 경향—예술적 경향이나 혹은 기계적 경향, 그 밖에 여러 가지 경향—을 그대로 가지고 있다. 더구나 이 문명들은 각각 그 쇠퇴기로 접어든 시기가 크게 다르기 때문에 한층 더 서로 달라지게 된다.

예를 들어 시리아 문명은, 미노스 문명 멸망 후의 공백기에 출현한 지 200년도 채 못 되는 기원전 937년경 솔로몬의 사후에 이미 쇠퇴하기 시작했는데, 같은 공백기에 출현한 그 자매문명인 헬라스 문명이 쇠퇴하기 시작한 것은 그로부터 500년이 더 지난 아테네와 펠로폰네소스 간의 전쟁에 이르러서였던 것이다. 또한 정교 그리스도교 문명은 로마와 불가리아 간의 대전이 일어난 기원후 977년에 쇠퇴하기 시작했는데, 그 자매문명이 되는 우리 서구 문명은 의심의 여지 없이 그후 수세기 동안 더 성장을 계속했으며, 아직도—적어도 우리가 알고 있는 한—쇠퇴기에 접어든 것 같지는 않다. 자매문명들도 이렇게 그 성장기의 기간이 다른 것으로 볼 때 문명의 성장이 지속되는 기간이 미리 획일적으로 정해져 있지 않다는 것은 더더욱 명백하다. 사실 우리는 어떤 문명이든 일단 성장단계에 들어선 후 무한히 성장을 계속해서는 안 된다는 중요한 이유를 발견하지 못했다. 이렇게 볼 때, 성장하고 있는 문명들 상호간의 차이가 넓고 깊다는 것은 명백하다. 그럼에도 불구하고 해체의 과정은 어느 경우에 있어서든 일정한 표준형을 따르는 경향이 있다는 사실이 앞으로 밝혀질 것이다. 즉 수평적 분열이 사회를 앞서 말한 세 부분으로 분열시키고, 이 세 부분은 각각 그 특유의 제도, 세계국가와 세계교회와 야만족 전투단체를 만들어내는 것이다.

문명의 해체에 관한 우리의 연구를 포괄적인 것으로 하기 위해서는, 이 세 제도 하나하나를 창조한 자에 대해서는 물론이고 그 자체에도 주목하지 않으면 안 된다. 그러나 제도 자체를 대상으로 하는 연구는 가능한 한 이 책의 다른 부분에서 별도로 취급하는 것이 편리할 것이다. 왜냐하면 이 세 제도는 해체 과정에서 생긴 산물 이상의 그 무엇으로서, 한 문명과 다른 문명의 관계에 있어서는 어떤 역할을 하기 때문이다.

2. 분열과 재생

독일계 유대인인 마르크스는 버림받은 종교적 전통의 '묵시록적(默示錄的)' 환상에서 빌려온 물감으로 프롤레타리아트의 분리와 그 결과 일어나는 계급투쟁의 무서운 정경을 묘사했다. 마르크스의 유물론적 '묵시록'이 수백만이라는 사람 마음에 큰 감명을 준 것은 부분적으로는 마르크스적 도식(圖式)의 그 정치적 전투성 때문이다. 즉 그 '청사진'은 일반적인 역사철학의 핵심이 되는 동시에 혁명적인 전투지령인 것이다. 이 마르크스적 계급투쟁의 발상과 유행을 우리 서구 사회가 이미 해체의 과정에 발을 내디딘 징조로 간주해야 할 것이냐 어떠냐 하는 문제는, 이 책의 후편에서 서구 문명의 장래를 생각할 때 취급하기로 한다.

지금 여기서 마르크스를 인용한 이유는 다른 데 있는데, 첫째는 그가 현대사회에 있어서 가장 유명한 계급투쟁의 대표적인 인물이기 때문이고, 둘째는 그의 공식이 폭력적인 클라이맥스를 지나면 부드러운 피날레의 환상을 드러낸다는 점에서 조로아스터교나 유대교 및 그리스도교의 전통적 '묵시록'의 패턴에 일치하기 때문이다.

이 공산주의 예언자가 멋대로 이용하는 귀신, 즉 사적 유물론이나 결정론의 작용에 관한 직관에 의하면 계급투쟁은 반드시 프롤레타리아트 혁명의 승리로 끝난다. 그러나 이 피비린내나는 투쟁이 그 절정에 달하면서 투쟁은 종결을 고한다. 왜냐하면 프롤레타리아트의 승리는 결정적이고 최종적이며, 그리고 혁명 후의 시기에 승리의 성과를 수확하기 위해 수립되는 '프롤레타리아트의 독재'는 항구적인 제도가 될 수 없기 때문이다. 탄생할 때부터 계급이 없는 새로운 사회가 충분히 성숙하고 강해지기에 이르면 독재체제를 없애는 때가 반드시 오게 된다. 실로 종국적이고 영구적인 행복의 절정에 있어서 마르크스의 천년왕국[3]이라는 새로운 사회는 프롤레타리아트의 독재뿐만 아니라 국가를 포함한 그 밖의 온갖 제도상의

---

3 《신약성서》 〈요한계시록〉에 그리스도의 재림 후 1천 년 동안 가장 행복한 시대가 온다는 말이 있다. 그 1천 년이 지난 뒤에 최후의 심판이 있다.

지배도 버릴 수 있게 된다는 것이다.

마르크스의 종말론이 우리의 당면한 연구에 있어 흥미를 끄는 것은, 이미 소멸된 종교적 신앙의 그림자가 정치적 분야에 아직 살아남아서 쇠퇴한 사회의 계급전쟁이나 수평적 분열이 역사적 사실로서 실제 밟아가는 역사적 과정을 정확히 묘사하고 있다는 뜻밖의 사실 때문이다. 역사는 전쟁을 통해 평화에 이르고, '양'을 통해 '음'에 이르고, 귀중한 것을 아주 난폭하고 잔인하게 파괴함으로써 새로운 것의 창조에 이르는 운동을 해체의 현상을 통해 우리에게 잘 보여주고 있는데, 그 새로 창조되는 것의 특질은 작열하는 불꽃 속에서 단련되는 것 같다.

분열 그 자체는 두 가지의 소극적인 운동의 산물이고, 이 운동은 어느 쪽이나 사악한 정념에 의해 고무된다. 첫째로 지배적 소수자가 이미 자격을 상실했는데도 그 특권적 지위를 억지로 유지하려고 한다. 그러면 프롤레타리아트가 부정에는 분노로, 공포에는 증오로, 폭력에는 폭력으로 보복한다. 그러나 이 운동 전체는 세계국가, 세계교회, 야만족 전투단체를 창조하는 적극적인 활동으로 끝난다.

이와 같이 사회적 분열은 단순한 분열로 끝나는 것은 아니며, 그 운동을 전체로서 파악할 때 우리는 그것을 '분열과 재생'으로 표현하지 않으면 안 된다는 것을 알게 된다. 그리고 분리는 명백히 인퇴의 한 특수 양상이기 때문에 '분열—재생'의 이중운동은 앞서 '인퇴와 복귀'라는 제목 밑에서 보다 일반적인 모습으로 고찰했던 현상의 일례로 간주할 수 있다. '인퇴와 복귀'의 이 새로운 변종은 앞서 조사한 예들과 얼핏 보기에 다른 것처럼 여겨지는 점이 하나 있다. 앞서 조사한 그 예들은 모두 창조적인 소수자나 창조적인 개인들의 업적이었다. 그런데 여기서 분리하는 프롤레타리아트는 지배적 소수자에 대립하는 다수자가 아닌가? 그러나 조금만 생각해 보면 곧 그 진상을 명확히 알 수 있는데, 이 분리는 과연 다수자가 하는 일이기는 하나, 세계교회의 수립이라는 창조적 행위는 다수자인 프롤레타리아트 중 소수의 창조적 개인 또는 창조적인 집단의 사업이다. 이 경우 비창조적인 다수자는 지배적 소수자와 창조적인 소수자를 제외한 나머지 프롤레타리아트로 구성된다.

그리고 앞서 본 바와 같이 성장기에 있어서도 이른바 창조적 소수자의 창조적 업적은 결코 그 소수자 전체의 사업이 아니라 항상 그 전체 안의 어느 한 집단의 사업이었다는 것을 명심해야 한다. 두 경우의 차이는 이렇다. 즉 성장기의 비창조적 다수자는 지도자의 노선을 미메시스에 의해 추종하는 다감한 대중으로 구성되고, 해체기의 비창조적 다수자는 일부 다감한 대중(창조적인 소수자를 제외한 프롤레타리아트)과 일부 완고하고 거만한 지배적 소수자로 구성되는데, 이때 완고하지 않고 거만하지 않은 소수의 예외적인 개인들은 별문제이다.

제18장 사회체의 분열

1. 지배적 소수자

가질의 일정한 고정성과 획일성이 지배적 소수자의 뚜렷한 특징이지만, 그 지배적 소수자 내부에서도 다양성의 요소가 없을 수는 없다. 지배적 소수자는 자멸을 되풀이하는 전열을 재정비하기 위해 끊임없이 새로운 요소를 보충하여 그 새로운 요소를 결국 그 자체의 불모의 집단정신에 동화시킴으로써 비생산적인 것으로 만드는 놀라운 재주를 발휘하기는 하나, 세계국가의 창조뿐 아니라 철학 학파의 창조라는 형태로 그 창조력을 계속 발휘한다. 따라서 지배적 소수자 중에는 자기들이 소속한 그 폐쇄적인 집단 특유의 유형과 전혀 다른 사람들이 상당수 있다.

지배적 소수자의 그 특유한 유형은 군국주의자 및 그 뒤를 따라다니는 그보다 더 야비한 착취자이다. 헬라스 사회의 역사에서 그런 유형의 예는 얼마든지 인용할 수 있다. 헬라스 사회 최대의 군국주의자는 알렉산드로스이고, 최악의 착취자는 베레스(로마의 정치가)인데, 베레스의 시칠리아에서의 악정은 키케로의 수많은 연설이나 인쇄물 속에 폭로되어 있다. 그러나 세계국가로서의 로마가 그처럼 장기간 존속할 수 있었던 것은 군국주의자와 착취자 뒤에 아우구스투스의 평정 이

후 수많은 무명의 군인과 문관들이 나타났기 때문이었는데, 이들은 그 빈사상태의 사회로 하여금 몇 세대나 더 '노년의 회춘'의 엷은 햇볕을 쬘 수 있게 함으로써 약탈을 일삼았던 그들 선배들의 무도한 행위를 부분적으로나마 보상했던 것이다.

또한 헬라스 사회의 지배적 소수자 중 로마의 관리만이 이타적인 역할을 한 것도 아니고, 또 그들이 맨 처음 그런 역할을 한 것도 아니다. 세베루스 시대에는 이미 스토아 학파의 철학자 마르쿠스 아우렐리우스 황제의 통치가 로마사의 기정사실이 되어 있었으며, 스토아 학파 법학자의 일파가 스토아적인 정신을 로마법 속에 구체화시키고 있었으므로, 그리스 철학이 로마의 늑대를 플라톤식의 번견(番犬)으로 변모시키는 기적을 이루어 놓았다는 것은 명백했다. 로마의 관리가 헬라스 사회의 지배적 소수자의 실제적 능력을 이타적인 데 활용한 대표적인 존재라면, 그리스 철학자는 그보다 더 한층 고상한 지적인 능력의 대표자였다.

생전에 로마 행정기구의 붕괴를 목격한 플로티노스에서 끝난 창조적인 그리스 철학자들의 황금의 고리는, 헬라스 문명이 쇠퇴한 시대에 이미 성인이 되어 있었던 소크라테스와 함께 시작된 것이었다. 쇠퇴의 비극적 결과를 본래대로 회복하거나, 설사 회복하지는 못하더라도 적어도 완화하는 것이 로마의 행정관리뿐만 아니라 그리스 철학자의 필생의 사업이었다. 철학자의 노력은 행정관리의 노력보다 더 가치있고 영속성이 있는 결과를 낳았는데, 그 이유는 철학자들은 행정관리들처럼 해체해 가는 사회의 생명의 물적 조직에 밀접하게 관계하고 있지 않았기 때문이다. 로마의 행정관리들은 헬라스 사회의 세계국가를 수립했지만, 철학자들은 아카데미 학파(플라톤 학파)와 소요학파(아리스토텔레스 학파), 스토아 학파와 정원학파(에피쿠로스 학파), 그리고 견유학파의 공로(公路)와 담장의 자유 및 신(新) 플라톤 학파가 이 세상에는 있을 수 없는 이상국 등에 의해 '영원한 재산'을 후세에 선사했다.

조사의 범위를 다른 쇠퇴한 문명의 역사로 넓혀도 역시 마찬가지로 군국주의자와 착취자의 잔인하고 비열한 발자취와 함께 고결한 이타적 정신의 경향을 만나볼 수 있다. 예컨대 한조(漢朝) 치하에서 중국 고대사회의 세계국가를 다스린 유학자들도 그들의 활동기간 후반에 세계의 반대쪽에서 같은 시대에 활동했던 로마의 관리와 동등한 도덕적 수준에서 공무를 집행하고 고매한 '집단정신'을 습득했다. 표트르 대제의 치세 이래 2세기 동안 러시아의 정교 그리스도교 사회의 세계 국가의 행정을 담당하여 그 무능과 부패로 말미암아 서구에서는 물론이고 러시아 본국에서도 웃음거리가 되었던 러시아 관리들도 흔히 상상하는 것처럼 그렇게 형편없었던 것은 아니어서, 모스크바 제국의 유업을 유지해 가는 동시에 그것을 서구식 근대국가로 개조하는 이중의 대과업을 수행했던 것이다. 정교 그리스도교 사회의 본체에서는 라이예를 압제함으로써 역시 웃음거리가 되었던 오스만 왕조의 노예세대도 끊임없는 내란으로 시달려 세계에 전후 두 번 지긋지긋한 무정부 시대의 중간에 평화의 한 시기를 부여한 오스만의 평화를 수립함으로써 정교 그리스도교 사회에 적어도 한 가지 두드러진 공헌을 한 제도로서 기억될 것이다.

극동 사회의 일본에서는 도쿠가와(德川) 장군제가 수립되기까지 400년 동안이나 약육강식의 상호약탈을 되풀이하여 사회를 괴롭혔던 봉건제후(다이묘 ; 大名)와 그 부하인 사무라이들도 봉건적 무정부상태를 봉건적 질서로 개조한 이에야스(家康)의 건설적인 사업에 협력함으로써 과거의 죄업을 보상했다. 그리고 그들은 일본 역사의 그 다음 시기가 시작되었을 때 거의 숭고하다고 할 만큼 높은 자기부정의 경지에 도달했다. 즉 그들은 일본도 이제는 서구화한 세계 밖에서 초연히 고립할 수 없게 된 그 세계 안에서 독립을 유지하려면 자기들의 희생이 요청되고 있다는 것을 확신하여 스스로 그 특권을 포기했던 것이다.

일본의 사무라이에게서 볼 수 있는 이 고결한 기질은 다른 두 문명의 지배적 소수자도 가지고 있던 미덕이었다. 즉 안데스 사회 세계국가의 잉카족과, 아케메네스 왕조의 대왕의 관리자로서 시리아 사회의 세계국가를 통치한 페르시아인 고관들의 미덕이 그것인데, 그 미덕은 그들의 적도 인정하고 있다. 남아메리카를 정복한 스페인은 잉카족의 갖가지 미덕을 증언하고 있다. 그리스인이 페르시아인의 풍모를 전하고 있는 것 가운데 페르시아의 소년교육에 대해 한 헤로도토스의 유명한 말 — "그들은 5세부터 20세까지의 소년에게 말타기, 활쏘기, 거짓말하지 않는 것의 세 가지를, 오직 이 세 가지만을 익히도록 교육한다." — 은, 성년이 된 후의 페르시아인의 태도를 묘사한 다른 이야기를 보면 그럴듯하다고 수긍하지 않을 수 없다. 헤로도토스의 이야기에, 바다를 항해하다가 풍랑을 만난 크세르크세스의 부하들이 배의 무게를 줄이고자 황제에게 절한 후 바닷속에 투신했다는 내용이 있다.

그러나 그리스인이 페르시아인의 미덕을 증언한 것 가운데서 가장 인상깊은 것은 알렉산드로스 대왕의 행동이다. 그는 페르시아인을 알고 난 다음부터 얼마나 그들을 존경하게 되었는가를, 하기 쉬운 말로써가 아니라 쉽지 않은 행동으로 표시했다. 그는 도저히 항거할 수 없는 큰 참변에 직면한 페르시아인이 취한 태도를 목격하고 그들의 진가를 알게 되자 곧 한 가지 결단을 내렸는데, 그것은 부하인 마케도니아인들을 격분시킬 수밖에 없을 뿐만 아니라 또 그가 부하들의 감정을 상하게 할 작정으로 그렇게 했더라면 틀림없이 그들의 감정을 상하게 했을 그런 결단이었다. 즉 그는 부하인 마케도니아인의 무용(武勇)에 의해 금방 페르시아에서 빼앗은 그 제국의 통치에 페르시아인을 협력자로서 참여시키기로 결정했던 것이다. 더구나 그는 이 정책을 철저하고 강력하게 추진했다. 그는 페르시아인 고관의 딸을 아내로 삼았고, 마케도니아 무장들에게도 회유하거나 위협함으로써 자기의 본을 따르게 했다. 그리고 휘하의 마케도니아 군대에 페르시아군을 편입시켰다. 선조 대대의 숙적의 우두머리로부터 이와 같이 파격적인 대우를 받을 수 있는—더구나 철저한 패배를 당한 직후에—민족이라면 그 민족은 '지배자의 자격이 있는 우수한 민족'의 전형적인 미덕을 갖추고 있었을 것이 분명하다.

이상으로 우리는 지배적 소수자도 훌륭한 통치 계층을 탄생시킬 능력이 있다는 증거를 그런대로 상당히 많이 열거한 셈인데, 그들이 창건한 세계국가의 수효가 많다는 것은 무엇보다도 그 능력의 뚜렷한 증거가 된다. 쇠퇴한 20개 문명 가운데서 적어도 15개는 사멸하기에 앞서 이 세계국가의 단계를 거쳤다. 헬라스 문명의 세계국가는 로마 제국이었고, 안데스 문명의 세계국가는 잉카 제국이었고, 중국 고대문명의 그것은 진·한 양조의 제국이었고, 미노스 문명의 그것은 '미노스 해양왕국'이었고, 수메르 문명의 그것은 수메르 및 아카드 제국이었다. 또 바빌로니아 문명의 세계국가는 네부카드네자르의 신바빌로니아 제국이었고, 마야 문명의 그것은 마야족의 구(舊)제국이었고, 이집트 문명의 그것은 제11왕조 및 제12왕조의 '중기제국'이었고, 시리아 문명의 그것은 아케메네스 제국이었고, 인도 문명의 그것은 마우리아 제국이었다. 또한 힌두 문명의 세계국가는 대(大)무굴 제국이었고, 러시아의 정교 그리스도교 문명의 그것은 모스크바 제국이었고, 정교 그리스도교의 문명 본체의 그것은 오스만 제국이었고, 극동 세계에 있어서의 중국 문명의 그것은 몽골 제국(元)이었고, 일본의 그것은 도쿠가와 막부였던 것이다.

　지배적 소수자가 공통적으로 가지고 있는 창조력은 이 정치적 능력만이 아니다. 우리는 앞서 헬라스 사회의 지배적 소수자가 로마의 행정조직뿐만 아니라 그리스 철학도 탄생시켰다는 것을 살펴보았는데, 지배적 소수자가 철학을 고안해 낸 예를 적어도 세 가지는 더 들 수 있다.

　이를테면 바빌로니아 사회의 역사에 있어서 바빌로니아와 아시리아 간의 백년 전쟁이 시작되었던 저 무서운 기원전 8세기는 또한 천문학적 지식이 급격한 진보를 이루었던 시기인 것 같다. 이 시대의 바빌로니아 사회의 과학자들은 태고 이래 낮과 밤이 교체하는 것과, 달이 차고 기우는 것과, 태양이 연주기(年週期)에 뚜렷하게 나타나 있는 주기적 반복의 리듬을 유성의 운동에서 보다 더 큰 규모로 인식할 수 있다는 것을 발견했다. 얼핏 정해진 코스가 없는 것처럼 생각되는 까닭에 전통적으로 '방랑자'라고 불리게 된 이 별들은 실은 '대년(大年)'이라고 부르는 우주적 주기 안에서 해와 달 및 궁창(穹蒼)의 '항성(恒星)들'과 마찬가지로 엄정한 규칙에 의해 움직인다는 것을 비로소 알게 되었던 것이다. 바빌로니아 사회의 이 위대한 발견은, 최근 서구의 과학적 발견과 마찬가지로 발견자들의 우주관에 큰 영향을 미쳤다.

　이와 같이 하여 별이 우주의 기지(旣知)의 모든 운동을 지배하고 있다고 생각된, 결코 깨어질 수 없고 절대 변할 수 없는 질서는 차츰 전체로서의 우주, 즉 물질계와 정신계, 무생물계와 생물계도 아울러 지배한다고 생각하게 되었다. 몇백 년 전에 일식이 있었거나 금성이 자오선을 통과한 시간을 정확히 알아맞힐 수 있고, 또한 먼 미래에 그런 현상이 일어날 시간도 정확히 예언할 수 있었다면, 인간 문제도 역시 이와 마찬가지로 엄격히 정해진 것, 정확히 계산할 수 있는 것으로 가정하는 것은 당연하지 않을까? 따라서 이 우주적 규율은 매우 완전한 조화 속에서 운동하는 우주의 모든 구성원들이 서로 '호흡이 맞는다' ―밀접한 관계를 맺고 있다― 는 것을 의미하는 것이기 때문에 새로 발견된 천체운동의 유형을 인간 운명의 수수께끼의 열쇠라고 생각하게 되고, 이 천문학상의 열쇠를 쥐고 있는 관찰자는 이웃 사람의 출생 일시만 알면 그 운명을 예측할 수 있다고 가정하는 것은 과연 부당한 일일까? 그것이 이치에 합당하든 그렇지 않든간에 실제로는 그런 생각이 아주 진지하게 성행했다. 그리하여 사람들의 이목을 끄는 과학상의 발견이 잘못된 결정론적 철학을 낳기에 이르고, 이 철학이 여러 사회의 상상력을 하나씩 둘씩 사로잡아 거의 2천 7백 년이나 지난 오늘날에 와서도 아직 그 철학의 영향이 완전히 사라지지 않고 있다.

우리가 이 바빌로니아의 결정론적 철학에 대해 상세히 기술한 것은, 그것이 헬라스 사회의 어떤 철학보다도 아직 유치한 단계를 벗어나지 못한 것 같은 현재의 데카르트 시대 서구 세계의 철학적 사색과 대단히 비슷하기 때문이다. 이에 반해 인도 사회와 중국 고대사회의 철학에는 헬라스 사회 철학의 거의 모든 학파에 대응하는 것이 있다. 해체기 인도 문명의 지배적 소수자는 마하비라의 문하들이 자이나교와 싯다르타 가우타마의 초대 제자들의 원시불교, 그리고 변모된 대승불교(대승불교와 그 원형으로 인정되고 있는 원시불교의 차이는 적어도 신플라톤 학파와 기원전 4세기의 소크라테스 철학의 차이만큼이나 크다) 및 불교 이후의 힌두교의 정신적 체제에 그 일부분이 되어 있는 여러 가지 불교철학을 낳았다. 해체기의 중국 고대 문명의 지배적 소수자는 공자의 도덕화한 의식주의(儀式主義) 및 의식화한 도덕론, 그리고 전설적인 천재 노자(老子)가 창시했다는 도교(道敎)라는 역설적인 철학을 낳았다.

2. 내적 프롤레타리아트

헬라스 사회의 원형
지배적 소수자로부터 프롤레타리아트로 시선을 옮겨 사실들을 면밀히 검토해 보면, 여기서도 해체해 가는 사회의 분열된 단편의 각 내부에 여러 가지 유형이 있다는 우리의 첫인상을 확고히 하게 될 것이다. 동시에 이 정신적 다양성의 범위 안에서 내적 프롤레타리아트와 외적 프롤레타리아트가 각각 양쪽 끝에 자리잡고 있다는 것도 알게 될 것이다. 외적 프롤레타리아트의 다양성의 폭은 지배적 소수자의 그것보다 좁지만, 내적 프롤레타리아트의 다양성의 폭은 지배적 소수자의 그것보다 훨씬 더 넓다. 우리는 먼저 다양성이 큰 쪽부터 조사해 보기로 하자.

헬라스 사회의 내적 프롤레타리아트의 발생을 그 맹아기(萌芽期)의 시초부터 추구하고자 한다면 투키디데스의 다음 일절을 인용하는 것보다 더 좋은 방법은 없다. 헬라스 사회 쇠퇴기의 이 역사가는 코르키라 섬에 처음 나타난 쇠퇴의 결과로 생긴 사회적 분열의 초기의 양상을 다음과 같이 묘사하고 있다.

코르키라의 계급전쟁은, 그것이 발전됨에 따라 그와 같이 참혹한 것이 되었다. 그것은 이런 종류의 투쟁으로는 최초의 것이었던 만큼 더욱 깊은 인상을 주었다. ─결국 나중에는 이 계급전쟁이 헬라스 세계의 거의 전역에 확산되었지만, 어느 나라에서나 프롤레타리아트의 지도자들과 반동가들은 다투어 제각기 아테네와 라케다이몬(스파르타)인들을 전쟁에 개입시키려고 했다. 평화시라면 외국인을 불러들일 기회도 없고 또 그럴 생각도 없었을 텐데, 아무튼 지금은 전시였으므로 양편 다 혁명적 정신의 소유자가 외국과 동맹을 맺어 정적의 세력을 꺾고 자파의 세력의 강화를 꾀하기는 쉬운 일이었다.

계급전쟁의 영향은 헬라스의 여러 나라에 잇따라 재난을 초래했다. ─이런 재난은 변화하는 정세에 따라 격화되기도 하고 혹은 약화되거나 완화되기도 하겠지만, 인간의 본성이 그대로 있는 한 반드시 발생하는 것이고 또 계속 발생할 것이다. 평화시의 좋은 조건 밑에서는 위급한 사태에 몰리는 일이 없으므로, 국가나 개인이나 온건하고 분별있는 태도를 보인다. 그러나 전쟁은 정상생활의 여지를 자꾸 잠식하여 그 야만스러운 훈련에 의해 대부분 인간의 기질을 새로운 환경에 적합하도록 변형시킨다. 이렇게 하여 헬라스의 여러 나라에는 계급전쟁이 만연하기에 이르러, 계급전쟁이 꼬리를 물고 일어날 때마다 다음 계급

전쟁에 가일층의 영향을 미치게 되었던 것이다.[4]

이런 사태의 최초의 사회적 결과는 다수의 '나라 없는' 망명객이라는, 의지할 데 없이 떠도는 사람을 더욱더 증가시킨 것이었다. 헬라스 사회의 성장기에는 그런 사태는 거의 일어나지 않았으므로 그런 일은 무서운 이변으로 생각되었다. 이런 재화는 각 도시국가의 지배적 당파를 설득하여 국외로 추방된 정적들을 무사히 귀국시키게 하려는 알렉산드로스의 너그러운 노력으로도 극복될 수 없었다. 그리고 불은 새 연료를 만들어내면서 더 크게 번져 나갔다. 다시 말해 망명객들이 얻을 수 있었던 유일한 직업은 용병이 되는 것이었는데, 그들이 용병이 되어 병사의 수가 많아지면 그것은 새로운 전쟁을 유발하는 원인이 되었고, 이 새로운 전쟁은 새로운 망명객을 낳게 되고, 따라서 용병의 수가 더욱더 늘어나게 되었던 것이다.

헬라스에서 전쟁이라는 마물(魔物)이 그 주민을 유민화(流民化)한 직접적인 결과는 도덕적 황폐였는데, 이 도덕적 황폐는 전쟁으로 일어난 경제의 파괴적인 힘의 작용에 의해 더 강화되었다. 이를테면 알렉산드로스와 그의 후계자들이 서남아시아에서 행한 전쟁은 많은 그리스인 실향민에게 군인이라는 직업을 제공한 대신 또 다른 다수의 그리스인을 유민화했다. 왜냐하면 용병의 급료는 지난 200년 동안 아케메네스 제국의 국고에 축적되었던 금·은으로 지불되었는데, 그 금·은이 유통되면서 통화량이 급격히 증대해 농민과 장인(匠人)들 사이에 대공황이 초래되자 물가가 앙등하고 금융상의 변혁이 발생함으로써 종래 비교적 안정된 생활을 즐겼던 사회체의 한 계급이 빈민으로 전락했기 때문이다.

그로부터 100년 후에 또다시 한니발 전쟁의 경제적 결과에 의해 많은 빈민이 발생했다. 즉 많은 이탈리아 농민이 처음에는 한니발군에 의한 직접적인 황폐 때문에, 다음에는 로마의 병역 복무 기간이 장기화함에 따라 이탈리아의 토지에서 쫓겨났다. 이런 재난을 당해 빈민화한 이탈리아 농민의 자손들은 할 수 없이 고향의 농토를 떠나서, 자기들의 선조들에게는 '부역'으로나 부과되었던 군무에 종사

---

4 Thucydides, 제3권 82장.

하게 되었다. 그들로서는 그 이외에 달리 생활 방도를 얻을 수가 없었던 것이다.

이 비참한 '부랑화(浮浪化)' 과정을 통해 헬라스 사회의 내적 프롤레타리아트가 발생했음은 분명한 사실이다. ― 이 과정의 희생자 중에 적어도 초기에는 귀족이었던 자들이 간혹 섞여 있었던 사실에도 불구하고 그렇다고 확신한다. 왜냐하면 프롤레타리아트라는 것은 외면적인 환경의 문제라기보다는 일종의 감정의 상태이기 때문이다. 맨 처음 '프롤레타리아트' 란 말을 사용했을 때 우리는 우리의 목적에 알맞도록 그 말을 어느 주어진 사회의 역사, 어느 주어진 시기에, 어떤 의미에서는 그 사회 '안' 에 있기는 하지만 그 사회에 '속해 있지' 않은 사회적 계층이나 집단이라고 정의했었다. 이 정의에 의하면 프톨레마이오스나 마리우스와 같은 장군들의 깃발 아래 용병이 된 가장 신분이 낮은 실업노동자들은 물론이고, 망명한 스파르타인 클레아르쿠스와 그 밖에 귀족 출신 소(小) 키루스의 그리스 용병 대장들(크세노폰은 그들의 신상을 후세에 전해 주고 있다)까지도 여기에 포함된다. 프롤레타리아트의 진정한 징표는 빈곤도 아니고 출신의 비천도 아닌, 선조 전래의 사회적 지위의 상속권을 박탈당했다는 의식 및 이 의식에서 생기는 원한이다.

이와 같이 헬라스 사회의 내적 프롤레타리아트에는 처음에는 해체기의 헬라스 사회의 여러 나라의 자유시민 출신과 귀족 출신이 가담했다. 이 최초의 구성원은 무엇보다도 먼저 정신적 생득권(生得權) 을 빼앗겼다는 의미에서 상속권을 잃어버린 사람들이었다. 그러나 말할 나위도 없이 그들의 정신적 빈곤화는 흔히 동시에 물질적인 빈민화를 수반했는데, 거의 대부분의 경우 물질적 빈곤이 정신적 빈곤화의 뒤를 따랐다. 그리고 얼마 안 되어 곧 정신적으로나 물질적으로나 당초부터 프롤레타리아트였던 다른 계급 출신들이 그 무리에 합세했다. 헬라스 사회의 내적 프롤레타리아트의 수효는 시리아 사회와 이집트 사회 및 바빌로니아 사회를 모두 헬라스 사회의 지배적 소수자의 그물 안에 끌어넣은 마케도니아의 정복전(征服戰) 에 의해 굉장히 증가하게 되었다. 한편 그후에도 로마의 정복에 의해 유럽과 북부 아프리카 야만족의 절반이 헬라스 사회의 내적 프롤레타리아트에 포섭되었다.

헬라스 사회의 내적 프롤레타리아트에 본의 아니게 편입된 이 외국인들은 처음에는 헬라스 태생의 동료 프롤레타리아트들보다 그래도 운이 좋다고 생각되는 점이 한 가지 있었다. 그들은 정신적으로는 상속권을 잃고 물질적으로는 약탈당했지만, 아직 신체적으로 고향에서 추방되지는 않았다. 그런데 정복자의 뒤를 따라 노예매매가 진행됨에 따라 기원전의 마지막 200년 동안에는 지중해 연안 일대의 모든 주민은—서구의 야만족도, 문명화한 오리엔트인도—이탈리아 노예시장의 한없는 수요를 충당하기 위해 강제로 징발되어 갔던 것이다.

이들 부당한 희생자가 그 운명에 대해 어떻게 반응했는가를 살펴보면, 으레 예상할 수 있는 일이지만, 그 반응의 하나가 그들의 압제자나 착취자들의 잔학행위에 못지않은 광포한 야만행위의 폭발이었다는 것을 알게 된다. 필사적인 프롤레타리아트의 폭동의 수라장에는 언제나 똑같은 격노의 선율이 흐르고 있다. 우리는 이 선율을 이집트 사회의 프톨레마이오스의 착취제도에 항거한 일련의 반란에서도, 기원전 166년 유다스 마카바이오스(유대의 애국자)의 봉기로부터 기원후 132~135년 바르코카바가 지휘한 최후의 결사대에 이르기까지 셀레우코스 왕조 및 로마 제국의 헬라스화 정책에 항거한 유대인의 일련의 반란에서도, 또 소아시아 서부의 반(半)헬라스화한, 문명의 수준이 높았던 토착민으로 하여금 두 번이나—기원전 132년에는 아탈로스 왕가의 아리스토니쿠스의 영도하에, 또 기원전 88년에는 폰토스의 왕 미트리다테스의 영도하에—반란을 일으키게 하여 로마의 보복을 받게 만든 무모한 격분에서도 들을 수 있다. 또 시칠리아 섬과 남부 이탈리아에서도 일련의 노예반란이 일어났는데, 이것은 기원전 73년에서 71년까지 이탈리아 반도의 남북을 누비면서 로마의 이리 떼의 본거지로 달려들었던 드라키아 출신의 도망노예 검투사 스파르타쿠스의 필사적인 저항에서 그 절정에 달했다.

그러나 자살적인 폭력만이 헬라스 사회의 내적 프롤레타리아트가 행한 유일한 응전은 아니었으며, 그 밖에 그리스도교에서 그 최고의 표현이 발견되는 전혀 다른 종류의 응전이 있었다. 이 온유한, 아니면 비폭력적인 응전도 폭력적인 응전과 마찬가지로 명백한 분리의사의 표현이었다. 헬라스 세계의 오리엔트계(系) 내적 프롤레타리아트의 역사에 있어서 기원전 2세기 이래 폭력과 온유가 서로 인간정신을 지배하려고 싸우다, 결국 폭력은 자멸하고 온유만이 싸움터에 남았던 것이다.

폭력이냐 비폭력이냐 하는 것은 당초부터 문제가 되었다. 기원전 167년 최초의 순교자들이 취했던 온유한 태도는 얼마 후 곧 성급한 유다에 의해 버려졌다. 그리고 이 프롤레타리아트의 '무장한 강자(強者)'의 즉각적인 물적 성공은 ─ 실은 외양만의 일시적인 성공이었음에도 불구하고 ─ 후세 사람들을 현혹시켜서, 예수의 가장 가까운 제자들까지도 그들의 스승이 자신의 운명을 예언했을 때 매우 당황했고, 그 예언이 실현되었을 때에는 크게 낙담했다. 그러나 십자가의 책형 후 수개월 있다가 가말리엘(국민 전체로부터 존경받은 율법학자)은 이미 처형된 지도자의 제자들이 기적적으로 재기한 것을 보고 그들이야말로 신과 함께하는 자들일지 모른다고 말했다. 그후 수년 후에는 가말리엘 자신의 제자 바울이 십자가에 못박힌 그리스도를 전파하게 되었던 것이다.

이 초대 그리스도교도의 폭력에서 온유한 방법으로의 전향은 그들의 물질적 소망이 철저히 분쇄되고 난 후에야 비로소 얻어질 수 있었다. 십자가의 책형에 의해 예수의 제자들에게 일어났던 것과 같은 변화는 기원후 70년에 예루살렘의 파괴로 말미암아 유대교의 전통을 지키는 유대인에게도 일어났다. 그리하여 '하느님의 나라는 이제 곧 실현되려는 어떤 외면적 사태라는 생각'을 인정하지 않는 새로운 유대교의 일파가 생기게 되었다. 〈다니엘〉만 제외하고는, 이제 유대인의 폭력주의가 문학적으로 표현되어 있는 '묵시록적' 문서는 율법과 예언서로 된 유대교의 정전(正典)에서 모두 제거되었다. 오히려 반대로 인간의 힘에 의해 신의 뜻을 이 세상에 속히 성취시키려는 온갖 노력을 피한다는 원리가 이 유대교의 정통 속에 뿌리 내리게 되어, 오늘날에도 이 엄격한 정통을 지키는 아구다드 이스라엘은 유대 민족주의 운동을 백안시하고, 20세기의 팔레스타인이 유대민족의 '민족국가'를 건설하는 사업에 전혀 참가하지 않으려고 할 정도이다.

이 정통파 유대교도의 심적 변화가 유대민족을 오늘날까지 화석의 형태로나마 존속할 수 있게 했다면, 예수의 제자들 마음속에 일어났던 유사한 변화야말로 그리스도교 교회에 대해 보다 더 위대한 승리로의 길을 열어주었다. 그리스도교 교회는 박해의 도전에 대해 엘레아제르와 '7형제' 같이 온유한 방법으로 응전했기 때문에, 그 대가로 헬라스 사회의 지배적 소수자를 개종시키고, 다시 후에는 외적 프롤레타리아트의 야만적 전투단체들을 개종시킬 수 있었던 것이다.

그리스도교가 성장해 가던 처음 수백년간에 있어서 그 직접적인 적대자는 헬라스 사회의 원시 부족종교의 가장 새로운 형태였는데, 그것은 신성한 황제의 인격에 집중되어 있는 헬라스 사회의 세계국가에 대한 우상숭배였다. 교회가 잇달아 관리의 박해를 받게 된 것도, 그리고 나중에는 로마 제국 정부가 도저히 누를 수 없었던 그 정신적 힘에 드디어 굴복하지 않을 수 없었던 것도, 신도들로 하여금 그저 형식적이고 기계적인 모양으로라도 이 우상숭배를 하지 못하도록 한, 그 온유하지만 단호한 교회의 태도 때문이었던 것이다.

그리고 이 로마 제국의 원시적인 국가종교는 정부의 권력의 전부를 기울여서 유지하고 강제했음에도 불구하고 사람들의 마음을 별로 사로잡지 못했다. 로마의 관리가 그리스도교도에게 명한 이 국가종교의 내용은 일정한 의식을 거행함으로써 관습적인 경의를 표하는 것이 전부였다. 비그리스도교도가 보기에는 그 국가종교는 관습 이상의 아무것도 아니었기 때문에, 그들은 국가에서 요구하는 바를 당연한 것으로서 실행했고, 그리스도교도들이 생명을 희생하면서까지 아무것도 아닌 관습에 따르기를 거부하는 이유를 이해할 수 없었다. 그리스도교의 경쟁 상대가 될 만큼 그 자체의 힘이 강한—정치적 강제의 뒷받침을 필요로 하지 않고 그 자체의 힘만으로 인심을 끌 수 있을 만큼—종교들은 이 국가종교도 아니었고 다른 어떤 형태의 원시종교도 아닌, 그리스도교와 마찬가지로 헬라스 사회의 내적 프롤레타리아트 속에서 탄생한 몇몇 '고등종교들'이었다.

우리는 헬라스 사회에 내적 프롤레타리아트의 일부로 포섭된 오리엔트인의 그 여러 출신지를 상기함으로써 그리스도교의 경쟁 상대가 된 '고등종교들'을 생각해 볼 수 있다. 그리스도교는 시리아 사회에 속한 사람들을 조상으로 하는 민족으로부터 전래한 것이다. 시리아 세계의 반을 차지하고 있었던 이란 지방은 미드라교의 발생에 기여했다. 이시스 숭배는 이집트 세계의 헬라스 문명에 정복된 북반부에서 온 것이었다. 아나톨리아의 대모신(大母神) 퀴벨레의 숭배는, 이때는 종교적 활동 이외의 온갖 사회적 활동의 면에서 사멸한 지 이미 오래된 히타이트 사회에서 발생한 것으로 생각된다. 그렇긴 하지만 이 대모신의 궁극적 기원을 찾아올라가 보면, 아나톨리아의 페시누스에서는 퀴벨레 신으로, 히에라폴리스에서는 시리아 여신으로, 또 멀리 북해나 발틱 해의 거룩한 섬의 숲속에서 투우족의 언어를 말하는 사람들에게서는 지모신(地母神)으로 숭배되기 훨씬 전 원래 수메르 세계에서 이슈타르라는 이름으로 불리던 여신임을 알게 된다.

미노스 문명에는 없고 히타이트 문명에는 있는 흔적

다른 해체기 사회들에서 내적 프롤레타리아트의 역사를 찾아보면, 어떤 사회에는 약간의 증거밖에 없거나 또는 전혀 증거가 없는 경우가 있다는 것을 시인하지 않을 수 없다. 예컨대 마야 사회의 내적 프롤레타리아트에 관해서는 아무것도 알려지지 않고 있다. 미노스 사회의 경우에는 앞서 말한 바와 같이 미노스 사회의 세계교회라고 불러도 좋을 듯싶은 몇 가지 흔적이, 기원전 6세기 이래 헬라스 사회의 역사에 모습을 나타냈던 오르페우스 교단의 각종 잡다한 요소 속에 남아 있었을 것으로 추측되는 희미한 가능성이 보이는 것 같다. 그러나 애석하게도 오르페우스교의 의식과 신앙에는 미노스의 종교에서 유래했다고 확언할 수 있는 것은 하나도 없다. 이례적으로 수명이 짧았던 히타이트 문명의 내적 프롤레타리아트에 관해서도 거의 아무것도 알 길이 없다. 다만 우리가 말할 수 있는 것은, 히타이트 사회의 잔해의 일부는 헬라스 사회 속에, 또 다른 일부는 시리아 사회 속에 서서히 흡수되어 갔다는 것, 따라서 우리는 히타이트 사회체의 흔적을 찾아보려면 이 두 다른 사회의 역사를 조사하지 않으면 안 된다는 것뿐이다.

히타이트 사회는 해체의 과정이 아직 완료되기 전에 이웃 사회에 병탄된 몇몇 해체기 사회 중 하나이다. 이런 사회에 있어서는 그 지배적 소수자에게 닥치는 비운을 내적 프롤레타리아트는 어떤 때는 무관심한 태도로, 어떤 때는 만족의 미소로 방관하는 것이 상례이다. 이 사실을 확실히 보여주는 사례는, 스페인의 남미 정복자들이 갑자기 침입했을 때 안데스 사회 세계국가의 내적 프롤레타리아트들이 보인 태도이다. 그 사회의 귀족계급은 아마 어떤 해체기의 사회에서도 찾아볼 수 없는 가장 인정 많은 지배적 소수자였는데, 그들의 인정도 재난의 날에는 아무 소용이 없었다. 그들이 정성들여 길러온 민중은 앞서 '잉카의 평화'를 받아들였을 때와 똑같이 아무런 반응도 표하지 않고 순순히 스페인의 정복을 받아들였던 것이다.

우리는 또 지배적 소수자의 정복자를 열렬히 환영한 내적 프롤레타리아트의 예들을 지적할 수 있다. 유대인을 포수(捕囚)했던 신바빌로니아 제국을 정복한 페르시아인에 대해 '제2의 이사야'[5]가 부르짖은 말 가운데 이 환영의 기분이 표현되어 있다. 그후 200년 뒤에는 바빌로니아인들이 아케메네스 제국의 속박에서부터 자기들을 해방시킨 자로서 헬라스 사회의 알렉산드로스를 환영했다.

일본의 내적 프롤레타리아트

일본의 내적 프롤레타리아트의 분리를 나타내는 몇 가지 분명한 증거는, 일본이 서구 사회에 병탄되기 이전에 혼란기를 거쳐 세계국가의 단계로 들어갔을 때의 그 극동 사회의 역사에서 발견할 수 있다. 예컨대 기원전 431년에 시작된 일련의 전쟁과 혁명으로 말미암아 고향에서 쫓겨나 용병과 같은 비참한 길을 걷게 된 헬라스 사회 도시국가의 시민에 해당하는 예를 일본에서 찾아본다면, 봉건적 무정부상태로 말미암아 일본의 혼란기에 발생하게 된 '낭인(浪人)', 즉 주군(主君) 없는 실업 무사야말로 바로 그에 해당하는 것이리라. 오늘날도 일본 사회 속에 사회로부터 추방된 자로서 아직 남아 있는 에타라고 하는 천민은, 유럽과 북부 아프리카의 야만족이 로마의 무력에 의해 강제로 헬라스 사회의 내적 프롤레타리아트에 편입된 것과 마찬가지로 일본의 내적 프롤레타리아트에 강제로 편입되어 아직도 동화되지 않고 있는 혼슈(本州)의 아이누 야만족의 잔존자라고 볼 수 있을 것이다. 세 번째로 헬라스 사회의 내적 프롤레타리아트가 참고 견딜 수밖에 없었던 고난에 대한 가장 효과적인 응전을 찾고 찾다가 드디어 발견했던 그 '고등종교'에 해당하는 종교를 일본에서도 찾아볼 수 있다.

정토종(淨土宗)·정토진종(淨土眞宗)·법화종(法華宗)·선종(禪宗) 등이 그것

5 《구약성서》〈이사야〉의 후반부 40~55장은 그 전반부와는 전혀 다른 내용과 문제로 기록되어 있으므로 바빌로니아 유수시대 이전의 예언자인 이사야의 작품이 아니라는 것이 밝혀졌다. 그래서 이 후반부의 무명의 예언자를 제2의 이사야라고 부르기로 한다.

인데, 이것들은 모두 1175년 이후 약 100년 동안에 창시된 것이다. 이 종교들은 모두 대승불교의 변형으로서 외래의 종교라는 점에 있어 헬라스의 고등종교들과 비슷하다. 이 가운데서 셋은 남녀의 영적 평등을 가르치는 점에 있어서 그리스도교와 비슷하다. 이 종교의 교도들은 소박한 민중에게 가르치기 위해 글을 쓸 때는 한문을 버리고 비교적 쉬운 문자로 일본의 속어를 썼다. 종교의 개조로서의 그들의 주요한 결점은 중생을 가능한 한 많이 구원하려고 염원한 나머지 그들의 요구 정도를 너무 낮게 잡았다는 것이다. 어떤 사람은 그저 염불만 외우면 된다고 가르쳤고, 또 어떤 사람은 문도(門徒)들에게 도덕적 요구를 별로 하지 않거나 전혀 하지 않았다.

그러나 그리스도교의 경우에도 그 근본 교리가 되어 있는 속죄(贖罪)가 여러 시대의 온갖 경우에 자칭 그리스도교 지도자에게 오용되기도 하고 오해되기도 하여, 그들도 이상에 의해 비난의 하나 혹은 양쪽을 다 받아야 한다는 것을 기억해야 한다. 예컨대 루터는 당시 로마 교회가 행하고 있던 면죄부(免罪符)의 판매를 종교적 형식이라는 탈을 쓰고 그리스도교도의 회개를 대신하려는 상업적 거래라고 공격했던 것인데, 그와 동시에 루터는 바울의 "믿음으로 말미암아 의롭다 함을 입는다"는 가르침에 대한 그의 독특한 해석과 "두려워하지 말고 범죄하라"는 그의 가르침에 의해 도덕을 중시하지 않았다는 비난을 받게 되었던 것이다.

외래인의 세계국가 밑에 있는 내적 프롤레타리아트

일군의 해체기 문명의 경우에는 그 고유의 지배적 소수자가 절멸하거나 정복된 후에도 표면적인 사건의 추이는 여전히 정상적인 코스를 계속하는 기묘한 정경을 보여주고 있다. 세 사회 — 힌두 사회와 중국의 극동 사회 및 극동 지방의 정교 그리스도교 사회 — 는 쇠퇴에서 멸망에 이르는 도중에 순조롭게 세계국가의 단계를 거치기는 했으나, 모두 그 세계국가를 제 힘으로 건설하지 못하고 다른 사회에 속한 자로부터 부여받은 것이었다. 정교 그리스도교 사회의 본체에 오스만 제국이라는 세계국가를, 힌두 세계에 티무르(무굴) 제국이라는 세계국가를 제공한 것은 이란 사회에 소속한 자였으며, 그후 이 값싼 무굴 제국을 근본적으로 재건한 것은 영국인이었다. 중국에서 오스만이나 무굴의 역할을 한 자는 몽골족이었고, 영국인이 인도에서 행한 것과 같이 보다 더 견고한 기초 위에 재건하는 일은 만주족에 의해 수행되었다.

이와 같이 해체기의 사회가 어떤 외래의 건설자로부터 그 세계국가를 제공받아야 한다는 것은, 그 사회 고유의 지배적 소수자가 전적으로 무능해진 나머지 창조력을 잃었음을 입증하는 것이다. 그리고 이렇게 일찍 노화한 데 대한 피할 수 없는 벌은 굴욕적인 권리 상실이었다. 지배적 소수자의 임무를 수행하겠다고 찾아오는 외국인은 지극히 당연하게도 고유한 지배적 소수자의 특권을 빼앗는다. 그리하여 외국인이 건설한 세계국가에서는 그 사회 고유의 지배적 소수자는 모두 내적 프롤레타리아트와 똑같은 지위로 전락하게 된다. 몽골인이나 만주인의 카칸(可汗), 오스만족의 파디샤, 무굴인이나 영국인의 인도 황제가 편의상 중국인 유학자라든가 그리스인 파나리오트라든가 혹은 힌두교도의 브라만 계급을 각각 관리로 채용하는 일이 있을는지 모른다. 그렇다고 하여 그것으로써 이 외래 권력의 대행자들이 그 본래의 지위는 물론이고 그 고유한 정신까지도 상실했다는 것을 은폐할 수는 없다. 이와 같이 종전의 지배적 소수자가 전에 거만하게 경멸했던 내적 프롤레타리아트와 같은 비천한 신분으로 전락하게 되는 경우에는 해체의 과정이 정상적 방향으로 진행하고 있지 않다는 것은 분명하다.

오늘날 힌두 사회의 내적 프롤레타리아트에 있어서 뱅골의 투쟁적인 혁명가 일파에 의해 감행되고 있는 암살과, 마하트마 간디에 의해 설파되는 비폭력주의의 대조에서 우리는 폭력과 온건이라는 프롤레타리아트의 이중의 반응을 식별할 수 있다. 그리고 역시 이 상반되는 두 경향이 대표하는 몇몇 종교운동이 존재하는 것을 보고 우리는 프롤레타리아트의 활동이 이미 오래 전부터 시작되었음을 추측할 수 있다. 즉 우리는 힌두교와 이슬람교의 전투적인 프롤레타리아트적 절충 형태를 시크교에서 찾아볼 수 있고, 힌두교와 자유주의적인 신교 그리스도교와의 비폭력적인 절충 형태를 브라흐마 사마지 교단에서 찾아볼 수 있다.

만주족의 지배하에 있던 중국의 극동 사회의 내적 프롤레타리아트에 있어서는 19세기 중엽의 사회적 무대를 좌우했던 태평천국운동에서, 우리는 신교 그리스도교의 영향을 받은 점에 있어서는 브라흐마 사마지 교단과 비슷하고 그 전투적인 점에 있어서는 시크교와 비슷한 내적 프롤레타리아트의 활동을 만나볼 수 있다.

정교 그리스도교 사회 본체의 내적 프롤레타리아트에 있어서 프롤레타리아트의 폭력적 반응의 단편이 엿보이는 것은 14세기의 50년대에 살로니카에서 일어난 '열광파'적인 혁명에서인데, 이 혁명은 정교 그리스도교 사회 혼란기의 가장 암울했던 시기, 즉 정교 그리스도교 사회가 오스만의 철저한 강제에 의해 세계국가로 흡수되기 직전에 일어났다. 이에 대응하는 온건의 반응은 별로 큰 진전을 보이지 않았지만, 만일 18세기와 19세기 전환기에 있어서 오스만 제국의 붕괴의 뒤를 이어 곧 서구화의 과정이 없었더라면 아마 지금쯤은 베크타시[6] 운동이 오늘날 알바니아에서 획득하고 있는 것과 같은 지위를 근동 전역에서 획득할 수 있었을지도 모른다.

바빌로니아 및 시리아 사회의 내적 프롤레타리아트

다음으로 바빌로니아 세계를 조사해 보면, 기원전 8세기와 7세기 아시리아의 공포정치하의 서남아시아에서도 그후 약 600년 뒤 로마의 공포정치하에 놓이게 되었던 헬레니즘화한 지중해 연안지역에서와 마찬가지로 심각한 고뇌를 경험했던 내적 프롤레타리아트의 영혼 속에서 종교적 체험과 종교적 발견의 기운이 왕성했다는 것을 볼 수 있다.

마치 해체기의 헬라스 사회가 마케도니아인과 로마인의 정복에 의해 팽창한 것처럼, 해체기의 바빌로니아 사회는 아시리아의 무력에 의해 지리적으로 두 방향으로 팽창했다. 아시리아인은 후에 로마인이 아펜니노 산맥을 넘어 많은 원시사회를 정복함으로써 유럽을 평정한 것보다 한발 앞서 동쪽으로는 자그로스 산맥을 넘어 이란에 들어가서 많은 원시사회를 복속시켰고, 서쪽으로는 유프라테스 강을 건너서 후에 마케도니아인이 다르다넬스 해협의 아시아측 여러 지역을 평정한 것보다 한발 앞서 두 이방문명(異邦文明)을 복속시켰다. 그리고 이 두 이방문명, 즉 시리아

---

6 이슬람교의 일파로서 탁발을 주로 한다.

사회와 이집트 사회야말로 후일 알렉산드로스의 원정 결과 헬라스 사회의 내적 프롤레타리아트에 편입된 네 개 문명에 속하는 것이었다. 또 바빌로니아 사회의 군국주의에 희생된 이 이방문명 소속자들은 정복됨과 동시에 고국에서 쫓겨났다.

피정복 민족이 추방된 그 전형적인 예는 이스라엘 민족의 '잃어버린 10지파'가 아시리아의 전쟁왕 사르곤에 의해, 또 유대인이 신바빌로니아 제국의 전쟁왕 네부카드네자르에 의해 각각 바빌로니아 세계의 중심부인 바빌로니아로 옮겨진 사건이다.

주민의 강제적 교환은 피정복 민족의 기력을 꺾기 위해 채용한 바빌로니아 제국주의의 가장 주요한 방책이었다. 그리고 이 잔학행위는 결코 외국인과 야만족에게만 가해진 것이 아니었다. 그 골육상잔에 있어서 바빌로니아 세계의 지배세력은 거리낌없이 서로 정적을 멀리 유배보내는 일을 저질렀다. 사마리아인의 사회—불과 수백 명밖에 안 되지만 그 후손들은 아직 게리짐 산기슭에 살고 있다—는 아시리아인이 피추방민을 바빌론 시를 비롯한 바빌로니아의 몇몇 도시에서 시리아로 이주시킨 사건의 기념이다.

바빌로니아 사회의 내적 프롤레타리아트가 출현한 것은 '아시리아의 분노'가 아직 진정되기 전이었는데, 그것은 그 기원과 성분과 경험에 있어서 헬라스 사회의 내적 프롤레타리아트와 아주 흡사하여, 이 두 그루의 나무는 그 열매까지도 비슷한 모양을 하고 있었다. 시리아 사회가 후에 헬라스 사회의 내적 프롤레타리아트에 편입되었을 때 유대교로부터 그리스도교의 탄생이라는 열매를 보게 되었는데, 그보다 앞서 그와 같은 시리아 사회가 바빌로니아 사회의 내적 프롤레타리아트에 편입되었을 때에는 시리아 사회의 분화에서 성립한 지방사회의 한 원시종교로부터 유대교 자체가 탄생하는 열매를 보았던 것이다.

유대교와 그리스도교는 단순히 두 다른 사회의 역사와 비슷한 단계의 산물이라고 보는 한, 양자는 '철학적으로 동시대적이고 등가적(等價的)인 것'으로 간주되겠지만, 다른 각도에서 보면 양자는 동일한 정신적 각성 과정의 전후에 일어난 다른 두 단계라는 것을 분명히 알게 된다. 이 후자의 견해에 의하면 그리스도교와 유대교는 둘 다 이스라엘의 원시종교보다 훨씬 뛰어난 것이지만, 그리스도교는 유대교와 어깨를 나란히 하고 있는 것이 아니라 그 어깨 위에 우뚝 서 있는 존재인 것이다. 그리고 또 기원전 8세기와 그 이후의 이스라엘 및 유대 예언자들의 각성이 그리스도교와 원시적 야훼 신 숭배 사이에 연대적·정신적 거리의 중간에 개재하되 오늘날 우리가 그 기록과 암시를 갖고 있는 유일한 중간단계는 아니다.

성서는 예언자 이전에, 그리고 그들보다 낮은 단계의 시기에 모세라는 인물이 있었고, 그전에는 아브라함이라는 인물이 있었다는 것을 전해 주고 있다. 이 확실치 않은 희미한 인물들의 역사적 확실성에 대해 어떤 견해를 취하든 성서의 전승(傳承)이 아브라함과 모세 두 사람을 예언자들 및 그리스도와 동일한 역사적 배경에 놓고 있다는 것은 주목할 만하다. 즉 모세의 출현은 이집트의 '신제국'의 쇠퇴와 같은 시대로 되어 있고, 아브라함의 출현은 수메르 사회의 세계국가가 함무라비에 의해 일시 재흥된 후 마침내 멸망해 가던 그 최후의 시대와 같은 시대로 되어 있는 것이다. 이와 같이 아브라함, 모세, 예언자들 및 예수로 대표되는 네 단계는 모두 문명의 해체와 새로운 종교의 발흥과의 관계를 명시해 주고 있다.

고등종교로서의 유대교의 발생에 관해서는 추방 전의 이스라엘과 유대의 예언자들의 책에 참으로 풍부하고 명료한 기록이 남아 있다. 무서운 정신적 고뇌에 관한 이 산 기록에서 우리는 앞서 다른 곳에서 만났던 문제, 즉 시련에 대처하는 방법으로서 폭력과 온건의 어느 편을 택할 것이냐 하는 문제가 열띤 논쟁의 중심이 되어 있음을 본다. 뿐만 아니라 이 경우에 있어서도 온건이 점차 폭력에 대해 우세를 차지해 가고 있다. 그 이유는 혼란기에 절정에 달했다가 다시 그 절정을 지남에 따라서 계속하여 심한 타격을 입게 되자 목숨을 내건 유대의 저항자들도 폭력에 대해 폭력으로 대항하는 것은 아무 소용 없다는 것을 깨닫게 되었기 때문이다. 기원전 8세기에 그 발생지 시리아의 타작마당에서 시리아의 도리깨로 두들겨 맞고 시리아인 공동사회 속에서 탄생한 이 새로운 '고등종교'는, 고국에서 두들겨맞고 추방당해 바빌로니아로 귀양 온 그 민족의 후손들 사이에서 6세기와 5세기에 성숙하게 되었다.

로마 시대에 이탈리아에 끌려온 오리엔트 출신 노예들과 마찬가지로 네부카드네자르 시대의 바빌로니아에서 포수생활(捕囚生活)을 한 유대인도 그 정복자의 기풍에 쉽게 융합하지 않았다.

그러나 이 유형자(流刑者)들이 이국에서 항상 품어온 고국의 기억은 단순한 하나의 소극적인 감상이 아니라 영감에 가득 찬 대망의 적극적인 창조행위였다. 눈물의 안개를 뚫고 비친 이 초현세적인 비전의 빛을 통해 볼 때 무너진 성곽은 지옥문도 이길 수 없는 반석 위에 세워진 신성한 도시로 변모했다. 그리고 포로들은 자기들을 사로잡은 자들의 기쁨을 위해 시온의 노래 하나를 부르기를 완강히 거절하고, 유프라테스 강변의 버드나무에 그 하프를 걸던 바로 그 순간에 보이지 않는 마음의 비파에 맞추어 귀에는 들리지 않는 새로운 가락을 만들어내고 있었던 것이다.

우리가 바빌론의 여러 강변 거기 앉아서 시온을 기억하며 울었도다(《시편》 137편 1절).

바로 이 울음 속에 유대민족의 종교적 각성이 성취되었던 것이다.

이질적인 사회의 내적 프롤레타리아트의 대열에 낀 이 시리아 계통의 민족들이 속속 종교적 반응을 보인 점에 있어서 바빌로니아 사회의 역사와 헬라스 사회의 역사는 명백하게 유사점을 갖고 있었다. 그러나 바빌로니아 사회의 도전에 의해 환기된 응전은 이렇게 다른 문명에 속한 희생자들 사이에만 일어난 것이 아니라 동시에 야만족 희생자 사이에서도 일어났다. 로마의 무력에 의해 정복된 유럽과 북부 아프리카의 야만족은 독자적인 종교적 발전을 이루지 못하고 단순히 오리엔트 출신의 동료 프롤레타리아트가 그들 사이에 뿌린 씨를 받았을 뿐이지만, 시리아인에게 약탈당한 이란의 야만족은 조로아스터교의 개조 조로아스터라는 고유한 예언자를 배출했다. 조로아스터의 연대는 논란의 여지가 있는 문제이고, 또 우리는 그의 종교적 발견이 과연 아시리아의 도전에 대한 독자적 응전이었는지, 혹은 그의 음성은 '메데 사람의 여러 고을'(《열왕기하》 17장 6절)에 유형된 잊어버린 이스라엘 예언자들의 외침에 대한 반향에 불과한 것이었는지 단정할 수가 없다. 그러나 이 두 '고등종교'의 본래의 관계가 어떠했건 조로아스터교와 유대교가 서로 만났을 때는 둘 다 성숙하여 있었던 것만은 분명하다.

아무튼 아시리아의 멸망에 의해 바빌로니아 사회의 혼란기가 종말을 고하고 바빌로니아 세계가 신바빌로니아 제국이라는 세계국가의 단계로 이행할 무렵에는, 유대교와 조로아스터교는 그리스도교와 미드라교가 로마 제국의 영내에서 서로 세계교회 수립의 특권을 얻으려고 경쟁했던 것과 마찬가지로 그 정치체제 안에서 세계교회를 수립하는 특권을 얻으려고 서로 경쟁하게 될 것같이 보였다.

그러나 그렇게 되지는 않았다. 신바빌로니아 제국이라는 세계국가가 로마라는 세계국가에 비해 극히 단명했다는 것만으로도 그 충분한 이유가 된다. 네부카드네자르는 바빌로니아의 아우구스투스에 해당하는 인물인데, 그의 후대에는 몇백 년 동안이나 트라야누스, 세베루스, 콘스탄티누스 같은 훌륭한 통치자들이 나타나지 않았던 것이다. 그의 바로 뒤를 이은 나보니두스와 벨샤자르는 어느 편이냐 하면, 오히려 율리아누스나 바렌스에 비유될 수 있는 인물이었다. 신바빌로니아 제국은 100년 미만에 '메데인과 페르시아인에게 주게'《다니엘》5장 28절) 되었는데, 이 아케메네스 제국은 본질상 정치적으로 이란적이고, 문화적으로는 시리아적이었다. 이와 같이 하여 지배적 소수자와 내적 프롤레타리아트의 역할은 역전되었던 것이다.

이러한 상황하에서 유대교와 조로아스터교의 승리는 한층 더 확실하고 신속했을 것으로 생각되었는지도 모른다. 그러나 200년 후 운명의 여신은 다시 개입하여 뜻밖의 방향으로 사건을 전환시켰다. 운명의 여신은 이제 메데인과 페르시아인의 왕국을 마케도니아인 정복자의 손에 넘겨주었던 것이다. 헬라스 사회가 시리아 세계에 무력 침입함으로써 시리아 사회의 세계국가는 그 역할을 다하기 훨씬 전에 지리멸렬의 상태에 빠졌다. 그와 함께 종래 아케메네스 제국의 비호 아래 평화리에 전파되고 있었던 이 두 고등종교는(자료가 약간 불충분하기는 하나 그 자료가 암시하는 바에 의하면) 그 본래의 종교적 기능을 정치적 역할로 바꾸는 불행한 사도(邪道)에 빠지게 되었다. 두 종교는 각각 자기 지역에서 침입해 오는 헬레니즘에 대항하여 싸우는 시리아 문명의 옹호자가 되었다. 서쪽으로 치우쳐 지중해에 면한 곳에 위치했던 유대교는 불가피하게 결사대의 역할을 맡을 수밖에 없어서 66~70년, 115~117년, 132~135년의 로마와 유대 간의 전쟁을 통해 로마의 물적 세력에 대항하다가 결국 산산조각이 났다.

자그로스 산맥 동편의 성새(城塞)에 근거를 둔 조로아스터교는 3세기에 유대교보다는 좀더 나은 조건하에서 싸웠다. 반(反) 헬레니즘 십자군의 무기를 이용하는데 있어서 유대교는 초라한 마카베 공국을 이용했으나, 조로아스터교는 그보다더 강력한 사산 왕국을 이용할 수 있었다. 사산 왕국은 572~591년 및 603~628년의 로마와 페르시아 사이의 서로 망해 버린 전쟁을 정점으로 한 400년간의 투쟁에 의해 점차 로마 제국의 힘을 약화시켰다. 그럼에도 불구하고 사산 왕국의 힘으로도 헬레니즘을 아시아와 아프리카에서 쫓아내는 과업을 완성할 수는 없었다. 한편 조로아스터교도 결국 정치운동에 가담하게 된 탓으로 유대인과 마찬가지로 가혹한 대가를 치르지 않으면 안 되었다. 그리하여 오늘날 파르시교도도 유대인처럼 하나의 '이산된 족속(diaspora)'으로 잔존해 있는 데 불과하게 되었다. 이 화석화한 두 종교는 아직까지도 그 두 교단의 흩어진 구성원들을 강력히 결속시키고 있기는 하나, 인류에게 전해 주어야 할 사명을 상실하고 완전히 경화하여 사멸해 버린 시리아 사회의 화석이 되고 말았다.

다른 사회의 문화적 세력의 침입은 이 '고등종교들'을 정치적 방면으로 일탈하게 했을 뿐만 아니라 다시 그것을 분열하게 했다. 유대교와 조로아스터교가 정치적 반항의 도구로 화한 후에는 시리아 사회의 종교정신은, 헬라스 사회의 도전에 대해 폭력적 방법이 아니라 온건한 방법으로 반응한 시리아 주민들 사이에 깃들이게 되었다. 그리하여 시리아 사회의 종교는 헬라스 사회의 내적 프롤레타리아트의 새로운 종교 갈망에 대한 공헌으로서 그리스도교와 미드라교를 산출함으로써 유대교와 조로아스터교가 부정했던 정신과 종교관의 새로운 표현을 발견했다. 그 다음으로는 그리스도교가 시리아 세계를 정복한 헬라스 사회 사람들의 마음을 그 온건의 힘으로 사로잡은 후에 세 교파, 즉 헬레니즘과 제휴한 가톨릭 교회와 네스토리우스파 및 모노피지트파라는 두 상반되는 이단설로 분열했는데, 네스토리우스파와 모노피지트파는 조로아스터교와 유대교의 투쟁적인 정치적 역할을 계승하여 시리아 사회의 마당에서부터 헬레니즘을 쫓아내려 했으나 결정적인 성공을 거두지는 못했다.

그러나 두 번의 계속적인 실패에도 불구하고 헬레니즘을 반대하는 전투적인 시리아 사회는 허탈과 절망에 빠져들지 않고 세 번째 시도를 하여 비로소 성공의 영광을 획득했다. 헬레니즘에 대한 시리아 사회의 이 최후의 정치적 승리는 역시 시리아에서 발생한 또 하나의 종교의 힘에 의한 것이었다. 오랫동안 투쟁을 계속한 끝에 드디어 이슬람교가 서남아시아와 북부 아프리카에서 로마 제국의 지배를 타도하고 재건된 시리아 사회의 세계국가인 압바스 이슬람교 왕국을 위해 세계교회를 제공했던 것이다.

인도 사회와 중국 고대사회의 내적 프롤레타리아트

인도 사회도 시리아 사회와 마찬가지로 그 해체 과정의 도중에 헬라스 사회의 침략을 받았다. 따라서 이 비슷한 도전이 과연 어느 정도나 비슷한 응전을 불러일으켰는지 알아보는 것은 흥미로운 일이다.

인도 사회와 헬라스 사회가 최초로 접촉했을 당시 — 그것은 알렉산드로스의 인더스 강 유역 침입의 결과였다 — 인도 사회는 바야흐로 세계국가의 단계로 접어들려는 참이었다. 그리고 그 지배적 소수자는 오래 전부터 자이나교와 불교라는 두 철학적 이론을 창안함으로써 해체의 시련에 대처해 왔다. 그러나 그 내적 프롤레타리아트가 어떤 '고등종교'를 산출했다는 증거는 전혀 없다. 기원전 273년부터 232년까지, 즉 인도 사회의 세계국가의 왕좌를 차지했던 불교도 철인왕(哲人王) 아소카는 헬라스 사회에 속한 이웃 나라의 주민을 자기의 철학에 끌어들이려고 했으나 결국 실패했다. 불교가 신알렉산드로스 시대 이후의 헬라스 세계의 중심에서 멀리 떨어져 있었으나 넓고 중요한 지방, 곧 그리스인의 박트리아 왕국이 점령하고 있던 지방을 심복시키게 된 것은 훨씬 나중의 일이었다.

그러나 불교가 이 정신적인 역정복(逆征服)에 성공했을 때에는 이미 그 모습이 아주 달라져, 싯다르타 가우타마의 초대 문도들의 낡은 철학은 대승불교라는 새 종교로 변형되어 있었던 것이다.

팽창된 헬라스 세계의 동북부에서 꽃을 피운 이 새로운 불교야말로 인도 사회의 참된 고등종교로서, 같은 시대에 헬라스 사회의 중심부에 침투하기 시작한 다른 '고등종교'들에 비교될 수 있는 것이었다. 대승불교의 두드러진 특징인 동시에 또 그 성공의 비결이기도 한 이 인격적 종교의 기원은 어디일까? 불교의 정신을 근본적으로 변화시킨 이 새 누룩은 헬라스 사회 철학의 특질과 아무 상관이 없었던 것처럼, 인도 사회 철학의 특질과도 아무 상관이 없었다. 그것은 인도 사회의 내적 프롤레타리아트의 경험의 소산이었을까, 아니면 앞서 조로아스터교와 유대교를 불타오르게 한 시리아 사회의 불꽃에서 인화된 불길이었을까? 이 두 견해에 다 유리한 증거를 제시하는 일은 가능할 것이다. 그러나 사실상 그 어느 것이라고 결정할 자격이 우리에게는 없다. 다만 우리는 이 불교적인 '고등종교'의 등장과 함께 인도 사회의 종교사는 앞서 말한 대로 시리아 사회의 종교사와 같은 코스를 걷기 시작했다는 점을 말하는 것만으로 만족해야 할 것이다.

헬레니즘화한 세계에 복음을 전파하기 위해 그 본고장에서 떠나온 '고등종교'라는 점에서 대승불교는 분명히 그리스도교와 미드라교에 상당하는 인도 사회의 종교이다. 우리는 이것을 단서로 하여 쉽게 헬라스 사회라는 프리즘을 매개로 시리아 사회의 종교적 빛의 굴절에 의해 생긴 다른 분광(分光)에 해당하는 인도 사회의 다른 종파들도 확인할 수 있다. 오늘날 유대교와 파르시교의 형태로 시리아 사회에 잔존하는 헬라스 문명의 침입 이전 상태의 '화석들'에 해당하는 것을 인도 사회에서 구한다면 현재 실론, 미얀마, 샴, 캄푸치아에 남아 있는 소승불교에서 발견하게 될 텐데, 이 소승불교는 대승불교 이전의 불교철학의 유물이다. 그리고 또 시리아 사회가 헬레니즘을 몰아내는 효과적인 수단으로 이용할 수 있는 종교를 갖기 위해서는 이슬람교의 출현을 기다리지 않을 수 없었던 것과 마찬가지로 인도의 사회체로부터 외래 헬레니즘의 정신을 완전히, 그리고 최종적으로 몰아낸 것도 대승불교가 아니라 불교시대 이후의 힌두교라는, 순수하게 인도적이며 완전히 비(非)헬라스적인 종교운동이었다는 것을 발견하게 된다.

지금까지 고찰한 범위에 국한해서만 보면, 대승불교와 가톨릭교의 역사는 둘다 그 발상지가 되는 비헬라스 사회를 개종시키지 않고 헬라스 세계에서 그 활동무대를 찾았다는 점에서 일치한다. 그러나 대승불교의 역사에는, 그리스도 교회의 역사에서는 거기에 대응하는 것을 볼 수 없는 다른 한 장(章)이 더 그 앞에 있다. 즉 빈사상태의 헬라스 사회의 영역 안에 자리를 잡은 그리스도교는 거기 머물러서 헬라스 사회가 멸망한 후까지 살아남아 있다가 결국 헬라스 사회의 자식문명이 되는 두 개의 새로운 문명, 즉 우리 서구 문명과 정교 그리스도교 문명에 각각 교회를 제공했다. 그런데 대승불교는 헬라스 사회의 단명했던 박트리아 왕국을 거쳐 중앙아시아의 고원지대를 넘어 빈사상태의 중국 고대세계로 들어가서, 즉 그 발상지에서부터 두 번 자리를 옮겨 중국 고대사회의 내적 프롤레타리아트의 세계교회가 되었다.

수메르 사회의 내적 프롤레타리아트의 유산

바빌로니아 및 히타이트 두 사회는 수메르 사회의 자식에 해당하지만, 우리는 수메르 사회의 내적 프롤레타리아트 속에서 태어나 그 자식문명에게 물려준 어떤 세계교회도 수메르 사회에서 발견할 수 없다. 바빌로니아 사회는 수메르 사회의 지배적 소수자의 종교를 계승한 것 같고, 히타이트 사회의 종교도 같은 원천에서 유래한 것 같다. 그러나 우리는 수메르 세계의 종교사에 관해서는 아주 단편적인 지식밖에 가지고 있지 않다. 만일 탐무즈와 이슈타르의 숭배가 참으로 수메르 사회의 내적 프롤레타리아트의 체험의 기념물이었다면, 그 창조의 노력은 수메르 사회 자체에서는 성공하지 못하고 다른 데서 겨우 결실을 보게 되었다는 것을 말할 수 있을 뿐이다. 이 수메르 사회의 남신과 여신은 그후 정말 오랜 생애에 걸쳐 먼 나라들을 널리 편력한다. 이 두 신의 그후 역사에서 한 가지 흥미로운 점은 그 두 신의 상대적 중요성이 변화한 것이다. 히타이트 사회의 이 두 신에 대한 숭배에 있어서는, 여신이 남신보다 더 훌륭하여 남신을 압도하고, 남신은 여신에 대해 그 아들인 동시에 애인이고 피보호자인 동시에 희생자라는 여러 가지 모순되는 역할을 연출한다.

퀴벨레 — 이슈타르에 비하면 아티스 — 탐무즈는 하찮고 미미한 존재가 되고 만다. 그리고 또 널리 서북단의 오케아노스 강에 에워싸인 섬에 위치한 성소(聖所)에서는, 네르토스 — 이슈타르가 배우자인 남신 없이도 혼자서 위엄을 유지하고 있었던 것 같다. 그러나 이 한 쌍의 신이 서남쪽을 향해 시리아와 이집트로 이동해 가는 사이에 차츰 탐무즈의 중요성은 증대하고 이슈타르의 중요성은 감소한다. 밤비케에서 아스칼론에 걸쳐 숭배되고 있던 아타르가티스는 그 이름으로 미루어보아 단지 아티스의 배우자로서 기능을 하고 있다는 이유만으로 겨우 숭배의 자격을 얻은 이슈타르였던 것 같다. 페니키아에서는 아도니스—탐무즈가 '주님'이고, 아스타르테—이슈타르는 그 '주님'이 매년 당하는 죽음을 애도하게 된다. 그리고 이집트 세계에서는 처음에는 오시리스—탐무즈가 그의 여동생인 동시에 아내가 되는 이시스를 단연 압도했는데, 그후 이시스가 헬라스 사회의 내적 프롤레타리아트의 마음속에 자기의 왕국을 획득하게 되면서부터 오히려 이시스가 오시리스를 압도하게 되었다. 애도하는 여신에 대해서가 아니라 죽어가는 남신에 대해서 숭배자의 신앙이 집중되는 수메르 사회의 신앙의 이 형태는 저 멀리 스칸디나비아의 야만족에게까지 번져간 것 같다. 거기서는 발데르—탐무즈가 '주님'이라 불리고, 그의 배우자인 난나 쪽은 완전히 빛을 잃었으나 그래도 여전히 수메르 사회의 모신(母神)의 명칭을 보유하고 있었다.

3. 서구 사회의 내적 프롤레타리아트

내적 프롤레타리아트의 고찰을 완전히 하려면 우리는 가장 가까운 우리 사회의 예를 조사하지 않으면 안 된다. 서구 사회의 역사에도 이 특이한 현상이 나타날까? 서구 사회의 내적 프롤레타리아트의 존재를 보여주는 증거를 찾아보면 우리는 '너무 많아서 당혹감을 느낄' 지경이다.

앞서 말한 대로 우리 서구 사회는 내적 프롤레타리아트를 공급해 주는 통칙적인 원천의 하나를 터무니없이 큰 규모로 이용해 왔다. 적어도 10개 이상의 해체기 문명들의 인적 자원이 과거 400년 동안에 서구 문명의 사회체 안에 편입되었다. 이렇게 하여 그들은 서구 사회의 내적 프롤레타리아트의 구성원이라는 공통의 지위로 전락했다. 이 공통의 수준에서 표준화의 과정이 진행되어 전에는 이 잡다한 집단들을 서로 구별하게 했던 그 특징이 많이 엷어졌으며, 어떤 경우에는 아예 없어지기도 했다. 게다가 이 서구 사회는 자기와 동류인 '문명' 사회만을 먹이로 삼는 데 만족하지 않고 현재까지 살아남아 있던 거의 모든 원시사회도 모조리 삼켜 버렸다. 그중 타스마니아족이나 북아메리카의 인디언족의 대부분은 충격을 받아 사멸해 버렸고, 나머지 열대 아프리카의 흑인종 같은 무리는 간신히 살아남아서 니제르 강의 물을 허드슨 강에 흐르게 하고, 콩고 강의 물을 미시시피 강에 흐르게 했다. ─마치 똑같은 서구 문명이라는 괴물의 다른 행위가 양쯔 강의 물을 말라카 해협에 흘러들어가게 한 것[7]과 마찬가지로, 아메리카로 실려간 흑인 노예들과 인도양의 적도 부근이나 남반구의 연안 지역으로 실려간 타밀인 혹은 중국인 쿨리들은, 기원전 마지막 두 세기 동안에 지중해 연안의 각 지역에서 로마 시대 이탈리아의 목장과 농장으로 끌려간 노예에 상당하는 존재이다.

우리 서구 사회의 내적 프롤레타리아트 중에는 또 하나의 다른 문명에 속한 무리가 편입되어 있는데, 그들은 신체적으로는 그 선조 전래의 고향에서 추방된 것은 아니지만 정신적으로 부랑화하여 방향을 잃어버린 무리이다. 자기 생활을 다른 문명의 리듬에 적응시키는 문제를 해결하려고 하는 사회에서는 어디서든지, 전류를 어떤 전압(電壓)에서 다른 전압으로 변전시키는 '변압기'의 역할을 하는 특별한 사회계급이 필요하다. 그리고 이 요구에 따라 생기는 ─흔히 아주 돌발적으로, 그리고 인위적으로─ 계급은 그것을 표현하는 특별한 러시아어의 명칭을 따라 일괄하여 인텔리겐치아란 이름으로 불리게 되었다. 인텔리겐치아란 자기 사회의 전통적인 생활양식에 따라서는 이제 더 살 수 없고 점점 침입 문명이 부과한 양식에 따라서만 살아갈 수 있도록 되어 가는 사회적 환경에서 그 사회가 그들의 중계활동에 의해 발판을 지킬 수 있도록 하는 데 필요한 정도로 그 침입해 온 문명과 협상하는 요령을 습득한 일종의 연락장교 계층이다.

맨 먼저 이 인텔리겐치아에 편입된 것은 표트르 대제의 러시아를 서구 사회의

---

7 로마 시인 유베날리스는 반(半)헬레니즘화한 시리아 사회의 오리엔트 민족들이 당시(기원전 2세기 초)의 로마로 유입된 것을 '오른테스 강물이 티베르 강으로 흘러들었다.'고 썼다.

스웨덴에게 정복되지 않게 지키고, 그보다 나중 시대에는 터키와 일본이 이미 제 힘으로 일련의 침략행위를 개시할 수 있을 만큼 서구화한 러시아에게 정복되지 않도록 지키는 데 필요한 정도의 전쟁기술을 침입 사회로부터 습득한 육해군 사관이었다.

그 다음으로는 전쟁에 패했을 때 자기 나라에 강요되고 있는 조건에 관해 서구의 정부들과 어떻게 협상을 추진할 것인가를 습득한 외교관이었다. 이미 고찰한 바와 같이 오스만리는 나중에 정세가 한층 더 긴박해져서 비위에 맞지 않는 이 외교 업무를 완전히 배우지 않을 수 없게 될 때까지 라이예를 외교 업무에 종사시켰다. 그 다음으로는 상인인데, 즉 광둥(廣東)의 홍(洪) 중국인 무역상사 상인과, 오스만 파디샤의 영토내에 있었던 레반트인과 그리스인 및 아르메니아 상인들이다. 그리고 마지막으로 서구 문명의 누룩 혹은 바이러스가 침투를 받고 동화되어 가는 사회의 생활 속에 깊숙이 파고들어감에 따라 인텔리겐치아는 그 가장 특색있는 형태를 발달시키게 된다. 즉 서구적인 학과의 교수법을 습득한 교사, 서구적인 방식에 따라 행정사무를 시행하는 방법을 이해한 관리, 프랑스식 사법(司法) 절차에 따라 나폴레옹 법전을 그대로 적용하는 기술을 습득한 법률가 등이 그것이다.

인텔리겐치아라는 존재가 있는 곳에서는 어디서든 두 문명이 그저 접촉했을 뿐만 아니라 그 둘 중 하나가 다른쪽의 내적 프롤레타리아트 안에 흡수되어 가는 과정에 있다고 추정해도 틀림이 없다. 또 하나 누구라도 알 수 있을 만큼 뚜렷하게 그들의 생활에 나타나 있는 사실이 있는데, 그것은 인텔리겐치아는 나면서부터 불행하다는 것이다.

이 연락장교 계급은 혼혈아의 불행을 지니고 태어난 계급으로서, 그들은 자기를 낳은 부모의 양쪽 가족 모두에게 배척당한다. 인텔리겐치아는 그 존재 자체가 사회의 수치이기 때문에 동족으로부터 미움과 멸시를 받게 된다. 한 민족 가운데 이 계급이 있음으로 인해 이방문명을 늘 상기하게 되는데, 그 이방문명은 그 진출을 도저히 저지할 수 없어서 부득이 비위를 맞추어야만 하고, 또 밉지만 피할 수 없는 존재이다. 바리새인은 로마의 세리를 만날 때마다, 유대 열심당은 헤롯당을 만날 때마다 이방문명을 상기하지 않을 수 없다.

이와 같이 인텔리겐치아는 본국에서도 사랑받지 못할 뿐만 아니라, 열심히 노력한 끝에 그 풍속과 기술을 용하게 습득한 그 나라에서조차 존경을 받지 못한다.[8] 영국과 인도의 역사적인 관계 초기에 영국령 인도 당국이 시정상(施政上)의 편의를 위해 양성한 인도인 인텔리겐치아, 즉 '바부'(영국식 교육을 받은 인도인)는 시종 영국인의 조롱거리가 되었다. '바부'가 영어를 유창하게 구사하면 할수록 아무래도 간혹 틀리게 되는 그 미묘한 부조화를 '사하브'[9]들은 한층 더 비웃었는데, 그런 비웃음은 설사 악의가 아닌 경우라도 감정을 상하게 했던 것이다.

이와 같이 인텔리겐치아는 하나의 사회가 아닌 두 사회 '안에' 있으면서 그 어느 것에도 '속하지' 않기 때문에 우리의 프롤레타리아트의 정의에 이중으로 합치한다. 그리고 그 역사의 초기에는 그들은 스스로를 이 두 사회체에 없어서는 안될 기관이라고 생각함으로써 자위할 수도 있었으나, 시간이 경과함에 따라 그런 위로마저 빼앗기게 되었다. 왜냐하면 인적 자원 자체가 상품화되어 있는 곳에서는 공급을 수요에 맞춘다는 것은 거의 인지(人知)를 초월한 일이므로, 얼마 지나지 않아 인텔리겐치아는 생산과잉과 실업에 봉착하게 되기 때문이다. 표트르 대제는 일정수의 러시아인 '치노브니크'가, 동인도회사는 일정수의 서기가, 메호메트 알리는 일정수의 이집트인 방적공과 조선공이 필요하다고 하자, 그렇게 되면 그들은 곧 도공들이 진흙을 빚어내듯이 필요한 사람을 만들어내기 시작한다.

그러나 인텔리겐치아를 제조하는 공정은 시작하기보다 멈추기가 더 어렵다. 왜냐하면 이 연락장교 계급은 그들의 봉사에 의해 이득을 얻는 사람들에게 멸시를 받기는 하지만, 이 계급의 일원이 될 자격을 구비한 사람들에게는 그 지위가 위신이 있어 보인다는 사실에 의해 그 멸시가 상쇄되기 때문이다. 지원자의 수가 취업의 기회에 도저히 비례될 수 없을 만큼 늘어나서 일자리를 얻은 최초의 인텔리겐치아를 중심으로 사회에서 버림받고 태만하고 가난한 지적(知的) 프롤레타리아트의 무리가 북적이게 된다. 한 줌의 치노브니크에 다수의 니힐리스트가 추

---

8 토인비는 인텔리겐치아라는 말을 1939~45년의 제2차 세계대전 중에 '키슬링(나치스 협력자)'이라고 부른 정치적 동물과 같은 뜻으로 사용하고 있다.
9 인도인의 입장에서 서양 사람, 특히 영국 사람을 말한다.

가되고, 한 줌의 하급서기 '바부'에 다수의 '취직 못한 학사님들'이 첨가된다. 인텔리겐치아의 고뇌는 이전의 상태에서보다 이후의 상태에서 비교가 안 될 만큼 커진다. 진실로 시간은 산술급수적으로 진행하는데, 인텔리겐치아의 불행은 기하급수적으로 증대한다는 사회적 '법칙'을 하나 세워도 좋을 만하다. 17세기 말엽부터 나타난 러시아의 인텔리겐치아는 이미 1917년의 파괴적인 볼셰비키 혁명을 통하여 그 쌓이고 쌓인 울분을 토했다. 18세기 후반부터 나타나기 시작한 벵골의 인텔리겐치아는 오늘날 그보다 50년 내지 100년 늦게 인텔리겐치아가 나타나기 시작한 영국령 인도의 다른 지방에서는 아직 볼 수 없는, 혁명적 폭력의 경향을 보여주고 있다.

이 사회적 잡초가 번식하는 것은 그것이 본래 발생한 나라에만 국한되지 않고, 최근에는 반(半)서구화한 주변의 나라에서는 물론이고 서구 문명세계의 중심부에서도 나타나게 되었다. 중등교육을 받았지만 그 훈련된 능력에 상당하는 일자리를 얻지 못한 하층 중산계급이야말로 20세기 이탈리아의 파시스트당과 독일의 국가사회당의 중추였던 것이다. 무솔리니와 히틀러로 하여금 정권을 잡게 한 그 악마적인 추진력이 생긴 것은, 아무리 노력하여 자기향상을 꾀해도 조직화한 자본가와 조직화한 노동자라는 맷돌 사이에 끼여서 도저히 빠져나올 수 없다는 것을 알아차린 이 지적 프롤레타리아트의 격분에서 비롯되었던 것이다.

사실상 우리 서구 사회체 본래의 조직이 서구 사회의 내적 프롤레타리아트 안에 편입된 것은 금세기에 시작된 일이 아니다. 왜냐하면 서구에서도 헬라스 세계에 있어서와 마찬가지로 정복된 다른 문명의 국민만이 부랑화의 고난을 만난 것은 아니기 때문이다. 16세기에서 17세기에 걸친 종교전쟁의 결과 프로테스탄트파가 권력을 쥐게 된 나라에서는 어디서든지 가톨릭교도를 학대하거나 추방하게 되고, 가톨릭파가 권력을 쥔 나라에서는 어디서나 프로테스탄트를 학대하고 추방했다. 그리하여 현재 프랑스의 위그노의 자손은 프러시아에서 남아프리카에까지 흩어져 살고 있고, 아일랜드의 가톨릭교도의 자손은 오스트리아에서 칠레까지 흩어져 살고 있다. 종교 전쟁이 권태와 냉소로 종결되어 평화가 회복된 후에도 이 재난은 끝날 줄 몰랐다. 프랑스 혁명 이래로 종래 '종교적 반목의 형태를 취했던 증오감'에 의해 일어난 정치적인 스타시스가 시작되어 다수의 망명객이 새로 국외로 추방되었다. 즉 1789년의 프랑스 귀족의 망명자, 1848년의 유럽 자유주의자의 망명자, 1917년의 '백계(白系)' 러시아인의 망명자, 1938년의 오스트리아의 가톨릭교도와 유대교도의 망명자, 1939~45년의 대전과 그 여파에 의한 수백만 명의 전쟁 난민이 그것이다.

앞에서 우리는 헬라스 사회의 혼란기 중에 시칠리아와 이탈리아에 농업 경영상의 경제혁명이 일어남으로써, 즉 혼합작물의 자급적인 소규모 영농이 대농장의 노예노동에 의한 판매용 특수작물의 대량생산으로 바뀜으로써 자유민이 어떤 모양으로 농촌에서 쫓겨나 도시로 몰려들었던가를 고찰한 바 있는데, 근대 서구의 역사에 있어서도 아메리카 합중국 '면화지대'의 백인 자유민의 혼합작물이 흑인 노예노동에 의한 대면화농장으로 바뀌게 된 농촌 경제혁명을 통해 고대의 사회적 재난이 거의 똑같은 형태로 되풀이되고 있다. 이 과정에서 프롤레타리아트의 지위로 몰락한 '백인 룸펜'은, 재산을 잃고 빈민화한 로마 시대의 이탈리아 '자유민 룸펜'과 같은 성질의 것이었다. 더구나 흑인 노예와 백인 빈농이라는 두 암을 발생시킨 이 북아메리카의 농촌 경제혁명은, 영국 역사에서 300년 이상 계속되었던 유사한 농촌 경제혁명이 지나치게 급속히 또 지나치게 무자비하게 적용된 것에 불과하다. 영국인은 노예노동을 도입하는 일은 하지 않았지만 소수자의 경제적 이익을 위해 경작지를 목장으로 만들고 공유지를 울타리로 구분함으로써 자유농민을 농토에서 몰아내었던 로마인을 흉내내었고, 아메리카의 농장 경영자와 목축업자에게 선례를 보였다.

그러나 근대 서구 사회의 이런 농촌 경제혁명이 오늘날 농촌인구가 도시로 흘러드는 주요한 원인이 된 것은 아니었다. 그 배후에 있는 주요한 원동력은 농민의 보유지를 대토지 소유제로 대체시킨 농업혁명의 배척력이 아니라, 수공업을 증기로 움직이는 기계로 대체시킨 도시의 산업혁명의 견인력이었다. 이 서구 사회의 산업혁명이 약 15년 전 영국 땅에서 처음 일어났을 때 열성적인 진보주의자들이 그 변화를 환영하고 축복할 정도로 그 수익은 막대한 것 같았다. 여자와 어린이를 포함한 초기의 공장노동자들에게 부과된 긴 노동시간과 공장 및 가정에서의 새로운 생활의 비참한 조건들을 한탄하면서도 산업혁명의 예찬자들은 그런 것은 결국 제거될 일시적 해악이라고 확신했다.

이 낙관적 예언은 대부분 실현되었으나, 그렇게도 자신만만하게 예언한 지상천국의 축복은 백년 전에는 낙관론자의 눈에도 비관론자의 눈에도 보이지 않은 한 가지 저주 때문에 허사가 되어 가고 있다. 한편으로는 소년노동은 폐지되고, 여성 노동은 여성의 힘에 알맞게 조절되고, 노동시간은 단축되고, 가정 및 공장에서의 생활과 노동의 조건은 괄목할 만큼 개선되었다. 그러나 마술 같은 공업기계가 끊임없이 제조해 내는 부(富)를 실컷 먹은 세상은 동시에 실업(失業)이라는 검은 그림자로 덮이게 되었다. 도시 프롤레타리아트는 '실업수당'을 받을 때마다 자기는 사회 '안에' 있기는 하지만 그 사회에 '속해' 있지는 않다는 것을 절실히 느끼게 된 것이다.

내적 프롤레타리아트가 근대 서구 사회에 편입되어 온 그 여러 원천 중의 몇 가지를 밝히는 데는 이상 말한 바로 충분하다. 지금 우리는 여기서도 다른 데서와 같이 서구 사회의 내적 프롤레타리아트의 그 시련에 대한 반응에 있어서 폭력과 온건의 두 경향이 나타나 있는가, 그리고 이 두 경향이 있다면 그중의 어느 것이 더 우세한가 알아봐야 하겠다.

금방 우리 눈에 확연히 나타나는 것은 서구 사회 하층계급의 전투적 기질의 발로이다. 과거 150년간의 유혈혁명을 낱낱이 열거할 필요는 없다. 그러나 거기에 대항하는 건설적인 온건의 정신적 증거를 찾아보면 불행히도 그런 자취는 좀처럼 눈에 띄지 않는다. 앞서 이 장의 처음 몇 절에 기록한 재난의 피해자들 — 종교적 혹은 정치적 박해의 희생자, 해외로 끌려간 아프리카의 노예, 유형수들, 농토에서 쫓겨난 농민 — 의 대부분은 그 첫 대에는 그렇지 못했다 하더라도 2대나 3대째에 이르면 그들에게 강요된 새로운 환경에서 훌륭하게 성공했다. 그러나 이 사실은 우리 서구 문명의 회복 능력을 보여주는 예는 될지언정 우리가 지금 찾고 있는 것을 보여주지 못한다. 그런 회복 능력은 프롤레타리아트적인 생활조건 자체에서 탈출함으로써 폭력적인 응전이냐 온건한 응전이냐의 양자택일을 회피하는 프롤레타리아 문제의 해결법이다. 근대 서구 사회에서 온건한 응전의 예를 구할 때 우리가 발견할 수 있는 것은 영국의 퀘이커 교도와 모라비아 지방에 망명한 독일의 재세례파(再洗禮派)와 네덜란드의 메노파뿐인데, 이 소수의 예마저도 자칫하면 우리의 손가락 사이로 빠져나갈 것 같다. 왜냐하면 다음에 설명하는 바와 같이 그들은 이제는 프롤레타리아트의 일원이 아니기 때문이다.

영국의 프렌드 협회의 역사에 있어서 초기에는 노골적인 예언을 행하기도 하고 소란을 피워서 교회 예배의 엄숙함을 깨뜨리는 등 폭력적인 경향이 있었으므로 영국에서도 메사추세츠 주에서도 심한 징계를 받았다. 그러나 그 폭력적인 경향은 곧, 그리고 영구히 온건으로 대체되고, 그 온건은 퀘이커 교도의 특유한 생활규례가 되었다. 그리하여 한때 프렌드 교단은 서구 세계에서 원시 그리스도교 사회의 역사적 역할을 연출할 것같이 보였고, 또 그들은 실제 〈사도행전〉에 기록한 바와 같은 원시 그리스도교 교회의 정신과 실천을 경건하게 자기들의 생활모범으로 삼았다.

그러나 프렌드 교파는 온건의 원칙에서 벗어난 일은 결코 없었지만 오랫동안 프롤레타리아트와는 전혀 다른 길을 걸었다. 그리고 그들은 어떤 의미에 있어서는 자기들의 미덕의 희생자가 되었다. 그들은 본의 아니게도 물질적 번영을 달성했다고 말해도 좋을 것이다. 즉 그들의 사업이 성공하게 된 까닭은 대체로 그들이 이윤을 추구하지 않고 양심의 명령에 따라 행한 쉽지 않은 결단의 결과였다. 그들이 전혀 무의식중에 물질적 번영의 신전을 향해 뜻하지 않은 순례의 일보를 내디딘 것은 농촌에서 도시로 이주했을 때였는데, 그것은 그들이 도시의 이윤에 유혹되었기 때문이 아니라 감독과 교회에 지불하는 십일조(十一租)에 대한 양심적인 반대와, 십일조의 징수에 폭력으로 저항하는 데 대한 역시 양심적인 반대를 조화시키는 가장 확실한 방법이라고 생각했기 때문이다.

그후 퀘이커 교도의 양주업자들이 알코올이 함유된 음료를 부인했기 때문에 코코아 생산을 시작하게 되었던 것이고, 또 퀘이커 교도의 소매상인들이 '손님이 할인할' 것을 예상하여 가격을 올려 부르는 것이 싫어서 상품에 규정된 가격을 붙이게 되었던 것이다. 이와 같이 그들은 의식적으로 신앙을 위해 재산을 희생했던 것이다. 그러나 결과적으로 그들은 '정직은 최선의 정책'이라는 격언과 '온유한 자는 땅을 기업으로 얻을 것'(《마태복음》 5장 5절)이라는 산상수훈의 진리성을 실증했을 뿐이었다. 동시에 그들은 자기들의 신앙을 프롤레타리아트의 종교의 명단에서 제거하게 했던 것이다. 그들은 그들이 모범으로 삼은 사도들과는 달리 한 번도 열렬한 전도자가 된 일이 없다. 그들은 시종 하나의 선민단체였다. 그리하여 동료 신도 이외의 사람과 결혼한 퀘이커 교도는 그 교단의 회원 자격을 상실한다는 규칙은, 그들의 자질을 유지하게 할 수는 있었으나 그 신도의 수가 증가하는 것은 억제했다.

재세례파의 두 집단의 역사는 퀘이커파의 역사와 여러 면에서 많이 다르지만, 우리가 지금 고찰하고 있는 점에 관해서는 거의 같다. 그들은 처음에는 폭력적이었다가 뒤에 온건의 원칙을 채택하게 되었으나, 얼마 지나지 않아 프롤레타리아트에서 떨어져 나갔다.

서구 사회의 내적 프롤레타리아트의 체험을 반영하는 어떤 새로운 종교를 찾아보려고 했으나 결국 실패하고 만 우리는, 여기서 중국 고대사회의 내적 프롤레타리아트가 초기의 불교철학의 면모를 완전히 일신한 대승불교에서 새로운 종교를 발견한 사실을 상기하게 된다. 마르크스파 공산주의야말로 우리 한가운데 있는, 겨우 인간의 일생 정도의 기간에 근대 서구 철학의 하나가 그 본모습을 완전히 바꾸어 프롤레타리아트의 종교가 된 예이다. 공산주의는 폭력의 길을 택하여 러시아 평원에 검으로 '신예루살렘'을 건설하고 있다.

만일 마르크스가 빅토리아 여왕 시대의 어떤 풍기단속관으로부터 그의 정신적 주소와 성명이 뭐냐고 심문당했더라면, 자기는 철학자 헤겔의 제자로서 헤겔의 변증법을 현대의 경제적 · 정치적 현상에 적용하려 했다고 대답했을 것이다. 그러나 공산주의를 폭발적인 힘으로 만든 요소들은 헤겔이 만든 것이 아니었다. 그 요소들의 얼굴에는 서구의 조상 전래의 종교적 신앙에 본적을 두고 있다는 신분증이 부착되어 있다. 즉 데카르트로부터 철학적인 도전을 받은 이래 300년이 지난 뒤에도 여전히 서구 사회의 모든 사람이 어머니의 젖이나 호흡하는 공기와 함께 들이마셔 온 그리스도교에 본적을 두고 있다는 말이다. 그리고 그 요소 가운데 그리스도교만을 거슬러올라가서는 찾아낼 수 없는 것이 있다면, 그것은 그리스도교의 어버이가 되는 '화석화한' 유대교에까지 올라가면 찾아낼 수 있다. 그런 요소들은 세계 각처에 흩어진 유대인에 의해 보존되어 오다가 마르크스의 조부 시대에 이르러 '게토'(유대인 거주지구)가 개방되고 서구의 유대인이 해방되면서 휘발되고 말았던 것이다. 마르크스는 여호와 대신 '역사의 필연성'을 자기 신으로 모시고, 유대인 대신 서구 문명세계의 내적 프롤레타리아트를 그의 선민으로 앉히고, 그의 메시아 왕국으로는 프롤레타리아트의 독재를 구상하고 있다. 그러나 이 닳아빠진 위장(僞裝)의 해진 구멍들 틈으로 유대교 〈묵시록〉의 뚜렷한 특징이 흘러나와 있다.

그러나 공산주의의 발전 과정에 있어서의 이 종교적 국면은 아마도 일시적인 것으로 그칠 듯하다. 스탈린의 보수적인 국가공산주의는 트로츠키의 혁명적인 세계공산주의를 러시아의 전장에서 결정적으로 타도한 것 같다. 소비에트 연방은 이제는 세계의 모든 나라들과 단절상태에 있는, 다시 말해 따돌림을 당하는 사회가 아니다. 소비에트는 표트르나 니콜라이 통치하의 러시아 제국과 같은 상태로 복귀했다. 즉 이데올로기와는 상관없이 국가적 이유에서 동맹국과 적국을 선택하는 열강의 하나가 된 것이다. 그리고 러시아가 '오른편'으로 움직였다고 하면, 그 이웃나라들은 '왼편'으로 움직였다. 용두사미로 끝난 독일의 국가사회주의와 이탈리아의 파시즘뿐만 아니라, 전에는 전혀 무계획적이었던 민주주의 제국의 경제에도 명백히 불가항력적으로 계획화가 파고들고 있다는 사실은, 가까운 장래에 모든 나라의 사회조직은 국가주의적인 동시에 사회주의적인 것으로 될 가능성이 있음을 암시하고 있다. 단순히 자본주의 체제와 공산주의 체제가 계속 병존할 듯하다는 것뿐만이 아니다. 탈레랑이 간섭주의와 비간섭주의에 대해 풍자적으로 말한 것처럼 자본주의와 공산주의는 거의 똑같은 물건이 이름만 달라진 것인지도 모르겠다. 만일 그렇다면, 우리는 공산주의는 혁명적인 프롤레타리아트의 종교가 될 가능성을 잃었다고 단정하지 않으면 안 되겠다. 그 첫번째 이유는, 공산주의는 전인류를 위한 혁명적 만능약에서부터 그저 지방적인 내셔널리즘의 일종으로 추락했기 때문이고, 두 번째는 공산주의를 노예로 만들었던 그 특정한 국가도 최신의 표준형에 가까워짐으로써 현대세계의 다른 국가들에 동화되고 있기 때문이다.

우리가 당면한 문제의 탐구 결과는 서구 세계의 최근의 역사에는 최소한 다른 문명의 역사에 있어서와 마찬가지로 내적 프롤레타리아트가 발생했다는 증거는 풍부하지만, 프롤레타리아트의 세계교회의 기초가 세워져 있다는 증거는 물론 프롤레타리아트가 산출한 강력한 '고등종교'가 출현했다는 증거도 이상하게 아직까지는 거의 없는 것 같다. 이 사실은 어떻게 해석하면 좋을 것인가?

우리는 지금까지 우리 자신의 서구 사회와 헬라스 사회 사이의 유사점을 많이 들어왔지만, 양자간에는 근본적으로 다른 것이 하나 있다. 헬라스 사회는 그 선행 문명인 미노스 사회로부터 세계교회를 물려받지 않았다. 기원전 5세기에 헬라스 세계가 쇠퇴기에 들어갔을 당시의 지방적인 이교 숭배의 상태는 그 사회가 발생했을 때의 상태 그대로였다. 그러나 일찍이 서구 그리스도교 세계라고 불릴 자격을 갖추고 있었던 우리 자신의 문명의 최초의 상태는 분명히 지방적인 이교 숭배의 상태는 아니었다. 현재의 상태가 점차 지방적 이교 숭배의 상태로 접근하고 있다 하더라도 말이다. 그뿐 아니라 설령 오늘날 우리가 그리스도교적 전통에서 벗어나는 데 성공했다 하더라도 그 배교(背敎)의 과정은 오랜 세월이 걸렸고, 또 몹시 힘들었던 것이다. 따라서 앞으로도 우리 세계에서는 제아무리 전심전력을 다하더라도 그 배교 과정을 희망대로 그렇게 완전하게 이룰 것 같지는 않다. 뭐니뭐니해도 지금부터 1천 2백여 년 전에 서구 그리스도교 세계가 교회의 태중에서 연약한 유아로 탄생된 때부터 오늘까지 우리와 우리의 조상이 그 속에서 태어나고 자란 전통에서 벗어난다는 것은 결코 쉬운 일이 아니기 때문이다. 데카르트, 볼테르, 마르크스, 마키아벨리, 홉스, 무솔리니, 히틀러가 우리 서구 사회의 생활을 비(非)그리스도화하려고 전력을 기울였으나, 그들의 세척과 소독은 다만 부분적인 효과를 나타낸 데 불과한 것으로 생각된다. 그리스도교의 바이러스 내지 만병통치약은 우리 서구 사회의 혈액 속에 들어와 있다. ―진실로 그것이 저 불가결의 액체(피)에 대한 별명에 불과한 것이 아니라면, 서구 사회의 정신적 구조가 헬라스 사회와 같은 순수한 이교적 사회로 되돌아갈 수 있으리라고는 상상하기 어렵다.

게다가 또 우리 사회의 구조 속에는 그리스도교적 요소가 어디에나 편재해 있을 뿐만 아니라, 프로테우스같이 자유로이 변화한다. 그 장기의 하나는 그것을 박멸하는 데 사용하는 바로 그 강력한 살균제 속에 자기의 본질을 농후하게 스며들게 함으로써 절멸을 모면하는 점이다. 우리는 이미 근대 서구 철학의 반(反)그리스도교적 적용을 지향하는 공산주의에도 그리스도교적인 요소가 있다는 것을 지적했다. 근대의 반(反)서구적인 비폭력주의의 예언자들인 톨스토이와 간디도 그들의 사상이 그리스도교에서 영감을 얻은 것이라는 사실을 결코 숨기려고 하지 않는다.

서구 사회의 내적 프롤레타리아트에 편입되는 시련을 겪고 선조 전래의 상속권을 잃어버린 여러 집단 중에서도 가장 큰 고난을 당한 자는 아메리카에 노예로 끌려온 미개한 아프리카의 흑인들이었다. 앞서 우리는 기원전 최후의 2세기 동안에 지중해 연안의 모든 지역으로부터 로마 시대의 이탈리아로 끌려간 노예이민은 이 서구 사회의 흑인 노예와 흡사하다는 것을 고찰했고, 또 아프리카 출신의 아메리카 농장노예도 오리엔트 출신의 이탈리아 농장노예와 마찬가지로 그 끔찍한 사회적 도전에 대해 종교적으로 응전했다는 것을 고찰했다. 그러나 둘 사이에는 그 유사점에 못지않게 중요한 차이점이 하나 있다. 즉 이집트와 시리아와 아나톨리아에서 끌려온 노예이민은 자기들의 본래의 종교에서 위로를 얻었지만, 아프리카에서 끌려간 노예이민들은 그 주인의 전통적인 종교에서 위로를 찾았다는 것이다.

이 차이를 어떻게 설명하면 좋을까? 물론 부분적으로는 이 두 종류의 노예의 사회적 전력(前歷)의 차이에 의해 설명할 수 있다. 로마 시대 이탈리아의 농장노예는 대부분 역사가 오래고 문화수준이 높은 오리엔트 출신이었다. 따라서 그 후손이 그들의 문화적 유산에 집착했으리라는 것은 당연히 예기될 수 있었으나, 아프리카 흑인 노예의 조상 전래의 종교는 그들의 다른 어떤 문화적 요소와도 마찬가지로 도저히 압도적으로 뛰어난 백인 주인의 문명에 대항할 수 없었다. 이 점이 그후의 결과의 차이에 대한 부분적인 설명이 되겠지만, 그 차이를 완전히 설명하려면 이 두 종류의 주인의 문화적 차이를 고려에 넣지 않으면 안 된다.

로마 시대 이탈리아의 오리엔트 출신 노예들은 실제로 자기 고유의 종교적 전통 외에는 종교적 위안을 찾을 곳이 없었다. 왜냐하면 그들의 주인 로마인들은 정신적 진공 속에서 살고 있었기 때문이다. 그들의 경우 값진 진주는 그 주인의 전통이 아니라 노예의 전통에서 발견될 수 있었던 것이다. 그런데 우리 서구 사회의 경우에는 세속적인 모든 부와 권력은 물론 그 정신적 보화까지도 노예를 혹사하는 지배적 소수자의 수중에 있었던 것이다.

그러나 정신적 보화를 소유하고 있다는 것과 그것을 다른 사람에게 나누어준다는 것과는 전혀 다른 일이다. 이 점을 생각하면 할수록 놀라운 것은, 그리스도교도로서 노예를 소유한 그들이 신의 같은 자녀가 되는 인간을 노예로 만든다는, 벌받아 마땅한 행위에 의해 그 신성함을 모독한 정신적 양식을 미개한 이교도 피해자들에게 전달할 수 있었다는 사실이다. 노예를 지독하게 학대함으로써 정신적으로 이반시킨 그 노예의 마음을 어떻게 움직일 수 있었던 것일까? 그리스도교가 그러한 상황하에서도 사람을 개종시킬 수 있었다면 그리스도교는 진실로 어떤 불가항력적인 정신적 생명력을 가졌음에 틀림없다. 그리고 무릇 종교는 이 세상에서 인간의 영혼 이외에는 깃들일 곳이 없는데. 그것은 이 '새로운 이교적' 세계에도 아직 여기저기 진정으로 그리스도를 믿는 남녀가 반드시 있을 것이라는 말이 된다. '그 성중에 의인 50이 있을지라도'[10]라는 성구(聖句)와 같이 아메리카의 노예 전도 장면을 보면 곧 이 신앙을 계속 가지고 있는 몇몇 그리스도교도가 활약했음을 알 수 있다. 아메리카의 흑인 노예를 그리스도교로 개종시키는 일이 한 손에 성경을 들고 또 한 손에 채찍을 든 농장 노예감독의 전도활동에 의하지 않았음은 물론이다. 그것은 존 G. 피라든가 피터 클레이버[11] 같은 사람들의 활동에 의한 것이다.

노예가 그 주인의 종교로 개종한다는 이 기적을 통하여, 우리는 내적 프롤레타리아트와 지배적 소수자 사이에 늘 볼 수 있는 분열이 서구의 사회체 안에서는 그 지배적 소수자가 포기하려고 하는 그리스도교에 의해 치유되어 가고 있다는 것을 간취할 수 있다. 그리고 아메리카 흑인의 개종은 근년의 그리스도교의 선교활동이 거둔 수많은 승리 중 하나에 불과하다. '새로운 이교적'인 지배적 소수자의 희망이 최근까지도 환하게 빛나고 있었으나 갑자기 그 빛을 잃고 어두워져 가는 이 잇단 전쟁에 시달리고 있는 현세대에 있어서, 서구 그리스도교 세계의 모든 가지

---

10 아브라함이 여호와에게 소돔 성을 용서해 달라고 애원하는 말. 〈창세기〉 18장 24절.
11 1581~1654. 스페인 태생의 제주이트 교단 신부로서 남미에서 40년간 전도활동에 종사했다. 남미의 '흑인사도'라고 불린다.

들은 방방곡곡에 생명의 수액(樹液)이 다시 흘러내리기 시작하고 있는 것이 완연히 보인다. 이런 사실로 보아 서구 사회 역사의 다음 단계는 헬라스 사회 역사의 마지막 단계와는 다른 방향을 걷지 않겠는가 하는 생각이 든다. 우리는 내적 프롤레타리아트가 갈아놓은 땅에서 새로운 교회가 일어나 쇠퇴하고 해체한 문명의 유언집행인 및 유산상속인의 역할을 하는 것이 아니라, 신에 의지하지 않고 혼자 서려고 노력해 봤으나 실패한 문명이 지금까지 부질없이 배척하고 경원했던 선조 전래의 교회의 품에 안김으로써 치명적인 전락에서 뜻밖에 구출되는 것을 볼 수 있을는지도 모르겠다.

만일 그렇게 된다면 민망하게도 물질적 자연에 대한 화려한 승리에 완전히 도취되어서 비틀거리는 문명이, 자연으로부터의 약탈물을 신에게 풍성하게 바치지 않고 자기만을 위해 보물을 쌓는 데 이용해 온 그 비틀거리는 문명이 '코로스—위브리스—아테'의 비극적인 길을 기어이 걸어 들어가는 형벌—스스로 초래한 형벌—로부터 혹시 그 집행이 유예될는지도 모르겠다. 이것을 그리스어가 아닌 그리스도교적인 용어로 표현한다면, 신앙을 버린 서구 그리스도교 세계는 그 사회가 일찍이 실현하고자 노력했던 보다 더 훌륭한 목표인 그리스도교 공화국으로서 다시 태어나는 은총을 받는지도 모르겠다.

그런 정신적 신생은 가능할 것인가? 만약 누군가 니고데모처럼 "사람이 어머니 뱃속에 다시 들어갔다가 날 수야 없지 않겠습니까?"라고 묻는다면, 우리는 그의 스승의 말을 빌려 그 물음에 답할 수 있다. "내가 진실로 진실로 네게 이르노니, 누구든지 물과 성령으로 나지 않으면 하느님 나라에 들어갈 수 없다."(《요한복음》 3장 5절)라고.

4. 외적 프롤레타리아트

외적 프롤레타리아트도 내적 프롤레타리아트와 마찬가지로 쇠퇴한 문명의 지배적 소수자로부터의 분리행위에 의해 생긴다. 분리의 결과 생기는 분열은 이 경우에는 아주 명확하다. 왜냐하면 내적 프롤레타리아트는 지배적 소수자와 정신적으로는 떨어져 있지만 지리적으로는 여전히 동거하고 있는 데 반해, 외적 프롤레타리아트는 지배적 소수자와 정신적으로 떨어져 있을 뿐만 아니라 물리적으로도 지도 위에 선을 그을 수 있는 경계선에 의해 분리되어 있기 때문이다.

경계선이 고정되어 있다는 것은 실제로 그런 분리가 일어났다는 확실한 증거이다. 왜냐하면 문명이 성장을 계속하고 있는 한, 같은 종의 다른 문명과 어쩌다 충돌하게 되는 전선(前線) 이외에는 고정된 경계선을 갖지 않기 때문이다. 둘 혹은 그 이상의 문명들 상호간의 그와 같은 충돌은 이 책의 뒷부분에서 검토할 기회가 있을 것이므로 여기서는 우선 그런 종류의 사건은 도외시하고, 한 문명의 인접지에 문명과는 다른 종의 미개사회가 있는 경우에 한해 고찰하고자 한다. 이런 경우에 문명이 성장하고 있는 동안에는 그 양자 사이의 경계선이 확정되어 있지 않음을 발견하게 된다. 만일 우리가 성장기 문명의 성장의 중심지에서 출발하여 머지않아 틀림없이, 또 완전히 미개한 환경에 도달하게 될 때까지 미개사회를 향해 여행을 한다고 가정하면, 그 여행의 어느 지점에서도 거기 한 선을 긋고 '여기서 문명이 끝나고 이제부터 미개한 세계로 들어간다'고 말할 수 있는 곳은 없다.

실제로 창조적 소수자가 성장기 문명의 생활 속에서 그 역할을 훌륭하게 완수하여 그들이 켜놓은 불꽃이 '집안에 있는 모든 사람에게 빛을 발하고'(《마태복음》 5장 15절) 있을 때에는, 밖으로 방사되는 그 빛은 집의 벽 때문에 차단되지 않는다. 왜냐하면 사실은 벽이 전혀 없으므로 빛이 밖에 있는 이웃 사람에게 가려지는 일이 없기 때문이다. 빛은 그 본질상 자연히 약해져서 없어질 지점에 이르기까지 그 빛이 미치는 모든 범위를 비춘다. 명암의 차의 변화는 극히 미미하여, 최후의 미광이 꺼져서 완전히 암흑의 중심이 되어 버리는 그러한 한 선을 긋는 것은 불가능하다. 실제로 성장기 문명이 발하는 빛의 확산력은 대단히 강하여, 문명은 상대적으로 보아 극히 최근에 인류가 달성한 업적임에도 불구하고 오늘날 잔존하는 모든 미개사회에 적어도 어느 정도까지 그 빛을 침투시키는 데 일찍부터 성공했던 것이다. 어떤 미개사회든지 문명의 영향을 어떤 모양으로든 전혀 받지 않은 것은 없는 것 같다.

문명의 영향이 잔존한 미개사회에 널리 침투한 사실이 우리에게 깊은 감명을 주는 것은 미개사회의 입장에서 그 현상을 보는 경우이다. 그런데 반대로 문명의 입장에서 그 현상을 볼 때도 역시 깊은 감명을 느끼는 것은, 방사한 문명의 영향력은 그 방사거리가 멀어짐에 따라서 차츰 감소한다는 사실이다. 기원전 1세기에 브리튼에서 주조된 화폐나 기원후 1세기에 아프가니스탄에서 조각된 석관(石棺)에 헬라스 사회 예술의 영향이 나타난 것을 보고 놀라움을 금할 수가 없는데, 브리튼의 화폐는 그 원형인 마케도니아의 화폐에 비하면 희화(戲畵)처럼 보이고, 아프가니스탄의 석관은 '상업미술'의 엉터리 작품이라는 것을 우리는 알게 된다. 이와 같이 중심에서부터 멀어지게 되면 미메시스는 드디어 희화의 성격을 띠게 되는 것이다.

미메시스는 매력에 의해 불러일으켜진다. 그리고 이제 우리는 문명의 성장기에 있어서 잇달아 나타나는 창조적 소수자가 발휘하는 매력은 문명 자체의 내부분열을 막을 뿐만 아니라, 그 인접사회로부터의 — 적어도 그 인접사회가 미개사회인 한 — 공격도 방지한다는 것을 알 수 있었다. 성장기의 문명이 미개사회와 접촉하는 곳에서는 어디서나 그 창조적 다수자의 미메시스는 물론이고 미개사회의 미메시스까지 유발한다. 그러나 그런 관계가 문명이 성장하는 한에 있어서의 문명과 그 주위 미개사회와의 정상적 관계라면 문명이 쇠퇴하여 해체기로 들어가는 것과 동시에 근본적인 변화가 일어난다. 창조성이 발휘하는 매력에 의해 자발적인 순종을 얻을 수 있었던 창조적 소수자는 매력을 잃고 무력에 의존하는 지배적 소수자로 대체된다. 주위 미개사회의 주민은 이제 더 이상 문명에 매력을 느끼지 못하고 오히려 반발하게 된다. 문명이 성장할 때에는 겸손한 제자였던 미개인은 이제 그 제자로서의 지위를 포기하고, 우리가 말하는 이른바 외적 프롤레타리아트가 된다. 그들은 쇠퇴해 버린 문명 '안에' 있기는 하지만 이제 더 이상 그 문명에 '속하지' 않는다.[12]

---

12 '안'에 있다고 할 때, 지리적으로 그 문명 안에 있다는 것을 의미하는 것이 아니라 — 그들은 지리적으로 분명히 '외부'에 있다 — 그들이 싫건 좋건 여전히 그 문명과 활발한 관계를 갖고 있다는 것을 의미한다.

문명의 영향력의 방사는 경제·정치·문화의 세 요소로 나누어 생각할 수 있는데, 사회가 성장상태에 있는 동안에는 이 세 요소는 모두 똑같은 힘으로 방사되는 것 같다. 물리적인 용어가 아니라 인간적인 용어로 말하면, 세 요소는 똑같은 매력을 발휘하는 것 같다. 그러나 문명이 성장을 멈추게 되면 곧 그 문화적 매력은 사라진다. 그리고 경제적 및 정치적 방사의 힘은 전보다 더 급속히 증대할 가능성이 있다. 아니, 실제로 그렇게 되는 경우가 많다. 왜냐하면 마몬 황금신과 마르스 군신과 몰렉 화신의 사이비 종교의 발달은 쇠퇴한 문명의 뚜렷한 특징이기 때문이다. 그러나 문화적 요소야말로 문명의 본질이고, 경제적 요소와 정치적 요소는 문명에 내재하는 생명의 비교적 말초적인 표현에 지나지 않아서, 경제적 및 정치적 힘의 방사인 가장 눈부신 승리도 불완전하고 위태로운 것일 수밖에 없다.

이 변화를 미개인의 입장에서 보면, 동일한 사실을 다음과 같이 표현할 수 있을 것이다. 쇠퇴한 문명의 평화의 기술에 대한 미개인의 미메시스는 종말을 고하고, 산업·군사적 및 정치적 기술의 진보—기술적 발명—는 여전히 계속해서 흉내를 낸다. 그러나 그 모방의 목적은 문명이 그들의 마음을 사로잡았을 동안에 그들이 바랐던 것처럼 그 문명과 일체가 되기 위해서가 아니라, 이제 그 문명의 가장 현저한 특징이 된 폭력에 대항하여 한층 더 효과적으로 자기방어를 하기 위해서이다.

앞서 내적 프롤레타리아트의 경험과 반응을 조사했을 때, 우리는 폭력의 길이 얼마나 그들을 유혹했으며, 또 그 유혹에 지는 한 그들이 얼마나 불행을 자초하게 되었던가를 고찰했다. 드다라든가 유다[13] 같은 무리는 반드시 칼로 망한다. 내적 프롤레타리아트가 그 정복자의 마음을 사로잡을 기회를 포착할 수 있는 것은 오직 온건의 예언자에 순종하는 때뿐이다. 외적 프롤레타리아트는 폭력으로 반항하는 길을 택하더라도(사실 대체로 폭력적 반항을 시도하지만) 그렇게 불리하지는 않은데, 내적 프롤레타리아트는 '당초의 가정부터' 그 모두가 지배적 소수자의 세력범위 안에 있지만, 외적 프롤레타리아트는 적어도 일부는 지배적 소수자의 군

---

13 두 사람 다 유대의 무력항쟁 지도자. 〈사도행전〉 5장 36~37절 참조.

사행동의 유효범위 밖에 있을 가능성이 있기 때문이다. 이렇게 하여 이제 일어날 투쟁에 있어서 쇠퇴한 문명은 미메시스를 유인하지 못하고 무력을 방사한다. 이런 상황하에서 외적 프롤레타리아트 중 문명에 접근해 있는 구성원은 문명에 정복되어서 그 내적 프롤레타리아트에 편입될 가능성이 있으나, 이윽고 지배적 소수자의 군사력의 질적 우위가 병참선의 길이에 의해 상쇄하는 지점에 도달하게 된다.

이 단계에 도달함과 동시에 문명과 그 인접한 야만족의 접촉의 성질이 완전히 변화한다. 문명이 성장하고 있는 동안에는 그 문명이 완전히 지배하고 있는 중심지역은 앞서 본 바와 같이 전혀 순화되어 있지 않은 야만의 공격으로부터 보호되어 있는데, 그 보호는 장대한 일련의 미묘한 변화를 통해 문명이 점진적으로 야만에 스며드는 넓은 관문지대(關門地帶) 혹은 완충지대에 의한다. 그러나 이와 반대로 문명이 쇠퇴하여 분열상태에 빠지고, 그 결과로 지배적 소수자와 외적 프롤레타리아트와의 싸움이 추격전에서 참호전으로 교착하게 되면 완충지대는 없어진다. 이렇게 되면 문명에서 야만으로 향하는 지리적 이동은 이제 점진적인 것이 아니라 돌발적인 것이 된다. 이 두 종류의 접촉의 유사점과 차이점을 동시에 표시하는 적절한 라틴어를 사용해 보면 '리멘', 즉 한 지대를 형성하고 있던 관문이 사라지고 그 자리에 '리메스', 즉 넓이는 없고 길이뿐인 한 줄의 선이 군사적 경계선으로 나타난다. 이 선을 두고 악전고투하는 지배적 소수자와 정복되지 않은 외적 프롤레타리아트가 무장한 채 서로 대치한다. 이 군사적 전선은, 사회적으로 서로 교환하면 교환하는 쌍방간의 전쟁에는 유용하지만 평화에는 결코 도움이 되지 않는 군사적 기술 이외에는 일체의 다른 사회적 방사의 통고를 방해하는 장벽이다.

이런 전쟁이 '리메스'의 선에서 고정될 경우에 일어나는 사회적 현상에 관해서는 뒤에 다루기로 하고, 여기서는 다만 이 일시적이고 불안정한 힘의 균형은 시간이 감에 따라 반드시 야만족에게 유리한 쪽으로 기울어진다는 기본적 사실만을 말해 두기로 한다.

헬라스 사회의 예

헬라스 사회 역사의 성장기에는 건전하게 자라고 있는 문명의 중심 지역은 그 주위에 '리멘', 즉 완충지대를 만들어내는 경향이 있다는 것을 보여주는 예가 풍부하다. 헬라스의 순수한 헬라스 문명이 대륙 유럽 방면으로 향했을 때 테르모필레 이북에서는 반(半) 헬라스 문화화한 테살리아 지방으로 스며들었고, 델피에서는 반헬라스 문화화한 아이톨리아 지방으로 스며들었는데, 이 두 지방은 또 반의 반 정도 헬레니즘화한 마케도니아 지방과 에피루스 지방에 의해 전혀 문명이 없는 드라키아 지방과 일리리아 지방의 순전한 야만으로부터 보호되어 있었다. 다시 소아시아 방면에서는, 아시아 쪽 해안에 있는 그리스 도시들의 배후지역에서부터 멀어짐에 따라 점차 헬레니즘의 색채가 엷어진 지대의 대표적인 예가 카리아와 리디아 및 프리기아이다. 이 소아시아의 변경지역에서 헬레니즘이 야만족 정복자들의 마음을 최초로 사로잡은 사실은 역사에 비추어 명확히 알 수 있다. 기원전 6세기의 2·4분기에 있어서 친(親) 헬라스파와 반(反) 헬라스파의 갈등이 리디아 정치의 전면에 나타나게 되었을 때, 리디아의 왕위를 노린 친헬라스파의 판탈레온이 그의 이복동생 크로이소스에게 타도되었는데, 그때 반헬라스파의 우두머리인 크로이소스도 친헬라스적 풍조에 거역할 수 없어 헬라스의 신전들을 관대하게 보호한 자로서, 또 이따금 그리스 신들의 신탁을 믿고 행동한 사람으로서 유명해졌을 정도이다.

바다 건너편의 배후지역에 있어서도 우호관계와 점진적 이행이 일반화되어 있었던 모양이어서, 헬레니즘은 그 이탈리아 방면의 배후지역인 마그나 그라에키아에 급속히 퍼져갔다. 현존하는 문헌 중 로마에 관한 최초의 기록은 플라톤의 제자 헤라클레이데스 폰티쿠스의 유실된 저작의 단편인데, 거기서는 이 라틴 민족의 나라를 '헬라스의 한 도시인 로마' 로 부르고 있다.

이와 같이 성장기의 헬라스 세계의 모든 변경에서 오르페우스의 우아한 모습은 그 주위의 야만족을 매료시켰을 뿐만 아니라, 그들 야만족은 그들의 거친 악기에 맞추어서 그 오르페우스의 영묘한 음악을 더 먼 내륙의 더 미개한 주민들에게 복습시키는 광경이 눈에 선히 보이는 것 같다. 그러나 이 목가적 광경은 헬라스 문명의 쇠퇴와 함께 순식간에 사라진다. 조화음(調和音)이 사라지고 불협화음이 울려퍼지는 순간, 지금까지 정신없이 경청하고 있던 야만족들은 문득 제정신으로 돌아온다. 거기서 그들은 그 본래의 난폭한 성질로 다시 돌아가서 부드러운 예언자의 옷자락 밑에서 나타난 흉악한 병사들을 향해 사납게 덤벼든다.

헬라스 문명의 쇠퇴에 대한 외적 프롤레타리아트의 전투적 반응은 마그나 그라에키아 지방에서 가장 맹렬했고 또 가장 효과적이었는데, 거기에서는 브루티움과 루카니아(둘 다 남부 이탈리아의 지방)의 주민이 그리스인의 도시들을 공격하여 하나 둘씩 점령하기 시작했던 것이다. '헬라스 최대의 재난의 발단'이 되었던 전쟁(펠로폰네소스 전쟁)이 기원전 431년에 시작된 지 100년도 지나지 않은 동안에 일찍이 번창했던 마그나 그라에키아의 도시들 가운데서 겨우 살아남은 몇 개의 도시마저 바닷속으로 떨어져 나가지 않게 지키기 위해서는 이제 그리스 본국에서 용병대의 원군을 청하지 않으면 안 되게 되었다. 그러나 이 부평초같이 부동(浮動)하는 증원군은 조수같이 밀려오는 오스크족을 막는 데는 거의 쓸모가 없었다. 그리하여 오스크족과 동일한 계통의 민족인 헬라스화한 로마인의 개입에 의해 이 싸움 전체가 갑자기 끝나게 되었을 때에는 밀려오는 야만족은 이미 메시나 해협을 다 건너와 있었던 것이다. 로마의 정치와 군사는 단지 마그나 그라에키아를 구했을 뿐만 아니라 오스크족을 배후에서 격파하여 이탈리아의 야만족들과 이탈리아에 식민한 그리스인에게도 똑같이 '로마의 평화'를 강요함으로써 이탈리아 반도 전체를 헬레니즘을 위해 확보했다.

이렇게 하여 헬레니즘과 야만족 사이의 남부 이탈리아에 있어서의 전선은 일소되고, 그후 계속해서 발생한 로마의 정복전쟁은 일찍이 마케도니아의 알렉산드로스가 아시아에서 확대한 것과 같은 정도로 널리, 또한 멀리 대륙의 유럽과 서북 아프리카에까지 헬라스 사회의 지배적 소수자의 세력범위를 확장했다. 그러나 이 군사적 팽창의 결과는 야만족에 대치하는 전선을 제거하지는 못했고, 오히려 그 전선의 길이를 연장하고 세력의 중심으로부터의 거리를 증대시켰을 따름이었다. 그 전선은 몇 세기 동안 안정되어 있었다. 그러나 헬라스 사회의 해체가 진행됨에 따라서 마침내 야만족이 그 전선을 돌파하게 되었다.

이번에는 헬라스 사회의 지배적 소수자의 압박에 대한 외적 프롤레타리아트의 응전에 있어서, 폭력적인 응전과 함께 온건한 응전의 징후도 인식될 수 있는가, 그리고 그 외적 프롤레타리아트는 어떤 창조적인 활동을 했는가에 대해 알아보기로 하자.

언뜻 보기에 이 두 가지 물음에 대한 답은 적어도 헬라스 사회에 있어서만은 부정적일 것이라고 생각될는지 모른다. 헬라스 사회에 반항하는 야만족은 갖가지 자세와 형세 속에 모습을 나타내곤 했다. 즉 아리오비스투스(게르만 스에피족의 왕)처럼 전장에서 카이사르에게 추방되기도 하고, 아르미니우스(게르만 체로스키족 족장)처럼 아우구스투스와 백중지세를 보이기도 하고, 오도바케르(게르만 스키리아족 출신의 용병대장)처럼 로물루스 아우구스툴루스에게 복수하기도 했던 것이다.

그러나 모든 전쟁은 지느냐 비기느냐 이기느냐의 셋 중 어느 하나로 끝나게 마련인데, 어떤 결과로 끝나던 한결같이 폭력만이 홀로 지배할 뿐 창조성이란 것은 문제가 되지 않는다. 그러나 내적 프롤레타리아트도 그 초기의 반응에 있어서는 역시 폭력성과 창조성의 결여를 나타내는 경향이 있다는 것, 그리고 '고등종교'와 세계교회 같은 거대한 사업으로 나타나는 온건도 그 우세한 힘을 얻게 되기까지에는 시간과 노력이 필요하다는 것을 상기함으로써 우리는 거기에 힘을 얻어 좀더 살펴보기로 하자.

이를테면 온건의 문제에 있어서 적어도 야만족 전투단에 따라 폭력의 정도에 다소 차이가 있다는 것을 알 수 있다. 기원전 410년, 반의 반 정도 헬라스화한 서(西)고트족의 알라릭에 의한 로마 시의 공략은, 그후 455년의 반달족과 베르베르족에 의한 같은 로마 시의 약탈이나, 406년 라다가이수스(게르만의 여러 종족의 우두머리)에게 하마터면 당할 뻔했던 그 로마 공략에 비하면 별로 잔인하지 않았다. 알라릭의 비교적 온건한 행위는 성(聖)아우구스티누스에 의해 다음과 같이 진술되어 있다.

그렇게 두렵게 여겨지던 야만족의 잔학행위는 별로 대단치 않았고, 오히려 가벼운 편이었다. 그들은 넓은 교회를 피난민 수용소로 지정하고, 이 성소에서는 아무도 죽이지 말고 아무도 포로로 납치하지 말라는 명령을 내렸다. 실제로 인심 좋은 적군이 많은 포로들을 이 교회로 데려다가 자유를 얻게 했고, 또 잔인한 적병에게 끌려나가 노예가 된 사람은 하나도 없었다.

그리고 또 알라릭의 의제(義弟)로서 그의 후계자가 된 아타울프(서고트의 왕)에 관한 흥미있는 증거가 아우구스티누스의 제자 오로시우스(5세기 전반의 교회 저술가)에 의해 전해지고 있다. 오로시우스는 이 이야기를 '테오도시우스 황제 밑에서 무공을 세운 나르본 출신의 한 신사'에게서 들었다고 한다.

이 신사가 우리에게 이야기한 바에 의하면 자기는 나르본에서 아타울프와 대단히 친해졌고, 종종 아타울프에게서 그의 신상에 관한 이야기를 듣곤 했다고 한다. ─이것은 법정에서 증인이 증언을 할 때와 마찬가지의 성실성으로 분명한 사실이라고 단언했다. ─기력과 체력과 천부의 재능을 겸비한 이 야만인은 자주 자기 이야기를 했다는 것이다. 아타울프 자신의 이야기에 따르면, 그는 처음에는 로마라는 이름을 상기시키는 것을 모조리 말살하기를 열망하고 로마 전체를 고트족의 제국으로 만들어야 되겠다는 생각을 갖고 있었다. …… 그러나 시간이 흐르고 경험이 쌓여감에 따라 고트족은 규율 없는 야만성으로 말미암아 법치생활의 자격이 전혀 없다는 것을 확신하게 되는 한편, 법률이 국가를 지배하지 않을 때는 국가도 없어지는 것이기 때문에 국가생활에서 법치를 추방한다는 것은 죄악이라고 확신하게 되었다. 이 진리를 깨달았을 때, 아타울프는 로마의 이름을 그 옛날과 같이, 아니 그보다 더 위대하게 회복시키기 위해 자기의 힘이 미치는 한 다소를 막론하고 고트족의 힘을 이용하는 영광을 얻으려고 결심했다.

이 구절은 헬라스 사회의 외적 프롤레타리아트의 기질이 폭력주의에서 온건주의로 변했다는 것을 입증하는 전거가 되지만, 우리는 이것을 근거로 어느 정도 개화된 야만인의 영혼 속에는 이 변화와 함께 일어나는 종교적 창조성 내지 그보다는 못해도 적어도 독창성의 징후가 나타난다는 것을 확인할 수 있다.

이를테면 아타울프도 그의 의형 알라릭과 마찬가지로 그리스도교도였다. 그러나 그의 그리스도교는 성아우구스티누스와 가톨릭 교회의 그리스도교가 아니었다.

당시 유럽의 전선에서 침략을 한 야만족은, 아직도 여전히 이교를 신봉하고 있는 자를 제외하면 모두 아리우스파 신자였다. 그들이 당초 가톨릭교로 개종하지 않고 아리우스파로 개종하게 된 것은 우연한 결과이기는 했지만, 그리스도교화한 헬라스 세계에서 이 이단설이 한때 인기를 잃은 후에도 여전히 계속하여 그들이 아리우스파를 신봉한 것은 의식적인 선택의 결과였던 것이다. 그 이래 그들의 아리우스파는 피정복자와 정복자의 사회적 구별의 표지가 되어 의식적으로 그것을 표방하기도 하고 때로는 거만하게 자랑하기도 했다. 로마 제국의 후계국가를 만든 튜턴족의 대다수가 믿고 있었던 이 아리우스파는 375~675년의 공백기의 대부분을 통하여 존속했다.

공허 속에서 출현한 서구 그리스도교 세계라는 새로운 문명의 창건자로서 누구보다도 공적이 큰 사람으로 간주되고 있는 교황 그레고리우스 1세는 랑고바르드족의 여왕 테오데린다를 가톨릭교로 개종하게 함으로써 이 야만족 역사의 아리우스파 시대를 종결시키는 데 일익을 담당했다. 프랑크족은 아리우스교도가 되지 않고, 클로비스의 개종 및 그의 랑스에서의 영세(領洗) (496년)와 더불어 이교에서 곧장 가톨릭교로 개종했다. 이 개종이 그들로 하여금 공백기를 무사히 이겨내고 새로운 문명의 정치적 초석이 된 국가를 건설하게 하는 데 크게 도움이 되었다.

이와 같이 야만족의 개종자들이 마침 눈에 띄는 대로 선택한 아리우스파는 결국 이 야만족 집단을 다른 집단과 구별하는 표지가 되었는데, 이들과는 달리 로마 제국의 다른 경계지역에서는 단순히 자기 집단을 자랑하는 것보다 더 적극적인 동기에서 일종의 종교생활의 독창성을 보여준 다른 야만족들이 있었다. 브리튼 열도의 변경에서는 아리우스파 그리스도교로 개종하지 않고 가톨릭 그리스도교로 개종한 '켈트 외곽'의 야만족들이 그 가톨릭교를 그들 자신의 야만적 전통에 맞게 개조했다. 그리고 아프라시아 초원지대의 아라비아 지방에 면한 변경에서는 경계선 너머의 야만족이 브리튼 열도의 야만족보다 한층 더 높은 독창성을 발휘했다. 유대교와 그리스도교의 방사는 마호메트의 창조적 혼을 통해 이슬람교라는 새로운 '고등종교'를 낳게 하는 정신적인 힘이 되었다.

우리의 연구를 한 단계 앞 시대로 소급시켜 보면, 지금까지 서술한 종교적 반응들은 헬라스 문명의 방사에 의해 이 미개민족들 사이에서 환기된 최초의 종교적 반응이 아니라는 것을 알게 된다. 순수하고 완전한 원시종교는 모두 어떤 형태에 있어서든지 일종의 다산(多産) 숭배이다. 미개사회에서는 자녀의 출산과 식량의 생산이라는 형태로 나타나는 자신의 출산력을 숭배하는 것이 주이고, 파괴적인 힘의 숭배는 전혀 볼 수 없거나 아니면 종속적인 위치에 놓여 있다. 그러나 미개인의 종교는 항상 그 사회적 조건의 충실한 반영이기 때문에, 적대관계에 있는 인접 사회체와 접촉하게 됨으로써 그들의 사회생활이 심하게 흐트러지면 그들의 원시종교에도 혁명적 변화가 일어나지 않을 수 없다. 그리고 이 변화야말로 성장기 문명의 그 유익한 영향을 서서히 그리고 평화리에 흡수해 오던 미개사회가 신기한 매력으로 하프를 켜는 우아한 오르페우스의 모습을 비극적으로 잃어버리고, 그 대신 쇠퇴한 문명의 지배적 소수자의 추하고 흉악한 얼굴을 갑자기 만나게 되는 때에 일어나는 변화이다.

이때 미개사회는 외적 프롤레타리아트의 하나로 변화한다. 그렇게 되면 야만족의 사회생활에 있어서의 생산적 행위와 파괴적 행위의 상대적 중요성이 전적으로 역전하여, 이제는 전쟁만이 그 사회의 모든 것을 집중시키는 일이 된다. 그리고 전쟁이 평범한 일상생활과 식량생산보다 더 자극적일 뿐만 아니라 보다 더 수지 맞는 일로 화하게 될 때, 농경의 여신 데메테르나 사랑의 여신 아프로디테가 어떻게 군신 아레스에 대항하여 최고의 신성의 표현으로서의 지위를 유지할 수 있겠는가?

이제 최고신은 신들의 전투단체의 우두머리라는 형태로 바뀌게 된다. 우리는 앞서 미노스 해양왕국의 외적 프롤레타리아트였던 아카이아인이 숭배한 올림포스의 제신에서 야만적 경향의 신들을 만나보았고, 또 카롤링거 제국의 외적 프롤레타리아트였던 스칸디나비아인이 숭배한 북구의 아스가르드 제신도 올림포스의 신들과 마찬가지로 비적(匪賊)이 신격화된 것임을 알았다. 로마 제국의 유럽 쪽 경계선 건너편의 튜턴 야만족도 아리우스교나 가톨릭교로 개종하기 전에 이와 같은 종류의 다른 신들을 숭배하고 있었다. 약탈을 일삼은 이 신들을 군국주의자 가 된 그 숭배자 자신의 형상대로 만들어낸 것은 헬라스 세계의 외적 프롤레타리 아트였던 튜턴족의 공로로 돌려야 할 창조적인 사업이라고 생각해야 할 것이다.

이상으로 종교면에 있어서의 몇몇 창조적 활동의 예를 모아 보았는데, 다시 한 번 더 유추의 힘을 빌려 우리의 이 빈약한 수확을 조금이라도 더 보탤 수는 없을 까? 내적 프롤레타리아트의 영예로운 발견인 '고등종교'가 예술면에 있어서 일 련의 창조적인 활동과 결부되어 있다는 것은 주지의 사실이다. 그렇다면 외적 프 롤레타리아트의 '하등종교'에도 그에 상응하는 어떤 주목할 만한 예술작품이 있 지 않을까?

이에 대한 답은 확실히 긍정적이다. 왜냐하면 우리가 올림포스 제신의 모습을 마음속에 그려보려고 하는 순간에는 반드시 호메로스의 서사시에 묘사되어 있는 그들의 모습이 떠오르기 때문이다. 호메로스의 시는, 그레고리오 평조성가(平調 聖歌)와 고딕 양식의 건축이 중세의 서구 가톨릭교와 결부되어 있었던 것과 마찬 가지로 올림포스 제신의 숭배와 불가분 결부되어 있다.

그리고 이 이오니아의 그리스 서사시에 해당하는 것이 영국의 튜턴족 서사시와 아이슬란드의 스칸디나비아 전설시(시가)이다. 호메로스의 서사시가 올림포스와 결부되어 있고, 영국의 서사시는—현존하는 최대의 걸작은 《베어울프》이다— 보덴 신(북구의 오딘과 같다) 및 그의 막료 제신과 결부되어 있다. 사실 서사시야말 로 외적 프롤레타리아트의 반응이 낳은 가장 특징적이고 현저한 산물이며, 그들 이 겪은 시련이 인류에게 남겨준 유일한 '영원의 재보'이다. 문명사회가 산출한 어떤 시도 호메로스의 '결코 권태를 모르는 광채와 무자비한 신랄함'에는 당하지 못할 것이다.

우리는 위에서 서사시의 예를 세 가지 들었는데, 다른 예를 얼마든지 더 들 수 있고, 또 그런 예들은 모두 외적 프롤레타리아트가 맞서게 된 문명에 대한 반응이 었다는 것도 쉽게 입증할 수 있다. 예를 들어 《롤랑의 노래》는 시리아 문명의 세계국가의 외적 프롤레타리아트의 일익이었던 유럽인의 산물이다. 11세기에 안달루시아의 우마이야 이슬람교 왕국의 피레네 전선을 돌파한 프랑스의 반(半)야만 십자군 장병이, 그후 서구 세계의 모든 말로 씌어진 모든 시의 어버이가 된 예술작품을 낳게 하는 동기가 되었던 것이다. 《롤랑의 노래》는 《베어울프》에 비해 문학적 가치가 단연 우수할 뿐만 아니라 역사적 중요성에 있어서도 훨씬 뛰어나다.

5. 서구 사회의 외적 프롤레타리아트

서구 문명세계와 그것이 만난 미개사회의 관계의 역사로 시선을 돌리면, 우리는 헬라스 사회의 성장기에 있어서와 마찬가지로 서구 그리스도교 세계도 그 초기에는 주위의 미개사회를 매혹시켜 속속 개종자들을 획득한 시기가 있었다는 것을 알 수 있다. 이 초기의 개종자들 중 가장 현저한 것은 유산된 스칸디나비아 문명에 속한 사람들이었다. 이들은 자기들이 무력으로 공격했던 문명의 정신적 용기에 결국 무릎을 꿇었다. 즉 그들은 데인로나 노르망디같이 그리스도교가 성행했던 지방에서뿐만 아니라 멀리 북구의 그들의 본거지와 멀리 떨어진 아이슬란드의 식민지에서도 결국 그리스도교로 개종하고 말았던 것이다. 같은 시기의 유목민 마자르족과 숲속에 거주하는 폴란드인의 개종도 역시 자발적인 것이었다.

그러나 서구 사회의 팽창의 초기는 아직 무력 침략을 그 특징으로 하는데, 그 침략은 초기의 헬라스가 가끔 범하곤 했던 미개한 인접사회의 정복과 추방보다 훨씬 더 난폭했다. 작센족에 대한 샤를마뉴의 십자군(전후 다섯 차례에 걸침)과 그 200년 후 엘베 강과 오데르 강 사이의 슬라브족에 대한 작센족의 십자군이 그 예이다. 그리고 이 잔학행위들은 13세기에서 14세기에 걸쳐 튜턴 기사단에 의해 비스툴라 강 건너편의 프러시아인을 섬멸함으로써 그 절정에 달했다.

그리스도교 세계의 서북 변경에서도 같은 과정이 반복된다. 최초에는 일단의 로마인 선교사의 힘으로 영국인을 평화적으로 개종시켰지만, 그후에는 664년의 위트비 종교회의의 결정에서 시작하여 1171년 교황의 재가하에 영국의 헨리 2

세가 취한 아일랜드에 대한 무력 침략에 이르러 그 절정에 달한 일련의 강압수단에 의해 극서 그리스도교도들에 대한 탄압이 계속되었다. 그러나 이것으로 이야기가 끝난 것이 아니다. 스코틀랜드의 고산지대와 아일랜드 소택지대의 '켈트 외곽'의 잔존자에 대한 장기간의 침공을 통해 영국인의 습성이 된 '위압정책'은 대서양을 건너가서 북아메리카 인디언을 희생시키는 데도 사용되었다.

최근 수세기 동안 전 지구상에 팽창하게 된 서구 문명의 세력이 얼마나 강하고, 또 서구 문명과 거기 저항하는 미개사회와의 실력의 차가 얼마나 심했던지, 서구 문명의 팽창운동은 아무런 방해도 받지 않고 순조로이 진행되어 마침내 하나의 불안정한 '리메스'가 아니라 자연적 경계라는 '테르미누스(종점)'에까지 이르게 되었다. 미개사회의 후위에 대한 이 전세계적인 공격에 있어서는 절멸이냐 추방이냐 복속이냐의 어느 하나가 통례였고, 자발적인 전향은 예외였다. 실제로 근세의 서구 사회가 협동자로 끌어들인 미개사회의 수는 다섯 손가락으로 헤아릴 정도에 지나지 않는다. 그중 하나는 스코틀랜드 고산지대의 주민인데, 이 주민은 중세의 서구 그리스도교 세계가 근세의 서구 사회에 물려준 몇 안 되는 순화되지 않은 야만족의 뚝 떨어진 영토의 하나이다. 그 밖에 뉴질랜드의 마오리족, 또 스페인의 잉카 제국 정복 이래 스페인인이 교섭을 가지게 되었던 안데스 사회 세계국가의 한 지방, 칠레의 미개한 오지에 사는 아라우카니아족이 그들이다.

우리의 시험 사례는 스코틀랜드 고산지대의 백인 야만족이 그 최후의 저항이었던, 1745년의 제임스 2세 당(黨)이 반란에 실패하고 난 후 영국에 병합된 역사이다. 왜 이 역사가 시험 사례가 되느냐 하면, 존슨 박사나 호레이스 월폴 같은 사람과, 찰리 대공을 더비까지 공격하게 한 전단들과의 사이의 사회적 격차가, 뉴질랜드나 칠레의 유럽인 식민자들과 마오리족이나 아라우카니아족과의 사회적 격차보다 좁지 않았기 때문이다. 그럼에도 불구하고 오늘날 찰리 대공의 털보 전사의 후예들이, 약 200년 전 최후의 일전에서 승리한, 가발 쓰고 분 바른 저지대 주민이나 영국인의 후예와 조금도 다름없는 표준화된 사회적 실질을 갖춘 인간이 되어 있다는 것은 의심할 여지가 없다. 그 결과 그 야만족과의 싸움의 성격도 원래의 성격을 전혀 찾아볼 수 없을 정도로 민간전설에 의해 변질되어 버렸다. 그리고 오늘날 스코틀랜드인은 그렇게 생각하고 있지 않을는지 몰라도, 잉글랜드인은 거의 완전히 고산지대 특유의 타탄(격자 모양의 줄무늬가 있는 모직)은—1700년경에든버러 시민은 당시 보스턴 시민이 인디언 추장의 모자에 꽂는 장식용 깃털을 보는 것과 같은 눈으로 타탄을 보았다—스코틀랜드의 민족적 복장이라고 생각하게 되었다. 그래서 저지대의 과자상들은 오늘날 타탄 무늬의 종이상자에 '에든버러록'이라는 과자를 넣어 팔고 있다.

오늘날 서구화된 세계에서 야만족과의 사이에 '리메스'가 있다면, 그것은 아직 완전히 서구 사회체 안에 흡수되어 있지 않은 비서구 문명으로부터 계승된 것이다. 그런 지역 가운데서 가장 흥미롭고 중요한 것은 인도의 서북 경계지역이다. 적어도 해체기의 힌두 문명에 세계국가를 제공할 임무를 맡은 서구의 지방국가(영국을 말한다)의 국민에게 있어서는 더욱 그렇다.

이 경계지역은 힌두 사회의 혼란기(1175~1579년경)에 터키와 이란의 약탈적인 전투단체의 통솔자들에 의해 재삼 돌파되었다. 힌두 세계에 무굴 제국이라는 세계국가가 수립됨으로써 그 경계선은 한동안 봉쇄되었다. '무굴 제국의 평화'가 18세기 초에 붕괴되었을 때, 국경선을 넘어 쇄도해 온—이방인의 세계국가에 대항하는 힌두 사회의 전투적인 주인공 마라타족과 더불어 무굴 제국의 시체를 빼앗기 위해—야만족은 동부 이란의 로힐라족과 아프간족이었다. 그리고 악바르의 사업이 다른 외래민족에 의해 다시 이룩되고 힌두 사회의 세계국가가 영국 통치의 형태로 재건되었을 때, 인도에서 영국인 제국 건설자들이 인수하지 않으면 안 되었던 모든 국경 임무 중 가장 힘든 것은 서북 경계지역의 방위였다. 여러 종류의 국경정책이 시도되었지만 참으로 만족할 만한 것은 하나도 없었던 것이다.

영국인 제국 건설자들이 최초로 시도한 방책은, 무굴 제국이 그 전성기에 옥수스-약사르테스 두 강 유역에 위치한 제국의 우즈베크족 후계국가들이나 서부 이란의 사파비 제국과 접경하고 있었던 선에 이르기까지, 힌두 세계의 관문이 되는 동부 이란 전역을 정복하여 병합해 버리려는 계획이었다. 1831년 이래 알렉산드로스 번스(인도 총독부의 영국인 관리)가 행한 모험적 정찰에 뒤이어 1838년에는 그보다 더 위험한 영국령 인도 부대를 아프가니스탄에 파병하는 조치를 취했으나,

서북 국경문제를 '전면적'으로 해결하려는 이 야심찬 계획은 불행한 결과를 낳았다. 그것은 영국인 제국 건설자들이 1799년에서 1818년까지 사이에 인더스 강 유역의 동남쪽에 있는 인도 전체의 정복에 크게 성공한 첫 승리에 도취하여 스스로의 힘을 과신하고, 그들이 정복하려는 미개한 야만족에 대한 침략이 그 야만족 사이에 야기하게 될 저항력과 효과를 과소평가했기 때문이었다. 1841~42년의 그 작전은, 1896년에 아비시니아의 고원에서 이탈리아가 겪은 참패보다 훨씬 더 참담하게 끝났다.

이 유명한 실패 이후 고원지대를 영원히 정복하려는 영국인의 야심은 단순히 시험적인 것 이상이 못 되었다. 그리하여 1849년의 펀자브 정복 이래 갖가지 국경정책은 전략적이라기보다는 전술적인 것이었다. 실제 이곳은 기원후 최초의 수 세기간 로마 제국의 라인-다뉴브 국경선과 정치적으로 같은 종류에 속하는 경계선이다. 영국령 인도 제국의 지배적 소수자가 힌두 사회의 내적 프롤레타리아트의 설득에 양보하여 점점 더 미움만 받는 인도 통치에서 손을 뗄 경우, 주인의 자리를 되찾은 이 해방된 내적 프롤레타리아트가 과연 어떻게 서북 국경문제를 해결할 수 있는지는 두고 볼 일이다.

다음으로 우리 서구 사회가 그 역사의 여러 시기에 세계의 여러 곳에서 만들어낸 외적 프롤레타리아트가 그 시련의 자극을 받고 시와 종교의 영역에서 과연 어떤 창조적 활동을 했던가를 문제삼는다면, 우리는 곧 독자적인 문명을 낳으려고 노력했음에도 불구하고 서구 그리스도교 세계의 발생기 문명과의 싸움에 패하여 결국 유산되고 만 '켈트 외곽'과 스칸디나비아의 야만족 후위부대의 눈부신 창조 활동을 연상하게 된다. 이 야만족들과 서구 문명의 조우에 대해서는 이 책의 다른 부문에서 이미 논의한 바가 있으므로, 우리는 곧장 근세 서구 세계의 팽창에 의해 발생한 외적 프롤레타리아트의 고찰로 들어가기로 하겠는데, 이 광대한 영역을 고찰함에 있어 야만의 창조성이 발휘되는 시와 종교의 두 분야에서 각각 하나씩만 그 예를 드는 데 만족하기로 하자.

시의 분야에서는 16세기부터 17세기에 다뉴브 강 유역 합스부르크 왕국의 동남 경계선 너머의 보스니아 야만족에 의해 발달된 '영웅시'를 들 수 있다. 이 예가 흥미를 끄는 것은, 그것이 언뜻 보기에 해체기 문명의 외적 프롤레타리아트가 '영웅시' 창조의 자극을 받게 되는 것은 그 문명이 세계국가의 단계를 거쳐 야만족의 민족이동을 유발하는 공백기로 들어간 뒤라고 하는 통칙의 예외처럼 보이기 때문이다. 그러나 다뉴브 강변의 합스부르크 왕국은 런던이나 파리의 입장에서 보면 과연 정치적으로 분열된 서구 세계의 몇몇 지방국가 중 하나에 불과하지만, 그 왕국의 피지배민족들이나 그 이웃 혹은 적국의 비(非)서구인의 입장에서 보면 서구 사회의 세계국가로서의 모든 외관과 특성을 훌륭하게 구비하고 비서구 사회에 대해 서구 그리스도교 사회의 전체를 지켜주는 '귀갑(龜甲)' 내지 방패의 역할을 다하고 있었던 것이다. 그리고 이 귀갑의 수호를 받고 있던 서구인은 합스부르크 왕국의 세계적 사명의 은혜를 입고 있으면서도 그것을 깨닫지 못했었던 것이다.

보스니아인은 유럽 대륙 야만족의 후위였는데, 그들은 일찍이 서구 그리스도교 세계와 정교 그리스도교 사회 두 침략문명의 협공을 당하는 비상한, 그리고 몹시 고통스러운 경험을 하지 않으면 안 되었다. 보스니아인에게 최초로 미친 영향은 정교 그리스도교 문명이었는데, 이 문명은 그 정통적 형태로는 받아들여지지 않고 보고밀리즘이라는 분파적 형태로 침투할 수 있었을 뿐이다. 보스니아인은 이 이단을 받아들이게 되면서 두 그리스도교 문명으로부터 적대시당했다. 이런 상황 하에서 이슬람교의 오스만리의 도래를 환영하고 보고밀리즘의 신앙을 버리게 되어, 종교에 관한 한 '터키화' 하게 되었던 것이다. 그후부터 이슬람교로 개종한 이 유고슬라비아인은 오스만의 보호하에 오스만-합스부르크 양국 국경선의 오스만 측에서 한 가지 역할을 연출했는데, 그것은 오스만의 지배하에 들어가게 된 지역으로부터 합스부르크 쪽으로 피난해 온 그리스도교도 유고슬라비아인의 역할과 같은 것이었다. 즉 서로 대립되는 이 두 유고슬라비아인은 한편에서는 오스만 제국을 침략하고, 다른 한편에서는 합스부르크 왕국을 침략하는, 각각 그 상대는 다르나 같은 일에 종사하게 되었던 것이다. 그리고 둘 다 세르비아-크로아티아어를 사용하는 '영웅시' 의 두 독자적 유파(流派) 가 역시 같은 국경전(國境戰)이라는 옥토에서 서로 영향을 미치는 일 없이 나란히 자라서 번성했다.

종교적 분야에서 외적 프롤레타리아트의 창조성을 보여주는 서구 사회의 예는 전혀 다른 방면, 즉 19세기의 아메리카 합중국의 적색 인디언족에 대한 변경지역에서 찾을 수 있다.

최초의 영국인 개척자들이 도래한 순간부터 280년 후, 즉 1890년의 수우족 전쟁에서 그 최후의 무력항쟁의 시도가 분쇄될 때까지 북아메리카의 인디언족은 거의 끊임없이 '쫓겨다녔다'는 사실을 생각하면, 그들이 유럽인의 침략이라는 도전에 대항하여 창조적인 종교적 응전을 할 수 있었다는 것만도 놀라운 일인데, 그보다 더 놀라운 것은 이 인디언의 응전이 온건한 성질을 띠었다는 점이다. 인디언의 전투단체에서 예상된 일은 오히려 그들의 형상대로 된 어떤 이교적 종교—이로쿼이족의 올림포스나 아스가르드 같은 것—을 창조하든가, 그렇지 않으면 자기들을 공격하는 자의 칼뱅주의 선교의 가장 전투적인 요소를 받아들이는 것 중 어느 하나였다. 그러나 1762년 델라웨어족의 무명의 예언자로부터 1885년경 네바다에서 일어난 우보카에 이르기까지의 일련의 예언자들은 전혀 다른 종류의 복음을 전파했다. 그들은 평화를 내세우고, 화기의 사용을 비롯하여 그들의 적인 백인에게서 배운 일체의 기술적·물질적 '개량'의 사용을 포기하라고 그 제자들에게 권고했다. 그들은 자기들의 가르침대로 순종하면 인디언은 반드시 살아서 선조의 영혼과 재회하는 지상의 낙원에서 더없이 행복한 생활을 할 수 있게 되고, 또한 적색 인디언의 이 메시아 왕국은 전투용 도끼, 더구나 총알에 의해 정복되는 일은 없을 것이라고 말했다. 그러한 가르침이 채택되었더라면 어떤 결과가 나타났을까 하는 문제는 말할 수 없다. 그러나 그 가르침은 그 설교를 들은 야만족 전사들에게는 너무 어렵고 너무 고원했다. 암담하고 침울한 지평선 위에 희미하게 반짝이는 이 온건의 빛을 통하여, 우리는 미개인의 가슴속에 깃들이고 있는 '나면서부터 그리스도교적인 혼'의 섬광에 마음이 끌린다.

현재 지도상에 남아 있는 소수의 오랜 야만족 사회가 앞으로 절멸을 면하는 유일한 가능성은, 중세 서구 사회 팽창기의 아보트리트인과 리투아니아인처럼 도저히 항거할 수 없을 만큼 강대한 침략문명의 문화에 자발적으로 전향함으로써 미리 강제적 병탄의 운명을 모면한 전술을 채용하는 데 있는 것 같다. 오늘날 아직도 남아 있는 옛 야만세계 중 굳게 포위된 야만의 요새 둘이 특히 눈에 띄는데, 그 두 요새에서는 다같이 진취의 기상에 넘치는 야만족 무장(武將)이 활발한 문화적 공방전을 전개함으로써 아직 절망적이라고는 말할 수 없는 형세를 만회해 보려고 굳은 결의로 힘을 기울이고 있다.

동북 이란에서는 이란-아프가니스탄 국경의 인도 쪽에 사는 순화되지 않은 야만족에 대해 어떤 강제수단을 취하지 않고 아프가니스탄 자체의 자발적인 서구화에 의해 인도의 서북 경계문제가 결국 해결될 것이 아닌가 하는 생각이 든다. 왜냐하면 아프가니스탄의 이런 노력이 성공하기만 한다면, 그 결과의 하나로서 인도 쪽에 있는 전투단체들을 협공하는 셈이 되어 결국 그 자유를 유지할 수 없게 만들 것이기 때문이다. 아프가니스탄의 서구화 운동은 아마날라왕에 의해 개시되었는데, 이 혁명적인 국왕은 지나치게 과격했기 때문에 왕위를 잃었다. 그러나 중요한 것은 아마날라의 개인적 실패가 아니라 그 좌절도 결국 서구화 운동의 치명상이 되지 못했다는 사실이다. 1929년에는 이미 서구화 과정이 상당히 진행되어 아프가니스탄 국민은 반란군의 우두머리 바차이 사카의 순야만적 반응을 그대로 보아넘기지 못했던 것이다. 그리하여 나디르왕과 그 후계자의 치하에서 서구화 과정은 착실히 재개되었다.

그러나 포위된 야만인 요새의 특히 눈에 띄는 서구화론자는 나지드와 헤자즈의 왕 아브드 알 아지즈 알 사우드이다. 그는 1901년 이래 태어나면서부터 정치적 망명객으로 입신하여 루브 알 칼리 사막 서쪽과 사나의 예멘 왕국 이북의 아라비아 전체의 지배자가 된 군인정치가였다. 야만족의 무장으로서 상당히 개화되어 있다는 점에서 이븐 사우드는 서고트족의 아타울프에 비교될 수 있을 것이다. 그는 현대 서구의 과학기술의 큰 힘을 인식하고 중앙아라비아의 초원지대에서 특히 유용한 과학기술의 응용들, 즉 분수식 우물·자동차·비행기 등에 대한 높은 견식을 발휘했다. 그러나 무엇보다도 그의 위대한 점은, 서구적 생활양식에서 빼놓을 수 없는 기초는 법과 질서라는 것을 간파했다는 데 있다.

서구화된 세계의 문화지도에서부터 완강한 최후의 비지(飛地)가 어떤 방법으로든 제거된다면, 그때 우리는 야만 그 자체가 드디어 없어졌다고 기뻐할 수 있을까? 외적 프롤레타리아트의 야만이 완전히 제거되었다고 하여 달콤한 자부심에 빠져서는 안 된다. 왜냐하면 우리는 (이 책의 연구에 어떤 가치가 있다면) 과거에 여러 문명이 파멸의 비운을 만났던 것은 결코 어떤 외적인 힘에 작용에 의해서가 아니고 항상 자살적인 행위의 결과였다는 것을 확신하게 되었기 때문이다.

'우리는 우리 속에 있는 거짓된 것에 배신당한다.'[14] 이제는 세계의 모든 전선에서 문명과 야만의 경계선이 자연이 만들어 놓은 한계까지 후퇴하고, 그 경계선 너머에 남아 있던 최후의 중간지대마저 제거되었으므로, 재래의 낡은 형의 야만인은 어쩌면 완전히 소탕되었을지도 모른다. 그러나 만일 경계선 건너편에서 야만족이 절멸된 그 순간에 은밀히 우리 안에 숨어들어와서 다시 모습을 나타냈다고 한다면, 그 전대미문의 승리도 우리에게 아무런 이득을 가져다 주지 못할 것이다. 그런데 오늘날 야만인이 전진(戰陣)을 치고 있는 곳은 바로 우리의 한복판이 아닌가? '고대의 문명들은 외부에서 들어온 야만인 때문에 멸망했다. 우리는 지금 우리 자신의 야만인을 낳고 있다.'[15] 우리는 우리 세대에 신야만족의 전투단체가 바로 우리 눈앞에서 이 나라 저 나라 하는 식으로—더구나 그 나라들은 지금까지의 그리스도교 세계의 그 외곽지역에 있는 것이 아니라 바로 그 한복판에 있다—편성되고 있는 것을 보지 않았던가? '파쇼 전투부대'와 '나치스 돌격대'의 전투원들은 그 정신에 있어서 야만인이 아니고 무엇인가? 그들은 자기들이 그 품에서 나온 바로 그 사회의 의붓자식이고 꼭 복수해야 할 원한을 품은 학대받은 무리로서, 무자비한 무력행사에 의해 자기들을 위해 '양지바른 곳'을 획득할 도덕적 권리가 있다고 세뇌당하지 않았던가? 그리고 이 가르침이야말로 바로 겐제리크[16]나 아틸라 같은 외적 프롤레타리아트의 무장들이 스스로의 실수로 인해 자위력을 상실한 세계를 약탈하려고 부하들을 이끌고 갈 때마다 반드시 부하 장병들에게 들려주었던 가르침이 아닌가?

1935~36년 이탈리아와 아비시니아 간의 전쟁에 있어서 야만족의 표지는 확실

---

14 G. Meredith, 《로베 그라브》.
15 W. R. Inge, 《진보의 관념》 p.13.
16 반달족의 우두머리. 스페인으로부터 북부 아프리카로 쳐들어가서 거기에 반달 왕국을 건설하고 다시 로마와 콘스탄티노플을 위협했다.

히 검은 피부가 아니라 검은색 셔츠였다. 그리고 검은 셔츠 입은 야만인이 그가 희생물로 했던 검은 피부의 야만인보다 훨씬 더 무서운 흉조였다. 검은 셔츠를 흉조라고 하는 까닭은 고의로 선조 전래의 빛을 배반하는 죄를 범했기 때문이고, 또 검은 셔츠가 무섭다고 하는 까닭은 범죄수단으로 자유로이 쓸 수 있는 선조 전래의 기술을 가지고 있는데다 그것을 신에게 봉사하는 데 쓰지 않고 제멋대로 악마에 봉사하는 데 전용했기 때문이다. 이상과 같은 결론에 도달하기는 했지만, 우리는 아직 우리 문제의 근본까지 파내려간 것은 아니다. 왜냐하면 우리는 이 이탈리아의 신야만주의가 대체 어디서부터 비롯된 것인가를 아직 조사하지 않았기 때문이다.

언젠가 무솔리니는 "내가 이탈리아를 위해서 하고 있는 것은, 대영제국을 건설한 위대한 영국 국민이 영국을 위하고, 또 위대한 프랑스 식민지 개척자들이 프랑스를 위해 한 것과 조금도 다르지 않다"고 말한 일이 있다. 우리는 우리 선조들의 업적을 만화로 만든 이 이탈리아인의 말을 웃어넘기기 전에, 만화란 것은 인물의 특징을 참으로 잘 파악하여 표현하는 수가 있다는 것을 반성해 볼 필요가 있다. 문명의 정도(正道)를 외면한 이탈리아 신야만인의 불쾌한 얼굴에서 그가 모범으로 내세우는 영국인들—클라이브, 드레이크, 호킨스[17]—의 면모가 다소 엿보이는 것을 우리는 고백하지 않을 수 없다.

그러나 우리는 아직도 더 우리의 문제를 추구할 필요가 있지 않을까? 이 장에서 제시된 증거에 의하면 우리는 지배적 소수자와 외적 프롤레타리아트의 싸움에 있어서 먼저 공격을 가한 자는 지배적 소수자라는 것을 상기해야 하지 않을까? 우리는 이 '문명'과 '야만' 사이에서 벌어진 싸움의 역사는 대부분 '문명' 측의 진영에 속하는 저자들에 의해 서술되었다는 것을 잊어서는 안 된다. 따라서 죄없는 문명의 아름다운 강토 안에 외적 프롤레타리아트가 그 야만스런 전화와 살육을 초래했다는 그 전형적인 묘사는 사실의 객관적 묘사가 아니라 '문명' 측이 스스로 도발하여 일으킨 반격의 표적이 된 데 격분하여 표현한 것인 듯하다. 야만인의 결

---

17 1532~95년경까지 영국 최초의 노예무역에 종사한 해군 제독들.

코 용서할 수 없는 원수가 묘사한 야만인에 대한 고소장은 결국 아마도 다음 시와 별로 다르지 않으리라.

이 동물은 아주 고약하다.
때리니까 저항한다.[18]

6. 외래 및 고유의 인스피레이션

지평선의 확대

이 책의 첫머리에서 우리는 영국 역사의 예를 들어, 한 나라의 역사는 다른 나라들의 활동에서 분리하면 그것만으로는 이해될 수 없다는 것을 논하고 나서, 우리가 사회―이것은 문명이라고 부르는 특수한 종에 속하는 사회라는 것을 알게 되었다―라고 부르기로 한 같은 종의 공동사회야말로 '이해 가능한 연구영역'이 된다는 가정을 세웠었다. 바꿔 말하면, 한 문명의 전생애는 스스로 결정하는 것이고, 따라서 그것은 다른 사회의 세력의 작용을 계속 고려에 넣을 필요 없이 그 자체에 있어서 단독으로 연구할 수 있고 이해할 수 있다고 가정했던 것이다. 이 가정은 문명의 발생 및 성장에 관한 우리의 연구에 의해 증명되었고, 또 그 쇠퇴와 해체에 관한 우리의 연구에 의해서도 아직까지 그것을 부정할 만한 반증은 나타나지 않고 있다. 과연 해체기의 문명은 몇 개의 단편으로 분열하기는 하지만, 그 단편들 각각이 본래 한 목재의 조각에 불과하다는 것이 반증되고 있기 때문이다.

해체기 문명의 외적 프롤레타리아트도 방사범위 안에 있는 요소들로 구성된다. 그러나 동시에 해체기 사회의 분열에서 생긴 몇 개의 단편들을 고찰하게 되었을 때―이 점은 외적 프롤레타리아트뿐만 아니라 내적 프롤레타리아트나 지배적 소수자를 고찰하는 경우에도 역시 마찬가지이다―고유한 동인(動因)과

---

18 P. K. Théodore, 《동물원》.

더불어 외래의 동인도 고려에 넣을 필요성이 생긴 경우가 적지 않았다.

사실 사회를 '이해 가능한 연구영역' 으로 정의하는 것은 사회가 아직 성장하고 있는 동안에는 거의 무조건적으로 받아들여지지만, 사회가 해체의 단계에 들어가면 이 정의도 일정한 조건하에서만 지지될 수 있다는 것이 명백해졌다. 문명의 쇠퇴 원인은 내부적인 자기결정 능력의 상실에 있는 것이지 어떤 외적 타격에 있지 않다는 것은 분명한 사실이지만, 쇠퇴한 문명이 사멸을 향해 가는 도중 경과하게 되는 해체의 과정 역시 외부로부터의 동인과 활동을 고려하지 않고도 이해 가능하다는 것은 잘못이다. 해체단계의 문명의 생활을 연구하는 데 있어서 '이해 가능한 영역' 은 그 관찰의 대상이 되어 있는 그 사회 하나만의 범위보다는 분명히 넓은 영역이라는 것이 증명되었다. 이것은 해체의 과정에 있어서 사회체의 실체는 우리가 바로 얼마 전까지 연구해 온 그 세 요소를 분열하는 데 그치지 않고, 동시에 다른 사회체에서 온 요소들과 새로이 결합하는 자유를 되찾는 경향이 있다는 것을 의미한다.

이와 같이 하여 우리는 이 책의 연구를 시작했을 때 우리가 발판으로 삼아 지금까지 확고히 서 왔던 것이 지금 우리의 발밑에서 허물어지고 있다는 것을 느끼게 된다. 처음에 우리가 우리의 '연구' 대상으로 문명을 택한 이유는, 문명은 개별적으로 하나씩 떼어서 연구해도 분명히 '이해 가능한 영역' 이 될 것같이 보였기 때문이다. 그런데 우리는 그 입장을 떠나서 문명 상호간의 접촉을 조사하게 될 때 취하지 않을 수 없는 다른 입장을 향해 이미 옮아가고 있는 것이다.

그런데 여기서 문명의 상호접촉 문제를 생각하기 전에 먼저 해체기 사회의 사회체가 분열하여 생긴 단편을 하나하나의 활동에서 인식할 수 있는 외래의 인스피레이션과 고유의 인스피레이션이 나타내는 각각의 결과를 구별하고 비교하는 것이 편리할 것이다. 지배적 소수자와 외적 프롤레타리아트의 활동에 있어서는 외래의 인스피레이션이 불화와 파괴라는 결과로 끝나는 경우가 많으나, 이에 반해 내적 프롤레타리아트의 활동에 있어서는 조화와 창조라는 결과를 낳는 경우가 많다는 것을 알게 될 것이다.

지배적 소수자와 외적 프롤레타리아트

앞서 본 바와 같이 세계국가는 보통 그 세계국가를 강제로 건설하는 사회의 고유한 지배적 소수자에 의해 마련된다. 이 고유한 제국 건설자들은, 정치적 통일을 강요함으로써 평화의 혜택을 제공하고 있는 그 세계의 변두리에서 온 변경민일 때도 있다. 그렇지만 그들의 출신지가 변경이라고 해서 그들의 문화에 어떤 외래적 요소가 있다고 말할 수는 없다. 그러나 이것도 이미 말한 바이지만, 지배적 소수자의 도덕적 붕괴가 아주 신속하여, 해체기의 사회가 세계국가의 단계로 들어갈 기운이 무르익을 무렵에는 벌써 제국을 건설할 만한 우수한 소질을 가진 지배적 소수자가 완전히 자취를 감추는 경우가 있다. 그런 경우에도 세계국가를 마련하는 과업이 수행되지 않고 방치되는 일은 거의 없다. 어떤 외래의 제국 건설자가 그 난국에 뛰어들어, 이 고뇌하는 사회를 위해 토착민의 손으로 수행되었어야 할 그 과업을 수행한다.

모든 세계국가는, 외래인이 건설한 것이건 토착민이 건설한 것이건 똑같이 열광적으로 환영을 받지는 못하지만 일반적으로 감사와 체념으로 받아들여지는 경향이 있다. 세계국가는 그 앞의 혼란기에 비하면, 물질적 의미에서는 어쨌든 하나의 진보이다. 그러나 시간이 흐름에 따라 '요셉을 알지 못하는 새 왕'(《출애굽기》 1장 8절)이 일어난다. 다시 말하면 혼란기와 그 공포의 기억은 잊혀진 과거가 되고, 현재—사회의 구석구석까지 세계국가의 손이 뻗쳐 있는 현재—가 역사의 전후관계와 상관없이 독립된 존재로 판단되기에 이르는 것이다. 이 단계에 와서 토착민의 세계국가와 외래인의 세계국가의 운명이 달라진다. 토착민에 의한 고유의 세계국가는 그 실제적인 공적 여하를 불문하고 그 국민에게 더욱더 받아들여지기 쉽고, 또 그들의 생활에 적합한 유일한 사회기구라는 식으로 간주되는데, 이와 반대로 외래의 세계국가는 날로 평이 나빠져 간다. 그 국민은 외래문명의 성질에 더욱더 반감을 품게 되고, 그 세계국가가 자기들을 위해 지난날 행한, 또는 아마 현재까지도 계속할 그 유익한 공헌에 더욱더 눈을 감게 된다.

이 차이를 명백히 보여주는 한 쌍의 세계국가는 헬라스 사회에 고유한 세계국가를 제공한 로마 제국과, 힌두 문명에 두 번째의 외래 세계국가를 제공한 영국의 인도 통치이다. 로마 제국이 이미 만족스럽게 그 임무를 수행하지 못하고 명백하게 멸망상태에 들어간 그 말기에도 제국의 국민들은 여전히 그 제국을 사랑과 존경의 시선으로 바라보았다는 것을 나타내는 증거는 얼마든지 모을 수 있다.

영국의 인도 통치가 많은 점에 있어서 로마 제국보다 더 온정적이고 또 모름지기 더 많은 은혜를 베풀었다는 것을 증명하기는 쉬울 것이다. 그러나 인도의 어떤 알렉산드리아에서도 클라우디아누스를 발견하기는 어려울 것이다.

다른 외래의 세계국가의 역사에서도 영국령 인도의 경우와 마찬가지로 그 지배를 받는 국민 사이에 적개심이 커가는 것을 볼 수 있다. 키루스가 바빌로니아 사회에 만든 시리아적인 외래의 세계국가는 성립된 지 200년쯤 되었을 때에는 격심한 미움을 받게 되어, 기원전 331년 마케도니아의 알렉산드로스가 정복해 왔을 때는 똑같은 외래의 정복자인데도 바빌로니아의 성직자들이 알렉산드로스에게 충심으로 환영의 뜻을 표했던 것이다. 이것은 오늘날 인도의 극단적인 민족주의자들이 일본에서 온 클라이브를 환영할지도 모르는 것과 마찬가지이다. 정교 그리스도교 사회에서도 14세기의 1·4분기에 마르마라 해의 아시아 쪽 해안 각지에서 오스만 제국의 건설자를 지지한 그리스인에게 환영을 받았던 외래의 '오스만의 평화'가, 1821년의 그리스 민족주의자들에게는 증오의 표적이 되었다. 이 500년이라는 세월의 흐름이 그리스인들 사이에 감정의 변화를 일으켰던 것인데, 그 변화는 베르킹게토릭스(갈리아 지방에서 카이사르에게 반항한 야만족 족장)의 반(反)로마주의로부터 시도니우스 아폴리나리스의 친로마주의로 변화한 갈리아의 변화와는 상반되는 것이었다.

외래문화의 제국 건설자들에 의해 야기되는 증오의 또 하나의 현저한 예는 혼란했던 극동 세계에 긴급히 필요했던 세계국가를 마련해 준 몽골족 정복자에 대한 한족(漢族)의 증오이다. 그리고 몽골족에 대한 증오심은 극동 사회가 그후 2세기 반 동안이나 만주족의 지배를 관대하게 받아들인 태도와 비교할 때 기이한 대조를 보여주는 것같이 생각될지도 모른다. 그러나 그 이유는 만주족은 어떤 외래문화에도 물들지 않은 극동 세계의 미개척지 주민이었던 데 반해, 몽골족의 야만은 네스토리우스파 그리스도교의 개척민에 유래한 시리아 문화의 영향을 약간이

나마 받고 있었던데다가, 또 출신에 상관없이 누구라도 유능하고 경험이 풍부하면 얼마든지 등용했던 사실에서 찾을 수 있다. 이것이 중국에서 몽골족 통치가 인기가 없었던 참된 이유라는 것은, 몽골족 지배하의 한족과, 몽골인 제왕의 휘하에 있던 정교 그리스도교도 군인 및 이슬람교도 관리와의 격렬한 충돌에 관한 마르코 폴로의 기술에 의해서도 명확해진다.

힉소스족이 그 지배하의 이집트인에게 도저히 참을 수 없는 존재가 된 것도 아마 힉소스족이 수메르 문화의 영향을 받았기 때문이었을 것이다. 이에 반해 그후 완전한 야만상태에 있는 리비아인이 이집트에 침입했을 때는 별로 반감을 품지 않고 받아들였다. 사실 우리는 여기서 어떤 다른 문화의 영향에도 물들지 않은 야만족 침략자는 대개 성공하는 데 반해, 민족이동 이전에 어떤 다른 문명이나 이단설의 영향을 다소라도 받은 야만족 침략자는 모두 쫓겨나든가 절멸되든가 그 어느 하나의 불가피한 운명을 만나게 되므로, 그것을 피하기 위해서는 그 다른 문화의 요소를 씻어 버리지 않으면 안 된다는 하나의 일반적 사회법칙 같은 것을 세워 볼 수도 있다.

첫째 다른 문명의 영향을 전혀 받지 않은 야만인의 경우부터 고찰해 보자. 아리아족과 히타이트족 및 아카이아족은 각각 문명의 변경 관문지역에 머물러 있는 사이에 각자 그 독자적인 야만족 제신(諸神)을 발명하고, 그 경계지역을 돌파하여 문명사회를 정복한 후에도 그 야만적인 신앙을 지켰는데, 그 '손댈 수 없는 무지'에도 불구하고 그들은 각각 인도 문명과 히타이트 문명 및 헬라스 문명이라는 새로운 문명을 창조하는 데 성공했다. 그리고 또 고유의 이교 문화에서 곧장 서구 가톨릭 그리스도교로 개종했던 프랑크족, 영국인, 스칸디나비아인, 폴란드인 및 마자르족도 서구 그리스도교 세계의 건설에 전면적으로 참가했을 뿐만 아니라 그 지도적 역할을 연출할 기회를 얻었다. 이와는 반대로 세트 신을 숭배했던 힉소스족은 이집트 세계에서 쫓겨나고, 몽골족은 중국에서 쫓겨났다.

우리의 이 통칙에 대해 예외로 생각되는 것은 원시 이슬람교의 아랍족이다. 헬라스 사회의 외적 프롤레타리아트에 속한 야만족의 일군이었던 그들은 로마 제국에게서 빼앗은 지방에 사는 그 복속민의 모노피지트파 그리스도교를 채용하지 않고 자기들 자신의 야만적인 시리아 종교를 고수했다는 사실에도 불구하고 헬라스 사회의 괴멸과 함께 일어나 민족이동에 있어서 고도의 성공을 거두었다. 그러나 원시 이슬람교 아랍족의 역사적 역할은 전혀 예외적인 것이었다. 아랍족이 로마 제국의 오리엔트 제주(諸州)에 대한 공격에서 승리함으로써 뜻하지 않게 사산 제 국 전체를 정복하게 되어 시리아 지방에 건설하게 된 이 로마 제국의 야만족 후계 국가는, 그보다 1천 년 전 아케메네스 제국이 알렉산드로스에게 타도되고 얼마 지 나지 않아 멸망한 시리아 사회 세계국가의 회복이라는 형태로 그 성격이 일변했 다. 이렇게 하여 거의 우연히 이슬람교 자체를 위해 새로운 지평을 열었던 것이다.

따라서 이슬람교의 역사는 우리 연구의 일반적 결과를 뒤엎지 않은 특수한 사 례인 것 같다. 일반적으로 말하여 외래의 인스피레이션은 외적 프롤레타리아트에 게 있어서나 지배적 소수자에게 있어서나 장애가 된다고 결론지어도 무방하다. 왜냐하면 외래의 인스피레이션은 외적 프롤레타리아트와 지배적 소수자가 해체 기 사회의 분열에서 생기는 단편들 중 다른 둘과 교섭하게 될 때 갖가지 마찰과 좌절을 낳는 원천이 되기 때문이다.

내적 프롤레타리아트

지배적 소수자 및 외적 프롤레타리아트에 관한 이상의 사실들과는 대조적으 로 내적 프롤레타리아트에게는 외래의 인스피레이션은 화근이 아니라 축복이 된다. 그 축복은 그것을 받는 자들에게, 정복자의 마음을 사로잡고 그들의 생의 목적을 달성하는 데 명백히 초인적인 능력을 부여해 준다. 이 명제의 전부를 테 스트할 수 있는 가장 좋은 방법은 내적 프롤레타리아트 특유의 업적인 '고등종 교'와 '세계교회'를 조사해 보는 일이다. 우리가 조사한 바에 의하면, 그들에게 힘이 있는 것은 그 정신에 외래적인 생명력의 불꽃이 있기 때문이다.

또한 그 힘은 그 외래적인 생명력의 강약에 따라 강해지기도 하고 약해지기도 한다는 것이 분명해졌다.

예컨대 이집트 사회의 내적 프롤레타리아트의 '고등종교'였던 오시리스 숭배는 앞에서 말한 바와 같이 외래적인 것으로서 우선 수메르 사회의 탐무즈 숭배에서 유래했다고 볼 수 있고, 헬라스 사회의 내적 프롤레타리아트의 다수의 경쟁적인 '고등종교들'도 모두 여러 가지 외래문명에서 유래했다는 것을 확실히 밝힐 수 있다. 이시스 숭배에 있어서 외래적인 생명의 불꽃은 이집트 문명의 것이고, 퀴벨레 숭배에 있어서 외래적인 생명의 불꽃은 히타이트 문명의 것이며, 그리스도교와 미드라교에 있어서 외래적인 생명의 불꽃은 시리아 문명의 것이고, 대승불교에 있어서 외래적인 생명의 불꽃은 인도 문명의 것이다. 이상의 '고등종교' 중 처음 네 가지는 알렉산드로스의 정복으로 헬라스 사회의 내적 프롤레타리아트에 편입된 이집트 사회와 히타이트 사회 및 시리아 사회의 주민에 의해 창조된 것이었고, 다섯 번째 것은 박트리아 왕국의 에우디데무스(기원전 227~187년까지 재위) 시대의 그리스인 제후들이 인도 세계를 정복한 결과 기원전 2세기에 역시 헬라스 사회의 내적 프롤레타리아트에 편입된 인도 사회의 주민에 의해 창조된 것이었다. 이상 다섯 가지 '고등종교'는 그 내면적인 정신적 본질에 있어서는 근본적으로 서로 다르지만, 적어도 그 기원이 외래종교라는 외형적 특징에 있어서는 공통된다.

고등종교가 어떤 사회를 정복하려다가 성공하지 못한 예가 몇 가지 있기는 하지만, 그렇다고 해서 우리의 결론이 흔들리지는 않는다. 이를테면 이슬람교의 일파인 시아파는 오스만 치하의 정교 그리스도교 세계의 세계교회가 되려다가 실패했고, 또 가톨릭 그리스도교는 극동 사회의 세계교회가 되려다가 중국에서는 명조(明朝)의 마지막 세기와 청조(淸朝)의 첫 세기에, 일본에서는 혼란기에서 도쿠가와 막부로 옮아가는 순간에 실패했다. 오스만 제국의 시아파와 일본의 가톨릭이 다같이 정신적 정복의 희망을 잃게 된 것은 부당한 정치적 목적에 이용되었기 때문에, 아니 적어도 이용되고 있다는 혐의를 받았기 때문이었다. 중국에서 가톨릭이 실패한 것은, 가톨릭의 이방적인 종교용어를 극동 문명의 철학과 의식의 전통적인 언어로 번역하는 것을 교황이 제주이트 교단의 선교사들에게 허락하지 않았기 때문이다.

우리는 '고등종교'가 개종자를 얻는 데 외래의 불꽃이 도움은 될지언정 방해가 되지는 않는다고 결론지을 수 있다. 그리고 그 이유는 쉽게 발견할 수 있다. 쇠퇴한 사회와의 관계가 소원해져서 그 사회에서 이탈해 가는 과정에 있는 내적 프롤레타리아트는 새로운 계시를 찾고 있는데, 이 새로운 계시를 줄 수 있는 것이 외래의 불꽃이다. 외래의 불꽃이 사람들의 마음을 매혹하는 것은 그 참신성이다. 그러나 이 새로운 진리가 사람들의 마음을 매혹하려면 그전에 먼저 그것이 이해 가능한 것으로 만들어져야 한다. 이 해설이라는 필수적인 사업이 완성되기 전에는 그 새로운 진리도 사람들의 마음에 강하게 호소하지는 못할 것이다.

만일 사도 바울을 비롯한 초대교회의 교부들이 기원후 최초의 4, 5세기 사이에 그리스도교의 교의를 헬라스 사회의 철학용어로 번역하고, 로마의 관료제도를 본떠서 그리스도 교회의 교직제도를 수립하고, 밀교(密敎)의 비의(秘儀)를 본떠서 그리스도교의 의식을 정하고, 심지어 이교적인 제일(祭日)을 그리스도교의 제일로 고치고, 이교적인 영웅 숭배를 그리스도교의 성자 숭배로 대치하는 등의 노력을 하지 않았더라면 그리스도 교회는 로마 제국 안에서 승리를 거두지 못했을 것이다. 중국에서 제주이트 교단의 선교사에 대한 바티칸의 지령에 의해 그 봉오리 꺾인 것이 바로 이런 종류의 사업이었던 것이다. 〈사도행전〉과 바울의 초기의 서간에 기술되어 있는 바와 같은 회의와 충돌에서 만일 사도 바울에 반대한 유대주의 그리스도교도들이 승리했더라면, 헬라스 세계의 개종은 그리스도교 전도자들의 이방인의 나라에 대한 제1차 전도여행 직후 곧 치명적인 좌절을 겪었을 것이다.

고유의 인스피레이션에서 태어난 것처럼 보이는 '고등종교' 가운데는 유대교와 조로아스터교와 이슬람교—이 세 종교의 활동무대도 시리아 세계이고, 그 인스피레이션의 출처도 같은 지역이다—및 힌두교가 포함되는데, 힌두교는 인스피레이션에 있어서나 활동무대에 있어서나 명백히 인도 사회의 종교이다. 이중 힌두교와 이슬람교는 우리의 '법칙'의 예외로 보아야 하지만, 유대교와 조로아스터교는 기원전 8세기에서 6세기 사이에 시리아 사회의 민족들 사이에서 발생했는데, 이 시리아 사회의 민족들은 바빌로니아 사회의 지배적 소수자인 아시리아 군에 의해 강제로 바빌로니아 사회의 내적 프롤레타리아트에 편입된 학대받은 사람들이었기 때문이다. 혹독한 시련 밑에서 시리아인의 영혼에 유대교와 조로아스터교라는 종교적 응전을 불러일으킨 것은 바로 이 바빌로니아 사회의 침략이었다. 이렇게 볼 때, 유대교와 조로아스터교는 마땅히 바빌로니아 사회의 내적 프롤레타리아트에 강제로 편입된 시리아인에 의해 창조된 종교로 분류되어야 할 것 같다. 사실 그리스도 교회가 헬라스 세계의 바울의 회중 속에서 형성된 것과 마찬가지로 유대교는 '바빌론의 강가에서' 형성되었던 것이다.

만일 바빌로니아 문명의 해체가 헬라스 문명의 해체만큼 오래 걸리고, 헬라스 문명과 똑같은 단계를 일일이 경과했더라면, 역사적 견지에서 유대교와 조로아스터교의 발생 및 성장은 바빌로니아 사회의 역사에서 일어난 사건이 되었을 것이다. 마치 그리스도교와 미드라교의 발생 및 성장이 실제 헬라스 문명의 역사에서 일어난 사건이었던 것과 마찬가지로 유대교와 조로아스터교가 그렇게 되지 않았던 까닭은 바빌로니아 문명의 역사가 뜻밖에 빨리 종말을 고하게 되었기 때문이다. 바빌로니아 문명의 세계국가를 건설하려던 칼데아인의 노력은 실패했던 것이다. 바빌로니아 문명의 내적 프롤레타리아트에 강제로 편입된 시리아인은 쇠사슬을 내던졌을 뿐만 아니라, 자기들의 정복자 바빌로니아인을 정신과 함께 육체도 사로잡음으로써 형세를 역전시킬 수 있었다. 이란인은 바빌로니아 문화가 아니라 시리아 문화로 전향하고, 키루스가 건설한 아케메네스 제국은 시리아 문명의 세계국가가 되었던 것이다. 오늘날 유대교와 조로아스터교가 그 고유의 인스피레이션을 탄생한 시리아 사회의 종교인 것처럼 보이는 까닭은 이런 역사적 사정 때문이다. 우리는 이제 이 두 종교는 본래 외래적인 시리아 문명의 인스피레이션을 받아들인 바빌로니아 문명의 내적 프롤레타리아트의 종교라는 것을 알게 되었다.

'고등종교'는 반드시 외래의 인스피레이션에 의해 탄생되는 것이고, 그리고 사실 이것은 단 두 개의 현저한 예외를 빼놓고는 통칙임을 발견했다면, 거기서 그 '고등종교'의 성질은 적어도 두 문명의 접촉을 고려에 넣지 않고서는 도저히 이해될 수 없다는 것이 명백해진다. 이때의 두 문명이란 내적 프롤레타리아트 중 그 새로운 종교가 발생하는 문명과, 그 새로운 종교의 외래의 인스피레이션(혹은 인스피레이션들)의 원천이 되는 문명(혹은 문명들)이다. 그런데 두 문명의 접촉이라는 이 사실은 우리에게 전혀 새로운 출발을 하도록 요구한다. 즉 그것은 우리에게 지금까지 이 책의 연구 기반으로 삼아왔던 입장을 포기하기를 요구하는 것이다. 지금까지 우리는 문명을 단위로 문제를 다루어 왔다. 즉 개개의 문명은 모두 그 특정한 사회의 공간적 · 시간적 한계 밖에서는 어떤 사회현상이 일어나든 거기서 분리하여 독자적으로 이해될 수 있는 하나의 사회적 전체이므로, 어떤 개별적 문명도 단독으로 '연구영역'이 될 수 있다는 가정 위에서 작업을 진행시켜 왔던 것이다. 그러나 이제 우리는 이 책의 첫머리에서 한 나라의 역사를 다른 나라의 역사로부터 분리하여 단독으로 '이해할' 수 있다고 자신 있게 말하는 역사가들을 곤경에 몰아넣었을 때와 똑같은 곤경에 몰렸다. 이제부터 우리는 지금까지 연구를 진행시켜 올 수 있었던 그 범위를 넘어서지 않으면 안 된다.

제19장 영혼의 분열

1. 행동 · 감정 · 생활의 양자택일적인 양식

이제까지 우리가 조사해 온 사회체의 분열은 집단적 경험이다. 따라서 그것은 피상적인 것인데, 그 분열의 의미는 내면적 · 정신적 균열이 외면적 · 가시적(可視的)인 징후로 나타난 것이라는 데 있다. 행동하는 각 인간들의 활동 분야의 공통의 기반인 사회의 표면에 분열이 나타나게 되면, 그 저변에는 반드시 인간 영혼의 분열이 숨어 있다. 우리는 이제부터 이 내면적 분열이 취하는 몇 가지 형태를 고찰해 보기로 하자.

해체기 사회 구성원들의 영혼은 갖가지 형태의 분열을 나타내는데, 그 이유는 이미 고찰한 문명의 발생과 성장에 관여하는 사람들의 활동의 특징이었던 행동과 감정 및 생활의 여러 양식의 모든 것에 분열이 생기기 때문이다. 사람들의 행동 방향이 모두 하나뿐이던 것이 해체기에 들어서면 서로 대립적이고 서로 모순되는 한 쌍의 변형 또는 대체물로 분열하여 도전에 대한 응전은 양자택일적인 두 개의 극(極)으로 변한다. 즉 한쪽은 피동적으로, 다른 한쪽은 능동적으로 변하는데, 이

둘은 다 창조적이 못 된다.

사회적 해체의 비극의 역을 맡지 않을 수 없게 됨으로써 창조적 활동의 기회를 잃어버리게 된(물론 그 능력을 잃어버린 것은 아니지만) 영혼에게 남겨진 유일한 자유는 능동적인 극과 피동적인 극 중 어느 하나를 택하는 일뿐이다. 그런데 이 양자택일의 자유도 해체의 과정이 진행됨에 따라서 한층 더 제한이 엄격해지고 한층 더 결과가 중대해지는 경향이 있다. 즉 영혼의 분열이라는 정신적 경험은 동적인 운동이지 정적인 상태가 아니다. 첫째 개인적 행동에 있어서 창조적 기능의 자리에 대신 나타나는 양자택일적인 두 양식이 있는데, 이 두 양식은 모두 자기표현의 시도이다. 그 피동적인 시도는 방종, 곧 아크라테이아(스스로를 억제하는 힘이 없는 것)이다. 이때 영혼은 자연발생적인 욕망이나 혐오를 억제하지 않고 방치함으로써 '자연에 순응하여 살게' 되고, 잃어가고 있다는 사실을 잘 알고 있는 그 창조성의 귀중한 재능을 저절로 저 신비의 여신(자연)에게서 다시 얻게 될 것이라고 믿고 '제멋대로 행동한다'. 그리고 또 다른 하나의 능동적인 시도는 자제(自制)하려는 노력이다. 이때 영혼은 앞서와는 반대로, 자연은 창조성의 해독이고 그 원천이 아니므로 '자연의 완전한 지배'가 상실한 창조적 기능을 회복하는 유일한 길이라는 믿음 아래 '자아를 통제하고' 자연의 정념을 억제하려고 노력한다.

다음으로 앞서 본, 위험하기는 하지만 사회의 성장에 필요한 지름길인 창조적 인격의 미메시스를 대신하여 나타나는 사회적 행동의 양자택일적인 두 양식이 있다. 미메시스의 자리에 나타난 이 두 행동양식은 모두 이미 아무 힘도 작용시키지 못하는 '사회적 훈련'의 대열에서 빠져나오려는 노력이다. 이 사회적 정체상태를 타개하기 위한 피동적인 노력은 탈락의 형태를 취한다. 병사는 지금까지 그의 사기를 앙양시켜 준 부대 전체의 규율이 이제는 깨졌다는 것을 깨닫고 당황하여, 이런 상태라면 구태여 병사의 의무를 다하지 않더라도 괜찮을 것이라고 제멋대로 결정해 버린다. 이런 어처구니없는 생각에서 이 탈락병은 궁지에 빠진 전우를 내버려두고 저만 살려는 헛된 희망을 품고 전열의 뒤로 빠져나온다.

이와는 반대로 같은 시련에 직면하여 취하는 다른 또 하나의 태도에 순교(殉教)라고 이름붙일 수 있는 것이 있다. 순교자는 요컨대 자기의 의무 이상의 것을 하기 위해 자발적으로 전열에서 뛰어나와 앞을 향하는 병사이다. 대개의 경우 의무는 병사가 상관의 명령을 집행하는 데 요하는 최소한의 범위 안에서 그 생명을 위험에 내던지는 것을 요구할 뿐이지만, 순교자는 그와는 달리 어떤 이상의 정당성을 보이기 위해 스스로 죽음을 구한다.

행위의 면에서 감정의 면으로 시선을 옮기면 먼저 눈에 띄는 것은 개인감정의 두 가지 양식인데, 이 둘은 성장의 본질이 나타나는 비약운동의 역전에 대한 양자택일적인 반작용이다. 이 두 감정은 모두 공격적이고 우위를 확립한 악의 세력에게 늘 '쫓겨다니고 있다'는 비통한 의식을 반영한다. 잇따라 점점 더 도덕적으로 패배하고 있다는 이 의식의 피동적인 표현은 표류의식이다. 패주하는 영혼은 환경을 지배할 수 없다는 것을 깨닫고는 지쳐서 쓰러진다. 거기서 영혼은 그 자신도 포함한 우주라는 것은 도저히 이겨낼 수 없는 어떤 불합리한 힘, 즉 우연(튜케)이라는 이름으로 아첨하고 필연(아난케)이라는 이름으로 참는 이중의 얼굴을 가진 한 여신—토머스 하디의 극시 《다이너스트》의 코러스 부분을 문학적으로 표현한 한 쌍의 신—에게 마음대로 농락당하고 있다고 믿게 된다.

이와는 반대로 그 패주하는 영혼을 처량하게 하는 도덕적 패배는 영혼이 자기 자신의 주인이 되어 자신을 제어할 수 없는 데서 오는 것이라고 생각하게 되는데, 그때는 표류의식 대신 죄의식이 나타난다.

우리는 다시 양식의식, 즉 성장을 통한 문명의 분화라는 객관적 과정의 한쪽 짝으로서의 주관적 의식의 자리에 대신 나타나는 양자택일적인 두 모양의 사회적 감정에 주목해야 하겠다. 이 두 모양의 감정은 각각 형식의 도전에 대한 그 응전방식에 있어서는 전혀 다르지만, 둘 다 형식에 대한 감수성을 상실하고 있다는 것을 말해 주고 있다. 그 피동적인 응전은 혼효의식(混淆意識)으로서의 영혼이라면 무엇이든 녹여 버리는 용광로에 아무렇게나 스스로를 내던진다. 이 혼효의식이 언어와 문학과 예술을 그 표현수단으로 하게 되면 혼합언어(混合言語), 즉 코이네[19]의 전

---

19 본래 아테네에 있었던 아티카 지방의 방언을 모태로 표준화되고 평이해져, 헬레니즘 세계 전체에 퍼져 사용된 고대 그리스의 시.

파와 역시 표준화된 혼성적인 형식의 문학 · 회화 · 조각 · 건축의 유류로 나타나고, 철학과 종교의 영역에서는 혼합설(신크레티즘)을 낳는다. 사회적 감정의 능동적인 응전은 종래의 지방적이고 일시적인 생활양식의 상실을, 보편적이고 영구적인 성질의 '어디에서나, 언제나 모든 인간에 의해 행해지는' 양식을 채용하게 될 하나의 기회이고 하나의 신호라고 생각한다. 이 능동적인 응전은 인류의 통일에서부터 우주의 통일을 거쳐 신의 유일성을 포용하기에 이르기까지 그 시야가 확대되어 감에 따라 점점 더 넓어지고 점점 더 깊어지는 통일의식에 대한 각성이다.

세 번째로 생활의 면으로 눈길을 돌리면 여기서도 역시 두 쌍의 양자택일적인 반응을 만나게 되지만, 그 모습이 세 가지 점에 있어서 지금까지의 유형과 다르다. 첫째로는 성장기의 특색이 되어 있는 단일운동의 대신으로 나타나는 상반되는 두 반응은 그 단일운동의 대체물이라기보다는 그 운동의 변형이다. 둘째로는 양자택일적인 반응의 두 쌍은 모두 하나의 동일한 운동 ─ 앞서 우리가 마크로코스모스에서 미크로코스모스로의 활동면의 이행이라고 부른 운동 ─ 의 변형이다. 셋째로는 두 쌍은 두 쌍으로 갈라질 만한 충분한 이유가 되는 근본적인 차이로 말미암아 서로 달라진다. 즉 한 쌍은 그 반응의 성질이 폭력적이고, 다른 한 쌍은 비폭력적이며 온건하다. 폭력적인 쌍에 있어서의 피동적 반응은 복고주의라고 표현할 수 있고, 그 능동적 반응은 미래주의라고 표현할 수 있다. 또 온건한 쌍에 있어서의 피동적 반응은 초탈(超脫)이라 표현할 수 있고, 그 능동적 반응은 변모라고 표현할 수 있을 것이다.

성장기 운동의 특성은 활동의 무대인 한 정신면에서 다른 정신면으로 이전시키는 것인데, 복고주의와 미래주의는 그저 단순히 시간적 차원에서만 활동의 무대를 이전시키려는 양자택일적인 노력이다. 양자는 모두 마크로코스모스가 아닌 미크로코스모스에서 생존하려고 하는 노력을 버리고 그 대신 정신적 풍토의 어려운 변화에 직면하는 도전을 피하고 달성할 수 있는 어떤 유토피아 ─ 실제로 '현실생활'에서 그런 것이 발견된다고 가정하고 ─ 를 추구한다. 이 외면적인 유토피아로 하여금 '저 세상'의 역할을 수행하도록 하려는 것이다. 그러나 그것은 천박하고 불충분한 의미에 있어서만, 즉 지금 여기 존재하는 현실 그대로의 마크로코스모스의 부정이라는 의미에 있어서만 '저 세상' 일 뿐이다. 이 영혼은 해체기 사회의 현실을 따라 과거에 존재한 일이 있었던 사회나 혹은 앞으로 실현될 것 같은 사회를 향해 전진함으로써 자기에게 요구되는 임무를 수행하려고 한다.

사실상 복고주의는 같은 시대의 창조적 인물들의 미메시스에서부터 부족의 선조들의 미메시스로 역행하는 것, 즉 문명의 동적인 운동에서부터 오늘날 우리가 보는 바와 같은 원시인의 정적인 상태로의 타락이라고 정의할 수 있다. 그것은 또 그 계획이 성공하게 되면 사회적 '이상(異狀)' 을 낳게 될 변화를 무리하게 정지시키려는 노력의 하나라고 정의할 수도 있다. 그리고 다시 세 번째로, 그것은 앞서 다른 문제를 다루었을 때 본 바와 같이 유토피아의 저자들의 공통된 목표였던 것이 쇠퇴하여 해체되어 가는 사회를 '고정' 시키려는 노력의 일례로 볼 수도 있다.

복고주의에 대응하여 미래주의는 어느 누구의 미메시스도 부인하는 동시에 무리하게 변화를 실현하려는 노력으로서, 그 변화가 성공하게 되면 사회혁명이 야기되는데, 그 혁명은 반동으로 역전함으로써 결국 그 본래의 목적을 뒤엎게 되는 그런 노력의 하나라고 정의할 수 있다.

활동 영역을 마크로코스모스에서 미크로코스모스로 옮기지 않고 다른 것으로 대체하려는 이 두 가지 태도의 어느 쪽을 신뢰하든 그런 사람에게는 똑같이 공통된 아이러니컬한 운명이 기다리고 있다. 사실 이 패배주의자들은 '안이한' 길의 어느 하나를 택함으로써 반드시 엄습하게 될 폭력적인 결말을 향해 달음질치고 있는 것이다. 왜냐하면 그들은 자연의 질서에 어긋나는 행위를 시도하고 있기 때문이다. 내면생활의 추구는 사실 힘든 일이기는 하지만 결코 불가능한 것이 아니다. 그런데 영혼이 외면생활 속에 살고 있는 한 물결을 거슬러올라가 과거로 비약한다든가 혹은 흐르는 강물을 따라 미래로 뛰어넘는다든가 하여, '언제나 흐르는 물결' 속에만 있는 현대의 위치에서 탈출한다는 것은 본질적으로 불가능한 일이다. 복고주의적 유토피아도 미래주의적 유토피아도 다같이 문자 그대로의 의미에 있어서 유토피아이다. 그런 것은 '어디에도 없는 것' 이다. 이 두 매혹적인 현실도피는 애당초 그 가정부터가 실현이 불가능하다. 그 어느 쪽을 향해 나가더라도, 그런 노력의 유일하고 확실한 결과는 결코 문제를 해결하지 못하는 폭력으로 인해 파탄에 빠질 뿐이다. 그 비극의 절정에서 미래주의는 악마주의라는 형태를 취한다.

혁명의 정신이 결국 그와 같은 결말에 이르지 않을 수 없는 것은 혁명가가 아닌 사람이라면 누구나 긍정하는 당연한 일이다. 그리고 이런 정신적 법칙의 작용을 보여주는 역사적 예증을 지적하는 것은 쉬운 일이다.

이를테면 시리아 사회에 있어서 미래주의가 메시아 사상의 형태로 처음 나타났을 때는 온건의 길을 따르기 위한 적극적인 시도였다. 이스라엘 민족은 아시리아의 군국주의의 침략에 대항하여 당장 정치적 독립을 유지하려는 파멸적인 기도를 고집하는 대신 현재의 정치적 속박에 머리를 숙이고, 이윽고 어느 날엔가 나타나서 무너진 이스라엘 왕국을 회복시켜 줄 구세주에 대한 소망에 그들의 모든 정치적 가치를 둠으로써 그 고통의 굴욕을 참고 견뎠던 것이다. 유대 민족의 이 메시아 사상의 역사를 더듬어보면, 유대인이 네부카드네자르에 의해 바빌론으로 끌려가 포로가 된 기원전 586년부터 안티오쿠스 에피파네스의 헬라스화라는 박해를 받게 된 기원전 168년까지 400여 년 사이에는 그 역사가 온건에 유리하게 진행되었다는 것을 알게 된다.

그러나 확신을 가지고 기대되는 미래세계와 견딜 수 없이 괴로운 현재세계와의 모순이 결국 폭력에서 해결을 구하도록 만들었다. 엘레아제르와 7형제의 순교 후 2년이 못 되어 유다스 마카바이오스의 무장반란이 일어났다. 이 마카바이오스가의 무력항쟁을 계기로 하여 그후 점차 과격해진 전투적인 유대 열심당—수많은 드다와 갈릴리의 유다와 비슷한 부류—의 장기간에 걸친 폭력은 66~70년과 115~117년 및 132~135년의 악마적인 유대인 반란에서 그 절정에 이르렀다.

이 유대인의 경우에 전형적으로 예증되는 미래주의의 네메시스는 결코 희귀한 일이 아니다. 그런데 분명히 그 반대의 길을 좇는 것같이 보이는 복고주의도 역시 나중에는 동일한 네메시스를 받게 된다고 하면, 아마 그것은 뜻밖의 일로 여겨질 것이다. 왜냐하면 이 역행운동의 불가피한 결과도 역시 폭력의 대혼란이 되고 만다는 것은 그저 하나의 평범한 말이 아니라 얼핏 보기에 역설같이 생각되기 때문이다. 그럼에도 불구하고 역사의 사실들은 바로 그대로라는 것을 보여주고 있다.

헬라스 사회의 정치적 해체의 역사에 있어서 이 복고주의의 길을 택한 최초의 정치가는 스파르타의 아기스 4세와 로마의 호민관 티베리우스 그라쿠스였다. 드물게 다감하고 온건한 기질을 가졌던 이 두 사람은 이미 반전설화된 자기 국가가 쇠퇴하기 이전의 '황금시대'에 있었던 것으로 믿었던 낡은 제도로 돌아감으로써 사회적 악폐를 시정하고 사회적 파국을 피해 보려고 했다. 그들의 목적은 화합의 회복이었다. 그러나 그들의 복고주의적 정책은 사회생활의 흐름을 역행하려는 기도였기 때문에 불가피하게 폭력의 길로 들어설 수밖에 없었다. 그들은 본의 아닌 폭력이 도발한 폭력적 반항과 싸우게 되었을 때에도 자기들의 생명을 희생시킬지언정 극단적인 수단을 쓰지 않았을 만큼 그 정신이 온건했지만, 그 온건한 정신도 본의 아니게 일으키게 한 그 폭력사태를 저지하는 데는 도움이 되지 못했다.

그들의 자기희생은 무자비한 폭력의 행사로서 그들의 사업을 계승하여 완전히 성공시키려는 후계자를 자극했을 뿐이었다. 당초에 그들은 굳이 폭력을 쓰려는 생각은 하지 않았다. 온건한 왕 아기스 4세의 뒤를 이은 자는 폭력적인 왕 클레오메네스 3세였고, 온건한 호민관 티베리우스 그라쿠스의 뒤를 이은 자는 폭력적인 그의 동생 가이우스였다. 그리고 이 두 경우 모두 그것으로 이야기가 끝난 것이 아니었다. 두 온건한 복고주의자가 풀어놓은 폭력의 홍수는, 그들이 구해 내려고 했던 국가의 전체조직을 일소해 버릴 때까지 좀처럼 가라앉을 줄을 몰랐다.

그러나 이상의 헬라스 사회와 시리아 사회의 예들은 그 두 사회의 역사의 다음 단계까지 추적해 가면, 한편에서는 복고주의, 다른 한편에서는 미래주의에 의해 일으켜진 폭력의 대혼란이, 결국 폭력의 큰 파도에 억압되고 침전되어 있던 온건한 정신의 뜻밖의 부활로 진정되었다는 것을 알게 된다. 헬라스 사회의 지배적 소수자의 역사에 있어서는 기원전 최후의 2세기 사이의 폭력주의자들의 뒤를 이어 앞서 말한 바와 같이 세계국가를 조직하고 유지할 만한 양심과 역량을 가진 관리의 일군이 나타났다. 그리고 그와 동시에 폭력을 사용했던 복고적 개혁가들의 후계자들은 공공이익이 되는 경우라도 그 계승한 지배권을 행사하기를 원하지 않고, 폭력의 명령이 있으면 언제든지 태연히 자살할 정도로 자기희생에 철저한 귀족 출신 철학자의 일파가 되었다. 그들은 아리아, 카에키나 파에투스, 드라세아

파에투스, 세네카, 헬비디우스 프리스쿠스 같은 사람들이다.[20]

헬라스 문명세계의 내적 프롤레타리아트의 일익이었던 시리아 사회에 있어서도 마찬가지여서, 무력에 의해 지상에 메시아 왕국을 수립하려던 마카바이오스 일족의 기도가 실패한 뒤엔 이 지상의 왕국을 다스리는 왕이 아닌 유대인의 왕(예수 그리스도)이 승리하게 되었다. 그리고 또 다음 세대에는 보다 더 좁은 범위의 정신적 시야에서 전투적인 유대 열심당의 결사적인 반항이, 그 절멸의 바로 직전에 랍비 요하난 벤 자카이의 숭고하고도 영웅적인 무저항주의에 의해 구출되었다. 그는 전투의 소음이 들리지 않는 곳에서 조용히 자기의 가르침을 계속하기 위해 유대 열심당과 이별했던 것이다. 피할 수 없는 파국의 소식을 그에게 전한 제자가 비통한 마음으로 "아아, 슬프도다! 이스라엘의 속죄의 번제소가 파괴되었습니다"라고 울부짖자, 스승은 "내 아들아, 슬퍼 말라. 우리에게는 아직도 하나 더 그에 못지않은 속죄의 길이 남아 있다. 그것은 긍휼을 베푸는 것이다. '내가 바라는 것은 제사가 아니라 긍휼이다'라는 성경 말씀도 있지 않은가"라고 대답했다.

이 두 경우에 있어서, 앞길을 막는 온갖 장애를 일소할 것처럼 보였던 그 폭력의 조류가 이와 같이 멈추고 거꾸로 흐르게 된 것은 대체 어떻게 된 셈인가? 어느 경우에나 그 기적적인 역전이 일어난 것은 생활태도의 변화에 기인했던 것이다. 헬라스 문명의 지배적 소수자의 일부분이었던 로마인의 영혼 속에서는 복고주의의 이상이 초탈의 이상으로 바뀌었고, 헬라스 문명의 내적 프롤레타리아트의 일부분이었던 유대인의 영혼 속에서는 미래주의의 이상이 변모의 이상으로 바뀌었던 것이다.

만일 우리가 우선 이 두 가지 온건한 생활태도로 전향한 어떤 저명한 인물의 인격과 경력을 통해 그 생활태도에 접근해 간다면, 그 역사적 기원은 물론이고 그 특질도 이해할 수 있게 될 것이다. 이를테면 본래 복고주의자였다가 스토아 철학자가 된 로마의 소(小)카토와, 본래 미래주의자였다가 예수의 제자가 된 유대의

---

20 모두 다 스토아 학파의 철학자들로서, 네로, 베스파시아누스, 클라우디우스 등의 황제에게 희생되었다.

시몬(베드로) 같은 사람들이다. 이 두 위인은 모두 당초에 몸을 바치려고 생각했던 유토피아를 추구하고 있는 동안에는 어딘가 정신적으로 맹목적인 데가 있었고, 그것이 그들의 에너지를 그릇된 방향으로 이끌어 그 위대함을 흐려놓았다. 그러나 그들은 둘 다 오래 방황하고 당황했던 영혼을 새로운 생활태도로 전향시킴으로써, 이윽고 그 최고의 가능성을 발휘할 수 있게 되었다.

과거 어느 시대에도 현실생활에 존재한 일이 없고 단지 낭만적으로만 공상해왔던 로마의 '옛 조상시대의 제도(파트리오스 폴리테이아)'를 실현해 보려는 돈키호테 같은 투사로서의 카토는 거의 기인(奇人)에 가까운 인물이었다. 그는 당대의 정치현실을 옳게 받아들이려 하지 않고 언제나 그림자를 쫓아다니다가 실체를 놓쳐 버리곤 했다. 그리하여 그는 내란의 발발이 자기 책임이라는 것을 인정하려고 하지 않았으나, 그 많은 부분에 대한 책임을 지지 않을 수 없어 결국 그 내란의 지도적 역할을 맡게 되었을 때, 그의 정치적 환상은 그 결과가 어찌되었든 산산이 부서질 수밖에 없었다. 왜냐하면 그의 일파가 승리를 거두었더라도 그 결과 실현될 수 있었던 정치제도는 기껏해야 결국 승리한 카이사르의 독재와 마찬가지로 카토의 복고주의적인 이상과는 어긋나는 것이었기 때문이다.

이러한 딜레마에 빠진 돈키호테 같은 이 정치가는 스토아 철학자로 전환함으로써 비로소 그 미망에서 벗어날 수 있었다. 그때까지 복고주의자로서 헛되이 살아왔던 그는 이제 스토아 학자로서 죽음을 맞게 되었는데, 그 죽음은 결국 로마 공화파의 나머지 모든 사람의 힘을 합친 것보다 더 큰 고통을 카이사르에게 ─ 그리고 카이사르가 죽은 뒤 100여 년 동안이나 그의 후계자들에게도 ─ 안겨주는 결과를 낳았던 것이다. 카토의 임종의 이야기가 당대 사람들에게 던져준 감명은 오늘날도 《플루타르코스 영웅전》을 읽어보면 생생하게 알 수 있다. 천재적인 카이사르는 생전에는 그렇게 중시할 필요가 없었던 정적(政敵) 카토의 스토아적 죽음이 자기의 정치적 입장에 얼마나 중대한 타격을 미치는가를 즉각적으로 깨달았다. 그래서 군사적으로 승리한 이 독재자는 내란의 여진을 끄는 한편, 세계의 재건이라는 거대한 사업을 진행하는 가운데서도 카토의 검(劍)에 대해 카이사르의 붓으로 응수할 시간을 찾곤 했던 것이다.

이 다예다능(多藝多能)한 천재가 충분히 알고 있었던 바와 같이 붓이야말로 자기의 검을 자기 가슴에 돌려 댄 카토의 대담한 행위에 의해 이제 군사적인 면에서 철학적인 면으로 옮겨진 카이사르에 대한 공격을 격퇴할 수 있는 유일한 무기였던 것이다. 그러나 카이사르는 이 철학적 일격을 가하고 세상을 하직한 그의 정적을 이길 수 없었다. 왜냐하면 카토의 죽음이야말로 카이사르의 독재에 반대하는 철학파를 낳게 했기 때문이다. 이들은 그 철학의 창도자의 예에 용기를 얻어 시인하고 싶지도 않고 시정할 수도 없는 정국으로부터 스스로 물러남으로써 새로 나타난 독재체제를 당황하게 했던 것이다.

복고주의에서 초탈로의 이행은 플루타르코스에 의해 전해지고, 또다시 셰익스피어가 반복하여 말한 마르쿠스 브루투스의 이야기에도 선명히 예증되어 있다. 브루투스는 카토의 사위인 동시에 저 유명한 율리우스 카이사르의 암살이라는 무익한 복고주의적 폭력행위에도 가담한 사람이었다. 그러나 그는 그 암살을 결행하기 직전에도 자기의 행위가 과연 옳은 일인지 어떤지 의문을 가지고 있었고, 또 암살의 결과를 본 뒤에는 더욱더 의문을 품게 되었다고 전해지고 있다. 셰익스피어가 빌립보 전쟁 후의 브루투스의 입을 빌려서 기록한 최후의 말 가운데서, 브루투스는 앞서 비난한 카토식의 해결책을 옳은 것으로 시인하고 있다. 그는 자살하면서 이렇게 말했다.

"카이사르여, 이제는 편안히 잠들라. 내가 그대를 죽였을 때는 지금의 절반도 죽일 생각이 없었다."

베드로의 경우는 어떠했던가를 보면, 그의 미래주의도 역시 처음에는 카토의 복고주의와 마찬가지로 어쩔 수 없는 것 같았다. 그는 제자들 중에서 가장 먼저 예수를 메시아로 맞아들인 사람이었지만, 동시에 그후 스승에게서 자기의 메시아 왕국은 결코 키루스의 이란 세계제국의 유대판이 아니라는 말을 명확히 들었을 때 누구보다도 먼저 그 계시에 대해 반항한 사람이었다. 그리하여 그는 그 천진스런 신앙의 포상으로서 특별한 축복을 받은 직후, 그 스승의 왕국에 대한 이상도 제자인 자기의 고정관념에 일치하지 않으면 안 된다고 어리석게 고집하다가 무서운 책망을 들었다.

"사탄아, 물러가라. 너는 나를 걸려 넘어지게 하는 자이다. 너는 하느님의 일을 생각하지 않고 사람의 일만 생각한다."(《마태복음》 16장 23절)

스승의 엄한 책망에 의해 자기의 잘못이 눈앞에서 폭로되었음에도 불구하고, 베드로는 그 다음 시련에 또 실패할 만큼 그 교훈은 별로 효과가 없었다. 그는 그리스도의 변모의 세 증인의 한 사람으로 선택되어 스승 곁에 나타난 모세와 엘리아의 환상을 보았을 때 그 환상을 곧 해방전쟁 개시의 신호로 잘못 알아 거기에다 야영진(세 개의 이동식 건물 혹은 천막)의 본부를 설치하자고 제의함으로써 그 환상의 의미를 오해했다는 것을 드러내었다. 그런 종류의 야영진은 로마 당국이 드다와 갈릴리의 유다 같은 사람들의 행동에 대한 정보를 듣고 곧 토벌군을 급파하여 해산시키게 될 때까지, 잠시의 유예기간 동안 광야에 세울 수 있었던 따위의 것이었던 것이다. 그러므로 그 환상은 베드로의 잠음이 들리자 메시아의 길에 대해서는 메시아 자신의 계시를 받아들일 것을 훈계하는 소리를 남기고 사라져 버렸던 것이다. 그러나 이 두 번째 교훈도 베드로의 눈을 뜨게 하기에는 아직 불충분했다. 그의 스승의 생애의 절정에 이르러서도─스승 자신이 예언한 모든 것이 이제 분명한 사실로 나타나려 하고 있는 그 순간에도─이 어쩔 수 없는 미래주의자는 겟세마네 동산에서 검을 뽑아들고 싸웠다. 그리고 같은 날 밤 그가 스승을 '배신한' 것은, 미래주의적 신념을 마침내 잃었으나 아직 그에 대신할 만한 무엇을 확실히 파악하지 못한 자의 마음에 일어난 혼란의 결과였을 것이다.

그의 생애에 있어서 그 최고의 경험을 한 후에도, 즉 예수의 십자가 위에서의 죽음과 부활 및 승천에 의해 그리스도의 왕국은 '이 세상'의 것이 아님을 알게 되었을 때에도 베드로는 아직 미래주의자의 메시아적 유토피아의 경우에 있어서와 마찬가지로 이 변모한 왕국에 있어서도 그 시민권은 틀림없이 유대인에게만 국한될 것이라고 믿고 싶어했다.─마치 하늘나라의 신을 왕으로 받드는 사회가, 그 신의 세상에서 똑같은 신의 피조물이며 자녀가 되는 여러 종족 중 한 족속 이외에는 모두 배척하는 어떤 경계선에 의해 구획될 수 있는 것처럼.

〈사도행전〉에 나타나 있는 베드로가 등장하는 마지막 몇 장면 중에, 하늘에서부터 보자기의 환상과 더불어 들려온 명백한 명령에 대해 과연 베드로답게 이의를 제기하는 장면이 있다(《사도행전》 10장 9~16절). 그러나 바리새교도였던 바울이 단 한 번의 강렬한 정신적 체험을 통해 순식간에 깨달은 진리를 베드로가 이제 겨우 깨닫게 되었다는 이야기가 기록된 뒤에야 비로소 이야기의 주역이 베드로에게서 바울로 넘어갔다. 이 베드로의 깨우침의 긴 과정이 끝난 것은 지붕 위에 내려온 환상을 본 직후 고넬료의 사자들이 문전에 도착한 것을 보았을 때였다. 그리하여 베드로는 고넬료의 집에서 자기의 신앙을 고백하고 또 예루살렘으로 돌아간 후 유대인 그리스도교도들에게 고넬료에게 행한 자기의 행위를 설명함으로써, 이미 그리스도에게서 책망받을 걱정이 없는 말로 하느님의 나라를 설교했다.

카토에 의해 복고주의 대신으로 채용되고, 또 베드로에 의해 미래주의 대신으로 채용되어 그렇듯 엄청난 정신적 결과를 낳게 한 그 두 생활 태도는 대체 무엇인가? 이제 우리는 우선 초탈 및 변모가 복고주의 및 미래주의와 다른 점을 주목하면서 초탈과 변모 사이의 차이점을 찾아보기로 하자.

변모와 초탈이 미래주의 및 복고주의와 다른 점은, 앞서 말한 대로 문명의 성장 기준이 되는 마크로코스모스에서 미크로코스모스로의 이행이라는 형태를 취하는 활동영역의 이행에 대신하는 것으로서, 단순히 시간적 차원의 이행을 가져오는 것이 아니라 진정으로 정신적 풍토의 변화를 가져오게 한다는 것이다. 양자가 각각 목표하는 왕국은 둘 다 현세의 생활의 공상적인 과거나 미래의 상태가 아니라는 의미에 있어서 '저 세상적'이다. 그러나 양자간의 유사점은 이 공통적인 '저 세상적' 성격뿐이고 그 밖의 다른 모든 점에서는 서로 대립하고 있다.

우리가 '초탈'이라고 부른 생활태도를 여러 학파의 철인(哲人)들은 여러 가지 명칭으로 불러왔다. 해체기의 헬라스 세계로부터 물러난 스토아 학파는 '아파테이아(무감동)'로 인퇴했고, 에피쿠로스 학파는 '아타락시아(부동심)'로 인퇴했는데, 이 부동성은 "비록 이 세상이 무너져서 산산이 깨어지더라도 나는 끄떡도 하지 않는다"라는 시인 호라티우스의 어느 정도 의식적인 에피쿠로스적 선언에 예시되어 있다. 해체기의 인도 문명으로부터 물러난 불교도는 '열반(니르바나)'으로 인퇴했다. 초탈은 이 세상에서부터 나가는 길이고 그 목적지는 피난처인데, 이 세상에는 그 피난처가 없다는 사실이 그것을 매력있게 만드는 특색이다. 철학자로

하여금 이 길을 걷게 하는 힘은 혐오로 말미암은 배척력이지 그렇게 하고 싶어서 그 길로 끌려가는 힘은 아니다. 그는 자기 발에서 '파멸의 도시'의 먼지를 털어버리기는 하지만 '건너편에 반짝이는 빛'에 대한 비전이 없다.

"속인은 '오, 사랑하는 케크롭스의 성이여'라고 말한다. 너는 '오, 사랑하는 제우스의 성이여'라고 말해야 하지 않느냐"하고 마르쿠스 아우렐리우스는 말한다.―그러나 마르쿠스의 '제우스의 성'은 '살아 계신 하느님의 도성'인 아우구스티누스의 신국(神國)과 같은 것이 아니다. 그리고 거기에 이르는 그 역정은 신앙에 의해 자극된 순례라기보다는 계획적인 후퇴이다. 철학자로서는 '이 세상'에서 용하게 빠져나가는 것 자체가 목적으로서, 일단 '도피의 성'의 입구를 지나 그 속에 들어가게 되기만 하면 그 뒤에는 실로 무슨 짓을 하든 상관이 없다.

헬라스 문명의 철학자들은 허탈한 현인의 경지를 축복에 가득 찬 명상(테오리아)의 경지로 묘사했다. 불타 역시(만일 그 사상이 소승불교의 경전에 그대로 잘 반영되어 있다면) 회귀(回歸)의 모든 가능성이 아주 깨끗이 제거되기만 한다면 그에 대신하는 여래(如來)가 안주(安住)할 경지가 어떤 성질의 것이냐 하는 점은 별로 중대한 문제가 아니라고 솔직히 언명하고 있다.

초탈의 목표가 되어 있는 이 정체를 알 수 없는 중립적인 '열반'이나 '제우스의 성'은 변모라는 종교적 체험을 거쳐서 들어가는 '천국'과는 정반대의 것이다. 철학자가 말하는 '저 세상'은 본질적으로 지상의 우리의 세계를 배제하는 세계인데 반해, 신의 '저 세상'은 인간의 지상생활을 초월하면서도 그것을 여전히 포함하는 세계이다.

'제우스의 성'은 소극적인 것인 데 반해 '하느님의 나라'는 본질적으로 적극적인 것이고, 또 초탈의 길은 순전히 후퇴의 운동인 데 반해 변모의 길은 앞서 우리가 '인퇴―복귀'라고 명명한 운동이라는 것을 알 수 있다.

이상으로 우리는 해체기의 사회에 태어나서 살게 된 사람들의 영혼에 나타나는 행동과 감정과 생활의 양자택일적 양식의 여섯 쌍을 간단히 설명했다. 이제 계속하여 그것을 한 쌍씩 좀더 자세히 검토하기 전에 우리는 잠시 발을 멈추고 영혼의 역사와 사회의 역사와의 관련을 고찰함으로써 우리의 입장을 밝혀보기로 하자.

모든 정신적 경험은 반드시 어떤 사람의 개인적인 경험이어야만 한다면, 지금까지 고찰해 온 경험들 가운데 어떤 것은 해체기 사회의 어떤 부류에 속하는 사람에게 특유한 것이라는 증거를 발견할 수 있을까? 개인적인 행동 및 감정의 네 가지 양식—피동적인 방종과 능동적인 자제, 피동적인 표류의식과 능동적인 죄의식—은 모두 지배적 소수자의 구성원에서도, 프롤레타리아트의 구성원에서도 똑같이 인식할 수 있다는 사실을 발견할 것이다. 그런데 그와는 반대로 사회적인 행동과 감정의 양식에 이르면, 우리의 당면한 목적을 위해 피동적인 쌍과 능동적인 쌍을 구별해야만 할 필요가 있을 것이다. 이 두 모양의 피동적 사회현상—탈락으로의 타락과 혼효의식에 대한 굴복—은 먼저 프롤레타리아트의 대열에 나타났다가 거기서 '프롤레타리아트화'라는 병에 걸리는 지배적 소수자 사이로 파급되어 가는 것이 보통이다. 이와는 반대로 두 모양의 능동적인 사회현상—순교의 추구와 통일의식에 대한 각성—은 먼저 지배적 소수자의 대열에 나타났다가 거기서 프롤레타리아트 사이로 파급되어 가는 경우가 많다.

마지막으로 네 가지의 양자택일적 생활태도를 보면, 앞서 말한 것과는 반대로 대부분의 경우 그 피동적인 한 쌍이 되는 복고주의와 초탈은 먼저 지배적 소수자 사이에 생기고, 그 능동적인 한 쌍이 되는 미래주의와 변모는 프롤레타리아트 사이에 생긴다는 것을 알게 될 것이다.

2. 방종과 자제

해체기 사회 특유의 방종과 자제의 그 특수한 표현을 확인한다는 것은 다소 곤란할 듯하다. 왜냐하면 이 두 가지의 개인적인 행동양식은 어떤 종류의 사회환경에 사는 사람도 나타내는 행동양식이기 때문이다. 미개사회의 생활에서도 성적 방종의 경향과 금욕적인 경향을 찾아볼 수 있고, 더구나 이 두 기분은 매년 계절에 따라 주기적으로 교대해 그 사회 구성원의 감정을 집단적으로 표현하는 부족 전체의 의식으로 나타나고 있다. 여기서 우리가 의미하는 것은 창조성의 대체물로서 반계율설(反戒律說)²¹을 받아들이는—의식적이건 무의식적이건, 혹은 이론적이건 실천적이건—마음의 상태이다. 이런 의미의 방종의 예는 창조성에 대신하는 또 하나의 그 정반대의 태도인 자제의 예와 병행하여 관찰해 보면 분명히 확인할 수 있다.

예컨대 헬라스 사회의 쇠퇴 후 첫 세대의 혼란기에 나타난 방종과 자제의 한 쌍의 구체적인 예를 플라톤의 《향연》에 나오는 알키비아데스와 소크라테스에게서, 그리고 《국가》에 나오는 드라시마쿠스와 소크라테스에게서 찾아볼 수 있다. 감정의 노예가 되어 있는 알키비아데스는 실천에 있어서의 방종을 대표하고, "힘은 정의이다"라고 주장하는 드라시마쿠스는 이론상의 같은 기분을 대표한다.

헬라스 사회의 다음 단계에 있어서 창조 대신 행해진 이 두 가지 자기표현의 노력을 각각 대표한 자들이 자기들의 행동양식이야말로 '자연에 따라 사는 길'이라고 주장함으로써 각자 자기들의 행동양식에 대한 권위의 승인을 얻으려고 했다는 것을 알 수 있다. 방종이야말로 그런 진가가 있다고 주장한 자들은, 에피쿠로스의 이름을 함부로 인용하여 그를 모욕했기 때문에 에피쿠로스 학파의 엄격한 시인 루크레티우스에게서 그 부당함을 책망받은 저속한 향락주의자들이었다. 다른 한편에서는 통 속에서 생활했던 디오게네스를 그 대표적인 존재로 하는 견유학파와, 그보다는 좀더 세련된 모양의 스토아 학파가, 금욕생활이야말로 '자연스런 생활태도'로 승인되어야 한다고 주장했던 것이다.

헬라스 세계에서부터 시리아 세계의 혼란기로 눈을 돌려보면, 거기서도 역시 이 방종과 자제의 서로 맞지 않는 대립이 〈전도서〉의 평온하고 회의적인 이론과 에세네 교단의 경건하고 금욕적인 실천의 대조에 나타나 있는 것을 볼 수 있다.

이 두 가지 상반되는 행동양식이 오늘날 서구 사회의 근대사에서의 보다 넓은 무대 위에서 다시 그 역할을 재연하고 있는 것일까? 그 방종의 증거는 얼마든지 있다. 이론의 영역에 있어서 '자연으로 돌아가라'는 매혹적인 주장을 내세운 장

---

21 기독교 신앙에 있어서, 그 신자는 복음이 나타내는 하느님의 은총에 의해 구원받기 때문에 도덕률·계율 같은 것에서는 자유롭다고 주장하는 신앙지상주의.

자크 루소가 그 예언자이고, 한편 방종의 실천에 있어서는 오늘날 그야말로 '그 기념비를 구하려면 그저 고개를 돌려보기만 하면 된다'[22]는 식으로 도처에서 그 예를 찾아볼 수 있다. 이에 반해 방종에 대항하는 금욕주의가 부활했다는 증거는 아무리 찾아도 보이지 않는다. 따라서 이 사실로 미루어 서구 문명은 분명히 쇠퇴했다 하더라도 아직 그 해체는 별로 많이 진행되어 있지 않다고 우선 잠정적으로 시니컬한 결론을 내릴 수 있을는지도 모르겠다.

3. 일탈과 순교

일탈과 순교라는 것은 특별한 의미로 사용되지 않는 한 한쪽은 비겁이라는 악덕, 다른 한쪽은 용기라는 미덕의 산물에 불과한 것으로서, 그런 의미에 있어서는 모든 시대, 모든 형의 사회의 인간행동에 공통적으로 나타나는 현상이다. 그러나 우리가 지금 여기서 고찰하고 있는 일탈과 순교는 특수한 생활태도에 촉구되어서 생기는 특수한 형태의 것이다. 단순한 비겁에서 나온 일탈, 순전한 용기에서 나온 순교는 우리의 관심 밖에 있다. 우리가 찾고 있는 일탈자의 영혼은, 그 영혼이 봉사하고 있는 주의(主義)가 실은 그 봉사에 합당한 가치가 없다는 것을 절실하게 느낌으로써 생긴 일탈한 영혼이다. 마찬가지로 우리가 찾고 있는 순교자의 영혼도 오로지 혹은 주로 그 주의를 촉진시키는 데 실제로 봉사하고자 해서가 아니라, 오히려 영혼 자체가 '이 불가해한 세계 전체의 혐오스러운 중압'[23]에서부터 해방되기를 바라는 절박한 소망을 만족시키기 위해 순교하는 영혼이다. 그런 순교자는 고결할는지는 몰라도 심리적으로는 자살자와 비슷하다. 그는 현대식 용어로 말하면 일종의 도피자인 것이다. 물론 일탈자가 이보다 더 비굴한 종류의 도피자라는 것은 말할 나위도 없다.

---

22 런던의 성바울 교회를 지은 건축가 크리스토퍼 렝을 기념한 비문의 한 구절.
23 W. Wordsworth, Tintern Abbey.

초탈의 철학으로 전향한 로마의 복고주의자들은 이런 의미에 있어서의 순교자들이었다. 그들은 그 지고(至高)한 행위에 의해 자신의 생명을 끊는 것이 아니라 그 생명으로부터 해방된다고 생각했던 것이다. 그리고 로마의 같은 시대 같은 계급에서 일탈의 예를 찾아본다면 마르쿠스 안토니우스를 들 수 있다. 그는 로마, 그리고 로마의 장엄한 이상으로부터 일탈하여 오리엔트화한 클레오파트라의 품 안에 자신을 내던진 자였다.

그로부터 200년 뒤 침울한 기운이 점점 짙어져 가고 있던 2세기 말엽에 순교자의 영광을 받기에 합당한 마르쿠스 아우렐리우스라는 군주가 나타났다. 그의 순교자적 자격은 죽음이 최후의 일격으로 그의 고난을 중단시키지 않았다는 사실로 인해 무효가 되는 것이 아니라 오히려 강화되었던 것이다. 이에 반해 마르쿠스의 아들이며 그의 상속자가 된 콤모두스라는 일탈한 황제는, 그가 계승한 무거운 짐을 두 어깨에 걸머지려는 노력은 거의 하지 않고 등을 돌려 프롤레타리아화의 더러운 잿더미 길을 따라 도덕적 도피를 꾀했다. 즉 그는 황제로 태어났음에도 불구하고 아마추어 검투사로서 안일에 빠지는 길을 택했던 것이다.

단말마의 고통에 광포해진 헬라스 사회의 지배적 소수자의 마지막 공격의 주목표는 그리스도 교회였다. 빈사상태에 허덕이던 이 이교도 지배계급은, 그들의 몰락과 파멸을 만들어낸 장본인이 바로 자기 자신들이라는 비통한 진실을 그대로 수긍하려고 하지 않았다. 그들은 죽는 순간에도 자기들은 프롤레타리아트의 비열한 공격에 희생되어 멸망하는 것이라고 확신함으로써, 자존심의 마지막 한 조각이나마 건져보려고 했다. 거기에다가 외적 프롤레타리아트는 그 귀찮은 공격에 보복하려는 로마 제국 정부의 모든 시도를 좌절시키거나 회피할 수 있을 만큼 강대한 전단을 이미 편성해 놓고 있었으므로, 지배적 소수자의 창칼은 자연히 내적 프롤레타리아트의 가장 중요한 제도였던 그리스도 교회로 향했던 것이다. 이 가혹한 시련 속에서 울안에 갇혀 있던 그리스도교도들은 그 신앙을 버리든가 목숨을 버리든가 어느 한쪽을 택해야만 하는 무서운 도전을 받고 양과 염소로 뚜렷이 갈라졌다. 배교자(背敎者)의 수는 실로 엄청났는데, 그 수가 얼마나 많았던지 그리스도교에 대한 박해가 끝나자 그들을 어떻게 취급할 것인가 하는 일이 교회정치의 가장 긴요한 문제가 되었을 정도였다.—그러나 순교자는 극소수였는데, 그들은 그 수와는 전혀 어울리지 않는 강대한 정신력을 발휘했다. 결정적인 순간에 그리스도교도의 대열 속에서 앞으로 튀어나와 그 생명을 희생함으로써 신앙을 간증한 이 영웅들의 용감한 행동 덕택으로 그리스도 교회는 마침내 승리자가 되었던 것이다. 그러므로 이교도의 로마 제국 당국의 요구대로 성서와 교회의 성기(聖器)를 내어준 '배반자'들에 대해, 수는 비록 적으나 숭고했던 저 성자들이 지고한 순교자로서 역사에 기록되고 있는 것은 마땅히 받아야 할 영예라고 할 수 있다.

　이렇게 말하면 "한편에는 단순한 비겁만이 있고, 다른 한편에는 순전한 용기만이 있는 것이 아닌가. 따라서 위의 예는 우리의 당면한 연구 목적에는 아무 소용이 없는 것이다"라고 반박할 사람이 있을는지 모르겠다. 일탈자에 관한 한 우리는 사실 이런 반박에 답변할 만한 아무 자료도 없다. 그들의 동기는 수치스러운 망각 속에 매몰되어 없어졌다. 그러나 순교자들의 동기에 대해서는 이해를 초월한 순전한 용기 이상의—혹은 독자가 원한다면, '순전한 용기 이하의'라고 바꿔 말할 수도 있지만—그 무엇이 그들의 인스피레이션의 주요 원천이 되어 있었다는 것을 입증할 만한 증거가 많이 있다. 그 순교자들은 남자나 여자나 하나의 비적(秘跡)으로서, '제2의 세례'로서, 속죄의 수단으로서, 천국에 들어가는 확실한 방법으로서 열렬히 순교를 간구했던 것이다. 2세기의 저명한 그리스도교의 순교자의 한 사람인 안티오크의 이그나티우스는 말하기를, 자기는 '하느님의 밀알'이며, '야수의 이빨에 씹히어 그리스도의 순결한 빵이 되는' 날을 간절히 고대한다고 했다.

　이 상반되는 사회적 행동의 두 양식의 흔적을 현대 서구 세계에서도 찾아볼 수 있을까? 확실히 우리는 '지식계급의 배반'을 현대 서구 문명의 무서운 일탈행위로 지적할 수 있다. 그리고 이 배반의 뿌리는 실로 깊이 박혀 있는데, 이 '지식계급의 배반'이라는 말을 만든 재능이 풍부한 그 프랑스인(줄리앙 방다)도 아마 거기까지 거슬러올라가기를 주저할는지 모르겠다.—하기는 그도 근대 서구의 '지식인'을 의미하는 말로서, 그리고 그 지식인을 고발하기 위해 중세 교회의 성직자를 뜻하는 clercs라는 말을 택함으로써 그 해악이 얼마나 뿌리 깊은 것인가를 사실상 자백하고 있는 셈이다. 그들의 배반이 아직 우리의 기억에도 새로운 최근에 저지른 한 쌍의 배반행위—최근에 확립된 자유주의의 원리들에 대한 신앙의 냉소적인 상실과, 최근에 비로소 획득한 자유주의의 이득의 무력한 포기—에서 비로소 시작된 것은 아니다. 근년에 이르러 비로소 나타나게 된 이 일탈은, 이미 몇 세기 전에 이른바 지식계급[聖職]이 서구 그리스도교 문명이라는 높은 건물을 종교적인 기반에서부터 세속적인 기반으로 옮겨놓은 노력에 의해 지식계급의 종교적 기원을 부인했을 때에 시작되었던 것이다. 이 최초의 위브리스의 행위에 대한 벌이 몇 세기 동안 복리식으로 축적되어 오늘의 멸망을 낳게 된 것이다.

지금으로부터 약 400년 전으로 거슬러올라가 영국이라는 서구 그리스도교 세계의 한 부분을 주시해 보면, 거기에 토머스 울지라는 한 일탈자의 모습이 나타난다. 그는 시대를 앞서 근대적인 사상을 가졌던 성직자였는데, 정치적으로 실각했을 때 자기는 국왕에게 봉사한 것만큼 하느님에게 봉사하지 못했다고 스스로 죄를 자백했다. 그의 일탈의 흉악성은, 그가 불명예스런 최후를 마친 지 5년이 못되어 그와 동시대 사람인 존 피셔와 토머스 모어의 순교에 의해 여지없이 폭로되었다.

4. 표류의식과 죄의식

표류의식은 성장의 비약을 잃었다고 느끼는 감정의 피동적 양식인데, 그것은 사회의 해체기에 살아야 하는 사람들의 영혼을 괴롭히는 고통 가운데서 가장 큰 것이다. 그리고 그 고통은 아마도 창조주 대신 피조물을 숭배함으로 인한 벌일 것이다. 왜냐하면 이 죄야말로 우리가 고찰한 바와 같이 문명의 해체에 선행하는 그 쇠퇴의 원인 중 하나이기 때문이다.

표류의식에 고민하는 사람들의 눈으로 볼 때 세계를 지배하고 있는 것같이 보이는 힘의 양자택일적인 형태는 우연과 필연이다. 그리고 이 두 개념은 일견 서로 모순되는 듯이 보일는지 모르지만, 자세히 조사해 보면 실은 같은 환각의 다른 면에 지나지 않는다는 것이 판명된다.

우연의 개념은 이집트 문명의 혼란기 문학에서는 눈부시게 돌아가는 도공(陶工)의 물레로 비유되고, 헬라스 문명의 혼란기 문학에서는 바람과 파도에 실려 떠내려가는 사공 없는 배로 비유되어 있다. 그리스인의 의인적 경향은 우연을 '자동의 여신'으로서 숭앙했다. 시라쿠사의 해방자 티몰레온은 이 여신의 신전을 지어서 거기에 희생을 드렸고, 호라티우스는 이 여신에게 송가(頌歌)를 바쳤다.

우리 자신의 마음속을 들여다보면 거기에도 역시 이 헬라스 사회의 여신이 모셔져 있다. 우연의 전능에 대한 근대 서구 사회의 이 신앙은, 아직도 만사가 자기들에게 순조롭게 진행되고 있다고 여겨지던 19세기에 자유방임정책이라는 사리(私利)의 기적적인 계몽에 대한 신앙 위에 입각한 하나의 실천생활 철학을 낳았다. 일시 만족스런 경험을 맛본 19세기의 우리 조부들은 "우연의 여신을 사랑하는 사람에게는 모든 일이 서로 작용해서 유익하게 된다는 것을 우리는 안다"고 주장했다. 우연의 여신이 마침내 이를 드러내기 시작한 20세기에도 아직 대영제국의 외교정책은 이 여신의 신탁을 따라 행해지고 있었다. 1931년 가을부터 시작된 저 중대한 위기의 몇 년 동안에도 영국의 내각은 물론 영국 국민 사이에 널리 일반적으로 번져 있던 생각이 영국 자유당계의 어느 유력한 신문 사설의 다음 일절에 정확히 표현되어 있다.

'단 몇 년이라도 평화가 유지될 수 있으면 그만큼 이득이다. 몇 년 안에 일어날 전쟁이 전혀 일어나지 않을는지도 모른다.'

자유방임의 사상은 서구 문명이 독창적으로 생각해 내어 인류의 지식 축적에 기여한 것이라고 주장할 수는 없다. 왜냐하면 그것은 약 2천 년 전 중국 고대세계에 널리 번져 있던 사상이기 때문이다. 그러나 이 중국 고대문명의 우연 숭배는 서구 문명의 우연 숭배처럼 저속하고 탐욕적인 동기에서 비롯된 것이 아니었다. 18세기 프랑스의 부르주아가 자유방임·자유무역을 그 신조로 삼게 된 까닭은, 그들의 '경쟁 상대'였던 영국인의 번영을 주목하고 선망하여 그것을 분석해 본 결과, 루이왕이 조지왕을 본떠 부르주아의 마음대로 하등의 제한 없이 제품을 제조하게 하고 어떤 시장에도 무관세(無關稅)로 상품을 반출할 수 있도록 허가해 준다면 프랑스에서도 영국에서와 마찬가지로 부르주아가 번영할 수 있다는 결론에 도달했기 때문이다. 그런데 이와는 반대로 기원전 2세기 초 피로에 지쳐 있던 중국의 고대세계가 헤매던 끝에 도달한 최소한의 저항선이라고 생각했던 것은 소란한 공장에서 번잡한 시장으로 짐수레가 왕래하는 길이 아니라 진리와 생명의 길, 즉 도(道)의 길이었다. 도는 '우주가 움직이는 길' ― 궁극적으로는 신과 거의 같은 그 무엇, 그러나 좀더 추상적이고 철학적인 의미의 신 ― 을 의미했다.

'대도(大道)는 표류하는 배와 같아 왼쪽으로도 갈 수 있고 오른쪽으로도 갈 수 있다.'《도덕경》제34장)

그러나 자유방임의 여신은 또 하나의 얼굴을 가지고 있어서, 우연의 여신으로서가 아니라 필연의 여신으로서 숭배된다. 필연과 우연이라는 두 개념은 같은 사물을 달리 보는 두 모양에 불과하다. 예컨대 플라톤의 눈에는 신에게 버림받은 우주의 혼돈이 키 없는 배의 무질서한 운동으로 보였으나, 역학과 물리학의 기본 지식을 갖춘 사람에게는 바람과 물을 매개로 한 파도와 조류의 질서있는 운동의 완전한 예증으로 보이는 것이다. 표류하는 인간의 영혼이 자기를 이렇게 좌절시키는 힘은 그저 단순히 영혼 자신의 의지의 부정이 아닐 뿐만 아니라 그 자체가 독립적이라는 사실을 깨닫게 되는 날, 눈에 보이지 않는 여신은 우연이라는 이름으로 불리는 주관적·소극적 용모에서부터 필연이라는 이름으로 불리는 객관적·적극적 용모로 변화한다. 그러나 그 변화가 곧 여신의 본성에, 혹은 그 여신에게 희생되는 인간의 곤궁한 처지에 동일한 변화를 일으키게 하는 것은 아니다.

존재의 물리적인 면에 있어 필연이 전능하다는 설은 데모크리토스 ― 헬라스 문명의 쇠퇴가 시작되기 이전에 이미 성인이 되어 있어서 그후 70년간 해체의 과정을 주의깊게 관찰할 수 있었던 철학자 ― 에 의해 헬라스 사회의 사상에 도입된 것 같다. 그러나 그는 결정론의 영역을 물질적인 영역에서 도덕적 영역으로 확대할 때 생기는 여러 가지 문제는 무시했던 것 같다. 물리적 결정론은 또 바빌로니아 세계의 지배적 소수자의 점성철학의 기초가 되어, 칼데아인은 동일한 원리를 인간의 생사화복(生死禍福)에까지 적용시키는 데 주저하지 않았다. 스토아 철학의 창시자 제논이 그의 학파에게 불어넣은 바 있었고, 또 그의 가장 유명한 제자

마르쿠스 아우렐리우스 황제의 《명상록》속에 여러 차례 나타나는 그 철저한 숙명론은 데모크리토스보다는 바빌로니아 문명에 기원했을 가능성이 더 크다.

현대 서구 세계는 필연의 영역을 경제적 영역에까지 넓힘으로써 처녀지를 개척한 것 같다. ─사실 경제적 영역은 서구 사회 이외의 다른 사회의 사상을 지도해온 거의 모든 사람들이 보지 못했거나 혹은 무시해 온 사회생활의 영역이다. 경제적 결정론의 대표적인 예는 물론 마르크스의 철학─혹은 종교─이다. 그러나 오늘날의 서구 세계에는 의식적으로든 혹은 무의식적으로든 자기들이 경제적 결정론을 믿고 있음을 행동으로 입증하고 있다는 사람들이 마르크스주의자로 자칭하는 사람보다 훨씬 더 많고, 그중에는 대자본가의 집단도 포함된다는 것을 알 수 있다.

이제 가까스로 독립했을까 말까 한 정도의 현대 서구의 심리학, 적어도 그 일파의 학자들은 정신의 영역에서도 필연이 지배한다고 주장하고 있다. 그들은 영혼의 심리학적 작용의 과정을 분석하는 노력에서 거둔 최초의 성공에 흥분하여 영혼─인격이나 자기결정 능력을 갖춘 전체라는 의미의 영혼─의 존재까지도 부정하려고 했다. 그리하여 정신분석학은 성립된 지 얼마 되지 않은 학문임에도 불구하고 정신적 소재를 매체로 하는 필연의 숭배는 당대의 가장 악명 높은 정치가(아돌프 히틀러)를 그 짧은 전성기 동안 그 신자로 만들었다고 주장할 수 있다.

또 다른 형태의 정신적 결정론이 있는데, 그것은 지상에서의 인간 생애라는 좁은 시간적 한계를 넘어서, 인과(因果)의 사슬을 시간적으로 앞뒤로 연장하려는 것이다. 뒤로는 인간이 최초로 이 지상무대에 출현한 때까지, 앞으로는 인간이 마지막 날 지상에서 물러가게 될 때까지를 말한다. 이 사상은 서로 아무 관련 없이 독자적으로 생긴 것으로 생각되는 두 가지의 다른 형태로 나타나는데, 하나는 그리스도교의 원죄사상이고, 다른 하나는 불교철학에도 힌두교에도 들어가 있는 인도 문명의 카르마(업〈業〉 또는 인연)의 사상이다. 한 도그마에서 생긴 이 두 가지 표현은 정신적 인과의 사슬을 하나의 지상생활에서 다른 지상생활로 끊임없이 연속시킨다고 하는 본질적인 점에서 일치하고 있다. 그리스도교의 견해에 있어서도, 인도 문명의 견해에 있어서도, 오늘날 존재하는 한 인간의 성격과 행위는 과거에 존재했던 다른 사람들—혹은 다른 한 사람—의 행위에 의해 인과적으로 결정되어 있다고 생각되고 있다. 여기까지는 그리스도교의 생각과 인도 문명의 생각이 일치하고 있지만, 여기서 더 나아가면 양자는 서로 달라진다.

그리스도교의 원죄 교리는, 인류의 시조가 범한 특정한 개인적인 죄가 그의 모든 후예에게 그 정신적 결함의 유산—만일 아담이 하느님의 은총을 잃지 않았더라면 모든 인간이 받지 않아도 좋았을 유산—을 남겨주게 되었고, 또 아담의 자손은 누구나—각 개인은 정신적인 독립과 개성을 가지고 있다는 것이 그리스도교의 본질적 신조의 하나임에도 불구하고—이 아담의 결점을 상속할 수밖에 없도록 운명지어져 있다고 주장한다. 이 교의에 의하면 획득한 정신적 특성을 자기 자손에게 전할 수 있는 능력을 가진 자는 아담이고, 온 인류의 시조가 되는 것은 아담뿐이라는 것이다.

원죄사상의 이 마지막 특성은 카르마의 사상에서는 찾아볼 수 없다. 인도 문명의 교리에 의하면, 어떤 개인이든 자신의 행위를 통해 획득하는 정신적 특성은 모두 예외없이 좋은 것이든 나쁜 것이든 처음부터 끝까지 유전된다는 것이다. 그리고 이 축적되어 가는 정신적 유산을 짊어지는 자는 잇따라 태어나는 개개의 인간들의 행렬을 표시하는 계통이 아니라, 끝없이 계속 육체에 깃들여서 감각세계에 재현하곤 하는 정신적 연속체라는 것이다. 불교철학에 의하면, 카르마의 연속성은 불교사상의 원리의 하나인 '영혼의 전생(轉生)', 즉 윤회(輪廻)의 원인이다.

마지막으로 우리는 일신론적인 형태의 결정론으로 시선을 돌려보아야 하겠다. 이것은 모든 결정론 중 가장 괴이하고 다루기 힘든 것으로 생각되는데, 왜냐하면 이 일신론적 결정론에 있어서는 참된 신의 모습을 빌려서 실은 우상이 숭배되기 때문이다. 이 개장(改裝)된 우상숭배에 도취된 자들은 여전히 이론적으로는 신격(神格)의 모든 속성을 그들 숭배의 대상에 부여하고 있지만, 그와 동시에 그들은 초월성의 속성만을 지나치게 강조하기 때문에, 그들의 신도 잔인한 '필연의 여신'과 마찬가지로 뭐라 형용할 수 없고, 무자비하고 비인격적인 존재로 바뀌어 있다. 시리아 사회의 내적 프롤레타리아트 속에서 발생한 '고등종교'들은 초월적인 일신교의 이런 우상숭배적인 왜곡이 생기기 가장 쉬운 정신적 영역이다.

그 전형적인 두 가지 예는 이슬람교의 키스메(宿命)의 관념과, 제네바의 전투적인 프로테스탄티즘의 창시자이며 조직자인 칼뱅이 공식화한 예정론이다.

칼뱅주의라고 하면 종래 많은 사람에게 수수께끼를 한 가지 제기하고 있는데, 우리는 그 문제에 대한 어떤 해결을 찾아보려고 노력해야 한다. 우리는 앞서 결정론적 교의는 사회 해체의 심리적 징후의 하나인 표류의식의 표현이라고 말했었다. 그런데 지금까지 결정론자라고 공언해 온 많은 사람들이 실제로는 개인적으로나 집단적으로나 흔히 볼 수 없는 견고한 신념의 소유자일 뿐만 아니라, 동시에 비상한 정력과 활동력과 결단력의 소유자였다는 것은 부정할 수 없는 사실이다.

그러나 숙명론적 교의와 그 신자들의 실제 행동이 얼핏 보기에 모순되는 듯이 생각되는 것은 칼뱅주의자에게만 한정된 것이 아니고 그것은 몇 가지 유명한 예의 하나에 불과하다. 칼뱅파 그리스도교 신자들(제네바의 칼뱅파, 위그노교도, 네델란드·스코틀랜드·영국 및 아메리카의 칼뱅파)이 나타내는 특질은 다른 일신론적 예정론자에게도 똑같이 나타나고 있는데, 즉 유대교 열심당, 원시 이슬람교의 아랍족을 비롯하여 다른 여러 시대와 여러 민족의 이슬람교도들—예컨대 오스만 제국의 터키 근위병과 수단의 마후디교도들—이 그러하다. 그리고 우리는 19세기 사회의 자유주의적인 진보론의 신자와 20세기 러시아의 마르크스파 공산주의자들 속에서, 필연이라는 우상을 숭배하는 유신론자와 분명히 비슷한 기질을 가진 무신론적 예정론의 두 파를 만나보게 된다. 공산주의자와 칼뱅주의자의 유사성은 다음의 일절에 멋지게 묘사되어 있다.

칼뱅은 비록 마르크스보다 활동무대는 좁았지만 그에 지지 않는 강한 무기를 가지고, 마르크스가 19세기의 프롤레타리아트를 위해 행한 것과 같은 일을 16세기의 부르주아지를 위해 행했다고 말한다거나, 혹은 예정론은 다른 시대의 유물사관에 의해 충족시킬 수 있었던 갈망, 즉 우주의 모든 힘은 선택받은 인간들 편이라는 보증을 얻고자 하는 갈망을 충족시켜 주었다고 말하더라도 전혀 황당무계한 말은 아닐 것이다. 칼뱅은 부르주아지에게 자기들은 선민(選民)이라는 것을 자각하도록 가르쳤고, 신의 계획 속에 들어 있는 그들의 위대한 운명을 자각

시켰으며, 그 운명을 실현하려는 단호한 결의를 품게 했던 것이다.[24]

16세기의 칼뱅주의와 20세기의 공산주의를 잇는 역사적 고리는 19세기의 자유주의이다.

결정론은 그때까지 매우 유행했다. 그런데 어째서 결정론이 의기를 잃게 하는 교의라고 생각할 필요가 있는가? 우리가 결코 피할 수 없는 법칙은 극히 다행스런 진보의 법칙, 즉 '통계에 의해 측정될 수 있는 종류'의 법칙이다. 우리는 그저 그와 같은 환경 속에서 살 수 있게 된 데 대해 운명에 감사해야 했고, 자연이 우리에게 정해 준 발전의 방향을 힘껏 실현하도록 노력할 수밖에 없었으며, 이에 저항한다는 것은 불경건한 동시에 헛된 행위였던 것이다. 이와 같이 진보라는 미신이 견고하게 수립되었던 것이다. 미신이 일반적인 종교가 되려면 어떤 철학을 그 노예로 만들기만 하면 되는데, 진보라는 미신은 실로 다행스럽게 최소한 세 개의 철학—헤겔, 콩트, 다윈의 철학—을 그 노예로 만들 수 있었다. 그런데 기묘한 것은, 이 철학들은 그들이 지지해 줄 것으로 알았던 신념에 하나도 들어맞지 않는다는 점이다.[25]

그러면 우리는 결정론적 철학을 수락하기만 하면 그것만으로 자신에 넘치고 성공적인 활동을 촉진시킬 수 있다고 추론할 수 있을까? 아니, 그렇게 되지는 않는다. 왜냐하면 그렇게 확고하고도 자극적인 결과를 낳게 하는 그 예정론의 신봉자들은 누구나 자기들 자신의 뜻은 곧 신의 뜻이나 자연의 법칙이나 혹은 필연의 계율과 일치하는 것이므로 처음부터 승리하도록 되어 있다는 대담한 가정을 세우고 있는 듯하기 때문이다. 칼뱅주의자의 여호와는 그 선민(選民)을 옹호하는 신이고, 마르크스주의자의 역사적 필연은 프롤레타리아트의 독재를 실현시키는 비인

---

24 R.H. Tawney, 《종교와 자본주의의 생성》.
25 W.R. Inge, 《진보의 관념》.

격적인 힘이다. 이와 같은 가정은 전쟁의 역사가 가르쳐주고 있는 바와 같이 사기의 원천의 하나인 필승의 신념을 주고, 따라서 미리부터 당연히 그렇게 될 것으로 기대하고 있었던 결과를 달성하게 함으로써 그 가정은 역시 정당했다는 생각을 갖게 한다. "된다고 믿었기 때문에 되는 것이다"라는 말은 베르길리우스가 《아에네이스》 속에 묘사한 보트 경기에서 최후의 승리를 얻은 팀의 성공의 비결이다.

요컨대 필연이란 자기의 유력한 동맹자라고 가정하게 되는 경우에는 유력한 동맹자로서 작용하는 것이다. 그러나 그런 식의 가정은 결국은 사건의 어쩔 수 없는 논리에 의해 부정될 수밖에 없는 하나의 위브리스, 그것도 가장 심한 위브리스의 행위이다. 골리앗의 연전연승이 다윗과의 만남에서 꺾여 끝장나고 말았을 때, 필승의 신념은 결국 골리앗의 사멸의 원인이 되었던 것이다. 마르크스주의자의 경우는 이런 가정을 생활신조로 삼게 된 지 이제 100년 가량 되었고, 칼뱅주의자의 경우는 400년 가량 되었지만, 아직까지도 그 미몽은 깨어지지 않고 있다. 그러나 지금으로부터 약 1천 3백 년 전 역시 존대(尊大)한, 그러나 증명될 수 없었던 신앙을 품고 처음에는 그 강한 신앙의 힘으로 거대한 업적을 수행했던 이슬람교도도 오랜 세월이 지난 뒤 드디어 불운을 맞이하게 되었다. 최근의 시련에 대한 그들의 반응이 극히 미약한 것을 보면, 결정론은 조우하는 도전에 대해 유력한 응전을 할 수 있는 동안에는 사기를 고무하지만, 일단 역경에 부딪히게 되면 사기를 저하시킨다는 것을 알 수 있다. 혹독한 경험을 통해 신은 결국 자기 편이 아니라는 것을 깨달으면서 환멸을 맛보게 된 예정론자는, 자기와 자기의 동류인 보잘것없는 인간은,

신이 가지고 노는 무력한 장기의 말
밤과 낮의 흑백으로 칠한 이 장기판 위에
이리저리 옮겨져서 몰리고 죽어
하나하나 상자 속으로 다시 들어가게 된다.

하는 처량한 결론에 도달하지 않을 수 없게 된다.

표류의식은 피동적인 감정으로서 이에 상반되는 능동적인 감정의 짝이 죄의식인데, 이 죄의식은 같은 도덕적 패배의 자각에 대한 또 다른 하나의 반응이다. 죄의식과 표류의식은 그 본질에서도 그 기질에서도 서로 날카롭게 대립하고 있다. 표류의식은 그 피해자의 힘으로는 어쩔 수 없는 외적 환경에 깃들여 있다고 여겨지는 악에 묵묵히 순종하는 정신을 은연중 그 영혼 속에 주입하여 작용을 하는 데 반해, 죄의식은 자극제의 역할을 한다. 왜냐하면 그것은 죄를 범한 인간에 대해, 악은 결국 밖에 있는 것이 아니라 자기 안에 있는 것이므로, 신의 목적을 수행하여 신의 은총을 얻고자 하는 마음만 갖는다면 자기 의지로써 얼마든지 제어할 수 있는 것이라고 가르치기 때문이다. 양자 사이에는 저 크리스천(《천로역정》의 주인공)이 한동안 빠져서 허덕이던 절망의 늪과 그로 하여금 '저 멀리 보이는 작은 문'을 향해 뛰쳐나가게 했던 그 최초의 충동 사이에서 볼 수 있는 것과 같은 큰 차이가 있다.

그럼에도 불구하고 거기에는 인도 문명의 카르마 사상에 암암리에 가정되어 있는 바와 같이, 두 생각이 겹쳐 있는 일종의 중간지대가 있다. 카르마는 일면 '원죄'와 마찬가지로 영혼이 어쩔 도리 없이 짊어지게 된 거부할 수 없는 정신적 유산으로 생각되고 있기는 하지만, 어떤 주어진 순간에 누적되어 있는 카르마의 짐은 어떤 주어진 순간에 영혼에 깃들여 있는 그 개인의 계획적이고 자발적인 행위에 의해 늘릴 수도 있고 줄일 수도 있다. 이 극복할 수 없는 운명에서부터 극복할 수 있는 죄로 옮아가는 길은 그리스도교적인 생활태도에서도 가능하다. 왜냐하면 그리스도교도의 영혼은 인간적 노력에 대한 신의 응답으로서만 획득할 수 있는 신의 은총을 구하고 발견함으로써 아담으로부터 물려받은 원죄의 더러움을 씻을 수 있는 가능성이 주어지기 때문이다.

죄의식에 대한 각성은 이집트 문명의 혼란기에 사후(死後)의 생에 대한 이집트적인 사상이 발달한 것에서도 발견할 수 있지만, 그 전형적인 예는 시리아 문명의 혼란기에 있어서의 이스라엘과 유대 예언자들의 정신적 경험이다. 이 예언자들이 진리를 발견하고 그 진리의 말씀을 전파할 무렵에는, 그들이 그 품속에서부터 출현하여 그 구성원들에게 외치고 있었던 사회는 아시리아의 범에게 붙잡혀 어쩔 수 없는 비참한 상태에 빠져 있었다. 이처럼 심한 곤경에 빠진 사회에 사는 영혼들이 자기들의 불행은 불가항력적인 외적 · 물질적 힘의 작용 탓이라는, 누구에게나 쉽게 설명될 수 있는 그런 설명을 물리치고, 피상적으로는 어떻게 보였든 고난의 원인이 된 것은 자기들의 죄이고, 따라서 참된 해방을 쟁취하는 수단은 자기들의 수중에 있다는 것을 통찰했다는 사실은 참으로 영웅적인 정신적 위업이었다.

시리아 사회가 그 쇠퇴와 해체의 시련을 통해 발견한 이 구원의 진리는 이스라엘의 예언자들로부터 헬라스 사회의 내적 프롤레타리아트의 일익이었던 시리아인들 사이에 계승되어 그들에 의해 그리스도교적인 형태로 개조되어 전파되어 갔다. 이와 같이 전혀 비헬라스적인 인생관을 가지고 있던 시리아인의 영혼에 의해 이미 파악되었던 원리를 헬라스 사회가 자기와는 다른 사회에 속한 시리아인으로부터 배우지 않았더라면 그 고유한 기질과는 전혀 동떨어진 교훈을 배울 수 없었을 것이다. 그리고 동시에 헬라스인이 이 시리아 사회가 발견한 진리를 진심으로 받아들였을 때, 다같이 자발적으로 같은 방향을 향해 전진하지 않았더라면 실제 느꼈던 것보다 훨씬 심한 곤란을 느꼈을 것이다.

이 고유의 죄의식에 대한 각성은, 헬라스 문화의 정신사에 있어서 헬라스 문명이라는 시내가 시리아 문명이라는 강과 합류하여 그리스도교라는 대하(大河)를 이루게 되기 이전의 여러 세기까지 거슬러올라갈 수 있다.

만일 오르페우스교의 기원과 본질 및 의도에 관한 우리의 해석이 옳다면, 적어도 극소수의 헬라스인은 헬라스 문명이 쇠퇴하기 전부터 이미 고유의 문화적 전통에 대해 정신적 공허를 절실히 느낀 나머지 선행한 미노스 문명에게서 받지 못한 '고등종교'를 인위적으로 만들어 보려는 뛰어난 곡예를 행했다는 것을 보여주는 증거가 있다. 어쨌든 기원전 431년의 쇠퇴가 시작된 그 직후의 세대에 이미 죄를 깨닫고 설사 맹목적이기는 했으나 죄에서부터 해방되고자 암중모색하고 있는 영혼들에게 만족을 줄 목적으로 오르페우스교의 사상이 이용 또는 남용되고 있었던 것만은 확실하다.

헬라스 사회의 지배적 소수자의 영혼 속에 깃들인 이 고유의 죄의식의 최초의 그림자는 혐오감을 일으키게 하는 동시에 그 앞날이 가망 없을 것 같이 보이는데도 불구하고, 그 400년 후에는 헬라스 문명의 고유의 죄의식은 고난의 풀무 속에서 정화되어 그 면모를 완전히 일신하게 되었던 것이다. 즉 베르길리우스의 시를 통해 들을 수 있는 아우구스투스 시대의 헬라스 문명의 지배적 소수자의 음성에는 거의 그리스도교도의 음성과 같은 곡조가 흐르고 있다. 〈제1 농경가(農耕歌)〉의 끝장에 나오는 저 유명한 일절은 고민하는 표류의식으로부터의 해방을 원하는 기도로서 죄를 고백하는 형태를 취하고 있다. 그리고 이 시인이 하늘을 향해 사해주기를 간절히 기원한 죄는 명목상으로는 전설적인 트로이의 선조에게서 계승한 원죄로 되어 있지만, 그 구절 전체의 참뜻으로 보아 그것은 비유적인 표현이고, 베르길리우스 시대의 로마인이 실제로 보상한 죄는 한니발 전쟁의 발발과 함께 시작된 200년에 걸친 도덕적 부패의 죄였다는 것을 독자는 깨닫게 될 것이다.

베르길리우스의 그 시가 씌어진 지 1세기도 못 되어 그의 시구 속에 나타나 있는 정신이, 아직 그리스도교의 영향을 받지 않고 있던 헬라스 사회의 일부 계층 사이에 널리 힘을 얻게 되었다. 지금 회고해 보면, 세네카와 플루타르코스와 에픽테토스와 마르쿠스 아우렐리우스 시대에 사람들은 자신도 모르는 사이에 프롤레타리아트에 기원하는 정신적 광명을 받아들일 마음의 준비를 하고 있었던 셈이 된다. 그러나 이 교양 있는 헬라스 사회의 지식인들은 프롤레타리아트에게서 어떤 좋은 것이 나오리라고는 전혀 예상하지 못했다. 이 부지불식간에 이루어진 마음의 준비와, 그리고 여기서 든 예의 경우에서는 교양이 방해가 되어 프롤레타리아트에게서 제공될 정신적 광명을 솔직히 받아들이지 못하는 사정이 로버트 브라우닝의 성격 연구 《클레온》에서 놀라운 통찰력과 적절한 표현으로 묘사되어 있다. 기원 1세기경 헬라스 문명의 지배적 소수자에 속하는 가상의 철학자 클레온은 역사를 연구한 결과 '극심한 실의'라고 스스로 표현한 심적 상태에 빠지게 된다. 그럼에도 불구하고, 자기의 힘으로는 해결할 수 없다는 것을 자인하고 있는 그 문제들을 바울이라는 사람에게 가지고 가서 가르침을 받으면 어떻겠느냐는 충고를 받았을 때, 그는 자존심이 상해 화를 낸다.

"할례받은 야만인에 지나지 않는 바울 같은 유대인이 우리가 모르는 지식을 어찌 알고 있겠는가."

예로부터의 사회조직이 붕괴하는 것을 목격하는 데서 오는 충격으로 말미암아 죄의식에 눈을 뜬 문명은 물론 헬라스 사회와 시리아 사회만은 아니다. 우리는 그런 사회들을 일일이 열거하지는 않고 결론적으로 우리의 서구 사회가 그런 종류의 사회 중 하나인가 아닌가만 문제삼기로 하자

　죄의식은 분명히 현대 서구의 왜소한 인간들이 아주 잘 알고 있는 감정이다. 죄의식은 우리 서구인이 계승한 고등종교의 가장 주요한 특색의 하나이기 때문에 우리는 거의 강요에 의해 그것을 깨닫게 되었다고 해도 과언이 아니다. 그러나 서구 사회의 경우, 죄의식을 지나치게 잘 알고 있기 때문에 근래에 와서는 모멸의 감정을 낳는 데 그치지 않고 오히려 적극적인 혐오의 감정을 낳고 있는 것 같다. 그리하여 현대 서구 세계의 이런 기풍과, 이와는 상반되는 기원전 6세기 헬라스 세계의 기풍의 대조는 인간성 안에 있는 어떤 비뚤어진 경향을 잘 나타내 보이고 있다. 헬라스 사회는 야만스런 잡신밖에 모르는 빈약하고 보잘것없는 종교적 유산을 받아 그 생애를 시작하여, 자기의 정신적 빈곤을 자각하고 다른 문명들이 그 선행 문명에게서 이어받은 '고등종교'와 같은 종류의 종교를 오르페우스교라는 형태로 만들어냄으로써 그 공허를 채우려고 노력했던 것 같다. 그리고 오르페우스교의 의식과 교의의 성격상 죄의식이야말로 6세기의 헬라스인이 무엇보다도 먼저 그 배출구를 찾는 데 열중했던 우울한 종교적 감정이었다는 것이 분명하다.

　헬라스 사회와는 반대로 우리 서구 사회는 고등종교의 비호를 받으면서 세계교회라는 번데기 속에서 성장한 풍부한 유산들을 계승한 문명의 하나이다. 그리고 서구인이 그리스도교적인 생득권을 종종 가볍게 여기고 또 포기하려고까지 하는 것은, 아마 그들은 그 권리를 항상 당연한 것으로서 주장할 수 있었기 때문인 것 같다. 사실 이탈리아 르네상스 이래 헬레니즘 숭배가 서구의 세속적 문화의 강력한 요소가 되어 여러 방면에서 풍부한 성과를 거두었는데, 이와 같이 헬레니즘 숭배가 육성되어 활기를 띠게 된 부분적 이유는, 헬레니즘은 근대 서구 사회의 모든 미덕과 재능을 갖추고 있을 뿐만 아니라 현재 서구인이 그리스도교의 정신적 유산에서부터 제거하려 애쓰고 있는 그 죄의식에서 저절로 해방시켜 주는 지극히 훌륭한 생활양식이라고 이제까지 생각되어 왔기 때문이다. 최근의 프로테스탄티

즘의 여러 파가 천국의 개념을 보존하면서 지옥의 개념은 말없이 내버리고, 악마의 개념을 풍자가와 희극작가에게 내맡기고 있는 것은 우연한 일이 아니다.

오늘날 헬레니즘 숭배는 자연과학의 숭배로 인해 궁지에 몰려 있다. 그러나 그것으로써 죄의식을 회복할 가능성이 커진 것은 아니다. 현대의 사회개혁가나 자선사업가들은 빈민계급의 죄를 외적 환경에 기인한 불행으로 간주하고 싶어한다. ─ "그는 빈민굴에서 태어났으니 어쩔 수 없는 일 아닙니까?"라고 그들은 말하는 것이다. 또 현대의 정신분석학자들도 역시 그 환자의 죄를 콤플렉스와 노이로제 등의 내적 환경에 기인한 불행으로 간주하는 경향이 짙다. 즉 그들은 죄를 질병으로 설명하고 또 그렇게 설명하고는 만사가 끝났다고 생각하는 것이다. 이와 같은 사고방식에서 그 선배 격이라고 할 수 있는 사람들이 새뮤얼 버틀러의 《에레혼》에 나오는 철학자들이다. 독자들도 기억하고 있겠지만, 그 책에 나오는 가련한 노스니보르는 공금횡령이라는 질병에 걸렸기 때문에 당장 고쳐줄 수 있는 사람(즉 의사)을 불러오지 않으면 안 되었다.

근대 서구인은 앞으로 '아테'라는 응보를 받기 전에 그의 '위브리스'를 회개하고 그 교만을 끊을 수 있을 것인가? 지금으로서는 뭐라 말할 수 없으며, 다만 우리 서구인이 현대의 정신생활을 전망하여 지금까지 생명의 씨를 짓누르는 데 전력을 다해 온, 그 정신적 능력을 다시 회복하고 있다는 희망을 품을 만한 어떤 징후를 발견할 수 있다면 좋을 것이다.

5. 혼효의식

풍속의 비속과 야만

혼효의식(混淆意識)은 문명의 성장과 '보조를 맞추어' 발달하는 저 양식의식(樣式意識)과 비교될 만한 피동적 감각이다. 이 심리적 상태는 자포자기하여 잡다한 것을 용해시키는 용광로 속에 몸을 던짐으로써 실제적인 결과를 낳는다. 그리고 사회의 해체 과정에서 같은 분위기가 사회생활의 모든 분야, 즉 종교 · 문학 ·

언어·예술뿐만 아니라 '풍속과 관습'이라고 부르는 한층 더 넓고 막연한 영역에도 나타난다. 편의상 이 후자의 풍속과 관습의 분야부터 살펴보기로 하자.

이 점에 관한 증거를 구하려 할 때 우리는 아마 내적 프롤레타리아트에 가장 큰 기대를 걸고 시선을 돌리고 싶어질 것이다. 이미 앞에서 말한 바와 같이 내적 프롤레타리아트에게 공통적이고 특유한 고통은 생활의 근거를 빼앗긴다는 점이며, 이 사회적 근절화(根絶化)라는 무서운 경험이야말로 다른 어떤 경험보다도 그것을 겪지 않을 수 없는 사람들의 영혼 속에 혼효의식을 낳게 할 것이기 때문이다. 그러나 이 선험적 기대는 사실에 의해 잘못이라는 것이 증명된다. 왜냐하면 내적 프롤레타리아트가 겪는 시련은 대개 그들에게 자극이 되기에 알맞을 정도로 가혹할 때가 많아서, 생활 근거를 빼앗겨 부랑화하고 고국에서 내쫓기고 노예화한 사람들로 구성되는 내적 프롤레타리아트는 그들의 사회적 유산의 나머지를 잃지 않고 고수할 뿐만 아니라 실제로 그 유산을 지배적 소수자에게 나누어주고 있기 때문이다. 선험적인 견지에서는 지배적 소수자는 그 그물 안에 사로잡고 그 멍에를 강제로 짊어지게 한 부랑자의 무리에게 자신의 문화적 모형을 강요할 것같이 생각되지만, 사실은 그렇지 않다.

한층 더 놀라운 사실은 지배적 소수자가 외적 프롤레타리아트의 문화적 영향도 역시 받아들인다는 것이다. ─이것 역시 우리가 실제로 목격하고 있는 바이다. 그것이 놀랍게 여겨지는 까닭은, 외적 프롤레타리아트의 난폭한 전투단체들은 군사적인 경계로 지배적 소수자와 격리되어 있고, 또 강제로 내적 프롤레타리아트에 편입된 사람 중 적어도 그 일부분이 계속 계승하고 있는 원숙한 문명의 누더기에는 아직도 매력과 위신이 뚜렷하게 남아 있지만 야만의 사회적 전통에는 그런 매력과 위신조차 결여되어 있기 때문이다.

그럼에도 불구하고 실제로는 해체단계의 사회가 분열하여 생기는 세 단편 중 가장 쉽게 혼효의식에 사로잡히는 것은 지배적 소수자이다. 그리고 이 지배적 소수자의 프롤레타리아트화의 궁극적 결과는 사회적 쇠퇴의 지표이며, 그 형벌인 사회체의 분열은 모습을 감춘다. 지배적 소수자는 결국 자기 손으로 갈라놓은 틈을 메우고 스스로도 프롤레타리아트 속에 합류함으로써 그 죄를 보상한다.

이 프롤레타리아트화 과정의 진행을 평행하는 두 개의 방향—내적 프롤레타리아트와의 접촉에 의한 비속화와 외적 프롤레타리아트와의 접촉에 의한 야만화—으로 더듬어 가기 전에, 제국 건설자들의 수용성(受容性)을 나타내는 몇 가지 증거를 잠깐 살펴보는 것이 편리할 것이다. 왜냐하면 그 수용성을 미리 검토해 두는 것은 그 뒤에 일어나는 현상을 어느 정도는 설명하는 것이기 때문이다.

이 제국 건설자들이 세운 세계국가들은 대부분 군사적 정복의 산물이기 때문에, 우리는 군사적 기술의 분야에서 그 수용성의 예를 찾아보기로 하자. 예컨대 폴리비우스에 의하면 로마인은 그 고유의 기병대 장비를 버리고 그들이 정복했던 그리스인의 장비를 차용했다. 이집트의 '신제국(新帝國)'을 건설한 테베인은 그들이 무찌른 적, 즉 한때는 유목민이었던 힉소스족으로부터 전차를 전쟁무기로 차용했다. 승리한 오스만리는 서구인이 발명한 화기를 차용했고, 또 이 서구 세계와 오스만리의 싸움에 있어 형세가 역전하여 서구 쪽이 우세하게 되자, 이번에는 반대로 서구 세계가 오스만리로부터 군기가 엄정하고 훈련이 잘되어 있으며 제복을 입은 직업적 보병부대의 제도라는 매우 강력한 무기를 차용했다.

그러나 이런 차용은 군사적 기술에 한정되는 것이 아니었다. 헤로도토스는, 페르시아인은 스스로를 주위의 어느 민족보다도 우수하다고 자부하면서도 그 평민의 복장을 메디아인에게서 차용했고, 또 남색(男色)을 비롯한 여러 가지 기묘한 풍속을 그리스인에게서 차용했다고 기록했다. 그리고 또 '저 늙은 과두정치주의자'[26]는 기원전 5세기의 아테네에 대한 신랄한 비평 가운데서, 자기 동족은 바다를 지배하게 되면서부터 그들보다 진취성이 약한 다른 그리스의 도시에 비해 한층 더 광범위하게 외국 풍습에 의한 타락에 직면하게 되었다고 말하고 있다. 우리들 자신으로 말하면, 담배를 피우는 습관은 북아메리카의 홍색 원주민을 절멸시킨 기념이고, 커피와 홍차를 마시고 폴로놀이를 하고 파자마를 입고 터키탕에서 목욕하는 습관은 프랑크인(서구인) 실업가들이 오스만의 카이사르 이 룸과 무굴 제국의 카이사르 이 힌두의 자리를 빼앗은 기념이며, 또한 우리의 재즈 음악은 아

---

26 아테네의 민주정치를 비난 공격한 익명의 필자를 가리킨다.

프리카 흑인이 노예가 되어서 대서양을 건너 아메리카로 이송되어 절멸한 아메리카 인디언족의 사냥터에 새로 생긴 대농장에서 일하게 된 기념비이다.

이상으로 해체기 사회의 지배적 소수자의 수용성을 보여주는 비교적 잘 알려진 증거 몇 가지를 서론적으로 열거했으니 이제 우리는 본론으로 들어가서, 먼저 지배적 소수자가 육체적으로 마음대로 좌우할 수 있는 내적 프롤레타리아트와의 평화적 교섭을 통해 비속화하는 과정을 고찰하고 난 다음 지배적 소수자가 그들의 멍에에서 벗어나 있는 외적 프롤레타리아트와의 군사적 교섭을 통해 야만화하는 과정을 살펴보기로 하자. 지배적 소수자와 내적 프롤레타리아트의 교섭은 프롤레타리아트가 이미 정복되어 있다는 뜻에서는 평화적이지만, 양자의 지배자와 피지배자로서의 최초의 접촉은 흔히 프롤레타리아트가 된 자들을 제국 건설자의 상주 수비병과 상비군으로 편입시키는 형태를 취하는 경우가 많다.

예컨대 로마 제국 상비군의 역사를 보면, 그것은 로마군이 아우구스투스의 칙령에 따라 필요할 때마다 징집되는 아마추어 군대에서 상설적이고 직업적인 지원병제로 고쳐진 직후부터 점차 이질분자들이 로마군에 혼입된 역사이다. 본래는 대부분 지배적 소수자 출신의 병사로 구성되었던 군대가 불과 몇 세기 지나는 사이에 대부분 내적 프롤레타리아트에서 징발되더니, 나중에는 외적 프롤레타리아트 중에서도 다수 징발하게 되었다. 이 로마군의 역사는 17세기에 만주족의 제국 건설자들이 재건한 극동 사회의 세계국가 군대의 역사에서, 그리고 우마이야 왕조 및 압바스 왕조의 이슬람교 왕국의 아랍족 상비군의 역사에서 거의 비슷비슷한 형태로 되풀이되었다.

지배적 소수자와 내적 프롤레타리아트 사이에 전우로서의 교제가 양자 사이의 장벽을 무너뜨리는 데 얼마나 중요한 역할을 하는가를 살펴보면, 당연히 예기할 수 있듯이 지배적 소수자가 단순한 변경 출신에 국한되지 않고 국경 너머 야만족 출신의 제국 건설자인 경우에는 그 역할이 가장 중요하다는 것을 알 수 있다. 왜냐하면 야만족 출신의 정복자는 변경민보다 그가 정복한 민족의 윤택한 생활을 받아들이는 경향이 더 강하기 때문이다. 적어도 만주족과 그들에게 정복된 한족(漢族) 사이의 전후관계는 그런 결과를 낳아서, 만주족은 완전히 한족에게 동화되고 말았다. 이와 같이 명목상의 장벽을 실제의 공동생활에 의해 철폐하는 경향은 서남아시아를 정복한 원시 이슬람교 아랍족의 역사에서도 찾아볼 수 있다. 그들은 뜻밖에도 너무 일찍 쓰러진 아케메네스 제국의 형태로 처음 성립되어 있었던 시리아 사회의 세계국가를 부흥시켰다.

해체도상의 사회 내부에서 출현한 지배적 소수자 — 대부분의 지배적 소수자는 그렇게 출현한다 — 의 역사로 시선을 돌리면, 이 경우 군사적 요소를 전혀 도외시할 수는 없으나 전우로서의 교제보다도 사업상의 협력관계가 더 중요해진다는 것을 알게 된다. 저 '늙은 과두정치주의자'는 바다를 지배하게 된 아테네에서는 외국 출신의 노예를 거리에서 만나도 하층계급의 시민과 구별할 수 없다고 말하고 있다. 로마 공화제 말기에는 많은 직원과 복잡한 조직으로 된 로마 귀족의 집안 관리가 이미 이름뿐인 주인의 해방노예 중 가장 유능한 자의 직책으로 되어 있었다. 그리고 또 실제 카이사르 일가가 원로원 및 로마 시민과 협력하여 세계국가로서의 로마를 통치하게 되면서부터 카이사르의 해방노예 중 몇 명이 로마의 각료가 되기도 했다. 로마 제국 초기 황제의 해방노예들은, 똑같이 권세가 있고 — 또한 똑같이 그 지위가 불안정했던 — 터키 재상이 되었던 오스만 술탄의 노예세대 구성원들의 권력에 필적하는 절대적 권력을 쥐고 있었다.

지배적 소수자와 내적 프롤레타리아트는 그 공동생활의 모든 경우를 통해 서로 영향을 주고받아서, 그 결과 서로 상대방을 동화하는 방향으로 움직인다. 풍속이라는 표면적인 면을 보면, 내적 프롤레타리아트는 해방 쪽을 향하고 지배적 소수자는 비속화 쪽을 향한다. 이 두 운동은 서로 보조적인 역할을 하는 가운데 양쪽에서 다 쉬지 않고 일어난다. 그러나 그 초기의 두드러진 사실은 프롤레타리아트의 해방이고, 후기에 주목을 끄는 사실은 지배적 소수자의 비속화인데, 그 대표적인 예는 이른바 '은(銀)시대'[27]에 있어서의 로마 지배계급의 비속화이다. 이 한심스러운 비극은 최후의 한 방울의 인스피레이션까지도 다 잃고 풍자의 분야에서만 겨우 그 특질을 발휘하고 있던 라틴 문학 속에 참으로 교묘하게 기록되어 있다.

---

27 아우구스투스 황제가 죽은 기원후 14년부터 하드리아누스 황제가 죽은 138년까지의 시기를 말한다.

아니, 기록되어 있다기보다는 희화화(戱畵化)되어 있다. 호가스(영국의 풍자화가)의 그림 같은 일련의 풍자 속에서 이 로마의 도덕적 타락의 자취를 찾아볼 수 있는데, 그 각 풍자의 중심인물 속에는 귀족뿐만이 아니라 칼리굴라, 네로, 콤모두스, 카라칼라 같은 황제도 포함되어 있다.

이중 카라칼라 황제에 관해 기번은 다음과 같이 말하고 있다.

카라칼라의 태도는 불손하고 오만했다. 그런데 군사들을 대할 때는 황제의 신분에 알맞은 위엄도 잊은 채 그들로 하여금 버릇없는 장난을 함부로 하게 하고, 군의 통솔자로서의 중요한 임무를 저버리고 일개 병졸의 복장과 거동을 흉내내기 즐겼다.

카라칼라의 '프롤레타리아트화'는 인기 예능인이 된 네로나 검투사가 된 콤모두스의 경우만큼 충격적인 것도, 병적인 것도 아니었다. 그러나 사회학적 징후로서는 아마 보다 더 큰 의의가 있을 것이다. 헬라스 사회의 지배적 소수자가 바야흐로 그 사회적 유산을 포기하는 마지막 단계에 도달했다는 것을 가장 잘 보여주는 예는, 아카데미와 스토아의 자유가 자기의 생득권이라는 바로 그 이유 때문에 견딜 수 없다고 내버리고 프롤레타리아트의 병영생활의 자유로 도피한 이 황제의 모습이다. 실로 이 시기가 되면, 즉 아우구스투스 시대의 만회에 의해 얼마 동안 유예되었던 헬라스 사회의 쇠퇴가 다시 진행되기에 이르면, 지배적 소수자와 내적 프롤레타리아트에게서 흘러나와 각각 상반되는 방향으로 서로 영향을 주는 두 물줄기는 상대적인 양과 힘과 속도가 변해 프롤레타리아트의 물줄기가 우세하게 되고, 이것을 보는 후세 사람은, 결국 물줄기는 하나뿐인데 그것이 어느 시기에 반대 방향으로 흐르게 된 것이 아닌가 하고 생각할 정도였다.

다음 극동 세계로 시선을 돌리면, 로마 지배계급이 프롤레타리아트화하는 초기의 현상이 현재 일어나고 있는 것을 보게 될 것이다.

그러나 1946년 현재 한 영국인이 프롤레타리아트화의 과정을 연구하기 위해 굳이 기번의 글을 읽거나 시베리아 횡단철도의 특급 침대권을 살 필요는 없다. 자기 나라에 그냥 앉아서 얼마든지 연구할 수 있으니까, 영화관에 가면 온갖 계급의 인간들이 프롤레타리아 대중의 취미에 맞도록 제작한 영화를 보며 즐기고 있는 것을 볼 수 있고, 클럽에 가면 '검은 공'[28]이 황색신문(黃色新聞)을 배척하지 않는 다는 것을 볼 수 있다. 실로 유베날리스(로마의 풍자시인)가 현대의 한 가장(家長)이라면 방안에 앉아서도 얼마든지 시의 소재를 구할 수 있을 것이다. 그는 그저 귀를 열고(열고 있는 편이 닫고 있는 편보다 더 좋으리라) 아이들이 틀어놓은 라디오에서 흘러나오는 재즈나 인기 연예물을 듣기만 하면 된다. 그리고 방학이 끝나서 아이들이 사립학교—그 사회적 특권으로 인해 한때 민주적인 인사들에게 적대시되었던 사립학교—로 돌아갈 때 아들을 전송하러 가서 정거장에 모여 있는 그 교우들에게 누가 '순혈통(상류계급의 자제)'인가를 지적해 보라고 묻는 것을 잊지 말게 하는 것이다.

이 짧은 품평회에서 우리의 풍자가 가장께서 멋있고 젊은 콤모두스 같은 풍채를 눈여겨보면, 트릴비 모자를 프롤레타리아트식으로 약간 삐딱하게 쓴 모습이 눈에 띌 것이고, 또 정복 차림의 백색 칼라를 조심스럽게 숨기기 위해 일부러 아파치식의 스카프를 되는 대로 두른 모습이 눈에 띌 것이다. 이것이야말로 프롤레타리아트의 스타일이 '아라모드'의 스타일이라는 것을 적극적으로 보여주는 증거이다. 지푸라기 하나를 보고 바람이 부는 방향을 알 수 있는데, 풍자시인이 말하는 사소한 사실들이 어찌 역사가의 진지한 연구의 중요한 자료가 되지 않을 수 있겠는가.

내적 프롤레타리아트와의 평화적 교섭에 의해 지배적 소수자가 비속화하는 문제에서, 경계 밖에 있는 외적 프롤레타리아트와의 군사적 교섭에 의해 야만화하는 비슷한 문제로 검토의 방향을 옮겨보면, 이 두 연극의 줄거리가 대체로 같은 구조라는 것을 알게 된다. 이 두 연극 중 뒤의 것이 상연무대라는 인위적인 군사 경계선—세계국가의 리메스—으로서, 지배적 소수자와 외적 프롤레타리아트는 그 선을 사이에 두고 서로 대치하고 있다가 일단 막이 열리면 쌍방 모두 차갑고

---

28 클럽 입회의 가부를 정할 때 입회 반대의 의사를 표하는 사람은 검은 공을 투표함에 넣었다.

적의에 찬 태도로 서로 노려본다. 연극이 진행됨에 따라 냉담함은 친밀함으로 바뀌어가지만 평화가 오지는 않는다. 전쟁이 진행됨에 따라 점차 야만 편이 유리해지다가 마침내 야만족은 경계선을 뚫고 지배적 소수자의 수비대가 보호하고 있던 영토를 짓밟는 데 성공한다.

제1막에서 야만족은 지배적 소수자의 세계로 들어가서 처음에는 인질이 되고 그 다음에는 용병(傭兵)이 되는데, 어느 쪽이나 대체적으로 온순한 도제(徒弟)로서의 역을 한다. 제2막에서 야만족은 누가 원한 것도 아니고 또 그렇게 할 필요가 있었던 것도 아니지만, 결국 약탈자로서 국경을 넘어와 식민자나 정복자로서 정착하게 된다. 이와 같이 제1막에서 제2막으로 옮아가는 도중에 군사적 우세가 야만족의 수중으로 옮겨진다. 나라와 권세와 영광이 지배적 소수자의 깃발 밑에서 야만족의 깃발 밑으로 이동하는 이 충격적인 사건은 지배적 소수자의 생각에 지대한 영향을 끼친다. 지배적 소수자는 이제 야만족의 행동을 하나씩 둘씩 흉내냄으로써 급속히 무너져가는 그 군사적·정치적 지위를 만회하려고 한다. 그런데 이 경우의 모방은 확실히 아첨의 가장 거짓없는 형태이다.

이와 같이 극의 대체적인 줄거리를 설명하고 나서 다시 그 첫 장면으로 되돌아가 야만족이 지배적 소수자의 견습생으로서 무대에 처음 등장하는 장면을 지켜보고 지배적 소수자가 '야만화하기' 시작하는 것을 고찰한 후, 다시 양쪽 진영의 적들이 마치 가장행렬 경쟁이라도 하듯이 상대방의 풍모를 흉내내어 그리핀과 키메라가 서로 닮은 것처럼 비슷비슷하게 그로테스크한 모습을 보인 짧은 기간을 슬쩍 들여다보고 난 다음, 끝으로 처음의 지배적 소수자가 그 본래의 모습을 다 잃어버리고 승리를 거둔 야만족과 똑같은 수준으로 타락하는 과정을 관찰하기로 하자.

강대한 '문명' 국에 사로잡힌 인질로 등장한 야만족의 무장(武將)들 중에는 유명한 사람들도 몇 명 있다. 테오도리쿠스는 콘스탄티노플의 로마 궁정에서, 스칸데르베그는 아드리아노플의 오스만 궁정에서 각각 인질로서 그 견습기간을 보냈다. 마케도니아의 필리포스왕은 에파미논다스 장군의 테베 시에서 전쟁과 평화의 기술을 배웠고, 또 1921년 안와르에서 스페인 원정군을 전멸시키고 난 4년 뒤에 모로코에 있는 프랑스의 지배권을 뿌리째 흔든 모로코의 우두머리 아브드 알 카림은 메릴라에 있는 스페인 감옥에서 11개월간의 견습기간을 보냈다.

정복자로서 쳐들어오기 전에 용병으로서 와 본 야만인의 수는 많다. 5세기와 7세기에 각각 로마의 속주들을 정복한 야만의 튜턴족과 아랍족은 이미 몇 세대 동안이나 로마군에 복무해 온 튜턴족과 아랍족의 후예였다. 9세기에 압바스 왕가의 칼리프들의 친위대였던 터키인은 11세기에 이슬람교 왕국을 분할하여 그 후계국가들을 건설한 터키인 모험가를 위한 준비공작을 한 셈이었다.

야만족의 용병이 그 '명백한 운명'을 달성하지 못한 예도 몇 가지 발견된다. 예를 들면, 만일 동로마 제국이 노르만족과 셀주크 터키족의 침략을 받지 않고, 프랑스인과 베네치아인에게 영토를 분할당하지 않고 드디어 오스만리에게 통째로 병탄되는 일이 없었더라면 바랑그인 근위대의 먹이가 되었을는지 모른다. 그리고 오스만 제국도 만일 프랑스의 실업가들이 알바니아 군대를 뒤따라와 제국 역사의 최후 단계에 맨체스터제(製) 상품과 함께 서구 문명의 정치사상을 레반트 지방에 범람시키는 의외의 전환을 만들어주지 않았더라면, 18세기에서 19세기로 넘어가는 시기에 지방의 파샤들에 대해, 또 중앙정부에 대해서도 급속히 그 지배력을 신장시키고 있었던 보스니아인 용병과 알바니아인 용병 사이에 틀림없이 분할되었을 것이다.

그리고 캄파니아 지방과 마그나 그라에키아 및 시칠리아 섬의 그리스인 도시국가들의 용병으로 고용되었던 오스크족은 기회가 있을 때마다 그들의 고용주 그리스인을 쫓아내든가 절멸시키든가 했는데, 만일 로마인이 결정적인 순간에 오스크족의 본거지를 그 배후에서 습격하지 않았더라면, 오스크족은 그 장난을 계속하여 오틀란트 해협 서쪽의 그리스인 도시들을 하나도 남기지 않고 제거했을지도 모른다.

이런 예들은 현대에서 한 가지 사례를 연상하게 하는데, 과연 용병이 약탈자로 화할 것인지, 혹은 약탈자로 화한다 해도 오스크족과 알바니아인의 경우처럼 일찍 좌절되고 말 것인지, 혹은 튜턴족과 터키인의 경우처럼 열매를 맺게 될 것인지 지금으로서는 예견할 수가 없다. 1930년 현재 인도 정규군의 7분의 1에 이르는 수의 군대가 야만족 중에서 징모되고 있는데, 그 야만족은 인도 정부의 통치력이 미치지 못하는 폐쇄된 지역에서 군사적 독립을 고수하고 있다. 오늘날 인도인은 이 야만족이 인도의 금후의 역사에서 어떤 역할을 할 것인가에 대해 여러 가지 추측을 할 수 있을 것이다. 1930년의 구르카족 용병과 파탄족 침략자들은 과연 영국의 인도 통치의 후계국가를 힌두스탄 평원에 건설하게 될 야만족 정복자의 아버지와 할아버지로서 역사에 남을 운명을 지니고 있는 것일까?

이 인도의 예를 보아서는 극의 제2막이 어떻게 될 것인지 예측할 수 없다. 그 제2막의 극의 진행을 잘 보려면, 우리는 헬라스 문명의 세계국가와 로마 제국의 북쪽 리메스 건너편에 있던 유럽 야만족들과의 관계로 돌아가지 않으면 안 된다. 그 역사의 무대에서 우리는 지배적 소수자는 야만상태로 떨어지고, 야만인은 지배적 소수자를 희생시키면서 번영해 가는 두 병행적인 과정을 처음부터 끝까지 살펴볼 수 있다.

4세기 중엽부터 로마군에 복무하는 게르만족 출신 병사는 그 고유의 게르만식 이름을 그대로 보존하는 새로운 관습을 시작한 것같이 보이는데, 급속히 일어난 듯한 이 관습의 변화는 그때까지 무조건 '로마화'하는 데 만족하고 있던 야만족 출신 병사의 영혼 속에 갑자기 자부심과 자신감이 불러일으켜졌음을 말해 주는 것이다. 야만족의 문화적 개성에 대한 이 새로운 주장에 대해 로마인측에서는 야만인을 배척하는 대항수단을 별로 취하지 않았을 뿐더러, 오히려 바로 이 무렵 로마군에 복무 중이던 야만족은 로마 황제가 부여하는 최고의 영예였던 집정관에 임명되기 시작했던 것이다.

이와 같이 야만족은 로마의 사회적 계급의 최상단에 올라간 데 반해, 로마인 자신들은 그 반대방향으로 내려가고 있었다. 예를 들면, 로마 황제 그라티아누스 (375~383년)는 비속광(卑俗狂)이 아니라 야만광(野蠻狂)이라는 새로운 형태의 도착된 유행에 사로잡혀 야만식 옷을 입고 야만식 야외유희에 빠져들었다. 그로부터 1세기 후 로마인은 실제로 로마의 지배를 받지 않는 야만족 독립 우두머리들의 전투단체에 입대하기에 이르렀다. 예를 들면, 507년 부이예에서 서고트족과 프랑크족이 서로 갈리아 지방을 차지하려고 싸웠을 때 서고트족 사상자들 중 시도니우스 아폴리나리스의 손자가 있었는데, 그 조부대(祖父代)에만 하더라도 로마에서 제법 그럴듯한 고전문학자의 생활을 하고 있던 그 집안 자손으로서는 대단한 변신이었다. 6세기 초엽에 이르면 로마 속주민의 자손이 과거 수백 년간 전쟁놀이로 세월을 보낸 당대의 야만족 후손보다 지도자의 명령을 따라 용감하게 싸우는 데 뒤졌다는 증거는 하나도 없다. 이때 이미 양자는 모두 야만이라는 점에서 문화적으로 대등한 상태에 달해 있었던 것이다.

우리는 4세기경부터 로마군에 복무하는 야만족 출신 사관들이 어떻게 하여 그 고유의 이름을 보존하는 관습을 갖게 되었는가를 말했다. 그런데 그 다음 세기로 들어가면, 갈리아 지방에서는 오히려 반대로 순수한 로마인이 게르만식 이름을 붙이는 경향을 나타낸 최초의 예들이 보인다. 이 관습은 8세기 말이 되기 전에 이미 보편적으로 행해져서, 샤를마뉴 시대에 이르러 갈리아 지방의 주민은 그 선조가 누구든 상관없이 다투어 게르만식 이름을 자랑하고 있었다.

이 로마 제국의 쇠망의 역사를, 그 주요한 연대가 언제나 로마보다 약 200년씩 빠른 중국 고대세계의 야만화의 역사와 비교해 보면, 이 맨 나중 샤를마뉴 시대의 사실에 관해 중대한 차이를 발견하게 된다. 즉 중국 고대문명의 세계국가를 이은 야만족 국가들의 건설자들은 자기 이름을 정확한 중국식으로 붙임으로써 자기들이 야만 출신임을 숨기는 데 세심한 주의를 기울였던 것이다. 그리고 이 얼핏 보기에 사소한 듯한 관습의 차이와, 중국 고대문명의 세계국가가 그에 비교될 만한 샤를마뉴에 의한 로마 제국의 '망령'의 환기보다 훨씬 더 효과적으로 재흥되었다는 사실 사이에 어떤 연관이 있다고 간주하는 것은 전혀 근거 없는 망상이라고 할 수는 없을 것이다.

지배적 소수자의 야만화에 관한 조사를 마치기 전에 우리는 현대 서구 세계에도 이런 사회적 현상의 어떤 징후가 있는지 찾아보기로 하자. 우리는 자칫 우리 서구 사회는 전세계를 그 품안에 포용하고 있고, 우리를 야만화할 만큼 유력한 외적 프롤레타리아트는 이미 남아 있지 않다는 사실에 의해 이 문제는 이미 결론적인 답이 얻어진 것이라고 생각하기 쉽다. 그러나 오늘날 서구 사회의 '신세계'인 북부 아메리카의 한복판에는 잉글랜드와 스코틀랜드 저지대 출신의 주민이 널리 프로테스탄트적인 서구 그리스도교의 사회적 전통을 지니고 있으면서도 유럽의

'켈트 외곽지대'에서 유배기간을 보낸 후 애팔래치아 산맥의 미개지에서 고립된 생활을 보냄으로써 명백히 그리고 심각하게 야만화했다는 지극히 당연한 사실을 상기하게 된다.

아메리카의 변경지역이 인간을 야만화하는 효과에 관해서는 이 분야의 대가인 아메리카의 한 역사가가 다음과 같이 기술하고 있다.

아메리카의 식민에 있어서 우리는 유럽의 생활이 어떻게 이 대륙으로 들어왔으며, 또 아메리카가 그 생활을 어떤 식으로 고치고 발전시켜 거꾸로 유럽에 영향을 미치게 되었던가를 관찰하지 않으면 안 된다. 우리의 초기 역사는, 유럽에서 온 맹아(萌芽)가 아메리카의 환경 속에서 발전해 간 과정의 연구이다. …… 변경지역은 아메리카화가 가장 급속히, 또 가장 효과적으로 행해지는 선(線)이다. 거친 황야는 개척자를 지배한다. 개척자가 처음 변경에 나타났을 때, 그는 복장도 생업도 도구도 여행 방법도 사고방식도 완전히 유럽인이었다. 그러나 황야는 그를 기차에서 끌어내려 자작나무로 만든 카누에 태우고, 문명의 옷을 벗기고 수렵용 셔츠와 모카신 차림을 하게 하며, 체로키족과 이로쿼이족의 통나무 오두막에 살게 하고, 그 주위에 인디언식 울타리를 두르게 한다. 머지않아 그 개척자는 인디언 옥수수를 심고 끝이 뾰족한 막대기로 땅을 갈게 된다. 그리고 인디언식으로 함성을 지르면서 머리가죽 사냥[29]을 한다. 요컨대 변경지역의 환경은 처음에는 식민자에게 지나치게 강렬하다. ……개척자는 조금씩 조금씩 광야를 변화시켜 간다. 그러나 결과는 결코 오래된 유럽이 아니다. …… 명백한 것은 아메리카적이라는 것이 새로 생겼다는 사실이다.[30]

만일 이 학설이 옳다고 한다면, 우리는 적어도 북아메리카에 있어서만은 우리 서구 문명의 외적 프롤레타리아트의 일부가 우리 사회의 지배적 소수자의 일부에

---

29 아메리카 인디언이 전쟁에서 승리의 상징으로 적의 시체에서 머리 가죽을 벗겨내는 것.
30 F. J. Turner, 《아메리카 역사의 국경》 pp. 3~4.

대해 강렬한 사회적 인력(引力)을 미쳤다고 말하지 않을 수 없다. 이 아메리카의
예에 비추어보아도, 야만화라는 정신적 병폐를 근대 서구 문명의 지배적 소수자
가 전혀 걱정할 필요가 없는 일이라고 생각하는 것은 아무래도 너무 경솔한 듯하
다. 정복되어서 절멸된 외적 프롤레타리아트는 복수할 만한 힘을 가지고 있는 것
처럼 생각되니 말이다.

예술에서의 비속과 야만

풍속과 관습이라는 일반적 분야로부터 예술이라는 특수영역으로 시선을 돌리
면, 거기서도 역시 혼효의식이 비속과 야만이라는 양자택일적인 형태를 취해 나
타나는 것을 보게 된다. 해체기 문명의 예술은 이 두 가지 중 어느 하나의 형태를
취해 지나치게 광대한 지역으로 지나치게 급속히 번져가고, 그 대가로 우수한 예
술의 특징이 되는 스타일의 독자성을 잃어가는 경향이 있다.

비속의 전형적인 두 가지 예는, 해체기의 미노스 문명과 해체기의 시리아 문명
이 잇따라 지중해 연안 일대에 영향을 미친 예술양식이다. 미노스 해양왕국 멸망
후의 공백기(기원전 1425~1125년경)의 특색은 이른바 '후기 미노스 제3기'라고
불리는 비속한 양식이다. 이것은 그보다 더 초기의 한층 우수한 미노스 양식의
어느 것보다도 더 널리 유포되었다. 이와 마찬가지로 시리아 문명 쇠퇴 후의 혼
란기(기원전 925~525년경)도 역시 마찬가지 정도로 비속하고 널리 유포되었던 페
니키아 예술의 잡다한 모티프의 기계적인 결합을 그 특색으로 하고 있다.

헬라스 문명의 예술사에서 이에 상당하는 비속의 예는 코린트 양식의 건축―
화려한 것을 꺼리는 헬라스 정신의 특성과는 상반되는―과 더불어 유행하기 시
작한 지나치게 화려한 장식에 나타났다. 그리고 로마 제국 시대 그 절정에 달했던
이 양식의 뚜렷한 예들을 찾아본다면, 헬라스 세계의 중심부에서는 발견되지 않
고 발베크에서 발견된 비(非)헬라스적인 신을 모셨던 신전의 유적이다. 혹은 이
란 고원의 동쪽 끝에 위치한, 헬라스 문화에 심취한 야만족 무장들의 유해를 안치
하기 위해 헬라스 사회의 묘석 제작자들이 만든 석관(石棺)에서 발견된다.

헬라스 사회의 해체를 나타내는 이 고고학적 자료에서 문헌적 자료로 시선을

돌리면, 기원전 431년의 쇠퇴 직후 2, 3세대의 '고급 지식인들'이 헬라스 음악의 비속화를 개탄하고 있는 것을 보게 된다. 그리고 아티카의 연극이 디오니소스 극장(무대예술가협회라고도 할 수 있는 것)의 수중에서 비속화했다는 것은 이미 다른 데서 논술한 바와 같다. 근대 서구 세계에 있어서 서구 사회를 자극하여 바로크와 로코코라는 헬라스풍의 양식을 탄생시킨 것은 헬라스 예술의 화려한 퇴폐기의 양식이었지 결코 그 엄격한 고전양식이 아니었다고 말할 수 있다. 그리고 빅토리아 시대의 상업미술의 이른바 '초콜릿 상자' 스타일은 '후기 미노스 제3기' 양식과 비슷한 것이라고 할 수 있는데, 이 양식은 오늘날 상품을 시각적으로 광고하는 서구 사회의 독특한 기술에 봉사하면서 지구의 전표면을 정복하려는 기세를 보이고 있다.

'초콜릿 상자' 스타일의 바보스러움에 낙망한 현대의 서구 예술가들은 어떻게든 사태를 개선해 보려고 필사적인 노력을 기울이고 있다. 비속으로부터 라파엘 이전의 비잔틴 양식으로 복귀하려는 복고적인 움직임에 대해서는 뒤에서 논하기로 하고, 여기서는 비속으로부터 야만으로 도피하려는 현대의 또 하나의 경향에 주목해야 하겠다. 비잔틴 양식에서 취미에 맞는 도피처를 발견하지 못한 자존심 강한 오늘날의 서구 조각가들은 그들의 시선을 베닌 지방으로 돌렸다. 명백히 창조의 샘이 말라 버린 서구 세계가 서부 아프리카의 야만족에게서 새로운 인스피레이션을 찾고 있는 것은 비단 조각 분야에만 국한된 것은 아니다. 서부 아프리카의 조각은 물론이고 그 음악과 무용도 아메리카를 거쳐서 유럽의 중심부에 수입되었다.

비전문가의 눈으로 보면, 현대 서구의 예술가들은 베닌으로 도피하고 비잔틴으로 도피해 보아도 그 잃어버린 영혼을 도저히 회복할 수 없을 것처럼 생각될 수도 있을 것이다. 그러나 비록 자기 자신은 구할 수 없다 하더라도 혹시 다른 사람을 구원하는 수단이 될 수는 있을지 모르겠다.

해체기 헬라스 세계의 '상업예술'이 인도에서 또 하나의 다른 해체기 세계의 종교적 체험과 만나 매우 창조적인 대승불교 예술을 불러일으키는 놀라운 위업을 성취했다면, 근대 서구의 '초콜릿 상자' 스타일도 그 광고 게시판과 옥상광고를 전지구상에 자랑하고 있는 사이에 비슷한 기적을 낳을 수 있다는 것은 가능한 일이다.

혼합어

언어의 영역에서 혼효의식은 언어의 지방적 특수성이 전반적 혼란으로 변화하는 형태로 나타난다.

언어라는 제도는 인간 상호간의 커뮤니케이션 수단으로 소용되기 때문에 존재하는 것임에도 불구하고 지금까지의 인류 역사에서 그 사회적 영향은 전체적으로 보아 인류를 결합시킨다기보다는 오히려 분열시켜 온 것이 사실이다. 왜냐하면 언어는 천차만별의 형태를 취하고 있어서 아무리 널리 통용되는 것이라도 인류의 일부분밖에 공유할 수 없기 때문이고, 또 말이 통하지 않는다는 것이야말로 무엇보다 뚜렷한 '이국인'의 증거이기 때문이다.

몰락 과정이 상당히 진전한 해체기의 문명에 있어서는 언어들이 ─ 그 언어를 모체로 사용하는 민족의 운명에 따라서 ─ 서로 싸워 그중 승리한 언어가 패배한 상대방 언어의 광대한 지역을 정복하게 된다. 그리고 만일 시나이 지방에 새로 건설한 바벨 거리의 미완성 탑 밑에서 언어의 혼란이 일어났다는 전설에 조금이라도 역사적 사실이 포함되어 있다고 한다면, 그 이야기는 아마 수메르 문명의 세계국가가 붕괴하고 있던 시대의 바빌론의 이야기일 것이다. 왜냐하면 수메르 사회 역사의 파국적인 최후 단계에서는 수메르어는 수메르 문화를 전파하는 그 본래의 언어적 수단으로서의 역사적 역할을 완수한 후 하나의 사어(死語)가 되어 있었고, 한편 가까스로 수메르어와 대등한 지위에 올라선 아카드어조차 유기된 영토 안에 야만족 전단들이 가지고 온 외적 프롤레타리아트의 여러 방언들과 다툼을 벌이지 않으면 안 되었기 때문이다. 이 언어 혼란의 전설은, 서로 말이 통하지 않는 상태를 전대미문의 새로운 사회적 위기에 직면하여 절실히 요청되는 협동적인 사회적 행동을 방해하는 최대의 장애로 보고 있다는 점에서 진실성이 있다. 그리고 이 언어의 다양성과 사회적 마비의 관계는 역사상 명백히 남아 있는 뚜렷한 몇 가지 예에 의해 입증될 수 있다.

현대 서구 세계에 있어서 그 예는, 제1차 세계대전으로 멸망한 다뉴브 지방의 합스부르크 왕국의 치명적인 약점의 하나였다. 그리고 비인간적인 방법으로 그 효율성을 발휘했던 오스만 제국의 노예세대에 있어서도 그 제도가 성숙기에 달했던 1651년에 궁정내의 근신(近臣) 위에 바벨 탑의 저주가 떨어져서, 궁정혁명의 결정적 순간에 그들을 완전히 무능력한 상태로 빠뜨렸던 사실을 우리는 알고 있다. 그 소년들은 흥분한 나머지 인위적으로 배운 오스만리어를 잊어버렸다. 그 광경을 보고 있던 방관자들의 놀란 귀를 울린 것은 '각각 다른 여러 가지 소리와 언어의 소란이었다. 어떤 자는 그루지야어, 또 다른 자들은 알바니아어, 보스니아어, 밍그렐어, 터키어, 이탈리아어로 소리쳤다.'[31] 그러나 오스만의 역사에 나타난 이 사소한 사건의 사정과는 상반되는 중대한 사건은 〈사도행전〉 제2장에 기록되어 있는 성령의 강림이다. 그 장면에서 이야기하는 자들이 구사하는 언어는 자기들도 모르는 말이었다. 그들은 종래 자기 나라 말인 아람어 외에는 어떤 외국어도 말해 본 일이 없고 들어본 일도 별로 없는 무지한 갈릴리 사람들이었다. 그들이 갑자기 외국어를 말하게 된 것은 하느님께서 주신 기적적인 능력 때문이라고 기록되어 있다.

이 수수께끼 같은 일절은 지금까지 여러 가지로 해석되어 왔는데, 지금 우리가 여기서 고찰하고 있는 점에 관해서는 이의의 여지가 없을 것이다. 〈사도행전〉을 기록한 자의 생각으로는, 여러 방언을 말하는 능력이야말로 새로 계시된 '고등종교'에 전인류를 귀의시키는 중대한 과업을 맡게 된 사도들에게 필요한 능력 중 가장 먼저 달성해야 할 능력이었던 것이 명백하다. 그러나 사도들이 태어난 사회는 오늘날의 우리 세계보다는 훨씬 더 쉽게 혼합어에 접할 수 있었다. 갈릴리 사람의 모어(母語)였던 아람어는 북쪽으로는 아마누스 산, 동쪽으로는 자그로스 산맥, 서쪽으로는 나일 강까지밖에는 통용되지 못했지만, 〈사도행전〉을 기록한 그리스어를 사용하게 되면 그리스도교 전도자는 멀리 바다를 건너 로마와 그보다 더 먼데까지 말씀을 전할 수 있었던 것이다.

---

31 P. Rycaut 《오스만 제국의 현재 상태》 (1668) p. 18.

다음으로 지방적인 모어가 세계적인 혼합어로 변화하는 원인과 결과를 살펴보면, 한 언어가 그 경쟁어들을 물리치고 승리를 획득하는 것은, 언어가 사회의 해체기에 군사적으로나 혹은 상업적으로 유력한 어떤 민족사회의 도구로 사용되어왔다는 사회적인 강점에 의한 일임을 알 수 있다. 동시에 우리는 언어도 인간과 마찬가지로 어떤 대가를 지불하지 않고는 승리를 얻을 수 없다는 것을 알게 된다. 한 언어가 혼합어가 되기 위해 지불하는 대가는 그 고유의 미묘한 맛을 잃어버리는 것이다. 왜냐하면 어떤 언어든지 그것을 인위적이 아닌 자연적 재능으로서 완전히 구사하는 일은 오로지 그 말을 어렸을 때 습득한 사람만이 가능하기 때문이다. 이런 단정의 증거를 조사해 보면 확실하다는 것이 밝혀진다.

헬라스 사회 해체의 역사에 있어서는 두 언어가 잇달아ㅡ처음에는 아티카 그리스어가, 다음에는 라틴어가ㅡ각각 작은 두 지역, 즉 아티카 지방과 라티움 지방의 모어로서 점차 바깥 세계로 퍼져나가다가 마침내 그리스도 기원 직전에 이르러 아티카 그리스어는 젤룸 강 서쪽 유역의 대법원(大法院)에서 사용되었고, 라틴어는 라인 강 양안(兩岸)의 병영에서 사용되기에 이르렀다. 아티카 그리스어의 통용 영역 확대는 기원전 5세기에 아테네인이 처음으로 지중해를 지배하게 되면서부터 시작되었는데, 그후 마케도니아의 필리포스가 아티카 방언을 대법원의 공용어로 채용한 결과 광대한 영역에까지 퍼져나갔다. 라틴어 쪽은 승승장구하는 로마 군단의 깃발을 따라 널리 퍼졌다. 그러나 우리가 이 두 언어의 확대에 놀란 후에 언어학자와 문학비평가 입장에서 그 언어들이 그 동안에 변화한 것을 연구해 본다면, 그 비속화에 또한 놀라게 된다. 소포클레스와 플라톤이 사용한 더할 나위 없이 아름다운 아티카 방언은 70인 번역 성서와 폴리비우스 및 《신약성서》의 비속한 코이네로 타락했고, 또 키케로와 베르길리우스의 문학적 표현 수단이었던 고전 라틴어는 결국 '개의 라틴어'가 되고 말았다. 이 라틴어는 18세기 초엽까지 헬라스 사회의 자식문명인 서구 그리스도교 사회의 모든 종류의 중요한 국제교섭 수단으로서의 기능을 했다.

바빌로니아 및 시리아 문명의 해체에 있어서는 이 두 사회가 동시에 무너졌으므로, 그 잔해가 공통의 폐허라는 좁은 장소에 뒤섞여 쌓이면 쌓일수록 더욱더 뒤

범벅이 되어 구별할 수 없게 되었다. 아람어는 그리스어나 라틴어와는 달리 정복자의 비호를 별로 받지 않았는데도, 아니 전혀 받지 못했는데도 이 혼잡하게 중첩되어 쌓여 있는 파편 위를 잡초와도 같이 왕성하게 번져갔다. 그러나 아람어의 보급은 그 당시에는 과연 눈부셨지만 아람 문자와 서체(書體)의 보급에 비하면 단명하고 그 범위가 좁았던 것 같다. 아람 문자의 변종의 하나는 인도에까지 전래되어, 불교 신자였던 아쇼카왕은 현존하는 그의 비문(碑文) 14개 가운데 두 개에 프라크리트어 원문을 사용하여 그것이 오늘날까지 전해지고 있다. 이른바 소그디아나 문자라는 또 하나의 변종은 작사르테스 지방에서 아무르 강을 향해 동북쪽으로 서서히 전진하여 1599년에 만주족의 문자로 채용되었다. 아람 문자의 제3의 변종은 아랍어의 표현 수단이 되었다.

다음 이른바 '중세'의 서구 그리스도교 세계에서 발생한, 북부 이탈리아를 중심으로 한 유산된 도시국가 세계로 눈을 돌리면, 아티카어가 고대 그리스의 경쟁적인 여러 방언들을 물리친 것처럼 이탈리아 토스카나 지방의 방언이 다른 경쟁적인 방언들을 물리쳤으며, 그와 동시에 베네치아와 제노바의 무역상들과 제국 건설자들에 의해 지중해 연안 일대에 퍼져나간 것을 발견하게 된다. 그리고 이 토스카나의 이탈리아어는 이탈리아 도시국가들의 번영기가 지나고 그 독립을 상실한 후에도 계속 지중해 일대에서 통용되었다.

그러데 그 뒤 이 비속화한 토스카나어는 가장 많이 사용되었던 레반트 지방에서까지도 비속화한 프랑스어에 그 자리를 빼앗겼다. 프랑스어의 세력이 증대하게 된 까닭은, 이탈리아와 독일과 플랑드르의 쇠퇴한 도시국가 세계의 혼란기―14세기 말경부터 시작하여 18세기 말까지 계속되었던 이 작은 사회의 해체의 역사에 있어서의 한 시기―에 당시 아직 팽창하고 있던 이 사회의 주변 열강이 쇠퇴해 가는 중심부에 대한 지배권을 획득하기 위해 싸웠을 때 프랑스가 마침내 승리했기 때문이다. 프랑스 문화는 루이 14세 시대 이래 프랑스의 무력 증대에 따라 더욱더 사람들의 마음을 끌게 되었다. 그리고 나폴레옹이 부르봉 왕조의 야망을 드디어 실현하여 아드리아 해에서 북해와 발틱 해에 이르기까지 프랑스의 관문에 해당하는 유럽 각처에 흩어져 있는 도시국가의 붕괴한 파편들을 모아 프랑스가 설계한 대로 모자이크를 만들어냈을 때, 나폴레옹 제국은 군국(軍國)인 동시에 문화적 세력이라는 것을 증명했다.

사실 나폴레옹 제국의 파멸 원인은 그 문화적 사명이었다. 왜냐하면 나폴레옹 제국은 당시 아직 성장기에 있던 서구 문명의 표현이었던 혁명사상의 '보균자'였기 때문이다. 나폴레옹의 사명은 서구 그리스도교 세계의 한복판에 있는 도시국가 세계라는 작은 사회에 '작은 세계국가'를 마련해 주는 것이었다. 그런데 세계국가는 혼란기에 오랫동안 고통을 겪은 사회에 휴식을 제공하는 기능을 한다. 따라서 격렬한 혁명사상에 의해 성립된 세계국가란 트롬본으로 자장가를 연주하는 것과 같은 언어상의 모순이다. '프랑스 혁명 사상'은 이탈리아인과 플랑드르인, 라인란트 지방의 주민과 한자 동맹 도시의 시민들을 그 혁명사상을 주입한 프랑스 제국 건설자의 지배에 얌전하게 순종시킬 수 있는 진정제 작용을 하는 데는 적당하지 않았다. 오히려 나폴레옹 시대의 프랑스 혁명사상의 영향은 침체한 이 국민들에게 강렬한 자극을 주어 그들을 동면상태에서 흔들어 깨운 다음 근대 서구 세계의 신생국가로서의 지위를 획득하기 위한 첫걸음으로서 분연히 일어나 프랑스 제국을 타도하게 했던 것이다. 이와 같이 나폴레옹 제국은 그 체내에 프로메테우스적인 혁명적 요소를 내포하고 있었으므로 한때 그 전성기에는 찬연히 빛났던 피렌체, 베네치아, 브뤼주, 뤼베크 등의 도시를 낳았으나, 이제는 조락한 세계의 세계국가로서의 임무를 수행하는 에피메데우스적인 보수적 역할에 있어서는 아무래도 실패할 수밖에 없었던 것이다.

나폴레옹 제국이 뜻밖에 실행한 과업은, 버려진 중세 함대의 좌초된 군함들을 서구 생활의 격류 속으로 다시 끌어들이는 동시에 내키지 않아 하는 승무원들을 채찍질하여 그들의 배를 항해에 견디어내도록 한 것이었다. 그리고 가령 나폴레옹이 우리가 보기에 그의 본래의 활동 영역으로 생각되는 도시국가 세계의 한계 밖에 있던, 도저히 정복할 가망이 없는 국민국가들—영국, 러시아, 스페인—의 적개심을 도발하지 않았다 하더라도, 프랑스가 실제로 수행한 그 일은 사물의 본질상 결국 단명할 수밖에 없었고, 또 아무도 달가워하지 않는 일이 될 수밖에 없었을 것이다. 그러나 오늘날의 '대사회'에는 도시국가 세계의 최후 국면에서 프랑스가 200년 동안이나 계속한 역할, 저 짧은 나폴레옹 시대에 최고조에 달했던 역할의 실질적인 유산이 하나 남아 있다. 즉 프랑스어는 우리 서구 세계 중심부의 혼합어로서의 지위를 수립하는 데 성공했을 뿐만 아니라 그 영역을 더 확대해, 일찍이 스페인 제국과 오스만 제국의 영토였던 저 땅끝까지 퍼져갔던 것이다. 그러므로 프랑스어만 알면 지금도 벨기에, 스위스, 이베리아 반도, 라틴 아메리카, 루마니아, 그리스, 시리아, 터키, 이집트 등지를 자유로이 여행할 수 있다.

혼합어로는 프랑스어가 서구 사회체 안에 있었던 중세적인 '작은 사회'의 쇠망의 기념이라면, 혼합어로서의 영어는 근대 서구 세계를 전세계적 규모의 '대사회'로 확대시켜 여러 가지 요소를 포함한 저 거대한 범혼합(汎混合) 과정의 산물이라고 할 수 있다. 이 영어의 승리는 동서(東西)의 해외 신세계를 지배하려는 대영제국 자체의 군사적·정치적·상업적 투쟁에서 얻은 승리의 필연적 결과였다. 영어는 북아메리카의 모어가 되었고, 인도 아대륙의 지배적인 혼합어가 되었다. 그것은 또 중국과 일본에서도 널리 통용되고 있다.

아프리카에서는 아랍어를 모태로 한 혼합어가 아랍인 또는 거의 아랍화한 목축업자와 노예 약탈자와 상인들의 계속된 침략을 따라 서쪽으로는 인도양 서해안에서 호수 지방까지, 남쪽으로는 사하라 사막의 남단에서 수단 지방까지 진출한 과정을 더듬을 수 있다. 그리고 이 운동의 언어적 결과는 오늘날에도 아직 생생한 모습 그대로 관찰할 수 있다. 왜냐하면 아랍인의 실제 침략은 유럽인의 간섭 때문에 끝장났지만, 아랍어의 토착 방언에 대한 언어적 침략은 최근 아랍인의 손에서 빼앗은 아프리카의 '개척'으로 말미암아 실제 새로운 힘을 얻게 되었기 때문이다. 아랍어는 서구로부터 지배를 강요당했음을 의미하는 유럽 제국(諸國)의 깃발 밑에서 과거 어느 때보다도 좋은 진출의 편의를 받고 있다. 유럽 제국의 식민지 정부가 아랍어에 부여한 편익 중 최대의 것으로 여겨지는 것은 그 정부가 자기들의 행정상 필요 때문에 상이한 문화적 해안에 발생한 혼합어들을 공적으로 장려한 일인데, 아랍어의 밀물이 만그로브 나무가 무성한 습지를 거쳐 그 해안으로 점점 침투하고 있다.

종교에서의 혼합주의

종교 분야에서의 혼합주의, 즉 의식과 제사 및 신앙의 혼합은, 사회 해체기에 있어 영혼의 분열에서 일어나는 내면적인 혼효의식의 외면적 표현이다. 이 현상은 상당한 확신을 가지고 사회 해체의 징후라고 생각해도 좋을 것이다. 왜냐하면 문명 성장기의 역사에도 언뜻 보기에 종교적 혼합주의 같은 사례가 나타나지만, 그것은 잘 살펴보면 결국 외형적인 것뿐임을 알 수 있기 때문이다. 예를 들면, 헤시오도스라든가 그 밖에 고대 시인들의 노력으로 여러 도시국가의 지방적 신화들이 헬라스 전체에 공통되는 하나의 체계로 정리 통합되었으나, 그것은 신들의 이름을 이리저리 뒤바꾼 것일 뿐 실제 거기에 맞먹는 다른 제식(祭式)들의 융합이나 여러 가지 종교적 감정의 혼합이 수반되지 않았던 것이다. 그리고 라틴 민족의 신들이 올림포스의 신들과 동일시되었던 것도 ― 주피터는 제우스, 주노는 헤라와 동일시되었던 것과 같이 ― 요는 원시적인 라틴 민족의 애니미즘을 그리스인의 의인적(擬人的) 판테온으로 대체한 데 지나지 않았다.

신들의 이름을 동일시하는 현상에 이와 종류를 달리하는 현상이 또 하나 있다. 그것은 해체기에 일어나는 현상이며 동시에 혼효의식을 입증하는 것이기는 하지만, 자세히 조사해 보면 실은 순수한 종교적 현상이 아니라 종교의 가면을 쓴 정치적 현상임을 알게 된다. 각각 다른 지방적인 신들의 명칭이 이렇게 같은 명칭으로 동일해지는 때는 해체기의 사회가 각각 다른 지방적 국가들 ― 이 지방국가들은 앞서 그 사회가 성장할 때 분화한 것인데 ― 사이의 정복전에 의해 정치적인 면에서 강제로 통합되어 가고 있는 때이다. 예를 들면, 수메르 사회의 역사 말기에 니푸르의 주신(벨)의 왕 엔리르가 바빌론의 마르두크 벨에게 병탄되고, 다음으로 그 바빌론의 마르두크 벨이 잠시 동안 카르베라는 이름으로 불리게 되었는데, 이런 모양으로 후세에 전해져 온 그 범혼합은 순전히 정치적인 것이었다. 그 첫번째 변화는 바빌로니아 왕조의 무력에 의해 수메르 사회의 세계국가가 재흥된 사실을 반영한 것이고, 두 번째 변화는 그 세계국가가 카시트족의 무장들에게 정복된 사실을 반영한 것이다.

서로 다른 지방국가들이 통일된 결과로서, 혹은 통일된 제국의 정권이 한 무리의 무장으로부터 다른 무리로 이동하는 결과로서 해체기의 사회에서 상호 동일시되기에 이른 지방신들은 대개의 경우 동일한 지배적 소수자의 각기 다른 부분의 조상 전래의 신들이기 때문에, 본래부터 어느 정도 서로 비슷한 점을 가지고 있는 수가 많다. 따라서 정치적 이유에 의해 요구되는 신들의 혼합은 일반적으로 종교적 관습이나 종교적 감정의 본질에 별로 심하게 어긋나는 것은 아니다. 정치적 이유보다 한층 더 깊이 파고들어 종교적 관습과 신앙의 핵심을 찌르는 종교적 혼합주의의 예를 찾아보려면, 지배적 소수자가 행복한 과거로부터 계승한 종교에서 혼란기의 도전에 대해 응전하는 가운데 만들어내는 철학으로 우리의 시선을 돌려야 한다. 그리고 우리는 그 경쟁적인 철학파들이 서로 충돌할 뿐만 아니라 내적 프롤레타리아트에 의해 산출된 새로운 고등종교와 충돌하고 혼합되는 과정을 관찰해야 한다. 그리고 이 고등종교들은 철학하고만 충돌하는 것이 아니라 자기들끼리도 서로 충돌하는 것이므로, 우리는 우선 고등종교들 상호간의 관계와 철학들 상호간의 관계를 각각 별도의 사회적 영역으로서 관찰한 후, 철학과 고등종교가 서로 접촉할 때 일어나는 보다 더 동적인 정신적 결과를 고찰하는 것이 편리할 것이다.

헬라스 사회의 해체에 있어서 포시도니우스(기원전 135~51년경)의 시대는, 종래 활발하고 통렬한 논쟁을 즐기던 철학의 몇몇 학파들이 오직 에피쿠로스파 하나만을 제외하고는 모두 각 파 사이의 차이점보다는 그 공통점을 들어 강조하는 경향을 보이기 시작한 시기인 것 같다. 그리하여 로마 제국의 제1세기와 제2세기에 이르러서는 헬라스 세계에서 에피쿠로스파 이외의 철학자는 누구나 어떤 학파를 표방하든 거의 같은 절충설을 주장하게 되었던 것이다. 이와 유사한 철학상의 혼효 경향은 같은 시대의 중국 고대사회의 해체의 역사에서도 나타난다. 기원전 2세기에, 즉 한제국(漢帝國) 건국 후 첫 세기에 있어서 절충주의야말로 맨 먼저 궁중의 애호를 받았던 도교(道敎)의 특색이었고, 다음에는 도교의 자리를 빼앗은 유교의 특색이었다.

이 대립하는 철학자들 사이에 일어나는 혼합주의의 현상은 대립하는 고등종교들 사이의 관계에도 나타난다. 예를 들면, 솔로몬 시대 이래의 시리아 세계에서 이스라엘의 야훼 숭배와, 그 이웃에 있는 시리아 민족들의 지방적 주신 발 제신의 숭배 사이에 현저한 접근의 경향이 발견된다. 그리고 이 연대가 갖는 의의가 매우 중요한데, 왜냐하면 솔로몬의 사망은 시리아 사회의 쇠퇴를 예고하는 것이었다고 생각되기 때문이다. 물론 당대의 이스라엘 종교사의 현저하고도 중요한 특징은, 예언자들이 혼효의식과 싸워서 이스라엘의 종교적 발전의 방향을 혼합주의라는 안이한 길에서 이스라엘 특유의 새롭고 어려운 길로 돌리게 하는 데 이례적인 성공을 거두었다는 점에 있다.

그러나 시리아 사회의 여러 종교의 상호 영향의 대차계정(貸借計定)의 차변(借邊)이 아니라 그 대변(貸邊)을 보면, 시리아 사회의 혼란기에 야훼 숭배가 서부 이란 민족들의 종교의식에 영향을 미쳤다고 생각되는 점이 있는데, 그때 이스라엘 민족은 아시리아의 군국주의자에 의해 추방되어 서부 이란으로 '이산'되었던 것이다. 그리고 어쨌든 확실한 것은 그 뒤 아케메네스 제국 시대와 그후에는 반대로 이란측에서 유대인의 종교의식에 강렬한 영향을 주었다는 사실이다. 기원전 2세기경에는 유대교와 조로아스터교의 상호 침투가, 그 두 물줄기가 각각 어떤 모양으로 합류하여 한 줄기가 되었는가를 결정하고 분간하는 데 현대 서구의 학자들이 몹시 곤란을 느낄 정도로 진행되었다.

마찬가지로 인도 세계의 내적 프롤레타리아트의 고등종교들의 발달에 있어서도 크리슈나 숭배와 비슈누 숭배 사이에는 단순히 명칭만 동일해진 것 이상으로 융합이 진전되었음을 알 수 있다.

해체기의 종교와 종교, 혹은 철학과 철학을 가로막은 장벽에 생기는 그런 균열은 철학과 종교의 접근의 길을 열어준다. 그리고 이 철학과 종교의 혼합주의에 있어서 양자는 서로 상대방을 끌어당기고 서로 상대방에게 접근해 간다. 앞서 본 바와 같이 세계국가의 군사적 경계선을 사이에 두고 제국의 수비대 병사들과 야만족 전단의 전사들과의 생활양식이 점차 접근해 가다가 마침내 이 두 사회적 유형을 분간할 수 없게 된 것과 마찬가지로, 세계국가의 내부에 있어서도 여러 철학파에 속한 사람들과 대중적 종교의 신자들 사이에 이와 비슷한 접근이 일어나는 것을 볼 수 있다. 더구나 그 두 과정은 완전히 병행하여 일어난다. 왜냐하면 이 후자의 경우에 있어서도 전자의 경우처럼 프롤레타리아트의 대표자들도 지배적 소수자의 대표자들과 만나기 위해 어느 정도 접근해 가지만, 지배적 소수자가 프롤레타리아트화의 노선을 따라 접근하는 거리가 훨씬 더 멀고, 그리고 그 궁극적 융합은 거의 완전히 프롤레타리아트의 지반 위에서 일어나기 때문이다. 따라서 이 양자의 접근을 연구하는 데 있어 지배적 소수자의 긴 정신적 여행을 고찰하기에 앞서 먼저 프롤레타리아트의 짧은 정신적 여행부터 살펴보는 편이 유리할 것이다.

내적 프롤레타리아트의 고등종교들이 지배적 소수자와 마주치게 될 때, 지배적 소수자의 예술양식의 외면적 형식을 채용하여 그 주목을 끌려는 정도밖에는 적응하지 않는 초보적 단계에 머무르는 경우가 있다. 그리하여 헬라스 세계의 해체에 있어서, 그리스도교와의 경쟁에서 패한 모든 고등종교는 그들의 신의 시각적 표현을 헬라스 사회 사람들의 취향에 맞을 듯한 형태로 개조함으로써 헬라스 사회에서 그 전도활동의 성공을 촉진시키려고 했다. 그러나 그들 가운데는 한 걸음 더 나아가 외적으로뿐만 아니라 내적으로도 헬라스 문명에 동화되려는 움직임을 다소라도 보인 종교는 하나도 없었다. 헬라스 문명의 철학용어로서 그 교리를 표현하는 데까지 간 것은 그리스도교뿐이었다.

그리스도교의 역사에 있어서, 그 창조적 본질이 본래 시리아 문명에 기원하고 있는 이 종교가 지적으로 헬라스화하게 된 것은 《신약성서》에 아람어 대신 아티카어인 코이네를 썼다는 사실에서 이미 결정되어 있었다. 왜냐하면 학술적 언어로서 세련된 이 말의 어휘 자체가 이미 상당한 철학적 색채를 띠고 있었기 때문이다.

공관복음서(共觀福音書)[32]에서는 예수를 하느님의 아들로 간주하고 있는데, 이 신앙은 제4복음서(요한복음)의 본문에서도 계속되고 또 심화되어 있다. 그런데 그와 동시에 제4복음서의 서문에는, 구세주는 하느님의 창조적인 로고스라는 사상이 기술되어 있다. 그렇다면 명백히 언명되어 있는 것은 아니지만, 암암리에 하느님의 아들과 하느님의 로고스는 똑같은 것이라고 밝히고 있는 셈이

---

32 〈요한복음〉에 대해 〈마태복음〉, 〈마가복음〉, 〈누가복음〉의 세 복음서를 총칭한 것.

다. 즉 로고스로서의 아들은 신의 창조적인 지혜 및 목적과 동일시되어 있고, 아들로서의 로고스는 아버지의 인격과 같은 존재로서 실체화되어 있다. 로고스의 철학은 단 한 번의 도약으로 갑자기 종교가 된 것이다.[33]

철학용어를 사용하여 종교를 전파하는 이런 방법은 그리스도교가 유대교에서 물려받은 유산의 하나였다. 알렉산드리아 시의 유대인 철학자 필로가 뿌린 씨를 200년 후에 풍성하게 수확한 사람은 역시 그 도시의 시민이었던 그리스도교 신자 클레멘트와 오리겐이었다. 그리고 제4복음서의 저자가, 성육신(成肉身) 한 신과 동일시하고 있는 신적 로고스의 사상을 얻은 것도 아마 역시 필로로부터였을 것이다. 알렉산드리아의 그리스도교 교부들의 선구자가 된 이 알렉산드리아의 유대인 철학자는 틀림없이 그리스어라는 문을 통해 헬라스 철학의 길로 들어갔을 것이다. 왜냐하면 유대인 사회로서 성서를 이방어로 번역하는 모독적인 행위를 하지 않을 수 없을 만큼 헤브루어는 물론 아람어까지도 완전히 잊어버리고 아티카어인 코이네를 상용하게 된 도시에 필로가 살면서 철학 공부를 했다는 것은 결코 우연한 일이 아니었기 때문이다. 그러나 유대교 자체의 역사에서 보면 그리스도교 철학의 아버지가 된 이 유대인은 유대인 사회에서 고립된 존재였다. 또한 모세의 율법에서 플라톤 철학을 추출하려는 그의 천재적 노력도 유대교로서는 아무짝에도 쓸모없는 재간에 불과했던 것이다.

고찰의 방향을 그리스도교로부터 헬라스 세계의 정신적 정복을 목적으로 그리스도교와 경쟁한 미드라교로 옮기면, 미드라의 배가 그 발상지인 이란을 떠나 서쪽으로 항해하는 도중에 바빌로니아 문명의 점성철학을 가득 실은 것을 볼 수 있다. 마찬가지로 인도 문명의 고등종교인 힌두교는 노쇠한 불교철학에서 빼앗은 무기로 그 두 종교의 공통의 발상지인 인도 세계로부터 그 경쟁 상대의 불교철학을 쫓아내었다. 그리고 적어도 현대의 저명한 한 이집트학(學)의 권위자에 의하

---

33 P.E. More, *Christ the Word The Greek Tradition from the Death of Socrates to the Council of Chalcedon* Vol. Ⅳ, p. 298.

면, 프롤레타리아트의 신앙이었던 오시리스 숭배가 이집트의 지배적 소수자의 전통적인 신들의 아성에 침입할 수 있었던 것은, 정의를 계시하고 옹호하는 신의 윤리적 역할(오시리스 신앙에는 본래 그런 역할이 전혀 없었다)을 태양신 라로부터 빼앗겼기 때문이라고 한다.

그러나 이 '이집트인으로부터의 약탈' 때문에 프롤레타리아트의 종교는 비싼 대가를 지불해야만 했다. 즉 오시리스교는 남의 것을 빌린 대가로 그것을 약탈했던 상대편의 수중에 스스로 말려들어가게 되었던 것이다. 종전의 이집트 사회 신관(神官) 계급의 교묘한 수완은 신흥 종교운동을 도저히 억압할 수도 없고 궁지에 빠뜨릴 수도 없다는 것을 깨닫게 되었을 때, 그 신흥운동이 이끄는 대로 함으로써 그 운동의 지도자가 되어 일찍이 올라본 적이 없었던 권력의 절정에까지 올라가게 되었던 것이다.

오시리스교가 낡은 이집트 판테온의 신관계급에게 사로잡혔듯이, 힌두교는 브라만 계급에게 사로잡히고, 조로아스터교는 마기(고대 페르시아의 사제계급)에게 사로잡혔다. 그런데 이보다 더 방심할 수 없는 방법으로 프롤레타리아트의 종교가 지배적 소수자의 수중에 들어간 경우가 있다. 프롤레타리아트의 교회 지배권을 쥐고 그 권력을 남용하여 지배적 소수자의 생각과 이익에 맞게 교회를 운영하는 신관계급이, 가계(家系)로 보아 반드시 지배적 소수자에 속하는 종전의 신관계급이어야 할 필요는 없다. 프롤레타리아트의 교회 자체의 지도적 인물이 실제로 그와 같은 역할을 하는 경우가 있는 것이다.

로마 공화국의 정치사 초기에 평민계급과 귀족계급 사이의 스타시스가 끝나게 된 것은, 귀족계급과 평민계급의 지도자들 사이에 하나의 묵계가 성립됨으로써 비로소 가능했다. 즉 평민계급의 지도자들이 민중의 신뢰를 배반하고 민중을 도탄에 빠뜨린 채 방치한다는 것을 귀족계급과 암암리에 약속함으로써, 이 비특권계급의 지도자들을 귀족계급 속에 포함시켜 준다는 '거래'에 의해 가능했던 것이다. 이와 마찬가지로 종교면에 있어서도 유대 민중은 그리스도 시대 이전에 그들의 지도자였던 서기관과 바리새파에게 배반당하고 버림받았다.

이 유대의 '분리주의자들'은 당초 그 명칭을 붙였을 때의 의도와는 상반되는 이유에서 그들이 스스로 붙인 그 이름대로의 생활을 하고 있었다. 본래 바리새파는 헬라스 문화에 물든 유대인 반역자들이 외래의 지배적 소수자의 진영에 가담하게 되었을 때, 이 변절자들로부터 떨어져 나온 유대의 청교도였다. 그런데 그리스도 당시 바리새파의 두드러진 특징은, 유대인 사회의 충실하고 경건한 민중으로부터 떨어져 있으면서도 여전히 자기들이야말로 유대인 사회의 모범이라고 자칭하는 그 위선이었다. 이것이 복음서의 여러 군데에 나오는 바리새파에 대한 통렬한 비난의 역사적 배경이다. 바리새파는 유대인을 정치적으로 지배하는 로마인과 한패가 되어 유대인을 종교적으로 지배했던 것이다. 그리스도의 수난이라는 비극에 있어서도 그들은 적극적으로 로마 관리측에 가담하여, 자기들의 체면을 실추시킨 동포의 예언자를 모함했던 것이다.

다음에 이상의 논거를 보충하는 것으로서 지배적 소수자의 철학이 내적 프롤레타리아트의 종교에 접근하는 운동을 검토해 보면, 이 과정은 접근해 가는 거리가 앞서 말한 경우보다 더 길 뿐만 아니라 더 일찍 시작된다는 것을 알 수 있다. 그 과정은 쇠퇴 직후에 시작되고 호기심에서 출발하여 경건한 신앙을 거쳐 결국 미신으로 끝난다.

종교적인 색채가 상당히 일찍부터 혼입되기 시작한다는 사실은 전형적인 헬라스 사회의 예로서, 즉 플라톤의 《국가》의 무대장치에서 입증된다. 그 장면은 아테네와 펠로폰네소스 간의 전쟁이 아테네의 패배로 끝나기 이전의 피레우스 항 (港) ─ 헬라스 세계의 사회적 '범혼합'이 가장 오래 전부터 행해졌던 시련장 ─ 이었다. 대화가 이루어진 곳으로 되어 있는 집의 주인은 외국인이다. 그리고 여기서 이야기를 진술하게 되어 있는 소크라테스는 '트라키아의 여신 벤디스에게 경의를 표하기 위해, 그리고 이번에 처음으로 피레우스에서 이 여신에게 드리는 제사가 어떤 모양으로 진행되는가를 보고 싶은 호기심에' 아테네 시에서 이 항구까지 걸어왔다는 이야기를 시작한다. 이와 같이 이 헬라스 철학의 걸작의 배경에는 종교적인 분위기, 특히 이국적인 외래종교의 분위기가 감돌고 있다.

플라톤이 기술한 트라키아의 벤디스 숭배에 대한 소크라테스의 냉철한 지적 호기심은 역사적으로 소크라테스와 동시대 사람인 헤로도토스의 부수적인 비교종교학적 연구 논문에도 나타나 있는 방식이다. 종교에 대한 그의 관심은 본질적으로 학문적인 것이었다. 그러나 알렉산드로스 대왕에 의해 아케메네스 제국이 전복된 후, 그 후계국가의 헬라스 사회 출신 통치자들이 잡다한 인종이 뒤섞인 그 영내의 주민들의 종교적 요구를 충족시키기 위해 어떤 종교적 의식을 제정하지 않으면 안 되게 되었을 때 비로소 지배적 소수자에게는 신학적 문제가 그전보다 다소 중요한 실제적인 관심거리가 되었다. 그와 동시에 스토아파 철학과 에피쿠로스파 철학의 창시자 및 전파자들은, 절망 속에서 정신적 광야를 헤매고 있는 사람들의 영혼에 어느 정도 정신적 위안의 양식을 제공하고 있었다. 그러나 우리가 플라톤 학파의 경향과 기풍을 당시의 헬라스 사회 철학의 일반적 경향을 측정하는 척도로 삼는다면, 그의 제자들은 알렉산드로스 이후의 200년 사이에 점점 더 회의주의적인 방향으로 기울어져 갔음을 알게 될 것이다.

이런 풍조의 결정적 변화는 대중의 종교적 신앙을 받아들이기 위해 스토아의 문호를 크게 개방한 시칠리아의 그리스인 스토아 철학자 아파메의 포시도니우스와 함께 일어났다. 그후 200년 미만에 스토아파의 영도권은 갈리오의 동생이며 성바울과 동시대인인 세네카에게로 옮아갔다. 세네카의 철학적 작품 가운데는 바울의 서한을 연상시키는 비슷한 문장들이 여기저기 있기 때문에, 비판정신이 부족한 후세의 어떤 그리스도교 신학자들은 이 로마의 철학자는 그리스도교 전도자 바울과 서로 교제가 있었을 것이라고 상상할 정도이다. 그러나 그런 억측은 사실과 다를 뿐만 아니라 불필요한 것이다. 왜냐하면 결국 같은 시대에 같은 사회적 경험의 인스피레이션에 의해 창작된 정신적 음악의 두 작품 사이에 그런 음조(音調)의 일치가 있다고 해도 그것은 조금도 놀랄 일이 아니기 때문이다.

앞서 해체기 문명의 변경을 지키는 수비병과 경계선 저쪽의 야만족 무장과의 관계를 연구하는 과정에서 우리는 그 첫째 단계에서 양자가 어떤 모양으로 서로 접근하여 마침내 거의 분간할 수 없게 되는가를 고찰했고, 둘째 단계에서는 양자가 어떤 모양으로 야만의 저급한 평면에서 서로 만나 융합하게 되는가를 고찰했다. 이것과 병행하는 지배적 소수자의 철학자와 프롤레타리아트의 종교 신봉자와의 접근의 역사에 있어서는, 세네카와 성바울의 높은 평면에서의 접근이 그 첫째 단계의 종말을 이루고, 둘째 단계에서는 철학이 저속한 종교적 영향에 굴복하여 경건한 위치를 거쳐서 미신으로 떨어진다.

지배적 소수자의 철학적 말로는 이렇게 가련하다. 더구나 설사 그들이 전심전력 분투하여 고등종교의 묘상(苗床)인 보다 더 쾌적한 프롤레타리아트의 정신적 토양 속에 침투해 들어갈 수 있게 되었다 하더라도 그 가련한 운명에서 벗어나지는 못한다. 그 철학도 결국은 개화하게 되지만 아무 쓸모가 없다. 간신히 꽃이 피기는 했지만, 마지못해 핀 이 꽃은 불건전하게 무성하기만 하여 철학에 위해를 가한다. 문명의 멸망이라는 최후의 막(幕)에서 철학은 결국 사멸하고, 이에 반해 고등종교는 존속하여 그 장래의 발판을 확보한다. 그리스도교는 신(新)플라톤파 철학을 물리치고 그후 길이 살아남았으나, 신플라톤파 철학은 합리성을 포기했으되 불로장생의 영약을 발견한 것은 아니었다. 사실 철학과 종교가 만날 경우 종교는 성하고 철학은 쇠하게 마련이다. 그러므로 우리는 양자의 조우에 관한 연구를 끝마침에 있어서 왜 철학의 패배가 기정사실인가 하는 문제를 생각해 보지 않을 수 없다.

그러면 철학이 종교와 경쟁하게 될 때에는 반드시 패배하도록 정해져 있는 그 약점은 무엇인가? 그 치명적이고 근본적인 약점은 나머지 모든 약점이 거기서 생기는 정신적 생명력의 결여이다. 이 생명의 약동의 결여는 두 가지 방법으로 철학을 무능하게 만든다. 그것은 대중을 사로잡는 철학의 힘을 감소시키는 동시에 철학에 매력을 느끼는 소수의 사람들로부터 철학의 전파라는 사업에 몸 바쳐 일하려는 기력을 빼앗는다. 고답적인 시인이 자기의 시가 잘 팔리지 않는 것을 자기 시가 뛰어난 증거라고 생각하듯이, 진실로 철학은 지적 '엘리트'에게만, 즉 '소수의 훌륭한 자들'에게만 애호되기를 기대한다. 세네카보다 한 세대 이전의 호라티우스는 그의 《로마송(訟)》의 철학적·애국적 호소를 다음과 같은 서문으로 시작하는 데 조금도 어색함을 느끼지 않았다.

물러가라, 너희 속물들아!
닥쳐라! 그 더러운 혀로

거룩한 노래의 의식을 방해하지 말라.
아홉 여신의 제사장인 나는
오직 청년과 처녀를 위해
새롭고 숭고한 노래를 만들리라.

이 시구와 예수의 다음 비유 사이에는 큰 차이가 있다.

'길과 산울가로 나가서 사람을 강권하여 데려다가 내 집을 채우라.' 《누가복음》
14장 23절)

이와 같이 철학은 전성기의 종교의 힘에 도저히 대항할 수 없고, 다만 저급한
신자의 약점을 어설프게 흉내낼 수 있을 뿐이었다. 세네카와 에픽테토스 시대에
윤곽이 뚜렷한 대리석상 같은 헬라스 문명의 지성에 일시 생기를 불어넣은 종교
의 호흡은, 마르쿠스 아우렐리우스 시대 이후 급속도로 청신함을 잃고 숨막힐 듯
한 신앙으로 타락했다. 여기서 철학적 전통의 계승자들은 결국 아무것도 얻지 못
하고 말았다. 즉 그들은 인간의 마음을 파악하는 길을 발견하지도 못했고 지성에
대한 호소도 포기했으며, 그들 자신도 현철(賢哲)을 포기함으로써 성인이 아닌
기인이 되었던 것이다. 율리아누스 황제는 그의 철학의 모델을 소크라테스에서
디오게네스로 바꾸었다. 주상 고행자(柱上苦行者) 시메온을 비롯하여 동류의 고
행자인 '그리스도교적' 금욕주의의 기원도 그리스도에게 있는 것이 아니라 전설
적인 디오게네스에게 있었다.

실로 이 희비극(喜悲劇)이 뒤섞여 있는 종착에서 플라톤과 제논의 말류(末流)
는, 내적 프롤레타리아트를 모방하는 데 깊이 빠져서 그들의 위대한 스승과 모범
으로서 존경하는 철학자들의 불충분함을 고백했던 것이다. 그들의 내적 프롤레타
리아트에 대한 이런 태도야말로 호라티우스가 자기의 청중으로서 받아들이기를
거부했던 '저속한 민중'에 대한 거짓 없는 영합이었다. 신플라톤파의 최후의 철
학자 얌블리쿠스와 프로클로스는 철학자라기보다는 실재하지 않는 가공의 종교
의 성직자들이다. 성직자에 의한 정치와 종교의식에 열중한 율리아누스 황제야말
로 이 성직자들의 계획의 실천자라고 자칭했는데, 그의 사망과 동시에 국가의 지

지로 유지되던 그의 교회조직이 순식간에 와해된 것은 현대 심리학의 한 파를 창설한 자의 다음과 같은 판단이 옳다는 것을 증명하고 있다.

'위대한 혁신은 결코 위에서 일어나는 것이 아니다. 그것은 언제나 밑에서부터 — 실컷 바보 취급을 당해도 침묵하고 있는 민중 — 잘난 명사들처럼 학문적 편견에 사로잡혀 있지 않은 사람들로부터 일어나는 것이다.'[34]

지배자가 나라의 종교를 결정한다

우리는 앞에서 율리아누스가 철학자로서 심취한 사이비 종교를 황제로서 그 백성에게 강제로 믿게 하려다가 실패했다는 것을 지적했다. 이 사실은 그보다 유리한 상황이라면 지배적 소수자가 그 정신적 약점을 물리적 힘의 행사에 의해 보상할 수 있느냐, 그리고 부당하기는 하지만 효과적인 정치적 압력에 의해 백성에게 종교나 철학을 강요할 수 있느냐 하는 일반적인 문제를 제기한다. 이 문제는 이 편(篇)의 논의의 줄거리에서는 빗나간 것이지만, 앞으로 이야기가 더 진전하기 전에 그에 대한 답을 찾아보기로 하자.

이 문제에 관한 역사적 사실을 조사해 보면, 일반적으로 그런 기도는 결국 실패하고 만다는 것을 알게 된다. 그런데 이 발견은 헬라스 사회 혼란기의 계몽기에 나타난 사회학적 학설의 하나와 정면으로 충돌한다. 그 학설에 의하면, 종교적 관습을 위에서부터 아래로 계획적으로 강압하는 것은 결코 불가능한 일도 아니고 이상한 일도 아닐 뿐더러, 그것은 실제 문명의 과정에 있는 사회의 종교제도의 정상적인 기원이었다는 것이다.

이 종교의 기원설은 국가 발생에 관한 사회계약설과 거의 같은 정도로 진실과 거리가 멀다. 계속하여 역사적 사실을 조사해 보면 알 수 있지만, 정치권력이 정신생활에 전혀 영향을 끼칠 수 없는 것은 아니다. 그러나 정치권력이 이 분야에서 작용할 수 있는 것은 특수한 사정이 형성되었을 때뿐이고, 또 그런 경우에 있어서도 그 작용의 범위는 극히 제한적이다. 성공하는 것은 예외이고 실패하는 것이 상

---

34 C. G. Jung, 《영혼을 추구하는 현대인》 pp. 243~4.

례이다. 예외 쪽을 먼저 생각해 보면, 정치적 권력자들이 순수한 종교적 감정의 표현으로서의 숭배가 아닌 종교적 가면을 쓴 정치적 감정의 표현으로서의 숭배를 하나의 국교(國敎)로 수립하는 데 성공하는 수가 있다. 예를 들어, 혼란시대의 고배를 싫도록 마신 사회에서 정치적 통일에 대한 갈망을 표현하는 유사 종교적 의식 같은 것이 그것이다. 그런 환경에서는 이미 인간 구세주로서 백성의 마음을 사로잡은 지배자는, 그 자신의 지위와 인격과 가계(家系)가 숭배의 대상이 되는 종교를 수립하는 데 성공한다.

이런 곡예의 전형적인 예는 로마 황제의 신격화이다. 그러나 황제 숭배는 태평할 때의 예배이고, '환난중에 도움이 되는'(《시편》 46편 1절) 진정한 종교와는 상반되는 것이다. 그것은 2세기에서 3세기로 접어들던 로마 제국의 최초의 쇠퇴와 함께 사라지고 말았다. 그리하여 그후 제국의 힘이 어느 정도 만회되었을 때의 군인 황제들은 신용이 땅에 떨어진 수호신으로서의 황제의 배후에서 그것을 초월해 있는 어떤 초자연적인 힘의 지지를 찾기 시작했다. 아우렐리아누스와 콘스탄티우스 클로루스는 추상적이고 보편적인 솔 인빅투스(결코 정복될 수 없는 태양이라는 뜻)의 깃발 아래 모여들었고, 한 세대 후의 콘스탄티누스 대제는 태양신이나 황제보다 힘이 더 강하다는 것을 보여준 내적 프롤레타리아트의 신에 귀의했다.

헬라스 세계에서 수메르 세계로 시선을 옮기면, 우리는 수메르 사회의 세계국가를 창설한 우르 엥구르가 아니라 그의 후계자인 둥기에 의해 로마의 황제 숭배에 상당하는 지배자의 현인(現人) 숭배가 수립된 것을 발견하게 된다. 그러나 이것 역시 무사태평할 때 이외에는 소용이 없었던 숭배인 것 같다. 아무튼 수메르 사회의 역사에 있어 로마 제국의 역사로 치면 콘스탄티누스의 위치에 해당하는 아모르 왕조의 함무라비는 인간으로 화신한 신으로서가 아니라 초월신(超越神) 마르두크 벨의 종복으로서 통치했다.

안데스 문명과 이집트 문명 및 중국 고대문명 등 다른 사회의 세계국가에서 발견되는 '황제 숭배'의 흔적을 자세히 검토해 보아도, 정치적 권력자의 힘에 의해 위에서부터 밑으로 전파된 숭배는 원래 무력한 것이라는 우리의 인상이 한층 더 강해질 뿐이다. 그런 숭배는 그 본질이 정치적인 것으로서, 단지 그 형태만이 종교적인 경우에는 물론이고 순수한 대중적 감정에 일치하는 경우에도 역시 폭풍우를 뚫고 나갈 힘은 거의 없다는 것을 보여주고 있다.

다음으로 단순히 종교적 외관을 꾸민 정치제도가 아니라 순수한 종교적 성격의 숭배를 정치적 권력으로 강요하려는 경우가 있다. 이 분야에 있어서도 그런 실험이 어느 정도의 성공을 거둔 예를 지적할 수 있다. 그러나 그런 경우에 성공하는 한 가지 조건은, 그런 식으로 강요된 종교는 반드시 기성(既成)의 것 ― 적어도 그 정치적 비호자의 지배하에 있는 소수 민중의 영혼에 깃들여 있던 종교 ― 이라야 한다는 점이다. 그리고 이 조건이 충족되어 성공을 거두는 경우에도 치러야 할 대가는 엄청난 것이다. 왜냐하면 지배자의 정치권력의 행사에 의해 그 지배자에게 예속된 모든 사람의 영혼에 억지로 강요되는 종교는 대개의 경우 세계교회가 될 가능성이나 혹은 세계교회로서 존속할 가능성을 아예 잃어버리게 되는 대가로서 간신히 이 작은 세계의 한 부분을 얻는 것이기 때문이다.

예를 들면, 마카바이오스 일가가 기원전 2세기 말 이전에 강제적인 헬라스화 정책에 대항하여 전투적으로 유대교를 옹호하다가 셀레우코스 제국의 후계국가의 하나를 창건하여 통치하게 되면서, 한때는 전투적으로 박해에 대항했던 이들이 이번에는 스스로 박해자가 되어 그들이 정복한 비(非)유대인에게 유대교를 강요하기 시작했다. 이 정책에 의해 유대교의 지배권을 이두마이아와 '이방인의 갈릴리'와 요르단 강 건너편의 좁은 페라이아에까지 확대하는 데 성공했다. 그런데도 이 힘에 의한 승리는 좁은 범위에 국한된 것이었다. 그 승리는 사마리아인의 배타심도 이겨내지 못했고, 마카바이오스 왕령의 양측 국경에 접하고 있었던 두 줄기 ― 그 한 줄기는 팔레스타인의 지중해 연안이고, 또 한 줄기는 사막지대와의 경계에 있는 데카폴리스 지방이다. ― 의 헬라스화한 도시국가군의 시민적 자부심도 이겨낼 수 없었다. 사실 무력에 의해 얻은 이익이란 대단치 않은 것이었고, 또 그것은 결국 유대교의 정신적 장래를 모두 희생시키고 말았던 것이다. 즉 알렉산드로스 얀나이우스가 유대교를 위해 무력으로 얻은 새로운 땅에서 그후 백년 이내에 유대 민족의 종래의 종교적 체험 전체의 완성을 사명으로 한 갈릴리의 유대인 예언자가 탄생하게 되었고, 그리고 강제로 유대교로 개종된 갈릴리의 이방인 중에서 탄생한 이 영감에 넘치는 유대 민족의 후예가 당시의 유대 민족 지도자들에게 배척되었다는 것은 유대교 역사상 최대의 아이러니가 아닐 수 없다. 여기서 유대교는 그 과거를 망치고 미래를 상실하고 말았다.

이번에는 현대 유럽의 종교 지도로 시선을 돌리면, 우리는 자연히 현재의 가톨릭교의 지배권과 신교파의 지배권과의 경계가 과연 어느 정도까지 중세의 그리스도교 공화국의 후계자인 지방국가들의 무력이나 외교에 의해 결정된 것인가 하는 점을 연구하고 싶어진다. 군사적 · 정치적인 외적 요소가 16세기와 17세기에 미친 영향을 너무 과대평가해서는 안 된다는 것은 말할 나위도 없다. 왜냐하면 두 가지 극단적인 경우를 예로 들어 생각해 보면, 어떤 세속적 권력이 발동되었다 하더라도 발틱 제국(諸國)을 가톨릭 교회의 울타리 안에 머물게 한다든가 혹은 지중해 제국을 신교의 진영에 끌어넣는다든가 하는 일은 상상하기 어렵기 때문이다. 동시에 군사적 · 정치적인 힘의 작용이 분명히 영향을 미친 중간지대 — 논의의 여지가 있는 — 가 있었다. 그것은 독일, 저지대 제국,[35] 프랑스 및 잉글랜드를 포함하는 지역이다. 특히 '지배자가 국가의 종교를 결정한다' 는 저 유명한 문구를 고안해 내어 그것을 실제로 적용한 것은 독일이었다. 그리고 적어도 중앙유럽에서는 서구 그리스도교의 경쟁적인 몇몇 교파 중 자기 마음에 드는 교파를 백성에게 억지로 믿게 하기 위해 세속적 군주들이 그 권력을 성공적으로 이용했다고 생각할 수 있다.

동시에 그후 서구 그리스도교는 가톨릭이건 프로테스탄트건 둘 다 이와 같이 정치적 보호에 의존하게 되고 '국가 이성' 을 추종하게 된 벌로서 입은 피해의 크기가 어느 정도인가도 측정할 수 있다.

지불하지 않으면 안 되었던 그 대가의 첫 지불분의 하나는 가톨릭 교회가 일본에서의 전도지를 상실한 것이었다. 16세기에 제주이트 교단의 선교사들에 의해 일본에 이식된 가톨릭교의 묘목은, 17세기 중엽 이전에 건설된 지 얼마 안 된 일본의 세계국가 지배자의 계획적인 행동에 의해 뿌리뽑혔던 것이다. 왜냐하면 이

---

35 벨기에, 네덜란드, 룩셈부르크의 이른바 베네룩스 3국을 가리킨다.

일본의 정치가들이, 가톨릭 교회는 스페인 국왕의 제국주의적 야망의 도구라는 결론에 도달했기 때문이다. 그러나 이 유망한 전도지의 상실도, '지배자가 나라의 종교를 결정한다'는 정책이 유럽 본고장의 서구 그리스도교에 입히게 된 정신적 빈곤화에 비하면 미미한 손실에 불과하다고 생각하지 않을 수 없다. 종교전쟁 시대에 서구 그리스도교의 경쟁적인 분파들은 모두 정치권력을 사용하여 상대편 종파의 신자에게 자파의 교의를 강요하는 것을 묵인했을 뿐만 아니라 심지어 요청까지 함으로써 승리의 지름길을 찾으려고 했는데, 그 때문에 적대적인 교회들이 서로 자파에 귀의시키려고 했던 바로 그 영혼에 깃들여 있던 일체의 신앙의 기반을 점차 침식하여 파괴하는 결과를 가져왔던 것이다. 루이 14세의 야만적인 방법은 신교를 정신적 토양에서 송두리째 뿌리뽑고 그 토양에다 회의주의라는 다른 곡식을 대신 심을 땅을 갖는 데 불과했다. 프랑스의 '낭트 칙령'의 폐지 후 9년도 채 못 되어 볼테르가 태어났던 것이다. 잉글랜드에서도 역시 청교도혁명의 종교적 전투성의 반동으로서 같은 회의적 기풍이 번져가기 시작했는데, 그것은 새로운 계몽사상, 즉 종교 자체를 조롱의 대상으로 하는 사상 경향이었다.

광신(狂信)을 근절시키기는 했으나 참다운 신앙까지 근절시키는 대가를 치러야 했던 그런 심적 태도는 17세기부터 20세기에 이르기까지 줄곧 변하지 않고 계속되면서 서구화한 '대사회'의 구석구석까지 뻗쳐 들어가더니, 비로소 그 정체가 인식되기 시작하고 있다. 즉 그것은 서구 사회체의 정신적 건강은 물론 그 물적 존재까지도 위협하는 최대의 위험이라는 것 — 오늘날 열띤 논쟁의 대상이 되어 있고 소리 높이 선전되고 있는 우리의 정치적·경제적 병폐의 어떤 것보다도 훨씬 더 치명적인 위험이라는 것 — 이 인식되어 가고 있다. 이 정신적 해악은 이제 눈에 띄게 심하기 때문에 도저히 무시할 수가 없다. 그러나 이 질병은 진단하기는 쉽지만 치료법을 발견하기란 어려운 일이다. 왜냐하면 신앙이란 것은 주문하는 대로 입수할 수 있는 표준화된 상품과는 다른 것이기 때문이다. 이럭저럭 2세기 반 동안이나 계속된 종교적 신앙의 점진적 쇠퇴에 의해 야기된 서구인의 정신적 공허를 다시 채우는 것은 실로 어려운 일이다. 우리는 아직도 16세기와 17세기의 우리 선조들이 종교를 정치에 예속시킨 범죄에 대해 반응을 하고 있는 셈이다.

현존하는 서구 그리스도교 교파들의 현황을 살펴보고 그 생명력을 비교해 보면, 그 힘은 각자가 세속적 권력의 지배에 굴복한 정도에 반비례하고 있다는 것을 알 수 있다. 서구 그리스도교 가운데서 오늘날 가장 왕성한 생명력을 나타내고 있는 것은 두말할 나위 없이 가톨릭교인데, 가톨릭 교회는 —가톨릭을 신봉하는 근세 군주들 가운데는 나라에 따라 또는 때에 따라 그 영내의 교회생활에 대해 세속적 지배력을 강력히 행사한 자들이 있었음에도 불구하고— 단 한 사람의 최고 교회 권위의 통솔하에 단일한 종교단체로 뭉쳐 있다고 하는 큰 강점을 아직 한 번도 잃은 일이 없다. 생명력의 순위로 볼 때 가톨릭 교회 다음가는 것은 아마도 세속적 정부의 지배에서 이탈한 프로테스탄트파에 속하는 '독립교회'들일 것이다. 그리고 그 순서의 최하위를 차지해야 할 것은, 아직도 현대의 한 지방국가의 정치체에 매어 있는 프로테스탄트의 '국교회'들이다.

이 불유쾌한 비교의 교훈이 무엇인가는 명백한 것 같다. 현대 서구 그리스도 교회의 여러 분파의 운세가 이처럼 다양하다는 것은, 종교가 세속적 권력의 후원을 원하거나 혹은 세속적 권력에 굴복함으로써 어떤 이익을 얻을 수 있는 것이 아니라 결국은 잃는 것이 훨씬 더 많다는 우리 명제의 정당함을 완전히 입증해 주는 듯하다. 그러나 이 얼핏 보기에 통칙(通則) 같은 것이 검열을 통과하여 정말 통칙으로 인정받기 위해서는 그에 앞서 설명을 가하지 않으면 안 되는 현저한 예외가 하나 있다. 그 예외는 이슬람교의 경우인데, 그것이 예외가 되는 까닭은, 이슬람교는 우리가 지금까지 조사해 온 종교보다도 빠른 시기에 정치적으로 타협했음에도 불구하고, 더구나 그 어느 종교보다도 한층 더 확실히 결정적인 방법으로 타협했음에도 불구하고 멸망해 가는 시리아 사회의 세계교회가 되는 데 성공했기 때문이다. 사실 이슬람교는 그 개조(開祖)의 생전에 바로 그 개조 자신이 취한 조치에 의해 정치적 타협을 했던 것이다.

예언자 마호메트의 공적 생애는 뚜렷하게 구분되는, 언뜻 모순된 것같이 보이는 두 시기로 나누어진다. 제1기에 그는 평화적 포교 방법에 의해 종교적 계시를 전파하는 데 종사했고, 제2기에는 정치적·군사적 권력을 확립하여, 다른 종교의 예로는 그것을 사용함으로써 결국 화를 초래했던 바로 그와 같은 방법으로 그 권력을 이용하는 일에 종사했다. 마호메트는 이 메디나 시대에 메카에서 메디나로 중요한 인퇴를 하기 전, 즉 그 생애의 제1기에 창시한 종교를 최소한 외면적 형식만이라도 강제로 따르게 하려는 목적에서 새로 장악한 물질적 권력을 이용했다. 이런 점에서 보면 헤지라는 이슬람교 파멸의 연대가 되어야 할 것이고, 헤지라 이래 실제로 지켜져 오고 있는 것처럼 이슬람교 성립의 연대로 성별(聖別)될 이유가 없는 것이다. 야만족 전단의 전투적인 신앙으로서 세상에 나타난 종교가, 다른 모든 예로 미루어볼 때 당연히 불가능하리라고 예상되는 정신적 약점을 짊어지고 출발했음에도 불구하고 세계교회가 되는 데 성공했다는, 이 이해하기 어려운 사실을 어떻게 설명해야 할 것인가?

이런 형식으로 문제를 제기하고 보니 몇 가지 부분적인 설명이 발견되는데, 그 설명들을 하나로 묶는다면 아마 하나의 해답이 될 것 같다.

첫째 우리는 이슬람교의 전파에 있어서 무력행사의 정도를 과대시하는 경향─그리스도교 세계에서 일반적으로 그러했다─을 다소 약화시켜서 생각할 수 있다. 예언자 마호메트의 후계자들이 요구한 신흥종교에 대한 귀의의 표적은 극히 작은, 별로 힘들지 않은 외면적 의식의 이행에 한정되어 있었고, 그것마저도 이슬람교 발상지인 아랍의 '무인지대'의 이교적인 미개사회 영역 밖에서는 기도된 일이 없었다. 이슬람교에 정복된 로마 제국과 사산 제국의 옛 영토였던 지방에서는 '이슬람이냐 죽음이냐'가 아니라 '이슬람이냐 부가세(附加稅)냐'의 양자택일이 요구되었던 것이다. 이 정책은 훨씬 뒤에 영국에서 종교문제에 비교적 냉철했던 엘리자베스 여왕이 채용한 정책과 같은 것으로서, 영국에서는 전통적으로 그 정책이 현명한 것으로 길이 찬양되어 오고 있다. 그리고 그 양자택일도 우마이야 왕조 치하의 아랍·이슬람교국의 비이슬람교도 백성의 반감을 살 정도로 강압적인 것은 아니었다. 우마이야 왕조의 칼리프들은(겨우 3년밖에 통치하지 않은 단 한 사람을 제외하고는) 모두 종교면에 있어 미온적이었던 것이다. 사실 우마이야 왕조의 칼리프들은 명목상으로는 이슬람교의 통솔자로 되어 있으나, 개인적으로는 이슬람교의 포교에 무관심했거나 혹은 적극적으로 반대한 숨은 이교도들이었던 것이다.

이와 같이 특이한 상황에서 이슬람교는 그 종교적 가치만을 의지하여 이슬람교국 안에 사는 비(非)아랍계 민중 속으로 침투해 들어가지 않으면 안 되었다. 이슬람교의 보급은 더디지만 확실했다. 명목상으로만 이슬람교도였던 우마이야 왕조 칼리프들의 비위를 상하게 할 정도는 아니었을지라도, 적어도 그들의 무관심한 태도에도 불구하고 이슬람교는 새 종교를 받아들인 종전의 그리스도교도와 조로아스터교의 마음속에 파고 들어가서, 종래 아랍족의 전사들이 그 특권적인 정치적 신분의 상징으로 과시하던 것과는 전혀 다른 신앙이 되었다. 이 새로 개종한 비아랍계 민족은 이슬람교를 자기들의 지적 견해에 적합하도록 개조하여 마호메트의 거칠고 웅변적인 설명을 그리스도교 신학과 헬라스 철학의 정교하고도 논리정연한 표현으로 고쳤다. 이런 표현의 새옷을 입고서야 비로소 이슬람교는 모든 것을 휩쓸었던 아랍족의 군사적 정복에 의해 종래 피상적인 정치면에서 재통일되어 있었던 시리아 세계를 종교적으로도 통일할 수 있게 되었던 것이다.

무아위야가 정권을 장악한 지 100년이 못 되어 이슬람교 왕국의 비아랍계 이슬람교도들은 종교에 무관심한 우마이야 왕조를 권력의 자리에서 몰아내고 자기들의 종교적 기질을 반영시킨 신앙이 경건한 왕조를 칼리프로 세울 만한 힘을 갖게 되었다. 압바스 왕가가 비아랍계 이슬람교도의 후원으로 우마이야 왕조를 타도한 750년에는 이렇게 정세를 완전히 일변시킨 그 종교의 신자수는 아직 미미했다. 아랍 제국의 전인구에 대한 그 비율은, 콘스탄티누스가 막센티우스를 넘어뜨렸을 때의 로마 제국의 그리스도교도 수와 같은 정도였다. 베인스 박사의 계산에 의하면, 당시 로마 제국의 그리스도교도의 수는 전인구의 약 10퍼센트에 불과했다. 이슬람교 왕국 국민의 이슬람교로의 대량적 개종은 9세기에 이르러 비로소 시작되어 12세기의 압바스 제국 멸망 때까지 이어졌던 것 같다. 이슬람교의 선교지에서의 때늦은 수확에 대해 자신있게 말할 수 있는 것은, 그 수확은 정치적 압력의 결과가 아니라 민중의 자연발생적인 운동의 결과였다는 점이다. 이슬람교에 있어 500년에 걸친 압바스 왕국의 역대 칼리프 중에서 자기들이 믿는 종교에 유익하다고 생각하여 정치적 권력을 남용한 이슬람교의 테오도시우스와 유스티니아누스 같은 왕들은 극소수였고, 또 아주 드물게 출현했을 뿐이다.

이런 사실들은 언뜻 보기에 우리의 통칙에 대한 예외처럼 생각되는 이슬람교의 경우를 충분히 설명해 주는 것이라고 보아도 좋을 것이다. 우리의 통칙이란, 일부가 믿고 있는 '기성종교'를 세속적 권력이 그 백성에게 강제로 믿게 함으로써 어느 정도의 성공을 거두는 일이 없는 것은 아니지만, 그렇게 정치적 비호를 받는 종교는 거기서 직접 얻는 어떤 이익보다도 훨씬 더 비싼 대가를 치르지 않으면 안 된다는 것이다.

정치적 비호에 의한 직접적인 이익을 전혀 얻지 못하는 경우에도 역시 같은 벌을 받게 되는 모양이다. 한 종교가 세속적 권력의 유해한 지지를 받다가 철저한 손해를 본 현저한 예들을 들어보면, 유스티니아누스가 타우루스 산맥 너머의 모노피지트교도 백성들에게 자기가 신봉하는 가톨릭의 전통과 신앙을 강제로 따르게 하려다가 실패한 것, 레오 시루스와 콘스탄티누스 5세가 그들의 성상파괴론을 성상을 숭배하는 그리스와 이탈리아의 백성에게 강요하려다가 실패한 것, 영국 왕이 가톨릭교를 믿는 아일랜드의 백성에게 신교를 강요하려다가 실패한 것, 무굴 제국의 아우랑제브 황제가 힌두교를 믿는 그 백성에게 이슬람교를 강요하려다가 실패한 것 등이다. '기성종교'를 강요하려고 해도 성과가 그 정도라면, 지배적 소수자의 철학을 정치적 권력이 강요하려고 하여 성공을 기대하기는 매우 어려울 것이다. 우리는 이 문제의 연구에서 사실상의 출발점이 되었던 율리아누스 황제의 실패에 대해서는 이미 말한 바 있다. 역시 완전한 실패의 예로는 아쇼카왕이 그의 소승불교를 인도 사회의 백성에게 강요하려다가 실패한 것이다. 그런데 당시의 불교철학은 지적으로나 도덕적으로나 전성기에 있었으므로, 그것은 율리아누스의 신플라톤 철학에 비유되기보다는 오히려 마르쿠스 아우렐리우스의 스토아 철학에 비유될 만한 것임에도 불구하고 실패했던 것이다.

마지막 한 가지는 지배자나 지배계급이 이미 민간에 번져 있는 '기성종교'도 아니고 지배적 소수자의 철학도 아닌, 자기 자신이나 자기 계급이 스스로 생각해 낸 신기한 '공상종교'를 강제로 믿게 하려는 경우이다. 이미 고유의 생명력을 가지고 있는 종교나 철학도 그것을 억지로 강요하려고 하다가는 앞서의 경우와 같이 실패한다는 것을 생각할 때, 이 '공상종교'의 시도의 경우는 일부러 논증하지 않더라도 언제 어디서나 반드시 실패한다고 간주해도 좋을 것이다. 또 사실이 그렇다.

6. 통일의식

앞서 사회의 해체라는 시련을 맞아 인간의 영혼이 그 반응으로서 나타내는 행동과 감정 및 생활의 양자택일적인 몇 가지 양식 사이의 관계에 대해 예비적인 고찰을 행했을 때, 혼효의식—우리가 바로 조금 전까지 그 갖가지 표현을 조사해 온—은 문명이 아직 성장하고 있을 때 나타내는 뚜렷한 하나하나의 윤곽이 희미해지고 서로 뒤섞이는 현상에 대한 심리적 반응이라고 말한 바 있다. 또한 동시에 그 동일한 경험은 다른 또 하나의 반응, 즉 통일의식의 각성을 불러일으킨다는 것, 그리고 그 통일의식은 혼효의식과는 구별될 뿐만 아니라 오히려 반대의 것임도 말한 바 있다. 친숙한 형태들이 사라져가는 데 대한 괴로움과 불안은 연약한 마음의 소유자에게 궁극적 실재는 혼돈 이외의 아무것도 아니라는 생각을 일으키게 하지만, 보다 더 침착하고 보다 더 정신적 비전을 가진 자에게는 어지럽게 명멸하는 현상세계의 필름은 하나의 환영이고 그 배후에 영원한 통일이 있음을 숨기지 못하는 것이라는 진리를 계시해 준다.

이 정신적 진리는 그런 종류의 다른 진리와 마찬가지로 처음에는 어떤 외면적·가시적(可視的)인 징후에서 유추하여 이해되는 수가 많다. 그리고 정신적이며 궁극적인 통일을 최초로 암시해 주는 외면적 세계의 전조는 한 사회가 세계국가로 통합되는 것이다. 사실 로마 제국이든 다른 어떤 세계국가든 혼란기가 그 절정에 가까워짐에 따라 최고조에 달한 정치적 통일을 요망하는 기운을 잘 타지 못했더라면 그 성립도 존속도 불가능했을 것이다. 헬라스 사회의 역사에 있어서 그 갈망—아니, 갈망이라기보다도 이 갈망이 가까스로 충족된 데서 온 안도감—이 아우구스투스 시대의 라틴 시(詩) 곳곳에서 숨쉬고 있다. 그리고 현대 서구 사회의 자식인 우리는, 오늘날 인류의 통일이 아무리 갈구되어도 이루어지지 않고 있는 시대에 살면서 이 '세계질서'에 대한 갈망이 얼마나 절실한가를 우리 자신의 경험을 통해 잘 알고 있다.

알렉산드로스 대왕의 '호모노이아', 즉 대동협화(大同協和)의 이상은 헬레니즘의 흔적이 남아 있는 한 헬라스 세계에서 결코 사라지지 않았다. 그리하여 알렉산드로스가 죽고 나서 300년이 지난 뒤에도, 아우구스투스는 '로마의 평화'를 수립하는 대사업의 인스피레이션을 받은 데 대한 감사의 표시로 로마의 인새(印璽) 반지에 알렉산드로스의 두상(頭像)을 새겼던 것이다. 다음과 같은 알렉산드로스의 말은 플루타르코스에 의해 전해지고 있다. "신은 모든 인간의 공통의 아버지이다. 하지만 신은 가장 뛰어난 사람들을 특히 친자식으로 삼아 돌본다."

이것이 참으로 그의 말이라면, 알렉산드로스는 인간이 형제가 되려면 우선 신을 아버지로 모셔야 한다는 것을 깨닫고 있었다는 것을 말해 주는 셈이다. 이 진리는, 인간 가족의 아버지로서의 신을 도외시한 채 인간의 힘만으로 전인류를 통일할 만한 순전히 인간적인 조직체를 만들어낼 가능성은 전혀 없다는 반대명제를 내포하고 있다. 인류 전체를 포용할 수 있는 유일한 사회는 초인간적인 신의 나라이다. 따라서 인류를 포용하는 사회, 인류만을 포용하는 사회라는 생각은 실현성이 없는 하나의 망상에 지나지 않는 것이다. 스토아 철학자 에픽테토스도 그리스도의 사도인 바울과 마찬가지로 이 최고의 진리를 잘 알고 있었지만, 에픽테토스는 그 사실을 하나의 철학의 결론으로 말했고, 바울은 그것을 그리스도의 생애와 죽음을 통해 하느님이 인간에게 새로 계시한 복음으로서 전파했다.

중국 고대사회의 혼란기에 있어서도 통일에 대한 갈망은 결코 현세적인 면에만 한정되어 있지 않았다.

이 시기의 중국인에게 있어서 하나(통일 · 단일 등의 의미를 가진)란 말은 정치이론에도, 도교의 형이상학에도 반영되어 있는 강렬한 감정적 의미를 가지고 있었다. 따라서 확고한 신앙의 기준에 대한 갈망—보다 더 정확히 말하면 심리적 필요—은 정치적 통일에 대한 갈망보다 더 심각하고 더 절실하고 더 집요했다. 궁극에 있어서 인간은 하나의 정통성 없이는, 즉 기본적 신앙의 확고한

패턴 없이는 살아갈 수가 없는 것이다.[36]

이 중국 고대문명에서처럼 통일을 포괄적으로 추구하는 태도야말로 정상적이고, 근대 서구 사회에서처럼 인간만을 제멋대로 분리하여 숭배하는 것이 예외적이거나 심지어 병적이라고 한다면, 인류의 실제적 통일과 우주의 관념적 통일이 병행하여 실현되는 것을 기대할 수 있을 것이다. 그것은 여러 다른 분야에 동시에 나타나면서도 늘 하나이고 불가분적인 정신적 노력에 의해 실현되는 것이다. 사실 앞에서 말한 바와 같이 지방적 공동사회들이 하나의 세계국가로 융합되는 때에는 동시에 지방적 신들도 단일한 판테온으로 형성되는데, 이 합성신은—테베의 아멘라나 바빌로니아의 마르두크 벨같이—정치적인 면의 '왕 중의 왕'과 '군주 중의 군주'에 필적하는 정신적 존재로 나타나는 수가 많다.

그러나 이런 종류의 판테온에 초인간적으로 반영되어 있는 인간세상의 상태는 세계국가 발생 직후의 상태로서, 이런 형태의 세계국가가 결국에 가서 귀착되는 체제는 아니다. 왜냐하면 세계국가의 궁극적 체제는 그 구성 부분들을 건드리지 않고 본래대로 보존하고 있는 계층제도도 아니고, 또 단순히 그 구성 부분들의 주권국가로서의 종래의 평등이 그중 하나가 나머지 전부를 지배하는 주도권의 관계로 변화된 계층제도도 아니기 때문이다. 세계국가는 시간이 지남에 따라 더욱더 일원적인 제국으로 굳어진다. 사실 완전히 성숙한 세계국가에는 사회생활의 전영역을 지배하는 뚜렷한 특징 두 가지가 있는데, 그것은 지상권(至上權)을 가진 인격적 군주와 역시 지상권을 가진 비인격적 법률이다. 그리고 이런 설계에 의해 통치되는 인간세계에 있어서는 전체로서의 우주도 역시 그에 비교될 만한 패턴으로 구상되기가 쉽다. 만일 이런 세계국가에 있어서 그 지배자가 아주 강력한 동시에 매우 인자하여 피지배자들이 그를 쉽게 현인신(現人神)으로 숭배할 생각이 들 만한 인물이라면, 그들은 한층 더 그 지배자를 역시 지고하고 전능하신 하늘의 지배자—아멘라나 마르두크 벨처럼 신 중의 신에 머물

---

36 A. Waley, 《노자(老子)》 서문 pp. 69~70.

지 않고 유일한 참된 신으로서 홀로 다스리는 신―의 지상의 모습이라고 생각하게 될 것이다. 그리고 또 인간 황제의 의사를 실행으로 옮기는 법률은 불가항력적 힘이고 무소부재(無所不在)한 힘으로서, 그런 힘에서 유추하여 비인격적인 '자연의 법칙'의 관념이 생기게 된다. 이 자연의 법칙은 물질적 우주를 지배할 뿐만 아니라, 황제의 명령도 통하지 않는 인간생활의 보다 더 심오한 차원의 인지(人智)로서는 도저히 짐작할 수 없는 신비로운 희로애락과 선악 및 상벌의 분배제까지도 지배하는 법칙이다.

이 두 가지 개념, 즉 무소부재하고 불가항력적인 법률의 개념과 유일무이하고 전능한 신의 개념은 세계국가라는 사회환경에 놓인 인간의 마음속에서 형성된 거의 모든 우주관의 중심이 되어 있다. 그러나 이런 우주관들을 조사해 보면 서로 다른 두 형태의 어느 하나로 기울어지는 경향이 있다는 것을 알게 된다. 한 형태에서는 신을 희생하여 법률의 위치를 높이고, 또 하나의 형태에서는 법률을 희생하여 신의 지위를 높인다. 그런데 법률에 치중하는 것은 지배적 소수자의 철학의 특징인 데 반해 내적 프롤레타리아트의 종교는 법의 존엄을 신의 전능에 종속시키는 경향이 있다. 그러나 이 구별은 단순히 어느 쪽에 치중하느냐 하는 문제에 불과하며, 양자의 비율이야 어떻든 이 모든 우주관에는 두 개념이 같이 존재하고 서로 섞여 있다.

우리가 입증하고자 하는 양자의 구별에 대해 이와 같은 단서를 붙여 놓은 다음, 이제부터 우리는 신을 희생하고 법률의 위치를 높이는 우주의 통일관을 조사하고, 이어서 신이 공포하는 법률 위에서 우주관을 살펴보기로 하자.

'법이 만물의 왕'이 되어 있는 체계에 있어서는 우주를 지배하는 법칙이 보다 더 뚜렷한 형태를 취함에 따라 신의 모습은 점차 희미해진다는 것을 알 수 있다. 예를 들면, 우리 서구 세계에 있어서 자연과학이 존재의 한 분야에서 다른 분야로 그 지적 판도의 영역을 확대해 감에 따라 아타나시오스의 신조[37]인 삼위일체의 신은 점점 더 서구인의 마음속에서 존재가 희미해졌다. ―그리하여 오늘에 이르

---

37 알렉산드리아의 주교(主教) 아타나시오스가 주장했다고 하는 삼위일체의 신조.

러서는 급기야 과학이 물질적 우주는 물론이고 정신적 우주까지도 온통 그 지배권을 주장하게 됨으로써 수학자로서의 신의 모습이 희미해져서 공허의 신으로 화해 가고 있다. 법칙에 자리를 내주기 위해 신을 추방하는 이 근대 서구 문명의 과정은 기원전 8세기의 바빌로니아 문명세계에 그 선례를 가지고 있다. 당시 천체우주의 운행에 주기가 있음을 발견한 칼데아의 수학자들은 점성술이라는 새로운 학문에 열중한 나머지 마르두크 벨 신에 대한 신앙을 버리고 7유성(七遊星)을 믿게 되었던 것이다. 인도 문명의 세계에 있어서도 불교철학이 심리적 법칙인 카르마(業)의 논리적 결론을 극단에까지 끌고 갔을 때, 이 '전체주의적인' 정신적 결정론의 공격적인 체계의 가장 큰 희생자는 베다의 판테온 제신(諸神)이었다. 이 야만족 전단의 야만적인 신들은 이제 낭만적인 시절을 다 보내고 중년을 맞이하여, 분방한 청춘시절에 범한 너무나 인간적인 방탕의 비싼 대가를 치르게 되었던 것이다.

불교의 우주관에 있어서는 모든 의식과 욕망과 목적은 원자적(原子的)인 심리상태의 연속으로 환원되고, 이 심리상태는 정의상(定義上) 지속적이거나 혹은 안정되어 있는 인격 같은 그 무엇으로 융합될 수 없는 것이기 때문에, 그 신들은 자동적으로 인간의 정신적 능력만큼 낮아져서 인간과 마찬가지로 무(無)의 존재가 되고 말았다. 이와 같이 하여 불교의 철학체계에서 신의 지위와 인간의 지위 사이에 어떤 차이가 있다면 그것은 전적으로 인간에게 유리한 것이었다. 어떤 인간이든 금욕의 시련을 감당할 수만 있다면 최소한 출가하여 승려가 될 수 있고, 또 속계의 쾌락만 포기하면 그 보답으로 윤회(輪廻)에서 해방되어 열반의 망각 속에 들어갈 수 있었기 때문이다.

헬라스 문명의 올림포스의 제신이 입은 피해는, 그들과 인척관계에 있는 베다의 제신이 불교의 재판에 의해 받은 형벌에 비하면 훨씬 가벼운 것이었다. 헬라스 사회의 철학자들이 우주를 초지상적 차원의 '대사회' ─ 그 구성원의 상호관계는 법에 의해 규제되고 호모노이아, 즉 대동협화의 정신에 의해 움직이는 ─ 라는 식으로 생각하게 되면서부터 올림포스 전단(戰團)의 악명 높은 우두머리로서 그 생애를 시작한 제우스가 이제 도덕적으로 개심하고, 다액의 연금을 받고 은퇴하는 형식으로 우주국가의 주재자로 추대되었기 때문이다. 그 지위는 '군림은 하되 통치는 하지 않는' 후세의 어떤 입헌군주─'운명'의 명령에 순순히 부서(副署)하고 '자연'의 작용에 정중하게 명의를 빌려주는 왕─의 지위와 비슷한 것이었다.

이상으로 우리는 신의 모습을 가리는 법의 형태가 여러 가지 있다는 것을 밝혔다. 바빌로니아 사회의 점성학자와 근대 서구 사회의 과학자를 노예화한 것은 수학적 법칙이었고, 불교의 고행자를 사로잡은 것은 심리학적 법칙이었으며, 또 헬라스 사회의 철학자를 굴복시킨 것은 사회적 법칙이었다. 법의 개념이 희박했던 중국 고대문명 세계에 있어서도, 인간의 행동과 환경의 작용 사이에 일종의 불가사의한 일치 내지 동감으로서 중국인의 마음에 나타난 질서(禮) 때문에 신의 존재가 희미해졌던 것이다. 환경이 인간에게 미치는 작용은 중국 사회의 토점술(土占術)에 의해 인식되고 조종되었으며, 반대로 인간이 환경에 미치는 작용은 제사(祭祀)와 의례(儀禮)에 의해 통제되고 지도되었는데, 우주의 구조를 그대로 반영하고 때로는 그 구조에 변경을 가하기도 하는 이 제사와 의례는 우주의 구조만큼이나 정교하고 중요하다. 세계를 운행하게 하는 이 의식의 인간 주재자는 중국 고대사회의 세계국가의 군주이고, 그의 직무가 초인간적인 범위에까지 미치고 있기 때문에 황제는 공식적으로 천자(天子)라 불린다. 그런데 중국 고대사회의 우주관에 있어서, 마술사의 우두머리인 황제의 양부(養父)로 생각되고 있는 하늘은 화북(華北) 지방의 한랭한 겨울 하늘처럼 어둠침침하고 비인격적이다. 실로 인격신의 개념이 중국인의 머릿속에서 완전히 말소되어 있었기 때문에, 제주이트교단 선교사들이 하느님이란 말을 중국어로 번역하는 데 곤란을 느꼈던 것이다.

다음으로 통일은 전능한 신의 사업으로 생각하지만, 법칙은 신과 인간의 행동을 한결같이 규제하는 최고 지상의 통일력으로 보지 않고 신의 의지의 발현으로 생각하는 다른 우주관의 고찰로 옮겨가자.

앞서 말했듯이 이 신에 의한 만물통일의 사상은 법에 의한 만물통일의 사상과 마찬가지로 세계국가가 점차 그 최종적 형태를 갖추어갈 때 거의 예외없이 취하는 국가체제로부터의 유추를 통해 사람들의 마음속에 깃들이게 되는 생각이다. 이상의 과정을 통해, 본래 여러 왕 중의 하나였던 인간 지배자는 전에 자기 동료였던 다른 종속된 왕들을 배제하여 엄밀한 의미에 있어서의 '군주'가 된다. 그와 동시에 세계국가에 병탄된 여러 민족과 나라의 신에게는 어떤 일이 일어나는가를 조사해 보면, 역시 같은 변화가 일어난다는 것을 발견하게 된다. 하나의 주신(主神)이, 전에 자기 동배(同輩)였고 이제는 그 독립성은 잃었으나 아직 신성은 잃지 않고 있는 일단의 신들 위에 군림하는 판테온 대신 그 자리에 이제 유일무이함을 본질로 하는 단일신이 나타난다.

이 종교혁명은 일반적으로 신과 그 숭배자의 관계의 변화와 함께 시작된다. 세계국가의 테두리 안에 들어오게 된 신들은 지금까지 특정한 지방적 공동사회에 묶여 있었던 밧줄을 끊어 버리는 경향이 있다. 어느 특정한 부족이나 도시나 산이나 강의 수호신으로서 그 생애를 시작한 신이 이제는 보다 더 넓은 활동무대에 등장하여, 한편으로는 한 사람 한 사람의 영혼에 호소하고 다른 한편으로는 인류 전체에 호소하게 된다. 이 후자의 인류 전체에 호소하는 기능을 수행하는 데 있어서, 지금까지 지방의 어른에 대응하는 천상적 존재였던 재래의 지방신은 지방 공동사회들을 병탄한 세계국가의 지배자에게서 빌려온 성격을 갖춘다.

이와 같이 전에는 지방신이었던 많은 신들이 새로 세운 지상의 군주의 휘장을 달고 이 휘장이 상징하는 독점적이고 배타적인 지배권을 둘러싼 채 서로 경쟁하다가, 마침내 그중의 하나가 경쟁 대상들을 멸망시키고 유일한 참된 신으로서 숭배될 자격을 확립하게 된다. 그런데 '신들의 싸움'과 '금세(今世)의 군주들' 사이의 경쟁을 비교해 보면, 모든 점이 비슷하지만 단 한 가지 들어맞지 않는 중요한 점이 있다.

세계국가의 체계의 발전에 있어서 그 발전 과정의 종말에 이르러 결국 유일한 주권을 차지하게 되는 세계적 군주는 보통 그 과정의 막을 연 파디샤, 즉 제후(諸侯) 위에 군림한 패왕(霸王)의 정치체제상 중단되는 일 없이 이어지는 직계 상속자이다. 아우구스투스 같은 군주는 지방의 왕들과 태수(太守)들(영국령 인도 제국의 '인도 토후국'의 지배자에 해당하는 것)에 대한 전반적인 감독권을 유지함으로써 카파도키아나 팔레스타인 등지에서 권위를 떨치는 데만 만족하고, 얼마 후 그 뒤를 이어 종래의 왕령(王領)들을 황제의 직할 속주로서 통치하게 되는 하드리아누스 같은 황제가 나타나게 된다. 그런데 그 동안 지배권은 중단되는 일 없이 계속된다.

그러나 이에 상응하는 종교적 변화에 있어서는 연속은 통칙이 아니라 오히려 단 하나의 역사적 실례조차 들기 어려운 그저 이론상으로만 가능한 예에 불과하다. 이 《역사의 연구》의 저자는, 판테온의 주신이 유일무이하고 전능한 만물의 주이며 창조자인 신의 출현의 중개자 역할을 한 예를 단 한 가지도 생각해 낼 수가 없다. 테베의 아멘라도, 바빌로니아의 마르두크 벨도, 올림포스의 제우스도 천차만별의 가면을 벗고 유일한 참된 신의 면모를 보여준 일이 한 번도 없었다. 그리고 제국의 황실이 숭배한 신은 이런 합성적인 신도 아니고 국가이성의 산물도 아닌, 시리아 사회의 세계국가에 있어서까지도 그 얼굴 생김새로 보아서 유일한 참된 신의 존재와 본질을 인류에게 나타내 보인 신은 아케메네스 제국의 신이었던 조로아스터교의 아후라 마즈다가 아니라 아케메네스 제국의 지배하에 있었던 보잘것없는 유대 민족의 신 야훼였던 것이다.

이런 신들의 궁극적인 운명과 각 신을 신봉하는 인간들의 일시적인 운명 사이의 대조는, 세계국가의 정치적 비호하에 탄생하여 성장한 시대의 종교생활과 종교적 체험이 페리페테이아, 즉 '역할의 역전'의 현저한 실례─신데렐라 이야기 같은 형태의 수많은 민간설화의 주제가 되어 있는─를 제공해 주는 역사 연구의 분야라는 것을 입증하고 있다. 그러나 동시에 비천한 출신이라는 것이 보편성을 획득하는 신의 유일한 특징은 아니다.

《구약성서》에 묘사된 야훼의 성격을 보면, 다른 특징 두 가지가 금방 눈에 띈다. 야훼는 당초 서북아라비아의 어떤 화산에 살며 그 화산을 활동시키는 신령으로서 비로소 이스라엘 민족의 시야에 들어왔다고 하는 설이 신빙성 있는 것이라면, 야훼는 그 기원으로 보아 문자 그대로 토지에 귀속된 지상신이었다. 그 점은 어떻든간에 그는 기원전 14세기에 이집트 '신제국'의 영토였던 팔레스타인에 침입한 야만족 집단의 수호신으로서 에브라임 및 유대의 산악지대로 옮겨진 후 특정한 지방과 특정한 지방공동체 사람들의 마음속에 뿌리를 박게 된 신이었다. 다른 한편 야훼는 그 숭배자들에 대한 첫째 계명으로서 '너는 나 외에는 다른 신들을 섬기지 말라'(《출애굽기》 20장 3절)고 명하는 '질투의 신'이다. 물론 야훼가 이렇게 지방성과 배타성이라는 두 특징을 동시에 나타낸다 하여 놀랄 필요는 없다. 자기의 영역을 굳게 지키려는 신은 당연히 다른 신의 침입을 허락하지 않을 것이기 때문이다. 놀라운 것은―그리고 언뜻 보기에 반감을 느끼게 하는 것은―이스라엘 왕국과 유대 왕국이 쓰러지고 시리아 사회의 세계국가가 수립된 후 이 고산지대의 두 왕국의 지방신이었던 야훼가 보다 광대한 세계로 진출하여 인접지역의 지방신들과 마찬가지로 전인류의 숭배를 획득하려는 대망을 품게 되었을 때에도 여전히 자기 편에서 먼저 싸움을 건 경쟁 상대들에 대해 그 불관용의 태도를 고치려고 하지 않았다는 사실이다. 이 시리아 사회의 역사적 세계국가 시대에 있어서도 야훼가 이렇게 과거 지방신 시대의 습성인 불관용의 태도를 여전히 고집했다는 것은, 당시 야훼와 마찬가지로 그전에 지방신이었던 신들의 일반적 기풍에 맞지 않는 하나의 시대착오였다. 그럼에도 불구하고 이 시대착오의 편협성이야말로 그 눈부신 승리를 실현하게 한 야훼의 성격의 한 요소였던 것이다.

이 지방성과 배타성이라는 특징을 좀더 자세히 고찰하면 무언가 배우는 바가 있을 것이므로, 우선 지방성부터 고찰해 보기로 하자.

무소부재하고 유일무이한 신의 출현의 중매자로서 지방신이 선택된다는 것은 언뜻 보기에 설명할 수 없는 역설처럼 생각될는지 모른다. 왜냐하면 유대교와 그리스도교 및 이슬람교의 신의 개념이 역사적 사실의 문제로서 부족신(部族神) 야훼에 유래했다는 것은 말할 나위도 없지만, 동시에 이 세 종교에 공통되는 신의 관념의 신학적 내용이 그 역사적 기원과는 반대로 원시적인 야훼의 개념과는 큰 차이를 보이고 있고, 역사적 사실의 문제로 이슬람교, 그리스도교, 유대교의 개념에 거의 혹은 전혀 영향을 주지 않은 다른 신관(神觀)들과 흡사하다는 것도 역시 이론의 여지가 없기 때문이다. 보편성이란 점에 있어서는, 이슬람교, 그리스도교, 유대교의 개념은 원시적인 야훼의 관념에 공통되는 점보다 오히려 어떤 의미에 있어서는 전우주를 지배하는 판테온의 주신―아멘라나 마르두크 벨―의 관념에 공통되는 점이 더 많다. 그리고 또 정신적인 점을 기준으로 생각해 보아도 이슬람교, 그리스도교, 유대교의 개념은 신학적 제파(諸派)의 추상적 개념, 예컨대 스토아 학파의 제우스라든가 신플라톤 학파의 헬리오스 등과 더 많은 공통점을 가지고 있다. 그렇다면 인간에게 나타나는 신을 그 내용으로 하고 있는 신비극(神秘劇)에 있어서 그 최고의 주역이 하늘의 지배자 헬리오스나 제왕과 같은 아멘라가 아니라, 지금 생각해 본 바와 같이 그런 대역(大役)을 연출할 자격에 있어서 이런 경쟁자들보다 훨씬 열등해 보이는 야만적인 지방신 야훼에게 주어진 까닭은 무엇일까?

그 답은, 유대교, 그리스도교, 이슬람교의 개념 속에 있는, 아직 우리가 논하지 않고 있는 한 요소를 상기함으로써 발견된다. 우리는 앞서 편재성(遍在性)과 유일성이라는 특성에 관해 논한 바 있다. 그런데 이런 신적인 속성은 확실히 숭고한 것이기는 하지만, 그것은 인간의 오성의 결론에 불과한 것이지 인간의 가슴으로 직접 느낀 것은 아니다. 모든 인간에게 있어서 신의 본질은, 살아 있는 사람이 살아 있는 다른 사람과 맺는 정신적 관계와 똑같은 관계를 맺을 수 있는 살아 있는 신이라는 점이다. 이 살아 있다는 사실이야말로 신과 더불어 영교(靈交)하기를 구하는 인간의 영혼에게는 신의 성품 중 가장 중요한 점이다.

이 끈질긴 살아 있는 신이라는 특성이 야훼의 원시적 지방성의 다른 일면이라면, 야훼의 성격 중 원시적인 동시에 영속적인 특징인 배타성도, 이스라엘의 하느님이 신의 성품을 인간에게 계시한 역사적 역할에 빼놓을 수 없는 어떤 가치를 지니고 있다는 것을 알 수 있다.

이 가치는, 이 '질투의 신'의 궁극적 승리와 시리아 세계의 정치조직을 분쇄한 두 인접사회 판테온의 주신들의 궁극적 패배와의 대조에 관한 의의를 생각하면 곧 명백해진다. 땅속에 뿌리를 박고 생명의 힘이 넘쳐흐르는 점에 있어서는 아멘라도 마르두크 벨도 결코 야훼에 못지않았으며, 오히려 야훼보다 유리한 조건을 지니고 있었다. 즉 이 두 신은 그 신자들의 머릿속에서 그 신들의 고향인 테베와 바빌론의 거대한 세속적 성공과 결부되어 있었던 데 반해 야훼의 백성은 굴욕과 포수(捕囚)의 곤경 속에 가장 위급한 때에도 자기 부족민을 돌보지 않는 듯이 보이는 그 부족신의 힘을 무엇이라고 변호해야 좋을지 알지 못했던 것이다.

이와 같이 아멘라와 마르두크 벨이 명백하게 유리한 입장에 있었음에도 불구하고 '신들의 싸움'에서 결국 패배하고 말았다면, 우리는 그들이 실패한 원인은 그들이 야훼처럼 질투의 신이 아니었기 때문이라고 말하지 않을 수 없다. 그 두 신에게 배타적인 정신이 없었다는 것은—그것이 좋든 나쁘든 상관없이—그 합성적 신의 명칭의 두 부분을 잇는 하이픈에 암시되어 있다. 아멘라와 마르두크 벨이 천변만화하는 자아의 불통일에 너그러웠던 것처럼, 그 통일성 없는 개성의 범위를 넘어선 다신성(多神性)에 대해서도 관용의 태도를 보인 것은 조금도 이상한 일이 아니다. 이 두 신은 모두 본래 태어나기를—아니, 보다 정확히 말하면 합성되기를—자기들보다 힘은 약하더라도 신성에 있어서는 뒤지지 않는 다른 여러 신에 대해 주권을 휘두르는 주신의 지위만 차지하게 되면 그것으로 만족했다. 여기서 이 두 신은 그 본성이 패기가 없었기 때문에 신성의 독점을 노리는 경쟁에서 낙오할 수밖에 없었고, 야훼의 맹렬한 질투심은 꾸준히 야훼를 자극하여 이 경쟁의 끝까지 쉬지 않고 달음질쳐서 최후의 승리자가 되게 했던 것이다.

그후 이스라엘의 신이 그리스도 교회의 하느님이 된 후 로마 제국 안에서 벌어진 '신들의 싸움'에서 다시 한 번 더 그의 모든 경쟁 상대들을 물리칠 수 있었던 명백한 특성의 하나도 역시 어떤 경쟁 상대에 대해서도 가차없는 그 불관용이었다. 그의 경쟁 상대들. 즉 시리아 문명의 미드라, 이집트 문명의 이시스, 히타이트 문명의 퀴벨레는 언제든지 서로 타협하기도 하고, 또 그들이 각각 힘겹게 대전하게 된 다른 종교와도 손쉽게 타협하곤 했던 것이다. 이 안이한 타협정신은 테르툴리아누스[38]의 하느님의 경쟁 상대들이 패하는 치명적인 원인이 되었다. 그런데 그 경쟁 상대들이 대항할 수밖에 없었던 적은 '절대적' 승리 이외의 모든 것이 자기 본질 자체의 부정이라고 생각했기 때문에, 절대적 승리를 얻지 못하는 한 결코 만족하지 않았던 것이다.

야훼의 정신에 깃들인 질투라는 기질의 가치에 대한 가장 인상적인 증거는 아마도 인도 문명 세계에서 볼 수 있는 소극적 증거일 것이다. 여기서는 다른 사회에서와 마찬가지로 사회 해체의 과정에 따라서 종교면에 통일의식이 발달했다. 인도 사회의 인간들의 영혼 속에서 신의 통일을 파악하려는 열망이 점점 높아감에 따라, 인도 사회의 내적 프롤레타리아트의 무수한 신들은 점차 합체하여 시바

---

38 카르타고 출신의 작가로 《그리스도 교회사》를 저술했다.

와 비슈누라는 두 강한 신 중 어느 하나에 융합되어 갔다. 힌두교가 이 신의 통일의 파악에 이르는 길의 최후 단계에 도달한 것은 적어도 지금부터 1천 5백 년 전의 일이었다. 그후 오랜 세월이 경과했지만, 힌두교는 여태까지 야훼ー단 하나의 동배(同輩)라도 자기와 병존하는 것을 관용치 않은ー가 아후라 마즈다를 통째로 삼켜 버렸을 때 시리아 문명의 종교가 내디딘 최후의 일보를 내딛지 못했다. 힌두교에 있어서는 전능의 신의 개념은 하나로 통일되어 있는 것이 아니라 양극으로 나뉘어 있다. 백중하는 두 신은 상호보완적이고 상반되는 성격을 지닌 채 맞서 있으면서도 최후의 결말을 짓기를 완고하게 피해 왔다.

이와 같이 묘한 사태를 목격하게 되는 우리는, 동시에 유일무이한 존재가 아니고서는 편재하고 전능한 신이라고ー비슈누와 시바는 각기 자기는 편재하고 전능한 신이라고 주장한다ー는 도저히 생각할 수 없음에도 불구하고 왜 힌두교가 신의 개념을 통일하고자 함에 있어 아무런 해결책이 못 되는 타협을 수락했는가를 묻지 않을 수 없다. 그 이유는 비슈누와 시바는 서로 '질투' 하지 않았기 때문이다. 그들은 지배권을 서로 나누는 데 만족해 왔다. 또 그들이 오늘날까지 존속해 온 것은ー미드라, 이시스, 퀴벨레, 그 밖에 헬라스 문명세계의 동등한 지위에 놓여 있었던 신들과는 달리ー오로지 야훼와 같은 신이 경쟁 상대로 출현하지 않았기 때문이라고 생각된다. 이와 같이 하여 우리는 이제 그 신자들이 비타협적이고 배타적인 정신의 소유자라고 믿는 신만이, 신의 통일이라는 심원하고도 난해한 진리를 인간의 영혼에 확고히 포착시키게 한 유일한 매개체라는 결론에 도달했다.

7. 복고주의

사회적으로 해체해 가는 세계에 태어난 영혼에 나타나는 행동과 감정의 양자택일적인 형태에 대한 조사를 이상으로 끝내고, 같은 도전적 환경에 직면하여 따라가게 되는 양자택일적인 생활태도로 옮겨가 보자. 먼저 고찰해야 할 것은 앞서 예비적 조사에서 우리가 '복고주의' 라고 이름붙인 생활태도인데, 그것이 혼란기에서 먼 옛날로 올라가면 올라갈수록 한층 더 안타깝게 여겨지는, 또한 한층 더 비역사적으로 이상화되는 과거의 보다 더 행복했던 상태의 어느 하나로 되돌아가려는 기도라고 정의했던 그 생활태도이다.

> 아아, 참으로 나는 되돌아가서
> 다시 한 번 그 옛길을 밟고 싶다!
> 내 빛나는 첫 추억을 남겨둔
> 그 벌판에 다시 한 번 가고 싶다.
> 거기서라면 개명한 사람의 눈에는 보인다,
> 저 종려나무 우거진 그 도시가
> ……………………
> 앞으로 전진하기를 좋아하는 사람이 있지만
> 나는 가능하면 뒷걸음질쳐 되돌아가고 싶다.

이 몇 줄의 시 속에서 17세기의 시인 헨리 본은 어른들의 소년시절에 대한 향수를 표현하고 있는데, 이것은 벌티튜드 같은 어른이 —그것이 어느 정도 진심인가는 별문제로 하고— 어린이를 향해 "너처럼 학교에 다닐 때가 일생 중 가장 행복한 때이다"라고 말하는 것과 동일한 표현이다. 위의 시는 자기가 속해 있는 사회의 옛 상태를 회복하려는 복고주의자의 기분을 제대로 묘사하는 데도 도움이 된다. 복고주의의 실례들을 조사함에 있어 혼효의식을 논했을 때와 마찬가지로 행동·예술·언어·종교의 네 분야로 나누어서 차례대로 검토하기로 하자. 그러나 혼효의식은 자연발생적·무자각적 감정인 데 반해 복고주의는 생의 흐름을 역행하려는 계획적·자각적인 의도로서, 말하자면 하나의 '기발한 재주'이다. 따라서 복고주의는 행동의 분야에서는 무자각적인 풍속보다는 오히려 형식을 갖춘 제도와 체계적인 사상으로 나타나고, 언어의 분야에서는 문체와 테마로 나타난다.

우선 제도와 사상부터 고찰한다면, 가장 좋은 방법은 사소한 문제에 관한 제도상의 복고주의의 예에서 출발하여 복고주의적 심리상태가 점점 더 광범하게 번져

나가 마침내 사상적 복고주의로까지 발전하는 과정을 추구해 가는 것이다. 이 사상적 복고주의는 생활원리상의 복고주의이기 때문에 생활의 모든 분야에 침투해 들어간다.

가령 헬라스 문명의 세계국가의 전성기였던 플루타르코스 시대에, 스파르타 소년들을 아르테미스 오르디아의 제단 앞에서 매질하는 의식 — 이것은 스파르타의 전성기에 원시적인 추수제에서 전해 내려온 것으로 리쿠르고스의 교육법에 채용된 시련이었다 — 이 부활되어 병적으로 과장된 형태로 실시되었는데, 이런 과장은 복고주의에는 반드시 따라다니는 특징의 하나이다. 마찬가지로 로마 제국을 파멸로 이끌어가고 있던 무정부시대에 잠시 숨을 돌릴 시간을 얻었던 248년, 필리포스 황제는 아우구스투스가 창시한 세기제(世紀祭)를 다시 거행했고, 2년 후에는 옛 감찰관의 직책을 부활시켰다. 현대에 와서는, 이탈리아의 파시스트당은 그들이 수립한 '조합국가(組合國家)'를 중세 이탈리아의 도시국가에서 실시했던 정치 및 경제제도의 부활이라고 주장했다. 같은 이탈리아에서 기원전 2세기에는 그라쿠스 형제가, 그 제도가 200년 전에 설치되었을 당시의 정신에 따라 호민관(護民官)의 임무를 수행하고 있다고 주장했다.

국가조직에 관한 복고주의에서 가장 성공한 예는, 로마 제국의 건설자 아우구스투스의 원로원에 대한 정중한 처우였다. 원로원은 로마의 영토를 통치하는 데 있어서 명목상 황제와 동등한 위치에 있었으나 실제로는 이미 실권을 모두 황제에게 양도해 준 과거의 제도였던 것이다. 그것은 대영제국에 있어서 승리를 얻은 의회가 국왕에게 베푼 대우에 비교될 만하다. 어느 경우에나 모두 실질적인 정권 이양이 있었는데, 로마에서는 과두정치에서 군주정치로 이양되었고, 영국에서는 군주정치에서 과두정치로 이양되었다. 그리고 또 두 경우 모두 그 변화는 복고적인 형식으로 위장되었다.

해체상의 중국 고대세계로 눈을 돌리면, 공적 생활에서 사적 생활에까지 미치는 한층 더 포괄적인 국가제도상의 복고주의가 출현했던 것을 볼 수 있다. 중국 고대사회의 혼란기의 도전은 중국인의 마음속에 기원전 5세기의 유교적 휴머니즘 및 그후의 가장 급진적인 '책사(策士)' · '논객(論客)' · '법가(法家)'의 학파들에 다같이 나타난 정신적 격동을 일으켰으나, 이 정신적 활동의 폭발은 일시적인 것이었다. 그 뒤 곧 과거에 대한 반동이 일어났는데, 그 사실은 유교적 휴머니즘이 빠져들어간 운명에서 가장 명백히 인식될 수 있다. 유교는 인간성의 연구로부터 의식화한 예(禮)의 체계로 타락하고 말았다. 행정면에 있어서는, 온갖 행정상의 조치는 역사적 전례를 따르는 것이 전통이 되었다.

다른 면에서의 원칙에 입각한 복고주의의 또 하나의 예는, 근대 서구 세계의 전반적인 복고운동이었던 낭만주의의 지방적 산물의 하나로서 대부분 공상에 의해 조작한 튜턴주의의 예찬이다. 이 허무맹랑한 원시 튜턴족의 미덕에 대한 예찬은 19세기 영국의 몇몇 역사가에게 악의 없는 만족감을 주고, 다시 아메리카의 민족학자 몇 사람에게 약간 더 성가신 인종적 우월감을 주입한 후에, 독일 제국의 국가사회주의(나치스) 운동의 복음이 되면서 그 이빨과 발톱을 갖추게 되었다. 여기서 우리는 복고주의의 한 표현에 직면하게 되는 셈인데, 만일 그 나치스 운동이 그렇게까지 흉악한 형태를 취하지 않았더라면 오히려 비장한 감을 금하지 못했을 것이다. 근대 서구 사회의 한 위대한 국민이 근대의 정신적 질병으로 인해 자칫 결코 만회할 수 없는 국민적 파멸 직전에까지 빠져들어가서, 최근의 역사적 경과에 의해 그 함정에서부터 벗어나려고 필사의 노력을 기울이는 가운데, 가공의 역사적 과거에 영광스럽다고 상상되는 야만상태로 복귀하려고 했던 것이다.

서구에 있어서 이보다 먼저 나타난 야만으로 되돌아가는 또 다른 형태는 루소의 '자연으로의 복귀'와 '고귀한 미개'의 예찬의 복음이었다. 이 18세기 서구 사회의 복고주의자들은 《나의 투쟁》 여기저기에 뻔뻔스럽게 얼굴을 내밀고 있는 그 피비린내 나는 흉계는 품고 있지 않았지만, 그렇다고 무해한 것은 아니었다. 왜냐하면 루소야말로 프랑스 혁명과 그 혁명이 일으킨 전쟁의 '원인'이었기 때문이다.

예술에 있어서의 복고주의 유행이 근대 서구인에게는 너무나 익숙해져 있어 그것을 당연한 듯이 생각하는 경향이 있다. 예술 중에서도 가장 눈에 잘 띄는 것이 건축인데, 19세기의 서구 건축은 복고적 '고딕풍의 부흥' 때문에 볼품이 없게 되었다. 이 복고운동은 처음 중세 수도원의 효과를 재현할 생각으로 정원 안에 모의(模擬)로 '폐허'를 만들어놓고 중세풍의 거대한 주택을 지은 지주계급의 변덕에서 시작되어, 얼마 지난 뒤 교회 건축과 교회 부흥으로 퍼져나가다가, 거기서 역시 복고적인 '옥스퍼드 운동'이라는 유력한 동료를 얻었다. 그러자 호텔·공장·병원·학교 할것없이 이 양식이 채용되었다. 그렇다고 건축상의 복고주의가 근대 서구인의 발명물이라고는 할 수 없다. 런던 사람이 콘스탄티노플로 여행하여 스탐불의 일몰광을 바라본다면, 지평선을 배경으로 투영된 이슬람교 사원의 돔이 숲을 이루며 서 있음을 보게 될 것이다. 이 사원들은 오스만의 치세(治世)에 크고 작은 하기아 소피아 사원의 양식을 충실히 본떠서 복고적으로 지은 건축물이다. 그리고 고전적인 헬라스 문명 건축양식의 기준을 대담하게 무시한 이 두 비잔틴 양식의 사원은 사멸한 헬라스 세계의 잔해 속에서 이미 정교 그리스도교 문명이라는 신생아가 출현했다는 것을 무언의 돌을 통해 선포한 것이었다.

한편 헬라스 사회의 '회춘기'로 시선을 돌리면, 우리는 교양 있는 하드리아누스 황제가 그의 교외 별장에다 고대, 즉 기원전 7세기와 6세기의 헬라스 사회의 조각 걸작품의 교묘한 모조품들을 진열했던 사실을 보게 된다. 그것은 하드리아누스 시대의 미술감상가들이 '라파엘 전파(前派)'로서 지나치게 섬세했으므로, 페이디아스와 프락시텔레스 같은 거장들의 당당하고 원숙한 미술을 이해하지 못했기 때문이다.

복고주의가 언어와 문학의 분야에 나타나서 할 수 있는 최대의 '놀라운 재주'는 죽은 언어를 부활시켜 살아 있는 국어로 통용되게 하는 것이다. 그리고 그런 시도가 오늘날 우리의 서구화된 세계의 이곳저곳에서 진행되고 있다. 이 괴팍한 시도를 하게 만든 동기는 독자성과 문화적 자족을 실현하려는 민족주의적 열광이었다. 고유한 언어수단의 결핍을 자각하고 자족을 염원하는 국민은 모두 그들이 찾고 있는 언어적 수단을 손에 넣는 가장 쉬운 방법으로 복고주의의 길을 택했던 것이다. 이미 오래 전부터 쓰이지 않고 단지 학술적 연구의 대상밖에 안 되는 언어를 다시금 사용하게 하여 독자적인 언어를 만들어내는 국민이 현재 적어도 다섯이 있다. 그들은 노르웨이인, 아일랜드인, 오스만 투르크인, 그리스인, 그리고 시오니즘 운동의 유대인인데, 이 다섯 국민은 모두 본래 서구 그리스도교 세계에 속해 있지 않았다는 것이 주목된다. 노르웨이인과 아일랜드인은 각각 유산된 스칸디나비아 문명과 극서(極西) 그리스도교 문명의 잔존이고, 오스만 투르크인과 그리스인은 훨씬 더 최근에 와서 서구 문명화한 이란 사회와 정교 그리스도교 사회의 부수적 존재들이며, 시온과 유대인은 서구 그리스도교 세계가 출현하기 이전부터 그 사회체 안에 묻혀 있던 시리아 사회의 한 조각 화석이다.

노르웨이인이 오늘날 국어 창조의 필요를 느끼게 된 것은 덴마크와 합병한 1397년부터 스웨덴에서 분리한 1905년까지의 노르웨이 왕국의 정치적 침체, 그 역사적 귀결이다. 1905년에 이르러서야 노르웨이는 완전 독립을 회복하고 다시 독자적 국왕을 두게 되었는데, 그 국왕은 찰스라는 근대 서구식 세례명을 버리고 10세기와 13세기 사이에 걸쳐 유산된 스칸디나비아 문명 사회의 4명의 노르웨이 왕이 붙였던 하콘이라는 복고적 왕명을 채용했다. 노르웨이가 침체상태에 있던 5세기 동안에 옛 노르웨이 문학은 근대 서구 문학의 한 변종인 덴마크어로 쓴 문학에 자리를 양보했다. ─단 발음만은 옛 노르웨이의 토착어 발음에 맞도록 고쳐졌다. 그러나 노르웨이가 1814년에 덴마크에서 스웨덴으로 이양된 지 얼마 후 독자적 민족문화의 정비사업에 착수했을 때 외국제 이외에는 아무런 문학적 수단도 가진 것이 없었고, 또 이미 오래 전에 문학용어로서의 기능을 상실한 방언 이외에는 아무런 모어(母語)도 갖고 있지 못함을 그들은 깨달았다. 국가체제 중에 언어 부문의 이 흉한 틈을 메워야 하는 문제에 부닥치게 된 그들은 그때부터 민족 고유의 토착적이면서도 고도의 문화적인 성질을 겸한 언어로서 농민도 도시인도 쓸 수 있는 국어를 만들려고 노력했다.

아일랜드의 민족주의자들이 당면한 문제는 훨씬 더 어려운 것이었다. 아일랜드에 있어서의 영국 왕의 정치적 역할이 노르웨이에 있어서의 덴마크 왕의 역할과 같았던 것처럼 그 언어적 결과도 같았으나, 한 가지 다른 점이 있었다. 즉 영어가 아일랜드 문학의 언어가 된 것이다. 영어와 아일랜드어와의 언어적 격차는 덴마크어와 옛 노르웨이어와의 비교적 미세한 차이와는 달리 도저히 이루어질 수 없었기 때문에 아일랜드어는 사실상 절멸되고 말았던 것이다. 언어상의 복고주의에 전념하는 아일랜드인들은 지금 살아 있는 방언을 문화어로 향상시키는 일에 종사하고 있는 것이 아니라, 거의 절멸한 언어를 새로 창조하는 일에 종사하고 있는 것이다. 더구나 그들의 노력의 결과는 어머니 무릎에서 배운 게일어를 아직도 상용하고 있는 아일랜드의 서부에 흩어져 있는 농민에게는 이해될 수 없다고 한다.

고(故) 무스타파 케말 아타튀르크 대통령의 치세부터 오스만 투르크인이 몰두하고 있는 언어상의 복고주의는 그 성격이 다르다. 현대 터키인의 선조는 영국인의 선조처럼 쇠퇴한 문명이 내버린 영토에 침입하여 정착한 야만족들로서, 이 두 야만족의 후예는 모두 문명 획득의 수단으로서 언어를 이용했다. 영국인이 프랑스어, 라틴어, 그리스어의 어휘와 표현 형식을 다량으로 차용함으로써 그 빈약한 튜턴족의 어휘를 풍부하게 만들었듯이 오스만리는 페르시아어와 아랍어의 수많은 보석들을 가지고 그 소박한 터키어를 치장했다. 터키 민족주의자의 언어 복고 운동의 목적은 이 보석들을 제거하는 일이었는데, 터키어가 외국어에서 차용한 것이 영어만큼이나 광범위함을 깨닫는다면 그 일이 결코 용이하지 않음을 알 것이다. 그런데 그 터키의 영웅이 그 일에 착수함에 있어 사용한 방법은 이보다 앞서 그가 자기 나라 안에 사는 외래분자를 추방했을 때 사용했던 방법과 마찬가지로 철저한 것이었다. 그는 철저한 조처에 의해 극히 간단한 일상용어까지도 그 입과 귀에서 가차없이 몰수해 버리면 정신적으로 나태한 민족이라도 얼마나 놀라운 지적 자극을 받게 되는가를 실증해 보였다. 궁지에 몰린 터키인은 엄중히 금지되어 있는 페르시아어와 아랍어에 기원한 일상용어를 대신할 만한 순수 터키어를 발견 또는 날조하기 위해 최근에는 쿠만 어총(語叢)과 오르콘 비문, 위구르의 경전(經典) 및 중국 역대 왕조사까지 샅샅이 탐색하고 있다.

이 광적인 어휘 창조의 노력에 영국인은 공포감을 느낀다. 그것은 앞으로 어떤 서구 사회의 구제자가 나타나서 '순수한 영어' 이외에는 사용하지 못하도록 명령하는 날이 도래한다고 가정할 때, 터키의 사태는 영어를 사용하는 자도 또한 겪어야 할 재난을 암시하기 때문이다.

실제 선견지명이 있는 어떤 호사가가 벌써 그런 경우에 대비하여 조그마한 준비를 해놓았다. 약 30년 전에 'C. L. D'라는 익명의 인물이 영국어에 중압을 가하고 있는 '노르만의 멍에'를 던져 버리기를 바라는 사람을 위한 안내서로서 《잉글랜드어의 낱말책》이라는 저서를 냈다. 거기서 저자는 '오늘날 아직도 많은, 말하는 사람과 글쓰는 사람이 영어라고 부르고 있는 것이 실은 영어가 아니라 순전한 프랑스어이다' 라고 말하고 있다. 'C. L. D'에 의하면 perambulator(유모차)는 childwain, omnibus(대중버스)는 folkwain이라고 불러야 한다는 것이다. 과연 그런 단어는 그렇게 고쳐도 좋을는지 모르겠다. 그러나 훨씬 더 옛날부터 영어로 사용하고 있는 외래요소까지 영어에서 몰아내려고 하는 데 이르러서는 별로 순조롭지 않다. 가령 그는 '부인한다'는 의미를 가진 'disapprove'를 'hiss', 'boo', 'hoot' 등으로 고쳐 쓰자고 제안하고 있는데, 그것은 다소 빗나갔거나 너무 지나친 것 같고, 또 'logic', 'retort', 'emigrant' 대신에 'redecraft', 'backjaw', 'outganger'라는 말을 쓰자는 것도 이해하기 어렵다.[39]

그리스인의 경우는 분명히 노르웨이 및 아일랜드의 경우와 유사하다. 덴마크 왕과 영국 왕이 행한 역할을 그리스에서 한 것은 오스만 터키 제국이었다. 그리스인이 민족적 자각에 눈뜨게 되었을 때 그들에게는 노르웨이인의 경우와 마찬가지로 농민의 방언밖에는 언어수단이 없다는 것을 깨닫고 100년 뒤의 아일랜드인이 행한 것처럼 고대어를 방언의 틈 속에 끼워넣음으로써 그 방언을 앞으로 지게 될 무거운 임무에 견딜 수 있도록 고치기 시작했다. 그러나 그리스인은 그 실험을 실시함에 있어 아일랜드인이 당면했던 것과는 정반대의 어려운 문제에 부닥쳐 고심하지 않으면 안 되었다. 즉 고대 게일어의 자료는 너무 적어서 걱정이었던 데 반해, 고전 그리스어의 자료는 오히려 풍부해서 걱정이었던 것이다. 사실 근대 그리스어의 언어적 복고주의자가 자칫하면 빠지기 쉬운 함정이라는 것이, 고대 아티카어를 지나치게 많이 받아들임으로써 현대어밖에 모르는 '교양 없는 대중'의 반감을 사는 일이었다. 근대 그리스어는 '순수어'와 '속어'의 각축장이다.

다섯 번째의 예, 즉 헤브루어가 팔레스타인에 정주한 시온파인 디아스포라 유대인의 일상용어가 된 것은 특히 주목할 만한 일이다. 왜냐하면 노르웨이어와 그리스어는 물론이고 아일랜드어까지도 방언으로서 사용되지 않은 적은 한 번도 없었지만, 헤브루어는 팔레스타인에서 느헤미야 시대 이전부터 아람어에 대치된 후

---

39 J. C. Squire, 《일반도서》 p. 246에 실린 C. L. D.의 저서에 대한 서평.

2천 3백 년 동안이나 사어(死語)가 되어 있었기 때문이다. 이 오랜 세월 동안 아주 최근까지 헤브루어는 단지 유대 교회의 예배용어와 유대 율법을 연구하는 학자의 언어로만 남아 있을 뿐이었다. 그러다가 불과 한 세대 만에 이 '사어'는 유대 교회당 밖으로 나와서 근대 서구 문화를 전달하는 수단이 되었다. ─ 처음에는 동부 유럽의 이른바 '유대인 지역'의 한 신문에서 사용되었고, 현재는 팔레스타인의 유대인 사회의 학교와 가정에서 사용되고 있다. 오늘날 팔레스타인에서는 이디시어(유대의 방언)를 말하는 유럽인 입국자의 자손도, 영어를 말하는 아메리카인 입국자의 자손도, 아랍어를 말하는 예멘인 입국자의 자손도, 페르시아어를 말하는 보하라인 입국자의 자손도 모두 예수 시대보다 5세기 이전에 '사멸한' 고대의 언어를 공통의 국어로 배우면서 자라고 있다.

이제 헬라스 세계로 눈길을 돌리면 여기서의 언어적 복고주의는 단지 지방적 민족주의의 부속물이 아니라 보다 더 널리 번져 있었다는 것을 알게 된다.

만일 기원전 7세기 이전에 고대 그리스어로 집필된 책으로 오늘날까지 남아 있는 것을 전부 살펴본다면 두 가지 사실을 알게 될 것이다. 첫째는 이 책들이 대부분 아티카 그리스어로 씌어져 있다는 점이고, 둘째는 이 아티카어로 씌어진 책들을 연대순으로 배열해 보면 두 그룹으로 나뉜다는 점이다. 이 두 그룹에는 첫째로 기원전 5세기와 4세기에 아테네인이 그들 고유의 아티카어로 아테네에서 쓴 초기의 아티카어 문헌이 있고, 둘째로 기원전 1세기에서 기원후 6세기기까지 사이에 아테네 밖에서 살며 아티카어를 그 고유의 모어(母語)로 사용하지 않은 저자들이 쓴 복고적인 아티카어 문헌이 있다. 실제 이런 신(新)아티카어 문헌 저자들의 지리적 분포는 헬라스 사회 세계국가의 영토 전역에 걸쳐 있다.

그들의 저작이 보존된 것은 그것이 의고문(擬古文)으로 씌어졌기 때문이었다. 헬라스 사회가 최종적으로 멸망하려고 하던 때에 고대 그리스의 저작자 한 사람 한 사람이 '존속하게 되는가 그렇지 못하게 되는가' 하는 문제는 당시의 지배적인 문학적 취미에 의해 결정되어 가고 있었으므로, 사본(寫本) 제작자들은 '훌륭한 작품인가 그렇지 않은가'가 아니라 '순수 아티카어인가 아닌가'를 그 판단 기준으로 삼았다. 그 결과 오늘날 신아티카어로 쓴 졸작들이 많이 남게 된 것이고, 따라서 몇 분의 1밖에 안 되는 기원전 3세기와 2세기에 없어진 비아티카어 문학과 바꿀 수만 있다면 바꾸고 싶은 심정인 것이다.

헬라스 사회 문학의 복고시대에 승리한 아티카주의만이 이런 복고적인 문학 실천의 유일한 예는 아니었다. 그와 병행하여 기원전 2세기의 아폴로니우스 로디우스에서 기원후 5세기 내지 6세기의 논누스 파노폴리타누스에 이르기까지 긴 계열의 여러 고대 예술품 애호가들에 의해 신(新) 호메로스풍의 시작(詩作)이 행해졌다. 오늘날 남아 있는 것으로서 의고적이 아닌 알렉산드로스 이후의 그리스 문학의 표본은 대체로 두 종류의 작품으로 한정된다. 즉 그 귀중한 도리스 양식을 위해 보존된 기원전 3세기 및 2세기의 전원시, 그리스도교 및 유대교의 경전이 그것이다.

아티카 그리스어의 복고적 부흥과 똑같은 예로 인도 사회 역사에 있어서의 산스크리트의 부흥이 있다. 원래 산스크리트는 유라시아 유목민인 아리아족 고유의 언어였다. 이 아리아족은 기원전 2000년대에 초원지대를 나와 서남아시아 및 북부 이집트와 북부 인도에도 침입한 민족인데, 그 언어는 인도 땅에서 인도 문명의 문화적 초석 가운데 하나인 종교문학의 집대성인 《베다》에 보존되어 있다. 그러나 이 인도 문명이 쇠퇴하여 해체의 과정으로 들어섰을 때는 이미 산스크리트는 일상용어로는 사용되지 않아서 하나의 '고전'어가 되었으며, 그 말로 씌어진 문학적 권위 때문에 연구의 대상이 되어 있을 뿐이었다. 일상생활의 전달수단으로서의 산스크리트는 이때에는 이미 여러 지방어로 바뀌어 있었는데, 이 지방어들은 모두 산스크리트에서 분리된 것이었지만 별개의 언어로 간주되어도 무방할 만큼 완전히 분화되어 있었다. 이들 프라크리트의 하나(실론 섬의 팔리어)는 소승불교 경전의 용어로 사용되었고, 또 다른 몇 가지는 아쇼카왕에 의해 칙령의 언어로 사용되었다. 그럼에도 불구하고 아쇼카왕이 죽은 후—또는 그가 살아 있을 때에도—산스크리트의 인위적 부활이 시작되어 그 범위를 넓혀가다가 6세기에 이르러 신산스크리트가 인도 대륙에서 프라크리트를 완전히 정복하게 되어, 단지 팔리어가 실론 섬에 하나의 문자적 골동품으로 남게 되었을 뿐이다. 이로써 현재 남아 있는 산스크리트 문헌은 아티카 그리스어 문헌처럼 별개의 두 부분으로 나뉘는데, 하나는 초기의 독창적인 부분이고 또 하나는 모방적 · 의고적인 부분이다.

언어나 예술, 또는 제도의 분야와 마찬가지로 종교의 분야에 있어서도 현대 서구인은 자신의 사회적 환경의 범위 안에서 복고적 운동이 이루어지고 있음을 볼 수 있다. 예컨대 영국의 앵글로 가톨릭 운동을 살펴보면, 16세기의 '종교개혁'은 온전하게 수정된 영국 국교마저도 너무 지나친 것이었다 하여 중세의 사상과 의식을 다시 부활시키는 것을 그 운동의 목적으로 삼고 있다.

헬라스 세계에서 극동 사회의 한 분파인 일본으로 시선을 돌리면, 일본 고유의 원시적 이교인 신도(神道)를 부활시키려는 근세 일본의 노력 속에서 우리는 아우구스투스의 정책과 공통되고 또 튜턴족의 이교를 부활시키려는 현대 독일의 시도와 공통되는 종교적 복고주의의 시도를 발견하게 된다. 이 기획은 로마보다는 오히려 독일 쪽과 유사한 점이 많다. 왜냐하면 아우구스투스가 부활시킨 로마의 이교는 상당히 쇠약하긴 하지만 그래도 기성종교인 데 반해, 이 일본의 이교는 독일처럼 고등종교 — 일본의 경우에는 대승불교 — 에 의해 배제되거나 흡수된 지 1천 년이나 지난 것이기 때문이다. 신도부흥운동(神道復興運動)의 첫 단계는 학구적인 것이었다. 이 운동은 처음에는 주로 언어학에 관심을 가진 케이추(契沖)라는 승려에 의해 착수되었다. 그런데 다른 사람들이 그 사업을 계승하여 히라타 아스다네(平田篤胤)는 대승불교와 유교철학 쌍방에 대해 외래사상이라는 공격을 퍼부었다.

이 신도의 부흥은 아우구스투스의 종교 부흥과 마찬가지로 일본이 혼란기를 벗어나 세계국가로 접어든 직후에 시작되었다. 그리고 신(新)신도운동은 일본의 세계국가가 침략적으로 팽창하는 서구 문명의 압력을 받고 예상 밖으로 일찍 쓰러진 무렵에 전투적인 단계에 이르렀다. 1867~68년의 혁명을 통하여 일본이 서구의 민족주의적 노선을 따라 스스로 근대화함으로써 반(半)서구화된 대사회에서 독자적으로 발판을 확보한다는 새로운 정책을 시작하게 되었을 때의 신신도운동은, 일본의 새 국제적 환경 속에서의 민족적 개성을 주장하는 데 필요한 것을 알맞게 제공하는 듯이 보였다. 신정부가 종교에 관해 취한 첫 조치는 신도를 국가종교로 공인하는 것이었고, 그로 인해 한동안 불교는 박해를 받아 절멸될 것같이 보였다. 그러나 '고등종교'는 끈질긴 활력을 발휘하여 그 적을 놀라게 했는데, 이런 예는 일본이 사상 최초는 아니었다. 이제 불교와 신도는 서로 관용의 태도를 취하는 데 동의할 수밖에 없게 되었던 것이다.

우리가 지금까지 살펴본 복고주의의 예는 사실상 거의 실패했든가, 혹은 실패하지는 않았다 하더라도 부질없는 일이 아니었을까 하고 생각되는데, 그 이유는 어렵잖게 찾을 수 있다. 복고주의자는 바로 그 기획적인 성질에 의해 과거와 현재를 융합시키려는 노력을 계속하지 않을 수 없다. 그러나 과거와 현재의 서로 대립하는 두 요구가 양립할 수 없음이 복고주의 생활태도로서의 약점인 것이다. 복고주의자는 어느 쪽을 택하더라도 결국에는 순조롭지 못한 딜레마에 빠지게 된다. 만일 현재를 생각하지 않고 과거를 부흥시킨다면 끊임없이 전진하는 삶의 힘이 그 허술한 건축을 산산조각낼 것이고, 반대로 과거 부흥의 생각을 현재에 원활히 종속시킨다면 그때의 복고주의자는 협잡꾼이 되고 말 것이다. 여하튼 복고주의자는 온갖 고생을 하고 난 뒤에야 자기도 모르는 사이에 미래주의자를 위해 일해 왔음을 깨닫게 되며, 시대착오를 영구화하고자 하는 그의 노력도 실은 냉혹한 혁신(革新)에게 문을 열어주는 빌미가 되는 셈이다.

8. 미래주의

미래주의와 복고주의는 둘 다 현재 지상생활의 평면을 버리지 않고 시간적 흐름의 다른 곳에 뛰어듦으로써 싫증나는 현재에서 탈출하려 한다. 그리고 이 양자택일적인 태도는 모두 시간의 차원에서 떠나지 않은 채 현재로부터 도피하려는 것으로서, 실제 시도해 보면 반드시 실패로 끝난다는 점에 있어서도 서로 비슷하다. 양자의 차이는 현재의 불편한 자리에서 절망적인 탈출을 시도하는 방향이 다르다는 것, 즉 한쪽은 시간의 흐름을 위로 거슬러올라가려 하고 다른 한쪽은 아래로 내려가려 한다는 것뿐이다. 그런데 그와 동시에 미래주의는 복고주의에 비해 한층 더 인간 본래의 성질에 맞지 않는다. 왜냐하면 이미 경험을 통한 주지의 과거로 돌아감으로써 마음에 들지 않는 현재로부터 도피하려는 것은 인간적이지만, 오히려 인간성은 미지의 미래로 뛰어들기보다는 차라리 불쾌한 현재에 집착하려는 경향이 있기 때문이다. 따라서 그 심리적 긴장도는 복고주의보다 미래주의에 있어 더 고조된다. 실제로 미래주의적 발작은 복고주의의 길을 시도해 본 영혼이 실망한 나머지 그 반동으로 나타나는 수가 많다. 그런 만큼 미래주의는 한층 더 큰 실망을 초래한다. 그럼에도 불구하고 미래주의의 실패는 전혀 다른 결과로 보답을 받을 수 있는데, 즉 미래주의는 자신을 초월하여 변모에 이르기도 하는 것이다.

현재와의 연결을 끊는 방법으로서의 미래주의도 복고주의 방법과 마찬가지로 사회활동의 여러 분야에서 고찰해 볼 수 있다. 풍속의 분야에 있어서 미래주의자의 첫 제스처는 흔히 전통적 복장을 외래풍의 복장으로 바꾸는 것인데, 전세계가 서구화된 오늘날의 세계에서 ― 아직 표면적인 서구화에 지나지 않지만 ― 다수의 비서구화 사회는 그 전통적인 고유의 의상을 버리고 자발적으로나 본의 아니게 서구 사회의 내적 프롤레타리아트에 편입되었다는 외면적 표징으로서 단조로운 이국적 서구풍의 복장을 입는다.

정치영역에서의 미래주의는 지리적으로 존재하는 경계표지와 경계선을 계획적으로 말살하든가, 사회적으로 존재하는 단체나 정당·종파를 강제 해산하고 혹은 모든 사회계급을 '숙청'하는 형태로 나타난다. 정치적 연속성을 타파하려는 특별한 목적으로 경계표지와 경계선을 계획적으로 파괴한 전형적인 예는 기원전 507년경 혁명에 성공한 클레이스테네스가 아티카의 지도를 새로 그린 것이다. 클레이스테네스의 목표는 지금까지 혈연단체의 요구가 국가 전체의 요구보다 늘 우선적이었던 허술한 정치체제를, 앞으로는 시민으로서의 의무를 그 이하의 충성보다 우위에 두는 일원적 국가로 만드는 데 있었다. 그의 철저한 정책은 훌륭하게 성공했다.

이 헬라스 사회의 선례를 따른 것으로 서구 세계에 있어 프랑스 혁명을 수행한 자들을 들 수 있는데, 그들이 헬레니즘을 숭배한 결과로 의식적으로 그랬는지 혹은 그와는 상관없이 동일한 목적을 달성하려고 우연히 같은 수단을 이용하게 되었는지조차 분명하지 않다. 클레이스테네스가 아티카의 정치적 통일을 목적한 것처럼 그들도 프랑스의 정치적 통일을 목적으로 삼아 낡은 봉건영지를 폐지하고 프랑스를 단일 재정권(財政圈)으로 묶기 위해 종래의 국내 관세장벽을 철폐했으며, 행정상의 편의를 위해 전국을 83개 군으로 구분했는데, 이 군들의 지방적 차이와 지방적 충성의 기억을 일소하기 위해 획일화하고 중앙정부에 엄격히 종속하게 만들었다. 한동안 나폴레옹 제국에 편입된 프랑스 이외의 국가 지도가 새로 그려져 프랑스식의 군으로 행정구역이 나눠지자 프랑스 이외의 옛 경계선이 없어짐으로써 이탈리아와 독일은 통일국가 성립의 길이 트이게 되었다.

세속적 문화영역에서의 미래주의는 전형적 표현의 상징인 분서(焚書)라는 행위로 나타난다. 중국 고대문명의 세계에서 그 사회 최초의 혁명적 세계국가의 건설자 진시황제가 중국 고대사회의 혼란기에 활약했던 철학자들의 저서를 몰수하여 태워 버렸다는데, 그 이유는 '위험사상'이 전파되면 전혀 새로운 질서의 사회를 건설하려는 그의 계획이 방해받을까 두려웠기 때문이다. 시리아 사회의 세계국가를 재흥한 칼리프 우마르가 알렉산드리아 시의 항복을 접수한 직후, 저 유명한 도서관을 어떻게 조치할 것인가를 알려달라는 장군의 요청에 대해 다음과 같은 회답을 보냈다고 한다.

'만일 그리스인들이 쓴 이 책들이 신의 책과 일치한다면 쓸모가 없으므로 보존할 필요가 없다. 또 만일 일치하지 않는다면 해로운 것이므로 파괴해야 한다.'

전설에 의하면 900여 년간이나 축적되어 온 이 도서관의 장서는 이런 명령에 따라 공중목욕탕의 연료로 소각되었다고 한다. 히틀러와 동시대 사람인 무스타파 케말 아타튀르크는 한층 더 교묘한 방법을 생각해 냈다. 이 터키의 독재자의 목표는 자기 동족의 정신을 전통적인 이란 문화의 배경에서 떼어내어 억지로 서구 문화의 틀 속에 집어넣으려는 것이었다. 여기서 그는 책을 태우는 것이 아니라 문자를 변경하는 것만으로 만족했다.

그리하여 1929년 이후의 모든 서적과 신문은 라틴 문자로 인쇄되어야 했고, 법적으로 유효한 정식 문서는 일절 라틴 문자로 작성되지 않으면 안 되었다. 이 법률의 통과와 실시로 터키의 가지(Ghāzi)는 중국 고대사회의 황제나 아랍의 칼리프를 흉내낼 필요가 없어졌다. 페르시아어와 아랍어 및 터키어로 씌어진 고전을 청소년의 손이 닿지 않는 곳에 놓아두기만 하면 되었던 것이다. 그런 서적의 이해의 열쇠인 문자가 폐지된 이상 구태여 그 서적을 태울 필요가 없었다. 그 책들은 서가 뒤에 꽂힌 채로 내버려두어도 극소수의 고물 연구가들 이외에는 누구도 건드리지 않을 것이므로 안심하고 썩어 없어지는 것이다.

과거로부터 이어받은 현재의 세속적 문화에 대한 미래주의의 공격 대상이 되는 영역이 굳이 사상과 문학에만 국한되는 것이 아님은 물론이다. 시각적이고 청각적인 예술에는 미래주의가 정복할 세계가 있다. '미래주의'라는 명칭을 만들어낸 것도 사실 시각예술 분야의 작가들로서, 그들은 자신들의 혁명적 걸작품에 특징을 부여하고자 그렇게 불렀던 것이다. 그러나 시각예술의 분야에는 세속적 문화와 종교의 두 영역에 공통의 기반을 가진 우상파괴주의라는 미래주의 형태가 있다.

우상파괴주의자는 전통적 예술양식을 부정하는 점에 있어서는 현대 입체파 회화의 주창자와 닮았지만, 그 특징은 종교에 결부되어 있는 예술에 한해서만 적의를 품으며, 또 그런 적의를 품게 되는 것도 신학적 동기에서라는 점이다. 우상파괴주의의 본질은 신이나 신보다 낮은 지위에 있는 어떤 피조물이라도 그 형상이 우상숭배의 대상이 될 우려가 있는 모든 시각적 표현에 대해 반대하는 것이다. 그러나 이 원리가 실제로 얼마나 엄격하게 적용되는가는 경우에 따라 차이가 있었다. 우상파괴주의의 가장 유명한 일파는 유대교 및 유대교를 모방한 이슬람교에 의해 대표되는 '전체주의적'인 것이며, 그것은 모세의 십계명 중 둘째 계명에 표현되어 있다.

'너를 위해 우상을 만들지 말며, 위로 하늘에 있는 것이나, 아래로 땅에 있는 것이나, 땅 아래 물속에 있는 것의 아무 형상이든지 만들지 말라.'[40]

이에 반해 그리스도 교회 내부에서 일어난 우상파괴운동은 그리스도교가 초기부터 인정해 온 것처럼 생각되는 특유한 구별을 따랐다. 8세기 정교 그리스도교 사회에서 일어난 우상파괴운동과 16세기 서구 그리스도교 세계에서 일어난 우상

---

40 이슬람교의 예술에서는 자연현상을 이와 같은 식으로 묘사하는 일을 금했기 때문에 미술가들은 비사실적 모양의 구성에 만족할 수밖에 없었다. 여기서 '아라베스크'라는 말이 유래한 것이다.

파괴운동은, 전자는 이슬람교, 후자는 유대교의 예에서 적어도 부분적인 자극을 받았음에도 불구하고 양자 모두 시각예술을 전면 금지하려고 하지 않았다. 양자 모두 세속적 분야에는 공격을 가하지 않았고, 또 종교적 분야에 있어서도 정교 그리스도교의 우상파괴주의자들은 결국 기묘한 타협을 묵인했다. 즉 종교적 예배 대상의 입체적 표현은 금지되었지만, 그 평면적 표현은 양해한다는 묵계가 성립되었던 것이다.

9. 미래주의의 자기초월

미래주의적 정책이 정치의 분야에서는 더러 성공하는 예가 있는 데 반해, 생활 태도로서의 미래주의는 그 길을 걸으려는 사람으로 하여금 처음부터 달성할 수 없는 목표를 헛되이 탐구하게 한다. 그러나 그 탐구가 비록 헛된 것이고 비극적인 것일지라도 전혀 무가치한 것일 수는 없다. 왜냐하면 목적물을 찾아낼 수 없었던 탐구자를 평화의 길로 인도하는 수가 있기 때문이다. 미래주의의 정체는 본래 일종의 궁여지책으로 마지못해 사용하는 최후의 수단이다. 현재에 대해 절망하고 있으나 아직 현실생활에 대한 욕망을 버리지 못하고 있는 영혼이 우선 의지하는 수단은 시간의 흐름을 거슬러 과거로 도피하는 것이다. 그런데 이 복고주의적인 방향으로 도피하려고 애써봤지만 소용이 없었다고 단념하거나, 처음부터 불가능한 일이었다고 단념했을 때 비로소 그 영혼은 용기를 내어 보다 더 부자연스런 미래주의의 방향을 취한다.

이 순수한—즉 순전히 현세적인—미래주의의 본질은 전형적인 몇 가지 예를 들어서 설명하는 것이 가장 좋다. 가령 기원전 2세기에 헬라스 세계에서 수만 명의 시리아인과 그 밖의 교양 있는 오리엔트인들이 자유를 박탈당하고 고향에서 쫓겨나 가족들을 뒤로한 채 바다 건너 시칠리아 섬과 이탈리아로 끌려가서는, 한니발 전쟁으로 황폐된 지역의 농장과 목장에서 노예가 되었다. 고국에서 추방된 이 노예들에게는 무엇보다도 현재에서 도피할 길이 가장 절실했건만, 복고주의적인 과거로 돌아갈 가능성은 전혀 없었다.

그들은 육체적으로 고국에 돌아갈 수 없었을 뿐만 아니라, 지금까지 그들의 고국을 더할 수 없이 좋은 나라로 여기게 했던 모든 요소가 이제는 돌이킬 수 없게 파괴되고 말았던 것이다. 그들은 뒤로 돌아가지 못한 채 오로지 앞으로만 나아갈 수 있을 뿐이었다. 거기서 더 이상 압제에 견딜 수 없게 되었을 때, 그들은 실력으로 폭동을 일으켰다. 몇 차례의 대규모적인 노예봉기의 필사적인 목적은 뒤집어진 로마 공화국을 세우는 것이었다.

그보다 앞선 시리아 사회 역사의 유대인도 독립국가로서의 유다 왕국의 멸망에 대해 같은 반응을 보였다. 그들은 신바빌로니아 제국과 아케메네스 제국에 병탄되어 국외로 흩어져 이방인들 사이에 살게 되면서 유다 왕국이 지방 독립국가였던 유형(流刑) 이전의 상태로 복귀할 수 있다는 희망을 확실히 가질 수 없게 되었다. 이미 되찾을 수 없는 과거로 사라져 버린 상태를 목표로 희망을 걸 수는 없었다.

더구나 그들은 도저히 견딜 수 없는 현재에서 언젠가는 탈출할 수 있다는 강한 희망을 갖지 않고는 배겨낼 수가 없었기 때문에, 유배 이후의 유대인은 대제국들이 지배하는 당시의 세계에서 생각할 수 있는 유일한 형태의 왕국, 즉 유대의 정치적 과거에는 선례가 없는 형태의 다윗 왕국이 앞으로 수립될 날을 고대했다. 만일 새로운 다윗이 나타나서 모든 유대 민족을 그의 지배하에 재통일한다면―그것 말고 그의 사명이 무엇이겠는가―그는 반드시 현재의 지배자들로부터 그 왕권을 박탈할 것이고, 내일의 예루살렘을 오늘의 바빌론과 수사처럼 전세계의 중심으로 만들 것이다. 제루바벨이 다리우스처럼, 유다스 마카바이오스가 안티오쿠스처럼, 또 바르 코카바가 하드리아누스처럼 세계 지배의 좋은 기회를 가질 가능성이 없다고 어떻게 단언하겠는가?

이와 비슷한 꿈이 러시아의 '구신도들'의 마음을 사로잡은 일이 있었다. 이들 라스콜니키(러시아 교회에서 떨어져 나온 사람들)의 눈으로 볼 때 표트르 대제가 개혁한 정교는 전혀 정교라고 할 수가 없었다. 그러나 동시에 낡은 교회의 질서가 악마적이면서 전능의 힘을 가진 세속의 질서와 싸워 이겨서 부활할 수 있으리라고는 상상할 수 없는 노릇이었다. 거기서 라스콜니키는 아직까지 그런 선례가 없었던 일, 즉 그 본래의 순수성을 지닌 정통신앙을 회복할 의지와 능력을 겸비한 황제인 메시아의 출현에 희망을 걸게 되었던 것이다.

이들 순수한 미래주의의 예에 공통되는 중요한 특징은, 미래주의자들이 도피처로 찾은 희망은 모두 평범한 현세적 방법에 의해 실현된다고 생각했다는 것이다. 그리고 이 특징은 풍부한 역사적 자료를 남겨놓고 있는 유대인의 미래주의에서 특히 두드러지게 눈에 띈다. 유대인은 네부카드네자르에 의해 조국이 멸망당한 후, 전반적인 정치동향이 조금이라도 자기들에게 유리하게 되면 언제든지 새로운 유대 국가를 건설할 희망을 갖곤 했다.

캄비세스의 사망에서 다리우스가 나타나기까지 사이에 아케메네스 제국이 잠시 경험했던 무정부 기간에 제루바벨은 다윗 왕국을 건설하려고 시도했다(기원전 522년경). 그후 유대인은 셀레우코스 제국이 몰락한 뒤부터 로마 군단이 레반트에 나타나기까지 비교적 장기간의 공백기를 마카바이오스 왕가의 승리로 착각했다. 그리하여 팔레스타인의 유대인 대부분은 이 현세적 성공의 신기루에 홀린 나머지 경솔하게도 새 나라의 건설자는 반드시 다윗의 후예라는, 예로부터의 성전(聖傳)을 주저없이 내동댕이쳤던 것인데, 이런 행위는 그보다 400년 전에 이미 '제2의 이사야'가 저지른 바 있었다.

노쇠한 셀레우코스 왕조에 대항한다면 혹시 모르되, 어떻게 유대인이 강력한 전성기의 로마의 힘에 대항할 수 있겠는가? 이 질문에 대한 해답은 이두마이아의 독재자 헤롯에게는 명약관화했다. 그는 로마의 은혜를 입어 팔레스타인의 지배자가 되었다는 사실을 결코 잊은 적이 없었다. 그리고 그는 통치한 전기간을 통해 백성이 경거망동하는 일이 없도록 마음을 썼다. 그러나 그렇게 유익한 정치적 교훈을 가르쳐준 헤롯에게 유대인은 감사하기는커녕 오히려 그의 생각이 비록 옳다고 하더라도 결코 용서할 수가 없었다. 그들을 교묘하게 제지하고 있던 헤롯이 물러가게 되자 유대인은 곧 무력항쟁을 시작함으로써 피할 수 없는 파국을 향한 미래주의의 길을 달렸다.

더구나 로마의 힘이 얼마나 강한가를 한번 맛보고는 좀처럼 단념하려고 하지 않았다. 기원후 66년부터 70년까지의 무서운 경험에도 불구하고 유대인은 지치지 않고 115~117년, 그리고 또 132년부터 135년에도 다시금 재앙을 자초했다. 기원후 132년부터 135년에 바르 코카바는 기원전 522년에 제루바벨이 했던 것과 동일한 방법에 의해 목적을 달성하려고 했다. 이런 종류의 미래주의가 아무런 효과도 없다는 것을 유대인이 깨닫기까지는 5세기 이상이나 걸렸다.

만일 이것으로 유대인의 이야기가 전부 끝났다면 재미없는 이야기가 될 것이다. 그러나 물론 지금까지의 이야기는 이야기의 절반, 더구나 중요하지 않은 절반에 불과하다. 일부 유대인은 부르봉 왕조의 사람들처럼 아무것도 배우지 않았고 아무것도 잊어버리지 않았지만, 다른 유대인은—혹은 같은 유대인 중에서도 생각이 달라지고 정신적 능력이 달라진 사람은—쓰라린 경험을 통해 점차 다른 곳에 소망을 두게 되었다. 유대인은 미래주의의 파탄을 발견해 가는 과정에서 신국(神國)의 존재라는 보다 더 중요한 발견을 했다. 하나는 소극적인 것이고 또 하나는 적극적인 이 두 발견은 나란히 세기를 거듭함에 따라 점점 더 명백해졌다. 유대 민족이 갈망한 현세의 왕국을 새로 건설할 자는 그 왕국에 합당한 혈육의 왕으로서 세습왕조를 창립할 것이라고 생각하게 되었다.

그런데 이 제국 건설자의 출현이 예언되곤 하던 때나 제루바벨로부터 바르 코카바에 이르기까지 잇따라 나타난 그 역할의 참칭자가 영접을 받았을 때 사용된 칭호는 '멜레크'가 아니라 '메시아', 즉 '주께서 기름부은 자'였다. 이와 같이 유대인의 신은 그저 뒷전에 숨어 도사리고 있었을 뿐이지만, 처음부터 유대인의 소망과 결부되어 있었던 것이다. 그리하여 현세적인 소망이 점점 가차없이 사라져감에 따라 신의 모습이 전면에 나타나서 점점 확대되더니 마침내 시야를 덮어 버렸다.

신의 도움을 구한다는 것 자체는 별로 이상한 일이 아니다. 어떤 큰 사업에 착수하려는 민족이 자기들 수호신의 가호를 기원한다는 것은 아마 종교 자체만큼이나 오랜 관습일 것이다. '메시아'라는 칭호로 표명된 유대 민족의 인간 옹호자는 그 배후에 있는 신의 인가를 얻었다는 주장에는 전혀 새로울 게 없는 것이다. 그들에게 새로우면서도 중요한 점은 수호신의 성격·직능 및 권능에 관한 견해이다.

과연 야훼는 어떤 의미에 있어서는 시종 유대 민족의 지방신으로 생각되고 있었지만, 그 야훼가 '주가 기름부은 자'의 보호자로 마음속에 새겨졌던 것은 지방신에 대한 생각과는 별개로 한층 더 넓은 면에서였던 것이다. 바빌론 유수시대(幽囚時代) 이후의 유대의 미래주의자들은 그저 흔한 정치적 사업에 종사하고 있었던 것이 아니며, 그들은 인간적으로 말하면 불가능한 사업을 마음속에 두고 있었다. 자기들의 조그마한 지방국가의 독립조차 유지할 수 없었던 그들이 어떻게 세계의 지배자가 될 것인가? 이 사업을 성취하려면, 그들은 단순한 지방신이 아니라 그 미래주의적 대망에 어울리는 신을 수호신으로 갖지 않으면 안 되었다.

일단 이 생각이 인식되자 지금까지는 종교 역사에서 '평범한 형태'를 취해 왔던 드라마가 한층 더 높은 정신적 차원으로 옮겨간다. 즉 인간 옹호자는 조역(助役)으로 물러나고 신이 무대를 지배하게 되는 것이다. 인간 메시아로는 불충분하며, 신 자신이 구세주의 역할을 맡지 않으면 안 된다. 지상에 있는 신의 백성의 옹호자는 스스로 신의 아들이 되어야만 한다.

마지막으로 이 거대한 정신적 방향전환의 위업을 성취해 가는 주요한 몇 단계를 고찰하기로 하자. 이 정신적 방향전환의 본질은, 종래에는 초인간적 존재의 후원이 있고 없음에 관계없이 인간이 주역으로 활약하는 무대로 생각되었던 현세가 이제는 하느님의 왕국이 서서히 실현되어 가는 장소로 보이게 된 점이다. 그런데 이 새로운 관념은 처음에 당연히 예상할 수 있는 바대로 낡은 미래주의적 사상에서 유래한 비유라는 표현으로 나타난다.

'제2의 이사야'는 이런 사상을 배경으로 현세적 왕국의 관념을 초월하면서도 그 관념을 내포하는 신의 왕국의 모습을 그렸던 것이다. 그의 '신의 왕국'은 아케메네스 제국 그대로였고, 다만 구세주적 영웅 키루스가 수도를 수사가 아닌 예루살렘에 두고 페르시아인이 아닌 유대인이 다스린다는 것이 다를 뿐이었다. 그런 생각을 하게 된 이유는 야훼가 그에게 계시하기를, 키루스로 하여금 세계를 정복할 수 있게 한 이는 야훼 자신이라고(아후라 마즈다가 아니고) 했기 때문이다. 이 백일몽 같은 생각으로 인해 '제2의 이사야'는 우리 정신분석학자로부터 심한 비난을 받게 될 것이다. 이 예언자의 사상이 현세적 미래주의자의 관념을 초월하고 있는 것은, 인간과 자연이 모두 기적적인 지복(至福)을 체험하는 식으로 묘사되어 있는 점에서이다. 그의 '신의 왕국'은 실은 에덴 동산을 지상천국의 모습으로 재현한 것일 따름이다.

그 다음 단계로 가면 이 지상천국은 약 1천 년쯤 계속되다가 일정한 기간이 지나면 '이 세상'의 소멸과 함께 없어지게 되는 과도기적 상태에 불과한 것이라고 여겨진다. 그러나 '이 세상'이 피안(彼岸)의 '저 세상'에 자리를 양보하기 위해 소멸되어야 한다면 진정한 신의 왕국이 있는 곳은 '저 세상'이 아닐 수 없다. 왜냐하면 1천 년간 군림한 왕은 아직 하느님 자신이 아니고 그의 대리인, 즉 메시아에 불과하기 때문이다. 그러나 '이 세상'을 '저 세상'으로 대체할 때까지 '이 세상'에는 기적적인 천년왕국이 출현한다는 생각은 지지할 수 없는 시도이다. 첫째 사상인 '제2의 이사야' 사상은, 기적적으로 '개선'된 미래주의적 현세왕국의 대망(待望)이고, 둘째 사상은 신의 왕국은 시간 안에는 전혀 존재하지 않고 다른 정신적 차원에만 존재하는 까닭에 도리어 우리의 현세생활 속에 침투하여 그것을 변모시킬 수 있다는 사상이다. 미래주의의 신기루에서 변모의 비전에 이르는 어려운 정신적 상승에 있어 천년왕국의 종말관 사상이 불가피하게 사상적 사닥다리의 역할을 했지만, 일단 정상에까지 올라간 다음에는 그 사닥다리는 더 이상 필요가 없다.

10. 초월과 변모

미래주의와 복고주의의 성질을 조사한 결과 우리는 양자가 다 현세적 시간의 흐름을 초월하지 않고 현재에서 도피하려고 했기 때문에 실패했다는 결론에 도달했다. 그리고 우리는 미래주의의 파탄에 대한 자각이 어떻게 하여 우리가 변모라고 이름붙인 이해로 통하게 되는가를—실제 중요한 역사적 사례에 있어 그런 자각이 변모로 통한 사실을—고찰했다. 그런데 복고주의의 파탄 또한 결과적으로는 정신적 발견을 낳는 수가 있다. 복고주의로는 불충분하다는 참된 인식의 도전에 의해 좌절한 복고주의가 이번에는 방향을 바꾸어 미래주의의 '가다라의 비탈'(《마가복음》 5장 13절)로 뛰어내리는 경우가 있음은 이미 언급한 바 있다. 그러나 복고주의자는 그 도전에 대한 다른 응전으로 새로운 정신적 출발을 할 수도 있다. 그때 복고주의자가 취할 수 있는 저항이란, 영구히 땅과 결별함으로써 착륙 문제를 회피하는 비행(飛行)으로 전환하는 것이다. 이렇게 하여 생기는 것이 초월의 철학인데, 앞서 별로 설명을 가하지 않고 간단히 언급했던 유대 정적파가 그 일례라고 할 수 있다.

이 철학을 해설한 저서 가운데서 서구의 연구가들에게 가장 친근한 것은 에픽테토스와 마르쿠스 아우렐리우스가 우리에게 남겨준 《스토아 철학자의 노트와 단편》이다. 그러나 우리가 초탈의 길을 더듬어가면 머지않아 헬라스 문명의 철학자를 버리고 인도 문명의 철학자를 안내인으로 삼아야 할 때가 온다. 왜냐하면 제논의 제자들도 꽤 멀리까지 가 있으나, 초탈의 길을 용감하게 끝까지 추구하여 그 논리적 귀착점인 몰아의 경지에까지 이른 것은 가우타마의 제자들이기 때문이다. 이것은 지적 업적으로는 참으로 훌륭한 것이고 또 도덕적 업적으로는 우리를 압도해 버리지만, 한 가지 곤란한 도덕적 결론을 동반한다. 즉 완전한 초탈은 모든 사악한 정념을 일소하지만, 그와 동시에 연민과 사랑까지도 용서없이 쫓아 버리는 것이다.

'모든 동작에 사랑과 목적이 없고 그 하는 일을 지식의 불로 태워 버리는 사람을, 깨달음을 얻은 사람들은 이를 지자(知者)라고 부른다. 지자는 생명을 잃은 사람을 위해서도, 또 생명을 잃지 않은 사람을 위해서도 슬퍼하지 않는다.'[41]

인도 사회의 철인(哲人)에게 있어서는 이 무정(無情)이야말로 철학의 비할 데 없이 견고한 핵심이다. 헬라스 사회의 철학자들도 독자적으로 이와 같은 결론에 도달했다. 에픽테토스는 그 제자들에게 아래와 같이 훈계한다.

'여러분이 여러분의 아이와 입맞출 때 무제한적으로 그 행위에 상상을 투입하

---

41 *Baghavadgītā* iv, 19, ii, 11.

여 감정의 고삐를 놓아서는 안 된다. ……실제로 자기 자식과 입맞추면서 '너는 내일 죽는다' 라고 속삭여도 전혀 해롭지 않다.' [42]

세네카 또한 다음과 같이 단언하는 데 주저하지 않았다.

'연민은 다른 사람의 불행을 보고 일으키는 마음의 병이다. 바꾸어 말하면, 연민은 환자가 타인의 고통을 보고 그 고통은 부당한 것이라고 생각할 때 그 타인의 고통에 의해 감염되는 저속한 마음이라고 정의할 수 있다. 현인(賢人)은 그와 같은 마음의 병에는 걸리지 않는다.' [43]

초탈의 철학은 논리적으로는 불가피하지만 도덕적으로 견뎌낼 수 없는 결론을 향해 돌진함으로써 결국 우리를 반항하게 하여 파탄을 가져온다. 그 철학은 당초 해결하려고 착수했던 문제에 대해 결국 아무 도움도 주지 못한다. 왜냐하면 그 철학은 머리로 생각만 하고 감정을 무시함으로써 신이 하나로 합쳐준 것을 제멋대로 분리시키려고 하기 때문이다. 이 초탈의 철학은 변모의 신비에 의해 무색해질 수밖에 없다. 지금 우리가 굳은 결의로 해체의 큰길에서 벗어나는 이 마지막 네 번째의 길모퉁이를 돌아가려고 할 때 비난의 함성과 조롱의 웃음소리가 우리에게 집중된다. 그러나 우리는 두려워할 필요가 없다. 왜냐하면 그 소리는 철학자들과 미래주의자들—초탈의 '고답적인 지식인들' 과 정치적·경제적 유물론의 광신자들—이 지르는 소리에 지나지 않고, 누가 옳든간에 적어도 이들이 잘못되어 있다는 것은 이미 앞서 말한 바 있기 때문이다.

십자가에 못박힌 그리스도가 철학자에게 어리석은 자가 되는 이유는, 철학자의 목표는 초탈이고, 따라서 좀처럼 도달하기 어려운 목표에 일단 도달한 이성 있는 인간이 그처럼 어렵게 획득한 것을 고의로 포기한다는 것은 도저히 이해할 수 없는 일이기 때문이다. 그저 복귀하기 위해서 인퇴한다면 그 인퇴는 무의미한 것이 아닌가. 신은 그 신성(神性) 때문에 이 세상과는 완전히 독립해 있고, 따라서 마음에 안 드는 세상이라고 해서 굳이 인퇴할 필요는 없는데도 불구하고 일부러 인

---

42 Epictetus, *Dissertatioins* 제3권 24장.
43 Seneca, *De Clementia* 제2권 5장.

간 세상에 들어와서 신에 비하면 훨씬 열등한 존재인 인간을 위해 신도 인간도 견디기 어려운 고난을 자초한다는 따위의 생각이 철학자로서는 도저히 이해할 수 없는 것이리라. 초탈을 추구하는 사람의 입장에서 볼 때 '하느님이 세상을 이처럼 사랑하사 독생자를 주셨으니……'(《요한복음》 3장 16절)라는 말처럼 어리석은 말은 없다.

그리스도의 십자가 위의 죽음이 미래주의자의 길을 막는 큰 장애물이 되는 까닭은 '나의 왕국은 이 세상에 속한 것이 아니다'(《요한복음》 18장 36절)라는 예수의 말씀이 십자가 위의 죽음에 의해 뒷받침되었기 때문이다. 미래주의자가 구하는 표적은, 현세적 성공이 아니라면 일체의 의미를 상실하는 왕국의 도래를 선포하는 것이다. 미래주의자가 생각하는 메시아의 임무는, 제2의 이사야가 키루스에게 위탁했고, 그후 잇따라 출현한 유대의 미래주의자들이 각각 그 시대의 유다 마카다 같은 인물들에게, 즉 제루바벨이나 시몬 마카바이오스나 혹은 시몬 바르 코카바 등에게 위탁한 그런 임무이다.

그리스도가 통치하는 신의 왕국은, 아케메네스 제국의 세계 정복자인 ─ 유대인의 왕으로 바뀌고, 게다가 미래에 투영된 ─ 메시아에 의해서 건설될 수 있는 어떤 왕국과도 같은 기준에서 비교할 수는 없는 왕국이다. 이 신의 나라가 적어도 시간의 차원에 들어오는 한, 그것은 미래의 꿈으로서가 아니라 현재에 침투하는 정신적 실재로서 들어오는 것이다. 만일 우리가 실제로 어떻게 신의 뜻이 하늘에서 이루어지는 것처럼 땅에서도 이루어질 수 있느냐고 묻는다면, 신학 특유의 표현을 써서 이렇게 답한다. 즉 신의 편재라는 개념은 초현세적 평면상의 초월적 존재라는 뜻뿐만이 아니라 이 세상 안에도 내재하고 이 세상에 사는 모든 인간의 영혼에도 내재한다는 뜻을 포함하고 있다.

그리스도교의 신관(神觀)에서는 신의 초월적인 면(혹은 페르소나)은 '성부(聖父)로서의 하느님' 안에서 나타나고, 신의 내재적인 면은 '성령으로서의 하느님' 안에서 나타난다. 그러나 그리스도교 신앙의 독특하고 가장 중요한 특징은, 신은 2원적 존재가 아니라 삼위일체라는 것이고, 또 '성자 하느님'으로서의 면에 다른 두 면이 하나의 페르소나로 통일되고, 이 페르소나는 그 신비성으로 인해 인간의 머리로는 이해될 수 없지만 인간의 가슴으로는 확실히 느낄 수 있다고 하는 점이다. '참신'이면서 '참인간'인 그리스도 예수의 페르소나는 신의 나라 성원(成員)도 되고 현세의 성원도 되는데, 두 사회에 공통되는 이 성원은 '이 세상'에서는 프롤레타리아트 속에 태어나서 죄인으로서 죽지만, '저 세상'에서는 신의 나라의 왕, 즉 자기 자신이 신인 왕이 된다.

그러나 한편으로는 신적이고 다른 한편으로는 인간적인 두 성품이 어떻게 한 페르소나에 동시에 존재할 수 있단 말인가? 이 물음에 대한 몇 가지 답을 그리스도교 교부(敎父)들이 헬라스 사회 철학자들의 전문용어를 써서 교의(敎義)의 형태로 만들어냈다. 그러나 이런 형이상학적인 해답만이 우리에게 유일하게 열려 있는 방법은 아닐 것이다.

이런 방법 외에 다른 출발점을 다음과 같은 과정, 즉 신성은 적어도 인간이 접근할 수 있는 한 인간성과 공통되는 요소가 있어야 하겠다는 가정 속에서 찾을 수 있을 것이다. 그리고 우리가 그것을 소유하고 있다는 것을 자각하고 있는 동시에 신도 그것을 신의 속성으로서 갖고 있다고 절대 확신할 만한 그런 정신적 능력— 이 능력이 만일 신에게는 없고 인간에게만 있다면 신은 정신적으로 인간보다 열등하다는 불합리한 결론이 내려지기 때문에 신도 그런 능력을 반드시 갖추고 있어야 한다—이 어떤 것인가를 우리가 찾아본다면, 인간과 신에게 공통되는 능력으로서 가장 먼저 떠오르는 것은 철학자들이 억제하고자 하는 능력, 즉 사랑의 능력이다. 제논과 가우타마가 그처럼 완강히 부인했던 이 돌이 신약의 성전(聖殿) 모퉁이에 있는 머릿돌이 되었던 것이다.

11. 재생

이상으로 네 가지의 실험적인 생활태도를 고찰했는데, 그 넷은 성장기 문명의 안락한 생활과 행동에 익숙해진 습성을 실행 가능한 생활방식에 대신하여 찾으려는 시도이다. 그 안락한 길이 사회의 쇠퇴라는 파국에 의해 무자비하게 막혔을 때, 그 막힌 길을 대신할 수 있는 우회로로 나타나는 것이 그 네 가지 생활태도이다. 그런데 그 네 가지 중에서 세 가지는 막다른 골목이고, 그리스도교의 예를 들어 설명한, 우리가 변모라고 이름붙인 길만이 앞이 트여 있음을 알았다. 이《역사의 연구》앞부분에서 사용했던 개념으로 되돌아가 말한다면, 변모와 초탈은 미래주의자나 복고주의자와는 달리 둘 다 '영성화(靈性化)'라는 정신적 현상으로 나타나는 저 미크로코스모스에서 마크로코스모스로의 활동영역의 전이(轉移)의 예라고 말할 수 있을 것이다.

활동영역의 전이와 영성화가 성장의 징후이며 인간이 성장하고 있음을 실제로 보여주는 면에는 개인적인 면과 사회적인 면이 동시에 존재한다는 생각이 옳다고 한다면, 그리고 당초의 가정에 따라 초탈과 변모의 운동에 의해 성장하고 있는 것이 입증되는 사회는 결코 우리가 문명이라고 부를 그런 종류의 사회일 수가 없다—그런 종류의 해체기의 문명사회는 '멸망의 도시'이고, 변모의 운동도 초탈의 운동도 그 사회로부터 탈출하려는 노력이므로—고 생각한다면, 우리는 초탈과 변모의 운동이 다른 어떤 종류의 사회가 성장해 가고 있음을 나타내는 증거라고 결론지을 수 있다.

이 두 운동이 일어나는 사회의 수가 하나인가 둘인가 하는 문제에 접근하는 가장 좋은 방법은, 사회적 성장을 기준으로 생각할 경우 초탈과 변모의 차이가 무엇인가 하는 또 하나의 문제를 제기하는 것이다. 그 답은 분명하다. 즉 초탈은 그저 인퇴만 하고 마는 단일운동인 데 반해 변모는 인퇴한 뒤에 또 한 번 복귀하는 이중운동이다.

이 이중운동은 예수의 생애에서 보면 갈릴리 전도에 앞서 광야로 인퇴한 사실, 바울의 생애에 있어서는 새로운 종교를 시리아 사회의 묘상에서 헬라스 세계의 중심으로 옮겨놓는 중요한 전도여행 이전에 3년간 아라비아에 머무른 사실에 의해 제시된다. 만일 그리스도교의 창시자와 그의 사도 및 전도자가 초탈의 철학에 빠져 있었다면, 아마 그들은 지상의 여생을 그 광야에서 보냈을 것이다. 초탈의 철학의 한계는, 그 철학이 말하는 열반이 영혼의 여정의 종착역이 아니라 도중의 정류장에 불과하다는 것을 인식하지 못하고 있는 점이다. 종착역은 신의 왕국이다. 그리고 이 편재적인 왕국은 지금 이곳 지상에 살고 있는 시민에 대해 봉사를 요구한다.

중국 고대문명의 용어로 표현한다면, 문명의 해체는 '음양(陰陽)'이 교체하는 리듬의 완전한 일주에 의해 수행된다. 이 리듬의 첫 박자에서 파괴적인 '양의 운동(해체)'이 '음의 상태(초탈)'로 이동하는데, 이 '음의 상태'는 동시에 기진맥진한 평화이기도 하다. 그러나 그 리듬이 완전히 정지하는 것이 아니라 창조적인 '양의 운동(변모)'으로 이동한다. 이 '음·양'이 운동하는 이중박자는, 해체의 연구에서 '분열―재생'이라 이름붙였던 '인퇴―복귀'의 일반적 운동의 특수적 형태이다.

'재생(Palingenesia)'이라는 그리스어를 문자 그대로 해석하면 '출생의 반복'이라는 뜻인데, 이 말에는 한 가지 애매한 요소가 있다. 이 말은 전에 출생한 적이 있는 자가 거듭나는 것, 예를 들면 도저히 회복할 수 없을 정도로 파괴된 문명의 자리에 같은 종류의 다른 문명이 탄생하는 것을 의미하는 것일까? 아니, 그렇지는 않다. 왜냐하면 그런 것은 변모의 목표가 아니고 어디까지나 시간의 흐름 안에 머무는 운동의 목표이기 때문이다. 그런 운동은 우리가 지금까지 사용한 의미의 복고주의 운동도 미래주의 운동도 아니지만, 그런 것과 같은 계열에 속하는 다른 운동이다. 그와 같은 의미의 재생은 불교철학이 생각하는 열반으로의 인퇴에 의해 그것을 끊어 버리려는 윤회(輪廻)와 마찬가지가 된다. 그렇다고 재생이 열반의 달성을 의미할 수는 없다. 왜냐하면 이 절대부정의 경지에 도달하는 과정을 하나의 '탄생'으로 생각할 수는 없기 때문이다.

재생이 열반의 달성을 의미하는 것이 아니라면 다른 초현세적인 경지의 달성을 의미하는 것일 수밖에 없다. 이 경지는 이 세상의 생활보다 한층 더 높은 정신적 차원에 있는 상태지만, 역시 삶의 적극적인 상태이므로 탄생의 비유로 표현한다는 것은 매우 타당한 생각이다. 그것이 바로 예수가 니고데모에게 말한 재생이다. "사람이 거듭나지 않으면 하느님 나라를 볼 수 없다."(《요한복음》 3장 3절)

그리고 그 재생은 예수가 다른 대목에서 자기가 육신으로 태어난 최대의 목적이라고 선언한 바이기도 하다. "내가 온 것은 양으로 생명을 얻게 하고 더 풍성히

얻게 하려는 것이다."(《요한복음》10장 10절)

   성장기의 헬라스 문명이 꽃피고 있을 무렵 뮤즈의 여신들이 아스크라의 목동 헤시오도스에게 들려준 신의 탄생가(誕生歌)는, 헬라스 사회가 혼란기에 단말마의 고통을 겪고 세계국가라는 혼수상태에 빠져들고 있을 때 천사들이 베들레헴의 목자들에게 신의 탄생을 노래한 것이다. 그때 천사들이 노래로 알려준 탄생은 헬라스의 재생도, 헬라스 사회와 같은 종류의 사회의 탄생도 아니었다. 그것은 신의 나라의 왕이 육신으로 난 탄생이었다.

〈제2권으로 이어집니다.〉

고전으로 미래를 읽는다 017

역사의 연구 I

초판 발행 _ 1992년 12월 20일
중판 발행 _ 2013년 3월 5일

옮긴이 _ 원창화
펴낸이 _ 지윤환
펴낸곳 _ 홍신문화사

출판 등록 _ 1972년 12월 5일(제6-0620호)
주소 _ 서울시 동대문구 용두 2동 730-4(4층)
대표 전화 _ (02) 953-0476
팩스 _ (02) 953-0605

ISBN 978-89-7055-686-4 03900